코기토 총서
세계사상의 고전

Das Kapital. Kritik der politischen Ökonomie III-1
by Karl Marx

코기토 총서 014

세계사상의 고전

자본 III-1

카를 마르크스 지음 | 강신준 옮김

도서출판

옮긴이 강신준(姜信俊)은 1954년 경남 진해에서 태어나 고려대 독어독문학과를 졸업했다. 같은 대학교 대학원에서 경제학을 전공하여 1991년 「독일 사회주의 운동과 농업문제」로 박사학위를 받았다. 독일 프랑크푸르트 대학에서 독일 노동운동사를 연구했으며, 현재 동아대 경제학과 교수로 있다.

저서로 『수정주의 연구 1』(이론과실천, 1991), 『정치경제학의 이해』(동아대학교출판부, 1992), 『자본의 이해』(이론과실천, 1994), 『일본 자본주의의 분석』(공저, 풀빛, 1996), 『노동의 임금교섭』(이론과실천, 1998), 『미국식 자본주의와 사회 민주적 대안』(공저, 당대, 2001), 『자본론의 세계』(풀빛, 2001), 『한국노동운동사 4』(공저, 지식마당, 2004), 『재벌의 노사관계와 사회적 쟁점』(공저, 나남, 2005), 『그들의 경제, 우리들의 경제학』(도서출판 길, 2010), 『불량 사회와 그 적들』(공저, 알렙, 2011), 『마르크스의 자본, 판도라의 상자를 열다』(사계절, 2012), 『오늘 『자본』을 읽다』(도서출판 길, 2014) 등이 있다. 역서로는 『임금론』(도프, 거름, 1983), 『자주관리제도』(호르바트, 풀빛, 1984), 『마르크스냐 베버냐』(공역, 레비트, 홍성사, 1984), 『자본 2·3』(이론과실천, 1988), 『사회주의의 전제와 사민당의 과제』(베른슈타인, 한길사, 1999), 『프롤레타리아 독재』(카우츠키, 한길사, 2006), 『자본』(전5권, 마르크스, 도서출판 길, 2008~10), 『데이비드 하비의 맑스 『자본』 강의』(하비, 창비, 2011), 『맑스를 읽다』(공역, 쿠르츠, 창비, 2014), 『데이비드 하비의 맑스 『자본』 강의 2』(하비, 창비, 2016), 『마르크스의 『자본』 탄생의 역사』(비고츠키, 도서출판 길, 2016) 등이 있다.

세계사상의 고전

자본 III-1
경제학 비판

2010년 8월 31일 제1판 제1쇄 발행
2010년 10월 25일 제1판 제2쇄 발행
2012년 11월 25일 제1판 제3쇄 발행
2014년 6월 30일 제1판 제4쇄 발행

2020년 1월 20일 제1판 제5쇄 인쇄
2020년 1월 31일 제1판 제5쇄 발행

지은이 | 카를 마르크스
옮긴이 | 강신준
펴낸이 | 박우정

기획 | 이승우
편집 | 이현숙

펴낸곳 | 도서출판 길
주소 | 06032 서울 강남구 도산대로 25길 16 우리빌딩 201호
전화 | 02) 595-3153   팩스 | 02) 595-3165
등록 | 1997년 6월 17일 제113호

1. 번역상의 방침

① 원본은 『마르크스-엥겔스 저작집』(*Karl Marx-Friedrich Engels Werke*, 제13판, 1987)을 사용하였다.

② 문맥상 어찌할 수 없는 경우에 한해 의역을 하였다.

2. 분책: 『자본』 제3권을 두 권으로 나누어 내기로 하였다.

① 제1분책: 제1편~제5편(제1장~제28장)

② 제2분책: 제5편~제7편(제29장~제52장)

3. 주(註)의 표시

① 마르크스 · 엥겔스에 의한 원주는 1), 2), 3)⋯⋯으로 표시.

※ MEW판에는 1, 2, 3⋯⋯으로 표시되어 있다.

② MEW판 편집자에 의한 보주는 * 으로 표시.

※ MEW판에는 *1, *2, *3⋯⋯으로 표시되어 있다.

③ MEW판 편집자에 의한 해설은 †1, †2, †3⋯⋯으로 표시.

※ MEW판에는 〔1〕, 〔2〕, 〔3〕⋯⋯으로 표시되어 있다.

④ 옮긴이 주: 옮긴이 주는 본문의 ( ) 안에 작은 크기의 활자로 표시.

4. 부호 사용

① 〔 〕: 본문 가운데 중복되거나 예를 든 부분에 한하여 옮긴이가 임의로 넣은 것.

② ( ) 안의 본문 크기 활자: MEW판 자체에 괄호가 있던 부분.

③ 인용문 중의 ( ): 저자 자신이 삽입한 부분.

④ 『 』: 책·신문·잡지를 구분하지 않고 모두 『 』로 표시.

⑤ 「 」: 논문이나 책 속의 장 또는 절 등의 제목을 표시.

⑥ { }: 원문에서 엥겔스가 삽입한 부분.

5. 쪽수 표시

① 본문에 있는 M1, M2, M3……는 MEW판의 쪽수 표시.

② 참고문헌과 인명·사항 찾아보기의 각 항목 끝부분의 숫자는 MEW판(본문 중 M1, M2, M3……로 표시한 부분)의 쪽수 표시.

※ MEW판 자체에 쪽수 표시가 없는 부분도 있다(예를 들면 23, 24).

6. 그 밖에

① 독일어·영어의 사용: 인명과 개념 또는 강조사항의 경우에 삽입.

② 책명: 참고문헌·찾아보기에만 원서명을 넣었다.

③ 책명을 번역할 때 원서명 그대로 완전히 번역하지는 않았다.

④ 몇몇 개념과 용어에서 다른 것이라도 통일해서 번역한 경우가 있다.

결국 나는 마르크스 이론의 완결이라고 할 수 있는 마르크스의 주저 『자본』의 이 세 번째 책을 출간할 수 있게 되었다. 1885년 제2권을 출간할 당시 나는 제3권을 편집하는 데는 〔물론 매우 중요한 2~3개 편을 제외하고는〕 단지 기술적인 어려움만 따를 것이라고 생각했었다. 이것은 실제로 그러했다. 그러나 내가 예기하고 있었던 중요한 부분들에서의 바로 그 어려움 중에는 그 당시에는 전혀 예상하지 못했던 다른 장애 요인들이 숨어 있었고 이것 때문에 이 책의 출간도 그만큼 늦어져야 했다.

그 다음은 무엇보다도 시력이 계속 나빠져서 수년간 집필 시간을 아주 조금밖에 가질 수 없었고 지금까지도 전등불 아래에서는 아주 가끔씩밖에 집필을 하지 못하고 있다. 게다가 피할 수 없는 다른 많은 일들, 마르크스의 과거 저작들에 대한 신판 출간과 번역, 그리고 새로운 연구가 없이는 종종 불가능한 개정판, 증보판, 서문 작성 등의 일이 밀어닥쳤다. 특히 제1권의 영역판은 그 원문에 관한 궁극적인 책임을 내가 져야 했기 때문에 많은 시간을 빼앗길 수밖에 없었다. 최근 10년간 국제적으로 급격히 증가한 사회주의 서적들, 특히 마르크스와 나의 초기 저작에 관한 많은 번역들을 어느 정도 지켜본 사람들은 내가 다룰 수 있는 〔즉 그런 번역들을 도울 수 있고 또 그 때문에 그들 저작의 수정 작업에 대해서도 책임을 회피할 수 없는〕 언어가 몇 가지 되지 않는다는 것이 내게는 다행이었다는 사실이 무슨 말인지를 이해할 수 있을 것이다. 그러나 문헌의 증가는 그에 상응하는 국제 노동운동 그 자체의 확대를 나타내는 하나의 징후에 지나지 않았다. 그리고 이것은 나에게 새로운 책임을 부여하였다. 우리들이 공식 M8 활동을 시작한 초기부터 각 나라의 사회주의운동과 노동운동을 서로 연결하는 작업의 주요 부분은 마르크스와 나의 몫이었다. 이 작업은 운동 전체가 강화됨에 따라 함께 늘어났다. 마르크스는 사망하기 직전까지도 이 작업의 주요 부분을 떠맡고 있었고, 그가 사망하고 나서는 계속 늘어나기만 하는 이 작업이 모두 나에게 부과되었다. 그러나 점차 각국 노동자 정당들 간의 직접적인 상호 교류가 자리를 잡아갔고 다행히 그런 경향은 날이 갈수록 계속 증대되고 있다. 그럼에도 아직은 나의 도움을 요청하는 경우가 잦아서 내가 이론적인 작업에만 몰두하기는 어려운 실정이다. 그렇지만 나처럼 50년 이상 이 운동에 몸담고 있는 사람이라면 누구나 이 운동이 요구하는 작업들을 거부할 수 없고 그것은 마땅히 수행해야만 하는 의무임이 틀림없다. 16세기와 마찬가지로 우리가 활동하고 있는 이 시대에도 보통의 이론가들은 사회적인 문제에서 단지 반동의 편에 서거나 — 바로 그렇기 때문에 이들은 참된 의미에서 결코 이론가가 아니다 — 이런 반동의 변호인에 지나지 않는다.

내가 런던에 살았을 때에는 이와 같은 정당과의 교류가 겨울에는 대부분 편지를 통해서, 여름에는 대부분 인편을 통해서 이루어졌다. 이 때문에 〔그리고 날로 증가하는 국가의 수와 그보다 더 급격히 증가하는 언론기관의 수에 맞추어 운동을 진행시킬 필요성 때문에〕 도중에 중단할 수 없는 작업들은 겨울, 특히 연초의 3개월 동안으로 미루어졌다. 나이가 일흔을 넘게 되면 두뇌 작업은 매우 신중하고, 완만하게 이루어지는 법이다. 즉 이론적인 작업들에서 부딪히게 되는 어려움을 젊었을 때처럼 그렇게 쉽

14

고 또 신속하게 극복하지 못하게 된다. 그래서 나는 겨울 동안에 한 작업들 가운데 끝내지 못한 것들은 그 다음 해 겨울 그 작업의 대부분을 처음부터 다시 시작해야 했는데, 이 책에서 가장 어려웠던 부분인 제5편이 바로 그런 대표적인 경우이다.

독자들이 나중에 보게 되듯이 이 제3권의 편집은 제2권의 경우와는 완전히 달랐다. 제3권의 경우에는 매우 불완전한 최초의 초고가 단 1개만 남아 있을 뿐이었다. 대개 각 편(Abschnitt)의 첫 부분들은 매우 조심스럽게 다듬어야 했고, 문체까지도 손을 보아야 했다. 점점 뒷부분으로 들어갈수록 초고는 더욱 단편적이고 불완전한 형태를 띠었고, 또 논의과정에서 불쑥불쑥 나타나는 부수적인 사항들〔나중에 뒷부분으로 들어가야 할 부분〕이 점점 더 많아졌으며, 아직 채 정리되지 않고 떠오르는 대로 생각들을 옮겨 적은 부분들 때문에 문장은 점점 더 길어지고 복잡해졌다. 초고의 대 M11 부분이 과로로 인한 급성 혹은 만성의 질병 때문에 글씨를 흘려 써서 알아보기 어렵게 되어 있었는데, 마르크스는 이들 질병으로 말미암아 혼자만의 판단으로 작업을 수행하기 점점 더 어려워졌을 뿐만 아니라 가끔씩은 아예 불가능한 경우도 있었다. 이것은 당연한 일이었다. 1863~67년 사이에 마르크스는『자본』제2권과 제3권의 초고와 제1권의 인쇄용 원고를 집필하면서 그와 동시에 국제노동자연맹의 설립과 확대에 관한 큰 작업도 함께 수행하고 있었다. 그래서 이미 1864년과 1865년 그에게는 심각한 건강상의 이상 징후가 나타났고, 그로 인하여 마르크스는 제2권과 제3권의 마무리 작업을 수행할 수 없었던 것이다.

나는 일단 초고 전체를, 나도 해독하기에 쉽지 않은 원래의 상태에서 해독이 가능한 복제본 상태로 옮기는 작업으로부터 시작했는데, 여기에만도 이미 상당한 시간이 소요되었다. 그것이 끝난 다음에야 비로소 본격적인 편집 작업을 시작할 수 있었다. 나는 편집을 꼭 필요한 부분에만 한정해서 수행하였고 비교적 분명하게 나타나 있는 초고의 특성은〔설사 중복되는 부분이 있더라도〕그대로 살려두었다. 그것은 마르크스가, 통상

하는 바대로, 어떤 문제를 항상 다른 측면에서도 살펴보고 또 다른 표현방식을 사용하기도 하기 때문이었다. 편집의 범위를 조금이라도 벗어나서 내가 원문을 고치거나 추가한 경우, 혹은 마르크스가 문장을 끝맺지 않아 내가 그 부분을 끝맺었을 경우에는 설사 마르크스의 본뜻을 따르고자 최대한 노력했다 할지라도 해당되는 부분 전체를 괄호로 묶고 내 이름의 약칭을 표기하였다. 내가 붙인 각주에는 곳곳에서 괄호가 빠진 곳이 있다. 그러나 그럴 경우에도 내 이름의 약칭을 반드시 붙임으로써 그 부분에 대해선 내게 책임이 있다는 것을 밝혀두었다. (이 번역본에서는 각주와 본문에서 모두 엥겔스의 이름 약칭을 생략하고 중괄호({ })만으로 표기를 통일하였다—옮긴이)

최초의 초고에서와 마찬가지로 당연히 완성된 초고에도 나중에 뒤에서 논의될 사항들에 대한 많은 표시들이 있는데 이런 약속은 대부분 지켜지지 못하였다. 나는 이것을 그대로 살려두었는데 그것은 원저자의 미래 작업에 대한 의도를 나타내는 것들이기 때문이다.

이제 각 항목을 세부적으로 하나씩 살펴보기로 하자.

제1편의 초고 원본은 사용하는 데 상당히 큰 제약이 따랐다. 잉여가치율과 이윤율 간의 관계에 관한 모든 수학적 계산(이것은 제3장을 구성한

M12 다)은 처음에 계산해둔 것을 그대로 살렸지만 제1장에서 다루어진 것들은 나중에 계산된 것들이었고 그나마도 일부밖에 되어 있지 않았다. 여기에는 각각 전지 2절판 8페이지씩으로 이루어진 두 개의 수정 원고가 도움이 되었다(그러나 이것들도 완전한 도움은 되지 못하였다). 제1장은 그렇게 작업이 이루어졌다. 제2장은 초고 원본을 그대로 따랐다. 제3장은 수학적인 계산 부분이 완전히 마무리되지 못한 부분도 있었지만, 반면에 잉여가치율이 이윤율로 균등화되는 관계를 논의한 부분의 경우는 1870년대에 작성된 노트가 거의 완성된 형태로 온전하게 보존되어 있었다. 제1권의 영어 번역을 거의 대부분 맡았던 내 친구 새뮤얼 무어(Samuel Moore)가 이 노트를 다듬어서 내게 넘겨주었는데 이 노트의 편집은 한때 케임브리

16

지 대학의 수학자였던 그가 더 적격이었다. 무어의 요약을 주로 이용하고 또 가끔은 초고 원본도 이용하면서 나는 제3장을 완성시킬 수 있었다. 제4장은 제목만 남아 있었다. 그러나 여기에서 다루어질 문제, 즉 자본회전이 이윤율에 미치는 영향은 결정적으로 중요한 부분이기 때문에 이 부분은 직접 집필하였다. 그래서 이 제4장은 전체가 괄호로 묶여 있다. 여기에서는 사실 제3장의 이윤율에 관한 공식이 일반화될 수 있도록 약간 변형될 필요가 있었다. 제5장부터 제1편의 나머지 부분까지는 초고 원본이 유일한 자료가 되었다. 그러나 물론 여기에서도 많은 수정과 보충이 필요하기는 하였다.

그 다음의 제2~4편은 문체상의 편집을 제외하고는 거의 완전히 초고 원본에 의존할 수 있었다. 일부 자본회전의 영향과 관련된 몇몇 부분들은 내가 삽입한 제4장의 논의와 논리적으로 일치하도록 편집했다. 물론 그런 부분들은 모두 괄호로 묶어서 내 이름의 약칭을 표기해두었다.

가장 어려움이 많았던 부분은 제5편이었는데, 이 부분은 이 책 전체의 논의 대상 중에서 가장 복잡한 부분이기도 하다. 그리고 마르크스는 바로 이 부분을 퇴고하는 도중에 앞서 언급한 바 있는 심각한 질병을 만났다. 따라서 이 부분은 완성된 초고가 없고 전반적으로 윤곽이 잡힌 노트도 없으며 단지 주석 혹은 자료들이 정리되지 않은 채 여러 번 발췌 형태로 퇴고된 흔적으로만 남아 있다. 처음 나는 이 제5편을, 내가 제1편을 완성할 때와 마찬가지로, 비어 있는 부분을 메우고 끊긴 문장을 이어 붙이는 방식으로 초고를 완성함으로써 그가 의도한 내용을 비슷하게라도 제공하려고 노력하였다. 나는 이 작업을 적어도 세 번 시도했으나 그것은 모두 실패로 끝났다. 이것으로 인한 시간 낭비가 이 책의 출간이 늦어진 주된 이유이다. 결국 나는 이 방식이 잘못된 것이라는 사실을 깨달았다. 나는 이 부분과 관련된 모든 문헌을 빠짐없이 읽었어야 했고 그런 다음에야 이 제5편을 완성할 수 있었겠지만, 그럴 경우 그것은 마르크스의 책이 아니었을 것이다. 내가 할 수 있는 것은 단지 기존의 것을 가능한 한 잘 정리하고 반드시 필요한 것만 보충하는 정도였다. 그리하여 나는 1893년 초 제5편의 주요 작업을 끝마쳤다.

각 장별로 자세히 살펴본다면 먼저 제21~24장은 거의 퇴고가 끝나 있었다. 제25장과 제26장은 인용문을 가려내고 엉뚱한 곳에 잘못 끼어 있는 자료를 제자리에 정렬하는 작업이 필요했다. 제27장과 제29장은 거의 완전히 초고에 의존해서 이루어졌지만 제28장은 부분적으로 배열을 바꾸어야 했다. 그러나 정말로 어려운 문제는 제30장에서 시작되었다. 여기에서부터는 인용문의 정렬은 물론 삽입문이나 엉뚱한 문장의 출현으로 곳곳에서 문맥이 끊어지고, 생략되고, 위치가 잘못되어 있어서 전후 문맥을 유추하여 올바르게 배열해야만 했다. 그래서 제30장은 위치가 잘못된 문장의 위치를 바꾸거나 그것을 삭제함으로써 완성할 수 있었다. 제31장은 다시 비교적 퇴고가 잘되어 있었다. 그런데 제31장 다음에는 초고에서 상당히 긴 부분이 이어져 있었는데, 거기에는 "혼동"이라고 제목이 붙어 있었다. 이 부분은 1848년과 1857년의 공황에 관한 의회 보고서의 요란한 발췌록들로 이루어져 있고, 그 내용은 23명의 기업가와 경제학자가 화폐, 자본, 금유출, 투기 과열 등의 현상에 관해 진술한 이야기들을 모아둔 것으로 중간 중간에 익살스러운 풍자가 섞여 있다. 이 부분에는 질문이나 답변을 통해서 화폐와 자본의 관계에 관한 당시의 지배적인 견해들과 화폐시장의 화폐와 자본을 동일시하던 당시의 "혼동"들이 그대로 실려 있는데, 마르크스는 이를 비판적이고 풍자적인 방식으로 다루고자 하였다. 나는 여러 가지 시도를 해본 후에 이 부분을 별도의 한 장으로 구성하는 것이 불가능하다는 것을 확신하게 되었다. 그래서 이들 자료는 (특히 마르크스가 신랄하게 비꼬아둔 자료들은) 그것이 관련된 부분에 그때그때 끼워 넣어 사용하기로 하였다.

그 다음에 이어지는 부분을 나는 제32장으로 구성하였다. 그런데 이 부분도 처음부터 이 장의 내용과 관련된 거의 모든 것을 망라한 의회 보고서 발췌문이 한 덩어리 들어 있었고, 여기에는 또한 길고 짧은 저자의 여러 주석들이 섞여 있었다. 끝부분으로 가면서 이들 발췌문과 주석들은 점차 금속화폐와 환시세의 변동에 초점을 맞추어갔고 결국 마지막에는 온갖 M14 종류의 보유(補遺)들로 끝을 맺고 있었다. 반면 "자본주의 이전" 장(제36 장)은 완전히 퇴고가 되어 있었다.

"혼동" 부분에 실려 있던 이들 자료 가운데 앞부분에 싣지 않은 것들을 나는 제33~35장에 모았다. 물론 이 작업은 전체적인 논리적 맥락 때문에 나로서는 매우 신중하게 보완 작업을 할 수밖에 없었다. 이 보완 작업이 단지 형식적인 범위를 넘어선 경우에는 모두 내 이름 약칭을 표기해두었 다. 이런 식으로 결국 나는 저자가 어떤 형태로든 이야기해둔 모든 것들을 텍스트 안에 빠짐없이 수록할 수 있었다. 누락된 것들이란 단지 반복되거 나 이미 이야기된 것, 혹은 발췌문 가운데 초고의 논의 범위를 벗어나 있 는 사항과 관련된 것들 정도만 있었을 뿐이다.

지대 편은 완전히 퇴고가 끝나 있었다. 다만 그 배열은 채 마무리가 이 루어지지 않은 상태였는데 이것은 마르크스가 제43장(초고에서 지대 편 의 마지막 부분)에서 이 편 전체의 구성에 관해 간략하게 이야기할 필요를 느꼈던 점을 통해서 확인된다. 마르크스의 이 언급은 편집 작업을 위해서 매우 감사할 만한 것이었는데, 왜냐하면 초고는 제37장에서 시작하여 그 뒤에 제45~47장이 이어져 있고, 그 뒤에 비로소 제38~44장이 배열되어 있었기 때문이다. 이 부분에서 내가 주로 해야 했던 일은 차액지대 II의 도 표들을 작성하는 일이었고 또한 이 과정에서, 여기에서 다루어지는 차액 지대의 세 번째 경우가 제43장에서 전혀 다루어지지 않았다는 사실이 발 견되었다.

이 지대 편을 쓰기 위해서 마르크스는 7년간에 걸쳐 완전히 새로운 연 구에 몰두하였다. 그는 러시아에서 1861년 '농지개혁' 이후 작성된 러시 아어로 된 통계 자료들과 기타 토지소유에 관한 출판물들을 그의 러시아 친구들로부터 거의 완벽하게 입수하여 러시아어로 연구해야 했고, 이들 자료에서 많은 발췌문을 얻어서 이 지대 편의 수정판에 사용하려고 하였다. 러시아 농민들의 착취와 러시아 토지소유의 그 다양한 형태 때문에, 지대 편에서 러시아의 역할은 매우 컸는데 이는 마치 제1권의 산업 임노동에 관한 논의에서 영국이 차지한 역할과 마찬가지의 것이었다. 그러나 불행히도 그는 이 수정판의 구상에 대해서 상세한 이야기를 별로 남기지 않았다.

끝으로 제7편은 완전한 원고가 남아 있었지만 제1차 초고일 뿐이어서 이것을 출판이 가능한 형태로 짜 맞추는 데는 상당한 시간이 소요되었다. 제일 마지막 장은 첫머리 부분만 남아 있었다. 이 장에서는 크게 세 가지 수입형태(즉 지대, 이윤, 임금)에 상응하는 발전된 자본주의 사회에서의 M15 세 계급(즉 지주, 자본가, 임노동자)과 이들의 존재로 인해 필연적으로 일어나는 계급투쟁을 사실상 자본주의 시대가 만들어냈음을 다루어야 했을 것이다. 마르크스는 이러한 요약 결론을 인쇄에 들어가기 직전 최종 편집을 하면서 남겨두는 것이 보통이었는데, 그럼으로써 그는 가장 최근의 역사적 사건들을 자신의 이론적 논의에 대한 가장 확실한 현실성의 근거로〔즉 완벽한 논리적 정합성으로〕제시하곤 했던 것이다.

자신의 논의를 더 상세히 설명해주는 인용문과 증거 자료들은 — 제2권에서도 이미 그러했듯이 — 제1권보다 현저하게 줄어들었다. 제1권의 인용문들은 제2판과 제3판의 페이지 수를 표기해두었다. 초고에서는 이전 경제학자들의 논의를 인용할 때 대개 그 이름만 언급되어 있었고 실제 인용문은 최종 편집과정에서 삽입되었다. 물론 나는 이것을 원상태 그대로 내버려두어야 했다. 의회 보고서는 4개만 이용되었지만 매우 풍부하게 이용되었다. 그것들은 다음과 같다.

① 『의회 보고서』(하원) 제8권, 『상업불황위원회 제1차 보고서』 제2권, 제1부, 1847~48년. 『증언록』. — 『상업불황위원회: 1847~48년』으로 인용.

② 『상업불황위원회 보고서』(1848년 출간), 『증언록』(1857년 출간, 1848년에는 이를 출간하는 것이 지나치게 위험하다고 간주되어서 1857년에야 출간됨). — 『상업불황위원회: 1848~57년』으로 인용.

③ 보고서: 『은행법 특별위원회 보고서』, 1857년. ― 같은 책, 1858년. ― 1844년과 1845년의 은행법이 미친 영향에 관한 하원 보고서, 증언록 첨부 ― 『은행법위원회: 1857년』 혹은 『은행법위원회: 1858년』으로 인용.

나는 사정이 허락하는 대로 곧바로 제4권[잉여가치학설사]의 편집에 착수할 것이다.*

―

『자본』 제2권의 서문에서 나는 "로트베르투스(Rodbertus)가 마르크스의 은밀한 이론적 원천이며 그의 탁월한 선구자"였다고 기쁨의 함성을 내질렀던 사람들과 담판을 지어야만 하였다. 나는 이들에게 "로트베르투스 경제학이 도대체 무엇을 이루었는지"를 보여줄 수 있는 기회를 제공하였다. 나는 그들에게 "어떻게 해서 가치법칙을 손상하지 않고, 오히려 이를 기초로 하여 균등한 평균이윤율이 형성될 수 있고 또 될 수밖에 없는지"를 보여달라고 요구하였다. 그들[즉 당시 주관적이든 객관적이든 대개 과학적인 근거와는 전혀 다른 근거로 로트베르투스가 경제학의 스타라고 떠 ^{M16} 벌리던 사람들]은 예외 없이 누구도 이 물음에 대한 답변을 하지 못하였다. 그러나 다른 사람들은 이 문제와 씨름하는 것이 가치 있는 일이라고 간주하였다.

제2권에 대한 비판에서(『콘라트 연보(年報)』[†1] 제11권, 제5호, 1885, 452~465쪽) 렉시스(W. Lexis) 교수는 비록 직접 해결책을 제시하려고 하지는 않았지만 다음과 같이 문제를 제기하였다.

그러한 모순(리카도·마르크스의 가치법칙과 균등한 평균이윤율 간의 모순)의 해결은 만일 여러 종류의 상품을 하나씩 분리해 살펴본다면[그리

---

* MEW Bd.26 참조.

고 각 상품 종류의 가치가 그 교환가치와 같고 그 교환가치는 그것의 가격
과 같거나 비례관계에 있다고 간주할 경우에는] 불가능하다.

그의 견해에 따르면 이것이 가능한 것은

노동에 의한 개별 상품의 가치측정을 포기하고 상품생산을 단지 전체적
인 측면에서만 파악하고 또 그것의 배분도 자본가와 노동자 사이의 총계급
적 배분으로만 간주할 경우뿐이다. …… 노동자계급은 총생산물 가운데 단
지 일부만 획득하고 …… 나머지 부분은 자본가에게 귀속되는데 그것은 마
르크스의 개념에 따를 경우 잉여생산물, 즉 잉여가치에 해당한다. 자본가
계급의 구성원들은 이 총잉여가치를 그들끼리 배분한다. 이때의 배분은 그
들이 고용한 노동자 수를 기준으로 하는 것이 아니라 각자가 투자한 자본량
에 비례해서 이루어지며 이 자본량에는 토지도 자본가치로 환산되어 포함
된다.

상품에 실현된 노동단위에 의해 결정되는 마르크스의 이상적 가치
(Idealwerte)는 그대로 가격과 일치하는 것이 아니고 단지 "실제가격으로
이행해가는 과정의 출발점 정도"로만 간주될 수 있다.

이 실제가격은, 동일한 크기의 자본은 동일한 크기의 수익을 얻어야 한
다는 조건에 의해 결정된다.

그리하여 몇몇 자본가는 그들의 상품에 대해서 이상적 가치보다 더 높은
가격을 받기도 하고 또 어떤 자본가는 그보다 더 낮은 가격을 받기도 한다.

그러나 잉여가치에서의 손실이나 이익은 자본가계급 내부에서 서로 상
쇄되어버리므로 잉여가치의 총액은 불변으로 마치 모든 가격이 상품의 이

상적 가치에 비례하는 것처럼 보인다.

이것으로 문제가 해결된 것은 물론 아니다. 그러나 다소 엉성하고 평이한 방식을 통한 것이긴 하지만, 전체적으로 그의 견해는 비교적 올바른 시각을 갖춘 것으로 보인다. 그리고 이 정도면 사실 렉시스 교수처럼 자랑스럽게 '속류경제학자'들의 틈에 끼어 있던 사람이 한 이야기로는 상당히 수준 높은 것이다. 즉 나중에 다루게 될 다른 속류경제학자들과 비교해 보면 렉시스 교수의 이런 발언은 매우 놀라운 것이기도 하다. 물론 그의 속류경제학이 그 본래 범위를 벗어나는 것은 아니다. 그는 자본수익이 마르크스의 방식대로 추출될 수 있다는 가능성은 인정했지만, 이런 견해의 당위성을 주장하지는 않았던 것이다. 오히려 그 반대였다. 그는 속류경제학이 그보다 더 나은 설명방식을 지닌다고 말했던 것이다.

자본주의에서 판매자들, 즉 원료생산자, 공장주, 도매상, 소매상 등은 각 M17 기 자기가 구매한 것보다 더 비싸게 판매함으로써, 다시 말하면 상품원가에다 일정 비율을 추가한 가격으로 판매함으로써 그들의 사업에서 수익을 얻는다. 단지 노동자들만은 이러한 가치부가 방식을 수행할 수 없다. 즉 그들은 자본가에 대해서 불리한 위치에 있기 때문에 자신의 노동을 자기 자신의 원가[즉 필수적인 생계유지비용]대로 판매하게 된다. 그리하여 이 추가적인 가격 부분은 전적으로 임노동자를 구매하는 사람하고만 관련된 것이고 총생산물가치 가운데 일부가 자본가계급에게 이전되는 결과를 낳게 된다.

여기에서 자본이윤에 대한 이 '속류경제학'의 설명이 사실상 마르크스의 잉여가치이론과 동일한 결론에 도달한다는 사실을 우리는 쉽게 알 수 있다. 즉 렉시스의 견해에서 노동자가 "불리한 위치에 있다"는 것은 마르크스와 같으며, 또한 노동하지 않는 사람들은 모두 자신의 원가 이상으로 판매할 수 있는 데 반해 노동자는 그렇지 못하기 때문에 이들 노동자는 폭리의 희생자이며, 그리고 이런 이론에 기초하여 그럴듯한 속류경제학을 만들어내는 일은 제번스-멩거의 사용가치이론과 한계효용이론[†2]에 기초하여 영국에서 속류경제학을 하나 창설하는 것만큼이나 간단한 일이라는 사실 등을 우리는 쉽게 알 수 있다. 나는 만일 조지 버나드 쇼(G. B. Shaw)가 이 이윤이론을 알았다면 손뼉을 쳐대면서 윌리엄 제번스(W. Jevons)와 카를 멩거(C. Menger) 따위와 결별하고 이 이론의 기초 위에 미래의 페이비언 교회(Fabianische Kirche, 페이비언 사회주의의 이상주의를 은유하는 말—옮긴이)를 세울 수 있었을 것이라고 생각한다.

그러나 사실 이 이론은 마르크스 이론의 한 변형에 불과하다. 추가가격분 전체는 도대체 어디에서 유래된 것일까? 그것은 노동자의 '총생산물'에서 유래된 것이며 특히 '노동'이라는 상품〔마르크스의 말로는 노동력〕이 그것의 가격 이하로 판매되었기 때문에 만들어진 것이다. 왜냐하면 만일 생산원가보다 비싸게 판매되는 것이 모든 상품의 공통된 성격이라고 한다면, 그리고 여기에서 노동만이 예외적으로 그 생산원가대로 팔린다면 노동은 바로 이 속류경제학의 세계에서 통상가격 이하로 판매되는 셈이 된다. 그 결과 자본가〔또는 자본가계급〕에게 떨어지는 초과이윤은 노동자가 자신의 노동가격만큼 재생산을 하고 난 연후에, 그가 지불받지 못하는 그 이상의 생산물〔즉 지불되지 않는 노동인 잉여가치에 해당하는 생산물, 바로 잉여생산물〕을 생산해야 한다는 사실에 근거한 것이며 또 궁극적으로는 바로 그 사실에 의해서만 생겨날 수 있다. 렉시스는 자신의 표현을 선택하는 데 극히 조심스러운 사람이다. 그는 위의 이야기가 자신의 것이라는 말은 한마디도 하지 않았다. 그러나 만일 그것이 렉시스 자신의 이야기라고 한다면 그는 마르크스의 눈으로 볼 때 "기껏해야 구제 불능인 저능아"라고 스스로도 말하는 그런 보통의 속류경제학자가 아니고 속류경제학자로 위장한 마르크스주의자임이 분명하다. 이런 위장이 의식적인 것이었는지, 혹은 무의식적인 것이었는지는 여기에서 우리가 관심을 기울일 문제가 아닌 단지 심리학적인 문제일 뿐이다. 이런 심리학적 문제에 관심을 기울이는 사람은 누구나, 렉시스같이 분별력 있는 사람이 도대체 어떻게 해서 복본위제(複本位制, Bimetallismus: 금과 은 두 종류의 금속을 모두 본위화폐로 유통시키는 화폐제도-옮긴이) 같은 터무니없는 생각을 한때 주장하고 나설 수 있었는지도 큰 문제로 맞닥뜨리게 될 것이다.†3

　문제를 정말로 해결해보고자 노력했던 최초의 글은 콘라트 슈미트(Conrad Schmidt)의 『마르크스 가치법칙에 기초한 평균이윤율』(Dietz, Stuttgart, 1889)이었다. 슈미트는 시장가격이 형성되는 구체적인 내용들을 가치법칙은 물론 평균이윤율과도 관련지어 설명하려고 하였다. 산업자본가는 자신의 생산물에서 일차적으로 자신이 투자한 자본 부분을 보전하고 그 다음으로 그가 지불하지 않은 잉여생산물을 획득한다. 그러나 이 잉여생산물을 획득하기 위해서 그는 자신의 자본을 생산에 선대(투하)하여야 한다. 다시 말하면 그는 이 잉여생산물을 획득하기 위해서 일정량의 대상화된(gegenständlichter) 노동을 사용하여야 한다. 즉 자본가가 투하한 이 자본은 그에게 이 잉여생산물을 창출하기 위해 사회적으로 필요한 대상화된 노동량이 되는 것이다. 이것은 모든 다른 산업자본가들에게 똑같이 적용된다. 이제 생산물들은 가치법칙에 따라서 그것의 생산을 위해 사회적으로 필요한 노동량에 비례하여 서로 교환되기 때문에, 그리고 자본가에게 자신의 잉여생산물을 생산하는 데 필요한 노동은 곧 자신의 자본에 포함되어 있는 과거의 노동이기 때문에, 따라서 잉여생산물은 그것의 생산에 소요되는 자본에 비례하여 교환되는 것이지 실제로 그 속에 포함되어 있는 노동에 따라 교환되는 것이 아니다. 그러므로 각 단위 자본들에 할당되는 몫은 생산된 잉여가치의 총액을 거기에 사용된 자본총액에 따라 나눈 것과 동일하다. 따라서 동일한 자본은 동일한 기간에 동일한 이윤을 만들어내고 이런 과정은 그렇게 계산된 잉여생산물의 비용가격〔즉 평균이윤〕이 지불된 생산물의 비용가격에 부가되고 이같이 지불된 생산물과 지불되지 않은 생산물이 모두 이같이 높아진 가격으로 판매되는 방식으로 진행된다. 평균이윤율의 형성은, 슈미트가 생각한 것처럼 개별 상품의 평균가격이 가치법칙에 따라 결정되더라도, 이루어진다.

　슈미트의 문장은 매우 교묘하게 짜여 있다. 그것은 완전히 헤겔 식의
M19 구성을 갖추고 있지만 이 헤겔 식 구성의 대다수는 잘못된 것들이다. 잉여
생산물과 지불된 생산물은 전혀 구별되지 않는다. 만일 평균가격에 대해
서도 가치법칙이 그대로 적용된다면 잉여생산물과 지불된 생산물 둘 다
그것의 생산에 필요하고 또 그것에 소비된 사회적 필요노동에 비례하여
판매되어야 한다. 가치법칙은 원래부터 자본가적 사고방식에서 나온 견
해, 즉 축적된 과거의 노동〔자본을 구성하는〕이 단지 완성된 일정량의 가
치일 뿐만 아니라 또한 생산과 이윤형성의 한 요소로서 가치를 만들어내
는〔즉 자신의 가치보다 더 많은 가치를 생산하는〕 원천이기도 하다는 생
각과는 정반대의 것이다. 가치법칙은 살아 있는 노동만이 이런 새로운 가
치를 생산할 수 있다는 점에 기초해 있다. 자본가들이 자신의 자본 크기에
비례하여 동일한 이윤을 기대한다는 것〔즉 그들의 자본지출은 일종의 그
들 이윤의 비용가격이라는 것〕은 잘 알려져 있다. 그러나 만일 슈미트가
이런 생각에 근거하여 평균이윤율에 의해 계산된 가격을 가치법칙과 일
치시키려고 한다면 그는 가치법칙과는 완전히 모순되는 생각을 이 법칙
과 함께 작용하는 요소로 합쳐버림으로써 가치법칙 그 자체를 포기해버
리는 셈이 된다.

　축적된 노동이 살아 있는 노동과 마찬가지로 가치를 창출한다면 가치
법칙은 적용되지 않는다.

　그러나 만일 축적된 노동이 가치를 창출하지 않는다면 슈미트의 논증
은 가치법칙과 모순된다.

　슈미트는 거의 해답에 다가선 지점에서 샛길로 빠지고 말았는데 이는
그가 모든 개별 상품의 평균가격이 가치법칙과 일치한다는 것을 증명해
줄 어떤 수학적 정식을 찾아내야만 한다고 믿었기 때문이다. 그러나 그가
거의 목표에 다가선 바로 이 지점에서 잘못된 길로 접어들었다는 점에서,
그 소책자의 내용 가운데 나머지 부분은 그가 『자본』 제1권과 제2권에서

26

좀더 진전된 어떤 결론을 끌어낼 수 있는 인식 수준에 도달해 있었다는 것을 보여준다. 그가 이룩한 업적으로는 여태까지 해명되지 못했던 이윤율 저하 경향[마르크스가 제3권 제3편에서 명쾌하게 해명했던 문제]을 올바로 해명한 점, 그리고 산업부문의 잉여가치에서 상업이윤을 도출해낸 점, 이자와 지대에 대한 일련의 주석들[마르크스가 제3권의 제4편과 제5편에서 다룬 문제들] 등을 들 수 있다.

그 후의 저작(『노이에 차이트』, 1892~93, 제3~4호)에서 슈미트는 다른 방식으로 해답을 추구하였다. 이 저작에서 그는 경쟁이야말로 자본을 이윤이 낮은 생산부문에서 이윤이 높은 생산부문으로 이동시킴으로써 평 M20 균이윤율을 형성하는 요소라고 결론짓는다. 경쟁이 이윤을 균등하게 만드는 중요한 요소라는 것은 새삼스러운 이야기가 아니다. 그러나 슈미트가 여기에서 입증하고자 했던 것은 이런 이윤의 균등화가, 과잉생산된 상품의 판매가격이 결국은 사회가 가치법칙에 따라 지불할 수 있는 가치량에 의해 결정된다는 것과 동일하다는 사실이었다. 그러나 이것도 역시 그런 방식으로는 해답에 도달할 수 없다는 것을 마르크스는 자신의 책에서 충분히 논의하고 있다.

슈미트 이후 이 문제에 도전한 사람은 파이어먼(P. Fireman)이었다(『콘라트 연보』, 제3집, 제3권, 793쪽). 나는 여기에서 마르크스 논의의 갖가지 측면에 대한 그의 이야기를 하나하나 세부적으로 다루지는 않으려 한다. 단지 나는 그의 이야기가 모두 마르크스가 자신의 논의과정에서 어떤 정의를 내리고자 했다는 오해[즉 일반적으로 마르크스에게서 어떤 확정되고 고정된, 그리고 모든 경우에 타당한 정의를 끌어내고자 하는 잘못된 인식]에 기초해 있다는 점을 지적하고자 한다. 사물과 그것들의 상호관계가 고정된 것이 아니라 가변적인 것으로 인식될 경우에는 그것들의 사상(寫像)과 개념도 동시에 변화되고 변형되는 것이 당연하다. 즉 우리는 이것들을 화석화한 정의로 묶어버릴 것이 아니라 그것의 역사이고 논리적인 형성과정을 따라 발전시켜나가야 하는 것이다. 그러므로 여기에서 마르크스가 왜 제1권의 첫머리에서 그의 역사적 전제조건으로서 단순상품생산에서 논의를 시작하고 그런 다음 이를 기초로 자본으로 논의를 옮겨 가는지, 왜 그가 개념적으로나 역사적으로 이차적인 형태(즉 이미 자본주의적으로 변형된 상품)에서 출발하지 않고 바로 이 단순상품에서 자신의 논의를 시작하는지 그 이유가 이제 분명하게 드러난다. 물론 파이어먼은 그 이유를 전혀 이해할 수 없었다. 그 밖에도 파이어먼의 논의에는 문제가 될 수 있는 갖가지 부차적인 문제들이 많지만 여기에서는 그것들을 모두 무시하고 문제의 핵심으로 곧장 들어가기로 한다. 파이어먼이 이론에서 배운 것은 잉여가치율이 일정할 때 잉여가치는 사용된 노동자 수에 비례한다는 것인 반면, 그가 경험을 통해 얻은 사실은 평균이윤율이 주어지면 이윤은 사용된 총자본의 크기에 비례한다는 것이었다. 파이어먼은 이것을 다음과 같이 설명하였다. 즉 그는 이윤이 단지 관습적인(그에게 이 말은 이윤이 일정한 사회구성체에 속하는 것으로서 그 사회구성체와 존망을 함께한다는 것을 의미한다) 현상일 뿐이며, 이윤의 존재는 자본과 결합된 것으로서 어떤 자본이 이윤을 낼 만한 힘이 충분할 경우 그 자본은 경쟁을 통해 모든 자본이 균등한 이윤율을 얻도록 만든다고 하였다. 이윤율이 균등하지 않다면 자본주의적 생산도 있을 수 없다. 자본주의적 생산형태가 전제되는 한, 모든 개별 자본가들의 이윤량은, 이윤율이 주어져 있을 경우, 각자의 자본량에 의존한다. 한편 이윤은 잉여가치(즉 지불되지 않은 노동)로 이루어진다. 그러면 이제 노동착취도에 따라 그 크기가 정해지는 잉여가치가 어떻게 해서 소요되는 자본 크기에 따라 그 크기가 결정되는 이윤으로 전화하는 것일까?

그것은 단지 불변자본과 가변자본의 비율이 매우 높은 모든 생산부문에서는 상품이 그 가치 이상으로 판매되고, 불변자본:가변자본(c:v)의 비율이 매우 낮은 모든 생산부문에서는 상품이 그 가치 이하로 판매되고 또한 c:v의 비율이 어느 정도 중간 수준인 생산부문에서만 상품이 원래의 가치

28

대로 판매됨으로써 이루어진다. …… 이들 각 상품의 개별 가격과 그것들의 해당 가치와의 이런 불일치는 가치법칙을 부정하는 것일까? 결코 그렇지 않다. 왜냐하면 몇몇 상품가격이 가치 이상으로 상승하는 정도는 다른 상품가격이 가치 이하로 하락하는 정도와 같아서 전체적으로 가격총액과 가치총액은 일치하기 때문이다. …… '궁극적으로' 불일치는 해소된다.

이런 불일치는 하나의 "교란"이다. 그러나

엄밀한 과학적 의미에서 계산 가능한 교란은 결코 법칙을 부정하는 것으로 간주되지 않는다.

이 글을 제9장에 있는 관련 부분과 비교해 본다면 우리는 파이어먼이 사실상 여기에서 결정적인 점을 지적하고 있다는 것을 알게 된다. 그러나 이런 발견이 있고 나서도 파이어먼의 논의를 기초로 하여 문제의 명확한 해결책을 찾아내기까지는 무수히 많은 사람들의 손을 더 거쳐야 했는데, 그것은 이처럼 중요한 논문이 발견한 그 문제가 그동안 얼마나 냉담하게 취급받았는지를 잘 대변해준다. 이 문제에 관심을 기울인 사람들은 매우 많았지만 그들 모두는 항상 마치 뜨거운 감자를 대하듯 이 문제를 건드리기를 꺼려했었다. 이것은 파이어먼의 발견이 불완전한 형태 그대로 남아 있게 된 사실을 통해서도 드러나며, 또한 마르크스 논의에 대한 그의 이해와 이런 이해에 근거한 그의 전반적인 마르크스 비판에서 그대로 드러나는 결함들을 통해서도 완전하게 드러난다.

어려운 문제에 부딪혔을 때 바보짓을 하여 스스로 웃음거리가 되는 사례로서 빼놓을 수 없는 것이 바로 취리히의 율리우스 볼프(Julius Wolf)의 경우이다. 그는 상대적 잉여가치를 통해서 모든 문제가 해결될 수 있다고 설명하였다(『콘라트 연보』, 제3집, 제2권, 352쪽 이하). 상대적 잉여가치의 생산은 가변자본에 대한 불변자본의 증가에 기초한다.

불변자본의 증가는 노동생산력의 증가를 전제로 한 것이다. 그런데 생산력의 증가는(생활수단의 저렴화를 통해서) 잉여가치의 증가를 가져오기 때문에 잉여가치의 증가와 총자본 중 불변자본의 구성비율 증가 사이에는 직접적인 관계가 성립한다. 불변자본의 증가는 노동생산력의 증가로 나타난다. 따라서 가변자본이 불변이고 불변자본이 증가하면 잉여가치는 마르크스가 말한 대로 증가할 것이 틀림없다. 이것이 바로 우리에게 주어진 문제의 내용이다.

M22

그러나 마르크스는 제1권에서 이것과 정반대의 이야기를 백 번도 더 반복해서 하고 있다. 불변자본에 비해 가변자본의 비율이 감소할 경우 상대적 잉여가치가 증가한다고 마르크스가 이야기했다는 그의 주장은 무슨 의회에서 낯 뜨거운 연설을 듣는 것과 같은 느낌을 준다. 실로 볼프는 그의 글 한줄 한줄에서 그가 절대적 잉여가치와 상대적 잉여가치 모두를 절대적으로든 상대적으로든 조금도 이해하지 못했다는 것을 여실히 보여준다. 그는 스스로 다음과 같이 말한다.

얼핏 보기에 우리는 말도 되지 않는 논리적 기반 위에 서 있는 것같이 보인다.

이 말이 그의 글 전체에서 유일하게 옳은 소리이다. 그러나 그것이 무슨 의미가 있겠는가? 자신의 천재적인 발견에 대해 너무도 큰 자부심을 가지고 있었던 볼프는 이 문제와 관련하여 마르크스에게 사후의 찬사를 보내지 않을 수 없었고 자신의 이 터무니없는 이야기를

자본주의 경제에 대한 마르크스의 비판이 얼마나 예리하고 선견지명을 갖추었는지를 보여주는 새로운 증거

30

라고 떠벌렸다.

그런데 더 기가 막히는 부분이 있다. 볼프는 이렇게 말한다.

리카도는 동일한 자본지출이 동일한 잉여가치(이윤)를 낳고 동일한 노동지출이 동일한 잉여가치(양적으로)를 낳는다고 주장하였다. 그래서 이제 문제는 어떻게 해서 이들 양자가 서로 일치할 것인가 하는 것이었다. 그러나 마르크스는 이런 형태의 문제를 인정하지 않았다. 그는 (제3권에서) 리카도의 두 번째 주장이 가치법칙과 반드시 일치하지 않는다는 것을, 즉 그것이 그의 가치법칙과 모순되며 따라서 …… 그것이 곧 가치법칙의 부정이라는 사실을 명쾌하게 입증하였다.

그런 다음 그는 마르크스와 자신 두 사람 가운데 누가 틀렸는지를 검증하고 있다. 물론 그는 자기 자신이 틀렸다고는 생각하지 않는다.

만일 내가 여기서 그의 이야기를 단 한 마디라도 빼먹는다면 그것은 독자들을 우롱하는 것이며 또 이 우스꽝스러운 상황을 제대로 전달하지 못하게 될 것이다. 단지, 내가 여기서 한 가지만 덧붙여두고 싶은 것은 그가 "마르크스가 제3권에서 명쾌하게 입증하였다"고 말할 수 있었던 그 대담성을 발휘하여 이른바 교수들의 잡담거리로 앞서 말한 슈미트의 책이 "엥겔스의 직접적인 영향 아래" 쓰인 것이라는 말을 함부로 내뱉었다는 사실이다. 볼프여! 그대가 살아가고 또 활동하는 세계에서는 다른 사람들에게 M25 공개적으로 문제를 제기한 어떤 사람이 자신의 가까운 친구에게 비밀리에 그 해답을 알려주는 것이 다반사인 것 같습니다. 당신은 그럴 수 있다는 것을 나는 기꺼이 믿어주겠습니다. 그러나 내가 살아가는 세계에서는 아무도 그런 비열한 짓을 할 필요가 없다는 사실을 나는 이 서문에서 그대에게 알려두고자 합니다.

마르크스가 사망하고 난 직후 아킬레 로리아(Achille Loria)는 그에 관한 논문을 『누오바 안톨로지아』†4 (1883년 4월)에 서둘러서 발표하였다.

여기에는 잘못된 이야기로 가득 찬 그의 생애, 그리고 그의 공적·정치적 활동과 저작활동 등에 관한 비평이 담겨 있었다. 이 글에서 마르크스의 사적 유물론은 확신에 가득 찬 형태로 고의적으로 왜곡되고 변형되어 있는데 이는 어떤 큰 목적을 추측하게 하는 것이었다. 그리고 그 목적은 곧 모습을 드러냈다. 즉 1886년 바로 이 로리아는 『정치제도에 관한 경제이론』이라는 책을 내면서 1883년에 그가 그렇게 완전히 의도적으로 왜곡했던 마르크스의 역사이론을 자기 자신의 이론이라고 주위에 발표한 것이다. 물론 여기에서 마르크스의 이론은 극히 편협한 수준으로 떨어져 있다. 그리고 역사적인 증거와 실례도 엉터리들로 중학교 2학년만 되어도 단번에 알아챌 수 있는 것들로 가득 차 있다. 그러나 그것이 어쨌단 말인가? 그 책에서 이야기하는 그 이론〔즉 정치적인 상황과 사건들이 계속해서 일관되게 그에 상응하는 경제적인 여건들을 통해서 설명되는 그 이론〕은 1845년에 마르크스가 이루어놓은 것이 아니라 1886년에 로리아가 이루어놓은 것이었다. 최소한 그는 이것을 그의 시골뜨기들에게는〔그리고 그의 책이 프랑스어로 출판된 이후에는 프랑스 사람들에게까지도〕 그럴듯하게 둘러댈 수 있었으며, 또한 최근까지도 이탈리아 사회주의자들이 로리아 각하(閣下)의 마각(馬脚)을 밝혀내기 전까지는 이탈리아에서도 세기적인 역사이론가로 대접을 받을 수 있었다.

그러나 이것은 로리아의 수법들 중 조그만 하나의 예에 지나지 않는다. 그는 우리들에게 마르크스 이론 전체가 의식적인 궤변(un consaputo sofisma)에 기초해 있으며 또 마르크스가 오류추리(Paralogismen: 추론이나 논증에서 발생하는 오류, 즉 잘못된 추론을 가리킴—옮긴이)와 맞닥뜨렸을 때 그것이 오류추리인 줄 알면서도(sapendoli tali) 멈추지 않았다는 것을 확신시킨다. 그리고 그는 그럴듯한 일련의 거짓말들로 마르크스도 로리아와 같은 아류의 성공주의자—파도바의 교수들처럼 보잘것없는 몇 개의 속임수를 가지고 자신의 성공을 과신하는—로 간주될 필요가 있다는 점을 독자들에게 주입하고 나서 그들에게 중요한 비밀을 폭로하고는 다시 우리의 관심을 이윤율로 되돌린다.

로리아는 이렇게 말한다. 즉 마르크스에 의하면 한 자본주의적 기업에 M26
서 생산되는 잉여가치(로리아는 이것을 이윤과 동일시한다)는 그 기업에
서 사용된 가변자본에 따라서 정해지는데 이는 불변자본이 이윤을 창출
하지 못하기 때문이라는 것이다. 그러나 이것은 현실과 모순된다. 왜냐하
면 현실적으로 이윤은 가변자본이 아니라 총자본에 의해서 결정되기 때
문이다. 마르크스 자신도 바로 이 점을 인식하고 있었고(제1권 제11장†5)
그래서 그는 자신의 이론적 사실과 외견상 드러나 있는 사실이 서로 모순
된다는 점을 인정하였다. 그러면 그는 이 모순을 어떻게 해결하는가? 그는
자신의 독자들에게 아직 출판되지 않은 제2권을 보도록 권한다. 로리아는
바로 이 제2권에 관해서 자신의 독자들에게 이미 앞질러 이야기하였는데
마르크스가 이 제2권을 쓸 의도가 있었다는 것을 믿지 않는 그는 자신 있
게 다음과 같이 이야기한다.

> 마르크스가 아직 출판되지도 않은 것을 가지고 자신의 반대자들을 협박
> 하고 있는 이 제2권은 마르크스가 과학적인 논증이 궁할 때마다 종종 사용
> 하는 교활한 핑곗거리에 지나지 않으리라고 내가 주장하는 것은 틀리지 않
> 았다(un ingegnoso spediente ideato dal Marx a sostituzione degli
> argomenti scientifici).

그리하여 이제 마르크스가 과학적인 협잡술에서 로리아와 같은 수준에
있다는 것을 믿지 않는 사람은 모두 형편없는 사람이 되어버린다.

그리하여 우리는 이것만큼은 알게 되었다. 즉 로리아에 의하면 마르크
스의 잉여가치이론과 일반이윤율의 균등화는 절대로 일치하지 않는다는
것이다. 그런데 이제 제2권은 출판되었고 따라서 바로 이 점에 대한 나의
공개적인 문제제기도 함께 표면화되었다.* 만일 로리아가 소심한 우리 독
일 사람이었다면 그는 어느 정도 당황했을 것이다. 그러나 그는 뻔뻔스러

운 남쪽 나라 사람이다. 즉 그는 자신이 주장하는바, 뻔뻔스러움은 춥지 않은 기후 탓이라고 하는 자신의 말 그대로 더운 지방 출신이다. 이윤율의 문제는 공개적으로 제기되었다. 로리아는 공개적으로 이 문제를 해결할 수 없는 문제라고 천명하였다. 그리고 바로 그 때문에 그는 이 문제를 공개적으로 해결함으로써 자신을 극복하였다.

이러한 기적은 『콘라트 연보』(신판, 제20권, 272쪽 이하)에 실린 한 논문 — 위에서 언급된 슈미트의 책에 관한 — 에서 일어났다. 로리아는 상업이윤의 성립에 관한 슈미트의 이론을 수용한 후에 갑자기 모든 것을 분명하게 깨달아버린 것 같았다.

M27 　　이제 노동시간에 의한 가치결정은 자신의 자본 가운데 대부분을 임금으로 지출하는 자본가들에게 유리할 것이므로 이 유리한 자본가들의 비생산적 자본(상업자본을 의미한다)은 더 높은 이자(이윤을 의미한다)를 획득할 수 있고 개별 자본가들 사이에서는 균등화가 이루어진다. …… 그래서 만일 예를 들어 산업자본가 A, B, C가 있고 이들 각각이 100노동일과 0, 100, 200씩의 불변자본을 생산에 사용하고, 또 100노동일 가운데 임금이 50노동일에 해당된다면 각 자본가들은 50노동일의 잉여가치를 획득하고 이윤율은 A의 경우 100%, B의 경우 33.3%, C의 경우 20%가 될 것이다. 그런데 만일 비생산적 자본 300을 축적해둔 제4의 자본가 D가 있어서 A로부터는 40노동일 가치를 이자(이윤)로 획득하고 B로부터는 20노동일을 이자로 받는다면 자본가 A와 B의 이윤율은 모두 20%로 하락하여 C의 이윤율과 같은 수준이 될 것이고 300의 자본을 가진 D는 60의 이윤을 획득함으로써 다른 자본가와 마찬가지로 20%의 이윤율을 얻게 될 것이다.

이같이 놀라울 정도로 재치 있는 솜씨로 손바닥을 뒤집음으로써 로리

* MEW Bd.24, 26쪽 참조.

아는 그가 10년 전 해결할 수 없는 것이라고 실토했던 바로 그 문제를 해결해버렸다. 그런데 불행하게도 그는 우리들에게 '비생산적 자본'이 산업자본가들에게서 그들의 평균이윤 이상의 초과이윤을 뜯어내고 또 사실상 이런 초과이윤을 마치 지주가 차지농에게서 초과이윤을 지대로 징수하는 경우와 꼭 마찬가지로 자신의 주머니 속으로 귀속시켜버리게 되는 그런 힘을 도대체 어디에서 얻게 되었는지 그 비밀에 관해서는 말하지 않는다. 그의 이야기에 따른다면 결국 지대와 거의 유사한 공물(貢物, Tribut)을 산업자본가에게 징수하고 그럼으로써 평균이윤율을 성립시키는 역할은 상인이 하는 것으로 되어 있다. 물론 누구나 알고 있듯이 상업자본은 일반이윤율의 성립에 매우 중요한 요소이다. 그러나 이러한 주장, 즉 일반이윤율이 아직 성립하기도 전에 일반이윤율을 초과하는 잉여가치를 모두 흡수해 들이고 그것을 토지소유와 같은 형태를 갖추지 않고도 자신의 지대로 전화시켜버리는 그런 마력을 상업자본이 소유하고 있다는 주장은 경제학을 전혀 모르는 용감한 글쟁이들이나 할 수 있는 일이다. 상업자본이 정확하게 평균이윤율에 해당하는 잉여가치만을 획득하는 산업자본가들을 찾아내어 이 불행한 마르크스 가치법칙의 희생자들에게 그들의 손실을 어느 정도라도 덜어주고자 그들의 생산물을 아무런 수수료 없이 공짜로 판매해준다고 하는 주장은 실로 놀라운 것이다. 마르크스가 그런 치졸한 요술을 써야 했다고 생각한 사람은 또 얼마나 기가 막힌 요술쟁이인가!

그러나 로리아의 진정한 광채는 우리가 그를 그의 북쪽 경쟁자〔즉 예를 들어 그와 동시대의 사람인 볼프〕와 비교해 보면 완연하게 드러난다. M28 『사회주의와 자본주의적 사회질서』라는 제목의 그 두꺼운 책에도 불구하고 이탈리아 사람인 로리아와 비교해 보면 이 볼프는 사실 얼마나 보잘것없는 조무래기 같은 존재인가! 다름 아닌 마르크스가 의식적인 궤변가이자 오류추리를 일삼는 자이고, 허풍선이이며 사기꾼이라고 ─ 마르크스가 언제나 곤란한 처지에 빠질 때마다 써먹는 수법으로, 자신이 더는 저서를 낼 수도 없고 또 낼 생각도 없다는 것을 잘 알면서도 공공연히 자신의 이론을 제2권에서 완성하겠다고 약속하였다고 — 말하는 로리아의 그 자신만만한 태도(대가다운 태도)와 비교해 볼 때 볼프의 태도는 얼마나 겸손하고 얌전한가! 무한한 약삭빠름, 불가능한 상황에서 교묘히 빠져나오는 미꾸라지 기술, 기존의 업적에 대한 영웅적인 경멸, 다른 사람의 업적을 가로채는 신속한 동작, 능란한 허풍, 동료들의 박수를 이용한 인기 조작 등 — 이런 모든 면에서 로리아를 따를 자가 어디에 있겠는가?

이탈리아는 고전주의의 나라이다. 근대사회의 여명을 밝히기 시작한 그 위대한 시대 이후 이탈리아는 비할 데 없는 고전주의의 완성을 이룩하면서 단테에서 가리발디에 이르기까지 위대한 인물들을 배출하였다. 그러나 이탈리아는 또한 외세의 지배를 받는 굴종의 시대에도 거기에 걸맞은 고전적인 인물들을 낳았는데 그중에서 가장 전형적인 두 가지 유형으로는 스가나렐(Sganarell: 몰리에르의 희극에 나오는 등장인물로 나이 차이가 많이 나는 젊은 여성과 행복한 결혼을 꿈꾸다가 결혼 직전 그 여성이 허영심에 가득 차 있고 젊은 애인까지 있다는 것을 알고는 파혼하려 하지만 여자 가족들에 의해 강제로 결혼하게 된다—옮긴이)과 둘카마라(Dulcamara: 도니제티의 오페라에 나오는 등장인물로 가짜 약을 파는 엉터리 약장수—옮긴이)를 남겼다. 이 양자의 고전적 통일을 우리는 바로 이 로리아에게서 본다.

마지막으로 나는 독자들을 대서양 너머로 데려가야겠다. 뉴욕에 있는 의학박사 스티벨링(George C. Stiebeling)도 문제의 해답을 제시하였기 때문이다. 그런데 그의 이 해답은 너무 단순한 것이어서 대서양의 이쪽이나 저쪽 모두에서 아무도 그것을 인정하려 하지 않았다. 그는 이런 사태에 대해 매우 분개하여 끊임없이 소책자와 신문기사를 작성하여 대서양 양쪽 모두에 보냄으로써 이런 처사의 부당함을 주장하였다. 이런 그의 항의에 대해서 『노이에 차이트』[†6]에서는 그의 해답이 잘못된 계산에 근거한다고 지적하였다. 그러나 그는 이에 개의치 않았는데, 왜냐하면 마르크스도 계산이 틀린 경우가 있었지만 그래도 그는 여전히 많은 부분에서 옳지 않으냐는 것이었다. 그러면 여기에서 스티벨링의 해답을 한번 살펴보기로 하자.

　이제 같은 크기의 자본으로 같은 기간 작업을 수행하지만 불변자본과 가변자본 간의 비율이 서로 다른 두 개의 공장을 상정해보자. 총자본(c+v)을 y로, 가변자본과 불변자본 간의 비율의 차이를 x로 나타내기로 하자. 그러면 공장 I의 y=c+v이고 공장 II의 y=(c−x)+(v+x)가 될 것이다. 따라서 잉여가치율은 공장 I에서는 $\frac{m}{v}$, 공장 II에서는 $\frac{m}{v+x}$이 될 것이다. 총자본 y〔혹은 c+v〕가 일정 기간에 증식시킨 총잉여가치(m)를 이윤(p)이라고 부르기로 하자. 즉 p=m이다. 그러면 이윤율은 공장 I에서도 $\frac{p}{y}$〔혹은 $\frac{m}{c+v}$〕이고 공장 II에서도 똑같이 $\frac{p}{y}$〔혹은 $\frac{m}{(c-x)+(v+x)}$, 즉 $\frac{m}{c+v}$〕가 될 것이다. 따라서 M29 문제는 가치법칙의 토대 위에서 해결된다. 즉 같은 작업시간 동안 같은 크기의 자본을 사용하지만 살아 있는 노동의 사용량이 서로 다를 경우, 잉여가치율의 변화에 의해 동일한 평균이윤율이 성립하는 것이다.(스티벨링, 『가치법칙과 이윤율』)

　위의 계산이 아무리 매끈하고 명쾌한 것이라고 할지라도 우리는 스티벨링에게 한 가지 질문을 하지 않을 수 없다. 즉 공장 I에서 생산하는 잉여가치의 양과 공장 II에서 생산하는 잉여가치의 양이 조금도 차이가 없이 똑같다는 사실을 그는 어디에서 알아낸 것일까? 그는 c, v, y, x 등 계산에 사용되는 나머지 모든 요소들에 관해서는 이들의 크기가 두 공장에서 모두 동일하다고 분명히 이야기했으나 m에 대해서는 전혀 그런 언급을 하지 않았다. 단지 그가 이들 두 공장에서 생산되는 잉여가치의 양을 대수학적으로 똑같이 m으로 표시했다는 것만으로는 거기에 대한 답이 되지 못한다. 더구나 스티벨링은 이윤 p까지도 이 잉여가치와 동일시했으므로 정작 입증되어야 할 것은 바로 이것이다. 그렇다면 이제 여기에서 생각해볼 수 있는 가능성은 단지 두 가지뿐이다. 하나는 두 공장의 m이 같은 경우, 즉 두 공장이 같은 크기의 잉여가치를 생산하는 경우이다. 그러면 동일한 총자본으로 동일한 이윤을 획득하게 되므로 스티벨링은 처음부터 그가 입증하고자 한 것을 아예 가정으로 세워두고 있었던 셈이 된다. 또 하나는 한 공장에서 생산하는 잉여가치의 크기가 다른 공장보다 많은 경우인데 그럴 경우 그의 계산은 모두 뒤집혀버린다.

스티벨링은 이와 같은 오류 위에서 엄청난 양의 계산들을 해내었고 그 것을 널리 알리기 위해서 노력과 비용 모두 아끼지 않았다. 내가 그에게 해줄 수 있는 위로의 이야기는 이런 그의 계산이 거의 모두 잘못된 것이며, 예외적으로 제대로 된 것도 그것이 원래 그가 입증하고자 한 것이 아닌 다른 것을 입증하고 있다는 것이다. 예를 들어 그는 1870년과 1880년의 미국 센서스를 비교하여 이윤율의 실제 하락을 입증하였는데 그는 이 것을 완전히 잘못 해석하고 마르크스 이론에서 이윤율이 안정적〔불변〕이라고 가정하는 부분은 경험적 사실에 맞추어 정정되어야만 한다고 생각했던 것이다. 그러나 이제 여기 제3권의 제3편에서 나타나듯이 그가 생각한 마르크스의 '불변적 이윤율'은 완전히 망상에 지나지 않으며 이윤율 저하 경향의 원인도 스티벨링이 말한 것과는 완전히 반대의 것이다. 스티벨링의 의도가 좋았으리라는 것은 분명하다. 그러나 과학적인 문제를 다루고자 하는 사람은 무엇보다도 자신이 이용하려는 자료를 읽을 때 그 자료의 저자가 기술한 대로 읽는 태도, 특히 그 저자가 그 자료에 써두지 않은 어떤 것을 함부로 추측해서 읽지 않는 그런 태도를 배워야만 한다.

M30   전체적인 연구 결과를 정리해보면 이 문제와 관련된 부분에서도 뭔가 성과를 거둔 것은 마르크스학파뿐이라는 것을 알 수 있다. 파이어먼과 슈미트가 만일 이 제3권을 읽어본다면 각자 자신들의 업적에 대해 만족해할 것이 분명하다.

1894년 10월 4일, 런던
프리드리히 엥겔스

제1편

__ 잉여가치의 이윤으로의 전화와
잉여가치율의 이윤율로의 전화

제1장

비용가격과 이윤

제1권에서는 자본주의적 생산과정 그 자체를 떼어내어 이것이 직접적 M33
생산과정으로 나타나는 현상을 살펴보았는데, 거기에서는 그 과정 외부
의 요인들을 모두 부차적인 것으로 무시하였다. 그러나 이런 직접적 생산
과정으로 자본의 운동 전체가 끝나버리는 것은 아니다. 자본의 운동은 현
실 세계에서 유통과정에 의해 보완되는데 이것이 바로 제2권의 연구대상
이었다. 제2권(특히 제3편)에서는 유통과정을 사회적 재생산과정의 매개
로 간주하면서 전체로서의 자본주의적 생산과정이 곧 생산과정과 유통과
정의 통일이라는 것을 보여주었다. 이제 제3권에서 다루고자 하는 것은
이런 통일에 관한 일반적 고찰(Reflexion)이 아니다. 오히려 여기에서는
전체로서 자본의 운동과정에서 일어나는 구체적인 형태들을 찾아내고 또 서
술하고자 한다. 자본들은 현실의 운동 속에서 그러한 구체적인 형태들로
서로 만나며 이런 형태들에서는 직접적인 생산과정의 자본의 모습은 물
론 유통과정의 자본의 모습도 모두 특수한 계기로만 나타나게 된다. 따라
서 우리가 제3권에서 앞으로 논의하게 될 자본의 갖가지 모습은 사회의
표면에서 나타나는 형태[즉 각 자본의 상호 활동(즉 경쟁)을 통해서 나타

나는 형태와 생산담당자들 자신의 의식 속에서 나타나는 형태]로 점차 다가갈 것이다.

M34   자본주의적으로 생산되는 각 상품의 가치 W는 정식 $W = c + v + m$으로 표현된다. 이 생산물가치에서 잉여가치 m을 빼면 상품에는 생산요소들에 지출된 자본가치 c+v에 대한 등가[혹은 그 보전가치]만 남는다.

예를 들어 어떤 상품 1개를 만드는 데 500파운드스털링의 자본이 지출되었다고 하자. 그중 작업도구의 마모분이 20파운드스털링, 원료 구입에 380파운드스털링, 노동력 구입에 100파운드스털링이 지출되고 잉여가치율이 100%라고 한다면 생산물의 가치는 $400c + 100v + 100m = 600$파운드스털링이 된다.

여기서 100파운드스털링의 잉여가치를 빼고 나면 500파운드스털링의 상품가치만 남게 되고 이것은 지출된 자본 500파운드스털링의 액수에 해당된다. 이 상품가치액은 소모된 생산수단의 가격과 사용된 노동력의 가격 합계와 같은 것으로 자본가의 입장에서 보면 상품에 들어간 비용을 의미하고, 따라서 이것은 그에게 상품의 비용가격(Kostpreis)이 된다.

자본가가 상품생산을 위해 지불한 비용과 상품생산 그 자체에 소요된 비용은 물론 그 크기가 전혀 다르다. 상품가치 가운데 잉여가치에 해당하는 부분은 자본가가 그 비용을 지불하지 않는 부분인데, 그것은 이 잉여가치 부분이 자본가가 노동자에게 지불하지 않는 노동에 해당하기 때문이다. 그럼에도 노동자는 생산과정에 일단 참가하게 되면 자본주의적 생산에 기초하여 스스로 일정한 기능을 부여받고 자본가에게 속하는 생산자본의 한 요소가 되기 때문에[즉 사실상의 상품생산자는 바로 자본가이기 때문에] 상품의 비용가격은 불가피하게 자본가에게 사실상의 상품원가(Kost)(혹은 비용—옮긴이) 그 자체로 나타난다. 그래서 이제 비용가격을 k라고 한다면 상품가치의 정식 $W = c + v + m$은 $W = k + m$으로, 또는 상품가치=비용가격+잉여가치로 전환된다.

따라서 상품가치의 여러 부분 중에서 그 상품의 생산에 지출된 자본가치의 크기에 해당하는 부분을 비용가격의 범주로 묶는 것은 한편으로 자본주의적 생산의 특수한 성격을 나타낸다. 상품의 자본가적 비용은 자본의 지출로 계산되며, 상품의 실질적인 비용은 노동의 지출로 계산된다. 따라서 상품의 자본가적 비용가격은 상품의 가치[또는 상품의 실질적 비용가격]와 양적으로 그 크기가 서로 다르다. 즉 전자는 후자보다 작은데 그것은 $W=k+m$[즉 $k=W-m$]이기 때문이다. 한편, 이 상품의 비용가격은 단지 자본가의 장부에만 존재하는 가상적인 항목이 아니다. 이 가치 부분(비용가격－옮긴이)은 실제의 상품생산에서 지속적으로 살아 있는 독립적인 개념으로 간주된다. 왜냐하면 이 가치 부분은 상품형태로부터 유통과정을 통하여 끊임없이 생산자본의 형태로 재전화해야 하기 때문이다. 즉 상품의 비용가격은 끊임없이 상품생산과정에서 소모된 생산요소들을 M37 다시 사들여야 하기 때문이다.

그러나 비용가격이라는 범주는 상품의 가치형성[혹은 자본의 가치증식과정(Verwertungsprozeß)]과는 아무런 상관이 없다. 이제 우리가 600파운드스털링의 상품가치 가운데 $\frac{5}{6}$[500파운드스털링]가 이 상품의 생산을 위해 투하된 500파운드스털링과 대등한 가치를 지녔다는 사실[즉 이 500파운드스털링이 소모된 생산요소를 도로 사들일 수 있을 정도의 것이라는 사실]을 안다고 하더라도, 우리는 이 사실만으로는 상품의 비용가격을 형성하는 $\frac{5}{6}$의 상품가치 부분은 물론, 그 잉여가치에 해당하는 나머지 $\frac{1}{6}$의 가치 부분도 어떻게 해서 이것들이 생산되었는지 도저히 알 도리가 없다. 우리는 앞으로 자본가의 입장에서 본 이 비용가격이 사실은 가치생산 범주의 왜곡된 외관(外觀, Schein)에서 비롯된 것임을 밝혀낼 것이다.

이제 다시 우리의 예로 돌아가보자. 만일 한 노동자가 1일의 평균 사회적 노동일 동안 생산해내는 가치를 6실링(=6M)의 화폐액으로 표시한다고 하자. 그러면 지출된(혹은 생산에 앞서 미리 지출된다는 의미를 강조하여 '선대(先貸, vorgeschoßne)된'으로 표현할 수도 있음－옮긴이) 자본 500파운드스털링(=400c+100v)은 $1,666\frac{2}{3}$ 노동일(1노동일=10시간)의 가치생산물로 표시되고, 이 중 $1,333\frac{1}{3}$ 노동일은 생산수단의 가치인 400c에 해당되고, $333\frac{1}{3}$ 은 노동력의 가치인 100v에 해당된다. 잉여가치율이 앞서 가정한 것과 같이 100%라고 한다면 새로 만들어지는 상품의 생산에 소요되는 노동력의 지출은 100v+100m=$666\frac{2}{3}$ 노동일이 된다.

그런데 우리는 앞서(제1권 제7장, 201/193쪽)* 새로 만들어진 생산물의 가치인 600파운드스털링이 ① 생산수단으로 지출된 불변자본 400파운드스털링이 재현된 가치와 ② 새로 생산된 200파운드스털링의 가치의 합계라는 것을 알고 있다. 상품의 비용가격(=500파운드스털링)은 재현된 400c와 새로 생산된 가치 200파운드스털링의 절반(=100v), 즉 그 원천이 전혀 다른 두 개의 상품가치로 이루어져 있다.

$666\frac{2}{3}$ 노동일 동안 지출된 노동의 합목적적인 성격 때문에 소모된 생산수단의 가치인 400파운드스털링이 생산수단에서 생산물로 이전된다. 그리하여 이 기존의 가치는 생산된 생산물가치의 일부분으로 재현되긴 하지만 그것은 이 상품의 생산과정에서 새롭게 만들어진 것이 아니다. 그것은 단지 선대된 자본의 한 부분이었다는 사실 때문에 상품가치의 한 부분으로 존재하는 것이다. 즉 지출된 불변자본은 이것이 고스란히 상품가치에 부가되는 형태로 상품가치의 한 부분이 되는 것이다. 그리하여 비용가격의 한 요소인 이 불변자본은 두 가지 의미를 갖게 된다. 즉 한편으로 그것은 상품의 비용가격에 포함되는데 이는 그것이 상품가치 가운데 지출된 자본을 보전하는 부분이기 때문이다. 그리고 또 다른 한편으로 그것은 상품가치의 일부를 이루는데 이는 그것이 지출된 자본의 가치〔혹은 생산수단의 구입에 들어간 비용〕이기 때문이다.

그러나 비용가격의 다른 요소인 가변자본의 경우 사정은 완전히 뒤바뀌게 된다. 상품생산을 위해 지출된 $666\frac{2}{3}$ 노동일분의 노동은 200파운드

M38

---

* MEW Bd. 23, 226쪽 참조.

스털링의 새로운 가치를 만들어낸다. 이 새로운 가치 가운데 일부는 선대된 가변자본 100파운드스털링[즉 사용된 노동력의 가격]을 보전한다. 그러나 이 선대된 자본가치는 새로운 가치를 만드는 것과 아무 상관이 없다. 오히려 선대된 자본 속에 가치로 계산되어 들어가 있는 노동력이야말로 사실은 생산과정에서 가치를 만들어내는 담당자로 기능한다. 즉 생산자본이 실질적으로 기능하는 과정에서는 선대된 자본에 포함된 노동력의 가치가 아니라 살아 있는[또 가치를 만들어내는] 노동력이 나타나는 것이다.

상품가치의 두 구성 부분(이 둘을 합하면 비용가격이 된다) 사이의 차이는 지출된 불변자본이나 가변자본의 가치 크기에 변화가 발생하면 금방 드러난다. 이제 생산수단[불변자본요소]의 가격이 400파운드스털링에서 600파운드스털링으로 상승한 경우와 반대로 그것이 200파운드스털링으로 하락한 경우를 상정해보자. 먼저 상승한 경우를 보면 상품의 비용가격이 500파운드스털링에서 $600c+100v=700$파운드스털링으로 상승할 뿐만 아니라 상품가치도 600파운드스털링에서 $600c+100v+100m=800$파운드스털링으로 증가한다. 또한 하락한 경우에도 비용가격이 500파운드스털링에서 $200c+100v=300$파운드스털링으로 하락할 뿐만 아니라 상품가치도 600파운드스털링에서 $200c+100v+100m=400$파운드스털링으로 감소한다. 지출된 불변자본은 그 본래의 가치를 그대로 생산물에 이전하기 때문에, 다른 조건이 일정하다면, 생산물의 가치는 불변자본가치의 절대적 크기의 변동에 따라서 그만큼 증가하거나 감소하게 되는 것이다. 반면 다른 조건이 일정할 때 같은 양의 노동력가격이 100파운드스털링에서 150파운드스털링으로 상승한 경우와 거꾸로 그것이 50파운드스털링으로 하락한 경우를 상정해보자. 노동력가격이 상승한 경우 비용가격은 500파운드스털링에서 $400c+150v=550$파운드스털링으로 상승하고, 하락한 경우 $400c+50v=450$파운드스털링으로 하락하지만 상품가치는 노동력가격의 변동에 상관없이 두 경우 모두 600파운드스털링으로 불변이다. 즉 전자의 경우는 $400c+150v+50m$이고, 후자의 경우는 $400c+50v+$

150m이 된다. 말하자면 선대된 가변자본은 생산물에 대하여 원래 자신의
가치를 그대로 부가하지 않는 것이다. 오히려 그것은 이 원래의 가치가 아
니라 노동에 의해 창출된 새로운 가치를 생산물에 부가한다. 따라서 가변
자본가치의 절대적 크기의 변동은 그것이 단지 노동력가격의 변동만을
나타내는 경우 상품가치의 절대적 크기에는 조금도 영향을 미치지 않는
다. 왜냐하면 살아 있는 노동력이 창출하는 새로운 가치의 절대적 크기에
는 아무런 변화도 일어나지 않을 것이기 때문이다. 오히려 이러한 변동은
새로운 가치의 두 구성 부분, 즉 잉여가치와 가변자본 사이의 구성비율에
영향을 미침으로써 상품 비용가격의 변동을 유발한다.

우리의 예에서 400c+100v로 되어 있는 이 비용가격의 두 요소 간에 공
통점이 있다면, 그것은 이들 두 요소 모두가 상품가치 가운데 선대된 자본
을 보전하는 부분들이라는 점뿐이다.

그러나 이런 실제 사정은 자본주의적 생산의 관점에서는 반드시 그 반
대의 형태로 나타난다.

자본주의적 생산양식이 노예제 생산양식과 구별되는 것은 무엇보다도
노동력의 가치〔혹은 가격〕가 노동의 가치〔혹은 가격, 즉 임금〕로 표시된
다는 점에 있다(제1권 제17장). 따라서 자본지출 가운데 가변적인 부분은
임금에 지출된 자본〔즉 생산과정에서 사용된 모든 노동의 가치(혹은 가
격)에 대해 지불된 자본가치〕으로 나타난다. 예를 들어 만일 우리가 사회
적 평균노동일 1일 치〔즉 10시간〕를 6실링의 화폐액으로 표시한다면 100
파운드스털링의 가변자본 지출은 $333\frac{1}{3}$ 노동일 동안에 생산되는 가치를
화폐로 나타낸 것에 해당된다. 그러나 자본지출의 형태로 표시된 이 가치
〔즉 구매된 노동력의 가치〕는 실제로 기능을 수행하는 자본의 한 부분이
아니다. 생산과정 내에서 이 가치의 자리에 들어가 있는 것은 바로 살아
있는 노동력이다. 우리의 예에서와 같이 노동력에 대한 착취도가 100%라
면 이 노동력은 $666\frac{2}{3}$ 노동일 동안 사용되고 따라서 200파운드스털링의
새로운 가치를 생산물에 부가한다. 그러나 자본지출에서는 100파운드스

털링의 가변자본이 임금에 지출된 자본〔즉 $666\frac{2}{3}$ 노동일 동안 사용된 노동의 가격〕으로 나타난다. 100파운드스털링을 $666\frac{2}{3}$ 로 나누면 10시간 노동일의 가격은 3실링〔즉 5시간 노동의 생산물가치〕이 된다.

이제 자본지출과 상품가치를 비교해 보면 다음과 같다.

I. 자본지출 500파운드스털링＝생산수단의 구입에 지출된 400파운드스털링(생산수단의 가격)＋노동의 구입에 지출된 자본 100파운드스털링($666\frac{2}{3}$ 노동일에 대한 가격 또는 그에 대한 임금).

II. 상품가치 600파운드스털링＝비용가격 500파운드스털링(사용된 생산수단의 가격 400파운드스털링＋사용된 $666\frac{2}{3}$ 노동일의 가격 100파운드스털링)＋잉여가치 100파운드스털링.

이들 식에서 노동의 구입에 지출된 자본 부분이 생산수단〔예를 들어 면화나 석탄 등〕의 구입에 지출된 자본 부분과 구별되는 것은 단지 이들이 각기 소재가 다른 생산요소의 구입에 지출되었다는 점 때문이지, 결코 이들이 상품의 가치형성과정〔즉 자본의 가치증식과정〕에서 수행하는 역할이 서로 달라서 그런 것이 아니다. 생산수단의 가격은 그것이 이미 자본지출에 포함되어 있던 것과 꼭 같은 크기로 고스란히 상품의 비용가격에 반영되는데, 그것은 이 생산수단이 원래의 목적에 따라 사용된다는 것을 의미한다. 마찬가지로 이 생산에 소요된 $666\frac{2}{3}$ 노동일에 대한 가격〔혹은 임금〕도 원래의 자본지출에 포함되어 있던 것과 같은 크기 그대로 상품의 비용가격에 반영되는데, 이 경우도 마찬가지로 그것은 이 노동량이 원래의 목적대로 사용된다는 것을 의미한다. 그러나 우리가 여기에서 보는 것들은 단지 이미 만들어진 기존의 가치들 ― 생산물가치의 형성에 투입되는 지출자본의 가치 부분들 ― 뿐이고, 새로운 가치를 만들어내는 요소들이 아니다. 불변자본과 가변자본 사이의 차이점은 없어져버렸다. 총비용가격 500파운드스털링은 이제 다음과 같은 두 가지 의미를 지니게 된다. 첫째, 이것은 상품가치 600파운드스털링의 한 구성 부분인데 그것은 상품의 생산과정에서 지출된 자본 500파운드스털링과 동일하다. 둘째, 이 상품가치의 구성 부분은 생산과정에서 사용된 생산요소들〔즉 생산수단과 노동〕의 비용가격, 즉 자본지출로 이미 존재하고 있었기 때문에 존재한다. 자본가치가 상품의 비용가격으로서 반영되는 것은 그것이 자본가치로 지출될 경우에만〔그리고 그렇게 지출되었기 때문에만〕 그러하다.

지출된 자본의 각 가치구성 부분이 소재가 서로 다른 생산요소들〔즉 노동수단, 원료 및 보조자재, 노동 등〕에 나뉘어 지출된다는 사실은 단지 상품의 비용가격이 이들 소재가 서로 다른 생산수단들을 다시 구매해야 한다는 것을 의미할 뿐이다. 반면 비용가격의 형성 그 자체와 관련된 구별은 고정자본과 유동자본 사이의 구별뿐이다. 우리의 예에서 노동수단의 마모분은 20파운드스털링으로 계산되었다(400c=노동수단의 마모분 20파운드스털링+생산원료 380파운드스털링). 상품생산에 사용되기 전의 이 노동수단 가치가 1,200파운드스털링이었다고 한다면 생산이 이루어진 후 이 가치는 두 부분으로, 즉 상품가치의 일부로 이전된 20파운드스털링과, 계속해서 자본가의 수중에 남아 있는 노동수단의 잔여가치〔즉 자본가의 상품자본(생산된 상품의 형태로 자본가가 소유하는 자본-옮긴이)이 아니라 생산자본의 가치구성 부분〕 1,200-20=1,180파운드스털링으로 나누어지게 된다. 반면 생산원료와 임금의 경우는 노동수단과 달리 상품생산과정에서 완전히 소진되고, 따라서 그 가치 전체가 생산된 상품의 가치 속으로 이전된다. 우리는 지출된 자본의 이들 각 구성 부분들이 회전과정에서 어떻게 고정자본과 유동자본의 형태를 취하게 되는지를 이미 앞에서 살펴보았다.

즉 자본지출 1,680파운드스털링=고정자본 1,200파운드스털링+유동자본 480파운드스털링(=생산원료 380파운드스털링+임금 100파운드스털링)이다.

반면에 상품의 비용가격은 단지 500파운드스털링(고정자본의 마모분 20파운드스털링+유동자본 480파운드스털링)뿐이다.

그러나 자본지출과 상품의 비용가격 간의 이 차이는 상품의 비용가격이 단지 그 생산에 실제로 지출된 자본에 의해서만 이루어진다는 사실을 입증해주는 것일 뿐이다.

상품의 생산에서 사용된 노동수단은 1,200파운드스털링의 가치를 지닌 것이지만, 이 자본가치 가운데 실제로 생산에서 소모된 것은 20파운드스털링뿐이다. 즉 사용된 고정자본은 그중 일부만 상품의 비용가격에 포함되는데 이는 그것이 생산과정에서 일부만 소모되기 때문이다. 반면 사용된 유동자본은 그 가치 전체가 상품의 비용가격에 포함되는데 이는 그것이 생산과정에서 전부 소진되기 때문이다. 그러나 이런 것 모두가 사용된 고정자본과 유동자본 부분들이 그 가치액만큼 상품의 비용가격에 포함된다는 사실, 그리고 이들 상품의 가치구성 부분이 상품생산과정에서 지출된 자본으로부터만 나온다는 사실 이외에 다른 무엇을 더 말해줄 수 있겠는가? 만일 그렇지 않다면, 지출된 고정자본 1,200파운드스털링 가운데 생산물가치에 부가되는 것이 왜 생산과정에서 소모되지 않은 1,180파운드스털링이 아니라 생산과정에서 소모된 20파운드스털링인지 그 이유를 알 수 없게 될 것이다.

그러므로 결국 비용가격의 계산과 관련하여 고정자본과 유동자본을 이처럼 구별짓는 것은 단지 비용가격이 외형상 지출된 자본가치〔또는 사용된 생산요소들(노동을 포함하여)에 대하여 자본가 자신이 지불한 가격〕에서 나온 것이라는 사실을 말해줄 뿐이다. 한편 가치형성과 관련이 깊은 노동력의 구입에 지출된 자본〔즉 가변자본〕은 여기서 불변자본(생산원료의 M44 구입에 지출된 자본)과 함께 유동자본이라는 항목으로 한꺼번에 묶여버림으로써 자본의 가치증식과정은 완전히 그 본질이 은폐되어버린다.[1]

우리는 지금까지 상품가치의 한 요소인 비용가격만을 살펴보았다. 이제 우리는 상품가치의 다른 한 요소, 즉 비용가격의 초과 부분〔혹은 잉여

---

1) 경제학자들이 이 부분에서 어떤 혼동을 일으킬 수 있는지에 대해서는 시니어(N. W. Senior)의 예를 든 제1권 제7장 제3절의 216/206쪽 이하*에서 이야기한 바 있다.
 * MEW Bd. 23, 237~243쪽 참조.

가치]에 대해서도 살펴보아야겠다. 우선 잉여가치란 상품의 가치 중 그 비용가격을 초과하는 부분을 가리킨다. 그러나 비용가격이 지출된 자본의 가치와 동일한 크기이므로〔따라서 소요된 만큼의 생산요소들을 끊임없이 다시 구입할 수 있게 하는 것이므로〕이 초과가치 부분은 상품의 생산과정에서 지출되어 그 유통과정을 거쳐서 되돌아온 자본의 가치증가분이다.

우리는 이미 앞에서 잉여가치 m이 오로지 가변자본 v의 가치변동에서 비롯된 것이며, 따라서 원래부터 바로 가변자본의 증가분일 뿐인데도 그것이 생산과정이 끝나고 나서는 지출된 총자본 c+v의 가치증가분이 되어버린다는 것을 보았다. 즉 정식 c+(v+m)은 — 이 식은 m이 노동력 구입에 지출된 일정 자본 v가 유동적인 크기로 변화함으로써〔즉 불변적인 크기가 가변적인 크기로 변화함으로써〕생성된 것임을 나타낸다 — (c+v)+m으로 나타났다. 생산이 이루어지기 전에 우리는 500파운드스털링의 자본을 가지고 있었다. 그리고 생산이 끝나고 나서 이제 우리는 500파운드스털링의 자본에 더하여 100파운드스털링의 가치증가분을 가지고 있다.[2]

그런데 잉여가치는 단지 가치증식과정에 투입된 자본의 증가분일 뿐만 아니라 지출자본 중 이 과정에 투입되지 않은 부분의 증가분이기도 하다. 즉 상품의 비용가격으로 다시 보전되는 지출자본에 대한 가치증가분일 뿐만 아니라, 생산에 사용된 자본의 가치증가분이기도 한 것이다. 생산과정이 이루어지기 전에 우리는 1,680파운드스털링의 자본가치를 가지고 M45 있었다. 그중 노동수단에 지출된 고정자본은 1,200파운드스털링인데 거기

---

2) "우리는 사실 잉여가치가 노동력 구입에 사용된 자본 부분 v에서 일어난 가치변화의 결과물이라는 사실〔즉 v+m=v+Δv(v에 v의 증가분을 더한 것)〕을 이미 알고 있다. 그러나 실제 가치의 변동이 v 때문이라는 점과 이 v가 변하게 되는 관계는, 자본의 각 구성요소가 모두 증가함으로써 그 결과 선대된 총자본도 증가하기 때문이라고 설명됨으로써 은폐되어버린다. 총자본은 원래 500파운드스털링이었는데 이제 그것은 590파운드스털링이 되었다"(제1권 제7장 제1절, 203/195쪽*).

* MEW Bd. 23, 228쪽 참조.

에서 마모를 통해 상품의 가치에 산입되는 것은 20파운드스털링에 그치며 생산원료와 임금에 소요되는 유동자본은 480파운드스털링에 해당된다. 생산과정이 끝나고 나서 우리는 생산자본의 가치구성 부분(고정자본의 잔여가치-옮긴이) 1,180파운드스털링과 상품자본 600파운드스털링을 갖게 된다. 이 두 가치액을 합하면 이제 자본가는 1,780파운드스털링의 가치를 소유하게 된다. 여기서 자본가가 지출한 총자본 1,680파운드스털링을 제하면 100파운드스털링의 가치증가분이 남는다. 결국 잉여가치 100파운드스털링은 사용된 자본 1,680파운드스털링의 증가분인 동시에 그 자본 가운데 생산과정에서 소진되어버린 부분 500파운드스털링의 증가분이기도 하다.

이제 자본가의 입장에서 볼 때, 이 가치증가분이 자본을 투입해서 수행한 생산활동에서 생겨난 것〔즉 자본 그 자체에서 생겨난 것〕이라는 사실은 너무도 명백한 일이다. 왜냐하면 그것이 생산과정 전에는 없었는데 생산과정이 끝나고 나면 분명히 존재하기 때문이다. 무엇보다도 생산과정에서 지출된 자본의 관점에서 본다면 잉여가치는 생산수단과 노동으로 이루어진 각기 다른 가치요소들로부터 골고루 창출된 것처럼 보일 것이다. 왜냐하면 이들 요소가 똑같이 비용가격을 형성하고 있기 때문이다. 이들 요소는 자본지출의 형태로 존재하던 자신들의 가치를 똑같이 생산물 가치로 이전하고 불변자본과 가변자본의 크기로서는 서로 구별되지 않는다. 우리가 만일 모든 지출된 자본이 오로지 임금으로만 이루어졌거나 아니면 생산수단의 가치만으로 이루어졌다고 가정해보면 이것은 금방 분명해진다. 먼저 전자와 같이 지출된 자본이 임금으로만 이루어졌을 경우 상품가치는 400c+100v+100m이 아니라 500v+100m이 될 것이다. 임금으로 투입된 500파운드스털링의 자본은 600파운드스털링의 상품을 생산하는 데 사용된 모든 노동의 가치이며, 따라서 곧바로 생산물 전체의 비용가격을 이룬다. 그런데 이 비용가격이 형성되는 과정 — 이를 통하여 지출된 자본의 가치가 생산물의 가치구성 부분으로 재현된다 — 은 이 상품가치의 형성에서 우리에게 유일하게 잘 알려져 있는 과정이다. 그러나 그 잉여가치 구성 부분인 100파운드스털링의 경우에는 그것이 어떻게 생겨난 것인지 우리는 아무것도 알지 못한다. 지출된 자본이 생산수단의 가치만으로 이루어진 후자의 경우, 즉 상품가치가 500c+100m인 경우에도 이것은 마찬가지이다. 두 가지 경우에서 우리가 알 수 있는 것은 잉여가치가 어떤 주어진 가치에서 나온 것이라는 사실인데, 그것은 이 주어진 가치가 생산자본의 형태로(그것이 노동의 형태이든 생산수단의 형태이든 상관없이) 지출된 것이기 때문이다. 그러나 또 다른 한편 선대된 자본가치가 잉여가치를 이룰 수는 없는데 그 이유는 이것이 지출되어 상품의 비용가격을 이미 이루었기 때문이다. 그것이 상품의 비용가격을 이루는 한, 바로 그 때문에 그것은 잉여가치를 형성하는 것이 아니라 지출된 자본의 보전분〔즉 M46 등가〕에 불과하다. 결국 선대된 자본가치가 잉여가치를 형성하는 것은 그것이 지출되었다는 사실 때문이 아니라 선대〔즉 사용〕되었다는 사실 때문인 것이다. 따라서 잉여가치는 선대자본 가운데 상품의 비용가격에 포함되는 부분은 물론 비용가격에 포함되지 않는 부분에서도 똑같이 생겨난다. 요컨대 사용된 자본의 고정자본 부분과 유동자본 부분에서 모두 생겨나는 것이다. 총자본은 소재적으로 본다면 생산물을 형성하는〔즉 노동수단, 생산원료 그리고 노동 등을 통해서〕 역할을 수행한다. 총자본은 이런 소재적인 형태로 실제 노동과정에 참여하는데, 자본의 가치증식과정에는 이 가운데 단지 일부만이 참여한다. 이것은 필경 총자본이 비용가격의 형성에는 각 부분별로 따로따로 관계하지만 잉여가치의 형성에는 전체가 한꺼번에 관계하는 바로 그 이유이다. 어쨌든 그 결론은 잉여가치가 사용된 자본의 모든 부분에서 똑같이 나온다는 사실이다. 이런 추론은 매우 단순명료하게 표현된 맬서스(Th. R. Malthus)의 말을 통해서 쉽게 압축할 수 있다.

　　자본가는 그가 지출한 자본의 모든 부분에서 동등한 수익을 기대한다.[3]

이처럼 선대된 총자본에서 유래한 것으로 상정할 경우 잉여가치는 이윤(Profit)이라는 전화된 형태를 취한다. 그리하여 일정 가치액은 이윤을 창출하기 위해 지출됨으로써 자본으로 화하고[4] 이윤은 일정 가치액이 자본으로 사용된 결과 만들어진다. 이윤을 p라고 한다면, $W=c+v+m=k+m$은 $W=k+p$ 또는 **상품가치=비용가격+이윤**으로 전화한다.

여기에서 우리가 처음 만나게 된 이윤은 바로 잉여가치와 동일한 것인데 단지 신비화된 형태 — 그러나 자본주의적 생산양식에서는 필연적으로 나타나는 형태 — 를 띠고 있을 뿐이다. 외견상 드러나는 비용가격의 형성에서는 불변자본과 가변자본 간의 구별이 전혀 인식될 수 없기 때문에, 생산과정에서 일어나는 가치변동의 원천은 가변자본이 아니라 총자본에 돌려져야 한다. 한쪽에서 노동력의 가격이 임금이라는 전화된 형태로 나타나기 때문에, 다른 한쪽에서는 잉여가치가 이윤이라는 전화된 형태로 나타나게 된다.

우리는 앞서 상품의 비용가격이 그 가치보다 작다는 것을 보았다. $W=k+m$이므로 $k=W-m$이다. 만일 $m=0$이면 $W=k+m$은 단지 $W=k$(즉 상품가치=상품의 비용가격)가 되어버리는데, 이런 경우는 자본주의적 생산에서 결코 일반적인 것은 아니다(물론 가끔 특수한 시장상태에서는 상품의 판매가격이 그 비용가격 수준 또는 그 이하로 떨어지기도 한다).

그러므로 상품이 가치대로 팔린다면 이윤은 실현되는 것이며, 이때 이윤은 상품가치가 그 비용가격을 초과한 부분(즉 상품가치에 포함된 총잉여가치와 동일한 크기)이 된다. 그러나 자본가는 상품을 가치 이하로 팔 경우에도 이윤을 획득할 수 있다. 즉 상품의 판매가격이 비용가격보다 높기만 하면 설사 그것이 가치 이하의 수준이라 하더라도 상품에 포함된 잉여가치의 일부는 계속 실현되는 것이며, 따라서 이윤도 계속 얻어진다. 우

3) 맬서스, 『경제학 원리』, 제2판, 런던, 1836, 268쪽.
4) 맬서스, 『경제학의 갖가지 정의』, 런던, 1827, 86쪽.

리의 예에서는 상품가치=600파운드스털링이고, 비용가격=500파운드스털링이다. 만일 상품들이 510, 520, 530, 560, 590파운드스털링에 각기 판매된다면 이것들은 90, 80, 70, 40, 10파운드스털링씩 그 가치보다 낮게 판매된 것이며 그럼에도 그 판매를 통해서 각기 10, 20, 30, 60, 90파운드스털링의 이윤을 벌어들인 셈이다. 상품의 가치와 그 비용가격 사이에는 이처럼 여러 개의 판매가격이 있을 수 있다. 상품가치 가운데 잉여가치로 이루어진 부분이 크면 클수록 이런 판매가격이 존재할 수 있는 여지도 더욱 커질 것이다.

이런 사실은 단지 경쟁의 일상적인 형태들〔즉 예를 들어 덤핑 판매의 경우나 특정 산업부문에서[5] 비정상적으로 낮은 상품가격 등〕만 설명해주는 것이 아니다. 지금까지 경제학에서 다루지 않았던 자본주의적 경쟁의 기본 법칙〔즉 일반이윤율과 그것에 의해서 결정되는 이른바 생산가격을 지배하는 법칙〕은, 우리가 나중에 보게 되듯이, 상품가치와 비용가격 사이의 바로 이 차이〔따라서 상품이 그 가치 이하로 팔릴 경우에도 이윤이 발생할 수 있는 가능성〕에 기초해 있다.

상품 판매가격의 하한선은 비용가격이다. 상품이 만일 그 비용가격 이하로 팔리면, 생산자본 가운데 생산으로 소진된 구성 부분은 판매가격으로 완전히 보전될 수 없다. 이런 과정이 계속되면 선대된 자본가치는 모두 사라져버릴 것이다. 바로 이런 관점에서 자본가는 비용가격을 원래부터 M48 상품에 내재된 가치로 보는 경향이 있는데 이는 비용가격이 자신의 자본을 유지하는 데 필요한 최소한의 가격이기 때문이다. 그런데 상품의 비용가격은 자본가 자신이 그 생산을 위해 지불한 구입가격〔즉 생산과정 그 자체를 통해서 결정된 구입가격〕이다. 따라서 자본가에게는, 상품의 판매를 통해 실현되는 가치의 초과분〔즉 잉여가치〕은 그 비용가격을 넘어서는

---

5) 제1권 제17장 제1절, 571/561쪽 이하* 참조.
  * MEW Bd. 23, 571~573쪽 참조.

상품가치의 초과분이 아니라 그 가치를 넘어서는 상품 판매가격의 초과
분으로 나타난다. 그리하여 상품에 포함된 잉여가치는 판매를 통해서 실
현되는 것이 아니라 판매 그 자체에서 발생하는 것처럼 보인다. 우리는 이
런 환상에 대해서 이미 제1권 제4장 제2절(일반적 정식의 모순)에서 자세
히 다루었지만, 여기에서 다시 잠깐, 바로 이 환상이야말로 토런스(R.
Torrens) 등이 리카도를 뛰어넘는 경제학의 진보라고 재삼 확인했던 바로
그 얘기로 되돌아가 보기로 하자.

> 생산비용[혹은 달리 말해서 상품의 생산이나 제조에 소요되는 자본지
> 출]으로 이루어지는 자연가격은 이윤을 포함할 수 없다. …… 만일 어떤 농
> 부가 자신의 밭을 경작하면서 100쿼터의 옥수수를 지출하여 120쿼터를 수
> 확하였다면 지출을 넘어서는 생산물 초과분인 20쿼터는 그의 이윤이 된다.
> 그러나 이 초과분[혹은 이윤]을 그의 지출의 일부라고 부르는 것은 틀린
> 이야기일 것이다. …… 공장주는 일정량의 원료, 작업도구 및 노동에 대한
> 생계수단을 지출하고 그 대신에 일정량의 완성된 상품을 획득한다. 이 완
> 성된 상품은 그것을 만들기 위해 지출한 원료, 작업도구 및 생계수단의 가
> 치보다 더 큰 교환가치를 가지고 있어야 한다.

> 그리하여 토런스는 비용가격을 넘어서는 초과분[즉 이윤]이 소비자가

> 직접 혹은 간접적인(우회적인) 교환을 통해서 생산을 위해 지출된 자본
> 보다 더 많은 부분을 지불함으로써 발생하는 것[6]

이라고 결론짓는다.

사실 어떤 주어진 크기를 넘어서는 초과분은 이 원래 크기의 한 부분이

---

6) 토런스, 『부의 생산에 관한 고찰』, 런던, 1821, 51~53, 349쪽.

될 수는 없고, 따라서 자본가의 지출을 넘어서는 상품가치의 초과분인 이윤도 이 지출의 한 부분이 될 수는 없다. 그러므로 자본가가 투입한 지출자본의 가치 외에는 상품의 가치형성에 들어간 것이 없다면 생산을 통해서 원래 투입된 가치보다 더 많은 가치가 어떻게 창출될 수 있는지, 즉 무(無)에서 유(有)가 어떻게 창출되는 것인지 해명할 길이 없게 된다. 그러나 토런스는 이러한 무에서 유의 창출 문제를 상품생산의 영역에서 상품유통의 영역으로 옮겨버림으로써 이 문제를 회피해버렸다. 토런스는 이렇게 말한다. 즉 이윤은 생산에서 창출될 수 없다. 왜냐하면 만일 그렇지 않M49 다면 이윤은 이미 생산비용에 포함되어 있었어야 할 것이고 그러면 그것은 이 비용의 초과분이 아니기 때문이라는 것이다. 이에 대하여 램지(G. Ramsay)[†7]는 다음과 같이 반박하였다. 즉 이윤은 상품교환에서 생겨날 수 없다. 왜냐하면 그것은 이미 상품교환 이전부터 존재하던 것이기 때문이라는 것이다. 교환되는 생산물의 가치량이 동일한 가치량을 가진 다른 생산물과의 교환을 통해 변하지 않는 것은 명백한 일이다. 이 상품의 가치량은 교환 전이나 교환 후나 변하지 않는다. 여기서 하나 특기해두어야 할 것은 맬서스가 토런스의 권위에 명시적으로 의존한다는 사실이다.[7] 물론 맬서스는 상품이 가치 이상으로 판매되는 것을 토런스와는 다른 방식으로 스스로 설명하고 있긴 하지만 이는 사실상 아무것도 설명하지 않는 셈이다. 왜냐하면 여기에 대한 그의 모든 설명은 그 당시 유명했던 연소(燃素, Phlogiston)[†8]의 마이너스 중력설과 같이 허무맹랑한 것이기 때문이다.

자본주의적 생산이 지배적인 사회의 내부에서는 자본가가 아닌 생산자라고 할지라도 자본가적인 생각에 지배된다. 발자크는 그의 마지막 장편소설 『농민들』에서 현실에 대한 깊은 통찰력으로, 한 소농이 그가 거래하는 고리대금업자의 환심을 사기 위해 온갖 잡일을 무보수로 제공하면서도 이런 그의 노동이 그 자신에게 직접적인 비용지출을 유발하는 것은 아

7) 맬서스, 앞의 책, 70, 71쪽.

니기 때문에 그가 무보수로 고리대금업자에게 무언가를 제공한다고는 생각하지 않는 현상을 정확하게 그려내고 있다. 고리대금업자의 입장에서 보면 이것은 일석이조에 해당한다. 그는 임금의 지출을 절약할 뿐만 아니라 농민의 노동을 경작지에서 유출시켜 그의 몰락을 촉진함으로써 농민을 자신의 그물 속으로 점점 더 깊게 옭아매어간다.

상품의 비용가격이 그 상품의 실제 가치이고, 잉여가치는 가치 이상으로 상품이 판매됨으로써 생겨난다는 생각, 따라서 상품이 가치대로 판매되기 위해서는 그 판매가격이 비용가격〔즉 생산에 소요된 생산수단의 가격과 임금의 합계액〕과 같아야 한다는 이 멍청한 생각은 바로 프루동(P. J. Proudhon)이 늘 하는 그의 수법대로 사이비 과학의 속임수를 사용하여 마치 새로 발견된 사회주의의 비밀인 양 떠벌리던 바로 그 이야기이다. 실제로 그의 인민은행(Volksbank)[†9] 이론은 이처럼 상품의 가치를 비용가격으로 환원한 것에 기초해 있다. 생산물의 각 가치구성 부분이 생산물 그 자체의 각 부분으로 그대로 나타난다는 것은 이미 앞에서 살펴보았다. 예를 들어(제1권 제7장 제2절, 211~203쪽)* 면사 20파운드의 가치가 30실링 ― 즉 생산수단 24실링, 노동력 3실링 그리고 잉여가치 3실링 ― 이라고 한다면 이 잉여가치는 생산물의 $\frac{1}{10}$ 인 면사 2파운드로 표시된다. 이제 M50 만일 20파운드의 면사를 그 비용가격〔즉 27실링〕에 판매한다면 그것을 구매한 사람은 2파운드의 면사를 공짜로 얻은 셈이 되거나, 혹은 이 상품이 그 가치에 비해 $\frac{1}{10}$ 만큼 낮은 가격에 판매된 셈이 된다. 그러나 노동자는 여전히 자신의 잉여노동을 제공한 셈인데 단지 이 경우 그 잉여노동은 면사의 자본주의적 생산자가 아니라 그 면사의 구매자에게 제공되었다는 것이 다를 뿐이다. 모든 상품이 비용가격에 판매된 경우와 비용가격 이상으로 판매되더라도 그것이 제 가치대로만 판매된 경우, 두 경우 모두 그 결과가 사실상 똑같다고 생각하는 것은 완전히 잘못된 것이다. 왜냐하면

* MEW Bd. 23, 234~235쪽 참조.

노동력의 가치, 노동일의 길이, 노동착취도 등이 모두 동일한 경우에도 각 상품들 속에 포함된 잉여가치의 크기는 이들 각 상품의 생산에 투입된 자본의 유기적 구성에 따라 제각기 달라질 것이기 때문이다.[8]

---

8) "노동력의 가치가 주어져 있고 노동력의 착취도가 같을 때는, 이들 각 자본에 의해서 생산되는 가치와 잉여가치의 양은 이들 자본의 가변 부분[즉 살아 있는 노동력으로 전화하는 부분]의 크기에 정비례한다"(제1권 제9장, 312/303쪽*).
   * MEW Bd. 23, 325쪽 참조.

제1편 잉여가치의 이윤으로의 전화와 잉여가치율의 이윤율로의 전화

제2장

이윤율

자본의 일반적 정식은 G—W—G′이다. 즉 일정량의 가치가 유통과 ^{M51}정에 투입되고 그로부터 더 큰 가치가 추출된다. 더 많은 양의 가치가 창출되는 이 과정이 자본주의적 생산이며 이 가치를 실현하는 과정은 자본의 유통이다. 자본가는 자신을 위해서, 즉 사용가치나 소비를 위해서 상품을 생산하는 것이 아니다. 자본가가 정말 관심을 쏟는 생산물은 사실 손으로 만져지는 생산물 그 자체가 아니라 그것의 생산에 소모된 자본가치를 넘어서는 이 생산물의 가치초과분이다. 자본가는 총자본을 투하하면서 그것의 각 구성 부분이 잉여가치의 생산에서 각기 어떤 역할을 수행하는지에 대해서는 아무런 관심도 기울이지 않는다. 그는 이들 각 구성 부분들에 대해서 똑같이 투자해서 투입된 자본의 재생산은 물론 그 이상의 가치초과분도 똑같이 생산하고자 한다. 그런데 그가 투입한 가변자본의 가치를 좀더 높은 가치로 변화시킬 수 있는 방법은 그것과 살아 있는 노동과의 교환[즉 살아 있는 노동에 대한 착취]을 통하는 것뿐이다. 그러나 그가 노동을 착취할 수 있는 것은 오로지 그가 이 노동의 실현조건인 노동수단과 노동대상[기계와 원료]을 함께 구매함으로써만, 즉 그가 소유하고 있는 일정량의 가치를 생산조건의 형태로 바꿈으로써만 가능하다. 다시 말해서 그가 자본가로서 노동의 착취과정을 수행해나갈 수 있는 것은 오로지 그가 노동조건의 소유자로서 노동력 이외에는 가진 것이 없는 노동자와 마주 서 있기 때문인 것이다. 우리는 이미 제1권*에서 노동하지 않는 사람에 의한 생산수단의 소유가 바로 노동자를 임노동자로 만들고 노동하지 않는 사람을 자본가로 변신시키는 요인이라는 것을 보여주었다.

M52　　자본가에게는, 그가 가변자본으로부터 이윤을 얻어내기 위해 불변자본을 투입하는 것이나 불변자본의 가치를 증식시키기 위해 가변자본을 투입하는 것이나 마찬가지이다. 즉 그가 기계나 원료의 가치를 증식시키기 위해 화폐를 임금에 지출하는 것이든, 노동을 착취하기 위해 기계나 원료의 구입에 화폐를 지출하는 것이든 그것은 그에게 아무 차이가 없는 것이다. 투입자본 가운데 가변자본만이 잉여가치를 창출하지만, 그가 이 잉여가치를 창출하는 것은 다른 자본도 지출되어야 한다는 조건〔즉 노동의 생산조건〕에서만 가능하다. 자본가는 불변자본의 지출을 통해서만 노동을 착취할 수 있고, 또 가변자본의 지출을 통해서만 불변자본의 가치를 증식시킬 수 있기 때문에 그의 생각에는 이것이 한데 합쳐져서 똑같은 것으로 여겨진다. 더구나 그의 실제 수익률이 가변자본이 아니라 총자본에 의해서, 즉 잉여가치율이 아니라 이윤율 — 앞으로 우리가 보게 되겠지만 이윤율이 동일하더라도 잉여가치율은 달라질 수 있다 — 에 의해서 결정되기 때문에 이것은 더욱 그러하다.

생산물의 비용에는 자본가가 거기에 지불한 모든 가치구성 부분〔혹은 그가 생산에 투입한 모든 요소의 가치〕이 포함된다. 이 비용은, 자본이 그대로 유지되거나 혹은 원래의 크기대로 재생산되기 위해서는 모두 보전되어야만 한다.

상품에 포함된 가치는 그것의 생산에 소요된 노동시간과 동일하며 이

---

* MEW Bd.23, 183, 742~743쪽 참조.

노동량은 지불된 부분과 지불되지 않은 부분으로 이루어져 있다. 그런데 자본가에게서 상품에 들어간 비용은 상품 속에 실현된 노동 가운데 그가 지불한 노동 부분뿐이다. 상품에 포함된 잉여노동은, 지불된 노동과 마찬가지로 노동자가 노동을 지출해서 만드는 것인데도[또한 이 잉여노동은 지불된 노동과 마찬가지로 가치를 창출하고 가치의 구성요소로 상품 속에 들어가는 것인데도] 자본가는 여기에 대해 아무것도 지불하지 않는다. 따라서 자본가의 이윤이란 그가 아무런 대가도 지불하지 않은 어떤 것을 판매하여 얻는 것이다. 잉여가치[혹은 이윤]는 상품가치 가운데 비용가격을 넘어서는 바로 이 초과분[즉 상품에 포함된 총노동량 가운데 지불된 노동량을 넘어서는 초과분]을 가리킨다. 따라서 잉여가치는 그것이 어디에서 비롯된 것이든 항상 투입된 총자본을 넘어서는 초과분을 말한다. 그리하여 총자본에 대한 이 초과분의 비율은 분수 $\frac{m}{C}$ (C=총자본)으로 표시된다. 그래서 우리는 잉여가치율 $\frac{m}{v}$ 과 구별되는 이윤율 $\frac{m}{C} = \frac{m}{c+v}$ 을 얻게 된다.

가변자본에 대한 잉여가치의 비율은 잉여가치율이라고 부른다. 그리고 M53 총자본에 대한 잉여가치의 비율은 이윤율이라고 부른다. 이 둘은 같은 크기를 두 개의 서로 다른 분모로 나눈 것이고 이 분모 때문에 같은 크기의 서로 다른 비율[혹은 관계]을 나타낸다.

잉여가치율이 이윤율로 전화함으로써 잉여가치가 이윤으로 전화하는 것이고 그 역은 성립하지 않는다. 그리고 실제 역사적으로도 이윤율이 출발점이었다. 상대적으로 잉여가치와 잉여가치율은 눈에 보이지 않는 것인 데다 연구를 해야만 드러나는 본질적인 것인 데 반해 이윤율과 이윤[즉 잉여가치의 형태]은 현상의 표면에 드러나 있다.

개별 자본가에게 유일한 관심은, 상품생산에 투입된 총자본과 잉여가치[혹은 그가 자신의 상품을 팔면서 얻게 되는 가치초과분] 간의 비율인 것이 분명하다. 반면 이 초과분과 가변자본 부분 간의 비율이나 이들 둘 간의 내적 관련성에 대해서는 그는 관심이 없을 뿐만 아니라 오히려 이것들을 은폐하는 데에 적극 관심을 갖는다.

비용가격을 넘어서는 상품가치의 초과분은 직접적인 생산과정 속에서 생성되는 것이지만 그것의 실현은 유통과정을 통해서 비로소 이루어진다. 그래서 이것은 마치 유통과정에서 생성된 것같이 보이기 쉬운데, 그것은 이 초과분의 실현 여부〔혹은 실현되더라도 어느 정도 실현될 것인지〕가 경쟁이 이루어지는 실제 시장 상황에 의존하기 때문에 더욱 그러하다. 여기에서 다음과 같은 사실, 즉 어떤 상품이 가치보다 높거나 낮게 판매될 경우, 이는 단지 잉여가치의 배분이 달라진다는 의미일 뿐이며, 그처럼 달라진 배분 내용이나 그 잉여가치를 배분하는 사람들끼리의 달라진 관계가 잉여가치의 크기나 본질에는 아무런 변화도 일으키지 않는다는 것을 다시 설명할 필요는 없을 것이다. 실제 유통과정에서는 우리가 제2권에서 이미 본 바와 같은 자본의 형태변화가 일어날 뿐만 아니라, 이들 형태변화가 현실의 경쟁과 한데 어우러져서, 개별 자본가들로서는 자신이 실현하는 잉여가치가 단지 노동의 직접적인 착취뿐만 아니라 자본가들 상호 간의 속임수에도 의존하게 된다.

유통과정에서는 일정 기간에 실현될 수 있는 잉여가치의 양을 제한하M54 는 데 노동시간과 함께 유통시간도 영향을 미친다. 그 외에 유통과정에서 발생하는 다른 여러 요인들도 직접적 생산과정에 결정적으로 영향을 미친다. 직접적 생산과정과 유통과정은 서로 끊임없이 교차하고 뒤엉키면서 진행되고 따라서 각각의 독자적인 특성은 점차 흐릿해진다. 우리가 이미 앞에서 보았듯이 가치 일반과 잉여가치의 생산은 유통과정에서 다음과 같은 새로운 성격을 얻는다. 즉 자본은 갖가지 형태변화의 순환과정을 거쳐서 최종적으로 소위 내적인 유기적 삶에서 외적인 삶의 관계 ─ 자본과 노동 간의 관계가 아니라 자본과 자본 혹은 개인과 개인이 단순한 구매자와 판매자로 서로 만나는 그런 관계 ─ 로 나아간다. 또한 유통시간과 노동시간은 서로 교차하고 이들 둘이 잉여가치를 함께 결정하는 것처럼 보인다. 자본과 임노동이 대립해 있는 원래의 형태는 그것과 아무런 상관이 없어 보이는 관계들과 함께 뒤섞여 은폐되어버린다. 잉여가치는 노동시간의 획득을 통해 얻어지는 산물로 나타나는 것이 아니라 그 비용가격을 넘어서는 판매가격의 초과분으로 나타남으로써, 이 비용가격이 오히려 상품의 원래 가치(내재된 가치valeur intrinsèque)를 나타내는 것처럼 보여서 이윤도 마치 상품의 내재적 가치를 넘어서는 판매가격의 초과분인 것처럼 나타나게 된다.

물론 직접적 생산과정이 이루어지는 동안 자본가의 의식 속에는 잉여가치의 본질이 계속해서 자리를 잡고 있는데 이는 우리가 잉여가치의 고찰에서 그가 타인의 노동시간을 얼마나 갈망하는지를 통해서 이미 살펴보았다. 그러나 ① 직접적 생산과정 그 자체는 끊임없이 유통과정으로 넘어가는[유통과정도 또한 끊임없이 생산과정으로 이행한다] 하나의 일시적인 계기일 뿐이기 때문에 생산과정에서 자본가에게 어렴풋이 떠올랐던 자기 수익의 원천[즉 잉여가치의 본질]에 대한 느낌은 기껏해야 다음과 같은 생각, 즉 실현된 초과분은 생산과정과 무관하게 유통 그 자체로부터 유래되는 운동[다시 말해 노동과는 무관한 자본의 운동]을 통해서 생겨난다는 생각과 비중이 똑같은 것으로 나타난다. 게다가 램지, 맬서스, 시니어, 토런스 등의 근대 경제학자들은 이런 유통현상을, 단순한 물적 존재로서의 자본 — 노동과의 사회적 관계[바로 자본을 자본이게끔 만드는 관계]와는 무관한 — 이 노동과 함께[그리고 노동과는 별개로] 잉여가치의 독립적인 원천이라는 사실을 입증해주는 직접적인 증거라고까지 이야기하였다. ② 임금, 원료의 가격, 그리고 기계의 마모분 등이 포함된 비용항목에서 지불되지 않는 노동을 뽑아내는 방법은 이 비용항목에 포함된 요소 가운데 어떤 한 요소의 지불을 절약하는 방법뿐인데, 이는 곧 일정량의 ^{M55} 노동에 대한 지불을 줄이는 것을 말하고 그것은 원료를 좀더 값싸게 구입하거나 기계의 마모를 줄임으로써 비용을 절약하는 경우와 그 의미가 똑같다. 그리하여 잉여노동의 착취는 그 본래의 성격을 잃게 된다. 즉 잉여노동과 잉여가치 간의 특수한 관계는 모호해진다. 이것은 제1권 제6편*에서 보았듯이 노동력의 가치가 임금의 형태로 나타남으로써 더욱 그렇게 된다.

자본의 모든 부분들이 똑같이 가치초과분(이윤)의 원천으로 나타남으로써 자본관계는 은폐된다.

그러나 생산과정이 유통과정으로 넘어가는 과정에서 잉여가치가 이윤율을 통하여 이윤의 형태로 전화하는 방식은, 이미 생산과정에서 일어난 주체와 객체의 전도가 계속 이어진 형태에 불과하다. 생산과정에서 우리는 이미 노동의 주체적인 생산력이 모두 자본의 생산력으로 나타나는 것을 보았다.** 즉 한편에서는 가치〔살아 있는 노동을 지배하는 과거의 노동〕가 자본가로 화하고, 또 다른 한편에서는 노동자가 대상화된(gegen-ständliche) 노동력〔즉 상품〕으로 나타난다. 아무리 단순한 생산관계에서도 이같이 전도된 관계는 반드시 그에 맞는 전도된 생각을 낳으며 이런 전도된 생각은 본래의 유통과정이 전화하고 변형되는 과정을 통해서 더욱 진전되어간다.

리카도학파에게서 볼 수 있듯이, 이윤율의 법칙을 직접 잉여가치율의 법칙으로〔혹은 역으로 잉여가치율의 법칙을 이윤율의 법칙으로〕 나타내려 하는 것은 완전히 전도된 노력이다. 물론 자본가의 머릿속에서는 이것들이 서로 구별되지 않는다. $\frac{m}{C}$ 이라는 식 속에서 잉여가치는 총자본〔생산에 투입된 다음 생산과정에서 일부는 완전히 소진되고 일부는 부분적으로만 사용된다〕의 가치로 나누어진다. 실제로 $\frac{m}{C}$ 은 투입된(혹은 선대된—옮긴이) 총자본의 가치증식 운동비율을 나타낸다. 말하자면 잉여가치의 본질과 개념적인 내적 관련에 맞추어 파악한다면 이 식은 투입된 총자본의 크기에 대한 가변자본 크기의 변동비율을 나타내는 것이다.

총자본가치의 크기는 그 자체로서는 〔적어도 직접적으로〕 잉여가치의

---

* MEW Bd.23, 557~564쪽 참조.
** 같은 곳, 352~353쪽 참조.

크기와 아무런 내적 관련이 없다. 소재적인 요소의 측면에서 볼 때 총자본에서 가변자본을 빼면 불변자본이 남고 이 불변자본은 노동의 실현을 위한 소재적인 조건들〔즉 노동수단과 노동대상〕로 이루어진다. 일정량의 노 M56동이 상품 속에 실현되기 위해서는〔그에 따라 가치가 형성되기 위해서는〕일정량의 노동대상과 노동수단이 요구된다. 부가되는 노동의 특성에 따라 노동량과 생산수단 — 바로 이 살아 있는 노동이 부가되는 — 의 양 사이에는 일정한 기술적 비율이 발생한다. 그에 따라 잉여가치〔혹은 잉여노동〕의 양과 생산수단의 양 사이에도 일정한 비율이 발생한다. 예를 들어 하루 임금의 가치를 생산하는 데 필요한 노동이 6시간이라고 한다면 6시간의 잉여노동을 수행하기 위해서〔즉 100%의 잉여가치를 생산하기 위해서〕노동자는 12시간을 노동해야 한다. 12시간의 노동을 할 경우 그는 6시간의 경우보다 두 배의 생산수단을 필요로 한다. 그러나 그렇다고 해서 그가 6시간 동안 부가한 잉여가치가 6시간 동안〔혹은 12시간 동안〕사용된 생산수단의 가치와 어떤 직접적인 관련을 갖는 것은 전혀 아니다. 여기에서 생산수단의 가치는 전혀 중요하지 않으며 단지 기술적으로 필요한 양만 문제가 될 뿐이다. 노동수단이나 원료의 가격이 높든 낮든 그것은 전혀 문제가 되지 않는다. 단지 이것들이 요구되는 사용가치를 가지고 있고 흡수할 노동력〔살아 있는〕과의 정해진 기술적 비율만 갖추고 있으면 된다. 그럼에도 만일 우리가 1시간에 x파운드의 면화가 방적되고 여기에 a실링의 비용이 든다는 것을 안다면, 당연히 우리는 12시간 동안에는 12x파운드의 면화=12a실링이 방적된다는 것도 알게 되며, 그럼으로써 6시간 동안 방적된 면화의 가치와 12시간 동안 방적된 면화의 가치에 대한 잉여가치의 비율도 계산할 수 있게 될 것이다. 그러나 여기에서 생산수단의 가치에 대한〔살아 있는〕노동의 비율은 단지 x파운드의 면화가 a실링의 가격을 갖는 경우에만 계산될 수 있다. 왜냐하면 일정량의 면화가 일정 가격을 갖는〔따라서 그 역으로 일정 가격이 일정량의 면화에 대한 지표로 사용될 수도 있는〕것은 면화의 가격이 불변일 경우에만 그러할 것이기 때문이다. 만일 우리가 6시간의 잉여노동을 얻기 위해서는 12시간의 노동이 필요하다는 것을 알고 따라서 12시간의 노동에 소요될 면화의 양도 알며, 이 12시간의 노동에 소요되는 양의 면화가격도 알고 있다면, 그때는 면화가격(필요한 면화량의 지표로서)과 잉여가치 사이의 비율이 간접적인 방식으로 계산될 수 있다. 그러나 그 역의 경우, 즉 원료의 가격으로부터 원료의 양〔즉 예를 들어 그것이 1시간 노동에 소요될 양인지, 6시간 노동에 소요될 양인지〕을 계산해내는 것은 전혀 불가능하다. 그러므로 불변자본가치와 잉여가치 사이에는〔따라서 총자본가치($=c+v$)와 잉여가치 사이에도〕 아무런 내적인 필연적 관계가 존재하지 않는다.

M57   만일 잉여가치율이 알려져 있고 잉여가치의 크기도 주어져 있다면, 이윤율이란 바로 그 자체가 잉여가치에 대한 또 다른 하나의 계산방법〔즉 노동과의 교환을 통해 잉여가치를 직접 만들어내는 가변자본의 가치 대신에 총자본의 가치에 대한 계산방법〕에 지나지 않는다. 그러나 현실에서는(즉 현상세계에서는) 이것이 뒤집혀 있다. 잉여가치는 주어져 있긴 하지만, 비용가격을 넘어서는 상품의 판매가격 초과분으로 주어져 있다. 따라서 이 초과분이 어디에서 유래된 것인지, 즉 생산과정에서 노동의 착취에서 유래된 것인지, 유통과정에서 구매자에 대한 속임수에서 유래된 것인지, 아니면 양자 모두에서 유래된 것인지는 여전히 은폐된 채로 남아 있다. 게다가 총자본가치에 대한 이 초과분의 비율〔즉 이윤율〕도 또한 주어져 있다. 비용가격을 넘어서는 판매가격 초과분을, 투입된 총자본가치에 대해 계산하는 것은 매우 중요하고 또 당연한데, 이는 이 계산을 통해서 실제 총자본의 가치증식비율이 얻어지기 때문이다. 그런데 이 이윤율에서 출발해서는 임금으로 지출된 자본 부분과 초과분 간의 어떤 특별한 비율도 계산해낼 수 없다. 우리는 다음 장*에서 우스꽝스러운 재주꾼 맬서스가 바로 이런 방식을 통해서 어떻게 잉여가치의 비밀과 잉여가치와 가변

---

* MEW Bd. 26, 3, 25~28쪽 참조.

자본 간의 관계(비율)에 대한 비밀을 밝히려고 했는지 살펴볼 것이다. 이윤율 그 자체가 나타내는 것은 오히려 크기가 같은 자본 부분에 대한 초과분의 균등한 관계(비율―옮긴이)일 뿐이고 이것으로는 고정자본과 유동자본의 구별 이외에는 아무런 내적 구별도 나타내지 못한다. 게다가 그나마 이 구별도 초과분이 두 가지로 계산되어야만 가능한 것이다. 즉 첫째는 그 단순한 크기〔즉 비용가격을 넘어서는 초과분〕로 계산된다. 이 경우 유동자본은 모두 비용가격에 포함되는 반면 고정자본은 단지 그 마모분만 비용가격에 포함된다. 둘째는 투입자본의 총가치에 대한 가치초과분의 비율로 계산된다. 여기에서는 고정자본의 총가치와 유동자본의 가치가 모두 계산에 포함된다. 그리하여 유동자본은 두 경우 모두 똑같이 전액이 계산에 포함되지만 고정자본은 한 번은 유동자본과 달리 일부만 계산에 포함되고 다른 한 번은 유동자본과 같이 전액이 모두 계산에 포함된다. 그래서 여기에서는 유동자본과 고정자본 간의 구별만이 유일한 구별로 나타난다.

따라서 만일 초과분이 ― 헤겔식의 표현을 빌려서 ― 이윤율에 의해서 자신을 재반영한다면(zurückreflektiert), 또는 달리 말해 이윤율을 통해서 M58 자신의 성격을 더욱 잘 드러낸다면, 이 초과분은 자본이 자신의 가치 이상으로 매년〔혹은 일정 유통기간에〕산출해내는 초과분으로 나타날 것이다.

그러므로 잉여가치와 이윤이 사실상〔그리고 숫자로도〕같은 것인 반면, 이윤율은 잉여가치율과 숫자상 서로 다르다고 할지라도, 이윤은 잉여가치가 전화된 한 형태이다. 즉 그 현존재의 원천과 비밀이 은폐되고 지워져 있는 한 형태이다. 사실 이윤은 잉여가치의 현상형태〔즉 잉여가치가 이윤의 분석을 통해서만 비로소 파헤쳐지는 그런 현상형태〕이다. 잉여가치를 통해서 자본과 노동 간의 관계는 완전히 드러난다. 그러나 자본과 이윤의 관계〔즉 자본과 잉여가치의 관계〕속에서는, 즉 잉여가치가 한편으로는 유통과정에서 상품의 비용가격 이상으로 실현되는 초과분으로 또 다른 한편으로는 총자본에 대한 비율을 통해서 더욱 분명히 드러나는 초과분으로 나타나는 그런 관계 속에서는, 자본은 자신에 대한 관계로 나타난다. 그 관계란 자본이 스스로 원래의 총가치로서 자본 자신이 만들어낸 새로운 가치와 구별되는 그런 관계를 가리킨다. 그리하여 자본이 생산과정과 유통과정을 거치는 자신의 운동을 통해서 새로운 가치를 창출해낸다고 하는 생각, 바로 그런 생각이 의식을 지배하게 된다. 그러나 자본이 새로운 가치를 창출해내는 그 과정은 이제 신비화되어버리고, 마치 그것이 자본 자신에서 비롯되는〔자본의 내부에 감추어져 있는〕 어떤 성질 때문인 것처럼 보이게 된다.

우리가 자본의 가치증식과정을 점점 추적해 들어가면 갈수록 자본관계는 더욱더 은폐되고 자본의 내부 구조의 비밀은 더욱 깊이 감추어져버린다.

이 편에서 이윤율은 잉여가치율과 수치상으로 서로 다르다. 그러나 이윤과 잉여가치는 그 형태만 다를 뿐 수치상으로 크기가 서로 같은 것으로 다루어졌다. 다음 편에서 우리는 외화(外化, Veräußerlichung)가 좀더 진전되어 이윤도 잉여가치와 수치상으로 다른 크기로 나타나는 과정을 살펴보기로 한다.

제3장

이윤율과 잉여가치율의 관계

앞 장의 끝부분에서 강조한 바와 같이 여기에서도 〔그리고 이 제1편 전 M59
체에 걸쳐서도 마찬가지로〕 우리는 일정 자본에 돌아가는 이윤의 크기가
일정 유통주기 동안 이 자본에 의해 생산된 잉여가치의 총액과 동일하다
고 가정하자. 즉 우리는 당분간 이 잉여가치가 자본이자(Kapitalzins), 지
대, 세금 등의 여러 하위 형태들로 분할된다는 점과, 또 대부분의 경우 이
잉여가치가 일반적 평균이윤율〔이 문제는 제2편에서 다룰 것이다〕에 의
해 획득되는 이윤과는 전혀 다르다는 점을 모두 무시하기로 한다.

이윤이 잉여가치와 양적으로 같을 경우, 이윤과 이윤율의 크기는 그때
그때 주어진 일정 수치들의 단순비율에 의해 결정된다. 따라서 여기에 대
한 분석은 무엇보다도 순수한 산술적 영역에서 이루어진다.

우리는 제1권과 제2권에서 사용된 기호들을 그대로 사용하기로 한다.
총자본 C는 불변자본 c와 가변자본 v로 나누어지고 잉여가치 m을 생산한
다. 지출된 가변자본에 대한 이 잉여가치의 비율, 즉 $\frac{m}{v}$을 우리는 잉여가
치율이라 부르고 m′으로 표기하기로 한다. 따라서 $\frac{m}{v}$ =m′이고 따라서 m
=m′v가 된다. 이 잉여가치가 가변자본 대신에 총자본과 관련되면 그것은

이윤(p)으로 불리고 총자본에 대한 잉여가치의 비율, 즉 $\frac{m}{C}$ 은 이윤율 p′으로 불린다. 따라서

$$p'= \frac{m}{C} = \frac{m}{c+v}$$

M60 이고 여기에 우리가 위에서 찾아낸 바와 같이 m 대신 m′v를 대입하면

$$p'=m'\frac{v}{C} =m'\frac{v}{c+v}$$

가 얻어진다. 이를 비례식으로 나타내면

$$p':m'=v:C$$

가 된다. 즉 이윤율과 잉여가치율 간의 비율은 가변자본과 총자본 간의 비율과 동일하다.

이 비례식에 따르면 이윤율 p′은 항상 잉여가치율 m′보다 작다. 왜냐하면 가변가본 v는 가변자본과 불변자본의 합[즉 v+c]인 C보다 작기 때문이다. 단, 예외가 될 수 있는 한 가지 경우는 v=C인 경우, 즉 자본가가 불변자본[생산수단]을 전혀 투입하지 않고 임금만 지출한 경우인데 이것은 현실적으로 있을 수 없는 경우이다.

그런데 우리들의 논의에서는 c, v, m의 크기에 결정적으로 영향을 주는 일련의 다른 요소들을 고려해야 하기 때문에, 이것들을 여기서 간단히 언급해두고자 한다.

첫째는 화폐의 가치이다. 우리는 이것을 언제 어디서나 불변인 것으로 가정한다.

둘째는 자본의 회전이다. 우리는 이 요소를 당분간 완전히 무시하고자 하는데, 이것이 이윤율에 미치는 영향에 대해서는 제4장에서 따로 다루기

로 한다. {여기서 미리 한 가지만 말해본다면 식 $p'=m'\frac{v}{c}$ 는 엄격히 말해서 가변자본의 한 번의 회전기간에 대해서만 성립한다는 것이다. 이것을 연간 회전단위로 고치려면 단순 잉여가치율 m'을 연간 잉여가치율 $m'n$으로 고쳐야 한다. 물론 이때 n은 가변자본의 1년간 회전수이다(제2권 제16장 제1절 참조).}

셋째는 **노동생산성**인데 이것이 잉여가치율에 미치는 영향에 대해서는 제1권 제4편에서 상세히 논의되었다. 그러나 이것은 이윤율〔최소한 개별자본의 이윤율〕에도 직접적인 영향을 미칠 수 있는데, 이는 제1권 제10장 (323/314쪽)*에서 논의하고 있듯이, 이 개별 자본의 생산성이 사회적 평균 생산성보다 더 높아서 자신의 생산물을 사회적 평균가치보다 낮게 생산함으로써 특별이윤을 실현하는 경우이다. 그러나 여기에서는 이런 경우를 고려하지 않는다. 왜냐하면 여기 제1편에서 우리는 아직 상품이 사회 M61적으로 정상적인 조건에서 생산되어 그 가치대로 팔린다고 가정하기 때문이다. 즉 우리는 모든 경우에 노동생산성이 일정하다고 가정한다. 사실 한 산업부문에서 지출된 자본의 가치구성〔즉 불변자본에 대한 가변자본의 일정비율〕은 언제나 일정한 수준의 노동생산성을 나타낸다. 따라서 불변자본 구성요소들의 단순한 가치변동이나 임금의 변동 이외의 다른 요인에 의해 이 비율이 변한다면 이미 노동생산성에도 어떤 변화가 발생했을 것이 틀림없다. 따라서 우리는 c, v, m의 각 요소들에서 일어나는 변화가 노동생산성의 변화를 포함하는 경우를 자주 보게 될 것이다.

나머지 세 요소들, 즉 노동일의 길이, 노동강도, 임금의 경우도 이와 마찬가지이다. 이 요소들이 잉여가치율에 끼치는 영향은 제1권**에서 상세히 논의되었다. 즉 논의를 단순화하기 위해 이들 세 요소가 불변이라는 가정을 계속 유지한다고 하더라도, m과 v에서 일어나는 변화가 동시에 이들

---

* MEW Bd. 23, 335~336쪽 참조.
** MEW Bd. 23, 542~552쪽 참조.

세 요소들—바로 이 m과 v를 결정하는 요소이기도 한—의 크기 변화를 수반할 수 있다는 사실이 파악되었다. 그것을 잠깐 상기해본다면, 임금은 잉여가치와 잉여가치율의 크기에 대해서 역의 관계에 있는데 이는 노동일의 길이와 노동강도의 경우와는 상반되는 것이다. 다시 말해서 임금의 증가는 잉여가치를 감소시키지만 노동일과 노동강도의 증가는 잉여가치를 증가시킨다.

예를 들어 100의 자본으로 20명의 노동자를 고용하여 하루 10시간의 노동에 대해 주급으로 총액 20의 임금을 지불하고 이로부터 20의 잉여가치를 생산했다고 한다면 이는 다음과 같은 식으로 나타낼 수 있다.

$$80c + 20v + 20m; \; m' = 100\%, \; p' = 20\%$$

이제 노동일이 임금의 증가 없이 15시간으로 늘어났다고 하자. 그러면 20명의 노동자가 생산하는 총생산물은 40에서 60으로 증가할 것이다 (10:15=40:60). 지불된 임금 v는 불변이므로 잉여가치는 20에서 40으로 늘어나고 식은 다음과 같이 된다.

$$80c + 20v + 40m; \; m' = 200\%, \; p' = 40\%$$

한편 노동일은 그대로 10시간인데 임금이 20에서 12로 하락한다면 총가치생산물(Gesamtwertprodukt)은 처음과 같이 40이지만 이것의 배분은 달라지게 된다. 즉 v가 12로 하락하면 나머지 28이 m이 된다. 그래서 식은 다음과 같이 된다.

$$80c + 12v + 28m; \; m' = 233\tfrac{1}{3}\%, \; p' = \tfrac{28}{92} = 30\tfrac{10}{23}\%$$

그리하여 우리는 노동일의 증가(또는 노동강도의 증가)와 임금의 하락은 모두 잉여가치의 양과 잉여가치율을 함께 증가시킨다는 것을 알게 된다. 또한 거꾸로 다른 조건이 일정할 때 임금의 상승은 잉여가치율을 하락시킨다. 즉 임금상승을 통해서 v가 증가한다면 이것은 노동량이 증가된 것이 아니라 단지 지불되는 노동량만 비싸진다는 것을 의미할 뿐이다. 따라서 m′과 p′은 증가하는 것이 아니라 하락하게 된다.

여기에서 이미 노동일, 노동강도 그리고 임금의 변화가 동시에 v와 m의 변화, 그리고 이들 간의 비율인 m′의 변화는 물론 m의 c+v에 대한 비율인 p′의 변화까지도 수반한다는 것이 밝혀진다. 또한 m의 v에 대한 비율의 변화도 동시에 이미 언급된 노동조건 세 가지 중 적어도 어느 하나의 변화를 수반한다는 것이 밝혀진다.

여기에서 바로 가변자본과 불변자본의 차이는 물론 이 가변자본과 총자본운동〔그리고 그 가치증식〕 간의 특수한 유기적 관계가 밝혀진다. 가치형성에 관한 한 불변자본은 오로지 그것이 가지고 있는 가치 때문에 중요할 뿐이다. 즉 가치형성에서는 1,500파운드스털링의 불변자본이 1,500톤의 철〔톤당 1파운드스털링〕을 나타내든 500톤의 철〔톤당 3파운드스털링〕을 나타내든 그것은 전혀 중요하지 않다. 불변자본의 가치를 나타내는 실제 생산수단의 소재적 양은 가치형성과 전혀 무관하며 이 가치와 반비례 관계에 있는 — 불변자본가치의 증감과 그것이 나타내는 생산수단의 소재적 사용가치의 크기 간의 비율이 얼마이든 상관없이 — 이윤율과도 완전히 무관하다.

가변자본의 경우는 이와 전혀 다르다. 여기에서 일차적으로 중요한 것은 가변자본이 가지고 있는 가치〔즉 가변자본을 통해서 대상화되는 노동〕가 아니라 가변자본이 움직이는〔그리고 가변자본을 통해서 표현되지 않는〕 총노동의 가치이다. 이 총노동과 가변자본 자신을 통해 표현되는〔따라서 지불되는〕 노동의 차이〔즉 총노동 가운데 잉여가치를 형성하는 부분〕는 가변자본을 통해 표현되는 노동이 작을수록 더욱 커진다. 10시간의 1노동일이 10실링〔=10마르크〕과 같다고 하자. 임금〔즉 가변자본〕을 대

체하는 필요노동이 5시간〔=5실링〕이라고 한다면 잉여노동=5시간, 잉여

M63가치=5실링이 될 것이고, 만일 필요노동이 4시간〔=4실링〕이라고 한다면 잉여노동=6시간, 잉여가치=6실링이 될 것이다.

따라서 가변자본가치의 크기가 가변자본에 의해 동원되는 노동량의 지표가 되지 않고 오히려 이 지표 자체의 크기가 변한다면, 잉여가치율은 그것과 반대 방향으로, 즉 그것에 반비례하여 변동할 것이다.

이제 우리는 위에서 말한 이윤율 등식 $p' = m'\frac{v}{c}$ 를 여러 가능한 경우에 걸쳐 살펴보도록 한다. 우리는 $m'\frac{v}{c}$ 의 각 요소를 하나씩 차례로 그 값을 변화시켜 보고 그것이 이윤율에 미치는 영향을 살펴보기로 한다. 그렇게 해서 우리는 일련의 여러 경우들을 얻을 수 있는데, 이들은 동일한 하나의 자본이 연속적으로 변화하는 조건에 처하는 경우들로 간주될 수도 있고 각기 다른 산업부문이나 다른 나라의 여러 자본들을 나란히 서로 비교해 보는 경우로 간주될 수도 있다. 그러므로 우리들의 많은 사례에 대한 분석 가운데, 동일한 하나의 자본이 시간적으로 연속되는 여러 상태에 처한 것으로 간주하기에는 다소 무리가 있고 또 현실적으로 있을 수 없는 것처럼 보일 경우에는, 그것을 제각기 다른 자본들을 비교하는 것으로 이해하면 문제가 깨끗이 사라질 것이다.

그리하여 이제 $m'\frac{v}{c}$ 를 m' 과 $\frac{v}{c}$ 의 두 요소로 분리하여 보기로 한다. 먼저 m' 을 불변으로 놓고 $\frac{v}{c}$ 의 변동이 미치는 영향을 살펴보고 그런 다음 $\frac{v}{c}$ 를 불변으로 놓고 m' 의 변동이 미치는 영향을 살펴보기로 한다. 그리고 마지막으로 다시 우리는 이들 두 요소를 모두 가변적인 것으로 놓고, 그에 해당하는 모든 경우를 상정한 다음, 이로부터 이윤율에 대한 법칙들을 도출해 보기로 한다.

제1편 잉여가치의 이윤으로의 전화와 잉여가치율의 이윤율로의 전화

제1절 m′은 불변이고 $\frac{v}{C}$가 변동하는 경우

부수적인 많은 경우(Unterfälle)를 포함하긴 하지만 이 경우는 하나의 일반식으로 표시될 수 있다. 우리는 두 개의 자본 C와 C_1, 그리고 각각에 상응하는 가변자본을 v와 v_1으로 놓고 잉여가치율은 두 경우 모두 m′이고 이윤율은 각기 p′과 p_1'이라고 하자. 그러면

$$p' = m' \frac{v}{C} \; ; \; p_1' = m' \frac{v_1}{C_1}$$

이제 C와 C_1, v와 v_1의 비율을 각기 상정하고 이들의 값을 예컨대 $\frac{C_1}{C}$ = E, $\frac{v_1}{v}$ = e라고 한다면 C_1 = EC, v_1 = ev이다. 이 값을 위의 p_1' 등식에 대입하 M64 면 다음과 같다.

$$p_1' = m' \frac{ev}{EC}$$

그런데 처음의 이윤율에 관한 두 등식을 비례식으로 변환함으로써 우리는 다음과 같은 또 다른 식을 얻을 수 있다.

$$p' : p_1' = m' \frac{v}{C} : m' \frac{v_1}{C_1} = \frac{v}{C} : \frac{v_1}{C_1}$$

분수의 분모와 분자를 같은 수로 곱하거나 나누어도 그 분수의 값은 변하지 않기 때문에 우리는 $\frac{v}{C}$와 $\frac{v_1}{C_1}$을 백분비로 환산할 수 있다. 즉 C와 C_1을 모두 100으로 놓을 수 있다. 그러면 $\frac{v}{C} = \frac{v}{100}$, $\frac{v_1}{C_1} = \frac{v_1}{100}$ 이 되고 위의 비례식에서 분모는 약분할 수 있다. 그리하여

$$p' : p_1' = v : v_1$$

이 된다. 즉 잉여가치율이 동일한 임의의 두 자본에서 그 이윤율 간의 비율은 각각의 총자본에 대해서 백분비로 환산한 가변자본 간의 비율과 동일하다.

이 두 식은 $\frac{v}{C}$ 가 변동할 때의 모든 경우를 포괄한다.

이제 이들 경우를 하나씩 검토하기 전에 한 가지 더 말해두어야 할 점이 있다. 즉 C는 불변자본 c와 가변자본 v의 합이고 잉여가치율은 이윤율과 마찬가지로 보통 백분비로 표시되기 때문에 c+v＝100으로〔즉 c와 v도 백분비로〕나타내는 것이 편리하다는 것이다. 이윤량이 아닌 이윤율의 결정에서는 12,000의 불변자본과 3,000의 가변자본으로 이루어진 15,000의 어떤 자본이 3,000의 잉여가치를 산출한다고 말하는 것이나 이들 자본을 백분비로 환산해서 말하는 것이나 둘 사이에 아무런 차이가 없다.

$$15,000C＝12,000c＋3,000v(＋3,000m)$$

$$100C＝\quad 80c＋\quad 20v(＋\quad 20m)$$

두 경우 모두 잉여가치율 m′＝100%, 이윤율＝20%이다.

두 자본을 서로 비교할 경우, 즉 다음과 같이 또 다른 하나의 자본과 위의 자본을 비교할 경우에도 사정은 마찬가지이다.

$$12,000C＝10,800c＋1,200v(＋1,200m)$$

$$100C＝\quad 90c＋\quad 10v(＋\quad 10m)$$

M65 　두 경우 모두 잉여가치율 m′＝100%, 이윤율＝10%이며 이러한 비교에서는 백분비의 형태가 훨씬 눈에 잘 들어온다는 것을 알 수 있다.

반면 동일한 자본이 변화하는 경우를 살펴볼 때에는 백분비의 형태를 사용할 필요가 거의 없다. 백분비의 형태가 이 변화를 대개 은폐해버리기 때문이다. 백분비로 표시된 어떤 자본

$$80c + 20v + 20m$$

이 역시 백분비로 표시된

$$90c + 10v + 10m$$

으로 변화했을 경우, 이 변화된 백분비의 구성 90c+10v가 v의 절대적 감소 때문인지 c의 절대적 증가 때문인지 아니면 두 경우 모두 때문인지는 알기 어렵다. 그 원인을 알기 위해서는 각 요소의 절대적인 수치를 알아야만 한다. 그런데 아래에서 살펴볼 각 변화의 경우들에 대한 분석에서는 이러한 변화의 원인이 무엇인지가 매우 중요하다. 즉 80c+20v가 90c+10v로 변화된 것이 12,000c+3,000v가 가변자본은 변동이 없는 채로 불변자본이 증가하여 27,000c+3,000v(백분비로는 90c+10v)로 된 결과인지 또는 불변자본은 변동이 없는 채로 가변자본이 감소하여 $12,000c + 1,333\frac{1}{3}v$ (백분비로는 마찬가지로 90c+10v)로 된 결과인지 아니면 두 요소 모두의 변동으로 13,500c+1,500v(백분비로는 여전히 90c+10v)로 된 결과인지가 중요한 것이다. 우리가 하나하나 살펴보아야 할 것들은 바로 이들 모든 경우이며, 따라서 백분비의 형태는 별로 사용되지 않거나 아니면 단지 부수적인 것으로만 사용될 것이다.

ㄱ. m′과 C는 불변이고 v가 변동하는 경우

v의 크기가 변할 때 C가 불변으로 남아 있으려면 C의 다른 구성요소인 불변자본 c가 v의 변화분과 동일한 크기만큼 반대 방향으로 변해야만 한다. 원래 C가 80c+20v=100인데 v가 10으로 감소한다면 c가 90으로 증가해야만 C가 계속 100으로 남아 있을 것이다. 즉 90c+10v=100이 될 것이다. 일반적으로 말해, C가 불변이라는 조건이 충족되기 위해서는 v가 d만

큼 증가 혹은 감소[v±d로 변동]할 때, c는 동일한 크기만큼 반대 방향으로[즉 c∓d] 변동해야 한다.

마찬가지로 잉여가치율 m′이 불변일 때 가변자본 v가 변한다면 잉여가치의 크기 m이 변해야만 한다. 왜냐하면 m=m′v이고 m′v의 한 요소인 v의 값이 변했기 때문이다.

M66   원래의 등식

$$p′=m′\frac{v}{C}$$

에서 v의 변동에 의해 v가 v_1으로 변화하면서 그 결과 이윤율이 $p′_1$로 변동한 식

$$p′_1=m′\frac{v_1}{C}$$

이 만들어진다.

이를 비례식으로 나타내면 다음과 같다.

$$p′:p′_1=m′\frac{v}{C}:m′\frac{v_1}{C}=v:v_1$$

이를 말로 표현한다면 잉여가치율과 총자본이 불변일 때 원래의 이윤율과, 가변자본의 변동에 의한 새로운 이윤율 간의 비율은 원래의 가변자본과 변동한 가변자본 간의 비율과 동일하다.

위에서 말한 원래의 자본은

 I. 15,000C=12,000c+3,000v(+3,000m)이었는데 이제 v가 변동한 후
  그것은

II. 15,000C=13,000c+2,000v(+2,000m)이 된다.

두 경우 모두 C=15,000, m′=100%로 불변이고 I의 이윤율 20%와 II의 이윤율 $13\frac{1}{3}$% 간의 비율은 I의 가변자본 3,000과 II의 가변자본 2,000 간의 비율과 동일하다. 즉 20% : $13\frac{1}{3}$% = 3,000 : 2,000이다.

이제 가변자본은 증가할 수도 감소할 수도 있다. 먼저 우리는 그것이 증가하는 경우를 예로 들어 보자. 원래의 자본이 다음과 같다고 하자.

I. 100c+20v+10m; C=120, m′=50%, p′=$8\frac{1}{3}$%

여기에서 가변자본이 30으로 증가한다고 하자. 그러면 가정에 따라 총자본이 변함없이 120으로 남기 위해서는 불변자본이 100에서 90으로 감소하여야 한다. 잉여가치율은 50%로 불변이므로 산출된 잉여가치는 15로 증가하여야 한다. 그러면 이제 자본의 내용은 다음과 같이 된다.

II. 90c+30v+15m; C=120, m′=50%, p′=$12\frac{1}{2}$%

일단 우리는 임금이 불변이라는 가정에서 출발하자. 그러면 잉여가치율의 다른 결정요소인 노동일과 노동강도도 동시에 불변이어야 한다. 그러면 v의 증가(20에서 30으로)는 사용된 노동자의 수가 절반 더 늘었다는 것을 의미하게 된다. 그러면 생산물의 총가치도 30에서 45로 증가하게 되고 이것은 원래의 경우와 똑같이 $\frac{2}{3}$는 임금으로 $\frac{1}{3}$은 잉여가치로 배분된다. ^{M67} 그러나 노동자 수의 증가와 동시에 생산수단의 가치인 불변자본은 100에서 90으로 감소하였다. 따라서 이것은 불변자본의 감소와 동시에 노동생산성이 감소하는 경우에 해당한다. 이런 경우가 경제적으로 가능할까?

노동생산성의 감소와 그에 따른 고용 노동자 수의 증가를 쉽게 파악할 수 있는 농업이나 채취산업 부문에서는 이런 과정이 — 자본주의적 생산의 범위 내에서 또는 자본주의적 생산을 기반으로 하는 경우에는 — 불변자본의 감소가 아니라 그 증가와 결합해 있다. 설사 단순한 가격의 하락으로 인해 위에서 말한 바와 같은 c의 감소가 발생하였다 하더라도, 개별 자본이 I에서 II로 전환하는 것은 매우 예외적인 경우에만 가능할 것이다. 그러나 농업이나 채취산업의 서로 다른 부문〔혹은 서로 다른 나라〕에 선대된 별개의 두 자본에서는 한 자본이 다른 자본보다 더 많은 노동자(따라서 더 많은 가변자본)를 사용하면서 더 적은 가치나 더 적은 양의 생산수단을 사용하는 것이 전혀 이상한 일이 아닐 것이다.

그러나 임금이 불변이라는 가정을 포기하고 가변자본이 20에서 30으로 증가한 것을 임금이 50% 인상되어서라고 설명한다면 완전히 다른 경우가 나타난다. 같은 수의 노동자〔즉 20명〕가 거의 변동이 없는 노동수단을 사용하여 작업을 계속 수행한다. 노동일이 불변이라면〔예를 들어 10시간〕 생산물의 총가치도 여전히 30으로 불변이다. 그러나 이 30은 투입된 가변자본 30을 보전하고 나면 모두 소진되어버린다. 그러면 잉여가치는 사라져버릴 것이다. 그런데 가정에서는 잉여가치율이 I의 경우와 같이 50%로 불변이다. 따라서 이 가정이 성립하기 위해서는 노동일이 50% 연장되어 15시간이 되어야 한다. 그러면 20명의 노동자가 15시간 동안 총 45의 가치를 생산하게 되어 모든 조건이 충족된다.

II. $90c+30v+15m$; $C=120$, $m'=50\%$, $p'=12\frac{1}{2}\%$

이 경우 20명의 노동자는 I의 경우보다 더 많은 노동수단〔즉 작업도구나 기계 등〕을 필요로 하지 않는다. 단지 원료와 보조자재는 50%가 더 소요될 것이다. 따라서 이들 재료의 가격이 하락할 경우에는 개별 자본으로서도 우리의 가정을 충족시키면서 I에서 II로 이행하는 것이 경제적으로 가능할 것이다. 그럴 경우 자본가는 그의 불변자본의 가치하락으로 생긴 손실을 이윤증대를 통해 적어도 어느 정도까지는 상쇄하게 될 것이다.

이제 가변자본이 증가하는 대신 감소하는 경우를 보자. 그럴 경우 우리 는 위의 예에서 그 순서를 뒤바꾸어서 II를 원래의 자본으로 놓고 II에서 I로 변한 것으로 보면 된다. 즉

II. 90c+30v+15m이 전화하여

I. 100c+20v+10m이 된 것으로 본다.

그리고 이처럼 순서가 바뀌긴 했지만 이윤율과 이들 상호 간의 비율을 결정하는 조건들은 전혀 변하지 않는 것으로 가정한다.

v가 30에서 20으로 감소한 것이 불변자본이 증가했는데도 노동자 수가 $\frac{1}{3}$ 감소한 때문이라면 이것은 우리가 흔히 보는 근대산업에서의 정상적인 경우이다. 이는 즉 노동생산성이 증가한 경우로서, 더 적은 수의 노동자가 더 많은 양의 생산수단을 처리하는 것이다. 이런 경우는 대개 이윤율의 하락을 반드시 동반하는데 그 문제는 이 책의 제3편에서 다루게 될 것이다.

그러나 v가 30에서 20으로 감소한 것이 노동자 수의 변동 없이 단지 그들의 임금을 낮추어서 이루어진 것이라면 노동일이 불변이기 때문에 생산물의 총가치는 여전히 30v+15m=45로 변함이 없다. 그렇지만 v가 20으로 감소하였기 때문에 잉여가치는 25로 증가하게 되고 잉여가치율도 50%에서 125%로 상승하게 됨으로써 이것은 원래의 가정에서 벗어나게 될 것이다. 이 가정을 지키기 위해서는 잉여가치율은 50%인 채로 잉여가치가 10으로 감소해야 하고 따라서 생산물의 총가치는 45에서 30으로 감소해야 한다. 이는 노동일이 $\frac{1}{3}$ 단축됨으로써만 가능하다. 그럴 경우 우리는 위와 동일한 결과를 얻게 될 것이다.

$$100c+20v+10m;\ m'=50\%,\ p'=8\frac{1}{3}\%$$

임금이 하락한다고 해서 노동시간이 단축되는 경우가 물론 실제로는 있을 수 없는 일이란 것은 두말할 필요도 없다. 그러나 그것은 여기서 중요하지 않다. 이윤율은 여러 변수들의 함수이며 이들 변수가 이윤율에 미치는 영향을 알기 위해서는 하나의 동일한 자본에 대해 이들 각 변수가 미치는 영향이 경제적으로 가능한 것인지의 여부에 구애받지 말고 이들 모두를 차례대로 살펴보아야만 한다.

ㄴ. m′은 불변, v는 가변, C는 v의 변동에 따라 변화하는 경우

이 경우는 앞의 경우와 단지 정도의 차이만 있을 뿐이다. 여기서는 c가 v의 변동에 따라 그만큼 함께 변동하는 대신 불변인 상태로 남는다. 그러나 오늘날과 같이 공업과 농업이 대규모로 이루어지는 조건에서는 가변자본은 총자본 가운데 비교적 작은 부분만을 차지한다. 따라서 총자본의 증가나 감소가 가변자본의 변동에 의한 것일 경우 그 변동분은 비교적 작은 것일 수밖에 없다. 우리는 다시 다음과 같은 자본에서 논의를 시작해보기로 하자.

I. $100c + 20v + 10m$; $C = 120$, $m′ = 50\%$, $p′ = 8\frac{1}{3}\%$

이것이 이제 다음과 같이 변화되었다고 하자.

II. $100c + 30v + 15m$; $C = 130$, $m′ = 50\%$, $p′ = 11\frac{7}{13}\%$

가변자본이 감소하는 반대의 경우는 거꾸로 II에서 I로 전화한 것으로 보면 간단히 설명할 수 있을 것이다.

경제적인 조건들은 본질적으로 앞의 경우와 동일하고 따라서 여기서 다시 반복할 필요는 없을 것이다. I에서 II로의 전화는 노동생산성이 절반으로 하락한 것을 의미한다. 즉 100c를 처리하는 데 I보다 II가 50% 더 많은 노동이 필요하다. 이런 경우는 농업부문에서 종종 있을 수 있다.[9]

그러나 앞의 경우에는 불변자본이 가변자본으로 전환하거나 가변자본이 불변자본으로 전환함으로써 총자본은 계속 불변이었지만, 이 경우에는 가변자본의 증가가 추가적인 선대자본에 의해[반대로 가변자본의 감소는 기존 선대자본의 감소에 의해] 이루어짐으로써 총자본의 변동이 발생한다.

ㄷ. m′과 v는 불변이고 c와 C는 변동하는 경우

이 경우에는 등식이 다음과 같이 변한다.

즉 $p' = m' \frac{v}{C}$ 가 $p'_1 = m' \frac{v}{C_1}$ 로 변한다.

두 식에서 공통된 요소를 약분하고 이를 비례식으로 나타내면

$$p'_1 : p' = C : C_1$$

즉 잉여가치율과 가변자본이 동일할 때 이윤율은 총자본의 크기에 반비례한다.

예를 들어 다음과 같은 세 개의 자본[혹은 동일한 자본의 세 가지 상태]이 있다고 하자.

    I. $80c + 20v + 20m$; $C = 100$, $m' = 100\%$, $p' = 20\%$

---

9) [초고에서는 이를 다음과 같이 말한다. "이런 경우가 지대와 관련되는 내용은 나중에 논의하도록 하자."]

II. $100c + 20v + 20m$; $C = 120$, $m' = 100\%$, $p' = 16\frac{2}{3}\%$

III. $60c + 20v + 20m$; $C = 80$, $m' = 100\%$, $p' = 25\%$

그러면 이들로부터 다음과 같은 비례식을 얻을 수 있다.

$20\% : 16\frac{2}{3}\% = 120 : 100$ 그리고 $20\% : 25\% = 80 : 100$

M70 앞서 말한 일반식〔즉 m'이 불변일 때 $\frac{v}{C}$가 변동하는 경우〕은 $p'_1 = m'\frac{ev}{EC}$ 이었는데 이제 그것은 $p'_1 = m'\frac{v}{EC}$가 된다. 왜냐하면 v가 불변이므로 여기에서는 $e = \frac{v_1}{v} = 1$이 되기 때문이다.

$m'v$는 잉여가치량 m과 같고 m'과 v가 모두 불변이기 때문에 m은 C의 변동에 아무런 영향도 받지 않는다. 즉 잉여가치량은 C의 변동 이전과 마찬가지이다.

만약 c가 0이 되어버리면 $p' = m'$, 즉 이윤율은 잉여가치율과 같아지게 된다.

c의 변동은 불변자본을 구성하는 소재들의 단순한 가치변동 때문에 발생할 수도 있고 총자본의 기술적 구성의 변동〔즉 해당 생산부문(Produktionszweig)*의 노동생산성 변동〕 때문에 발생할 수도 있다. 후자의 경우는 대규모 공업과 농업의 발전에 의한 사회적 노동생산성의 상승에서 비롯된 것으로 (위의 예에서 본다면) III에서 I로, I에서 II로 순차적인 변화를 가져온다. 원래 20의 임금을 지불받고 40의 가치를 생산하는 노동량이 60의 가치를 지니는 노동수단을 처리하고 있다가 가치는 불변인 채로 생산성이 상승하게 되면 처리되는 노동수단의 가치가 처음에는 80으로 그 다음에는 다시 100으로 증가하게 되는 것이다. 생산성이 하락하게 되면 진행 방향은 반대로 된다. 즉 동일한 노동량이 더 적은 생산수단만을

* 초판에서는 Produktivzweig.

움직이게 되고 따라서 경영규모가 축소되는데 이는 농업과 광산업 등에서 나타날 수 있다.

불변자본의 절감은 한편으로는 이윤율을 높이고 또 다른 한편으로는 투입자본을 감소시키므로 자본가에게는 중요한 의미를 갖는다. 불변자본을 이루는 요소들[예를 들어 원료 등]의 가격변동이 미치는 영향과 관련된 이 문제는 뒤에서* 다시 자세히 다루기로 한다.

여기에서 다시 한 번 드러나듯이 불변자본의 변동은 이윤율에 그대로 영향을 미치고 이런 영향은 그 변동이 불변자본의 소재적 구성요소의 증가나 감소에 의한 것이든 아니면 그들 요소의 단순한 가치변동에 의한 것이든 아무 상관이 없다.

ㄹ. m′은 불변이고, v, c, C는 모두 변동하는 경우

이 경우에는 이윤율의 변화에 대한 위의 일반식이 그대로 적용된다.

$$p'_1 = m' \frac{ev}{EC}$$

잉여가치율이 일정할 경우 여기에서 다음과 같은 사실이 도출된다.

a) E가 e보다 클 경우[즉 총자본의 증가율이 가변자본의 증가율보다 큰 방식으로 불변자본이 증가할 경우] 이윤율은 하락한다. 만일 어떤 자본 $80c+20v+20m$이 $170c+30v+30m$으로 변화하였다면 $m'=100\%$로 여전히 그대로지만 $\frac{v}{C}$는 ─ C와 함께 v가 증가하였음에도 ─ $\frac{20}{100}$에서 $\frac{30}{200}$으로 하락하고 그에 따라 이윤율도 20%에서 15%로 하락한다.

b) 이윤율이 불변인 경우는 단지 e=E일 때[즉 $\frac{v}{C}$가 표면적인 변동에도 불구하고 같은 값을 유지할 때, 다시 말해 분모와 분자가 같은 수로 곱

* 이 책의 87~146쪽 참조.

하거나 나누어질 때]뿐이다. 80c+20v+20m과 160c+40v+40m은 명백히 이윤율이 20%로 같다. 왜냐하면 m′=100%로 불변이고 두 경우 모두 $\frac{v}{c} = \frac{20}{100} = \frac{40}{200}$ 으로 값이 같기 때문이다.

c) e가 E보다 클 경우[즉 가변자본의 증가율이 총자본의 증가율보다 클 경우] 이윤율은 상승한다. 80c+20v+20m이 120c+40v+40m으로 바뀌었다면 이윤율은 20%에서 25%로 상승하는데 이는 m′이 불변인 상태에서 $\frac{v}{c} = \frac{20}{100}$ 이 $\frac{40}{160}$ 으로, 즉 $\frac{1}{5}$ 에서 $\frac{1}{4}$ 로 상승하였기 때문이다.

v와 C가 같은 방향으로 변동할 경우 우리는 이 변화과정을 파악하는 데서 일단 양자가 어느 정도까지는 같은 비율로 변동함으로써 $\frac{v}{c}$ 가 계속 불변인 채로 유지되는 상태를 먼저 생각할 수 있다. 그러다가 이 지점을 넘어서고 나면 둘 중 하나만 변하게 되는 상태를 다시 나누어 생각할 수 있는데, 그럼으로써 우리는 이 복잡한 변화과정을 앞서 본 더 단순한 세 경우들 가운데 하나로 환원할 수 있을 것이다.

예를 들어 80c+20v+20m이 100c+30v+30m으로 변화했다면 이 변화과정에서 100c+25v+25m까지는 v와 c의 비율, 그리고 v와 C의 비율이 불변인 상태가 유지된다. 따라서 이 점까지는 이윤율도 불변이다. 그러므로 우리는 이제 100c+25v+25m을 변화의 출발점으로 상정할 수 있다. 그러면 v가 5만큼 증가하여 30이 되고 그럼으로써 C도 125에서 130으로 증가하게 되어 이것은 단지 v가 변동함으로써 C도 변동하는 ㄴ.의 경우에 해당한다. 이윤율은 원래 20%였는데 이 v가 5만큼 증가한 것으로 인해 잉여가치율이 일정할 경우 $23\frac{1}{13}$%로 상승하게 된다.

이처럼 좀더 단순한 경우로의 환원은 v와 C의 크기가 서로 반대 방향으로 변동할 경우에도 가능하다. 예를 들어 80c+20v+20m에서 출발하여 110c+10v+10m의 형태로 변화될 경우에도 그 변화과정에서 40c+10v+10m까지는 이윤율이 원래대로 20%로 불변일 것이다. 그런 다음 이 중간 형태에 70c가 부가됨으로써 이윤율은 $8\frac{1}{3}$%로 하락하게 될 것이다. 그리하여 우리는 이 변화과정을 다시 c 하나만 변동하는 단순한 경우로 환원할 수 있게 된다.

그러므로 v, c, C 모두가 동시에 변동하는 경우도 전혀 새로운 방법이 필요한 것은 아니며 궁극적으로는 다시 한 요소만이 가변적인 경우로 환원된다.

이 마지막 넷째 경우도 사실은 이미 앞에서 이야기된 것으로, 말하자면 v와 c가 수치로는 불변이지만, 그 소재적인 요소들의 가치변동으로 실제 이 v와 c로 사용되는 노동량이나 생산수단의 양은 변동된 경우에 해당한다.

$80c+20v+20m$에서 $20v$가 원래는 하루 10시간을 노동하는 20명의 노동자에 대한 임금을 나타낸다고 하자. 그런데 1인당 임금이 1에서 $1\frac{1}{4}$로 상승했다고 하자. 그러면 $20v$로는 이제 20명의 노동자가 아니라 16명의 노동자에게만 임금을 지불할 수 있게 된다. 그러나 20명의 노동자가 총 200시간 동안 40의 가치를 생산한다면 16명의 노동자가 10시간씩 노동하여 총 160시간 동안에 생산할 수 있는 가치는 32에 그칠 것이다. 그리하여 32에서 임금 $20v$를 공제하고 나면 잉여가치는 12만 남게 되고 잉여가치율은 100%에서 60%로 하락할 것이다. 그러나 앞서의 가정에 따라 잉여가치율은 불변이어야 하므로 노동일이 $\frac{1}{4}$만큼, 즉 10시간에서 $12\frac{1}{2}$시간으로 연장되어야 할 것이다. 즉 20명의 노동자가 하루 10시간씩 노동하여 총 200시간 동안에 80의 가치를 생산한다면 16명의 노동자가 하루 $12\frac{1}{2}$시간씩 노동하여 총 200시간 동안 생산하는 가치도 마찬가지로 80일 것이고, 따라서 $80c+20v$의 자본은 원래와 같이 20의 잉여가치를 생산하게 될 것이다.

거꾸로 임금이 하락하여 $20v$의 임금으로 30명의 노동자를 고용할 수 있게 되었다면 m'이 불변이기 위해서는 노동일이 10시간에서 $6\frac{2}{3}$시간으로 단축되어야 할 것이다. 그래야만 $20\times10=30\times6\frac{2}{3}=200$노동시간이 될 것이기 때문이다.

이처럼 서로 대립되는 두 가지 가정 아래, c가 화폐가치로는 불변이면서 소재적인 양으로는 변동하는 그런 상태가 어느 정도까지 가능할지에 대해서는 이미 위에서 기본적으로 설명하였다. 그러나 순수한 의미에서 이런 경우는 매우 예외적인 것일 뿐이다.

M73   c의 구성요소들의 가치변동에서, 이들 요소의 양은 변동하더라도 그 가치액인 c는 불변이라면, v의 크기가 다시 변화하지 않는 한, 이윤율과 잉여가치율은 모두 변하지 않는다.

이상에서 우리는 우리의 등식에서 v, c, C가 변동하는 모든 가능한 경우를 살펴보았다. 거기에서 우리는 잉여가치율이 불변일 때 v와 c의 비율과 v와 C의 비율의 변화는 아무리 근소한 것일지라도 곧바로 이윤율을 변동시킴으로써 이윤율이 감소, 불변 혹은 증가할 수 있다는 사실을 살펴보았다.

게다가 우리는 v가 변동할 때 m'이 불변인 상태를 유지하는 것이 경제적으로 성립할 수 없는 어떤 한계를 갖는다는 것을 보았다. 또한 c만의 일방적인 변동도 v가 불변인 상태에 머물 수 없는 어떤 한계를 갖는 것이 틀림없으므로 $\frac{v}{c}$의 모든 가능한 변동에는 m'이 불변일 수 없고 가변적으로 되어야만 하는 어떤 한계가 존재한다는 사실도 보았다. 이제 우리의 논의는 m'이 변동하는 경우로 넘어가는데 여기에서는 우리 등식의 여러 변수들 간의 이런 상호작용이 좀더 분명하게 드러날 것이다.

제2절 m'이 변동하는 경우

$\frac{v}{c}$의 변동 여부에는 상관없이 잉여가치율이 변동할 때 이윤율에 관한 일반식은 원래의 식

$$p'=m'\frac{v}{c}$$

에서

$$p'_1 = m'_1 \frac{v_1}{C_1}$$

로 변형되는데 이 식에서 p'_1, m'_1, v_1, C_1은 p', m', v, C의 변화된 값들이다. 그러면

$$p' : p'_1 = m' \frac{v}{C} : m'_1 \frac{v_1}{C_1}$$

이 되고 이로부터

$$p'_1 = \frac{m'_1}{m'} \times \frac{v_1}{v} \times \frac{C}{C_1} \times p' \text{이 도출된다.}$$

ㄱ. m'은 변동하고 $\frac{v}{C}$는 불변일 경우

이 경우 다음의 두 식

$$p' = m' \frac{v}{C} \; ; \; p'_1 = m'_1 \frac{v}{C}$$

을 얻게 되고 두 식에서 $\frac{v}{C}$는 같은 값이다. 따라서 다음 비례식이 성립한다.

$$p' : p'_1 = m' : m'_1$$

자본구성이 동일한 두 자본의 이윤율 간의 비율은 각각의 잉여가치율 [M74] 간의 비율과 동일하다. 분수 $\frac{v}{C}$에서 중요한 것은 v와 C의 절대적인 크기가 아니라 둘 사이의 상대적인 비율이므로 이런 이윤율과 잉여가치율 간의 관계는 자본구성이 동일한 모든 자본에 그 절대적인 크기와는 상관없이 똑같이 적용된다.

$$80c+20v+20m; C=100, m'=100\%, p'=20\%$$
$$160c+40v+20m; C=200, m'=\ 50\%, p'=10\%$$
$$100\% : 50\% = 20\% : 10\%$$

게다가 v와 C의 절대적인 크기가 두 경우에 동일하면 그 이윤율 간의 비율은 잉여가치량 사이의 비율과 같아지게 된다.

$$p':p_1'=m'v:m_1'v=m:m_1$$

예를 들어

$$80c+20v+20m; m'=100\%, p'=20\%$$
$$80c+20v+10m; m'=\ 50\%, p'=10\%$$
$$20\% : 10\% = 100\times20 : 50\times20 = 20m : 10m$$

절대치로 표시되었든, 백분비로 표시되었든 자본구성이 동일한 자본들 간에 잉여가치율이 달라지기 위해서는 임금 혹은 노동일의 길이 또는 노동강도가 서로 달라야만 한다는 것이 이제 분명해졌다. 다음 세 경우에

I. $80c+20v+10m; m'=\ 50\%, p'=10\%$

II. $80c+20v+20m; m'=100\%, p'=20\%$

III. $80c+20v+40m; m'=200\%, p'=40\%$

I에서 생산된 총가치는 $30(20v+10m)$이고 II에서는 40, III에서는 60이 된다. 이렇게 될 수 있는 것은 다음의 세 가지 경우이다.

첫째 임금이 다를 경우이다. 즉 20v가 각 경우마다 서로 다른 노동자 수를 나타내는 것이다. 가령 I의 경우 15명의 노동자가 $1\frac{1}{3}$ 파운드스털링

(MEW판에는 $1\frac{2}{3}$로, Progress판에는 $1\frac{1}{3}$로 되어 있는데 계산상으로는 $1\frac{1}{3}$이 맞음—옮긴이)의 임금으로 10시간 고용되어 30파운드스털링의 가치를 생산하고, 그중 20파운드스털링은 임금을 보전하고 잉여가치로 10파운드스털링이 남았다고 하자. 이제 임금이 1파운드스털링으로 하락하면 20명의 노동자를 10시간 고용할 수 있게 되고 그러면 생산되는 가치는 40파운드스털링이 되어 거기에서 임금 20파운드스털링을 보전하고 나면 잉여가치는 20파운드스털링이 남게 된다. 임금이 더 떨어져서 $\frac{2}{3}$파운드스털링이 되면 30명의 노동자가 10시간 고용되고 그 결과 60파운드스털링의 가치가 생산되어 거기에서 임금 20파운드스털링을 보전하고 나면 잉여가치는 40파운드스털링이 남게 된다.

이 경우—자본구성비율, 노동일, 노동강도가 모두 불변일 때 임금의 변동에 의해 잉여가치율이 변하는 경우—가 리카도의 가정이 적용되는 유일한 경우이다.

이윤은 임금이 낮고 높은 것에 정확히 비례하여 높거나 낮아진다.(『리카 M75 도 전집』, 매컬럭 엮음, 1852 중 「경제학 원리」 제1장 제3절 18쪽)

둘째 노동강도가 다를 경우이다. 그것은 예를 들어 20명의 노동자가 똑같은 노동수단을 가지고 매일 10시간 노동을 통해 어떤 상품을 I에서는 30개, II에서는 40개, III에서는 60개를 만들어내는데, 상품 1개당 그 생산에 소요된 생산수단의 가치를 제외하고 나면 1파운드스털링의 새로운 가치가 나타나는 경우가 된다. I, II, III의 세 경우 모두 임금으로는 20개＝20파운드스털링이 소요되므로 잉여가치는 I에서 10개＝10파운드스털링, II에서 20개＝20파운드스털링, III에서 40개＝40파운드스털링이 남게 된다.

셋째 노동일의 길이가 서로 다를 경우이다. 노동강도가 동일할 때 20명의 노동자가 I에서는 매일 9시간, II에서는 12시간, III에서는 18시간 노동한다면, 총생산물 간의 비율은 30：40：60으로 노동일 길이의 비율인

9:12:18이며, 임금은 세 경우 모두 20이므로 잉여가치는 각기 10, 20, 40이 남게 된다.

따라서 결국 임금의 상승이나 하락은 반대 반향으로, 그리고 노동강도의 증가나 감소 및 노동일의 연장이나 단축은 같은 방향으로 잉여가치율의 크기에〔또한 $\frac{v}{c}$가 일정할 때는 이윤율에도〕 영향을 끼치게 된다.

ㄴ. m′과 v는 변동하고 C는 불변인 경우

이 경우의 비례식은 다음과 같다.

$$p' : p'_1 = m' \frac{v}{C} : m'_1 \frac{v_1}{C} = m'v : m'_1 v_1 = m : m_1$$

즉 이윤율 간의 비율은 각각의 잉여가치량의 비율과 같다.

가변자본이 불변일 때 잉여가치율이 변동하면 생산물가치의 크기와 그 분배는 모두 함께 변동하였다. 그런데 가변자본과 잉여가치율이 동시에 변동할 경우에는, 분배의 변동은 항상 함께 이루어지지만 생산물가치의 크기는 항상 함께 변동하는 것이 아니다. 여기에는 세 가지 경우가 있을 수 있다.

a) v와 m′의 변동이 서로 반대 방향으로 일어나지만 변동량이 동일한 경우.

80c + 20v + 10m; m′ = 50%, p′ = 10%
90c + 10v + 20m; m′ = 200%, p′ = 20%

예를 들어 이들 두 경우 가치생산물은 동일하고 따라서 수행한 노동량도 동일하다. 즉 20v + 10m = 10v + 20m = 30이다. 둘의 차이는 단지 전자는 20이 임금으로 지불되고 10이 잉여가치로 남는 데 반해 후자는 임금으

로 10만 지불되고 따라서 잉여가치로 20이 남는다는 사실뿐이다. 이것은
v와 m′이 동시에 변동할 때 노동자 수, 노동강도, 노동일의 길이가 모두
불변인 유일한 경우이다.

b) v와 m′의 변동이 서로 반대 방향으로 일어나지만 변동량이 서로 다
를 경우. 이 경우에는 v와 m′ 가운데 하나의 변동치가 다른 하나의 변동치
보다 크다.

$$\text{I. } 80c+20v+20m,\ m′=100\%,\ p′=20\%$$
$$\text{II. } 72c+28v+20m,\ m′=71\tfrac{3}{7}\%,\ p′=20\%$$
$$\text{III. } 84c+16v+20m,\ m′=125\%,\ p′=20\%$$

I에서는 가치생산물 40 가운데 20v가 임금으로, II에서는 48 가운데 28v
가, III에서는 36 가운데 16v가 지불된다. 가치생산물은 물론 임금도 모두
변한다. 그런데 가치생산물의 변동은 사용된 노동량의 변동을 의미하고,
이는 노동자 수나 노동시간 또는 노동강도 가운데 한 가지 이상이 변동한
것을 의미한다.

c) m′과 v의 변동이 같은 방향으로 일어나는 경우. 이 경우 한 요소의 변
동은 다른 요소의 영향을 더욱 강화해준다.

$$90c+10v+10m;\ m′=100\%,\ p′=10\%$$
$$80c+20v+30m;\ m′=150\%,\ p′=30\%$$
$$92c+\ 8v+\ 6m;\ m′=\ 75\%,\ p′=6\%$$

여기에서도 세 가치생산물의 크기는 20, 50, 14로 각기 서로 다르다. 그
리고 이러한 각 노동량의 차이는 다시 노동자 수나 노동시간 또는 노동강
도 가운데 하나 이상의 차이로 환원된다.

ㄷ. m´, v와 C 모두가 변동할 경우

이 경우는 전혀 새로운 측면을 갖지 않으며 이미 m´이 변동하는 II의 일반식에 의해서 해결될 수 있다.

———

그리하여 잉여가치율의 변동이 이윤율에 미치는 영향은 다음과 같은 경우들로 정리된다.

M77   ① $\frac{v}{C}$ 가 불변이면 p´은 m´과 같은 비율로 변동한다.

$$80c + 20v + 20m; \ m´ = 100\%, \ p´ = 20\%$$
$$80c + 20v + 10m; \ m´ = \ 50\%, \ p´ = 10\%$$
$$100\% : 50\% = 20\% : 10\%$$

② $\frac{v}{C}$ 가 m´과 같은 방향으로 변동하면〔즉 m´이 증가 혹은 감소할 때 $\frac{v}{C}$ 도 함께 증가 혹은 감소하면〕 p´은 m´보다 더 큰 비율로 변동한다.

$$80c + 20v + 10m; \ m´ = \ \ 50\%, \ p´ = 10\%$$
$$70c + 30v + 20m; \ m´ = 66\tfrac{2}{3}\%, \ p´ = 20\%$$
$$50\% : 66\tfrac{2}{3}\% < 10\% : 20\%$$

③ $\frac{v}{C}$ 가 m´과 서로 반대 방향으로 변동하지만 m´보다 더 작은 비율로 변동하면, p´은 m´보다 더 작은 비율로 변동한다.

$$80c + 20v + 10m; \ m´ = \ 50\%, \ p´ = 10\%$$
$$90c + 10v + 15m; \ m´ = 150\%, \ p´ = 15\%$$

50% : 150% > 10% : 15%

④ $\frac{v}{c}$가 m′과 서로 반대 방향으로 변동하지만 m′보다 더 큰 비율로 변동한다면 p′은 m′과 반대 방향으로 변동한다.

80c+20v+20m; m′=100%, p′=20%

90c+10v+15m; m′=150%, p′=15%

즉 m′은 100%에서 150%로 상승하였는데 p′은 20%에서 15%로 하락하였다.

⑤ 마지막으로 $\frac{v}{c}$가 m′과 서로 반대 방향으로 변동하지만 변동비율이 같을 경우 p′은 m′의 변동에 관계없이 불변인 상태로 남는다.

좀더 설명이 필요한 것은 이 마지막 경우뿐이다. 우리는 위에서 $\frac{v}{c}$가 변동할 때 동일한 잉여가치율이 각기 다른 이윤율로 나타날 수 있다는 것을 이미 보았는데 이제 이 마지막 경우에서는 동일한 이윤율이 완전히 서로 다른 잉여가치율에 근거할 수 있다는 것을 보게 된다. 그런데 m′이 불변인 상태에서 이윤율이 변동하기 위해서는 $\frac{v}{c}$만 임의로 변화하면 가능하지만, m′이 변할 때 이윤율이 불변인 상태로 머물기 위해서는 $\frac{v}{c}$가 m′의 변동과 정확히 반대 방향으로 변동해야만 한다. 이것은 동일한 하나의 자본〔혹은 두 개의 자본이라도 같은 나라의 자본〕에서는 매우 예외적으로만 가능한 경우이다. 예를 들어 다음과 같은 하나의 자본을 놓고 M78

80c+20v+20m; C=100, m′=100%, p′=20%

임금이 하락하여 똑같은 노동자 수를 고용하는 데 20v가 아니라 16v가 소요되는 경우를 상정해보자. 그럴 경우 다른 조건은 불변이고 4v만 떨어져 나간다면 이 자본은 다음과 같이 된다.

$$80c+16v+24m; \ C=96, \ m'=150\%, \ p'=25\%$$

처음과 같이 p′＝20%로 머물기 위해서는 총자본이 120이 되어야 한다. 즉 불변자본이 104로 증가해야만 한다.

$$104c+16v+24m; \ C=120, \ m'=150\%, \ p'=20\%$$

이것은 자본구성을 변화시키는 노동생산성의 변동이 임금하락과 동시에 이루어지는 경우에만 가능하다. 그렇지 않으면 불변자본의 화폐가치가 80에서 104로 상승해야만 하는데 이것은 극히 예외적으로만 있을 수 있는 경우로서 여러 조건들이 우연히 합치될 때에만 가능하다. 사실 v〔따라서 $\frac{v}{c}$도〕의 변화를 동반하지 않는 m′의 변동은 전적으로 우연한 경우에만 생각할 수 있는 것으로 고정자본과 노동만이 사용되고 노동대상이 자연에 의해 공짜로 제공되는 산업부문에서나 가능한 것이다.

그러나 서로 다른 두 나라 사이의 이윤율을 비교할 경우에는 사정이 다르다. 이때는 실제로 동일한 이윤율이 대개 서로 다른 잉여가치율을 나타낸다.

그리하여 다섯 가지 경우를 모두 종합해보면, 잉여가치율이 변동할 때 이윤율은 상승할 수도, 하락할 수도, 불변일 수도 있다고 말할 수 있다. 잉여가치율이 불변일 경우 이윤율이 상승할 수도, 하락할 수도, 불변일 수도 있다는 것은 이미 I에서 살펴본 바와 같다.

———

따라서 이윤율은 두 가지 주된 요소, 즉 잉여가치율과 자본의 가치구성에 의해서 결정된다. 이 두 요소의 영향은 다음과 같이 요약되는데, 이때 불변자본과 가변자본 중 어느 것이 변동하는 것인지는 중요하지 않기 때문에 자본구성을 백분비로 표시할 수 있다.

두 개의 자본〔혹은 동일한 자본이라도 연속적이고 서로 다른 두 상태에 처해 있는 자본〕에서 두 이윤율은 다음의 경우 서로 동일하다.

① 잉여가치율과 자본구성비율이 동일한 경우.

② 잉여가치율과 자본구성비율이 서로 다른 상태에서, 잉여가치율과 가변자본의 백분비를 곱한 값($m'v$)〔즉 총자본에 대한 백분비로 계산된 잉여가치량($m=m'v$)〕이 서로 같을 경우, 달리 말해서 m'과 v가 두 경우에 서로 반비례 관계일 경우.

또한 다음의 경우에는 두 이윤율이 서로 다르다.

① 자본구성비율이 동일하고 잉여가치율이 다른 경우. 이때 이윤율은 잉여가치율과 비례 관계에 있다.

② 잉여가치율이 같고 자본구성비율이 다른 경우. 이때 이윤율은 가변자본과 비례 관계에 있다.

③ 잉여가치율과 자본구성비율이 모두 다른 경우. 이때 이윤율은 $m'v$〔즉 총자본에 대한 백분비로 계산된 잉여가치량〕와 비례 관계에 있다.[10]

---

10) 〔초고에는 잉여가치율과 이윤율 간의 차이($m'-p'$)에 대해 매우 상세한 계산들이 기록되어 있는데, 이런 차이는 매우 흥미로운 특성들을 지니고 있고 그 움직임에 의해 이 두 비율이 서로 멀어졌다 가까워졌다 하는 여러 경우들을 나타낸다. 이런 움직임은 곡선으로 표시될 수도 있다. 나는 이런 내용들을 여기에 수록하지 않았는데 그것은 이 책의 직접적인 목적에 비추어 비교적 중요하지 않을 뿐만 아니라 이런 문제를 좀더 깊이 연구해보고 싶은 독자들에게는 여기에 수록한 내용만으로도 충분한 지침이 될 수 있을 것이기 때문이다.〕

제4장

자본회전이 이윤율에 미치는 영향

〔자본회전이 잉여가치〔즉 이윤〕의 생산에 미치는 영향은 제2권에서 설명되었다. 그것을 간단히 요약하자면 자본이 회전되기까지는 일정한 시간이 소요되기 때문에 자본은 한꺼번에 모두 생산에 소비될 수 없다는 것이다. 즉 자본 가운데 일부는 화폐자본이나 재고 상태의 원료, 혹은 제조가 완료되었지만 아직 판매되지 않은 상품자본, 또는 아직 지급 기일이 도래하지 않은 미수 채권 등의 다양한 형태로 계속 유휴상태에 있게 된다는 것이다. 따라서 실제 생산과정〔즉 잉여가치의 생산과 획득〕에서 활동하는 자본은 계속 이 유휴 부분만큼 감소해 있고 따라서 생산되어 획득되는 잉여가치도 그만큼의 비율로 줄어들게 된다. 자본 회전기간이 짧을수록 그만큼 전체 자본 가운데 이 유휴 부분은 감소하게 되고 따라서 다른 조건이 불변이라면 획득되는 잉여가치도 그만큼 더 커질 것이다.

회전기간의 단축〔혹은 회전기간을 구성하는 두 부분인 생산기간과 유통기간 중 어느 한 기간의 단축〕이 생산되는 잉여가치량을 증가시키는 내용에 관해서는 이미 제2권*에서 상세히 다루었다. 그런데 이윤율은 생산된 잉여가치량과 그 생산에 참여한 총자본 간의 비율을 나타내는 것이기 때문에 이러한 기간의 단축은 언제나 이윤율을 상승시키게 될 것이 분명하다. 앞서 제2권 제2편에서 잉여가치와 관련하여 다루어진 논의들은 이윤과 이윤율에 대해서도 똑같이 적용되며 여기에서 다시 반복할 필요가 없다. 단지 우리는 여기서 그중 몇 가지 핵심적인 부분만 강조해두고자 한다.

생산기간 단축의 주된 수단은 노동생산성의 증가로서, 통상 우리가 산업의 진보라고 부르는 것이다. 만일 이것이 값비싼 기계의 설치 등과 같이 M81 총자본지출의 현저한 증가를 수반하고 그에 따라 총자본을 분모로 하는 이윤율의 하락을 유발하지 않는다면 이윤율은 분명히 상승할 것이다. 이런 경우는 야금 분야와 화학공업 분야에서 이루어진 최근의 많은 기술 진보들에서 결정적으로 나타나고 있다. 베서머(H. Bessemer), 지멘스(F. Siemens), 길크리스트 토머스(G. Thomas) 등에 의해 새로이 발명된 제철·제강 분야의 기술들은 상대적으로 적은 비용으로도 과거의 매우 긴 공정들을 최소한도로 단축했다. 알리자린(Alizarin: 꼭두서니 뿌리의 색소를 가리키는데 황갈색 색소를 의미—옮긴이)이나 꼭두서니 염료를 콜타르에서 추출하는 것이 지금은 불과 수 주일 만에 가능해졌는데〔그것도 기존의 콜타르 염료 공장설비로도 가능해졌는데〕 과거에는 여기에 몇 년이 소요되었다. 즉 꼭두서니를 키우는 데만 우선 1년이 걸렸으며 그런 다음 다시 그 뿌리를 몇 년간 숙성시켜야만 비로소 염료를 추출할 수 있었던 것이다.

유통기간을 단축하는 주요 수단은 교통통신의 개량이다. 이 분야에서는 최근 50년 동안에 하나의 혁명이 일어났는데 그것은 지난 18세기 후반에 있었던 산업혁명에 견줄 만한 것이다. 육지에서는 자갈 포장도로가 철로로 바뀌었고, 바다에서는 느리고 불규칙적이었던 범선이 빠르고 규칙적인 증기선으로 대체되었으며, 지구 전체가 전신망으로 뒤덮였다. 수에즈 운하는 동아시아와 오스트레일리아를 기선 항로로 완전히 연결해놓았

* MEW Bd. 24, 296~301쪽 참조.

다. 동아시아까지의 상품 수송에 소요되는 유통기간은 1847년에만 하더라도 아직 최소한 12개월(제2권 235쪽)*이었는데 이제는 대략 12주로 단축되었다. 1825~57년 동안 큰 경제적 위기에 처해 있던 두 지역〔아메리카와 인도〕은 이 교통수단의 변혁에 힘입어 유럽 공업국가들의 70~90% 수준에까지 다다르게 됨으로써 그 위기의 상당 부분을 해소하였다. 세계 교역 전체의 회전기간은 그만큼 단축되었고 이 교역에 참가한 자본의 활동능력은 2~3배 이상 증가하였다. 이것이 이윤율에 영향을 미치리라는 것은 너무도 자명한 일이다.

총자본의 회전이 이윤율에 끼치는 순수한 영향을 나타내기 위해서 우리는 비교대상이 되는 두 자본에서 다른 모든 조건은 동일하다고 가정해야 한다. 즉 잉여가치율과 노동일은 물론 자본구성비율도 동일하다고 가정하자. 이제 자본구성이 $80c+20v=100C$인 어떤 자본 A가 있고 그것의 잉여가치율은 100%이고 그것이 1년에 2번 회전한다고 가정하자. 그러면 연간 생산물은 $160c+40v+40m$이 될 것이다. 그러나 이윤율을 알기 위해 우리는 이 40m을 회전이 끝나고 난 후의 자본가치 200에 대해서 계산하지 않고 처음에 선대된 자본 100에 대해서 계산하기로 하자. 그러면 $p'=40\%$가 된다.

이제 잉여가치율은 A와 똑같이 100%이지만 회전은 1년에 1회만 하는 다른 자본 $B=160c+40v=200C$를 자본 A와 비교해 보기로 하자. 자본 B의 연간 생산물은 자본 A와 똑같이 $160c+40v+40m$이 된다. 그러나 자본 B에서는 40m이 처음의 선대자본 200에 대해서 계산되기 때문에 이윤율이 A의 절반인 20%가 된다.

따라서 자본구성비율이 같은 두 자본에서 잉여가치율과 노동일이 동일하다면 두 자본의 이윤율은 그 회전기간에 반비례한다는 사실이 도출된다. 물론 서로 다른 두 경우에서 자본구성이나 잉여가치율 혹은 노동일이

---

* MEW Bd. 24, 255쪽 참조.

나 임금 등이 서로 같지 않을 때는 이윤율은 다시 이들 요소로 인해 또 다른 변동을 나타낼 것이다. 그러나 그것은 자본회전과는 상관이 없는 변동이며 따라서 여기에서는 문제가 되지 않는다. 그것에 관해서는 제3장에서도 이미 설명한 바 있다.

회전기간의 단축이 잉여가치〔즉 이윤〕의 생산에 끼치는 직접적인 영향은 그로 인한 가변자본의 증가에 있는데, 이에 대해서는 제2권 제16장〔가변자본의 회전〕에서 이미 살펴본 바 있다. 거기에서는 1년에 10회 회전하는 500의 가변자본이 획득하는 연간 잉여가치의 크기가 잉여가치율과 임금이 이 자본과 같고 1년에 1회만 회전하는 5,000의 가변자본이 획득하는 연간 잉여가치와 같다는 것이 설명되었다.

연간 마모가 10%=1,000에 달하는 고정자본 10,000과 유동적 불변자본(유동자본 가운데 불변자본 부분—옮긴이) 500과 가변자본 500으로 이루어진 어떤 자본 I이 있다고 하자. 이 자본의 잉여가치율은 100%이고 그 가변자본은 1년에 10회 회전한다고 하자. 논의를 단순화하기 위해 우리는 모든 예에서 유동적 불변자본은 같은 기간에 가변자본과 같은 회전을 한다고 가정하는데 이는 실제로도 대부분 그러하다. 그러면 1회전기간의 생산물은 다음과 같이 된다.

$$100c(마모분)+500c+500v+500m=1,600$$

그리고 연간 생산물은 10회의 회전기간에 해당되므로 다음과 같이 된다. M83

$$1,000c(마모분)+5,000c+5,000v+5,000m=16,000$$
$$C=11,000, \ m=5,000, \ p'=\frac{5,000}{11,000}=45\tfrac{5}{11}\%$$

이제 연간 마모가 1,000에 달하는 고정자본 9,000과 유동적 불변자본 1,000과 가변자본 1,000으로 이루어진 어떤 자본 II가 있다고 하자. 이 자본의 잉여가치율은 100%이고 그 가변자본의 연간 회전은 5회라고 하자. 그러면 가변자본 1회전기간의 생산물은 다음과 같이 된다.

$$200c(\text{마모분}) + 1,000c + 1,000v + 1,000m = 3,200$$

그리고 연간 생산물은 5회의 회전기간에 해당하므로 다음과 같이 된다.

$$1,000c(\text{마모분}) + 5,000c + 5,000v + 5,000m = 16,000$$
$$C = 11,000, \ m = 5,000, \ p' = \frac{5,000}{11,000} = 45\frac{5}{11}\%$$

한편 또 고정자본은 없이 유동적 불변자본 6,000과 가변자본 5,000으로 이루어진 자본 III이 있고 이 자본의 잉여가치율은 100%, 자본의 회전은 1년에 1회만 이루어진다고 하자. 그러면 자본 III의 연간 생산물은 다음과 같이 된다.

$$6,000c + 5,000v + 5,000m = 16,000$$
$$C = 11,000, \ m = 5,000, \ p' = \frac{5,000}{11,000} = 45\frac{5}{11}\%$$

결국 세 경우 모두 연간 잉여가치량이 5,000이고 총자본도 똑같이 11,000이므로 이윤율도 따라서 모두 $45\frac{5}{11}\%$로 동일하다.

그러나 우리가 위의 자본 I에서 가변자본의 연간 회전을 10회 대신 5회로 가정하면 사태는 달라진다. 그럴 경우 1회전기간의 생산물은

$$200c(\text{마모분}) + 500c + 500v + 500m = 1,700$$

이고 연간 생산물은

$$1{,}000c(\text{마모분})+2{,}500c+2{,}500v+2{,}500m=8{,}500$$

$$C=11{,}000, \ m=2{,}500; \ p'=\frac{2{,}500}{11{,}000}=22\frac{8}{11}\%$$

이윤율이 절반으로 하락한 것은 회전기간이 2배로 늘었기 때문이다.

따라서 연간 획득되는 잉여가치량은 가변자본 1회전기간에 획득되는 잉여가치량에 연간 회전수를 곱한 것이 된다. 연간 획득되는 잉여가치〔혹 M84 은 이윤〕를 M, 1회전기간에 획득되는 잉여가치를 m, 연간 가변자본의 회전수를 n이라고 한다면 M=mn이고 연간 잉여가치율 M′=m′n이 되는데 이것은 이미 제2권 제16장 제1절*에서 다루었다.

이윤율 식 $p'=m'\frac{v}{C}=m'\frac{v}{c+v}$ 가 분자의 v와 분모의 v가 같을 때만 성립한다는 것은 두말할 필요도 없다. 분모의 v는 평균적인 가변자본으로서 총자본 가운데 임금으로 사용된 부분 전체를 가리킨다. 분자의 v는 무엇보다도 그것이 일정량의 잉여가치〔=m〕를 생산해서 획득한다는 점—그 비율인 $\frac{m}{v}$ 은 잉여가치율 m′이다—에 의해서만 규정된다. 등식 $p'=\frac{m}{c+v}$ 이 $p'=m'\frac{v}{c+v}$ 로 변형된 것은 단지 이들 두 v〔즉 분모와 분자〕가 같았기 때문이다. 이제 이 분자 v는 분모 v〔즉 자본 C 가운데 가변자본 부분 전체〕와 같아야 한다는 더욱 엄격한 규정을 적용받게 된다. 달리 말해서 등식 $p'=\frac{m}{C}$ 이 $p'=m'\frac{v}{c+v}$ 로 변형될 수 있는 경우는 정확하게 말해서 m이 가변자본의 1회전기간에 생산된 잉여가치를 가리킬 때뿐이다. m이 이 잉여가치의 일부분만을 가리킬 때에는, m=m′v는 성립하지만 이때의 이 v는 C=c+v의 v보다 작다. 왜냐하면 그것은 임금으로 지출된 총가변자본보다 작을 것이기 때문이다. 그러나 m이 v의 1회전기간의 잉여가치보다 더 큰 것을 가리키게 되면 이 v 가운데 일부〔혹은 그 전체일 수도 있다〕는 두 번의 잉여가치 산출기능을 갖게 된다. 즉 제1회전기간과 제2회전기간〔그리고 그 이후 계속되는 회전기간〕 동안 계속 기능을 수행하게 된다. 따

* MEW Bd. 24, 307쪽 참조.

라서 잉여가치를 산출하는〔그리고 또한 지불된 임금의 총액〕 v는 c+v에서의 v보다 더 클 것이고 식은 성립하지 않게 된다.

연간 이윤율에 관한 식이 정확하게 성립하기 위해서는 단순한 잉여가치율 대신에 연간 잉여가치율을, 즉 m′ 대신에 M′〔혹은 m′n〕을 사용해야 한다. 달리 말해서 잉여가치율 m′〔혹은 C에 포함된 가변자본 부분 v와 같은 크기인 v로 계산된 잉여가치율〕을 이 가변자본의 연간 회전수인 n으로 곱해야 하는 것이다. 그리하여 우리는 연간 이윤율의 계산식 $p' = m'n\frac{v}{C}$ 를 얻게 된다.

그러나 대개의 경우 자본가들은 어떤 사업에서 가변자본의 크기가 얼마인지를 모른다. 우리는 이런 사실을 이미 제2권 제8장에서 이야기한 바 있는데, 이제 그것을 다시 한 번 상기해본다면, 자본가가 본질적인 것으로 집착하는 자기 자본 내부의 유일한 구별은 고정자본과 유동자본의 구별이다. 화폐형태로 자신의 수중에 있는 유동자본 부분을 은행에 예금하지 않는 한 그는 이 화폐를 현금 금고에서 끄집어내어 노동력과 원료를 사들이고 이 두 가지를 한꺼번에 현금계정의 대변에 기록해둔다. 그리고 설사 그가 지불된 임금에 관한 특별계정을 설정해둔다고 하더라도, 이것은 연말 결산 때 그 총액인 vn을 나타내기 위한 것이지 가변자본 v를 나타내기 위한 것은 아니다. 이 v를 확인하기 위해서는 그는 별도의 계산을 수행해야 하는데 이에 대한 실례를 여기서 하나 들어 보고자 한다.

우리는 그 예를 제1권 209/201쪽*에 나온 10,000개의 방추를 갖춘 면화방적공장으로 정하고 거기에서 1871년 4월의 어느 한 주일로 지정되었던 기간을 여기에서는 1년 전체의 기간에 대해 적용하기로 한다. 기계에 들어간 고정자본은 10,000파운드스털링이었고 유동자본은 언급되지 않았는데 여기에서는 그것을 2,500파운드스털링이라고 가정한다. 이것은 상당히 과도한 수치이긴 하지만, 계속 신용창출이 없는 것으로〔즉 지속적이

---

* MEW Bd. 23, 233쪽 참조.

든 일시적이든 타인 자본의 이용은 없는 것으로] 가정하기 위해서 필요한 것이다. 주간 생산물의 구성은 가치 면에서 기계의 마모분 20파운드스털링, 유동적 불변자본 부분이 358파운드스털링(임차료 6파운드스털링, 면화 342파운드스털링, 석탄·가스·기름 10파운드스털링), 임금으로 지불된 가변자본 52파운드스털링, 그리고 잉여가치 80파운드스털링으로 이루어져 있다. 즉 다음과 같이 이루어져 있다.

20c(마모분)+358c+52v+80m=510

일주일 동안 선대되는 유동자본은 358c+52v=410이며 그 자본구성비율은 87.3c+12.7v가 된다. 이 비율을 전체 유동자본 2,500파운드스털링에 대해 적용하면 불변자본으로 2,182파운드스털링, 가변자본으로 318파운드스털링이 산출된다. 임금에 대한 연간 총지출은 52파운드스털링의 52회이므로 2,704파운드스털링이 되고 따라서 연간 318파운드스털링의 가변자본은 거의 정확히 $8\frac{1}{2}$회 회전하게 된다. 잉여가치율은 $\frac{80}{52}=153\frac{11}{13}$%이다. 이들 항목으로부터 이윤율을 계산할 수 있다. 즉 식 $p'=m'n\frac{v}{C}$에 $m'=153\frac{11}{13}$, $n=8\frac{1}{2}$, $v=318$, $C=12,500$의 값을 대입하면 다음의 이윤율이 산출된다.

$$p'=153\frac{11}{13}\times 8\frac{1}{2}\times\frac{318}{12,500}=33.27\%$$

이것의 검산은 간단히 식 $p'=\frac{m}{C}$(MEW 원문에는 $p'\times\frac{m}{C}$로 잘못 표기되어 M86 있는데 여기서 바로잡음—옮긴이)을 사용해서 할 수 있다. 연간 총잉여가치〔혹은 이윤〕는 80파운드스털링×52=4,160파운드스털링(MEW 원문에는 80파운드스털링+52=4,160파운드스털링으로 잘못 표기되어 있는데 여기서 바로잡음—옮긴이)이고 이것을 총자본 12,500파운드스털링으로 나누면 거의 위의 이윤율과 동일한 33.28%가 나온다. 이것은 비정상적으로 높은 이윤율로서 일시적으로 매우 여건이 좋은 경우(면화가격은 매우 저렴하고 면사가격은 매우 높은 경우)에만 있을 수 있고 실제로는 사실상 1년 전체의 기간에 적용할 수 없는 이윤율이다.

식 $p'=m'n\frac{v}{C}$ 에서 $m'n$은 이미 이야기했듯이 제2권에서 연간 잉여가치율로 표시되었던 것이다. 이것은 위의 경우 $153\frac{11}{13}\% \times 8\frac{1}{2}$에 해당되고 정확히 계산하여 $1,307\frac{9}{13}\%$에 달한다. 그래서 만일 어떤 순진한 사람이 제2권의 예에서 나타난 연간 잉여가치율 1,000%에 깜짝 놀라 이마를 두 손으로 쳤다면 아마 그는 방금 위의 맨체스터 사례에서 나타난 1,300% 이상의 연간 잉여가치율을 보고는 그것이 크게 놀랄 일이 아니라는 것을 곧 깨닫게 될 것이다. 물론 이제 더는 그렇게 계속되고 있지 않지만 과거의 그 번성기에는 이 정도의 잉여가치율이란 전혀 희귀한 일이 아니었다.

우리는 여기에서 우연히 근대적인 대규모 공업부문의 실제 자본구성의 한 예를 보고 있다. 총자본 12,500파운드스털링은 불변자본 12,182파운드스털링과 가변자본 318파운드스털링으로 나누어져 있고 이들의 구성비율은 $97\frac{1}{2}c+2\frac{1}{2}c=100C$이다. 그리하여 전체의 단 $\frac{1}{40}$만이〔그러나 1년에 8회 이상 회전하면서〕임금지불에 사용되고 있을 뿐이다.

자신의 사업에 대해 이런 계산을 하는 자본가는 극소수에 불과하기 때문에 통계학은 사회적 총자본의 불변자본 부분과 가변자본 부분 간의 관계에 대해 거의 완전히 입을 다물고 있다. 단지 미국의 센서스에서만 현재의 여건에서 가능한 자료인 각 사업 부문별로 지불된 임금과 벌어들인 이윤의 총액을 제공하고 있을 뿐이다. 이 자료는 자본가들 자신의 자의적인 진술에 근거한 것인 만큼 상당히 신뢰도가 떨어지는 것이긴 하지만 그럼에도 우리가 이 문제를 다루는 데는 상당히 가치 있고 또 유일한 것이기도 하다. 유럽에서는 대자본가들에게서 이러한 진술을 받아낸다는 것을 생각도 하지 못하고 있다.〕

불변자본 사용의 절약

제1절 개요

가변자본이 불변일 때〔즉 동일한 명목임금으로 동일한 수의 노동자를
고용할 때〕 절대적 잉여가치의 증가〔혹은 잉여노동의 연장, 즉 노동일의
연장〕는──이 경우 초과노동시간에 대해 임금이 지불되느냐 않느냐는 중
요하지 않다──총자본과 가변자본에 비해 상대적으로 불변자본의 가치를
하락시키고 그럼으로써 잉여가치의 크기 증가 혹은 〔있을지도 모르는〕 잉
여가치율의 상승 등에 상관없이 이윤율을 상승시킨다. 불변자본 중 고정
자본 부분〔즉 공장 건물이나 기계 등〕의 가치크기는 그것이 16시간 사용
되든 12시간 사용되든 상관없이 변하지 않는다. 즉 노동일의 연장은 불변
자본 가운데 가장 비용이 많이 드는 이 고정자본 부분에 대해 아무런 새로
운 지출도 필요로 하지 않는다. 게다가 고정자본의 가치는 바로 그런 성격
때문에 이전보다 짧은 회전기간에 재생산이 이루어진다. 즉 일정 이윤을
만들어내기 위해 그것이 선대되어야 하는 기간이 점차 단축되어간다. 따
라서 노동일의 연장은 설사 그 초과노동시간에 대한 임금이 지불된다 하

더라도 이윤을 증가시키고, 심지어 임금이 정상 노동시간에 대한 것보다 더 많이 지불된다 하더라도 일정한 한계까지는 이윤을 계속 증가시킨다. 그러므로 근대적인 산업체제에서 날로 증가하는 고정자본 증대의 필요성은 이윤에 눈이 뒤집힌 자본가가 노동일을 연장하기 위해 노력하게 만드는 주된 요인이 되었다.[11]

M88   만일 노동일이 불변이라면 상황이 달라진다. 그럴 경우 더 많은 노동을 착취하기 위해서는 노동자 수를 늘려야 하고 그와 함께 같은 비율로 건물, 기계 등 고정자본의 양이 증가해야만 한다(왜냐하면 여기에서는 임금이 정상수준 이하로 떨어지는 경우를 제외하기 때문이다). 혹은 노동강도가 증가하거나 노동생산성이 상승하여 전반적으로 더 많은 잉여가치가 생산되는 경우, 원료를 사용하는 산업부문에서는 이를 위해 주어진 기간에 더 많은 원료가 가공되어야 하기 때문에 불변자본 중 유동자본 부분의 크기가 일단 증가해야 하고, 그 다음에는 동일한 수의 노동자가 투입되는 기계〔즉 불변자본 중 고정자본 부분〕가 증가해야만 한다. 즉 잉여가치의 증가에는 불변자본의 증가가, 노동착취의 증가에는 바로 노동이 착취되는 수단인 생산요소들에 대한 비용 증가〔즉 자본지출의 증가〕가 수반되는 것이다. 따라서 이 경우 이윤율은 한편으로는 하락의 영향을 받고, 다른 한편으로는 상승의 영향을 받는다.

    노동일의 길이가 길든 짧든 모든 경상비는 거의 불변인 상태를 유지한다. 감독비용도 750명의 노동자를 12시간 감독하는 것보다는 500명의 노동자를 18시간 동안 감독하는 것이 더 적게 소요된다.

    어떤 공장에서 10시간 동안 작업이 이루어질 경우의 운영비용은 12시간 동안 작업이 이루어지는 경우와 거의 비슷하다.(『공장감독관 보고서: 1848

---

11) "모든 공장에는 매우 큰 액수의 고정자본이 건물과 기계에 투입되어 있으므로 이 기계를 가동할 수 있는 시간이 많으면 많을수록 수익은 더 커지게 된다"(『공장감독관 보고서: 1858년 10월 31일』, 8쪽).

국세와 지방세, 화재보험, 직급별로 다양한 사무원들의 임금, 기계의 가치저하, 기타 잡다한 공장운영의 경상비용은 작업시간의 길이에 상관없이 불변이다. 생산이 감소할수록 이윤에 대한 이 비용의 비율은 상승한다(『공장감독관 보고서: 1862년 10월』, 19쪽).

실제로 기계와 기타 고정자본요소가 재생산되는 데 소요되는 기간은 단순히 그런 요소들의 내구연한에 의해서 결정되는 것이 아니라 이 요소들이 작동되고 사용되는 작업과정 전체 기간에 의해서 결정된다. 노동자가 12시간 대신에 18시간을 일해야 한다면 이것은 일주일에 3일분의 일을 더 하는 것[즉 일주일에 1.5주일분의 일을 하는 것]이 되어 결국 2년 동안에 3년분의 일을 하게 되는 셈이다. 만일 이 초과노동시간에 대해 임금이 지불되지 않는다면, 노동자는 정상적인 잉여노동시간 외에 다시 2주일마다 1주일분의 잉여노동[즉 2년 동안에 1년간의 잉여노동]을 무상으로 더 제공하게 된다. 그리하여 기계의 가치생산은 50% 증가하고 원래의 재생산에 필요한 기간은 이전의 $\frac{2}{3}$로 단축되어버린다.

불필요하게 복잡해지는 것을 피하기 위해 우리는, 원료의 가격변동에 관한 논의(제6장)에서와 같이, 이 장의 논의에서도 잉여가치율과 잉여가치량은 주어진 것으로 가정한다. M89

이미 앞서 노동과 기계의 협업 및 분업을 설명하면서 강조한 바와 같이* 대규모 생산에서 특징적으로 나타나는 생산조건의 절약은 본질적으로 이 조건들이 사회적 노동[즉 사회적으로 결합된 노동]의 조건, 다시 말해 노동의 사회적 조건으로 기능하는 데서 비롯된다. 이들 조건은 아무런 연계도 없이 뿔뿔이 흩어져 있는 노동자들이나 매우 작은 단위를 이루면서 직접적인 협업을 수행하는 노동자들이 아니라 노동자 전체에 의해 공

---

* MEW Bd.23, 343~344쪽 참조.

동으로 생산과정에서 소비된다. 1개 혹은 2개의 중앙 모터를 가진 대규모 공장에서는 이 모터에 소요되는 비용이 그 마력 수[즉 그것의 작동 범위]에 그대로 비례하여 증가하지는 않는다. 또 동력 전달 기계의 비용도 이것이 동력을 전달해주는 작업기계의 숫자에 그대로 비례하여 증가하지는 않는다. 작업기계 그 자체의 몸체도 거기에 부속되어 작동하는 부속품들의 숫자에 비례하여 가격이 비싸지는 것은 아니다. 게다가 생산수단의 집적은 모든 종류의 건물 공간[고유의 작업장뿐만 아니라 저장고 등의 경우도]의 절약을 가져온다. 연료비나 조명비용 등에도 이것은 그대로 적용된다. 기타 생산조건들은 그것이 얼마나 사용되든 상관없이 똑같이 소요된다.

그러나 생산수단의 집적과 그것의 대규모 사용에 의해 얻어지는 이러한 절약('규모의 경제'를 의미한다—옮긴이)은 모두 본질적으로 노동자의 집적과 협업[즉 노동의 사회적 결합]을 전제로 한다. 따라서 이 절약(혹은 경제—옮긴이)은 노동의 사회적 성격에서 유래하는 것인데 이는 마치 잉여가치가 각기 고립되어 있는 듯이 보이는 개별 노동자들의 잉여노동에서 유래하는 것과 마찬가지이다. 이 절약을 실현하기 위해 반드시 필요한[또 그것을 가능하게 하는] 끊임없는 개량 그 자체도 대규모로 결합된 노동자 전체의 생산을 가능하게 하고 또 유지해나가는 과정에서 얻어진 사회적 경험과 관찰을 통해서만 이루어진다.

생산조건의 절약 가운데 둘째로 큰 영역에서도 이것은 그대로 적용된다. 둘째 영역이란 생산에서의 부산물[이른바 폐기물]을 같은 산업부문이나 다른 산업부문의 새로운 생산요소로 재활용하는 것을 가리킨다. 말하자면 이 부산물들을 생산공정 속으로—따라서 생산적 소비나 개인적 소비 속으로—다시 집어넣는 것을 의미한다. 이와 같은 절약방식도(우리가 나중에 좀더 자세히 살펴보겠지만) 대규모로 사회화된 노동의 소산이다. 즉 노동의 사회화에 따라 이와 같은 폐기물도 대규모화되고 바로 그 때문에 이 폐기물 자체가 거래대상이 되며 또 새로운 생산요소가 되는 것이다.

공동생산의 폐기물이라는 점[즉 대규모 생산의 폐기물이라는 점] 때문에 이것은 생산공정에서 그와 같은 중요성을 갖게 되고 교환가치의 담지자가 된다. 이 폐기물들은—그것이 새로운 생산요소로서 수행하는 능력과는 별도로—그것이 재판매될 수 있는 부분만큼 정상적인 폐기물[즉 원료의 가공과정에서 평균적으로 유실되어야 하는 양] 비용을 포함하는 원료의 비용을 절감해준다. 이와 같은 불변자본요소의 비용절감은 가변자본의 크기가 일정하고 잉여가치율이 일정할 때 그만큼 이윤율을 상승시킨다.

잉여가치가 일정할 때 이윤율의 상승은 오로지 상품생산에 소요되는 불변자본가치의 절감을 통해서만 이루어질 수 있다. 불변자본은 일단 상품생산에 투입되고 나면 그 교환가치가 아니라 사용가치만 문제가 된다. 한 방적공장에서 아마(亞麻)가 얼마의 노동량을 흡수할 수 있는지는 노동생산성[즉 기술발전의 정도]이 주어져 있다면 그 아마의 가치에 달린 것이 아니라 그 양에 달려 있다. 마찬가지로 어떤 기계가 예를 들어 노동자 세 사람분의 작업을 수행한다면 그것은 그 기계의 가치 때문이 아니라 그 사용가치[즉 기계로서의 사용가치] 때문이다. 즉 기술발전의 어떤 단계에서는 나쁜 기계의 가격이 비쌀 수도 있고 또 어떤 단계에서는 좋은 기계의 가격이 저렴할 수도 있는 것이다.

예를 들어 면화와 방적기계의 가격이 저렴해짐으로써 자본가가 획득하는 이윤이 증가하였다면 이는 노동생산성 증가의 결과물이다. 그러나 이는 기계에 의한 생산성 증가 때문이 아니라 기계 제작이나 면화 재배에서의 생산성 증가 때문이다. 일정량의 노동을 대상화하기 위해서는[즉 일정량의 잉여노동을 획득하기 위해서는] 노동조건의 비용을 감소시킬 필요가 있다. 그것은 이 일정량의 잉여노동을 획득하는 데 소요되는 비용을 줄이는 것을 의미한다.

생산과정에서 생산수단을 전체 노동자[사회적으로 결합된 노동자]가 ^{M91} 공동으로 사용함으로써 얻어지는 절약에 관해서는 이미 이야기한 바 있다. 거기서 한 걸음 더 나아가 유통기간의 단축(교통·통신수단의 발달이 그것의 결정적인 물적 계기가 되었다)에서 발생하는 불변자본 지출의 절약은 계속해서 뒤에 논의될 것이다. 그러나 여기서 또 하나 생각해두어야 할 것은, 계속되는 기계의 진보로 발생하는 절약(혹은 경제─옮긴이)인데, 이런 기계의 진보란 다음과 같은 것을 가리킨다. ① 소재의 개선으로 예를 들면 나무 대신에 철이 사용되는 것. ② 기계제작의 개선으로 기계가 저렴해지는 것. 그 결과 불변자본 가운데 고정자본 부분의 가치가 노동의 대규모화와 함께 끊임없이 상승한다고 해도, 그 상승 정도가 후자의 대규모화 정도에는 전혀 미치지 못할 정도로 되는 것.[12] ③ 기존의 기계를 좀더 저렴하고 효율적으로 작동시킬 수 있는 특수한 기술적 개선으로, 예를 들면 기관의 개량 같은 것인데, 이에 관해서는 나중에 다시 자세히 다루게 될 것이다. ④ 더 좋은 기계를 사용함으로써 폐기물을 줄이는 것.

주어진 생산기간 동안 기계와 고정자본 전반의 마모를 감소시키는 모든 요인은 각 개별 상품의 가격에서 이 줄어든 마모분만큼을 감소시킴으로써 개별 상품을 저렴하게 만드는 것은 물론 이 기간의 자본지출도 감소시켜준다. 수선작업 등은 그것이 필요한 정도만큼 기계의 원가 계산에 포함된다. 따라서 내구성을 높임으로써 이러한 수선비용을 감소시키는 것은 그 기계의 가격을 그만큼 낮추는 것이 된다.

그렇지만 이런 모든 종류의 절약도 역시 대부분 노동자들이 결합되어 있는 경우에만 적용될 수 있고, 종종 생산과정에서 곧바로 노동자들의 대규모 결합이 필요한 대규모 작업에서나 비로소 실현 가능한 것이다.

그러나 여기에서 또 한편으로는, 예를 들어 철, 석탄, 기계 등의 생산부문이나 건축기술부문 등과 같은 생산부문 중 어느 한 부문에서의 노동생산력의 발전─이것은 다시 부분적으로 정신적인 생산영역〔즉 자연과학과 그것의 응용분야〕에서의 진보와 관련이 있을 수 있다─이 다른 생산부문

---

12) 공장 건축에서의 진보에 관한 유어(A. Ure)의 글 참조.

〔예를 들어 섬유산업이나 농업 등〕의 생산수단의 가치 감소와 그에 따른 비용 감소를 가져오는 조건으로 나타난다. 이것은 당연한 일인데 왜냐하면 한 산업부문에서 생산된 상품이 다른 산업부문에 생산요소로서 다시 투입되기 때문이다. 크든 작든 이런 상품가격의 하락은 그것이 생산물로 산출되는 생산부문의 노동생산성에 의존하며, 또한 그와 동시에 그것이 M92 생산수단으로 투입되는 상품가격의 하락을 가져오는 것은 물론 그것이 한 구성 부분을 이루는 불변자본의 가치하락도 가져옴으로써 결국 이로 인한 이윤율의 상승도 유발하게 된다.

계속적인 산업발전에 의해 발생하는 이런 유형의 불변자본 절약이 갖는 특징은 여기에서 한 산업부문의 이윤율 상승이 다른 산업부문의 노동생산성 진보 덕분에 발생한다는 점에 있다. 이 경우에도 다시 자본가에게 돌아가는 수익은 — 비록 자본가 자신이 직접 착취하는 노동자의 생산물은 아니지만 — 사회적 노동의 산물이다. 그런 생산력의 발전은 언제나 궁극적으로 생산활동에 투입되는 노동의 사회적 특징〔즉 사회 내부에서의 노동의 분화, 다시 말해 자연과학과 같은 정신노동의 발전〕으로 환원된다. 여기에서 자본가가 이용하는 것은 사회적 분업의 전체 체계가 갖는 장점들이다. 그것은 자본가의 외부〔자본가가 생산수단을 공급받는 곳〕에서 발생하는 노동생산력의 발전이며 이를 통해서 자본가가 사용하는 불변자본의 가치가 상대적으로 하락하고 따라서 이윤율이 상승하게 된다.

이윤율의 상승을 가져오는 또 하나의 요인은 불변자본을 생산하는 노동을 절약하는 것이 아니라 불변자본 그 자체의 사용을 절약하는 것이다. 먼저 불변자본은 노동자의 집적과 이들 노동자의 대규모 협업을 통해서 절약된다. 또한 건물, 난방설비, 조명설비 등도 생산규모가 대규모화될수록 비용이 절약된다. 이것은 동력기계 및 작업기계의 경우에도 똑같이 적용된다. 이것들의 가치는 절대적으로는 증가하지만 생산의 확대나 가변자본의 크기 혹은 사용되는 노동력의 양에 비해서 상대적으로는 감소한다. 자본이 자신의 생산영역 내부에서 이루는 절약 가운데 가장 일차적이고 직접적인 것은 노동의 절약이다. 즉 자신의 노동자들에게 지불되는 노동을 줄이는 것이다. 반면 방금 위에서 말한 절약은 지불되지 않는 타인의 노동을 가능한 한 경제적인 방식을 통해 최대한으로 획득하고자 하는 것으로서, 다시 말하자면 주어진 생산규모에서 비용을 최소화하고자 하는 것을 의미한다. 이런 절약은, 그것이 이미 언급한 바 있는 불변자본 생산 M93 에 사용되는 사회적 노동의 생산성을 최대한 이용하는 것이 아니라 불변자본 그 자체의 사용을 절약하는 것인 한, 일정 생산부문 내에서의 협업이나 노동의 사회적 형태, 혹은 일정 규모의 기계의 생산 등 — 이 경우 기계의 가치는 그 사용가치와 같은 비율로 증가하지 않는다 — 에서 비롯된 것이다.

여기에서 두 가지 점에 주의를 기울여야 한다. 하나는 만일 c의 가치 = 0이라면 $p' = m'$일 것이고 이윤율은 그 최대치가 된다는 점이다. 그리고 또 하나 직접적인 노동의 착취 그 자체에서 중요한 것은 사용되는 착취수단 — 그것이 고정자본이든, 원료나 보조자재이든 상관없이 — 의 가치가 결코 아니라는 점이다. 이들 착취수단이 단지 노동의 흡수 수단으로 사용되는 한[즉 노동과 잉여노동을 대상화하는 매개체의 역할을 수행하는 한] 이들 기계, 건물, 원료 등의 교환가치는 전혀 중요하지 않다. 궁극적으로 중요한 것은 우선 이들이 일정량의 살아 있는 노동과 결합하는 데 기술적으로 요구되는 양이며 또 하나는 이들의 품질 문제[즉 그것이 좋은 기계, 좋은 원료, 좋은 보조자재인가의 문제]이다. 원료의 품질은 이윤율에 부분적으로 영향을 미친다. 좋은 품질의 원료는 폐기물을 적게 발생시키고 따라서 같은 양의 노동을 흡수하는 데 좀더 적은 양이 소요된다. 또한 작업기계로부터 나타나는 저항도 줄어든다. 이것은 부분적으로 잉여가치와 잉여가치율에 영향을 미친다. 원료의 품질이 나쁠 경우 노동자는 같은 양의 원료를 가공하는 데 더 많은 시간이 필요하다. 이것은 임금이 일정할 때 잉여노동의 감소를 가져온다. 또한 이것은 자본의 재생산과 축적에도 매우 중요한 영향을 끼치는데 이 재생산과 축적은, 이미 우리가 제1권

627/619쪽*에서 보았고, 또 앞으로의 논의에서 보게 되듯이, 사용되는 노동의 양보다는 노동생산성에 훨씬 더 의존한다.

이리하여 자본가가 왜 생산수단의 절약에 목을 매는지 이해할 수 있게 되었다. 아무것도 낭비되지 않고 또 유실되지도 않게 하는 것, 그리고 생산수단이 단지 생산 그 자체에서 요구되는 방식으로만 소모되도록 하는 것 등은 한편으로는 노동자의 훈련과 통제에 달려 있으며, 또 다른 한편으로는 자본가가 결합된 노동자들에 대해 휘두르는 규율 — 이런 규율은 오늘날 성과급 제도에서 이미 볼 수 있듯이 노동자가 자신의 계산(노동을 많이 할수록 임금이 상승하는 구조를 의미함-옮긴이)에 따라 노동하는 사회에서는 불필요한 것이다 — 에 의존한다. 절약을 향한 자본가들의 이런 열정은 역으로 생산요소를 속이는 방식(정해진 비율보다 적게 사용하는 방식-옮긴이)으로도 나타나는데 그 핵심 원리는 가변자본에 대한 불변자본의 가치를 하락시킴으로써 이윤율을 상승시키는 것이다. 즉 이들 생산요소의 ^{M94} 가치가 그대로(정해진 비율대로-옮긴이) 생산물에 반영될 경우 이들 생산요소는 사실상 가치 이상으로 판매되는 것인데 이것이 이 사기극의 핵심 내용이다. 이것은 특히 독일의 산업영역에서 결정적인 역할을 하고 있으며 이제는 거의 원칙이 되다시피 하였다. 즉 견본을 보낼 때는 좋은 물건을 보내고 그 다음에는 나쁜 물건을 보내더라도 여전히 고객들의 호감을 유지할 수 있다는 것이다. 그러나 이것은 경쟁에 속하는 문제이고 여기에서 우리가 다루려고 하는 문제는 아니다.

주의해야 할 것은 이처럼 불변자본의 가치를 하락시킴으로써[즉 그것의 가격이 상승하는 것을 억제함으로써] 이윤율이 상승하는 현상은 그것이 발생하는 산업부문이 사치품 부문이건, 노동자의 소비에 사용되는 생활수단 부문이건, 혹은 생산수단 부문이건 그것과는 아무 상관이 없다는 것이다. 이들 산업부문이 문제가 되는 것은 잉여가치율을 논의할 경우뿐

---

* MEW Bd.23, 631쪽 참조.

인데, 이는 잉여가치율이 본질적으로 노동력의 가치〔즉 노동자들의 관습적인 생활수단의 가치〕에 의존하기 때문이다. 그러나 여기에서는 잉여가치와 잉여가치율을 주어진 것으로 가정한다. 이런 가정하에서는 총자본에 대한 잉여가치의 비율—이것이 곧 이윤율을 결정한다—이 전적으로 불변자본의 가치에 의존하고 불변자본을 이루는 요소들의 사용가치와는 전혀 상관이 없다.

생산수단이 상대적으로 저렴해지는 것은 물론 그 절대적 가치총액이 증가하는 경우를 배제하지 않는다. 왜냐하면 생산수단의 절대적 사용량은 노동생산력의 발전〔그리고 거기에 수반되는 생산규모의 증대〕과 함께 현저하게 증가하기 때문이다. 불변자본 사용의 절약은 어떤 측면에서 보든 한편으로는 생산수단이 결합된 노동자의 공동 생산수단으로 기능하고 사용됨으로써 이 절약 그 자체가 직접적인 생산적 노동의 사회적 성격의 산물로 나타난 결과물이다. 그러나 또 한편 그것은 자본에게 그 생산수단을 공급해주는 생산영역들에서의 노동생산성 발전의 결과물이기도 하고 따라서 결국 개별 자본가 X에게 고용된 개별 노동자의 관점이 아니라 총자본에 대한 총노동의 관점에서 볼 때, 이 절약은 다시 사회적 노동생산성 발전의 산물로 나타난다. 단지 차이가 있다면 후자의 경우에는 자본가 X가 누리게 되는 노동생산성의 혜택이 자기 공장의 생산성뿐만 아니라 다M95 른 공장의 생산성까지도 함께 포함한다는 것뿐이다. 그렇지만 자본가에게 불변자본의 절약은 노동자와는 전혀 관련이 없고 아무런 영향도 미치지 않는 그런 조건으로 보인다. 단지 노동자와 관련이 있다고 자본가에게 뚜렷이 인식되는 것은 같은 돈으로 얼마의 노동을 살 수 있는가 하는 문제이다(왜냐하면 그의 의식 속에서는 자본가와 노동자 간의 거래가 그렇게 보이기 때문이다). 생산수단 사용의 이런 절약〔즉 최소 비용으로 일정한 결과를 얻고자 하는 이 방법〕은 노동에 내재하는 다른 어떤 힘보다 훨씬 더 강하게 자본에 내재하는 힘〔그리고 자본주의적 생산양식에 고유한 것이면서 동시에 그것을 특징짓는 것이기도 한 방법〕인 것처럼 보인다.

이런 식의 생각은 별로 이상한 것이 아닌데, 왜냐하면 그것이 바로 눈에 드러나 있는 사실들과 일치하는 것이고 또 자본관계가 사실상 그 내적인 관계를 전혀 무관한 것[즉 외화되고 소외된 것]으로—다시 말해 노동자와 그의 노동의 실현조건이 서로 뒤바뀌어버린 상태로—은폐하고 있기 때문이다.

첫째, 불변자본의 구성요소인 생산수단은 단지 자본가의 화폐만 대표하고(랭게Linguet에 따르면†10 로마에서 채무자의 육체가 채권자의 화폐를 대표하듯이) 자본가하고만 관계를 맺지만, 노동자는 실제 생산과정에서 이 생산수단과 접촉하는 경우에 한해서만 그것과 관계[즉 단지 생산의 사용가치(즉 작업수단이나 작업원료)와의 관계]를 맺는다. 따라서 생산수단 가치의 감소나 증가는 자본가와 노동자 간의 관계에 아무런 영향도 미치지 않는데 이는 노동자가 구리를 가공하든 철을 가공하든 그것이 자본가와의 관계에 아무런 영향을 미치지 않는 것과 마찬가지이다. 물론 자본가는 이 생산수단의 가치변화를 달리 파악하려 하는데(이 문제는 나중에 다시 다루게 될 것이다) 그것은 생산수단의 가치증가가 이윤율의 하락을 가져오기 때문이다.

둘째, 자본주의적 생산과정에서 이 생산수단은 동시에 노동의 착취수단이기도 하기 때문에 이 착취수단의 가격이 높고 낮은 문제에 노동자가 아무런 관심을 갖지 않는 것은 마치 노새가 자신에게 채워진 재갈과 고삐의 가격이 높고 낮은 문제에 아무런 관심이 없는 것과 마찬가지이다.

끝으로, 앞에서 본 바와 같이,* 사실 노동자에게는 자신의 노동의 사회적 성격[즉 같은 목적으로 다른 노동과 자신이 결합된 상태]이 자신과는 관련이 없는 어떤 다른 힘으로 나타난다. 따라서 이런 결합을 실현하는 조 M96 건들은 노동자에게 자신과는 상관없는 타인의 소유이고, 따라서 그가 이들 생산조건을 절약하도록 특별히 강요받지 않는다면 그것이 낭비된다고

---

* MEW Bd.23, 344~345쪽 참조.

하더라도 자신과는 아무 상관이 없을 것이다. 물론 노동자들 자신이 공장을 소유했을 경우〔예를 들어 로치데일(Rochdale)[11]〕에는 이 문제가 전혀 다르게 나타날 것이다.

그러므로 한 생산부문의 노동생산성이 다른 부문의 생산수단을 저렴하게 만들고 개량함으로써 이윤율을 상승시키는 데 기여하는 한, 사회적 노동의 이런 일반적 관계는 노동자와는 아무 관련이 없는 것 — 사실 자본가만이 이들 생산수단을 구매하고 소유한다는 점에서 이 일반적 관계는 바로 자본가하고만 관련된 것이다 — 이라는 점은 말할 필요도 없는 일이다. 자본가가 자기 생산부문의 노동자의 생산물을 가지고 다른 생산부문의 노동자의 생산물을 구매하고 따라서 자기 노동자의 생산물을 공짜로 획득하는 한에서만 다른 노동자의 생산물에 대해서도 처분권을 얻게 된다는 사실은 다행히도 유통과정 등을 통해서 은폐되어 있다.

게다가 생산이 대규모화되면서 자본주의적 형태를 띠고 발전해나가게 되면 한편으로는 이윤에 대한 욕구 때문에, 그리고 또 다른 한편으로는 경쟁 때문에, 가능한 한 상품을 저렴하게 생산하지 않을 수 없게 됨으로써, 불변자본 사용의 이런 절약은 자본주의적 생산양식에 고유한 것으로서 자본가 본연의 기능인 것처럼 나타나게 된다.

자본주의적 생산양식은 한편으로는 사회적 노동생산력의 발전을 촉진하고, 다른 한편으로는 불변자본의 사용을 절약하도록 몰아간다.

그러나 살아 있는 노동을 수행하는 노동자와, 노동자의 노동조건을 경제적으로〔즉 합리적이며 절약해서〕 사용하는 것 사이의 관계는 소외되고 무관한 상태에 머물러 있지 않는다. 자신의 모순되고 대립적인 성질에 따라 자본주의적 생산양식은 불변자본의 사용을 절약하는 대가로〔즉 이윤율을 증가시키는 대가로〕 노동자의 생명과 건강을 갉아 내리고 그의 생존조건조차도 영락의 상태로 몰아간다.

노동자는 자신의 삶의 대부분을 생산과정에서 보내기 때문에 생산과정의 조건은 대부분 실질적인 그의 생활과정〔즉 생활조건〕이고 바로 이 생활조건의 절약이 이윤율을 증대시키는 한 방법이다. 그것은 이미 우리가 앞에서 보았듯이* 노동자에게 초과노동을 시키고 노동자를 일하는 짐승으로 변모시키는 것이 자본이 자기증식을 수행하는〔즉 잉여가치의 생산을 촉진하는〕한 방법이었던 것과 마찬가지이다. 이제 이 절약은 노동자들을 비위생적이고 좁은 공간으로 쑤셔 넣게 되는데 이것이 바로 자본주의적인 건물의 절약이라고 불리는 것이다. 이 좁은 공간 속으로 위험한 기계가 함께 밀어 넣어지고 위험을 막아줄 안전시설은 대개 무시된다. 또한 작업의 성격상 건강을 해치거나 광산작업같이 작업 자체가 위험한 생산과정에서 안전수칙은 무시된다. 생산과정이 노동자에게 인간적이거나 즐거운 것으로 혹은 단지 견딜 수 있을 만한 정도로라도 만들어주는 모든 시설이 하나도 마련되지 않는다는 것은 두말할 필요도 없다. 자본가의 입장에서 본다면 이런 시설 따위는 완전히 무의미하고 쓸데없는 낭비일 것이다. 자본주의적 생산 일반은 그 구두쇠 같은 인색함에도 불구하고 인력에 대해서는 철저하게 낭비적인데 그 물적 수단 또한 상업과 경쟁을 통해 생산물이 배분되는 방식 때문에 매우 낭비적으로 운용된다. 이는 사회 전체로 본다면 손실이지만 개별 자본가의 입장에서는 이익으로 나타난다.

자본은 살아 있는 노동을 직접 사용하면서 그것을 꼭 필요한 노동만으로 줄이려 하고 또 사회적 노동생산력을 최대한 활용함으로써 어떤 생산물을 만드는 데 소요되는 노동을 끊임없이 줄여나가고자〔즉 직접 사용되는 살아 있는 노동을 가능한 한 절약하고자〕하는 경향을 갖는 한편, 또 다른 한편으로는 이렇게 꼭 필요한 양으로 줄인 노동을 다시 최대한 절약적인 조건에서 사용하려는〔즉 사용되는 불변자본의 가치를 최소한도로 줄이려는〕경향도 가지고 있다. 상품가치가 그 속에 포함된 노동시간이 아니라 그 속에 포함된 필요노동시간에 의해 결정된다면 이런 결정을 실현하고 동시에 한 상품의 생산에 소요되는 사회적 필요노동시간을 계속 단

* MEW Bd. 23, 245~320쪽 참조.

축해나가는 것이 바로 자본이다. 상품가격은 그 생산에 소요되는 노동 하나하나가 모두 최소화됨으로써 비로소 그 최저수준으로 하락한다.

불변자본 사용의 절약과 관련하여 분명히 구별해두어야 할 점이 있다. 사용되는 자본의 양과 그 가치총액이 증가하면, 이것은 무엇보다도 여러 자본이 한 사람의 수중으로 집적되는 것을 가리킨다. 그러나 불변자본의 절약을 가능하게 하는 것은 바로 이 한 사람의 손에 의해 사용되는 자본의 양이 대규모화 — 대부분 이때는 사용되는 노동자의 수가 절대적으로는 늘어나지만 상대적으로는(즉 불변자본의 사용에 비하면—옮긴이) 줄어든

M98 다 — 하는 데 있다. 개별 자본가의 입장에서는 소요되는 자본지출〔특히 고정자본에 대한 지출〕의 크기는 증가한다. 그러나 그 가치는 가공되는 원료나 착취되는 노동량에 비해서는 상대적으로 감소한다.

이것들을 이제 각각의 예를 통해 간단히 살펴보기로 한다. 우리는 마지막 것〔즉 노동자의 생존조건이자 생활조건이기도 한 생산조건의 절약〕으로부터 시작하기로 한다.

제2절 노동자의 희생을 대가로 하는 노동조건의 절약

ㄱ. 석탄광산. 필수 불가결한 지출의 기피

광산주들 사이의 경쟁 때문에 광부들의 육체적인 어려움을 덜어주기 위한 최소한의 지출도 더 이루어지지 않고 있다. 또한 대개 그 수가 과잉상태에 있는 광부들 사이의 경쟁 때문에 광부들은 자신에게 부과되는 심각한 위험이나 악영향을 감수하면서도, 인근 농촌의 일용노동자들의 임금보다 기껏 몇 푼 더 많을 뿐인 임금 — 임금이 몇 푼 더 많은 까닭은 광산작업에서는 광부들의 아이들도 유용하게 써먹을 수 있기 때문이다 — 을 기꺼이 받는다. 이런 이중적인 경쟁은 점점 더 치열해져서 결국 대부분의 광산은

배수시설이나 환기시설이 매우 열악한 상태로 운영되고 있다. 뿐만 아니라 종종 엉망으로 만들어진 수갱, 품질이 좋지 않은 갱목, 무능한 탄차 기사, 시설이 엉망인 갱도와 탄차 선로 등으로도 운영되고 있다. 이것은 광부의 생명과 수족 그리고 건강을 파괴하는 원인이 되는데 만일 그에 대한 통계를 낸다면 경악할 만큼의 엄청난 수치가 나타날 것이다.(『광산 아동고용 조사위원회 1차 보고서: 1829년 4월 21일』, 102쪽)

1860년경 영국 탄광에서는 1주일에 평균 15명이 사망하였다. "탄광사고"에 관한 보고서(1862년 2월 6일)에 따르면 1852~61년의 10년 동안에 총 8,466명이 사망하였다. 그러나 이 숫자는 보고서에서 스스로 밝히고 있듯이 지나치게 적은 숫자이다. 왜냐하면 조사기간의 처음 수년간은 조사자가 경험도 없는 데다가 담당지역이 너무 넓어서 많은 수의 사고와 사망사건이 전혀 보고되지 않았기 때문이다. 실제 사망사건이 훨씬 더 많았고 조사자의 숫자나 조사지역이 불충분했다고는 하지만 이 조사가 실시된 이후 사고의 숫자가 현저하게 감소하였다는 사실은 자본주의적 착취의 자연스러운 경향을 보여주는 것이다. ― 이들 희생자의 대부분은 광산 소유주들의 더러운 탐욕 때문에 희생된 것인데, 예를 들면 많은 경우 수갱이 하나만 만들어져 있어서 효과적인 환기가 전혀 이루어지지 않을 뿐 아니 M99 라 이것이 무너져 막혀버리면 탈출구조차 완전히 봉쇄되어버리곤 했던 것이다.

자본주의적 생산은, 그것 하나만 놓고 본다면〔또한 유통과정과 경쟁의 압박도 무시한다면〕, 실현되는 노동〔즉 상품에 대상화되는 노동〕을 극도로 절약하는 생산방식이다. 반면 그것은 어떤 다른 생산양식보다도 인간〔즉 살아 있는 노동〕을 〔그 피와 살은 물론 신경과 대뇌에 이르기까지 철저하게〕 낭비하는 생산양식이기도 하다. 사실 인간사회가 의식적으로 재구성(bewußte Reconstitution)되기 직전까지의 역사적 시기에는 인류 전체의 발전이 안정적으로 이루어지기 위해서 개인의 발전을 엄청나게 희생해야만 한다. 여기에서 말하고 있는 모든 절약들은 노동의 사회적 성격에서 유래된 것이기 때문에 노동자의 생명과 건강을 이처럼 낭비하게 하는 것은 사실 바로 이 노동의 사회적 성격이다. 공장감독관 베이커(R. Baker)의 다음과 같은 물음은 이런 관점을 특징적으로 잘 표현해준다.

심사숙고해 볼 때 모든 물음은 단 하나로 귀결된다. 즉 어떻게 하면 집단적인 노동 때문에 발생하고 있는 이 어린 생명들의 희생을 피할 수 있단 말인가?(『공장감독관 보고서: 1863년 10월』, 157쪽)

ㄴ. 공장

지금까지 이야기한 노동자들의 안전, 쾌적함, 건강 등을 위한 모든 예방조치의 무시는 제대로 된 공장의 경우에도 마찬가지로 벌어지고 있다. 대부분의 사망 보고서에서 기록하고 있는 산업노동자들의 부상자 수나 사망자 수는(매년의 공장 보고서들을 보라) 바로 이런 예방조치들을 무시한 데서 비롯된 것이다. 공간과 환기의 부족 등도 역시 그것과 관련이 있다.

1855년 10월 레너드 호너(Leonard Horner)는 수평회전축으로 인한 위험이 계속되고 있고, 이로 인해 종종 사망사고가 발생할 뿐만 아니라 이에 대한 안전시설이 비용이 많이 드는 것도 아니고, 작업을 방해하는 것도 아닌데도 이 수평회전축의 안전시설에 대한 법적인 규정을 무수한 공장주들이 지키지 않는다고 개탄하고 있다(『공장감독관 보고서: 1855년 10월』, 6쪽). 이런 종류의 법률 규정을 지키지 않는 문제에서 공장주들은 그에 대한 위법 여부의 판결권을 가지고 있는 무보수 판사들 — 대부분이 공장주들 자신이거나 그들의 친구인 — 로부터 노골적인 지지를 받았다. 이들 판사가 어떤 판결을 내렸는지는 상급판사 캠벨(J. B. Campbell)이 이들 판결들에 불복하여 자신에게 항소된 건에 대해서 이렇게 말한 데서 그대로 드러난다. "이것은 의회에서 제정된 법규정을 해석한 것이 아니라 이 법규정 자체를 아예 폐기해버린 것이다"(11쪽). 같은 보고서에서 호너는 많은 공장들에서 기계가 작동되기 시작할 때 이 사실을 노동자들에게 미리 알리지 않는다고 이야기한다. 기계가 작동되지 않고 있을 때도 기계에는 항상 무슨 작업이 이루어지고 있기 때문에 손이나 손가락이 기계와 접촉하고 있고 따라서 단지 노동자들에게 미리 신호를 보내지 않는 것만으로도 사고가 계속 발생하게 되어 있는 것이다(44쪽). 그 당시 공장주들은 공장법에 대항하기 위한 조합을 결성하였는데 이것이 이른바 "공장법 개정을 위한 전국연합회"(National Association for the Amendment of the Factory Laws)였다. 이 조직은 맨체스터에 소재하고 있었고 1855년 3월 마력당 2실링씩의 회비로 총 50,000파운드스털링의 기금을 조성하였는데 이 기금은 공장감독관의 형사고발이 있을 경우 해당 회원 공장주의 소송비용을 부담하고 소송을 연합회 명의로 진행하기 위한 것이었다. 이것은 즉 이윤을 위해서 살인이 자행되었을 때 그 살인은 살인이 아니라는 것을[†12] 입증하고자 하는 것을 의미하였다. 스코틀랜드의 공장감독관 존 킨케이드(J. Kincaid)는 글래스고에 있는 한 공장에 관해서 다음과 같이 말하고 있다. 즉 이 공장에서는 기계 전체에 대한 안전시설을 모두 고철로 만들었는데 그 비용은 9파운드스털링 1실링이 소요되었다. 만일 이 공장이 위의 연합회에 가입할 경우 그는 자신의 공장 기계용량인 110마력에 대해서 11파운드스털링의 회비를 내야 하므로 이것이 안전시설의 비용보다 비싼 것이 되는 셈이다. 그런데 전국연합회는 바로 그런 안전시설을 규정하고 있는 법규정에 대항하는 것을 명시적인 목적으로 하여 1854년에 설립되었다. 1844~54년 내내 공장주들은 안전시설에 대해 조금도 신경을 쓰지 않았다. 그러다가 1854년 공장감독관들은 파머스턴(Palmerston)의 지시에 따라 공장주들에게 이제부터는 이 법규정을 충실히 이행해야 한다고 통고하였다. 그리고 그런 통고를 받자마자 공장주들은 이 연합회를 결성하였던 것인데 그중 앞장선 회원들 다수는 스스로가 바로 판사였고 바로 이 법규정을 적용할 권한을 가진 당사자들이었다. 1855년 4월 조지 그레이

(George Grey) 신임 내무부장관은 정부가 단지 명목상의 안전시설만으로 도 이를 묵인해주겠다는 중재안을 내었는데 연합회는 이 중재안에 대해 서도 격렬히 반대하였다. 엔지니어 윌리엄* 페어베언(William Fairbairn)은 여러 재판을 통해서 자본의 절약원리와 자본의 자유에 대한 침해를 방어 하기 위한 전문가로서 그 명성을 널리 떨쳤다. 공장감독관들의 우두머리 인 호너는 공장주들에게 온갖 방법으로 박해와 모함을 받았다.

M101   공장주들은 고등법원(Court of Queen's Bench)[†13]의 확정판결—1844 년의 법률은 지면에서 7피트 이상의 높이에 위치한 수평회전축에 대해서 는 안전시설에 대한 규정의 적용을 받지 않는다는 판결—을 받아낼 때까 지 이런 행태를 멈추지 않았고 결국에는 1856년 위선자 윌슨-패튼(J. Wilson-Patten)—경건한 체하는 인간들 중의 하나로서 종교로 가장하고 는 돈보따리만 안겨주면 어떤 더러운 일이라도 마다 않는 유형의 인간이 다—의 도움을 받아 어떤 경우에도 자신들에게 만족스러울 수 있는 법안 을 의회에서 통과시켰다. 이 법은 사실상 노동자들에게서 모든 보호조치 를 박탈해버렸으며 기계로 인한 사고가 발생했을 경우 그 피해보상은 민 사소송에 의하도록 규정하였고(영국의 엄청난 재판비용 관례로 보아 이 것은 말장난에 지나지 않는다), 또 다른 한편 전문가의 증언에 대한 매우 교묘한 세부조항을 규정에 넣어둠으로써 공장주들이 소송에서 패소하는 것이 거의 불가능하도록 만들어놓았다. 그 결과 사고는 급증하였다. 1858 년 5월~10월 사이의 반년 동안 감독관 베이커는 그 직전의 반년에 비해 사고가 21% 증가하였다고 보고하였고 그가 보기에 이 전체 사고의 36.7% 는 충분히 예방될 수 있는 것이었다고 이야기하고 있다. 물론 1858년과 1859년의 사고 건수는 1845년과 1846년의 그것에 비해서는 현저하게, 즉 29%가량 감소하였는데 이는 감독관이 파견되어 있는 산업부문의 노동자 수가 20% 증가하였는데도 그러하다. 그러면 그 이유는 무엇일까? 지금

---

* 초판에는 Thomas로 되어 있음.

(1865년)까지 내려진 결론으로는 그 이유는 주로 새로운 기계의 도입 때문인데 이들 기계에는 처음부터 안전장치가 설치되어 있고 이것이 공장주들에게 별도의 비용을 물게 하는 것이 아니라서 그들에게서 별다른 저항을 받지 않았기 때문이다. 게다가 몇몇 노동자들이 팔을 잃은 상해에 대해 상당한 금액의 법적 배상금액을 받아내고 이것이 최상급심에서도 확정판결을 받은 사례가 있기도 했다(『공장감독관 보고서: 1861년 4월 30일』, 31쪽; 같은 보고서 1862년 4월, 17쪽).

기계의 사용으로 인해 직접 발생하는 위험으로부터 노동자들(그중에는 어린애들도 많다)의 생명과 육체를 보호하기 위한 수단들을 절약하는 사례에 대해서는 이 정도로 마치도록 하자.

ㄷ. 밀폐된 공간에서의 작업

공간(즉 건물)에 대한 절약이 노동자들을 얼마나 좁은 곳에 쑤셔 넣는지에 대해서는 잘 알려져 있다. 그런데 여기에는 다시 환기시설의 절약이 추가된다. 이 두 가지 절약은 오랜 작업시간과 함께 호흡기관의 질병을 크게 증가시키고 그로 인한 사망도 증가시킨다. 아래의 실례들은 『공중위생 제6차 보고서: 1863년』에서 발췌한 것이다. 이 보고서는 이 책 제1권에서 자세히 소개된 존 사이먼(John Simon) 박사가 편집한 것이다.

기계 사용의 대규모화, 생산수단의 집적, 그리고 이들 기계 사용의 절약 등을 가능하게 해주었던 것이 바로 노동자들의 결합과 협업이었던 것처럼 이런 밀폐된 공간과 작업환경(노동자들의 건강보다는 생산물의 제조에 용이하도록 설계된)에서의 대규모 공동작업을 가능하게 하는 것도 바로 노동자들의 결합과 협업이다. 한 작업장 내에서 이런 대규모 집적은 한편으로 자본가에게는 이윤증대의 원천이지만, 다른 한편으로 노동자에게는 노동시간의 단축이나 특별한 예방조치 등으로 보완되지 않을 경우 생명과 건강을 해치는 원인이기도 하다.

사이먼 박사는 다음과 같은 법칙과 그것을 입증해줄 많은 통계를 제시하였다.

다른 조건이 일정할 때, 어떤 한 지역의 폐질환으로 인한 사망률은 그 지역에서 밀폐된 공간에서 공동으로 작업하는 사람의 수에 비례하여 증가한다.(23쪽)

그 원인은 좋지 않은 환기상태 때문이다.

그리고 아마 영국 전체에서 이 법칙이 적용되지 않는 곳은 단 한 군데도 없을 것이다. 그래서 밀폐된 공간에서 작업이 이루어지는 산업의 비중이 큰 모든 지역에서는 이 산업의 노동자 사망이 매우 많아서 그 지역 전체의 사망통계에서 폐질환으로 인한 사망자 수가 월등히 많아진다.(23쪽)

밀폐된 공간에서 수행되는 산업에 관해서 1860년과 1861년 보건당국이 조사한 사망통계를 보면 다음과 같다. 15~55세 사이의 남자 가운데 영국의 농업지역에서 폐결핵과 기타 폐질환으로 사망한 사람의 숫자를 100으로 할 때 코번트리에서는 163, 블랙번과 스킵턴에서는 167, 콩글턴과 브래드퍼드에서는 168, 레스터에서는 171, 리크에서는 182, 메이클즈필드에서는 184, 볼턴에서는 190, 노팅엄에서는 192, 로치데일에서는 193, 더비에서는 198, 샐퍼드와 애슈턴언더라인에서는 203, 리즈에서는 218, 프레스턴에서는 220, 맨체스터에서는 263이었다(24쪽). 다음 표는 좀더 정확한 실례를 보여준다. 이 표는 폐질환으로 인한 사망자 수를 15~25세 사이의 남녀로 구분해놓고 있으며 10만 명을 단위로 하고 있다. 각 지역별로 여자들의 경우에는 밀폐된 공간에서 수행되는 산업에 고용된 숫자만 기록되고 남자들의 경우에는 전 산업에 고용된 숫자가 기록되었다.

견직공업 지역들 가운데 남자의 고용비율이 높은 지역은 사망률도 남

지 역	주요 산업	15~25세 사이의 폐질환으로 인한 10만 명당 사망자 수	
		남성	여성
버컴스테드	짚 세공업(여성)	219	578
레이턴 버저드	짚 세공업(여성)	309	554
뉴포트 파넬	레이스산업(여성)	301	617
토스터	레이스산업(여성)	239	577
요빌	수제화산업(주로 여성)	280	409
리크	견직공업(주로 여성)	437	856
콩글턴	견직공업(주로 여성)	566	790
메클즈필드	견직공업(주로 여성)	593	890
건강한 농촌지역	농업	331	333

자가 훨씬 더 높다. 남녀 모두 폐결핵으로 인한 사망률이 말해주는 것은
보고서의 다음 이야기 그대로이다.

우리 견직공업의 대부분은 기가 막히게 열악한 위생상태로 운영되고 M103
있다.

그런데 공장주들이 자기들 공장의 위생상태가 예외적으로 좋다고 수장
하면서 이를 근거로 13세 이하 아동들의 작업시간을 예외적으로 길게 연
장해달라고 요청하여 당국으로부터 부분적인 승인을 얻기까지 한 것이
바로 이 견직공업 부문이다(제1권 제8장 제6절, 296/286쪽*).

지금까지 조사된 산업들 가운데 스미스 박사가 이야기하는 봉제공들의
경우보다 더 열악한 경우는 없다. …… 그의 이야기에 의하면 작업장들의
위생상태는 각 작업장별로 상당한 차이를 보이긴 하지만 거의 대부분 공간

* MEW Bd.23, 309~310쪽 참조.

이 지나치게 협소하고, 환기상태가 나쁘며 건강에 매우 해로운 상태를 보인다. …… 이런 작업장은 당연히 매우 덥다. 안개 낀 날이나 겨울철 저녁과 같이 날이 어두워 가스등을 켜게 되면 실내 온도는 80~90°F(섭씨로는 27~33°C)까지 올라간다. …… 그리고 이로 인해 땀이 줄줄 흐르고 유리창에는 〔그리고 천장에 뚫린 창문에도〕 김이 뽀얗게 서려서 계속 물방울이 맺혀서 흐르기 때문에 노동자들은 추위에도 불구하고 창문을 몇 개 열어둘 수밖에 없다. 런던 웨스트엔드에 있는 주요 작업장 16개의 상태에 관해서는 다음과 같이 기록되어 있다. 환기상태가 나쁜 이들 작업장 중 가장 큰 작업장의 경우 노동자 1인당 공간은 270입방피트이다. 가장 작은 작업장은 105입방피트이며 전체 평균은 1인당 156입방피트이다. 주위는 복도로 둘러막혀 있고 단지 천장에 뚫린 창문만 달려 있는 어떤 작업장에는 92~100명 이상의 노동자가 들어가 있고 여러 개의 가스등이 켜져 있다. 화장실은 바로 곁에 붙어 있으며 공간은 1인당 150입방피트를 넘지 않는다. 또 다른 한 작업장은 천장에서만 빛이 들어오게 되어 있어 개집이라고밖에 달리 표현하기 어렵고 환기라고는 천장에 있는 조그만 창문을 통해서만 이루어지는 한 방에서 5~6명이 작업하고 있으며 공간은 1인당 112입방피트에 불과하다. (게다가) 이런 열악한 작업장 안에서 봉제공들은 보통 하루 12~13시간을 노동하며 어떤 때는 15~16시간이나 계속해서 노동하는 경우도 있다고 스미스 박사는 이야기한다.(25, 26, 28쪽)

M104

고용된 노동자 수	업종과 지역	연령별10만 명당 사망률		
		25~35세	35~45세	45~55세
958,265	농업/잉글랜드·웨일스	743	805	1,145
22,301(남) 12,377(여)	봉제공/런던	958	1,262	2,093
13,803	식자공·인쇄공/런던	894	1,747	2,367

* 사이먼 보고서의 30쪽.

이 표에서 지적해두어야 할 것이 있는데, 그것은 사실 보고서의 집필자이면서 추밀원 의학부장이기도 했던 사이먼이 지적한 사항이기도 하다. 즉 런던의 봉제공과 식자공·인쇄공의 25~35세 연령층의 사망률은 지나치게 낮게 잡힌 것으로 그 이유는 이들 두 업종에서는 런던의 장인들이 시골에서 온 많은 젊은이들(대개 30세 이하)을 자신의 도제나 "견습공"(improver)*으로[즉 자신의 교육생으로] 부려먹고 있기 때문이다. 이들을 포함시키면 위 표의 고용된 노동자 수는 더 늘어나고 런던에서의 업종별 사망률도 다시 계산되어야 한다. 그러나 이들은 런던에 일시적으로만 체류하는 사람들이기 때문에 런던의 사망자 수에는 계산되지 않는다. 런던에 있는 동안 아프게 되면 그들은 시골집으로 되돌아가고 만일 사망하게 되면 그 시골의 사망자 수에 포함된다. 이런 상황은 젊은 연령층의 통계에 상당히 큰 영향을 끼쳐서 이 연령층에 대한 런던 지역의 사망률은 업종별 보건상태의 지표로 전혀 가치가 없다(30쪽).

식자공의 경우도 봉제공의 경우와 비슷한데 여기에는 환기 부족 외에도 유독가스와 야간작업이 더 추가된다. 보통 이들의 작업시간은 12~13시간이며 많은 경우 15~16시간에 이른다.

가스불을 켜면 금방 엄청난 열기와 질식할 것 같은 공기로 뒤덮인다. …… 납물에서 나오는 증기에다 기계와 하수구에서 올라오는 악취, 그리고 위층의 온갖 해로운 것들이 방을 가득 뒤덮는다. 아래층 방에서 뿜어 올리 M105 는 뜨거운 공기 때문에 이미 위층은 바닥부터 덥고 방이 낮고 가스를 많이 사용할 경우에는 최악의 상태가 된다. 더욱더 나쁜 것은 아래층에 증기 보일러가 있을 경우인데 이때는 건물 전체가 기분 나쁜 열기 속에 휩싸여버린다. …… 전반적으로 환기상태가 매우 열악하고 부족해서 가스 연소의 부산물과 열기는 해가 진 후에도 별로 해소되지 않을 정도이며 많은 작업

* 독일어로는 Volontäre에 해당.

장들[특히 과거에 주택이었던 작업장들]은 상태가 극히 나쁘다. …… 몇몇 작업장들[특히 주간지를 인쇄하는 곳]에서는 다른 곳과 마찬가지로 12~16세의 소년들을 고용하면서 꼬박 이틀 동안 밤을 새우면서까지 쉬지 않고 작업을 시키고 있다. 한편 또 '긴급한' 일이 밀린 다른 식자실에서는 노동자들에게 일요일도 없이 작업을 시킴으로써 그의 노동일을 일주일에 6일이 아닌 7일로 만들고 있다.(26, 28쪽)

의류직공(여성용 모자와 부인복 제조공)의 초과노동에 대해서는 이미 제1권 제8장 제3절, 249/241쪽*에서 살펴본 바 있다. 이들의 작업장에 관해서는 우리가 인용한 오드 박사(W. M. Ord)의 보고서가 잘 이야기해주고 있다. 낮에는 좀 낫긴 하지만 가스불이 켜져 있는 동안에는 작업장이 매우 덥고 공기가 탁해서 건강에 상당히 해롭다. 작업장 환경이 다소 양호한 편인 34개 작업장에 대해 오드 박사는 노동자 1인당 평균 공간과 관련하여 다음과 같이 이야기한다.

500입방피트 이상인 곳이 4군데, 400~500입방피트가 4군데, 300~400입방피트가 5군데, 250~300입방피트가 5군데, 200~250입방피트가 7군데, 150~200입방피트가 4군데 그리고 100~150입방피트가 9군데였다. 이 중 가장 나은 곳의 경우도 충분히 환기가 이루어지는 것이 아니고 단지 가까스로 작업을 계속할 수 있을 정도에 해당한다. …… 환기가 잘된다 하더라도 작업장은 매우 덥고 많은 가스불로 인한 그림자 때문에 어두침침하기는 마찬가지이다.

그리고 여기에서 오드 박사는 자신이 직접 방문한 한 작업장을 소개하는데 이 작업장은 중간상인이 운영하는 조그마한 방이었다.

---

* MEW Bd. 23, 269쪽 참조.

1,280입방피트에 달하는 방이 하나 있었다. 그 방에는 모두 14명이 작업을 하고 있었으므로 1인당 공간은 91.5입방피트였다. 여기에서 작업하고 있는 여성 노동자들은 지쳐 보였고 쇠잔해 보였다. 그들의 급료는 주급 7~15실링과 몇 잔의 차가 전부였다. …… 작업시간은 아침 8시에서 저녁 8시까지였다. 14명이 들어가 있는 이 작은 방은 환기상태가 매우 나빴다. 열수 있는 창문이 2개 있었고 벽난로가 하나 있었지만 이것은 막혀 있었다. 어떤 종류든 환기시설이라고 하는 것은 그 외에 전혀 없었다.(27쪽)

이 보고서에서는 의류직공들의 초과노동에 대해서도 이야기한다.

유행을 타는 의류 제조 공장의 젊은 여공들의 초과노동은 단지 1년 중 M106 약 4개월 동안에 집중되는데 그 정도가 너무 심해서 누구나 그 상황을 한번 보기만 하면 경악을 금치 못할 지경에 이른다. 이 4개월 동안 작업장에서는 대개 매일 꼬박 14시간씩 작업이 이루어지고 급박한 주문이 많이 밀린 경우에는 하루 종일 17~18시간의 작업이 이루어지기도 한다. 이 4개월 이외의 기간에는 대개 10~14시간의 작업이 이루어진다. 이것은 집에서 작업을 할 경우 12~13시간의 작업량에 해당한다. 여자용 외투, 칼라, 속옷 등의 기성복과 재봉틀을 이용하는 작업의 경우에는 공동작업장에서 보내는 시간이 비교적 적다. 즉 대개 10~12시간을 넘지 않는다. 그러나 오드 박사의 말에 의하면 이같이 일정한 장소에서 일정한 시간 동안 수행하는 것으로 정해진 작업시간은 초과작업 수당을 미끼로 훨씬 늘어나기도 하고 또 정해진 작업시간 이후에 다시 그것을 집으로 가져가서 작업을 끝내도록 하는 방법도 사용되고 있다. 우리가 더 인용할 수 있는 이 외의 여러 가지 초과작업 방식들은 종종 강제로 이루어지는 것들이다.(28쪽)

사이먼은 이 페이지에 다음과 같은 주석을 달아놓았다.

전염병학회 간사 래드클리프는 1차 사업장에 종사하고 있는 의류직공들에 대해 건강진단을 할 기회가 특히 많았는데, 그 결과 그는 스스로 '완전히 건강하다'고 말하는 여직공들 가운데 20명당 단 1명만 건강하다는 것을 알았다. 나머지 19명은 모두 경중의 차이는 있지만 육체적인 쇠약증세와 신경쇠약 그리고 그로 인한 갖가지 기능장애를 나타내고 있었다. 그 원인으로는 다음과 같은 것을 들 수 있었다. 첫째는 노동시간이 너무 길기 때문인데, 이들은 바쁜 철이 아닐 때도 하루에 최소 12시간을 노동하고 있었다. 둘째는 과밀상태인 데다 환기도 잘 안되는 작업장, 가스로 오염된 공기, 그리고 불충분하고 형편없는 영양상태, 또 주거환경의 열악함 등이 그 원인이었다.

그리하여 영국 보건당국의 장(즉 추밀원 의학부장인 사이먼—옮긴이)이 내린 결론은 다음과 같다.

노동자들이 이론상 자신들의 일차적인 건강권이라 할 것을 주장한다는 것은 현실적으로 불가능하다. 여기에서 말하는 건강권이란 고용주가 어떤 작업을 시키기 위해 노동자들을 고용했든 간에 이 공동작업이 고용주의 책임하에 그의 비용으로 수행하는 것인 한, 그것은 불필요하게 건강을 해치는 작업환경에서 이루어져서는 안 된다는 권리이다. 그러나 노동자는 이러한 보건법의 규정에 따라 스스로를 보호하는 것이 사실상 불가능한 상태이며, 또한 원래 이 법의 입법 취지에도 불구하고 민원해소법(Nuisances Removal Acts)을 집행하는 관리에게도 아무 도움을 기대할 수 없는 실정이다.(29쪽)

물론 고용주들에게 법적인 제재를 가하기 위해서 세부적인 범위를 정하는 데는 몇 가지 사소한 기술적인 어려움이 뒤따른다. 그러나 …… 원칙적으로 건강 보호에 대한 요구는 모든 사람에게 적용되어야 하는 보편적인 것이다. 그리고 단지 고용되어 있다는 이유만으로 지금 불필요하게 생명을 희생당하고 또 끊임없이 육체적인 고통에 시달리고 있는 무수히 많은 남녀 M107 노동자들을 생각해볼 때 나는 감히 다음과 같은 사항을 희망하는 바이다. 즉 노동에 대한 위생조건이 적절한 법적 보호장치를 통해 보편적으로 마련되어야 하고 그런 점에서 최소한 모든 밀폐된 작업공간들에서는 실질적인 환기가 이루어져야 하고 작업의 성격상 원래 건강을 해치는 모든 작업분야에서는 특별히 건강을 해치는 요인들을 최대한 억제해야만 한다.(31쪽)

제3절 동력발생장치, 동력전달장치, 그리고 건물의 절약

1852년 10월 자신의 보고서에서 호너는 패트리크로프트(Patricroft)의 증기해머 발명가인 유명한 엔지니어 제임스 네이스미스(James Nasmyth)의 편지를 인용하고 있는데 거기에는 다음과 같이 쓰여 있다.

사람들은 (증기기관의) 체계 변경이나 개량을 통해 얻어지는 엄청난 동력의 증가에 대해 거의 알지 못하는데 이것을 이제부터 이야기해주겠다. 우리 지방(랭커서)의 동력은 거의 40년 동안이나 겁 많고 편견에 가득 찬 인습의 굴레에 갇혀 있었다. 그러나 이제 그것은 다행히도 해방되었다. 최근 15년 동안, 특히 최근 4년 동안(즉 1848년 이전까지의) 복수(複水)식 증기기관의 운전방식에서 몇 가지 중요한 변화가 일어났다. …… 그 결과 같은 기관으로 훨씬 더 많은 작업량을 수행하게 되었고 더욱이 석탄의 소비량도 훨씬 줄일 수 있게 되었다. …… 우리 지방의 공장들에 증기력이 도입된 이후 오랫동안, 사람들이 복수식 증기기관으로 작업할 수 있다고 생각한 작업속도는 1분당 피스톤축의 운동거리 약 220피트 정도였다. 말하자면 어떤 기관의 피스톤축이 5피트라면 이 기관은 크랭크축을 22회전만 시키도록 되어 있었다. 기관의 속도를 더 높이는 것은 올바른 생각이 아닌 것으

제5장 불변자본 사용의 절약 133

로 간주되었다. 그래서 모든 동력기는 1분당 220피트의 이 피스톤 운동속도에 맞추어져 있었기 때문에 이 느리고 불합리하게 억제된 속도가 수년간이나 모든 증기기관의 운전을 지배하고 있었다. 그러나 결국은 다행히도 이러한 통념을 잘 모르고 있던〔혹은 좀더 나은 어떤 이유로〕한 대담한 신참내기가 속도를 올리려고 시도하였고 이것이 대성공을 거두었기 때문에 다른 사람들도 모두 그의 예를 따르게 되었다. 그것은 사람들이 기관의 고삐를 풀어준다고 이야기하던 방식인데 동력전달장치의 주(主) 전달바퀴의 크기를 변경함으로써 기관 자체는 원래와 같은 속도로 움직이면서도 증기기관이 1분당 300피트 이상의 속도를 낼 수 있도록 한 것이었다. …… 증기기관의 이런 속도 증가는 이제는 거의 보편화되었는데 이는 이 방식이 동일한 기관에서 사용 가능한 동력을 더 많이 얻어낼 수 있게 할 뿐만 아니라 회전속도를 높여 플라이휠의 운동량을 더 늘리고 운동 자체도 훨씬 규칙적으로 만든다는 것이 드러났기 때문이다. 증기의 압력과 복수기의 진공상태가 불변인 상태에서도 피스톤의 속도만 높이면 더 많은 동력을 얻을 수 있다. 예를 들어 우리는 1분당 200피트의 운동속도로 40마력을 내는 증기기관을 적당히 개조해서 증기압력과 진공상태를 그대로 유지한 채 피스톤의 운동속도만 1분당 400피트로 높임으로써 정확히 2배의 동력을 얻을 수 있다. 그리고 증기압력과 진공상태가 두 경우에서 모두 같기 때문에 기계의 각 부분이 받는 힘은 더 커지지 않고, 따라서 속도의 증가로 인한 사고의 위험도 근본적으로 증가하지 않는다. 두 경우가 완전히 구별되는 차이점은 단지 피스톤 운동의 속도에 비례하여 소비되는 증기의 양이 좀더 많아지든가 아니면 거의 비슷하다는 정도뿐이다. 그리고 그 외에는 베어링이나 마찰 부분의 부품이 좀더 빨리 마모된다는 정도이지만 그것은 매우 하찮은 것에 지나지 않는다. …… 그러나 동일한 기관에서 피스톤의 운동속도를 증가시켜 더 많은 동력을 얻어내기 위해서는 같은 보일러에서 더 많은 석탄을 연소시키거나 또는 증기 발생 용량이 더 큰 보일러를 사용해야 한다. 요컨대 더 많은 증기를 만들어내야 하는 것이다. 이것은 실제로 그렇게 이

M108

루어졌는데 그 결과 증기 발생 용량이 더 큰 보일러는 종전의 속도를 내는 기관으로도 많은 경우 작업량을 100% 증가시켰다. 1842년경 콘월 지방의 광산지대에서 증기기관을 이용하여 매우 값싸게 동력을 얻어내는 방법이 주목을 끌기 시작했다. 특히 당시 면방직업계에서는 치열한 경쟁 때문에 공장주들이 이윤의 주된 원천을 '경비절감'에서 찾을 수밖에 없었다. 그리하여 콘월 지방의 기관들에서 나타난 시간당 석탄 소비량과 마력수 사이의 현저한 차이와 울프(A. Woolf)의 2기통식 기관이 보여준 뛰어난 경제적 효율은 우리 지방에서도 연료의 절약을 주된 관심사로 부각하였다. 콘월 지방의 기관과 2기통식 기관의 시간당 1마력에 대한 석탄 소비량은 $3\frac{1}{2}$~4파운드인 데 반해 면방직부문에서 사용하던 기관들은 대개 그 석탄 소비량이 8~12파운드에 달했다. 이러한 현저한 차이 때문에 우리 지방의 공장주들과 기관 제작자들은 비슷한 수단을 써서 그처럼 뛰어난 경제적 효율을 얻어내려고 노력하였다. 이 방식은 콘월 지방이나 프랑스에서는 이미 보편화되어 있었는데 그것은 이들 지방의 석탄가격이 비싸서 공장주들이 자신의 사업체 내에서 석탄을 많이 소비하는 부분을 최대한 억제할 수밖에 없었기 때문이다. 이것은 매우 중요한 결과를 가져왔다. 첫째, 높은 이윤을 누리던 과거의 황금시절에는 윗부분의 절반을 차가운 대기에 노출한 상태로 두었던 많은 보일러들을 이제는 두꺼운 펠트 묶음이나 벽돌 또는 모르타르나 기타 다른 수단으로 덮음으로써 비싼 비용을 들여 만들어진 열의 손실을 방지하게 되었다. 증기파이프도 마찬가지 방식으로 보호하고 실린더도 모직천과 나무로 감싸게 되었다. 둘째, 고압증기를 사용하게 되었다. 여태까지는 안전밸브가 1평방인치당 4~6 혹은 8파운드의 증기압을 받으면 열리게 되어 있었다. 그러나 이제는 14~20파운드의 증기압이 되어야만 열리도록 함으로써 …… 석탄을 크게 절약하게 되었다. 다시 말하자면 공장의 작업이 훨씬 적은 석탄을 소비하면서 이루어지게 된 것이다. …… 수단과 배짱을 가진 사람들은 증기압을 높이고 작업량을 늘릴 수 있는 동력체계를 최대한으로 확장하여 증기압이 1평방인치당 30, 40, 60, 그리고 70파운드에까지 이르는 증기를 만들어 공급할 수 있는 보일러를 사용하기도 했다. 이 정도의 증기압은 옛날 사고방식을 가진 엔지니어들에게는 놀라 자빠질 정도의 압력에 해당된다. 그러나 이같이 증기압을 높임으로써 얻어진 경제적 효과는 …… 금방 끝자리까지 정확하게 계산된 화폐액수로 모두에게 알려졌기 때문에, 복수기관에는 고압 보일러를 사용하는 것이 거의 보편화되었다. 자신의 공장동력을 근본적으로 개혁하고자 한 사람들은 울프 방식의 기관을 사용하였는데 새로 제작된 대부분의 기관은 전부 울프 방식의 기관들이었다. 이들 기관은 2개의 실린더로 이루어져 있고 그중 한 실린더는 보일러에서 공급된 고압증기를 이용해서 동력을 내는데 이때 증기압이 과도해지면 이 증기의 일부를 실린더 밖의 대기로 내보낸다. 그런 다음 한 번 사용된 이 증기는 옛날에는 피스톤 운동을 하고 나서 곧바로 대기 속으로 내보내버렸지만 이제 여기서는 거의 4배나 더 큰 또 하나의 실린더, 즉 저압 실린더로 보내서 여기서 다시 팽창시킨 후 복수기로 보내는 것이다. 이 기관을 통해서 얻어지는 경제적인 성과를 보면, 이 기관에서는 1시간당 1마력의 동력에 $3\frac{1}{2}$~4파운드의 석탄이 소모된 반면 이·동력을 만일 옛날의 기관체계에서 얻으려면 12~14파운드의 석탄이 소요된다. 잘 고안해서 설치할 경우 2기통식 기관인 울프식 체계나 기존의 옛날 기관을 이용하여 고압기관과 저압기관을 잘 결합시키기만 하면 동력을 높일 수 있는 것은 물론 동시에 석탄의 소비도 줄일 수 있다. 최근 8~10년 사이에 고안된 방법인 고압기관과 복수기관의 결합〔즉 일차로 사용된 증기를 두 번째 기관으로 보내서 여기서 이를 다시 이용하는 방법〕을 통해서도 이와 마찬가지 성과를 얻을 수 있다. 이 체계는 많은 경우에 유용하다.

똑같은 성능의 증기기관이 이런 새로운 개량을 일부 혹은 전부 도입함으로써 얼마나 작업효율을 높일 수 있을지를 정확히 알려주는 자료를 입수하는 것은 쉬운 일이 아닐 것이다. 그러나 나는 같은 크기의 증기기관으로 이제 우리가 평균적으로 최소한 50% 이상의 작업을 더 할 수 있게 되었으며 많은 경우 1분당 220피트로 제한된 운동속도로 최근까지 50마력을 내던 증기기관이 이제는 100마력 이상을 내게 되었다고 확신한다. 복수기관에서 고압증기를 사용하게 됨으로써 얻게 된 굉장한 경제적 효과와 공장의 확장으로 인하여 구식 증기기관이 더 큰 동력을 공급해야 할 필요성 등으로 말미암아 최근 3년 동안에 다관식(多管式) 보일러가 도입되었고 그 때문에 증기 발생 비용은 다시 현저하게 줄어들었다.(『공장감독관 보고서: 1852년 10월』, 23~27쪽)

동력발생장치에서 일어난 이러한 변화는 동력전달장치와 작업기계에서도 마찬가지로 일어났다.

최근 수년간 기계의 개량이 급속히 이루어짐으로써 공장주들은 추가 동력이 없이도 생산을 확장할 수 있게 되었다. 노동일이 단축됨으로써 노동의 사용을 더 절약할 필요가 생겼고 경영능력이 뛰어난 공장주들 대부분은 어떻게 하면 좀더 적은 비용으로 생산을 더 늘릴 수 있을지를 끊임없이 생각하였다. 나는 고맙게도 내가 사는 지역의 한 영리한 신사가 자신의 공장에서 고용하고 있는 노동자들의 나이와 인원 수, 자기 공장에서 사용하는 기계들, 그리고 1840년부터 현재까지 지급된 임금 등을 기록해둔 자료를 손에 넣게 되었다. 1840년 10월 그의 공장에 고용되어 있던 노동자는 600 M110 명이며 그중 200명은 13세 이하였다. 1852년 10월에는 노동자 수가 350명으로 줄었고 이 가운데 13세 이하 노동자는 60명뿐이었다. 그런데 가동된 기계의 숫자는 두 시기 사이에 거의 변화가 없었고 지불된 임금의 총액도 두 시기가 같았다.(『공장감독관 보고서: 1852년 10월』 중 레드그레이브의 보고서, 58, 59쪽)

이런 기계류의 개량은 설비가 적절하게 잘 갖추어진 새 공장에서 비로소 그 완전한 효력을 발휘한다.

기계류의 개량과 관련하여 지적해두어야 할 사항이 있는데 그것은 무엇보다도 이러한 새 기계류들을 설치할 수 있도록 공장 건축부문에서 커다란 진보가 이루어졌다는 점이다. 내 공장에서는 실을 꼬는 작업이 모두 1층에서 이루어지고 나는 이 1층에만 29,000개의 방추를 설치해놓았다. 이 방과 그 곁채에서만 나는 최소한 10%의 노동을 절약하고 있다. 그러한 절약의 원인은 실 꼬는 작업체계를 개선한 데 있기보다는 기계를 한 군데로 집중시켜 단일한 관리체계 아래 두었기 때문이다. 나는 이만한 숫자의 방추를 단 하나의 동력축으로 작동시킬 수 있는데 그로 인해서 다른 공장에 비해 이 동력축의 운전을 60~80% 절약하고 있다. 게다가 이것은 석유와 윤활유 등을 크게 절약하게 해준다. …… 간단히 말해서 나는 공장설비의 개선과 기계의 개량을 통해서 적어도 10%의 노동을 절약하는 셈이며 그 외에도 동력, 석탄, 석유, 윤활유, 동력축과 벨트 등도 크게 절약하는 것이다.(『공장감독관 보고서: 1863년 10월』중 한 면방적업자의 이야기, 109, 110쪽)

제4절 생산 부산물의 활용

자본주의 생산양식이 발전함에 따라 생산과 소비의 부산물 활용도 확대된다. 생산 부산물이란 공업과 농업의 폐기물을 가리키고, 소비 부산물이란 한편으로는 인간의 자연적인 신진대사에서 생겨나는 배설물과 또 다른 한편으로는 소비 대상물이 소비되고 나서 남은 찌꺼기의 형태를 가리킨다. 즉 화학공업의 경우 생산 부산물은 소규모의 생산에서는 그냥 없어져버리는 찌꺼기들이다. 그리고 기계공장에서 생겨나는 쇠 부스러기들은 다시 철 생산의 원료로 투입된다. 소비 부산물은 인간의 자연적인 배설물과 누더기 형태의 천조각들 등이다. 소비 부산물들은 농업에 매우 중요하다. 자본주의 경제는 그 운용과 관련하여 엄청난 낭비를 자행한다. 예를 들어 런던에서는 450만 명분의 인분을, 엄청난 돈을 들여 템스 강을 오염시키는 용도 이외에는 아무런 활용할 방도를 찾지 못하고 있다.

　물론 원료가격의 상승이 부산물 활용의 유인이 된다. M111

　대체로 보아 이런 재활용이 이루어질 수 있는 조건은 다음과 같은 것들이다. 첫째, 부산물의 양이 대량화하는 것인데 이는 노동이 대규모로 이루어짐으로써만 나타난다. 둘째는 기계류의 개량으로 이 개량된 기계 덕분에 과거에는 사용할 수 없던 소재가 새로운 생산에서는 사용 가능한 원료가 되는 경우이다. 셋째, 과학〔특히 화학〕의 발달을 들 수 있는데 그것은 이 과학의 발달이 폐기물에서 이용 가능한 속성을 발견해내었기 때문이다. 물론 롬바르디아나 중국 남부, 그리고 일본 등지에서와 같이 소규모의 집약적인 경영이 이루어지는 농업에서도 이런 유형의 상당한 절약이 나타나기도 한다. 그러나 대개 이런 집약적 소농 체제하의 농업생산성은 다른 생산영역에서 끌어들인 인간 노동력의 커다란 낭비를 그 대가로 지불하고 있다.

　이른바 부산물들은 거의 모든 산업에서 매우 중요한 역할을 수행한다. 그래서 1863년 10월의 공장감독관 보고서에는 잉글랜드와 아일랜드 대부분의 지역에서 왜 소작인들이 아마를 재배하지 않는지〔혹은 설사 하더라도 마지못해 재배하는지〕에 대해 다음과 같이 설명하고 있다.

　수력으로 운영되는 소규모 삼공장들에서는 아마를 가공하는 과정에서 많은 폐기물이 발생한다. …… 면화의 경우에는 비교적 폐기물이 적게 생기지만 아마의 경우에는 매우 많은 편이다. 아마를 물에 담그고 삼으로 가공하면서 기계로 훑는 과정에서 잘만 하면 이러한 손실을 현저하게 줄일 수 있다. 아일랜드에서는 대개 이 아마를 매우 조악한 방식으로 가공하기 때문에 28~30%가 폐기물로 유실되어버린다.

　이런 것들은 기계를 좀더 좋은 것으로 사용하면 피할 수 있는 것들이다. 이런 삼밥(Werg: 삼을 빗으로 훑을 때 나오는 부산물―옮긴이)은 상당히

제5장 불변자본 사용의 절약　139

많은 양이 생겨나기 때문에 공장감독관이 다음과 같이 말할 정도이다.

아일랜드의 몇몇 삼공장에서 나에게 알려온 바에 따르면 삼공장 직공들은 종종 거기에서 생겨난 삼밥을 집으로 가져가서 아궁이의 불쏘시개로 사용하고 있는데 이것은 상당히 유용하다는 것이다.(앞의 책, 140쪽)

면화의 부산물에 관해서는 나중에 원료의 가격변동을 다룰 때 이야기하게 될 것이다.

모직공업의 경우는 삼공장의 경우보다 좀더 영리하였다.

과거에는 양모 부산물과 모직 조각들을 재가공하는 것을 나쁜 짓으로 이야기하는 것이 일반적이었다. 그러나 이런 편견은 인조모직공업의 등장과 함께 완전히 잠잠해져버렸는데 이 인조모직공업은 요크셔 지방의 모직공업지대에서 중요한 산업분야로 자리를 잡아갔다. 그리고 면직분야의 부산물을 재생하는 회사들도 곧 필요한 산업분야로 인정받으면서 인조모직공업과 마찬가지의 위치를 차지하게 되었다. 30년 전에는 모직 조각[즉 완전히 직조과정이 끝난 모직 천조각]의 가격이 대략 톤당 평균 4파운드스털링

M112 정도 나갔다. 그런데 최근 몇 년 동안에 그것은 톤당 44파운드스털링이 되었다. 수요는 더욱 증가하여 양모와 면사를 섞어서 짠 혼방까지도 이제 재활용하게 되었는데 이는 양모에 손상을 가하지 않으면서 면사만 풀어 헤치는 방법이 발견되었기 때문이다. 그래서 이제는 수많은 노동자들이 인조모직공장에 고용되어 있고 소비자들은 평균적으로 좋은 품질의 천을 매우 싼 가격에 살 수 있는 큰 혜택을 보게 되었다.(『공장감독관 보고서: 1863년 10월』, 107쪽)

이러한 재생 인조모직은 1862년 말경 이미 영국 산업 전체의 양모 소비량에서 $\frac{1}{3}$ 을 차지하게 되었다(『공장감독관 보고서: 1862년 10월』, 81쪽).

"소비자들"이 입게 된 "큰 혜택"이란 것은 이 인조모직이 매우 질겨서 닳는 속도가 과거에 비해 $\frac{1}{3}$밖에 되지 않고 실올이 보일 정도가 되는 데는 과거에 비해 6배나 더 오래 걸렸기 때문이다.

영국의 견직공업도 마찬가지 길을 밟아갔다. 1839~1862년 동안 생사(生絲)의 소비는 약간 줄어든 반면 견직 부산물의 소비는 2배로 늘어났다. 기계의 개량을 통해서 달리 아무런 쓸모도 없던 이 부산물들은 여러 용도에 사용될 수 있는 견직물로 다시 만들어졌다.

부산물의 활용에 관한 가장 좋은 예는 화학공업에서 찾아볼 수 있다. 여기에서는 자체 부산물들을 새로운 용도 개발을 통해서 사용할 뿐만 아니라 다른 산업의 다양한 부산물들도 사용하며 또 예를 들어 과거에는 거의 쓸모가 없었던 가스 타르를 아닐린 염료나 꼭두서니 염료(알리자린)로 만들어내고 최근에는 이를 약재로 만들어 쓰기도 한다.

재활용에 의한 생산 부산물의 이런 절약은 부산물 생산 자체의 절약과는 구별되는데 그것은 생산 부산물을 최소로 줄이고 생산에 투입되는 원료나 보조자재의 직접적인 사용을 최대한 늘리는 것을 말한다.

부산물의 절감은 부분적으로는 사용하는 기계류의 성능에 의존한다. 석유, 비누 등은 기계 부속들이 얼마나 정교하게 잘 들어맞고, 또 얼마나 매끄럽게 잘 절삭된 것인지에 비례하여 절감 된다. 이것은 또한 보조자재와도 연관된다. 그러나 더 중요한 것으로서 생산과정에서 원료가 얼마나 부산물로 전화하는지는 부분적으로 사용하는 기계와 작업도구의 성능에 의존한다. 그렇지만 결국 부산물의 절감에서 가장 중요한 것은 원료 자체의 품질이다. 그리고 그것은 다시 일부는 원료를 생산하는 광업과 농업의 발전(진정한 의미에서 문명의 진보)에 의존하고 또 다른 일부는 원료가 공업원료로 사용되기 위해 가공되는 과정의 발달 정도에 의존한다.

파르망티에(A.-A. Parmentier)는 별로 먼 과거가 아닌 시기[예를 들면 루 M113 이 14세 시기] 이후로 프랑스에서는 제분 기술이 현저하게 개량되어서 개량된 새 제분기로는 과거에 비해 같은 양의 밀로 절반 이상의 빵을 더 만들 수 있게 되었다고 이야기하였다. 실제로 파리 주민 1인당 연간 밀 소비량은 처음에는 4스티에(Setier: 부피의 단위로 약 150~300리터에 해당—옮긴이)였다가 3스티에로 줄어든 다음 결국은 2스티에까지 내려갔으며 최근에는 1인당 $1\frac{1}{3}$ 스티에〔혹은 342파운드〕에 이르게 되었다. …… 내가 오랫동안 살았던 페르세(Perche)에서는 화강암과 현무암으로 만들어진 절구가 달려 있는 상당히 조잡한 제분기가 30년 전부터 급속히 발달한 역학원리들에 맞추어 새롭게 개조되었다. 절구는 라 페르테(La Ferté) 지방의 좋은 절구로 교체되었고 밀은 2회에 걸쳐 제분되었으며, 밀가루 포대는 원형으로 빙글빙글 돌려주는 방식을 사용하게 되었는데 그 결과 같은 양의 밀로 밀가루를 $\frac{1}{6}$ 가량 더 많이 만들어내게 되었다. 이것으로 로마와 우리나라 사이의 하루 밀 소비량의 엄청난 격차가 쉽게 설명된다. 그 격차의 근본적인 이유는 단지 제분 방식과 반죽 방법의 차이에 있는 것이다. 그래서 플리니우스(Plinius)가 그의 책 제18권 제20장 제2절에서 이야기하는 기현상도 함께 해명된다. …… 로마에서는 밀가루가 그 품질에 따라 1모디우스(Modius: 부피의 단위로 약 9.7리터에 해당한다—옮긴이)당 40~48아스(Ass: 고대 로마의 화폐단위. 1개의 금화(데나리우스)=4개의 은화(세스테르티우스) =16개의 청동화(아스)—옮긴이)〔때로는 96아스〕에 팔렸다. 당시의 밀 가격에 비해 상당히 높은 수준인 이 가격들은 바로 그 당시 극히 유치한 수준에 머물러 있던 불완전한 제분기와 그로 인한 적지 않은 제분 비용 때문인 것으로 설명된다.(뒤로, 『로마인의 경제학』 제1권, 파리, 1840, 280, 281쪽)

제5절 발명에 의한 절약

고정자본의 사용과 관련된 이들 절약은 이미 이야기한 바와 같이 노동조건이 대규모화됨으로써 — 즉 노동조건이 사회적〔사회화된〕 노동의 직접적 조건〔혹은 생산과정 내부에서의 직접적인 협업〕의 역할을 수행하게 됨으로써 — 얻어진 결과물이다. 이것은 상품가격을 올리지 않으면서 역학이나 화학분야의 발명이 활용될 수 있도록 해주는 유일한 조건이며 통상 그를 위한 필수조건이기도 하다. 또한 공동의 생산적 소비에서 얻어지는 절약도 생산의 대규모화가 이루어져야만 비로소 가능하다. 그러나 궁극적으로 이들 절약이 어디에서 어떻게 이루어지고 기존의 발명이 어떻게 극히 간단한 방법으로 활용되며 이론의 활용〔이론을 생산과정에 적용하는 것〕과정에서 극복되어야 할 실무적인 문제들은 어떤 것들이 있는지 등은 모두 결합된 노동자들의 경험을 통해서 비로소 발견되고 드러난다.

덧붙이자면 보편적 노동(allgemeine Arbeit)과 공동노동(gemein-schafliche Arbeit)은 구별되어야 한다. 양자는 모두 생산과정에서 그 역할을 수행하고 또 서로 뒤엉키기도 하지만, 또한 서로 구별되기도 한다. 보 ^{M114} 편적 노동은 모든 과학적 노동, 모든 발견과 발명이 그에 해당된다. 이 노동은 일부는 살아 있는 노동의 협업에, 또 일부는 과거 노동의 활용에 의존한다. 한편 공동노동은 개인의 직접적인 협업에 의존한다.

이 둘의 차이는 관찰을 통해 쉽게 확인할 수 있다.

① 새 기계의 최초 제작비용과 그 재생산비용 사이에는 큰 격차가 있는데 여기에 대해서는 유어와 배비지(C. Babbage)[14]의 연구 결과가 있다.

② 새로운 발명에 기초하여 운영하는 기업의 비용은 그 기업의 잔재 위에 나중에 세워지는 기업의 운영비에 비해 훨씬 더 많다. 그래서 새로운 발명을 최초로 활용하는 기업가는 파산해버리는 반면 나중에 이 파산한 기업가의 건물과 기계 등을 값싸게 구입한 후발 기업가는 번창하는 현상이 나타난다. 따라서 인간 정신의 보편적 노동이 이룩하는 모든 새로운 발전과 결합노동을 통한 이런 발전의 사회적 활용을 통해서 막대한 이윤을 뽑아내는 것은 대개 쓸모없고 뻔뻔스럽기 짝이 없는 화폐자본가들이다.

제6장

가격변동의 영향

제1절 원료의 가격변동과 그것이 이윤율에 미치는 직접적인 영향

M115 　여기에서도 앞서와 같이 잉여가치율의 변동은 없는 것으로 가정한다. 이 가정은 연구대상을 순수한 형태로 살펴보기 위해 필요한 것이다. 그런데 잉여가치율이 불변인 상태에서도, 이제 여기에서 살펴보려고 하는 원료의 가격변동으로 인하여 경기가 변동함으로써 자본에 의해 고용되는 노동자의 수가 증가하거나 감소할 수 있다. 그럴 경우 잉여가치량은 잉여가치율이 불변이더라도 변할 수 있을 것이다. 그러나 이것은 부차적인 경우이므로 여기에서는 논의에서 제외하고자 한다. 만일 주어진 자본에 의해 고용된 노동자 수〔혹은 임금수준〕에 기계류의 개량과 원료의 가격변동이 동시에 영향을 미친다면 그것은 다음의 두 결과를 단순히 합하기만 하면 될 것이다. ① 불변자본의 변동이 이윤율에 미치는 영향. ② 임금의 변동이 이윤율에 미치는 영향. 그러면 그 결과가 저절로 나올 것이다.

　앞서의 경우와 마찬가지로 여기에서도 일반적으로 다음과 같은 사항이

지적되어야만 한다. 즉 불변자본의 절약이나 원료가격의 변동으로 인하여 어떤 변동이 발생하면 이 변동은 비록 임금[따라서 잉여가치량과 잉여가치율]에는 아무런 영향을 미치지 않는다 하더라도 이윤율에는 반드시 영향을 미친다. 이 변동은 $m' \frac{v}{C}$ 에서 C의 크기를 변동시키고, 따라서 이 분수 전체의 값을 변동시킨다. 따라서 여기에서는—잉여가치의 고찰에서 나타나는 것과는 달리—이 변동이 어떤 생산영역에서 일어나는지도 전혀 중요하지 않다. 즉 이 변동과 관련된 산업부문이 노동자의 생활수단을 생산하는 부문이든 아니면 그런 생활수단의 생산에 사용되는 불변자본을 생산하는 부문이든 전혀 중요하지 않다. 그런 변동이 사치재 생산부 ᴹ¹¹⁶ 문에서 일어날 경우에도 사정은 마찬가지인데 여기서 사치재 생산이란 노동력의 재생산에 아무 소용이 되지 않는 모든 생산을 가리킨다.

여기에서 원료라고 하는 것에는 인디고, 석탄, 가스 등의 보조자재도 포함된다. 또한 이 장에서 고찰하는 대상이 기계류일 경우에는, 기계류 자체의 원료로는 철, 목재, 가죽 등이 해당될 것이다. 따라서 기계제작에 투입되는 이들 원료의 가격변동은 기계 자체의 가격에 영향을 미칠 것이다. 기계의 가격이 그것을 구성하는 원료의 가격변동이나 기계의 운전에 소요되는 보조자재의 가격변동에 의해 상승하면, 그에 따라 이윤율이 하락하게 되고 그 역의 경우도 또한 성립한다.

이하의 논의에서는 상품의 생산과정에서 투입된 원료의 가격변동만 고찰하고 작업수단으로 사용되는 기계류의 원료나 그것의 운전에 소요되는 보조자재의 가격변동은 제외하고자 한다. 단지 여기에서 지적해두어야 할 점은 철, 석탄, 목재 등과 같이 기계류의 제작과 운전에 소요되는 주요 요소들의 매장량은 여기에서 자본의 자연적인 비옥도로 나타나고 임금수준과 상관없이 이윤율 결정의 한 요소가 된다는 사실이다.

이윤율은 $\frac{m}{C}$ [혹은 $\frac{m}{c+v}$]이므로 c의 크기[따라서 C의 크기]를 변동시키는 모든 것은, m과 v, 그리고 이 둘 사이의 비율이 불변일 경우에도, 이 윤율의 변동을 일으킨다. 그런데 원료는 불변자본의 한 주요 부분이다. 생산과정에서 원료가 전혀 투입되지 않는 산업부문에서도 원료는 보조자재 혹은 기계의 부속품으로 투입되고, 따라서 이것들의 가격변동은 그만큼 이윤율에 영향을 미치게 된다. 만일 원료의 가격이 d만큼 하락한다면, $\frac{m}{C}$ 〔혹은 $\frac{m}{c+v}$〕은 $\frac{m}{C-d}$〔혹은 $\frac{m}{(c-d)+v}$〕으로 변하게 된다. 따라서 이윤율은 상승한다. 반대로 원료의 가격이 상승하면 $\frac{m}{C}$〔혹은 $\frac{m}{c+v}$〕은 이제 $\frac{m}{C+d}$〔혹은 $\frac{m}{(c+d)+v}$〕으로 변한다. 따라서 이윤율은 하락한다. 그러므로 다른 조건이 불변이라면 이윤율은 원료의 가격변동과 반대 방향으로 변동한다. 이것으로부터 원료가격의 변동이 생산물 판매영역의 변동〔즉 생산물의 수요공급의 변동〕에 아무런 영향을 미치지 않는데도 불구하고, 공업국가들에 낮은 원료가격이 중요한 이유를 알 수 있다. 거기에다 대외무역도 이윤율에 영향을 미치게 되는데 이는 대외무역이 생활필수품의 가격을 떨어뜨림으로써 임금에 미치는 영향을 무시하더라도 그러하다. 즉 대외무역은 농업이나 공업에 투입되는 원료와 보조자재의 가격에 영향을 미치기 때문이다. 이윤율의 본질과 그것이 잉여가치율과 구별되는 특수한 성격에 대해 지금까지 완전히 잘못되어 있던 인식은 한편으로는 현실의 경험적 현상에 사로잡혀 원료가격이 이윤율에 미치는 현저한 영향을 이론적으로 완전히 잘못 설명한 경제학자들(토런스)[115]의 책임이며 또 다른 한편으로는 리카도[116]와 같이 일반원리에 사로잡혀, 예를 들어 세계무역이 이윤율에 미치는 영향을 오해한 경제학자들의 책임이다.

그래서 우리는 원료에 대한 관세를 철폐하거나 낮추는 것이 공업을 위해 매우 중요하다는 것을 알 수 있다. 따라서 원료를 가능한 한 자유롭게 들여오는 것이 합리적인 보호관세제도의 주요 논리가 되었다. 이것은 곡물관세[117]의 철폐와 더불어 영국 자유무역주의자들의 주요 목표였는데 이들은 특히 면화에 관한 관세도 철폐하고자 노력하였다.

순수한 의미의 원료가 아닌 보조자재와 주요 식료품의 가격하락이 얼마나 중요한지는 면직공업에서 사용되는 밀가루를 하나의 사례로 들 수 있다. 1837년 그레그[13)]의 계산에 의하면 당시 영국의 면직부문에서 사용되던 100,000대의 역직기와 250,000대의 수직기에서는 면사의 마찰을 줄이기 위해 연간 4,100만 파운드의 밀가루가 사용되고 있었다. 거기에다 또 표백과 기타 공정에서도 이 양의 $\frac{1}{3}$ 가량이 더 사용되고 있었다. 그레그는 그렇게 소비된 밀가루의 총가치가 최근 10년간에 걸쳐 매년 342,000파운드스털링에 달하는 것으로 추정하였다. 대륙의 밀가루 가격과 비교해 볼 때 곡물관세로 인한 밀가루 가격의 인상분 때문에 공장주들이 추가로 부담해야 하는 액수는 연간 170,000파운드스털링에 달하였다. 1837년의 경우 그레그는 이 액수를 최소한 200,000파운드스털링으로 추정하였고 그 밀가루의 가격상승분으로 인한 1개 회사당 부담액은 연간 1,000파운드스털링에 달하는 것으로 추정하였다.

대공장주나 사려 깊고 계산에 밝은 경영자들은 만일 곡물관세가 철폐된다면 1일 작업시간은 10시간만으로도 충분할 것이라고 이야기하였다.(『공장감독관 보고서: 1848년 10월』, 98쪽)

곡물관세는 폐지되었다. 게다가 면화와 다른 원료들에 관한 관세도 철 ^{M118}폐되었다. 그러나 이것이 이루어지기가 무섭게 10시간 노동법에 대한 공장주들의 반대는 과거보다 더욱 격렬해졌다. 그리고 그런 반대에도 불구하고 공장 노동시간이 10시간으로 법제화되자 바로 그 뒤를 이은 것은 임금의 전반적인 인하를 위한 시도였다.[*]
고정자본요소들의 가치가 단지 그 마모 부분만큼만[즉 천천히 조금씩만] 생산물가치에 들어가는 반면, 원료와 보조자재의 가치는 모두 한꺼번에 생산물가치에 들어간다. 그 결과 생산물가격은 고정자본의 가격보다 원료의 가격에 —— 이윤율은 사용된 자본 가운데 얼마가 소모되었는지와

---

13) 그레그, 『공장문제와 10시간 노동법안』, 런던, 1837, 115쪽.
[*] MEW Bd. 23, 300~302쪽 참조.

상관없이 자본총액에 의해 결정되지만—훨씬 더 많은 영향을 받는다. 그러나 분명한 사실은—이것은 단지 부수적으로만 언급되는데 왜냐하면 우리는 여기에서 아직 상품이 그 가치대로 팔린다고 가정함으로써 경쟁으로 인해 발생하는 가격변동은 무시하기 때문이다—시장의 확대와 축소가 개별 상품가격에 의존하고 이 가격의 변동과 반대 방향으로 변동한다는 것이다. 따라서 현실적으로는 원료가격이 상승할 때 제품가격이 그것과 같은 비율로 상승하지 않을 수도 있고 원료가격이 하락할 때에도 똑같은 비율로 하락하지 않기도 한다. 그러므로 상품이 가치대로 판매되는 경우보다 이윤율이 더 많이 하락하기도 하고 더 높게 상승하기도 한다.

또한 사용되는 기계의 양과 가치는 노동생산력의 발전에 따라 함께 증가하긴 하지만 같은 비율로[즉 이 기계의 생산물이 증가하는 비율과 같이] 증가하지는 않는다. 그래서 일반적으로 원료가 들어가는[즉 노동대상물 자체가 이미 과거 노동의 산물인] 산업부문에서는 노동생산력의 증가가, 일정량의 노동으로 처리할 수 있는 원료량[즉 예를 들어 1시간 동안에 생산물로 전화되어 상품으로 가공되는 원료량]의 증가비율에 의해서 표현된다. 따라서 노동생산력의 발전 정도에 비례하여 상품생산물의 가치 중에서 원료의 가치가 차지하는 부분이 계속 증가하게 되는데 이는 단지 이 증가된 원료의 가치가 모두 생산물가치에 포함된다는 이유 때문이 아니라 총생산물가치 가운데에서 기계의 마모분과 새로 투입된 노동이 형성하는 가치 부분의 구성비율이 둘 다 계속 감소하는 데 그 원인이 있다. M119 만일 이 원료 가치의 증가가 원료 자체의 생산에 사용되는 노동생산성의 증가로 인해 원료의 가치감소로 상쇄되어버리지 않는 한, 이들 구성비율의 감소는 원료가 차지하는 가치 부분을 그만큼 증가시킬 것이다.

그리고 원료와 보조자재는 임금과 마찬가지로 유동자본의 구성 부분이고 따라서 생산물이 매번 판매될 때마다 계속해서 모두 보전되어야 하는 반면, 기계는 단지 그 마모분만[그것도 준비금의 형태로만] 보전하면 되기 때문에—사실 이 경우 연간 총판매액에서 연간 마모분을 위한 준비금이 제공되기만 한다면 매번 판매 때마다 반드시 그 마모분이 준비금으로 적립될 필요는 없다 — 원료가격의 상승은 판매된 상품 가격총액이 상품의 모든 투입요소들을 보전하기에 충분하지 못해서〔혹은 이 가격총액으로는 그 기술적 조건에 알맞은 규모의 생산과정이 계속 이루어질 수 없어서〕 결국 기계 가운데 일부가 기계 전체의 가동시간을 정상시간보다 줄이게 되어 재생산과정 전체가 축소되거나 중단될 수 있다는 사실을 여기에서 다시 알 수 있게 된다.

마지막으로 부산물로 인해 발생하는 비용은 원료가격의 변동에 따라 그대로 변동한다. 즉 원료가격이 상승하면 그 비용도 상승하고 원료가격이 하락하면 그 비용도 하락한다. 그러나 여기에도 한계가 있다. 1850년의 보고서는 다음과 같이 이야기한다.

원료가격의 상승 때문에 발생하는 심각한 손실의 원인 가운데 실제 방적업자가 아닌 사람은 거의 알지 못하는 것이 하나 있는데 그것은 바로 부산물로 인한 손실이다. 내가 들은 바로는 면화가격이 상승할 때 방적업자가 이 부산물로 인해 부담하는 비용은〔특히 그 원료의 품질이 낮을 경우에는〕면화가격의 상승률보다 더 높은 비율이라고 한다. 방적과정에서 원사(原絲) 형태로 발생하는 부산물은 넉넉히 15%에 달한다. 그러므로 이 비율을 그대로 적용하면 면화가격이 파운드당 $3\frac{1}{2}$ 펜스일 때 면화 1파운드당 $\frac{1}{2}$ 펜스의 손실을 발생시키기 때문에 면화가격이 파운드당 7펜스로 상승하면 파운드당 손실도 1펜스로 증가하게 된다.(『공장감독관 보고서: 1850년 4월』, 17쪽)

그러나 미국의 남북전쟁으로 인하여 면화가격이 거의 100년 만에 최고 수준으로 치솟게 되자 이 보고서는 완전히 다른 소리를 하고 있다.

이제는 면화 부산물에 대해서도 늘어난 수요로 인해 가격이 형성된다는 점과 이 부산물을 공장에서 원료로 재활용하게 된 점으로 인하여 부산물로 인한 손실에서 인도 면화와 미국 면화 사이의 격차는 어느 정도까지는 줄어들게 되었다. 이 격차는 현재 거의 $12\frac{1}{2}$%에 달한다. 인도 면화의 가공과 정에서 발생하는 손실율은 25%로, 실제 방적업자는 자신이 사용하는 면화에 대해 그가 지불한 가격보다 $\frac{1}{4}$의 비용을 더 추가로 물고 있는 셈이다. 이러한 부산물로 인한 손실은 미국의 면화가격이 파운드당 5~6펜스일 때

는 아직 그다지 중요하지 않았다. 왜냐하면 이런 가격 수준에서는 그 손실의 격차가 파운드당 $\frac{3}{4}$ 펜스를 넘지 않았기 때문이다. 그러나 이제 파운드당 면화가격이 2실링에 달하고 그로 인해 부산물로 인한 손실도 6펜스에 달하게 되자 이 격차는 이제 매우 심각한 것이 되고 있다.[14)](『공장감독관 보고서: 1863년 10월』, 106쪽)

제2절 자본의 가치상승과 하락, 그리고 방면과 속박

우리가 이 장에서 다루는 현상들은, 그 논의를 충분히 진행하기 위해서는 세계시장 규모의 신용제도와 경쟁을 전제로 해야 하는데 이러한 세계시장은 일반적으로 자본주의적 생산양식의 기초를 이루며 또 그것이 살아서 숨 쉴 수 있는 여건이 되기도 한다. 그러나 이런 자본주의적 생산의 좀더 구체적인 형태들은 자본의 일반적 성격이 파악되고 난 다음에라야 비로소 총괄적으로 설명될 수 있다. 뿐만 아니라 그러한 설명은 이 저작의 계획 범위를 벗어나는 것으로 이 저작의 후속작업 범위에 속하는 것이다.

---

14) {보고서는 마지막 부분에서 한 가지 실수를 범한다. 즉 부산물 발생으로 인한 손실은 6펜스가 아니라 3펜스이어야 한다. 6펜스의 손실은 인도 면화의 손실률인 25%를 적용했을 때의 수치이고 미국 면화의 손실률인 $12\frac{1}{2}$~15%를 적용할 경우에는 3펜스 정도가 되기 때문이다. 이 손실률은 면화가격이 파운드당 5~6펜스라고 했던 바로 앞 문장에도 똑같이 적용되어야 할 것이다. 물론 미국 면화의 경우에도 남북전쟁 동안에 유럽으로 수출된 면화들에서는 종종 부산물로 인한 손실률이 이전보다 현저하게 증가한 것도 사실이다.}

그럼에도 위의 제목에서 열거된 제반 현상들은 여기에서 일반적인 수준으로는 다루어질 수 있다. 이들 현상은 우선 서로 연루되어 있을 뿐만 아니라 또한 이윤율과 이윤량과도 관련이 있다. 이들 현상은 이미 앞에서 간단히 언급되기도 했는데 왜냐하면 이것들이 이윤율은 물론 이윤량—사실은 잉여가치량과 같다—까지도 잉여가치(양이든 율이든 상관없이)의 변동과는 상관없이 증가 혹은 감소할 수 있는 것처럼 보이게 만드는 것들이기 때문이다.

한편에서는 자본의 방면과 속박이라는 현상과 또 다른 한편에서는 자본의 가치상승과 가치하락이라는 현상이 서로 각기 다른 현상으로 간주될 수 있을까?

먼저 제기되는 의문은 자본의 방면과 속박이 도대체 무엇인가 하는 것이다. 가치상승과 가치하락은 말 그대로의 의미이다. 그것은 주어진 자본이 어떤 일반적인 경제적 요인으로 인해—임의의 어떤 개별 자본이 겪는 특수한 사정은 여기서 중요하지 않기 때문이다—그 가치가 증가하거나 감소하는 것을 의미한다. 즉 생산에 투입된 자본의 가치가, 그것이 사용한 M121 잉여노동을 이용하여 진행되는 자기증식운동과는 무관하게, 상승하거나 하락하는 것을 의미한다.

자본의 속박(束縛, Bindung von Kapital)이라는 것은 생산규모가 과거의 수준으로 계속되기 위해서는 생산물의 총가치 가운데 일정 비율이 새로 불변자본이나 가변자본 요소로 재전화해야 하는 것을 의미한다. 그리고 자본의 방면(放免, Freisetzung von Kapital)이란 것은 생산규모가 과거의 수준을 넘지 않는 범위 내에서 지속될 경우에는 생산물의 총가치 가운데 지금까지 불변자본이나 가변자본 요소로 재전화해야 했던 부분의 일부가 처분 가능한 과잉상태로 된다는 것을 의미한다. 이러한 자본의 방면과 속박은 수익의 방면과 속박과는 다른 것이다. 즉 예를 들어 자본 C에 대한 연간 잉여가치가 x라고 한다면 자본가가 소비하는 상품의 가격이 하락했을 경우 자본가가 과거와 같은 양을 소비하기 위해서는 x—a의 잉여가치만으로도 충분할 것이다. 따라서 수익 가운데 a만큼이 방면되어 이제 이 a 부분은 소비를 늘리거나 자본으로 재전화(축적을 위해)하는 용도로 사용될 수 있게 된다. 거꾸로 동일한 생활수준을 유지하는 데 x+a가 소요된다면 이제 생활수준을 낮추든가 아니면 과거에는 축적용도로 사용되었던 수익 가운데 a만큼을 수입으로 지출해야 할 것이다.

가치상승과 가치하락은 불변자본이나 가변자본에서 각각 혹은 동시에 일어날 수 있으며 불변자본의 경우 다시 고정자본이나 유동자본 부분 가운데 어느 하나 혹은 두 부분과 동시에 관련이 있을 수 있다.

불변자본으로 간주할 수 있는 요소로는 반제품도 포함한 원료와 보조자재(여기에서는 이를 통틀어 원료라고 부르기로 한다)와 기계 및 기타 고정자본들이다.

앞에서는 주로 원료의 가격이나 가치변동이 이윤율에 미치는 영향에 관해서 살펴보았고 또 다른 조건이 일정할 때 이윤율은 원료의 가치변동에 반비례한다는 일반법칙도 정립하였다. 그리고 이 법칙은 사업에 새로 투입되는 자본에서는[즉 자본선대, 다시 말해 화폐의 생산자본으로의 전화가 처음 발생하는 경우에는] 무조건 옳은 것이었다.

그러나 이같이 새롭게 선대되는 자본 외에도 이미 유통영역이나 생산영역에서 기능을 수행하고 있던 상당 부분의 자본이 있다. 그중 일부는 상품으로 시장에 나가 있으며 아직 화폐로 전화하지 않고 있다. 또 다른 일부는 화폐로(그 형태가 무엇이든) 존재하면서 생산조건으로 재전화하려 M122 하고 있다. 그리고 또 다른 마지막 일부는 생산영역 내부에 있는데 이들은 생산수단의 본원적 형태인 원료나 보조자재, 혹은 시장에서 사들인 반제품이나 기계류 및 기타 고정자본, 혹은 아직 제조과정에 있는 생산물의 형태 등으로 존재한다. 여기에서 가치상승이나 가치하락의 작용은 이들 구성요소가 각기 차지하는 비율, 즉 가중치에 절대적으로 의존한다. 우리는 논의를 단순화하기 위해 일단 불변자본 중에서 고정자본은 모두 무시하고 단지 원료와 보조자재, 반제품, 제조 중인 부분과 제조가 완료되어 시장에 상품으로 나가 있는 부분들에 대해서만 살펴보기로 한다.

원료〔예를 들어 면화〕의 가격이 상승하면 값싼 면화를 원료로 하여 제조되던 면제품 — 면사와 같은 반제품이나 면직물과 같은 완제품 등 — 의 가격도 상승할 것이다. 또한 아직 가공되지는 않았지만 가공을 목적으로 창고에 쌓여 있는 면화의 가치도 상승할 것이다. 이같이 그 가치가 상승한 면화는 과거에 비해 더 많은 노동시간을 나타내기 때문에 이것을 원료로 사용하는 생산물에 대해서 원래 그것이 가지고 있던 가치〔즉 자본가가 그것에 대해 지불했던 가치〕보다 더 높은 가치를 갖게 해준다.

그리하여 원료의 가격이 상승하고 시장에 나와 있던 기존 제품(완제품이든 반제품이든 상관없이)의 양이 상당히 많을 경우 이 제품의 가치는 상승할 것이고 따라서 기존 자본의 가치도 상승하게 될 것이다. 이것은 생산자가 저장해둔 원료의 경우에도 똑같이 적용된다. 이러한 가치상승은 개별 자본가들〔혹은 어떤 특수한 생산영역의 자본 전체〕에게 원료가격의 상승으로 말미암은 이윤율의 하락을 보전〔혹은 하락분보다 더 많이 보전〕해줄 것이다. 경쟁의 영향은 여기에서 자세히 다루지 않겠지만 논의의 완결을 위해서 최소한 다음의 사항은 언급할 수 있을 것이다. 즉 ① 창고에 비축되어 있는 원료의 양이 상당히 많을 경우 이들 물량은 산지에서 일어나는 가격상승을 억제하게 될 것이다. ② 시장에 나와 있는 반제품이나 완제품이 시장에서 매우 큰 비중을 차지할 경우 이들 물량은 완제품이나 반제품의 가격이 그 원료의 가격상승에 비례하여 상승하는 것을 억제하게 될 것이다.

반대로 원료의 가격이 하락할 경우 다른 조건이 불변이라면 이윤율은 상승하게 될 것이다. 그리고 시장에 나와 있는 제품과 아직 제조과정에 있는 제품, 그리고 저장되어 있는 원료 등은 가치가 하락할 것이고 이로 인해 이윤율의 상승은 다시 억제될 것이다.

원료가 대량으로 새로 공급되는 시기인 사업년도의 말경, 즉 예를 들어 ^{M123} 농산물의 경우 수확 직후의 시기에, 생산영역이나 시장에 나와 있는 재고 물량이 적으면 적을수록, 원료의 가격변동 영향은 더욱더 뚜렷하게 나타난다.

우리의 전체 논의에서는 가격의 상승이나 하락이 현실의 가치변동을 그대로 반영하는 것으로 전제한다. 그러나 우리가 여기에서 다루는 문제는 이런 가격변동이 이윤율에 미치는 영향이기 때문에 이런 가격변동의 원인이 무엇인지는 사실 별로 중요하지 않다. 즉 여기에서의 논의는 가격의 상승이나 하락이 가치변동 때문이 아니라 신용제도나 경쟁 등의 영향 때문일 경우에도 그대로 적용된다.

이윤율은 생산물가치의 초과분을 총선대자본의 가치로 나눈 비율과 같으므로 선대자본의 가치하락으로 인한 이윤율의 상승은 자본가치의 손실을 수반하며 마찬가지로 선대자본의 가치상승으로 인한 이윤율의 하락도 자본가치의 이익을 수반한다.

불변자본의 다른 부분[즉 기계나 고정자본]에서의 가치증가[특히 건물이나 토지 등과 관련된 가치증가] 문제는 지대이론의 논의 없이는 이야기할 수 없고 따라서 여기에서는 제외된다. 그러나 가치하락 문제와 관련하여 전반적으로 중요한, 빼놓을 수 없는 요인들이 있는데 그것은 바로 다음과 같은 것들이다.

① 기존의 기계나 공장설비 등의 사용가치와 가치를 상대적으로 저하시키면서 끊임없이 진행되는 기술적 개선. 이런 개선은 특히 새로 도입된 기계나 설비가 어느 정도 충분히 활용되기 이전의 초기 단계에 강력한 영향을 미쳐서 이들 기계나 설비가 자신의 가치를 재생산해낼 만큼의 기간도 되기 전에 이들을 계속 구식으로 전락시켜버린다. 그리하여 이것은 대개 새 기계가 도입되는 초기에 주야 교대작업을 통해서 이 새 기계를 사용하는 작업시간이 엄청나게 늘어나게 되는—기계가 아직 별로 마모되지도 않는 비교적 짧은 기간에 그 가치를 모두 재생산하기 위해서—이유의 하나가 된다. 그러나 이 짧은 가동기간(새로운 개선으로 인한 기계의 짧은 수명기간) 동안에 그런 가치의 재생산을 해내지 못하면 새 기계는 자신의

많은 가치 부분을 생산물에 이전하지 못한 채 폐기 처분되어버림으로써 (도덕적 마모) 수공업과도 경쟁할 수 없을 정도의 처지에 빠지게 된다.[15]

기계와 건물설비 등 전반적인 고정자본이 그 토대를 구축할 정도의 기 M124 간에 폐기되지 않고 충분히 활용될 수 있을 경우에는 이 고정자본의 재생 산방법에 개선이 이루어져 다시 비슷한 가치하락 현상이 나타난다. 그럴 경우 이제 기계류 등의 가치하락은 좀더 생산력이 높은 새로운 기계의 출 현에 의해 급속히 폐기 처분[혹은 일정 정도의 가치하락] 됨으로써 이루어 지는 것이 아니라 그것이 좀더 저렴하게 재생산될 수 있기 때문에 발생한 다. 이것이 바로 대규모 투자사업이 종종 최초의 사업자가 파산하고 나서 이를 헐값에 사들인—따라서 그는 더 적은 자본선대로 사업을 시작한 다—두 번째 사업자의 손에서 번창하게 되는 이유의 하나이다.

농업에서는 특히 생산물가격을 상승 혹은 하락시키는 원인이 그대로 자본가치를 상승 혹은 하락시키는 원인이라는 것이 뚜렷이 나타나는데 이는 농업의 경우 자본 그 자체가 대부분 자신의 생산물[즉 곡물이나 가 축 등]로 이루어져 있기 때문이다(리카도).[†19]

—

이제는 가변자본에 대해서 살펴보아야겠다.

노동력가치의 상승이 노동력의 재생산에 필요한 생활수단의 가치상승 때문에 발생하고 반대로 그 하락도 이 생활수단의 가치하락 때문에 발생 하는 한—그리고 가변자본의 가치상승이나 가치하락이 이 두 경우 이외 에는 발생하지 않는다면—노동일의 길이가 일정할 때 가변자본의 가치 상승은 잉여가치의 감소를 의미하고 그 가치하락은 잉여가치의 증가를

---

15) 예를 들어 배비지[†18]를 보자. 여기에서도 일상적인 비상수단[임금의 삭감]이 사용되는데, 그 결과 이 끊임없는 가치하락은 케리(Carey)의 "조화로운 머리"가 꿈꾸던 것과는 전혀 다른 결과를 낳는다.

의미한다. 그러나 이것은 다른 조건들—자본의 방면과 속박—과도 관련이 있을 수 있는데 이 부분은 아직 논의가 이루어지지 않았으므로 여기에서는 짤막하게만 언급해두고자 한다.

임금이 노동력의 가치하락(이것은 실질임금의 상승과 결부될 수도 있다)으로 인하여 하락하면, 지금까지 임금으로 지출되던 자본 부분이 풀려나게 된다. 즉 가변자본이 방면된다. 새로 선대되는 자본에 대해 이것은 그대로 자본이 더 높은 잉여가치율에 의해 운용되는 효과를 가져온다. 즉 과거에 비해 더 적은 화폐로 같은 양의 노동을 사용하게 되고 따라서 지불된 비용에 대한 불불노동 부분의 비율이 높아지게 된다. 그러나 이미 선대된 기존 자본에는 잉여가치율이 높아지는 효과 외에도 지금까지 임금으 M125 로 지출되었던 자본 가운데 일부가 방면되는 결과를 가져온다. 이 부분은 과거에는 속박되어 있던 것으로, 사업이 종전 규모대로 계속되기 위해서 생산물의 총판매액 중에서 늘 공제되어 임금으로 지출되던[즉 가변자본으로 기능하던] 부분이었다. 이제 이 부분은 자유로이 처분 가능한 것으로 방면되었고 따라서 기존의 사업을 확장하거나 또는 다른 생산영역에 운용하고자 할 경우 새로운 자본지출로 이용할 수 있게 되었다.

예를 들어 500명의 노동자를 일주일간 고용하는 데 원래는 500파운드 스털링이 소요되다가 이제 400파운드스털링만 소요된다고 하자. 생산된 가치량이 두 경우 모두 1,000파운드스털링이라면 원래의 경우에는 일주일간의 잉여가치량이 500파운드스털링이고 잉여가치율은 $\frac{500}{500}$ =100%였을 것이다. 그런데 임금이 하락하고 난 다음에는 잉여가치량이 1,000－400=600파운드스털링이 되고 잉여가치율은 $\frac{600}{400}$ =150%가 될 것이다. 그런데 400파운드스털링의 가변자본과 그에 상응하는 불변자본을 가지고 이 생산영역에서 신규로 사업을 시작하는 사람에게는 이런 잉여가치율의 상승이 인금인하로 인해 발생한 유일한 결과일 것이다. 그렇지만 기존의 사업가에게는 가변자본의 가치하락으로 인한 결과가 잉여가치량이 500파운드스털링에서 600파운드스털링으로 증가하고 잉여가치율이 100%에서

150%로 상승하는 것으로 그치지 않는다. 그에게는 그 밖에도 100파운드 스털링의 가변자본이 방면됨으로써 이 방면된 자본으로 다시 노동을 착취할 수 있는 효과가 있다. 말하자면 동일한 노동량을 더욱 유리한 조건으로 착취할 수 있게 되었을 뿐만 아니라 100파운드스털링의 방면을 통해서 똑같은 가변자본 500파운드스털링을 가지고 과거보다 더 많은 노동자를 더 높은 잉여가치율로 착취할 수 있게 된 것이다.

이제 그 반대의 경우를 보자. 즉 500명의 노동자를 고용한 상태에서 원래의 생산물 배분이 400v+600m=1,000으로 되어 있고, 따라서 잉여가치율=150%인 경우를 상정해보자. 이 경우 노동자는 1인당 $\frac{4}{5}$파운드스털링=16실링을 주급으로 받게 된다. 만일 가변자본의 가치가 상승하여 이제 500명의 노동자에게 매주 500파운드스털링의 임금을 지불하게 되었다면, 노동자 1인당 주급은 1파운드스털링이 되어 400파운드스털링으로는 400명의 노동자밖에 고용할 수 없을 것이다. 그리하여 과거와 같은 수의 노동자를 고용할 경우 생산물의 배분은 500v+500m=1,000이 될 것이다. 잉여가치율은 150%에서 100%로 $\frac{1}{3}$만큼 하락할 것이다. 새로 선대되는 자본에는 이런 잉여가치율의 하락이 임금상승으로 인해 발생한 유일한 결과일 것이다. 다른 조건이 일정하다면 이 자본은 이런 잉여가치율의 하락에 비례하여〔똑같은 비율은 아니더라도〕이윤율도 함께 하락할 것이다. M126 예를 들어 c=2,000이라면 원래의 경우에는 2,000c+400v+600m=3,000, m′=150%, p′=$\frac{600}{2,400}$=25%일 것이고 나중의 경우에는 2,000c+500v+500m=3,000, m′=100%, p′=$\frac{500}{2,500}$=20%가 될 것이다. 그러나 이미 사업을 하고 있던 기존의 자본에는 임금인상의 영향이 이중으로 작용할 것이다. 먼저 400파운드스털링의 가변자본으로 이제는 단지 400명의 노동자만 고용할 수 있고 또 잉여가치율도 100%로 하락할 것이다. 따라서 총 잉여가치는 이제 400파운드스털링이 된다. 게다가 2,000파운드스털링의 가치를 가진 불변자본을 다루기 위해서는 500명의 노동자가 필요하기 때문에 400명의 노동자로는 1,600파운드스털링의 불변자본밖에 다루지 못한다. 따라서 생산이 과거의 규모대로 계속되고 기계의 $\frac{1}{5}$ 을 놀리지 않으려면 100파운드스털링의 가변자본이 더 투입되어 예전과 같이 500명의 노동자를 고용해야 할 것이다. 그러기 위해서는 여태까지 자유롭게 처분될 수 있던 자본을 속박해야만 가능할 것이다. 즉 생산의 확대에 사용하기 위해 축적해두었던 가치 가운데 일부를 단순히 소모된 자본의 보전을 위한 용도로 돌리거나 수입으로 지출할 예정이던 부분을 원래 자본에 추가해야만 할 것이다. 그렇게 되면 가변자본에 대한 지출은 100파운드스털링 더 늘어나면서 잉여가치는 오히려 100파운드스털링 더 적게 생산될 것이다. 같은 수의 노동자를 사용하기 위해서 더 많은 자본이 필요하게 되면서 동시에 노동자 1인당 잉여가치의 생산은 줄어들게 될 것이다.

가변자본의 방면에서 얻어지는 이익과 그것의 속박에서 발생하는 불이익은 모두 이미 선대된 자본〔즉 주어진 조건에서 재생산과정을 수행하고 있는 자본〕에만 나타난다. 새로 선대되는 자본에는 잉여가치율의 상승과 하락 그리고 그에 비례하는〔비록 똑같은 비율은 아니더라도〕 이윤율의 변동으로 인한 이익과 불이익만 나타난다.

———

방금 논의된 가변자본의 방면과 속박은 가변자본요소〔즉 노동력의 재생산비용〕의 가치하락과 가치상승의 결과이다. 그러나 가변자본의 방면은 임금률이 불변인 상태에서 생산력 진보의 결과 동일한 양의 불변자본을 다루는 데 소요되는 노동자 수가 감소할 경우에도 있을 수 있다. 또한 M127 반대로 추가 가변자본의 속박도 노동생산력의 감소로 인해 동일한 양의 불변자본에 대해서 더 많은 노동자 수가 소요될 경우에 나타날 수 있다. 한편 또 과거에는 가변자본으로 사용되던 부분이 불변자본 형태로 바뀌어 사용될 경우〔즉 같은 자본 내에서 구성비만 달라질 경우〕 이것은 잉여가치율과 이윤율에 영향을 미치는데 그러나 이런 경우는 여기에서 이야기하는 자본의 방면과 속박이라는 논의 범위에서는 제외된다.

우리가 이미 앞서 보았듯이 불변자본은 그 구성요소들의 가치상승이나 가치하락에 의해서 속박되거나 방면될 수 있다. 그 외에 불변자본의 속박이 일어날 수 있는 경우는 단지(가변자본이 불변자본으로 전용되는 경우를 제외하고) 노동생산력이 증가할 경우〔즉 동일한 노동량으로 더 많은 생산물을 만들어내고, 따라서 더 많은 불변자본을 다루게 될 경우〕뿐이다. 어떤 경우에는〔예를 들어 농업〕생산력이 감소하여 동일한 노동량으로 동일한 생산물을 생산하기 위해 더 많은 생산수단〔예를 들어 더 많은 종자나 비료, 배수시설 등〕이 필요할 때에도 이와 마찬가지 현상이 나타날 수 있다. 불변자본은 가치하락 없이도 방면될 수 있는데 이는 자연력의 이용 등과 같은 기술 개선을 통해서 과거에는 좀더 높은 가치의 불변자본이 수행하던 기술적인 효율을 이제는 좀더 낮은 가치의 불변자본이 똑같이 수행할 수 있게 된 경우이다.

제2권에서 우리는 상품이 화폐로 전화하고 나면〔즉 팔리고 나면〕이 화폐 가운데 일정 부분은 주어진 각 생산영역의 기술적 특성에 따라 요구되는 비율에 맞추어서 다시 불변자본의 소재적인 구성요소로 재전화해야 한다는 것을 이미 살펴보았다. 그런 점에서 본다면 모든 생산부문에서 — 임금, 즉 가변자본을 제외하고 — 가장 중요한 요소는 보조자재를 포함한 원료가 되는데 이것은 특히 엄밀한 의미에서 원료가 전혀 투입되지 않는 광산업이나 채취산업 등의 생산부문들에서 중요하다. 가격 가운데 기계의 마모를 보전해야 하는 부분은 기계가 대체로 아직 사용 가능할 동안에는 단지 관념적으로만 계산된다. 이 부분은 그것이 오늘 혹은 내일 또는 자본의 회전기간 중 어느 시점에서 지불되어 화폐로 대체되든 별로 중요하지 않다. 그러나 원료의 경우는 사정이 다르다. 만일 원료의 가격이 상승하면 상품의 가치에서 임금을 공제한 나머지로 원료를 모두 보전하는 것이 불가능해질 수도 있다. 따라서 원료의 심한 가격변동은 재생산과정의 중단과 큰 혼란, 그리고 심지어 파국까지도 불러일으킨다. 이것은 특히 그 가치변동이 수확량의 변동 등에 의존하는 — 여기에서 신용제도는 완전히 무시한다 — 농산물 등과 같이 자연의 성질에 의존하는 원료의 경우

M128 더욱 그러하다. 이 경우에는 같은 양의 노동이 계절의 기후변동 등 통제 불가능한 자연조건 때문에 상당히 다른 양의 사용가치를 나타내고 그에 따라서 이 사용가치의 일정량은 완전히 서로 다른 가격을 갖게 된다. 만일 x의 가치가 100파운드의 상품 a를 나타낸다면 a의 1파운드 가격은 $\frac{x}{100}$ 가 될 것이다. 만일 x의 가치가 1,000파운드의 a를 나타낸다면, a의 1파운드 가격은 $\frac{x}{1,000}$ 가 될 것이다. 따라서 이것은 원료의 가격을 변동시키는 한 요소가 된다. 논의의 완벽성을 기하기 위해 — 아직 여기에서는 경쟁과 신용제도를 논의에서 제외하기 때문에 — 여기에서 또 하나 언급해야 할 것이 있다. 그것은 사물의 자연적 성질에 기초한 것으로서, 식물이나 동물은 그것의 생장과 생산이 일정한 유기적인 자연적 시간법칙을 따르고 있어서, 예를 들어 기계나 다른 고정자본, 석탄, 광석 등과 같이 — 이들의 생산량은 다른 자연조건이 일정한 경우 산업이 발전한 나라에서는 단기간에 증가시킬 수 있다 — 갑작스럽게 그 양을 증가시킬 수 없다. 따라서 기계 등의 고정자본으로 구성되는 불변자본 부분의 증가와 그 생산은, 유기적인 천연원료들로 구성되는 불변자본 부분을 월등히 앞지르게 되므로, 이들 원료에 대한 수요가 그 공급보다 더 급속히 증가하여 원료가격의 상승이 나타날 수 있으며, 특히 자본주의적 생산이 발달한 경우에는 이런 현상이 불가피하게 된다. 이런 가격상승은 다음과 같은 현상을 유발한다. ① 이들 원료가 매우 먼 지역에서도 공급되는데 이는 가격상승으로 더욱 큰 수송비용도 보전할 수 있게 되었기 때문이다. ② 원료의 생산이 증대될 것인데 이는 그 자연적 성질에 따라서 아마도 실제의 생산량 증가는 1년이 지나고 나야 가능할 것이다. ③ 과거에는 이용되지 않던 여러 대용품들이 이용될 것이고 부산물의 활용도 더욱 경제적으로 이루어질 것이다. 원료의 가격상승이 생산의 확대와 그 공급에 현저한 영향을 미치기 시작하면 대개 그것은 이미 어떤 분기점에 이르렀다는 것을 의미하는데, 이는 오래

지속되어온 원료의 가격상승과 이 원료를 사용하는 모든 상품의 가격상 승의 결과 수요가 감소하고 따라서 원료가격에도 하락현상이 나타나는 것을 가리킨다. 원료가격의 하락이 불러일으키는 현상 가운데 자본의 가 치하락을 통해서 불러일으키는 다양한 형태의 혼란 외에도 아직 언급해 두어야 할 것이 또 있다.

먼저 다음 사실은 지금까지의 논의로 미루어 볼 때 분명하다. 즉 자본 M129 주의적 생산이 발달할수록, 따라서 불변자본 가운데 기계 등의 구성 부분 을 계속 급속하게 증가시킬 수 있는 수단이 커질수록[즉 축적속도가 빨라 질수록(특히 호황기와 같이)] 기계와 다른 고정자본의 상대적인 과잉생산 은 그만큼 더 늘어나고 동식물 원료의 상대적인 과잉생산도 그만큼 더 늘 어나며 또 앞서 이야기한 이들 원료의 가격상승과 그에 상응하는 하락현 상도 더욱 뚜렷해진다. 그리하여 재생산과정의 주요 요소들 가운데 하나 인 이들 원료의 심한 가격변동으로 인한 혼란도 더욱 심화된다.

그러나 이제 이러한 가격상승이 한편으로는 수요의 감소를 유발하고, 또 다른 한편으로는 두 가지 현상, 즉 첫째 원료생산의 증대, 둘째 원격지 [거리가 멀어 과거에는 거의 혹은 전혀 이용되지 않던 생산지역]로부터의 공급을 유발함으로써 이들 수요 공급 요인 모두가 수요에 대한 원료의 공 급초과를 야기하여 — 과거의 가격이 높았을 경우 이런 현상은 특히 심해 진다 — 이 높은 가격이 붕괴되기 시작하면 그 결과는 여러 가지 관점에서 살펴볼 수 있다. 원료가격의 급작스러운 하락은 그것의 재생산에 제동을 걸게 되고 이것은 그 원료를 좀더 유리한 조건에서 생산하고 있던 원래의 생산국가들의 독점상태를 — 어느 정도 제약은 따르겠지만 틀림없이 — 회복시킨다. 물론 원료의 재생산은 주어진 유인 때문에 확대될 것인데 이 는 특히 어느 정도 그 원료생산에서 독점력을 가진 나라에서 더욱 그러할 것이다. 그러나 기계류 등의 증가로 인해 확대된 원료의 생산규모 — 몇 번의 변동과정을 거치고 난 다음 이제 새로운 정상 기준[즉 새로운 출발 점]으로 간주된다 — 는 앞의 생산주기 동안 진행된 과정에 의해 매우 확대되어 있다. 그렇지만 그러는 동안에 생산조건이 다소 열악한 일부 생산지역에서는 이제 막 확대되기 시작한 재생산이 다시 심각한 제동을 받게 된다. 예를 들어 수출통계를 보면 다음과 같은 사실을 쉽게 알 수 있다. 즉 최근 30년 동안에(1865년 이전까지의) 인도의 면화 생산은 미국의 생산이 감소했을 때는 잠시 증가하였다가 금방 다시 감소하곤 하였던 것이다. 원료의 가격이 비싼 동안에는 산업자본가들은 서로 협력하여 생산을 규제하기 위한 연합을 결성한다. 예를 들면 면화가격이 상승하고 나서 1848년 맨체스터에서 그랬었고 아마 생산에서 아일랜드의 경우도 그러했다. 그
M130 러나 가격상승이라는 직접적인 동기가 지나가고 나면, 그리하여 원료를 "가장 값싼 시장에서 구입한다"는 경쟁의 일반원리가 지배하게 되면(연합회가 원료를 공급받을 수 있는 직접적이고 일시적인 가격에 구애받지 않고 적절한 원산지의 생산능력을 최대한 확보한다는 목표를 세웠던 것과는 다른 조건이 되면) 공급의 통제는 다시 '가격'의 손에 맡겨지게 된다. 원료생산에 대한 포괄적이고 사전적인 통제(공동보조를 취하는) ― 이런 통제는 자본주의적 생산법칙과 전적으로 배치되는 것이기 때문에 언제나 순진한 희망사항으로만 머물거나 직접적인 큰 위험이나 곤란이 닥쳤을 경우에만 예외적으로 공동보조를 맞추는 데 한정되어 있다 ― 에 관한 모든 생각은 수요와 공급이 서로를 규제한다는 믿음을 만들어준다.[16)]

16) (위의 글을 쓰고 난 이후(1865년) 세계시장의 경쟁은 선진제국(특히 미국과 독일)들에서의 급속한 산업발전으로 현저하게 격화되었다. 급속하게 대규모로 증대해가는 근대의 생산력들은 그들의 운동을 포괄하는 자본주의적 상품교환법칙을 뚫고 나와 나날이 앞질러 성장하고 있다. ― 이런 사실은 오늘날 자본가들 자신의 의식 속에도 점차 깊숙이 뿌리를 내려가고 있다. 이것은 특히 두 가지 징후로 나타난다. 첫째는 새롭게 나타나는 전반적인 보호관세의 열풍인데, 이것은 수출 가능한 품목을 대부분 보호대상으로 한다는 점에서 과거의 보호무역주의와는 구별된다. 둘째는 모든 대규모 생산영역들에서 생산의 통제와 이를 통한 가격과 이윤의 통제를 목적으로 한 공장주들의 카르텔(트러스트) 현상이다. 물론 두말할 필요도 없이 이런 현상은 비교적 경기가 좋을 경우에만 있을 수 있다. 불황이 닥치면 이런 현상은 단번에 사라지며, 생산의 통제는 아무리 그것이 필요할 경우에도, 자본가계급으로서는 수행할 수 있는 과제가 아니라는 사실이 그대로 입증될 것이다. 그럴 경우 카르텔은 단지 작은 물고기가 큰 물고기에게 잡아먹히는 현상이 과거보다 더 급속히 진행되는 것을 막는 대비책 정도의 의미에 그칠 것이다.)

이 점에 대한 자본가들의 미신은 대단한 것이어서 공장감독관들까지도 그들의 보고서에서 이 점에 대해 몇 번이나 놀라움을 나타내고 있다. 풍년 과 흉년이 번갈아 있기 때문에 당연히 원료의 가격하락도 번갈아 나타난 다. 이런 가격하락이 수요의 확대에 미치는 직접적인 영향 외에도, 앞에서 언급했던 이윤율에 관한 영향이 다시 생산확대의 유인으로 추가된다. 그 리하여 위에서 이미 이야기한 바와 같은 과정〔즉 기계류의 생산이 원료생 산을 점차로 능가하는 과정〕이 점차 더 큰 규모로 반복된다. 오랜 기간 지 속적이며 규칙적으로 증가하는 유럽의 수요는 소요되는 양뿐만 아니라 ^{M131} 그 품질 면에서도(예를 들면 미국 면화의 품질이 인도에서 공급되도록) 실질적인 원료의 개선을 필요로 한다(인도의 생산자들이 현지에서 처해 있는 경제적인 조건과는 아무 상관 없이). 그러나 원료의 생산영역들은 느 닷없이, 급작스럽게 확대되었다가 또다시 강제로 축소되곤 한다. 이런 모 든 현상, 그리고 자본주의적 생산 일반의 정신까지도 1861~65년의 면화 품귀현상을 잘 들여다보면 매우 잘 알 수 있다. 이 시기에는 재생산의 본 질적 요소의 하나인 이 원료를 일시적으로 전혀 구할 수 없는 사태도 벌어 졌다. 물론 공급이 충분한데도 여러 가지 어려운 조건들이 많아서 가격이 상승할 수도 있다. 혹은 실제로 원료가 부족해서 그럴 수도 있다. 면화파 동에서는 처음에 이 두 경우 중 후자가 발생하였다.

따라서 최근의 생산동향을 자세히 살펴보면 볼수록 우리는 특히 주요 산업 부문에서 자연조건의 영향을 많이 받는 원료의 상대적인 가격상승 과 그에 뒤이은 가격하락이 끊임없이 반복되고 있는 현상을 더 뚜렷이 찾 아볼 수 있다. 지금까지 이야기한 것의 실례를 다음의 공장감독관 보고서 를 통해서 살펴보기로 하자.

농업에 대한 다른 연구에서도 얻을 수 있는 것이지만 역사의 교훈은 자 본주의 제도가 합리적인 농업과 서로 배치되며〔혹은 합리적인 농업이 자 본주의 제도와 공존할 수 없으며(비록 자본주의 제도가 기술진보를 촉진 하기는 하지만)〕자영소농이나 생산자들의 협동에 의한 통제가 필요하다는 것을 말해준다.

—

이제 방금 이야기한 것의 실례를 영국 공장보고서로 들어보기로 하자.

경기는 더 나아졌다. 그러나 기계의 증가와 더불어 호경기와 불경기 사이의 주기가 더 짧아졌고 그로 인한 원료의 수요증가로 경기의 변동폭도 더 심해졌다. 표면적으로는 1857년 공황 이후 신용상태가 재건된 것은 물론 공황 그 자체도 거의 잊힌 것처럼 보인다. 이런 괜찮은 상태의 지속 여부는 상당 부분 원료의 가격에 달려 있다. 내가 보기에는 몇몇 경우 이들 가격은 이미 최고수준에 도달해 있어서 가격이 더 상승하면 제조업의 이윤을 감소시켜서 결국에는 이윤을 전혀 낼 수 없게 만들 그런 징후를 나타내고 있다. 예를 들어 소모사(梳毛絲) 사업의 경우, 수익이 많이 나던 해인 1849년과 1850년을 보면 영국산 소모(梳毛) 가격은 파운드당 13펜스였고 오스트레일리아산 소모 가격은 14~17펜스였는데, 1841~50년의 10년간 영국 양모의 평균가격은 14펜스에 미치지 못하였고 오스트레일리아 양모는 파운드당 17펜스 이상이었다. 그러나 공황이 있던 1857년 초에 오스트레일리아 양모의 가격은 23펜스로 치솟았다. 이 가격은 공황이 최악이었던 12월에 18펜스로 떨어졌으나 1858년에는 다시 현재의 가격인 21펜스로 상승하였다. 영국 양모도 1857년 초에 20펜스로 상승했다가 4월과 9월에는 21펜스로 더 올랐으며 1858년 1월에는 14펜스로 떨어졌다가 그 이후 다시 17펜스로 상승하여 앞서 말한 10년간 평균치보다 파운드당 3펜스가 더 높아졌다. …… 내가 보기에 이것은 다음 세 가지 중 어느 하나를 가리키는 것이다. 즉 첫째, 이와 비슷한 가격 수준 때문에 발생하였던 1857년의 파산사태들을 벌써 잊었거나, 또는 둘째, 생산되는 양모의 양이 기존의 방적기계를 가동하기에 꼭 알맞은 정도의 양에 머물러 있거나, 아니면 셋째, 모직물의 가격이 앞으로 계속 오르거나이다. …… 그러나 여태까지의 경험으로 봐서 내가 보기에는 믿을 수 없으리만큼 짧은 기간에 방추와 직기(織機)가 그 숫자는 물론 작업속도에서도 몇 배로 늘어났다. 게다가 프랑스에 대한 우리의 양모 수출도 거의 같은 비율로 늘어났고 한편 또 국내외를 막론하고 면양의 평균나이는 계속 낮아지고 있는데, 이는 인구가 급속히 증가하고 목장주는 면양으로부터 가능한 한 빨리 화폐를 뽑아내려고 하기 때문이다. 그래서 나는 이러한 사실을 모른 채 자신의 재능과 자본을 사업—그 성공여부가, 오로지 자연법칙에 의해서만 증대시킬 수 있는 생산물의 공급 여부에 달려 있는 그런 사업—에 투입하는 사람들을 볼 때마다 걱정스러운 기분이 든다. …… 모든 원료의 수요 공급 동향을 이용하면 …… 면화산업의 여러 변동들은 물론, 1857년 가을 영국의 양모시장 상황과 그에 뒤이은 공황 등을 모두 설명할 수 있을 것처럼 보인다.[17](『공장감독관 보고서: 1858년 10월』, 56~61쪽)

요크서 웨스트라이딩 지방의 소모사 산업 전성기는 1849~50년이었다. 이 지역에서 그 산업에 종사하는 사람은 1838년 29,246명, 1843년 37,060명, 1845년 48,097명, 1850년 74,891명이었다. 또한 이 지역 역직기의 숫자는 1838년 2,768대, 1841년 11,458대, 1843년 16,870대, 1845년 19,121대, 1850년 29,539대였다(『공장감독관 보고서: 1850년〔10월〕』, 60쪽). 소모사 산업의 이런 번창은 1850년 10월에 이미 먹구름이 보이기 시작하였다. 1851년 4월의 보고서에서 부(副)감독관 베이커는 리즈와 브래드퍼드 지방에 대해서 다음과 같이 말한다.

경기는 얼마 전부터 매우 나빠졌다. 소모사 방적업자들의 이윤도 1850

---

17) {우리의 설명방식은 베이커처럼 1857년의 양모공황을 원료가격과 생산물가격 간의 불균형으로부터 설명하는 것이 아니라는 것은 두말할 필요도 없다. 이런 불균형은 그 자체가 하나의 징후였을 뿐이며 공황은 그런 징후의 일반적 형태였던 것이다.}

년 수준에서 급속히 하락하고 있으며 대다수 방직업자들도 형편이 별로 다르지 않다. 내가 알기로는 과거에 비해 상당히 많은 모직기계들이 가동을 M133 중단하고 있으며 마직업자들도 노동자를 해고하고 기계를 놀리고 있다. 견직산업의 경기는 현재 사실상 매우 불투명하며 내가 생각하기에 우리는 곧 방추의 생산능력과 원료의 양, 그리고 인구의 증가 사이에는 아무런 상관관계가 없다는 것을 깨닫게 될 것이다.(52쪽)

면직공업의 경우도 마찬가지이다. 방금 인용된 1858년 10월 보고서에서는 다음과 같이 이야기한다.

공장의 작업시간이 고정된 이래로 모든 견직공업에서의 원료소비액, 생산액, 임금총액은 단순한 비례법(알려진 세 개의 수로 제4의 미지수를 계산해내는 법-옮긴이)으로 환산되었다. …… 현재 블랙번의 시장인 베인스(J. Baynes)의 면직공업에 대한 최근의 강연 가운데 일부를 여기서 인용해보고자 하는데 이 강연에서 그는 자기 지역의 산업통계를 최대한 자세하게 끌어대고 있다.

"실제 1마력으로는 전방적기(前紡績機)와 450개의 자동방추〔혹은 200개의 스로슬 방추(throstle-spindle), 혹은 권사기(捲絲機), 전단기(剪斷機), 정사기(整絲機) 등과 함께 40인치 너비의 직기(織機) 15대〕를 움직인다. 방적의 경우에는 1마력당 $2\frac{1}{2}$명의 노동자가 고용되고 방직의 경우에는 10명이 고용된다. 이들 노동자의 평균임금은 1인당 주급 $10\frac{1}{2}$실링이면 충분하다. …… 제조되는 평균번수(番手: 방사의 밀도를 나타내는 단위. 숫자가 클수록 밀도가 높음-옮긴이)는 방사(紡絲)의 경우 30~32수이고 직물의 경우는 34~36수이다. 방추 1개당 1주일 동안 생산되는 방사가 13온스라고 한다면 이 경우 1주일 동안 생산되는 방사는 824,700파운드에 달하고 이를 위해서는 970,000파운드 혹은 2,300밸런(ballen: 짐짝으로 헤아리는 수량의 단위-옮긴이)의 면화 28,300파운드스털링의 비용이 소요될 것이다. …… 우리 지역에서(블랙번을 중심으로 하여 반경 5마일 이내) 1주일 동안 소비되는 면화는 1,530,000파운드 혹은 3,650밸런에 달하고 이를 금액으로 환산하면 44,625파운드스털링에 해당한다. 이것은 영국 전체 면방적업에서 소비되는 양의 $\frac{1}{18}$, 기계 방직업에서 소비되는 양의 $\frac{1}{6}$에 달하는 것이다."

따라서 베인스의 계산에 따르면 영국의 면직 방추 총수는 28,800,000개이고 이 방추들을 전부 가동하기 위해서는 연간 1,432,080,000파운드의 면화가 필요하다. 그러나 면화의 수입은 수출량을 차감하고 나면 1856년과 1857년 동안에 단지 1,022,576,832파운드에 머물렀다. 따라서 당연히 409,503,168파운드의 부족분이 발생한다. 이 점에 관해 나는 베인스와 의견을 나누었는데 그는 블랙번 지방의 소비량을 기초로 계산한 연간 면화 소비량이 과대 계산된 것으로 보인다면서 이는 블랙번 지방에서 방적된 방사의 번수와 기계 성능이 다른 지방보다 우수하기 때문일 것이라고 이야기하였다. 그는 영국의 연간 면화 소비량을 10억 파운드 정도로 추정하였다. 그러나 만일 이런 그의 추정이 맞고 따라서 사실상 2,250만 파운드의 공급과잉이 있는 것이라면, 베인스가 자신의 지역은 물론 다른 지역에서도 설치 중에 있다고 간주한 추가적인 방추와 방직기를 무시할 경우, 수요와 공급은 이제 거의 균형에 달해 있는 것처럼 보인다.(59~61쪽)

제3절 일반적 예시: 면화공황 1861~65년

ㄱ. 전사(前史): 1845~60년

1845년. 면직공업의 황금기. 매우 낮은 면화가격. 호너는 이에 대해 다 ^M134
음과 같이 말한다.

내가 보기에 최근 8년 동안 작년 여름과 가을만큼 경기가 좋았던 때는 없었다. 특히 면직공업이 그러했다. 그 반년 동안 내내 나는 일주일이 멀다 하고 공장에 대한 신규 자본투자의 신고를 받았다. 그것은 새로운 공장의 건설과 거의 쉴 틈 없이 쇄도하는 임차인, 기존 공장의 확장, 그리고 마력수가 높은 새로운 증기기관과 동력기계의 설치 등에 대한 것이었다.(『공장감독관 보고서: 1845년 10월』, 13쪽)

1846년. 하소연이 시작된다.

이미 상당히 오래전부터 나는 면직업자들이 그들의 경영압박 상태에 관해 하소연하는 것을 많이 듣고 있다. …… 지난 6주 동안 많은 업자들이 1일 12시간 대신 8시간으로 조업시간을 단축하기 시작하였다. 이런 현상은 앞으로 더욱 확대될 것으로 보인다. …… 면화가격은 크게 상승하였으며 …… 가공된 면제품의 가격이 전혀 상승하지 않았을 뿐만 아니라 면화가격의 상승 이전보다 오히려 더 떨어졌다. 지난 4년 동안 면직공장 수의 급격한 증가는 한편으로 원료에 대한 수요의 급격한 증가와 또 다른 한편으로 시장에 대한 면제품의 급격한 공급증가를 유발하였다. 이 두 가지 요인은 모두 원료의 공급과 면제품의 수요가 불변인 한 이윤의 감소를 유발하였다. 게다가 이런 현상은, 한편으로는 면화의 공급이 최근 부족해지고 또 다른 한편 국내외 시장에서 면제품에 대한 수요가 감소함으로써 한층 더 가속화되었다.(『공장감독관 보고서: 1846년 10월』, 10쪽)

원료에 대한 수요증가와 제품시장의 공급과잉은 당연히 함께 진행된다. 그런데 당시 산업의 확장과 그에 뒤이은 경기침체는 비단 면직공업에만 국한된 현상이 아니었다. 브래드퍼드의 소모(梳毛)공업 부문의 경우 1836년의 공장 수는 318개에 불과했으나 1846년에는 그 수가 490개에 달했다. 이 숫자는 생산의 실제 증가 정도에는 훨씬 미치지 못하는 것인데 왜냐하면 기존의 공장들도 동시에 상당한 시설확장을 이루었기 때문이다. 이런 현상은 특히 아마 방직공업 부문에도 그대로 적용된다.

이들 모두는 정도 차이는 있으나 최근 10년 동안 시장의 공급과잉 상태 M135
를 만드는 데 기여하였고 그것이 주로 지금의 경기침체 원인임이 틀림없다.
…… 경영압박은 당연히 전적으로 공장과 기계설비의 급속한 확장에서 비
롯된 것이다.(『공장감독관 보고서: 1846년 10월』, 30쪽)

1847년. 10월의 화폐공황. 할인율 8%. 그 전에 이미 철도투기의 붕괴와
동인도회사의 어음부도 사건 발발. 그러나

베이커는 최근 수년간 면화, 양모 및 아마공업 부문의 시설확장으로 이
들 원료의 수요가 증가한 현상에 대하여 매우 흥미로운 이야기를 하고 있
다. 그는 이들 원료에 대한 수요증가가 하필 이들 원료의 공급이 평균수준
보다 훨씬 아래로 떨어진 시기에 일어났기 때문에 굳이 화폐시장의 교란을
감안하지 않더라도 그것만으로 현재 이들 산업부문의 경영압박 상태를 충
분히 설명할 수 있다고 간주한다. 이런 견해는 내가 경영담당자들과 만나
본 결과와 또 내가 직접 관찰해본 결과에 의해서 완전히 입증되고 있다. 이
들 산업부문은 할인율이 아직 가벼운 수준이었던 5% 이하일 때부터 이미
상당한 경영압박을 받고 있었다. 그러나 견직공업의 경우에는 생사(生絲)
의 공급이 충분하고 가격도 안정되어 있어서 …… 최근 2~3주 전까지만
해도 경기가 괜찮았다. 그래서 이 산업부문의 경우에는 화폐공황이 이 부
문의 경기침체를 몰고 온 장본인이었을 뿐만 아니라 이 부문의 주된 고객
이었던 장신구산업 부문에까지 영향을 미쳤다. 공표된 관청 보고서를 보면
최근 3년간 면직공업은 거의 27% 증가하였다. 그 결과 면화가격은 대략적
으로 보아 파운드당 4펜스에서 6펜스로 상승하였다. 그러나 방사의 가격은
공급증가 때문에 이전 가격에 비해 매우 근소한 정도로만 상승하였다. 모
직공업은 1836년부터 확장되기 시작하였다. 그때부터 요크셔 지방에서는

약 40%가 증가하였고 스코틀랜드 지방에서는 그 이상으로 증가하였다. 소모사공업 부문의 증가율은 더욱 크게 나타났다.[18] 이 부문에서는 같은 기간에 74% 이상의 확장이 있었던 것이다. 따라서 양모의 소비는 현저하게 늘어났다. 아마공업의 경우에는 1839년 이후 증가율이 잉글랜드 지방에서 약 25%, 스코틀랜드 지방에서 22%, 아일랜드 지방에서는 거의 90%에 달하였다.[19] 이로 말미암아 — 거기에다 흉작이 겹치면서 — 원료의 가격은 톤당 10파운드스털링 상승한 반면 방사의 가격은 속(束)당 6펜스로 하락하였다.(『공장감독관 보고서: 1847년 10월』, 30, 31쪽)

M136 1849년. 1848년의 하반기 몇 달째부터 경기가 되살아나기 시작하였다.

아마 원료의 가격이 매우 낮아서 앞으로 어떤 상황이 된다 하더라도 상당한 이윤을 보장할 정도가 되었기 때문에 공장주들은 사업을 계속 유지하려 하였다. 모직공업 공장주들은 연초에 잠시 매우 바빴다. …… 그러나 내가 보기에는 양모의 위탁판매가 실제 수요를 대신하고 있고 호황〔공장의 완전가동 상태〕인 것처럼 보이는 이 시기가 정상적인 수요에 의한 것이 아니란 점이 우려된다. 수개월 동안 소모사공업 부문은 특히 경기가 좋았다. …… 그 수개월이 시작될 무렵 양모가격은 특별히 낮은 수준이었다. 그래서 방적업자들은 매우 유리한 가격으로 양모를 구입할 수 있었고 그것도 상당히 많은 양을 그렇게 구입하였다. 봄 경매가 시작되면서 양모가격이 상승하자 이들 방적업자들은 상대적으로 이득을 보게 되었으며 게다가 양모제품의 수요가 상당히 늘어나면서 확산되었기 때문에 그들은 이러한 이

---

18) {영국에서는 짧은 양모를 보풀려서 소모사를 방적해내는 모직공업(리즈 지역이 중심지)과 긴 양모를 빗질한 소모사를 방적해내는 소모사공업(요크셔 지방의 브래드퍼드가 중심지)을 엄격히 구분하고 있다.}

19) {아일랜드 지방의 아마 방사에 대한 기계 방적의 급속한 확장은 당시 독일(슐레지엔 지방, 라우지츠 지방, 베스트팔렌 지방)의 수직(手織) 아마 수출에 치명타를 가하였다.}

득을 확실히 거머쥐게 되었다.(『공장감독관 보고서: 1849년 4월』, 42쪽)

최근 3~4년 동안 공업지역에서 진행된 경기변동 상태를 보면 어딘가 큰 교란요인이 존재한다는 점을 인정해야 한다고 나는 생각한다. …… 증가된 기계의 엄청난 생산력이 거기에 하나의 새로운 요인을 제공한 것은 아닐까?(같은 보고서, 42, 43쪽)

1848년 11월과 1849년 5~10월까지 여름 동안 경기는 더욱 좋아졌다.

이런 현상은 대부분 소모사를 이용한 방직업 부문 — 브래드퍼드와 핼리팩스 지역에 모여 있다 — 에서 나타났다. 이 부문의 현재와 같은 시설확장은 유사 이래 거의 처음이다. …… 면직공업 부문에서는 원료의 투기와 원료공급 가능성의 불확실 등으로 어떤 다른 산업부문에서보다 더 큰 혼란과 잦은 파동이 일어났다. 이 부문에서는 원료에 대한 매점 현상이 두드러지게 나타남으로써 소규모 방적업자들을 불안하게 만드는 것은 물론 이미 손실을 발생시켜 그들 가운데 상당수는 조업을 단축하고 있다.(『공장감독관 보고서: 1849년 10월』, 64, 65쪽)

1850년 4월. 지속되는 호황. 단지 다음과 같은 예외도 있다.

면직공업의 일부에서는 원료의 공급부족으로 심각한 불황이 나타났는데, 이는 특히 번수(番手)가 낮은 면사와 무거운 면직물을 생산하는 부문에서 바로 그러했다. …… 소모사공업 부문에 새로 설치된 많은 기계들에도 이와 비슷한 현상이 나타나지 않을까 우려된다. 베이커의 집계에 따르면 이 부문에서 1849년 한 해 동안에만도 직기에서 생산된 직물의 양이 40% 증가했으며 방추에서 생산된 방적사의 양도 25~30% 증가하였고 게다가 시설도 이만한 비율로 확장되었다.(『공장감독관 보고서: 1850년 4월』, 54쪽)

1850년 10월.

면화가격의 상승이 지속됨으로써 …… 이 산업부문은 심각한 경영압박
을 받게 되었는데 이는 특히 생산원가에서 원료의 비중이 큰 상품의 경우
더욱 그러했다. 생사가격이 대폭 상승함으로써 견직공업에서도 마찬가지
의 경영압박이 발생하였다.(『공장감독관 보고서: 1850년 10월』, 14쪽)

여기에서 인용된 아일랜드 아마재배 진흥 왕립위원회의 보고서에서 보
듯이, 다른 농산물가격이 낮은 상태에서 이처럼 아마가격이 높았기 때문
에 그 다음 해에 아마생산이 대폭 늘어난 것은 당연한 일이다(33쪽).
1853년 4월. 굉장한 호황. 호너는 다음과 같이 말한다.

내가 랭커서 지방의 공장지역 상태를 공식적으로 파악하게 된 지난 17
년 동안 지금과 같은 전반적인 호황은 한 번도 없었다. 모든 산업부문의 움
직임이 하나같이 호경기를 맞고 있다.(『공장감독관 보고서: 1853년 4월』,
19쪽)

1853년 10월. 면직공업의 불황. "과잉생산"(『공장감독관 보고서: 1853
년 10월』, 15쪽).
1854년 4월.

모직공업 부문의 경기는 썩 좋은 편은 아니지만 그래도 모든 공장이 정
상 가동하고 있다. 면직공업의 경우도 마찬가지이다. 소모사공업 부문은
지난 반년 동안 내내 경기가 불안정했다. …… 아마공업 부문에서는 크림
전쟁 때문에 러시아로부터 삼과 아마의 공급이 감소함으로써 혼란이 발생
하였다.(『공장감독관 보고서: 1854년 〔4월〕』, 37쪽)

1859년.

스코틀랜드 지방의 아마공업 경기는 아직 어려운 상태인데 …… 이는 원료가 구하기도 어렵고 가격도 비싸기 때문이다. 우리의 주된 공급처인 발트 해 연안 국가들의 작년도 수확물은 품질이 안 좋아서 이 지방의 경기에 나쁜 영향을 미쳤다. 반면 많은 조포(粗布)들에서 점차 아마 대신에 사용되고 있는 황마(黃麻)는 그다지 값도 비싸지 않고 구하기도 어렵지 않아 …… 던디(Dundee)의 기계 가운데 대략 절반은 이제 황마를 방적하고 있다.(『공장감독관 보고서: 1859년 4월』, 19쪽)

원료의 높은 가격 때문에 아마 방적업은 점차 수익성을 상실해가고 있고 다른 부문에서는 공장이 정상 가동하는 반면 아마 기계들은 놀고 있는 예가 많이 나타나고 있다. …… 황마 방적업은 …… 상당히 좋은 형편에 있는데 이는 이 원료의 가격이 최근 적당한 수준으로 하락하였기 때문이다.(『공장감독관 보고서: 1859년 10월』, 20쪽)

ㄴ. 1861~64년. 미국의 남북전쟁. 면화기근. 원료부족과 가격상승으로 인한 생산과정 중단의 대표적인 사례

1860년 4월.   M138

경기상태에 관해서 나는 견직공업을 제외한 섬유공업 부문 전체가 높은 원료가격에도 불구하고 지난 반년간 호황을 누렸다는 사실을 보고하게 되어 기쁘게 생각한다. …… 몇몇 면직공업 지역들에서는 일손을 구하는 광고가 나갔고 노동자들은 노퍽과 다른 시골 지역에서 이들 일손을 찾는 지역으로 이주해 갔다. …… 모든 산업부문들에서 원료부족이 심각한 것처럼 보인다. …… 우리를 제약하는 것은 바로 이 원료부족뿐이다. 면직공업 부문에서는 새로 설립되는 공장의 숫자와 기존 공장의 확장, 노동자에 대한 수요 등이 지금처럼 왕성했던 시기가 없었다. 백방으로 원료를 구하기 위한 수소문이 이루어지고 있다.(『공장감독관 보고서: 1860년 4월』, 〔57쪽〕)

1860년 10월.

면직공업, 모직공업, 아마공업 지역들의 경기는 호황을 누리고 있다. 아일랜드에서는 이런 호경기가 1년 이상 지속되고 있으며 원료의 가격상승이 없다면 앞으로도 계속 좋을 것이다. 아마 방적업자들은 철도 건설을 통해 인도의 자연자원이 개방되고 그에 따라 인도의 농업이 발전하여 그들에게 필요한 아마가 충분히 공급될 수 있기를 학수고대하고 있는 것 같다. (『공장감독관 보고서: 1860년 10월』, 37쪽)

1861년 4월.

경기는 눈에 띄게 나빠졌다. …… 몇몇 소수의 면직업자들은 조업을 단축하고 다수의 견직업자들은 고용을 감축했다. 원료가격은 상승하였다. 거의 대부분의 섬유공업 부문에서 원료가격은 제품가격보다 더 높은 수준으로 치솟았다.(『공장감독관 보고서: 1861년 4월』, 33쪽)

이제 1860년 면직공업 부문에서 과잉생산이 이루어졌다는 것이 드러났다. 그 영향은 다음 해에 뚜렷이 드러났다.

1860년의 과잉생산이 세계시장에 파급되기까지는 2~3년이 소요되었다.(『공장감독관 보고서: 1863년 10월』, 127쪽)

1860년 초 동아시아 면제품 시장의 불경기는 그대로 블랙번 지방의 경기에도 파급되었는데 이곳에서는 평균적으로 약 30,000대의 동력직기가 거의 이 시장만을 대상으로 직물을 생산하고 있었다. 그 결과 이곳의 노동 M139 수요는 면화 봉쇄조치의 영향이 드러나기 수개월 전에 이미 위축되고 있었다. …… 다행히도 이 면화 봉쇄조치 때문에 많은 공장주들은 파산을 모면하였다. 즉 이 조치 때문에 창고에 비축해둔 면화의 가치가 상승하고 따라서 통상 이런 공황시기에 반드시 일어나는 자산의 가치절하를 피할 수 있었기 때문이다.(『공장감독관 보고서: 1862년 10월』, 28~30쪽)

1861년 10월.

얼마 전부터 경기는 매우 나빠졌다. …… 겨울철 동안에 많은 공장주들이 조업을 단축하리라는 것은 불을 보듯이 분명해졌다. 그러나 이것은 미국으로부터의 정상적인 면화공급과 우리의 수출이 중단되어버린 원인을 무시한다 하더라도 이미 예상되었던 일로서, 즉 다가오는 겨울의 조업단축은 최근 3년간의 급속한 생산증대와 인도 및 중국 시장의 교란으로 인해 이미 피할 수 없었던 일이다.(『공장감독관 보고서: 1861년 10월』, 19쪽)

ㄷ. 면사 부스러기. 동인도 면화(Surat). 노동자 임금에 미친 영향. 기계의 개량. 풀먹임에서의 광물질 사용에 의한 원면의 보전. 풀먹임이 노동자에게 미친 영향. 더 높은 번수의 방적. 공장주들의 사기

한 공장주가 나에게 다음과 같은 편지를 보내왔다. "방추 1개당 면화 소비량의 추정에서 당신은 다음과 같은 사실을 충분히 고려하지 않은 것은 아닌지요? 즉 면화가격이 비쌀 경우 보통 번수(40수 이내를 의미하는데 주로 12~32수)의 방적업자들은 모두 되도록 가는(細) 번수로, 즉 예를 들면 이전에 12수를 방적하다가 이제 16수를 방적한다든가 과거에 16수를 방적하다가 이제는 22수를 방적한다든가 하게 됩니다. 그리고 이같이 가늘어진 방사로서 직물을 짜는 방적업자들은 직물의 무게를 과거와 같은 수준으로 유지시키기 위해 그만큼 과거보다 더 많은 풀을 먹이게 됩니다. 이러한 눈가림 방식은 이제 부끄러울 정도로 극심한 상태에 달해 있습니다. 제가 믿을 만한 곳으로부터 얻어들은 바로는 개당 8파운드가 나가는 수출용 보통 셔츠감에서 풀의 무게만 $2\frac{3}{4}$파운드가 된다는 것이었습니다. 다른 종류의 직물에서는 풀의 무게가 50%나 차지하기도 하여, 공장주들이 직물에 사용된 원사의 가격보다 더 싼 가격에 직물을 팔고도 부자가 되었다고 자랑하는 것이 전혀 거짓말이 아닙니다." (『공장감독관 보고서: 1864년 4월』, 27쪽)

나는 또 직조공들이 그들의 질병 증가 원인을 풀 때문이라고 이야기한다는 것을 들었는데 이 풀은 동인도산 면화로 방적한 면사에 사용되는 것으로 과거와 같이 단지 밀가루만으로 만들어진 것이 아니라고 하였다. 그러나 밀가루 대신에 풀의 원료로 사용되는 이 재료는 15파운드의 방사로 직물을 짰을 경우 그 무게를 20파운드로 늘려주는 큰 장점이 있다는 것이었
M140 다.(『공장감독관 보고서, 1863년 10월』, 63쪽. 이 밀가루 대용인 풀의 원료란 잘게 빻은 활석가루를 가리키는 것으로 일명 중국 점토, 혹은 석고, 또는 프랑스 백악(白堊)이라고도 불린다.)

직조공의 수입은 풀먹임 작업에서 밀가루 대용품의 사용 때문에 상당히 감소하였다. 이 새로 사용된 풀은 방적사의 무게를 증가시켰고 또한 이 방적사를 딱딱하고 잘 부스러지게 만들었다. 직기의 각 날실들은 소위 실뜨기(Litze)를 통과하게 되는데 이 실뜨기는 단단한 실들로 이루어져 있어 날실을 제자리에 정돈한다. 그런데 딱딱하게 풀을 먹인 날실들은 이 실뜨기의 단단한 실들을 끊임없이 끊어먹어버리고 이런 사태가 한 번 발생할 때마다 직조공은 이것의 수리에 5분의 시간을 빼앗겨버린다. 이로 인한 직조공의 시간 소비는 과거에 비해 최소한 10배 이상 늘어났고 당연히 정해진 작업시간 동안 그 직기의 작업량은 그만큼 줄어든 것이다." (42, 43쪽)

애슈턴, 스탤리브리지, 모슬리, 올덤 등지에서는 완전히 $\frac{1}{3}$의 조업시간 단축이 이루어졌고 이러한 조업단축은 날이 갈수록 점점 심해지고 있다. …… 이러한 조업시간 단축과 함께 많은 산업부문에서는 임금인하도 이루 어지고 있다.(13쪽)

1861년 초 랭커셔 일부 지역의 기계 방직공들 사이에서 파업이 일어났 다. 몇몇 공장주들이 5~7$\frac{1}{2}$%의 임금인하를 통고하였고 노동자들은 임금 은 그대로 유지한 채 노동시간을 단축해야 한다고 주장했던 것인데 이들 의 주장이 받아들여지지 않자 결국 파업이 발생한 것이었다. 그러나 한 달 뒤 노동자들은 물러서야만 했는데 이제 그들은 두 가지를 모두 받아들여 야만 했다.

결국 양보할 수밖에 없었던 임금인하 외에도 이제 노동자들은 많은 공장 들에서 조업단축까지 감수하고 있다.(『공장감독관 보고서: 1861년 4월』, 23쪽)

1862년 4월.

노동자들의 어려움은 내가 지난번 보고서를 쓴 이후 현저하게 커졌다. 그러나 공장이 생긴 이래로 그처럼 급작스럽게 밀어닥친 엄청난 어려움을 노동자들이 그렇게 조용한 체념과 참을성으로 견뎌낸 적은 한 번도 없었다. (『공장감독관 보고서: 1862년 4월』, 10쪽)

완전실업 상태인 노동자 수의 비율이 1848년 — 이해는 보통의 공황이 발발했지만 불안한 공장주들이 오늘날 일주일 간격으로 발표되는 면직공 업 통계와 비슷한 형태의 통계들을 계속 수집하게 만들 정도는 되었다 — 보다 더 높지는 않은 것 같다. …… 1848년 5월 맨체스터의 전체 면직공업

노동자들 중 15%는 실업자였고 12%는 조업단축 상태였으며 정상조업을 하는 노동자는 전체의 70%였다. 1862년 5월 28일 현재로는 15%가 실업 상태, 35%가 조업단축 상태, 49%가 정상조업 상태였다. …… 스톡포트 지역과 같은 인근 지역에서는 실업 상태와 조업단축 상태인 노동자의 비율이 맨체스터보다 좀더 높고 정상조업 상태의 노동자 비율은 좀더 낮았는데(16쪽)

이는 이 지역이 맨체스터 지역보다 더 굵은 번수의 방적사를 생산하는 지역이기 때문이다.

1862년 10월.

M141 최근의 공식 통계에 의하면[1861년] 영국에는 면직공장이 총 2,887개소가 있으며 이 중 내 관할구역(랭커셔와 체셔)에 2,109개소가 있다. 나는 내 관할구역 내에 있는 이 2,109개소의 공장 중 상당수가 단지 몇 명의 노동자만 고용하고 있는 소규모 공장들이란 사실을 잘 알고 있었다. 그러나 나는 이들 소규모 공장의 숫자가 정말로 그렇게 많다는 사실을 알고는 깜짝 놀랐다. 그중 392개소[즉 19%]에는 동력이 증기기관이든 수력기관이든 10마력 이하였고, 345개소[즉 16%]는 10~20마력, 1,372개소가 20마력 이상이었다. …… 이들 소규모 공장주의 상당수 — 전체 숫자의 $\frac{1}{3}$ 이상 — 는 불과 얼마 전까지만 하더라도 바로 노동자였던 사람들이다. 즉 그들은 자본력이 없는 사람들이다. …… 따라서 손실의 대부분은 나머지 $\frac{2}{3}$ 에게 부과되었다.(『공장감독관 보고서: 1862년 10월』, 18, 19쪽)

같은 보고서에 의하면 당시 랭커셔와 체셔에 있던 면직공들 가운데 완전취업 상태에 있던 노동자는 40,146명[즉 11.3%]이었고, 조업단축 상태에 있던 노동자가 134,767명[즉 38%]이었으며, 실업 상태의 노동자는 179,721명[즉 50.7%]이었다. 주로 가는 번수의 방적사를 생산해내는[이 생산부문은 원면 부족의 영향을 비교적 적게 받았다) 맨체스터와 볼턴 지역에 대한 언급을 보면 이들 지역은 상태가 더 나빴다는 것이 드러난다. 즉 완전취업 상태는 8.5%에 불과했고 조업단축 상태가 38%, 실업 상태가 53.5%였던 것이다(19, 20쪽).

노동자들에게 가공하는 원면의 품질이 좋고 나쁜 것 사이에는 매우 중요한 차이가 있다. 공장주들이 최대한 값싼 면화를 구입해서 공장을 꾸려나가려고 노력하던 연초 무렵에 여러 공장들에 많은 저질 원면이 들어왔는데 이들 공장은 대부분 이전에는 좋은 질의 원면을 사용해오던 공장들이었다. 이로 인해 노동자들의 임금이 크게 줄어들어 많은 파업이 발생하였는데 이는 노동자들이 기존의 성과급으로는 일당이 너무 형편없이 낮아졌기 때문이다. …… 어떤 경우는 저질 원면의 사용 때문에 종일 일하고도 종전 임금의 절반밖에 못 받는 경우도 있었다.(27쪽)

1863년 4월.

금년 한 해 동안 면직공업 노동자들의 절반 이상은 완전취업 상태에 있을 수 없을 것이다.(『공장감독관 보고서: 1863년 4월』, 14쪽)

이제 공장주들이 사용하지 않을 수 없게 된 동인도산 원면의 사용으로 인한 가장 심각한 폐해는 그로 인해 기계의 작업속도가 매우 느려지게 되었다는 사실이다. 지난 수년 동안 공장주들은 기계의 작업량을 늘리기 위해 기계의 작업속도를 높이는 데 온갖 노력을 경주해왔다. 그런데 이제 이처럼 기계의 작업속도가 감소하게 되자 공장주는 물론 노동자들에게도 그것이 심각한 문제로 대두되었다. 왜냐하면 대부분의 노동자들은 성과급으로 임금을 받고 있어서 방적공의 경우에는 방적사 1파운드 단위로, 직조공의 경우에는 직물의 단위로 임금을 받고 있었기 때문이다. 그리고 주급으로 임금을 받는 다른 노동자들도 생산의 감소로 임금의 감소가 발생하였다. 내가 들은 바로는 …… 그리고 내가 입수한 면직공들의 연간 임금 계산서에 의하면 …… 1861년의 임금수준에 비해 평균 20%, 몇몇 경우에는 50%의 임금하락이 나타났다.(13쪽)

M142   임금 액수는 작업대상인 원료가 무엇인지에 달려 있다. …… 벌어들인 임금액을 기준으로 할 때 현재(1863년 10월) 노동자들의 상태는 작년 이맘때에 비해 상당히 좋아졌다. 기계는 더 좋아졌고 원료에 대한 지식도 늘어났으며, 노동자들이 처음 작업에 임할 때 부딪히던 어려움들도 더 줄어들었다. 지난 봄 나는 프레스턴의 한 봉제학교(실업자를 위한 자선시설)에서 며칠 전 어떤 공장주가 주급 4실링을 벌 수 있다고 해서 그의 방직공장으로 갔던 두 아가씨가 막상 거기에서 주급 1실링밖에 벌 수 없었다고 하면서 학교로 도로 돌아오겠다고 간청하는 것을 들었다. 나는 자동직기 직공에 대한 이야기를 들은 적이 있는데 …… 이들은 2대의 자동기계를 통제하면서 풀타임으로 14일간 작업했을 때 8실링 11펜스를 벌 수 있다. 이 액수에서 그들의 집세가 공제되는데 공장주는(얼마나 마음씨 고운 사람인가!) 이들에게 집세의 절반을 다시 돌려준다. 이들 직공이 집에 가지고 오는 최종 액수는 6실링 11펜스이다. 많은 지역에서 자동직기 직공들은 주급 5~9실링을 버는데 이에 반해 1862년 12월 방직공의 주급은 2~6실링이었다. …… 대부분 지역에서 노동자들의 수입은 상당히 줄어들긴 했지만 현재로는 그래도 아직 괜찮은 편이다. …… 수입감소에는 인도산 원면의 짧은 올과 불결함 외에도 많은 원인이 있다. 예를 들어 이제는 면화 부스러기가 인도산 원면에 상당히 많이 섞여서 사용되는데 이것은 당연히 방적작업을 훨씬 어렵게 만들고 있다. 올이 짧으면 방적기에서 방적사를 뽑아낼 때, 그리고 이 실을 감을 때 방적사가 쉬 끊어지며 이로 인해 방적기가 규칙적으로 작동될 수 없다. …… 마찬가지로 이런 방적사로 방직작업을 할 경우에는 직공 한 사람이 대개 방직기 1대만을 지킬 수 있고 한 사람이 2대 이상을 지킬

수 있는 경우는 매우 드물다. …… 많은 경우 노동자들의 임금은 곧바로 5%나 7½% 혹은 10%까지 줄어들었다. …… 많은 경우 노동자들은 자신의 원료를 가능한 한 잘 다듬어서 기존에 받던 정상적인 임금을 최대한 받아내려고 노력해야만 했다. …… 방직공들이 종종 부딪혀야 했던 또 다른 어려움은 그들이 나쁜 원료로 좋은 제품을 만들어내야 했다는 사실과, 만일 제품에 결함이 있을 경우 벌금을 물어야 했다는 사실이다.(『공장감독관 보고서: 1863년 10월』, 41~43쪽)

정해진 작업시간을 모두 채워서 일해도 노동자들의 임금은 형편없이 적었다. 면직공들은 지방 관청에서 주는 구호금(사실상 공장주들의 후원에 의한 것이었다. 제1권 598/589쪽* 참조)을 받기 위해서 자진하여 하수공사, 도로건설, 채석, 도로포장 등의 공공 토목사업에 참여하였다. 부르주아 계급 전체가 노동자를 감시하였다. 너무 형편없이 적은 임금이 지급되어서 노동자가 이를 받아들이려 하지 않을 경우에는 구호위원회에서 M143 그 노동자를 구호대상 명단에서 제외해버렸다. 구호위원회가 사냥개처럼 감시하고 있는 가운데 노동자들은 굶어 죽든가 아니면 부르주아 계급에게 최대한의 이윤을 안겨주는 임금으로 일을 하든가 선택해야 했으며 그런 점에서 이 시기는 공장주 나리들에게 황금시대였다. 또한 공장주들은 정부와 비밀협정을 맺어서 노동자들의 이주를 가능한 한 방해하였는데 이는 이미 임금으로 지급되어 노동자들의 피와 살이 되어버린 자신의 자본을 계속 이용하기 위해서, 그리고 노동자들에게서 쥐어 짜내는 집세를 계속 확보하기 위한 것이었다.

구호위원회는 이 점에서 매우 엄격하였다. 일자리가 주어지면 해당 노동자는 구호대상자 명단에서 삭제되고 그는 주어진 일자리를 받아들여야만

* MEW Bd.23, 600~601쪽 참조.

하였다. 노동자가 그 일자리를 거부하는 경우는 …… 그에게 지급되는 임금이 단지 명목에 그칠 뿐 그 일자리가 지나치게 힘든 일이었기 때문이다. (97쪽)

노동자들은 공공토목사업법에 의거하여 자신들에게 주어지는 모든 종류의 작업에 자발적으로 응하였다.

작업을 조직해나가는 원칙은 도시에 따라 매우 큰 차이가 있었다. 그러나 옥외작업을 절대적인 작업표준으로 삼지 않는 지역들에서도 이들 작업에 대해서 옥외작업에 해당하는 구호금〔혹은 이보다 약간 많은 액수〕이 지급되었기 때문에 사실상 이 옥외작업이 작업표준이 되어 있는 경우가 많았다.(69쪽)

1863년의 공공토목사업법은 이런 폐단을 없애고 노동자들이 독립적인 일용 근로자로서 자신의 일당을 벌 수 있게 해주었다. 이 법의 목적은 다음의 세 가지로 집약된다. ① 지방정부가 정부 대여금고에서 돈을 빌릴 수 있도록 하는 것(중앙정부 구호국장의 승인을 받아서) ② 면직공업 지역 도시들의 발전을 촉진하려는 것. ③ 실업 상태의 노동자들에게 일자리와 괜찮은 벌이를 제공하기 위한 것.

1863년 10월 말까지 이 법에 따라 승인된 대여금액은 모두 883,700파운드스털링에 달하였다(70쪽). 시행된 사업은 주로 운하건설, 도로건설, 도로포장, 저수지공사 등이었다.
블랙번의 구호위원회 위원장 헨더슨은 이에 관해 공장감독관 레드그레이브에게 다음과 같이 말한다.

어렵고 힘들었던 최근 동안 내가 겪었던 일들 가운데 가장 강렬한 인상

을 주었고 또 뿌듯한 느낌을 갖게 한 것은 이 지역의 실직 노동자들이 공공
토목사업법에 의거하여 블랙번 직업소개소가 그들에게 제공한 일자리들을
기꺼이 서로 맡으려고 한 것이었다. 얼마 전까지만 해도 숙련노동자로서 M144
공장에서 일하던 방적공들이 이제는 지상에서 14~18피트나 깊이 내려가
있는 수로 공사장의 일용 인부로 일하고 있다는 것은 거의 상상하기 어려
운 대조적인 모습이다.

(노동자들은 이 작업에 참여할 경우 가족 수에 따라 주급 4~12실링을
받았는데 최고 액수인 12실링은 대개 가족 수가 8명이 되어야만 받을 수
있었다. 이 경우에도 얌체 같은 공장주들은 이중의 이익을 챙겼다. 즉 첫
째 그들은 매연이 가득한 채로 방치된 도시를 개선한다는 명목으로 예외
적으로 낮은 이자율의 돈을 확보하였으며, 둘째 노동자들에 대해서 정상
적인 임금보다 훨씬 낮은 임금을 지불하였던 것이다.)

노동자들은 거의 열대지방이나 다름없는 높은 열기 속에서 체력보다는
숙련과 정교한 손놀림을 더 많이 사용하는 작업에 익숙해져 있었고, 또 자
신이 받을 수 있는 임금에 비해 대개 2배 혹은 많게는 3배까지나 노동하는
것에도 익숙해져 있었기 때문에, 이들이 자신에게 제공된 일자리를 기꺼이
받아들인 것은 그에게 가장 높은 덕목이 되어 있는 참을성과 사려 깊음이
작용한 탓이었다. 블랙번에서는 작업표준으로 거의 모든 종류의 옥외작업
이 포함되어 있었다. 즉 단단한 점토질 토양을 일정한 깊이로 굴착하는 작
업, 배수로 작업, 채석 작업, 도로건설 작업, 14~16 혹은 20피트 깊이의 하
수로 굴착 작업 등이 모두 속해 있었다. 그리하여 많은 경우 고용된 노동자
들은 10~12인치 깊이의 물이나 진흙탕 속에 서 있어야 했으며 그 경우 이
들은 영국의 어떤 다른 지역보다 습기 차고 쌀쌀한 이곳의 바깥 공기에 그
대로 노출된 채로 있어야 했다.(91, 92쪽)

노동자들의 태도는 거의 나무랄 데가 없었다. …… 그들은 옥외작업을 기꺼이 마다하지 않았고 또 잘 수행해나갔다.(69쪽)

1864년 4월.

가끔 여러 지역에서 노동자의 부족을 호소하는 사례가 나타나고 있는데 이는 주로 특정 부문, 예를 들어 방직업과 같은 부문에서 나타나고 있다. …… 그런데 이런 하소연의 원인을 캐어보면 그것은 정말로 이들 부문에서 노동자가 귀한 경우도 있지만 그에 못지않게 질이 나쁜 방적사를 사용함으로써 노동자들이 받을 수 있는 임금이 너무 낮은 경우가 많다. 지난 수개월 동안 임금 때문에 공장주들과 노동자들 간의 분쟁이 매우 많이 발생하였다. 유감스럽게도 파업은 너무 자주 발생하였다. …… 공공토목사업법의 영향은 공장주들에게 하나의 경쟁으로 느껴지고 있다. 그래서 베이컵 지역 구호위원회는 아직 모든 공장이 가동되지 못하고 있는데도 노동자의 부족 상태가 드러나자 활동을 중단해버렸다.(『공장감독관 보고서: 1864년 4월』, 9쪽)

분명히 공장주들에게는 최고의 시기였다. 공공토목사업법으로 인해 노동에 대한 수요가 늘어나서 베이컵의 채석장에서는 많은 노동자들이 이제 일당 4~5실링을 받게 되었다. 그리하여 공공사업은 점차 중단되어갔다. — 이 공공사업은 1848년 프랑스 혁명 당시의 국민작업장(Ateliers nationaux)[20]의 재판(再版)이었는데 다만 이번에는 부르주아를 위한 것이었다.

ㄹ. 무가치체(無價値體, corpore vili)에 대한 실험

나는 여러 공장들에서 (풀타임으로 일하는) 노동자들의 실제 수입이 얼마나 낮은지를 제시한 바 있지만 사실 이들 노동자들은 매주 똑같은 금액을 버는 것이 아니다. 같은 공장에서 이루어지는 원면과 부산물의 혼합방식이나 혼합비율에 대한 끊임없는 공장주들의 실험에 의해 노동자들의 수입은 큰 변동을 겪고 있다. 대개 '배합'이라고 불리는 이것들은 끊임없이 바뀌고 노동자들의 수입은 혼합원면의 질에 따라 증가하거나 감소한다. 때때로 이것은 옛날 수입의 겨우 15% 수준에 머물 때도 있고 1~2주일 동안에 50~60% 수준으로 하락하기도 한다.

이 보고서의 작성자인 공장감독관 레드그레이브는 임금 명세표의 실례를 다음과 같이 들고 있다.

A. 직조공, 가족 수 6인, 주 4일 작업에 6실링 8$\frac{1}{2}$펜스
B. 연사(撚絲) 직공. 주 4$\frac{1}{2}$일 작업에 6실링
C. 직조공. 가족 수 4인, 주 5일 작업에 5실링 1펜스
D. 초벌 방적공. 가족 수 6인. 주 4일 작업에 7실링 10펜스
E. 직조공. 가족 수 7인, 주 3일 작업에 5실링 등등.

레드그레이브는 계속해서 다음과 같이 이야기한다.

위의 명세표는 많은 가족들에게 일자리를 얻는 것이 불행이 된다는 것을 보여준다는 점에서 주목할 만한 가치가 있다. 그것이 불행이 되는 이유는, 일자리가 그들의 수입을 단지 감소시킬 뿐만 아니라 감소시켜도 지나치게 감소시켜서 가족이 모두 실업상태일 때 받는 구호금액보다 일자리로 얻는 임금수입이 더 낮은 경우가 많아서 별도의 구호금을 받지 못하면 절대적인 생활의 필요 가운데 극히 일부분 외에는 충족할 수 없었기 때문이다.(『공장감독관 보고서: 1863년 10월』, 50~53쪽)

1863년 6월 5일 이후에는 전체 노동자의 평균 작업일수가 주당 2일 7시간여를 넘긴 적이 한 번도 없었다.(121쪽)

공황 초기부터 1863년 3월 25일까지 구빈원, 중앙구호위원회 그리고 런던 시(市)위원회가 지출한 구호금액은 거의 3백만 파운드스털링에 달하였다(13쪽).

가는 방적사를 생산하는 한 지역의 …… 방적공은 원면이 사우스시아일랜드(South Sea Island)산에서 이집트산으로 바뀜으로써 간접적으로 15%의 임금인하를 감수해야 했다. …… 원면 부산물을 대량으로 인도산 원면과 혼합하여 사용한 많은 지역의 방적공들은 5%의 임금인하와 함께 인도산 면화와 부산물의 가공 때문에 다시 20~30%의 임금을 잃었다. 직조공들은 4대의 직기를 담당하다가 이제는 2대만 담당하게 되었다. 1860년에 이들은 직기 1대당 5실링 7펜스를 받았는데, 1863년에는 3실링 4펜스밖에 받지 못하고 있다. …… 미국산 원면을 사용할 때는 (방적공들이 무는) 벌금이 대개 3~6펜스였는데 이제는 이것이 1실링~3실링 6펜스에 이르게 되었다.

이집트산 원면을 동인도산 원면과 혼합해서 사용하는 한 지역의 경우

1860년에는 뮬 방적공의 평균임금이 18~25실링이었는데 이제는 그것이 10~18실링이 되었다. 이것은 원면의 질이 떨어진 때문이기도 했고 또 실을 좀더 강하게 꼬기 위해 방적기의 속도가 느려진 때문이기도 했는데 이에 대해서는 통상의 작업시간에다 일정 비율의 초과급이 지급되었다.(43~50쪽)

동인도산 원면 때문에 공장주들은 이럭저럭 이윤을 남겼지만 우리가 보

았듯이 노동자들은 1861년에 비해 어려워졌다(임금표를 참고할 것. 53쪽).
동인도산 원면의 사용이 결정되면 노동자들은 1861년과 같은 수준의 임금
을 요구하게 되겠지만, 그러나 그럴 경우 원면이나 면제품 가운데 어느 하
나의 가격이 조정되지 못하면 공장주들의 이윤은 심각한 영향을 받을 것이
다.(105쪽)

ㅁ. 집세

노동자들이 거주하는 오두막이 공장주의 소유일 경우 노동자들의 집세
는 작업시간이 매우 짧은 경우에도 어김없이 임금에서 공제되었다. 그럼에
도 이 오두막의 가치는 하락하였고 집세도 과거에 비해 현재는 25~50% 하
락하였다. 과거에는 주당 3실링 6펜스 하던 집세가 지금은 2실링 4펜스가
되었고 이보다 더 낮은 경우도 있다.(57쪽)

ㅂ. 이주

공장주들은 당연히 노동자들의 이주를 반대하였는데 그것은 다음과 같
은 이유 때문이었다.

면직공업의 경기가 회복될 것을 예상하고 그럴 경우 공장을 가장 유리하
게 운영해나갈 수 있도록 일손을 붙들어두고자 했기 때문이다. (그러나 또
한 가지 이유는) 많은 공장주들이 그들이 고용한 노동자들이 거주하는 집
의 소유주였고 따라서 적어도 그들 가운데 몇몇은 당연히 여태까지 계속
임금에서 공제해오던 집세 수입을 계속 확보하려는 속셈을 가지고 있었을
것이다.(96쪽)

버널 오즈번은 1864년 10월 22일 자신의 선거구 유권자들에게 연설하

면서 랭커셔의 노동자들은 마치 고대 철학자들(스토아학파)처럼 행동하였다고 말하였다. 마치 양처럼 행동하는 것은 아니고?

제7장

보유(補遺)

이 제1편에서 가정했던 것과 같이 개별 생산영역들에서 획득된 이윤의 크기가, 이들 영역에 선대된 총자본이 산출한 잉여가치의 총액과 같다고 가정하자. 그러나 그럴 경우에도 부르주아는 이윤을 잉여가치[즉 지불되지 않은 잉여노동]와 동일한 것으로 간주하지 않는데 그 이유는 다음과 같다.

① 그는 유통과정에서는 생산과정을 잊어버린다. 그에게는 상품의 가치를 실현하는 것 ─ 여기에는 그 상품의 잉여가치의 실현도 포함된다 ─ 이 바로 이 잉여가치를 만들어내는 과정으로 간주된다. {초고에는 이 뒤에 여백이 남아 있었는데 이는 마르크스가 이 점에 관해 좀더 상세한 논의를 전개하려고 생각했던 것을 의미한다.}

② 노동착취도를 불변으로 가정한 것은 신용제도로 인해 생겨날 수 있는 모든 변수들과 자본가들 상호 간의 변화무쌍한 술수와 속임수, 그리고 더 나아가 어느 정도 전문지식을 가지고 원료를 얼마나 저렴하게 사느냐에 따라 이윤율이 달라질 수 있는 시장에서의 온갖 선택 가능성들을 모두 배제한다는 것을 의미한다. 또한 사용되는 기계가 얼마나 생산적이고 합

목적적이고 저렴한가에 따른 변수들, 그리고 생산과정의 각 단계마다 설치된 전체 설비가 어느 정도 완벽한가, 원료의 낭비는 얼마나 줄일 수 있는가, 지휘와 감독은 얼마나 간결하고 효율적으로 이루어지는가 등에 따른 제반 변수들도 모두 배제한다는 것을 의미한다. 요컨대 일정 가변자본에 대한 잉여가치가 주어져 있을 때 이 잉여가치가 얼마의 이윤율로 나타나고 얼마의 이윤량을 가져다줄 것인가는 바로 각 개인—그것이 자본가이든, 자본가가 고용한 감독자이든, 혹은 그의 직원이든 상관없이—의 재능에 순전히 의존한다는 것이다. 두 기업 A, B에서 잉여가치는 모두 1,000파운드스털링, 임금도 똑같이 1,000파운드스털링인데 단지 불변자본만 A에서는 9,000파운드스털링, B에서는 11,000파운드스털링이 소요 M148 된다고 하자. 그러면 A의 $p'=\frac{1,000}{10,000}=10\%$, B의 $p'=\frac{1,000}{12,000}=8\frac{1}{3}\%$가 된다. 총자본은 B보다 A에서 상대적으로 더 많은 이윤을 생산하는데 이는 두 경우 모두 선대된 가변자본이 1,000이고 그것에 의해 생산된 잉여가치도 똑같이 1,000인데도〔즉 두 자본 모두 똑같이 동일한 노동자에 대해 동일한 정도의 착취가 이루어지고 있는데도〕, A의 이윤율이 B의 이윤율보다 높기 때문이다. 이처럼 노동착취도가 같을 때 동일한 잉여가치량이 각기 다르게〔혹은 이윤율과 이윤 그 자체가 다르게〕 나타나는 현상은 다른 원인으로 발생할 수도 있다. 즉 그것은 단지 두 기업을 운영하는 경영기술의 차이만으로 발생할 수도 있다. 바로 그렇기 때문에 자본가들은 자신들의 이윤이 노동의 착취가 아니라 최소한 부분적으로라도 그것과는 별개의 다른 요인〔즉 자신의 개인적인 행동〕에서 연유된 것이라고 생각〔또한 확신〕하게 된다.

———

이 제1편의 논의를 통해서 다음의 견해(로트베르투스)[21]가 틀렸다는 것을 알 수 있다. 즉 그 견해란 (실제 경작면적이 불변일 경우에도 증가하는 지대와는 달리) 자본량의 변동이 이윤과 자본 사이의 비율〔따라서 이윤율〕에 아무 영향을 미치지 않으며 이는 이윤량이 증가하면 그 이윤의 기준이 되는 자본량도 증가하기 때문이라는〔그 역도 성립한다〕 것이다.

이 견해는 다음의 두 가지 경우에만 옳다. 첫째는 모든 다른 조건〔특히 잉여가치율〕이 불변일 때 화폐상품의 가치가 변하는 경우이다. (다른 조건이 불변일 때 단지 명목상의 가치변동, 즉 가치표시의 상승이나 하락만 있을 경우도 이와 마찬가지이다.) 총자본=100파운드스털링이고 이윤=20파운드스털링, 따라서 이윤율=20%라고 하자. 이제 금의 가격이 100% 하락 혹은 상승*하는 경우를 보면 먼저 하락할 경우 과거에 100파운드스털링이었던 자본은 이제 200파운드스털링이 될 것이고 이윤도 과거에 20파운드스털링으로 표시되던 것이 이제 40파운드스털링의 화폐가치로 표시될 것이다. 반대로 상승할 경우에는 자본은 50파운드스털링의 가치로 표시될 것이고 이윤은 10파운드스털링의 가치를 가진 생산물로 나타날 것이다. 그러나 두 경우 모두 200:40=50:10=100:20=20%이다. 그러나 M149 이들 모두 자본가치의 변동은 사실상 없었던 것이며 동일한 가치와 동일한 잉여가치가 단지 화폐로 표시되는 크기만 달라졌을 뿐이다. 즉 $\frac{m}{c}$ 혹은 이윤율은 아무런 영향도 받지 않았다.

둘째는 실제로 가치량의 변동이 발생하지만 이 변동이 v : c의 비율은 변동시키지 않는 경우이다. 즉 잉여가치율이 불변일 때 노동력에 지출된 자본(사용되는 노동력의 지표로서 간주되는 가변자본)과 생산수단에 지출된 자본 간의 비율이 불변인 경우이다. 이런 조건에서는 우리가 C나 nC 혹은 $\frac{C}{n}$ 가운데 어떤 경우이든, 즉 예를 들어 1,000이나 2,000 혹은 500 가운데 어떤 경우이든 이윤율이 20%일 경우 이윤은 첫째 경우=200, 둘째 경우=400, 셋째 경우=100이 될 것이다. 그러나 $\frac{200}{1,000} = \frac{400}{2,000} = \frac{100}{500}$ (MEW 원본에는 $\frac{200}{500}$ 으로 표기되어 있으나 앞뒤 맥락을 보아 틀린 것으로 보고

---

* 초판에는 '상승 혹은 하락'으로 되어 있으나 마르크스의 초고에 따라 수정함.

바로잡았음—옮긴이)=20%일 것이다. 즉 여기에서 이윤율은 불변인데 이는 자본구성이 이들 변동에 아무 영향도 받지 않고 여전히 불변이기 때문이다. 따라서 여기에서 이윤량의 증가 혹은 감소는 사용된 자본량의 증가 혹은 감소만을 나타낼 뿐이다.

그리하여 첫째 경우에는 사용된 자본에 단지 명목상의 크기 변동만 있었던 것이고 둘째 경우에는 실제의 크기 변동이 있었지만 자본의 유기적 구성〔즉 가변자본의 불변자본에 대한 비율〕에는 아무런 변동이 없었던 것이다. 그러나 이 두 경우를 제외하고는 사용된 자본량의 크기 변동이란 이미 앞서 일어난 자본의 구성요소들의 가치변동과 그로 인한(가변자본과 더불어 잉여가치 그 자체가 변하지 않는 한) 그 구성요소들 간의 상대적인 크기가 변동한 결과일 뿐이거나, 아니면 이런 크기의 변동(새로운 기계의 도입 등에 의한 대규모 작업에서와 같이) 그 자체가 바로 자본의 두 유기적 구성요소의 상대적 크기를 변동시키는 원인인 것이다. 따라서 이들 모든 경우에서 사용된 자본량의 변동은 다른 조건이 불변일 때 이윤율의 변동을 반드시 동반한다.

—

그러므로 이윤율의 상승 원인은 항상 잉여가치의 그 생산비용〔즉 선대된 총자본〕에 대한 비율이 상대적 또는 절대적으로 증가하거나 혹은 이윤율과 잉여가치율의 차이가 줄어드는 데 있다.

M150   자본의 유기적 구성요소들의 변동이나 자본의 절대량과는 상관없이 이윤율이 변동할 수 있으려면 선대자본〔고정자본이나 유동자본 중 어떤 형태를 띠든〕의 가치가 기존 자본과는 무관하게 그것의 재생산에 필요한 노동시간의 증가 혹은 감소로 인하여 상승 혹은 하락해야만 한다. 모든 상품—따라서 자본을 구성하는 상품도 마찬가지이다—의 가치는 그 상품에 포함된 필요노동시간에 의해서가 아니라 그것의 재생산에 소요되는 사

회적 필요노동시간에 의해서 결정된다. 이런 재생산은 원래의 생산조건의 차이에 따라 더 어렵거나 더 좋은 조건에서 이루어질 수 있다. 만일 생산조건이 변동하여 동일한 물적 자본을 재생산해내는 데 소요되는 시간이 어떤 경우에는 두 배로 되었다가 또 어떤 경우에는 거꾸로 절반이 된다든가 하면, 화폐가치가 불변일 경우 과거에는 100파운드스털링의 가치를 갖던 것이 이제는 여건이 변함에 따라 200파운드스털링의 가치로 혹은 50파운드스털링의 가치로 될 것이다. 이런 가치의 상승과 하락이 자본의 모든 부분에서 동시에 일어난다면 이윤도 그에 따라 두 배 혹은 절반의 화폐액으로 나타날 것이다. 그러나 이들 변화가 자본의 유기적 구성의 변동〔즉 불변자본에 대한 가변자본의 비율이 상승 혹은 하락하는 경우〕을 포함한다면, 다른 조건이 불변일 때 가변자본의 비율이 증가하면 이윤율도 상승하고 가변자본의 비율이 하락하면 이윤율도 하락할 것이다. 선대자본의 화폐가치만 상승 혹은 하락할 경우에는(화폐가치의 변동 결과) 잉여가치의 화폐표시 비율 그 자체가 상승 혹은 하락한다. 물론 이때 이윤율은 변하지 않는다.

제2편

___ 이윤의 평균이윤으로의 전화

제8장

서로 다른 생산부문의 각기 다른 자본구성과 그로 인한 이윤율의 차이

전편에서는 우선 잉여가치율이 불변일 때 이윤율이 어떻게 변화하는지 M151 〔즉 상승하거나 하락할 수 있는지〕를 살펴보았다. 이 장에서는 이제 한 나라 안에서 사회적 노동이 분포되어 있는 모든 생산영역에서 노동착취도와 잉여가치율, 그리고 노동일의 길이가 모두 같다고 가정한다. 서로 다른 생산부문들에서 노동착취도의 많은 차이들에 대해서는 이미 애덤 스미스[†22]가 상세히 설명한 바 있다. 즉 그는 이런 차이가 여러 가지 현실적인〔혹은 편견에 의한〕보상기준에 의해서 평준화되는〔따라서 단지 일시적으로만 존재하다 점차 소멸해버리는〕차이일 뿐이기 때문에 일반적 관계를 연구할 경우에는 고려하지 않아도 된다고 하였다. 다른 차이, 예를 들어 임금수준의 차이는 대부분이 이미 제1권 19쪽[*]에서 언급한 바의 단순노동과 복합노동 간의 차이에 기인한 것으로 이 차이는 서로 다른 생산부문에 종사하는 노동자들의 처지를 매우 불공평하게 만드는 것이기는 하지만 이들 서로 다른 부문들의 노동착취도에는 아무 영향을 미치지 않는다.

---

* MEW Bd.23, 59쪽 참조.

예를 들어 금 세공사의 임금이 일용노동자의 임금보다 높다면 그것은 그만큼 금 세공사가 일용노동자보다 더 많은 잉여가치를 생산하는 것을 의미한다. 그리고 만일 서로 다른 생산부문이나 동일한 생산부문이라 하더라도 서로 다른 자본지출들 간에 임금과 노동일 그리고 그에 따른 잉여가치율의 평준화가 여러 국지적인 장애요소들 때문에 이루어지지 않는다고 하더라도 이 평준화는 자본주의적 생산의 발전과 함께, 그리고 모든 경제 관계가 이 생산방식 속으로 편입되어나감에 따라 점차 이루어질 것이다. 그래서 모든 특수노동에서 나타나는 임금으로 인한 갈등의 연구는 중요한 것이긴 하지만 자본주의적 생산의 일반적 연구에서는 우연적인 것[또 비본질적인 것]으로 무시되어도 좋은 것이다. 그런 일반적 연구에서는 항상 그 개념에 상응하는[혹은 개념 그 자체인] 현실적 관계가 그것에 고유한 일반적 유형을 나타낼 경우에 한해서만 현실적 관계를 보여준다는 것이 전제되어 있기 때문이다.

서로 다른 국가들 사이에서 잉여가치율의 차이[즉 국가 간 노동착취도의 차이]는 이 편에서의 논의에서는 완전히 배제된다. 이 편에서 우리가 밝히려고 하는 것은 한 국가 내에서 일반이윤율이 어떻게 형성되는가 하는 문제이기 때문이다. 그렇지만 서로 다른 국가들 간의 이윤율을 비교하는 데는 여태까지의 논의와 이 편에서의 논의가 함께 고려되어야 한다는 것이 분명하다. 즉 일단 국가 간 잉여가치율의 차이를 살피고 나서야 비로소 여기서 주어진 잉여가치율을 토대로 국가 간 이윤율의 차이를 비교할 수 있는 것이다. 그 이윤율의 차이가 국가 간 잉여가치율의 차이에서 나온 것이 아니라면 그것은 우리가 이 장에서 논의하는바, 잉여가치가 모두 동일한[즉 불변인] 것으로 가정하는 바로 그 조건의 차이 때문일 것이다.

앞 장에서 논의된 것은 잉여가치율이 불변이라는 가정 아래 일정 자본의 이윤율은 불변자본 구성요소들의 가치가 증가하거나 감소할 경우[즉 그럼으로써 불변자본과 가변자본 간의 비율이 변동할 경우] 그로 인해 상승 혹은 하락할 수 있다는 것이었다. 또한 자본 회전기간이 연장되거나 단축될 경우에도 마찬가지로 이윤율이 변동할 수 있다는 점이 함께 지적되었다. 그리고 이윤량은 잉여가치량〔즉 잉여가치 그 자체〕과 동일하기 때문에 이윤량 ― 이윤율과는 달리 ― 은 방금 언급한 가치변동의 영향을 받지 않는다는 것도 이야기했다. 이 가치변동이 영향을 미치는 것은 일정한 잉여가치〔따라서 일정량의 이윤〕를 나타내는 비율〔즉 투입된 자본량과 이윤량 간의 비율〕뿐이었다. 단지 그런 가치변동의 결과로 투입자본의 방M153면 혹은 속박이 발생하는 한에서는, 그런 간접적인 경로를 통해 이윤율뿐만 아니라 이윤 그 자체도 영향을 받을 수 있었다. 그러나 그럴 경우 이윤의 변동이란 것은 이미 선대된 자본에 대한 이윤의 변동을 의미하는 것이지 새로이 지출된 자본에 대해서는 적용되지 않는 것이었다. 게다가 이윤 그 자체의 증가나 감소는 항상, 그런 가치변동에 의해 동일한 자본으로 얼마만큼의〔더 많은 혹은 더 적은〕 노동을 사용할 수 있는지〔즉 잉여가치율이 불변인 상태에서 동일한 자본으로 얼마만큼의 잉여가치를 생산할 수 있는지〕에 달려 있다. 예외적인 것처럼 보이는 이런 경우는 비록 일반법칙과 모순되거나 또는 그런 일반법칙을 벗어나는 예외는 아니지만 사실 일반법칙의 적용에서 매우 특수한 경우에 해당될 뿐이었다.

만일 앞 편에서 이야기했듯이, 노동착취도가 불변일 때 불변자본 구성요소의 가치변동이나 자본 회전기간의 변동에 따라 이윤율이 변화한다면, 다른 조건이 불변인 상태에서 사용된 자본들의 회전기간이 서로 다르거나, 서로 다른 생산부문에서 이들 자본의 유기적 구성이 다를 경우, 동시에 병존하는 서로 다른 생산부문들의 이윤율은 당연히 서로 다를 것이다. 그리하여 우리는 앞에서 시간적으로 선후관계에 있는 동일 자본에서 나타났던 변동들이 이제는 시간적으로 동시에 존재하는 서로 다른 생산부문들에서 자본들 간의 차이로 나타나는 것을 보게 된다.

우리가 여기에서 다루게 될 것은 ① 자본의 유기적 구성의 차이, ② 자본 회전기간의 차이이다.

이 논의 전체에서는 당연히 다음과 같이 가정한다. 즉 우리가 어떤 한 생산부문의 자본구성이나 자본회전을 이야기할 경우에는 언제나 이 생산부문에 선대된 자본의 평균적인 정상비율〔즉 일정 생산부문에 선대된 총자본의 평균〕에 대한 이야기이지 이 부문에 투입된 개별 자본들 간의 특수한 차이에 대한 이야기가 아니라는 것이다.

또한 잉여가치율과 노동일은 불변이라고 가정하고 이 가정에는 임금이 불변이라는 것도 함께 포함되기 때문에 일정량의 가변자본은 사용되는 노동력〔즉 대상화되는 노동〕의 일정량을 나타낸다. 즉 100파운드스털링이 100명의 노동자들의 주급이라면〔말하자면 사실상 100명의 노동력을 가리키는 것이라면〕 n×100파운드스털링은 n×100명 노동자의 주급이고, $\frac{100}{n}$파운드스털링은 $\frac{100}{n}$명 노동자의 주급이 된다. 즉 여기에서 가변자본은 (임금이 불변일 경우) 일정한 총자본이 가동하는 노동량의 지표 역할을 수행한다. 따라서 사용된 가변자본량의 차이는 사용된 노동력 양의 차이에 관한 지표이기도 하다. 만일 100파운드스털링이 100명 노동자의 주급을 나타내고 일주일의 노동시간이 60시간이라서 그것이 총 6,000시간의 노동시간을 나타낸다면, 200파운드스털링은 12,000시간, 50파운드스털링은 3,000시간의 노동시간을 나타낼 것이다.

이미 제1권에서 이야기한 바 있듯이, 우리는 자본구성을 자본의 능동적인 부분과 수동적인 부분〔즉 가변자본과 불변자본〕 간의 비율로 알고 있다. 그런데 이 자본구성에서는 두 가지 비율을 고려해야 하는데 이 둘은 일정한 조건에서는 같은 효과를 낼 수 있지만 그 중요성은 서로 다른 것들이다.

첫째 비율은 기술적인 측면에 기초한 것으로 일정한 생산력 발전단계에서 주어진 것으로 간주된다. 즉 일정량의 생산물을, 예를 들어 하루 동안에 생산하기 위해서는〔따라서 (생산물 속에 포함되는 것으로서) 기계, 원료 등의 생산수단이 일정량 투입되어 생산적으로 소비되기 위해서는〕 일정량의 노동력〔일정 수의 노동자로 표현되는〕이 필요하다. 즉 일정량의 생산수단에 대한 일정 수의 노동자의 비율이, 다시 말해 생산수단 속에 이

M154

미 대상화되어 있는 일정량의 노동에 대한 일정량의 살아 있는 노동의 비율이 성립하는 것이다. 이 비율은 각 생산영역별로 큰 차이가 있으며 종종 같은 산업 내에서도 서로 다른 생산부문 간에는—물론 전혀 다른 생산부문들에서 우연히 서로 같거나 비슷할 수도 있지만—큰 차이가 나기도 한다.

이 비율이 자본의 기술적 구성을 이루며 자본의 유기적 구성의 고유한 기초이다.

그러나 가변자본이 단지 노동력의 지표이고 불변자본이 단지 노동력이 움직이는 생산수단의 양의 지표일 뿐이라면, 이 비율은 서로 다른 산업부문에서 같아질 수도 있다. 예를 들어 구리를 가지고 작업하는 생산부문과 철을 가지고 작업하는 생산부문 모두 노동력과 생산수단의 양 사이에 같은 비율을 필요로 한다고 가정하자(즉 기술적 구성이 동일하다고 가정하자— 옮긴이). 그런데 구리가 철보다 비싸기 때문에 두 부문의 가변자본과 불변 M155 자본의 가치비율은 서로 다를 것이고 따라서 두 부문에서 총자본의 가치구성도 서로 다르게 된다. 기술적 구성과 가치구성 사이의 차이는, 모든 산업부문에서 기술적 구성이 일정하더라도 가치비율이 변동할 수 있으며 기술적 구성이 변동하더라도 가치비율은 불변일 수 있다는 것을 의미한다. 물론 후자는 사용된 생산수단과 노동력의 양 사이의 비율이 그 가치변동과 반대 방향으로 변동함으로써 두 변동이 서로 상쇄되어버리는 경우에만 나타날 수 있다.

자본의 가치구성이 기술적 구성에 의해 규정되고 또 이 기술적 구성을 반영하는 한, 우리는 이것을 자본의 유기적 구성이라고 부른다.[20]

우리는 가변자본에 대해서 그것이 일정량의 노동력, 일정 수의 노동자

---

20) [이상의 것은 제3판의 제1권 제23장 앞부분인 628쪽*에서 이미 간단히 논의되었던 것이다. 그러나 이전의 제1판과 제2판에서는 이 부분이 빠져 있었기 때문에 여기에 그것을 집어넣는 것은 당연한 일이다.]
  * MEW Bd. 23, 640쪽 참조.

혹은 생산에 투입된 살아 있는 노동의 일정량을 나타내는 지표라고 가정한다. 그런데 제1편에서 본 것처럼 가변자본 가치량의 변동은 동일한 노동량의 가격이 변동하는 것일 뿐일 수 있다. 그러나 여기에서는 잉여가치율과 노동일이 불변이고 일정 노동시간에 대한 임금이 주어진 것으로 간주하기 때문에 그런 경우는 배제된다. 반면에 불변자본량의 차이는 일정량의 노동력에 의해 사용되는 생산수단의 양의 변동에 대한 지표일 수 있다. 그러나 또한 그 차이는 한 생산부문에서 사용되는 생산수단의 가치가 다른 생산부문의 생산수단의 가치와 다른 데서 비롯된 것일 수도 있다. 따라서 여기에서는 이 두 관점이 모두 고려된다.

마지막으로 다음과 같은 본질적인 문제를 지적할 필요가 있다.

이제 100파운드스털링이 노동자 100명의 주급이라고 가정하자. 그리고 주간 노동시간은 60시간이며 잉여가치율은 100%라고 하자. 그럴 경우 노동자는 60시간 가운데 30시간은 자신을 위하여 나머지 30시간은 자본가를 위하여 노동하는 셈이다. 100파운드스털링은 사실상 노동자 100명의 30시간의 작업시간〔즉 모두 3,000시간〕을 나타내며 노동자들의 작업시간 중 나머지 3,000시간은 100파운드스털링의 잉여가치〔혹은 이윤〕로 자본가가 가져가게 된다. 따라서 100파운드스털링의 임금은 100명의 노동자가 일주일 노동하여 만들어낸 가치 전체를 나타내는 것이 아니지만 그럼에도 그것은 (노동일의 길이와 잉여가치율은 주어진 것으로 본다) 이 자본에 의해 100명의 노동자가 총 6,000시간의 노동을 수행한다는 것을 나타낸다. 100파운드스털링의 자본이 이러한 사실을 나타내는 근거는, 첫째 1파운드스털링=1주일간 1명의 노동자이기 때문에 100파운드스털링=100명의 노동자가 됨으로써 이것이 생산에 투입되는 노동자의 숫자를 나타내기 때문이고, 둘째 잉여가치율이 100%로 주어져 있을 때 생산에 투입된 노동자 개개인 모두가 자신의 임금에 포함된 것보다 꼭 2배의 노동을 수행하기 때문이다. 즉 $\frac{1}{2}$ 주일간의 노동에 해당하는 1파운드스털링의 임금을 받고 1주일 전체 동안 노동을 함으로써, 결국 100파운드스털링이

50주일의 노동밖에는 포함하지 않는데 100주일간의 노동을 수행하기 때문인 것이다. 그러므로 임금으로 지불되는 가변자본에 대해서 그것의 가치[즉 임금총액]가 일정량의 대상화된 노동을 나타내는 경우와 그것의 가치가 단순히 생산에 투입된 살아 있는 노동량에 대한 지표인 경우를 본질적으로 구별할 필요가 있다. 이 살아 있는 노동량은 항상 가변자본 속에 포함되어 있는 노동량보다 크며, 따라서 가변자본의 가치보다 더 큰 가치를 나타낸다. 이 더 큰 가치는 한편으로는 가변자본에 의해 생산에 투입된 노동자의 숫자를 통해, 또 다른 한편으로는 이 노동자가 수행하는 잉여노동량에 의해 그 크기가 결정된다.

가변자본을 이러한 방식으로 살펴보면 다음 결론을 얻을 수 있다.

생산영역 A에서 총자본 700 가운데 가변자본으로 100, 불변자본으로 600이 지출되고 또 다른 생산영역 B에서는 가변자본으로 600, 불변자본으로 100이 지출되었다면, A의 총자본 700은 단지 100의 노동력만을, 즉 앞서의 가정에 따를 때 100주일의 노동 혹은 6,000시간의 살아 있는 노동만을 사용하게 될 것이고 같은 크기인 B의 총자본은 600주일의 노동인 36,000시간의 살아 있는 노동을 사용하게 될 것이다. 따라서 자본 A는 단지 50주일[혹은 3,000시간]의 잉여노동을 획득하게 될 것이고 같은 크기의 자본 B는 300주일[혹은 18,000시간]의 잉여노동을 획득하게 될 것이다. 말하자면 가변자본은 그 자체 속에 포함되는 노동의 지표일 뿐만 아니라 잉여가치율이 일정할 때, 자체 속에 포함된 이 노동을 넘어서서 사용되는 초과노동[즉 잉여노동]에 대한 지표이기도 한 것이다. 노동착취도가 M157 동일할 때 이윤율은(MEW 원본에는 이윤 Profit으로 되어 있는데 이는 이윤율로 바로잡아야 한다고 생각된다-옮긴이) 자본 A의 경우 $\frac{100}{700} = \frac{1}{7} = 14\frac{2}{7}\%$이고 자본 B의 경우 $\frac{600}{700} = 85\frac{5}{7}\%$로서 후자가 전자의 6배에 달한다. 그러나 이 경우 사실은 이윤 그 자체의 크기가 B의 경우 600, A의 경우 100으로 6배의 차이가 나는데 이는 같은 크기의 자본을 가지고 사용하는 노동량이 6배 차이가 나고 따라서 노동착취도가 같다면 잉여가치도 6배 차이가 나고 이윤도 6배 차이가 나기 때문이다.

만일 자본 A가 700파운드스털링이 아니라 7,000파운드스털링을 사용하고 B는 그대로 700파운드스털링을 사용한다면 유기적 구성이 동일할 때 자본 A는 7,000파운드스털링 가운데 1,000파운드스털링을 가변자본으로 사용할 것이다. 즉 노동자 1,000명의 1주일 노동인 60,000시간의 살아 있는 노동을 사용하게 될 것이고 이 가운데 30,000시간이 잉여노동이 될 것이다. 그러나 700파운드스털링을 기준으로 할 때 A는 여전히 B에 비해 $\frac{1}{6}$의 살아 있는 노동력만 사용하고 따라서 잉여노동도 $\frac{1}{6}$만 얻게 되어 이윤도 $\frac{1}{6}$만 생산할 것이다. 이윤율을 살펴본다면 A는 B의 $\frac{600}{700}$ [혹은 $85\frac{5}{7}$%]에 비해 $\frac{1,000}{7,000} = \frac{100}{700} = 14\frac{2}{7}$%에 그칠 것이다. 이처럼 동일한 자본액을 기준으로 할 때 이윤율의 차이가 나는 것은 잉여가치율이 동일할 때 생산에 사용되는 살아 있는 노동의 양이 서로 달라서, 생산된 잉여가치량과 그에 따른 이윤량이 달라지기 때문이다.

한 생산영역이 다른 생산영역과 기술적 구성은 같지만 사용된 불변자본요소의 가치가 서로 다를 경우에도 사실상 이와 마찬가지 결과가 나타난다. 이제 A와 B 모두 가변자본으로 100파운드스털링을 사용하여 주급으로 100명의 노동자를 고용하고 기계와 원료도 같은 양을 사용하는데 단지 B의 불변자본이 A의 불변자본보다 값이 비싸다고 가정하자. 그리하여 가변자본은 두 경우 모두 100파운드스털링인데 불변자본은, 예를 들어 A의 경우 200파운드스털링, B의 경우 400파운드스털링이라고 하자. 잉여가치율이 100%라면 두 경우 모두 생산된 잉여가치는 똑같이 100파운드스털링이 된다. 따라서 이윤도 똑같이 100파운드스털링이 된다. 그러나 이윤율은 A의 경우 $\frac{100}{200c+100v} = \frac{1}{3} = 33\frac{1}{3}$%인 데 반해 B의 경우는 $\frac{100}{400c+100v} = \frac{1}{5} = 20$%이다. 실제로 우리가 두 경우의 총자본을 같은 크기의 100파운드스털링으로 약분하면 B는 100파운드스털링 가운데 가변자본이 20파운드스털링 [혹은 $\frac{1}{5}$]인 반면 A는 100파운드스털링 가운데 $33\frac{1}{3}$파운드스털링 [혹은 $\frac{1}{3}$]이 된다. B는 100파운드스털링을 기준으로 할 때 A보다 더 적은 이윤을 생산하는데 이는 A보다 더 적은 양의 살아 있는 노동을 사용하기 때문이다. 그리하여 여기에서도 다시 이윤율의 차이가 선대자본 100을 기준으로 생산된 이윤량〔바로 잉여가치량〕의 차이 때문인 것으로 설명된다.

이 둘째 예가 첫째 예와 다른 점은 다음과 같은 점뿐이다. 즉 둘째 예에 M158 서 A와 B의 이윤율이 같아지기 위해서는 동일한 기술적 조건하에서 A든 B든 어느 한쪽만 불변자본의 가치가 변해야 하는 반면, 첫째 예에서는 두 생산영역의 기술적 구성 그 자체가 다르기 때문에, 이윤율이 같아지기 위해서는 이 기술적 구성이 변화되어야 하는 것이다.

자본의 유기적 구성의 차이는 그 자본의 절대적 크기와는 무관하다. 여기에서 문제가 되는 것은 항상 100의 가변자본을 기준으로 할 때 불변자본의 크기가 얼마인가 하는 그 비율뿐이다.

그리하여 백분비로 환산했을 때 그 크기가 다른 자본들〔혹은 총자본의 크기는 같아도 그 구성비가 달라서 결과적으로는 마찬가지인 자본들〕은 노동일과 노동착취도가 같더라도 완전히 서로 다른 양의 이윤을 생산하는데 이는 바로 잉여가치 때문이다. 즉 서로 다른 생산영역의 서로 다른 자본의 유기적 구성 때문에 그 가변자본 부분이 서로 다르고, 따라서 그 가변자본에 의해 생산에 투입되는 살아 있는 노동의 양이 서로 다르게 되고 그럼으로써 획득되는 잉여노동〔잉여가치와 이윤의 실체〕의 양이 달라지는 것이다. 서로 다른 생산영역의 총자본들은, 같은 크기라도 제각기 포함하는 잉여가치의 원천의 크기 — 그 유일한 원천은 바로 살아 있는 노동이다 — 가 서로 다르다. 노동착취도가 동일할 때 어떤 자본=100이 사용하는 노동〔따라서 그 자본이 획득하는 잉여노동〕의 크기는 그 자본의 가변자본 부분의 크기에 의존한다. 만일 구성비가 90c+10v로 이루어진 어떤 자본이 노동착취도가 동일한 조건에서 구성비가 10c+90v로 이루어진 어떤 다른 자본과 똑같은 잉여가치〔혹은 이윤〕를 생산한다면 잉여가치〔따라서 가치 일반〕는 노동이 아닌 전혀 다른 원천으로부터 나와야만 하고 그럼으로써 경제학의 모든 합리적 기초가 사라져버릴 것은 명약관화한 일이다. 계속해서 우리가 1파운드스털링을 1주일에 60시간 노동하는 노동자 1명의 주급으로 가정하고 잉여가치율=100%로 놓는다면 노동자 1명이 1주일 동안에 산출할 수 있는 생산물의 총가치=2파운드스털링이 될 것이 분명하며 10명의 노동자는 정확히 20파운드스털링을 산출하게 될 것이다. 그리고 이 20파운드스털링 가운데 임금으로 지불되는 것은 10파운드스털링이므로 이 10명의 노동자는 정확히 10파운드스털링의 잉여가치를 생산해낼 수 있을 것이다. 반면 노동자 수가 90명일 경우에는 그 생산물의 총가치=180파운드스털링이 되고 그 임금=90파운드스털링일 것이므로 잉여가치는 90파운드스털링이 생산될 것이다. 그렇다면 이윤율은 전자의 경우 10%, 후자의 경우는 90%가 될 것이다. 만일 그렇지 않다면 가치와 잉여가치는 대상화된 노동이 아닌 다른 어떤 것이 되어야만 할

M159 것이다. 따라서 백분비로 환산한 서로 다른 생산영역의 자본들[혹은 같은 크기의 자본들]은 불변자본과 가변자본으로 나누어지는 비율이 서로 다르기 때문에[즉 생산에 투입되는 살아 있는 노동의 크기가 서로 다르고 따라서 생산하는 잉여가치와 이윤이 서로 다르기 때문에] 바로 그래서 이윤율, 곧 총자본에 대한 잉여가치의 백분비가 서로 다르다.

그러나 백분비로 계산된 서로 다른 생산영역의 자본들[즉 서로 다른 생산영역의 같은 크기의 자본들]이 유기적 구성의 차이 때문에 서로 다른 이윤을 생산한다면, 서로 다른 생산영역의 크기가 다른 자본들의 이윤은 그들 자본의 상대적인 크기에 비례할 수 없다. 즉 서로 다른 생산영역의 이윤들은 사용된 자본들의 상대적인 크기에 비례하지 않는다. 왜냐하면 그처럼 사용된 자본량에 비례하여 이윤이 커진다고 생각하는 것은 백분비로 환산하면 그들 이윤이 모두 동일하다는 것[즉 서로 다른 생산영역의 자본들이 크기만 서로 같으면 비록 그들 간에 유기적 구성이 서로 다르더라도 이윤율은 같다는 것]과 마찬가지 생각이기 때문이다. 같은 생산영역 내에서만[즉 자본의 유기적 구성이 주어진 경우에만, 또는 서로 다른 생

산영역이더라도 자본의 유기적 구성이 동일한 경우에만〕이윤량은 사용된 자본량에 비례한다. 크기가 서로 다른 자본들의 이윤이 그들 자본량에 비례한다는 이야기는 바로 같은 크기의 자본이 같은 양의 이윤을 산출한다〔혹은 모든 자본의 이윤율은 그 자본량이나 유기적 구성에 상관없이 모두 동일하다〕는 이야기와 마찬가지이다.

지금까지의 논의는 상품이 그 가치대로 팔린다는 것을 가정한다. 한 상품의 가치는 그 속에 포함된 불변자본의 가치와 상품을 통해 재생산된 가변자본의 가치 그리고 이 가변자본의 증가분인 생산된 잉여가치를 모두 합한 것과 동일하다. 잉여가치율이 동일할 때 잉여가치량은 명백히 가변자본의 크기에 의존한다. 100의 자본으로 생산된 생산물의 가치가 어떤 경우에는 $90c+10v+10m=110$이고 또 어떤 경우에는 $10c+90v+90m=190$이라고 하자. 상품이 가치대로 팔린다면 전자의 생산물은 110에 팔릴 것이다. 그중 잉여가치〔혹은 불불노동〕는 10으로 나타날 것이다. 그러나 후자의 생산물은 190에 팔릴 것이고 그 중 잉여가치〔혹은 불불노동〕는 90으로 나타날 것이다.

이것은 국가 간 이윤율을 서로 비교할 때 특히 중요하다. 한 유럽 국가 M160의 잉여가치율이 100%라고 하자. 즉 노동자가 자기 노동일의 절반은 자신을 위해, 나머지 질반은 자신의 고용주를 위해 노동한다고 하자. 그리고 한 아시아 국가의 잉여가치율=25%, 즉 이곳의 노동자는 노동일의 $\frac{4}{5}$를 자신을 위해, 나머지 $\frac{1}{5}$은 자기 고용주를 위해 노동한다고 하자. 그런데 유럽 국가의 자본구성은 $84c+16v$이고 아시아 국가의 자본구성은 — 여기에서는 기계 등이 적게 사용되고 주어진 시간 동안에 주어진 양의 노동력이 유럽 국가에 비해 상대적으로 적은 양의 원료를 생산적으로 소비한다 — $16c+84v$라고 하자. 그러면 우리는 다음의 계산을 얻을 수 있다.

유럽 국가의 생산물가치$=84c+16v+16m=116$; 이윤율$=\frac{16}{100}=16\%$

아시아 국가의 생산물가치$=16c+84v+21m=121$; 이윤율$=\frac{21}{100}=21\%$

따라서 아시아 국가의 잉여가치율은 유럽 국가보다 4배나 낮은데도 그 이윤율은 25% 이상 높다. 케리(H. C. Carey), 바스티아(F. Bastiats)와 같은 이들은 아마 이것과 정반대의 결론을 내릴 것이다.

이에 덧붙여 이야기한다면 국가 간 이윤율의 차이는 대부분 국가 간 잉여가치율의 차이에 근거한다. 그러나 이 장에서 우리는 동일한 잉여가치율에서 나오는 상이한 이윤율들을 비교하고 있다.

자본의 유기적 구성의 차이[즉 서로 다른 생산영역에서 각기 다른 양의 자본들에 의해 고용된 노동량(다른 조건이 일정하다면 잉여노동도 해당된다)의 차이] 이외에 이윤율이 달라질 수 있는 또 하나의 요인이 있다. 그것은 서로 다른 생산영역의 자본 회전기간의 차이이다. 우리는 이미 제4장에서 자본구성이 동일하고 다른 조건이 일정할 때 이윤율이 자본의 회전기간에 반비례하여 변동하며 또한 동일한 가변자본이 그 회전기간이 서로 다를 때에는 연간 생산하는 잉여가치의 양이 다르다는 것을 보았다. 즉 자본 회전기간의 차이는 서로 다른 생산영역에서 같은 크기의 자본이 같은 기간에 서로 다른 크기의 이윤을 생산하는[즉 이들 서로 다른 생산영역의 이윤율이 서로 다른] 또 하나의 요인인 것이다.

반면에 고정자본과 유동자본 간의 자본구성비는 그 자체로는 이윤율에 M161 전혀 영향을 미치지 않는다. 단지 이것이 영향을 미칠 수 있는 경우는 두 가지가 있는데 하나는 이 자본구성의 차이가 마침 가변자본과 불변자본 간 구성비의 차이와 동시에 나타나고 그럼으로써 고정자본과 유동자본 간 구성비의 차이가 아닌 바로 이 가변자본과 불변자본의 구성비의 차이 때문에 이윤율의 차이가 나타나는 경우이다. 또 하나는 고정자본과 유동자본 간의 비율 차이가 일정 이윤이 실현되는 회전기간의 차이와 관련되어 있을 때이다. 여러 자본들이 각기 상이한 고정자본과 유동자본 간의 비율로 나누어진다면 이것은 물론 언제나 자본의 회전기간에 영향을 미칠 것이고 그들 간에 회전기간의 차이를 유발할 것이다. 그러나 그렇다고 해서 같은 크기의 자본이 이윤을 실현하는 데 걸리는 회전기간이 달라지는 것은 아니다. 예를 들어 A는 생산물 가운데 좀더 많은 부분을 계속해서 원료 등의 교체에 사용해야 하는 반면 B는 비교적 장기간에 걸쳐 동일한 기계를 사용하면서 좀더 적은 원료를 필요로 한다 하더라도 양자는 생산을 계속하는 한 그들 자본 가운데 일부를 계속 사용 중인 상태로 남겨두고 있다. 즉 A는 원료(즉 유동자본)를 그렇게 하고 있으며 B는 기계(즉 고정자본)를 그런 상태에 두고 있다. A는 끊임없이 자기 자본의 일부를 상품형태에서 화폐형태로, 그리고 이를 다시 원료의 형태로 전화시킨다. 반면 B는 자기 자본의 일부를 이런 전화과정 없이 장기간에 걸쳐 계속 작업도구로 사용한다. 만일 양자가 동일한 노동량을 사용한다면 연간 생산물은 같은 가치에 팔리지 않더라도 잉여가치량이 같게 되고, 고정자본과 유동자본 간의 구성과 그 회전기간이 서로 다르다 하더라도 선대된 총자본에 대해 계산된 그 이윤율들은 같게 된다.[21] 회전기간의 차이가 그 자체로 중요성을 띠게 되는 경우는 그것이 주어진 기간에 동일한 자본으로 획득 가능하고 실현 가능한 잉여노동의 양에 영향을 미칠 때뿐이다. 따라서 유동자 M162 본과 고정자본 간 구성비의 차이가, 반드시 이윤율의 차이와 연관되는 회전기간의 차이를 포함한 것이 아니라면, 이윤율의 차이가 발생할 경우 이것은 유동자본과 고정자본 간 구성비의 차이 때문이 아니라 그 구성비율이 단지 이윤율에 영향을 미치는 회전기간의 차이를 보여주는 것이기 때문이다.

---

21) (제4장에서 말한 바와 같이 위의 이야기가 성립하는 것은, 단지 자본 A와 자본 B가 가치구성은 서로 다르지만 각각의 가변자본 구성부분이 그 회전기간에 비례하거나 또는 회전수에 반비례하는 경우뿐이다. 이제 자본 A의 자본구성이 '고정자본 20c+유동자본 70c'로 되어 있어서 90c+10v=100으로 이루어져 있다고 하자. 잉여가치율이 100%라면 10v는 1회전기간에 10m을 생산해낸다. 따라서 1회전기간에 대한 이윤율=10%이다. 반면에 자본 B는 그 자본구성이 '고정자본 60c+유동자본 20c'로 되어 있어서 80c+20v=100으로 이루어져 있다고 하자. 잉여가치율이 A의 경우와 같다면 20v는 1회전기간에 20m을 생산해내고 이때의 이윤율=20%로 A의 2배이다. 그러나 A가 1년 동안에 2회전하고 B는 1회전만 한다면 1년을 단위로 할 때 A의 잉여가치는 2×10m=20m으로 B와 같게 되고 연간 이윤율도 마찬가지로 20%로 같아질 것이다.)

그러므로 서로 다른 산업부문의 불변자본에서, 그것을 구성하는 유동자본과 고정자본 구성비의 차이는 그 자체 이윤율과는 아무런 상관이 없는데 이는 이윤율이 불변자본에 대한 가변자본의 비율에 의해 결정되는 반면 불변자본의 가치〔그리고 가변자본에 대한 불변자본의 상대적 크기〕는 불변자본의 구성요소인 고정자본과 유동자본의 성격과 전혀 상관이 없기 때문이다. 그러나 아마도 다음과 같은 경우가 있을 수 있는데 이것이 잘못된 결론을 이끌어내는 발단이 된다. 즉 고정자본이 현저하게 증가하긴 하지만 이것이 단지 생산이 대규모화하고 따라서 고정자본이 가변자본을 훨씬 능가하거나 혹은 사용되는 살아 있는 노동력이 이 노동력에 의해 움직여지는 생산수단의 양에 비해 적어지는 현상을 나타낼 뿐일 그런 경우이다.

지금까지 우리가 살펴본 바를 정리하면 다음과 같다. 즉 서로 다른 산업부문들에서는, 자본의 유기적 구성이 서로 다르고 주어진 기간에 자본의 회전기간도 서로 다르기 때문에, 이로 인하여 이윤율의 차이가 나타나고, 따라서 잉여가치율이 동일하다 하더라도 이윤이 자본량에 비례한다는 법칙〔즉 같은 크기의 자본은 같은 기간에 같은 크기의 이윤을 산출한다는 법칙(일반적 경향에 따른)〕은, 회전기간이 같다고 가정할 때 자본의 유기적 구성이 같은 자본들에 대해서만 적용된다는 사실이다. 물론 이는 지금까지 우리 논의의 기본 가정, 즉 상품이 그 가치대로 팔린다는 가정 위에서만 성립하는 이야기이다. 그런데 실제 현실에서는, 비본질적이고 우연적이며 서로 상쇄되기도 하는 각종 차이들을 무시한다면, 서로 다른 산업부문들 간에는 평균이윤율의 차이가 존재하지 않으며 이는 자본주의적 생산체계 전체가 지양되지 않는 한 존재할 수 없다. 따라서 가치론은 실제 현실의 움직임〔즉 실제의 생산현상〕과 일치하지 않으며 따라서 이 현실을 파악하려면 유보되어야 할 것처럼 보인다.

M163　이 책의 제1편에서는 생산에 선대된 자본의 크기가 동일한 여러 생산영역의 생산물들에서 그 비용가격은 — 이 자본들의 유기적 구성이 서로

아무리 다르다고 하더라도 ― 같다고 이야기하였다. 자본가들에게는 비용가격에서 가변자본과 불변자본이 서로 구별되지 않는다. 그에게는 어떤 상품의 생산에 100파운드스털링이 지출되어야 한다면 이 지출이 90c+10v이든 10c+90v이든 그것은 아무래도 상관없는 일이다. 그 지출비용은 어쨌거나 자본가에게는 100파운드스털링일 뿐이며 그 이상도 그 이하도 아니다. 비용가격은 자본지출이 동일할 경우에는 서로 다른 생산영역들에서, 생산된 가치와 잉여가치가 서로 아무리 차이가 나더라도 그에 상관없이 동일하다. 이런 비용가격의 동일성은 자본지출 경쟁의 토대가 되며 바로 이 경쟁을 통해서 평균이윤이 형성된다.

제9장

일반이윤율(평균이윤율)의 형성과
상품가치의 생산가격으로의 전화

M164   자본의 유기적 구성은 매 순간 두 가지 요인에 의존한다. 하나는 사용된 노동력과 생산수단 사이의 기술적 비율이며 또 하나는 이 생산수단의 가격이다. 우리가 이미 본 바와 같이, 이 유기적 구성은 백분비로 환산하여 고찰해야 한다. 불변자본이 $\frac{4}{5}$, 가변자본이 $\frac{1}{5}$로 이루어진 어떤 자본의 유기적 구성은 80c+20v의 식으로 표시된다. 그리고 여러 자본을 서로 비교할 경우에는 잉여가치율을 불변으로〔예를 들어 100%〕가정한다. 그럴 경우 80c+20v인 자본은 20m의 잉여가치를 산출하고 총자본에 대한 이윤율 20%를 형성한다. 이때 생산물의 실제 가치의 크기가 얼마인가 하는 것은 불변자본 가운데 고정자본 부분이 얼마이고 그중 마모되어 생산물 속으로 이전되는 가치와 이전되지 않는 가치의 크기가 각기 얼마인지에 의존한다. 그러나 이런 사정은 이윤율과는 전혀 무관하고 따라서 여기에서의 논의와도 무관한 것이므로 논의를 단순화하기 위하여 불변자본은 그 자본의 연간 생산물 속으로 완전히 다 소진되어버리는 것으로 가정한다. 또한 서로 다른 생산영역의 자본들이 그 가변자본 부분들의 크기에 비례하여 연간 동일한 양의 잉여가치를 실현하는 것으로 가정한다. 따라서

이와 관련된 회전기간의 차이를 유발할 수 있는 잉여가치의 차이는 잠정적으로 배제하기로 한다. 이 점에 대해서는 나중에 다시 다루게 될 것이다.

이제 다음과 같이 서로 다른 5개의 생산영역이 있고, 이들 각 영역에 선대된 자본의 유기적 구성이 각기 다르다고 하자.

자　　본	잉여가치율	잉여가치	생산물의 가치	이윤율
I. 80c+20v	100%	20	120	20%
II. 70c+30v	100%	30	130	30%
III. 60c+40v	100%	40	140	40%
IV. 85c+15v	100%	15	115	15%
V. 95c+ 5v	100%	5	105	5%

여기에서 보면 각 생산영역들의 노동착취도는 동일하지만 이윤율은 자 본의 유기적 구성의 차이 때문에 서로 상당히 다르다.

5개 영역에 투하된 자본의 총액=500이다. 그리고 그것이 생산한 잉여가치의 총액=110이고 생산된 상품의 총가치=610이다. 우리가 500을 I~V까지의 서로 다른 부분들로 이루어진 하나의 자본으로 간주한다면(이는 마치 소면실, 예비 방적실, 방적실, 직조실 등의 여러 부서들로 이루어진 면직공장에서 이들 각 부서가 서로 다른 가변자본과 불변자본 간의 비율로 이루어져 있지만 공장 전체로는 이에 대한 평균비율이 따로 계산되어야 하는 것과 마찬가지이다) 자본의 평균구성은 500=390c+110v〔혹은 백분비로 표시하여 78c+22v〕가 될 것이다. 각각의 자본 100을 총자본의 $\frac{1}{5}$로만 간주한다면 그 자본구성은 이들의 평균인 78c+22v가 될 것이고 잉여가치는 평균잉여가치인 22가 될 것이다. 따라서 평균이윤율=22%가 될 것이고 결국 500으로 생산된 총생산물 각각의 $\frac{1}{5}$에 대한 가격은 122가 될 것이다. 즉 선대된 총자본의 각 $\frac{1}{5}$의 생산물은 122에 판매되어야 할 것이다.

그러나 완전히 잘못된 결론으로 가지 않기 위해서는 모든 비용가격을

100으로 계산해서는 안 될 것이다.

80c+20v에서 잉여가치율=100%이고 불변자본 전체가 연간 생산물로 이전된다면 자본 I=100이 생산한 상품의 총가치=80c+20v+20m=120이 될 것이다. 이제 이 120의 상품가치는 조건에 따라 여러 생산영역들에서 있을 수 있다. 그러나 c : v=4 : 1인 경우에 모두 상품가치가 120이 된다고 말하기는 어렵다. 즉 크기가 100인 서로 다른 자본들이 생산한 상품의 가치에 대해 이야기할 때는, 이들 가치가 c의 고정자본과 유동자본 간 구성의 차이에 따라 서로 달라지고 서로 다른 자본들의 고정자본 부분 그 자체도 다시 마모되는 속도에 따라 같은 기간 내에 생산물로 이전하는 가치량이 서로 달라진다는 점이 지적되어야 한다. 그러나 이것은 이윤율과

M166 는 무관하다. 80c가 연간 생산물에 대해 80의 가치를 이전하든 50이나 혹은 5의 가치를 이전하든, 따라서 연간 생산물이 80c+20v+20m=120이든 50c+20v+20m=90이든 혹은 5c+20v+20m=45이든 이들 모두 생산물의 가치가 그 비용가격을 초과하는 부분은 20으로 동일하다. 그리고 이들 모두 이윤율의 계산은 바로 이 20을 100의 자본으로 나누면 된다. 따라서 어떤 경우에도 자본 I의 이윤율은 20%가 된다. 이것을 좀더 분명히 하기 위해서 위에서 이야기한 것과 같은 크기의 5개 자본에 대해 이들의 불변자본이 생산물에 이전하는 가치의 크기가 서로 다른 경우를 다음의 표를 통해서 살펴보자.

자 본	잉여가치율	잉여가치	이윤율	c의 소모량	상품의 가치	비용가격
I. 80c+20v	100%	20	20%	50	90	70
II. 70c+30v	100%	30	30%	51	111	81
III. 60c+40v	100%	40	40%	51	131	91
IV. 85c+15v	100%	15	15%	40	70	55
V. 95c+ 5v	100%	5	5%	10	20	15
계 390c+110v	—	110	—	—	—	—
평균 78c+22v	—	22	22%	—	—	—

우리가 다시 자본 I~V를 하나의 총자본으로 간주한다면 이 경우에도 5개 자본 총액의 구성＝500＝390c＋110v가 되어 평균구성＝78c＋22v로 원래와 같게 된다. 또한 평균잉여가치도 22*로 원래와 같게 된다. 이 잉여가치를 I~V에 대해 똑같이 나누면 다음과 같은 상품가격이 만들어진다.

자 본	잉여가치	상품의 가치	비용가격	상품의 가격	이윤율	가치와 가격 간의 편차
I. 80c＋20v	20	90	70	92	22%	＋ 2
II. 70c＋30v	30	111	81	103	22%	－ 8
III. 60c＋40v	40	131	91	113	22%	－18
IV. 85c＋15v	15	70**	55	77	22%	＋ 7
V. 95c＋ 5v	5	20	15	37	22%	＋17

종합해서 말하자면 상품들은 2＋7＋17＝26만큼 가치 이상으로, 8＋18 ＝26만큼 가치 이하로 팔린 셈이며, 이에 따라 가치와 가격의 편차는, 잉 여가치의 똑같은 배분에 의하여〔혹은 상품 I~V의 각 비용가격에 선대자 본 100당 22의 평균이윤을 부가함으로써〕해소된다. 즉 가치 이상으로 판 매되는 상품들의 그 초과분만큼 다른 상품들이 가치 이하로 판매된다. 그 리고 그런 가격으로 상품들이 판매될 경우에만 I~V의 이윤율은 자본 I~ V의 유기적 구성의 차이들과 상관없이 똑같이 22%가 될 수 있다. 서로 다른 생산영역의 각기 다른 이윤율로부터 평균이윤을 도출하고 이 평균 이윤을 각 생산영역의 비용가격에 더해서 만들어진 가격, 그것이 곧 생산 가격(Produktionspreise)이다. 이 생산가격이 성립하기 위해서는 일반이윤 율이 전제되어야 하고, 이 일반이윤율은 다시 각 생산영역의 개별 이윤율 들이 한데 합쳐져서, 이미 똑같은 평균이윤율로 환원되어 있다는 것을 전 제로 한다. 각 생산영역의 개별 이윤율＝$\frac{m}{c}$ 이고, 이 책의 제1편에서 이야

* 초판에는 22%로 되어 있으나 마르크스의 초고에 22로 되어 있어 수정함.
** 초판에는 40으로 되어 있으나 마르크스의 초고에 따라 수정함.

기했듯이, 그것은 상품의 가치에서 나온다. 이런 과정 없이는 일반이윤율(그리고 상품의 생산가격도)이란 아무 의미도 없고 내용도 없는 것에 그친다. 그리하여 상품의 생산가격은 그 비용가격에다 일반이윤율에 따라 백분비로 거기에 부가되는 이윤[혹은 평균이윤]을 더한 것과 같다.

서로 다른 생산부문에 투하된 각 자본은 유기적 구성이 다르고[따라서 주어진 크기의 총자본에서 가변자본의 구성비율이 각기 다르고 그로 인해 같은 크기의 자본이 사용하는 노동량이 서로 다르고] 그 결과 이들 자본이 획득하게 되는 잉여노동의 양[혹은 이들 자본이 생산하는 잉여가치량]은 각기 다르다. 따라서 이들 각 생산부문의 이윤율은 원래 서로 매우 다르다. 이 상이한 이윤율들은 경쟁을 통해서 일반이윤율로 균등화되는데 이 일반이윤율이란 곧 이들 상이한 이윤율 모두의 평균이다. 그 유기적 구성에 상관없이 어떤 일정 크기의 자본에 이 일반이윤율을 적용해 만들어진 이윤을 평균이윤이라 부른다. 생산에 사용된(단지 생산과정에서 소비된 것뿐만 아니라) 총자본을 기준으로 계산된 연간 평균이윤에서, 그것을 다시 자본의 회전수로 나누어서 얻어진 부분을 비용가격에 더하여 만M168 들어진 상품가격이 바로 그 상품의 생산가격이다. 예를 들어 어떤 500의 자본에서 고정자본이 100이고 이 고정자본은 유동자본 400의 1회전기간 동안 10%씩 소모된다고 하자. 그리고 이 회전기간에 대한 평균이윤율(MEW 원본에는 평균이윤으로 되어 있으나 평균이윤율로 고쳤음—옮긴이)을 10%라고 하자. 그러면 이 회전기간에 만들어진 생산물의 비용가격은 고정자본의 소모분 10c+유동자본 400(c+v)=410이 될 것이고 그 생산가격은 비용가격 410+50(500에 대한 이윤율 10%)=460이 될 것이다.

따라서 서로 다른 생산영역의 자본가들은 그들의 상품을 판매하는 과정에서 이들 상품의 생산에 사용된 자본가치를 회수하긴 하지만, 각자 자신의 생산영역에서 (이들 상품의 생산과정에서) 만들어진 잉여가치[즉 이윤]를 회수하는 것이 아니라, 각 생산영역의 자본들을 모두 합친 사회적 총자본이 일정 기간에 생산한 총잉여가치[혹은 총이윤] 중에서, 총자본

가운데 각자가 차지하는 비율에 따라 균등하게 배분되는 몫을 자신의 잉여가치[즉 이윤]로 회수하는 것이다. 각 선대자본은 그 자본구성에 상관없이 100을 단위로 해서 총자본이 획득한 백분비의 이윤을 매년[혹은 기간의 단위가 다를 수도 있다] 얻는다. 이때의 각 자본가들은, 이윤에 관한 한, 똑같은 백분비로 이윤을 배당받는 주식회사의 주주들이나 다름없다. 따라서 각 자본가들 간의 차이란 그 회사의 총자본에 그들이 투입한 자본의 크기가 서로 다르다는 것, 즉 총자본에서 그들의 지분율이 다르다는 것, 다시 말해 주식의 숫자가 다르다는 것뿐이다. 따라서 이 상품가격 가운데 상품생산에서 소모된 자본가치 부분을 보전할 부분[즉 이 소모된 자본가치를 다시 사들여야 하는 부분]인 비용가격 부분은 각 자본가들의 해당 생산영역 내에서의 지출에 의해 전적으로 정해지는 반면, 상품가격의 다른 부분[즉 비용가격에 부가되는 부분]인 이윤은, 일정 기간에 이들 각 생산영역의 각 자본들이 직접 생산한 각자의 이윤량에 따라 정해지는 것이 아니라, 총생산에 사용된 사회적 총자본에서 각 자본이 차지하는 비율에 따라 일정 기간마다 평균적으로 배분되는 이윤량에 의해 정해진다.[22]

그러므로 만일 한 자본가가 자신의 상품을 그 생산가격에 팔았다면 그 M169는 우선 생산에서 자신이 소모한 자본가치의 크기에 비례하여 화폐를 회수하고 그런 다음 이윤은 사회적 총자본에서 자신이 투입한 자본이 차지하는 비율에 따라서 획득하게 된다. 그의 비용가격은 자신에게 고유한 것이다. 그러나 이 비용가격에 부가되는 이윤은 자신의 생산영역과는 무관하게 선대자본의 100단위당 평균치일 뿐이다.

앞의 예에서 I~V의 각기 다른 5개의 자본선대를 모두 한 사람이 한다고 가정하자. I~V의 각 자본선대에서, 선대된 자본 100당 가변자본과 불변자본이 상품생산과정에서 각각 얼마씩 소모되는지는 주어져 있을 것이고, I~V의 각 상품에서 이 두 자본의 가치 부분은 당연히 각 상품가격의

---

22) 셰르뷜리에.[23]

일부를 이룰 것이다. 왜냐하면 이 가격은 최소한 선대되어 소비된 자본 부분을 보전할 정도는 되어야 할 것이기 때문이다. 따라서 비용가격은 I~V의 각 상품별로 다를 것이고 상품 소유주에 의해서 그렇게 각기 다르게 정해질 것이다. 그러나 I~V에서 생산된 각기 다른 잉여가치량[혹은 이윤량]에 관한 한 자본가는 이를 자신이 투입한 총자본의 이윤으로 계산할 것이므로 그것은 자본 100당 똑같은 비율로 할당될 것이다. 그리하여 I~V의 각 자본선대를 통해서 생산된 상품들은, 비용가격은 제각기 모두 다르지만 판매가격 가운데 자본 100당 부가되는 이윤 부분은 똑같을 것이다. 따라서 상품 I~V의 총가격은 그것의 총가치[즉 I~V의 비용가격 총액＋I~V에서 생산된 잉여가치(혹은 이윤)의 총액]와 동일할 것이다. 즉 투입된 과거의 노동과 새로 부가된 노동의 총량에 대한 화폐액이 I~V의 상품에 사실상 그대로 포함되는 것이다. 그리고 이런 식으로 사회 전체에서도—모든 생산영역의 총체로 간주되는—생산된 상품의 생산가격의 총액은 그 가치의 총액과 동일할 것이다.

이 이야기는 실제의 현상과 모순되는 것처럼 보인다. 즉 현상적으로 나타나는 것을 보면 자본주의적 생산에서 생산자본의 요소들은 대개 시장에서 판매되므로 그것들의 가격은 이미 실현된 이윤을 포함하고 있고, 따라서 어떤 산업부문의 생산가격에는 이미 생산요소 속에 포함되어 있던 이윤도 함께 들어가 있다. 그리하여 한 산업부문의 이윤이 다른 산업부문의 비용가격에 포함되어버리게 된다. 그러나 우리가 한편으로 한 나라 전체의 상품의 비용가격을 모두 합하고 또 한편으로 그 이윤량[혹은 잉여가치량]을 모두 합하게 되면 그 계산이 맞을 것이 분명하다. 예를 들어 어떤 상품 A를 한번 살펴보자. 그것의 비용가격에는 B, C, D의 이윤들이 포함될 수 있는데 이와 마찬가지로 B, C, D 등의 비용가격에도 A의 이윤이 포함될 수 있다. 이제 우리 방식대로 계산을 해보면, A의 비용가격에서 A의 이윤은 제외될 것이고 B, C, D 등의 비용가격에서도 각자의 이윤은 제외될 것이다. 어떤 것도 자신의 비용가격에 자신의 이윤을 포함시켜 계산되지는 않을 것이다. 즉 예를 들어 만일 n개의 생산영역이 있고 각 생산영역에서 똑같이 이윤 p를 생산한다면 이들 비용가격의 총계는 k—np가 된다. 총계산을 살펴보면, 한 생산영역의 이윤이 다른 생산영역의 비용가격에 포함되는 한 이들 이윤은 마지막 최종 생산물의 총가격에 이미 포함될 것이므로 그것이 다시 이윤으로 중복 계산되는 일은 없을 것이다. 만일 이들 이윤이 다시 이윤으로 계산될 경우가 있다면 그것은 이 상품 자체가 최종 생산물이라서 그 생산가격이 다른 상품의 비용가격에 포함되지 않았을 경우에만 그러할 것이다.

만일 한 상품의 비용가격에 생산수단 생산자의 이윤 p가 포함되고 이 비용가격에 부가되는 이윤이 p_1이라면 총이윤 $P=p+p_1$이다. 그러면 이윤에 해당하는 가격 부분을 모두 제외한 상품의 총비용가격은 원래의 비용가격에서 P를 뺀 부분이 될 것이다. 이 비용가격을 k라 한다면 $k+P=k+p+p_1$이 된다. 우리는 제1권 제7장 제2절, 211/203쪽*에서 잉여가치를 다루면서 모든 자본의 생산물은 두 부분, 즉 원래의 자본을 보전하는 부분과 잉여가치 부분으로 표현될 수 있다는 것을 이미 보았다. 이것을 사회의 총생산물에 적용할 경우에는 약간 수정을 가해야 한다. 즉 사회 전체의 계산에서, 예를 들어 아마의 가격에 포함된 이윤이 두 번 계산되지 않도록, 즉 아마 생산자의 이윤과 아마포 가격의 일부로 두 번 계산되지 않도록 해야 한다.

예를 들어 A의 잉여가치가 B의 불변자본에 포함되는 한, 이윤과 잉여가치 사이에는 아무런 차이도 발견할 수 없다. 상품가치에서는 그 가치에 포함된 노동이 지불된 노동이든 지불되지 않은 노동이든 아무 상관이 없기 때문이다. 그것은 단지 B가 A의 잉여가치를 지불했다는 사실을 보여줄 뿐이다. 전체적인 계산에서 A의 잉여가치는 이중으로 계산될 수 없다.

그러나 다음과 같은 차이는 있다. 즉 예를 들어 자본 B에서 실현된 잉

* MEW Bd.23, 236쪽 참조.

여가치가 B의 생산물가격에 부가되는 이윤보다 크거나 작을 수 있기 때문에, B의 생산물가격이 그 가치와 괴리된다는 점 외에도, 또 자본 B의 불변자본을 이루면서 동시에 간접적으로 노동자의 생활수단이 됨으로써 B의 가변자본을 이루기도 하는 그런 상품의 경우에도 이러한 괴리가 나타난다는 사실이다. 불변자본 부분을 살펴보면, 불변자본 그 자체는 비용가격＋잉여가치〔즉 이제는 비용가격＋이윤〕와 같다. 그리고 이 이윤은 다시 그것에 해당하는 잉여가치보다 클 수도 작을 수도 있다. 가변자본 부분을 살펴보면, 하루 치의 평균임금은 노동자에게 필수적인 생활수단을 생산하는 데 소요되는 시간 수만큼의 가치생산물과 항상 동일하다. 그런데 이 시간 수가 다시 생활수단의 생산가격과 그 가치 간의 괴리로 인해 왜곡된다. 그러나 이것은 항상 어떤 상품에는 지나치게 많은 잉여가치가, 또 다른 어떤 상품에는 지나치게 적은 잉여가치가 포함됨으로써, 상품의 생산가격과 가치 간의 괴리가 서로 상쇄되어버리는 형태로 해소된다. 자본주의 생산 전체에서 일반법칙이 지배적인 경향으로 관철되는 방식은 언제나 매우 복잡하고 근사(近似)한 방식을 통해서만, 즉 결코 고정되어 있지 않고 끊임없이 변동하는 평균의 형태로만 이루어진다.

일반이윤율은 일정 기간〔즉 예를 들면 1년 동안〕 선대된 자본 100마다에 대한 각 이윤율들의 평균에 의해 형성되므로 거기에는 서로 다른 자본들의 회전기간의 차이가 만들어내는 차이들도 해소되어 있다. 그러나 이런 차이는 서로 다른 생산영역들의 각기 다른 이윤율들이 결정될 때 그 속에 이미 포함되는 것이며, 그런 다음 이들 각기 다른 이윤들의 평균을 통해 일반이윤율이 형성되는 것이다.

일반이윤율의 형성에 관한 앞의 실례에서는 각 생산영역의 자본들을 100으로 놓았는데, 이는 이윤율의 차이를 백분비를 통해서 분명히 드러내기 위한 것이며 또한 이를 통해 같은 크기의 자본으로 생산한 상품들의 가치 차이도 쉽게 알아볼 수 있게 하기 위한 것이었다. 그러나 당연히 각 생산영역에서 생산된 잉여가치의 실제 크기는 이들 각 생산영역의 자본구성이 이미 주어져 있기 때문에 사용된 각 자본의 크기에 의존한다. 그러나 각 생산영역의 개별 이윤율은 거기에서 사용된 자본이 100이든 m×100이든 xm×100이든 그것과는 아무 상관이 없다. 즉 총이윤이 자본 100에서 10이든, 10,000에서 1,000이든 이윤율은 똑같이 10%이다.

그러나 각 생산영역마다 총자본에 대한 가변자본의 비율에 따라 생산된 잉여가치량[즉 이윤량]이 다르고 따라서 이들 각 생산영역의 이윤율은 서로 다르기 때문에, 사회적 자본 100마다의 평균이윤과 평균이윤율[혹은 일반이윤율]은 각 생산영역에 선대된 자본들의 상대적인 크기에 따라 M172 당연히 매우 달라지게 될 것이다. 이제 A, B, C, D 4개의 자본이 있고 이들의 잉여가치율을 똑같이 100%라고 하자. 또한 총자본 100당 가변자본의 구성이 A=25, B=40, C=15, D=10이라고 하자. 그러면 총자본 100당 잉여가치[혹은 이윤]는 A=25, B=40, C=15, D=10이므로 합계=90이 되어 4개 자본의 크기가 동일하다면 그 평균이윤율은 $\frac{90}{4}=22\frac{1}{2}$%가 될 것이다.

그러나 각 자본의 크기가 A=200, B=300, C=1,000, D=4,000이라고 한다면 생산된 이윤은 각각 50, 120, 150, 400이 될 것이다. 그러면 총자본은 5,500이 되고 총이윤은 720이 되어 평균이윤율은 $13\frac{1}{11}$%가 될 것이다.

생산된 총가치의 크기는 A, B, C, D에 선대된 총자본들의 상대적인 크기에 따라 서로 달라진다. 따라서 일반이윤율의 형성에서는 평균으로 계산되기 전 각 생산영역의 이윤율들 간의 차이는 물론 이들 서로 다른 이윤율들이 평균으로 계산될 때 차지하는 상대적인 비중도 문제가 된다. 그러나 이것은 각 생산영역들에 선대된 자본의 상대적인 크기[즉 각 생산영역에 선대된 자본이 사회적 총자본에서 차지하는 비율]에 달려 있다. 물론 총자본 가운데 얼마나 큰[혹은 작은] 비중을 차지하는 부분이 얼마나 높은[혹은 낮은] 이윤율을 올리는지의 사정에 따라 이것이 상당히 달라질 것은 틀림없다. 그리고 이것은 다시 각 영역에 선대된 자본의 크기가 얼마인지와 총자본에서 상대적으로 가변자본의 크기가 얼마인지에 달려 있다. 이것은 한 고리대금업자가 각기 다른 자본들을 서로 다른 이자율, 즉 예를 들어 4, 5, 6, 7% 등으로 각각 빌려 주었을 경우 평균이자율을 계산하는 경우와 마찬가지이다. 이때의 평균이자율은 그의 자본 가운데 각기 다른 이자율로 대출된 각 자본들의 크기에 전적으로 의존한다.

따라서 결국 일반이윤율은 두 가지 요소에 의해 결정된다.

① 서로 다른 생산영역들의 각 자본의 유기적 구성에 의해서, 즉 각 영역의 서로 다른 이윤율들에 의해서.

② 사회적 총자본이 이들 서로 다른 영역들에 배분된 상태에 의해서, 즉 각기 다른 이윤율로 각 영역에 선대된 자본들의 상대적인 크기에 의해서, 다시 말하면 각 생산영역에서 소모된 자본이 사회적 총자본에서 차지하는 비율에 의해서.

제1권과 제2권에서는 상품의 가치만 문제로 삼았다. 그러나 이제 여기에서는 한편으로 가치의 한 부분이 따로 떨어져 나와 상품의 비용가격이 되었고, 또 다른 한편으로 상품의 **생산가격**이 가치의 전화된 형태로 논의되었다.

사회적 평균자본의 구성을 80c+20v라고 하고 연간 잉여가치율 $m'=$ 100%라고 한다면 자본 100의 연간 평균이윤은 20이 되고 연간 일반이윤율은 20%가 될 것이다. 이제 어떤 자본 100이 연간 생산하는 상품의 생산가격은 그 비용가격 k가 무엇이든 k+20이 될 것이다. 만일 자본구성= $(80-x)c+(20+x)v$인 생산영역이 있다면 여기에서 실제 생산한 잉여가치〔혹은 이 생산영역 내에서 생산된 연간 이윤〕=20+x로서 20보다 더 커지고, 생산된 상품가치=k+20+x가 되어 k+20보다, 즉 그 생산가격보다 더 커지게 된다. 만일 자본구성이 $(80+x)c+(20-x)v$인 생산영역이 있다면 여기에서 생산된 연간 잉여가치〔혹은 이윤〕=20-x로서 20보다 작고 따라서 상품가치도 그 생산가격인 k+20보다 더 작은 k+20-x가 될 것이다. 자본 회전기간의 차이를 무시한다면 상품의 생산가격이 그 가치와 같아지는 것은 우연히 자본구성이 80c+20v인 생산영역뿐일 것이다.

사회적 노동생산력의 특수한 발전은 각 생산영역마다 그 정도가 다른 데 이는 일정량의 노동〔즉 주어진 노동일 동안 일정 수의 노동자〕이 사용하는 생산수단의 양이 얼마나 큰가, 따라서 일정량의 생산수단에 소요되는 노동량이 얼마나 작은가에 의존한다. 따라서 우리는 사회적 평균자본보다 불변자본의 구성비가 더 큰〔즉 가변자본의 구성비가 더 작은〕 자본을 자본구성이 높은 자본이라고 부르고 거꾸로 사회적 평균자본보다 불변자본의 구성비가 더 작은〔즉 가변자본의 구성비가 더 큰〕 자본을 자본구성이 낮은 자본이라고 부른다. 그리고 마지막으로 자본구성이 사회적 평균자본의 구성과 동일한 자본을 우리는 자본구성이 평균적인 자본이라고 부른다. 만일 사회적 평균자본의 구성비가 80c+20v라고 한다면 90c+10v인 자본은 사회적 평균자본보다 자본구성이 높은 자본이며 70c+30v인 자본은 낮은 자본이 된다. 일반적으로 말해 사회적 평균자본의 구성이 mc+nv이고 m과 n의 크기가 불변이며 m+n=100이라고 한다면 (m+ x)c+(n−x)v는 자본구성이 높은 개별 자본〔혹은 자본 그룹〕을 대표하고 (m−x)c+(n+x)v는 자본구성이 낮은 개별 자본〔혹은 자본 그룹〕을 대표한다. 이들 자본이 평균이윤율의 형성 이후에 어떻게 기능하는지를 연간 자본회전이 1회라고 가정하고 살펴보면 다음과 같다. 여기에서 I은 평균자본구성을 나타내고 평균이윤율은 20%이다.

M174

    I. 80c+20v+20m, 이윤율=20%

      생산물가격=120, 가치=120

   II. 90c+10v+10m, 이윤율=20%

      생산물가격=120, 가치=110

  III. 70c+30v+30m, 이윤율=20%

      생산물가격=120, 가치=130

자본 II가 생산한 상품의 가치는 그 생산가격보다 작고, 자본 III이 생산한 상품의 가치는 그 생산가격보다 크며 그 자본구성이 우연히 사회적 평균구성과 동일한 자본 I의 생산영역에서만 생산가격과 가치가 동일하다. 물론 이것을 구체적인 각 경우에 적용하는 데는 가령 기술적 구성의 차이가 아니라 불변자본요소들의 가치변동이 c와 v 간의 구성비를 사회적 평균과 얼마나 괴리시킬 것인지를 감안해야만 한다.

이제 이러한 논의는 분명히 상품의 비용가격 결정에 관한 원래의 가정을 수정하는 것이 된다. 원래 우리는 상품의 비용가격이 그것의 생산에서 소비된 상품들의 가치와 동일하다고 가정했다. 그런데 한 상품의 생산가격은 그 상품을 구매하는 사람에게는 그 사람의 비용가격이 될 수 있고 따라서 그것은 다른 상품의 가격에 비용가격으로 포함될 수 있다. 생산가격은 그 상품의 가치와 괴리될 수 있기 때문에 다른 상품의 이 생산가격을 포함하는 어떤 상품의 비용가격 또한 거기에 포함된 생산수단의 가치들로 이루어진 총가치 부분보다 더 클 수도 더 작을 수도 있다. 그래서 비용가격에 대한 이런 수정된 의미, 즉 어떤 생산영역의 상품의 비용가격이 그 상품의 생산에 소모된 생산수단의 가치와 동일하다고 생각하는 것은 언제나 틀릴 수 있다는 것을 기억해둘 필요가 있다. 여기 우리의 논의에서는 이 문제에 대해 더 깊이 다룰 필요가 없다. 그렇지만 상품의 비용가격이 M175 항상 상품의 가치보다 작다는 것은 이 경우에도 여전히 옳다. 왜냐하면 상품의 비용가격이 거기에서 소모된 생산수단의 가치와 다르다고 할지라도, 자본가에게 이것은 이미 지나가버린 문제로 전혀 중요하지 않기 때문이다. 즉 상품의 비용가격은 주어진 것이며 자본가 자신의 생산과는 전혀 별개의 조건이지만, 다른 한편 자본가의 생산의 결과물은 하나의 상품이고 이 상품은 잉여가치〔즉 비용가격을 넘어서는 가치증가분〕를 포함하는 것이다. 게다가 비용가격이 상품의 가치보다 작다는 말은 이제 사실상 비용가격이 생산가격보다 작다는 말로 바뀌게 된다. 생산가격이 가치와 동일한 사회적 총자본에서는 비용가격이 생산가격보다 작다는 이야기가 바로 앞에서 말한 비용가격이 가치보다 작다는 이야기와 같은 것이다. 이것은 개별 생산영역의 경우에는 적용될 수 없지만, 사회적 총자본의 경우에는, 그 총자본에 의해 생산된 상품의 비용가격이 그 가치〔혹은 여기에서처럼 생산된 상품의 총량이 문제될 때, 그 가치와 일치하는 생산가격〕보다 작다는 사실은 기본적으로 변함이 없다. 한 상품의 비용가격은 그 속에 포함된 지불노동의 양하고만 관계가 있고 상품의 가치는 거기에 포함된 지불노동과 불불노동을 합한 총량과 관계가 있으며, 상품의 생산가격은 지불노동과(특정 생산영역에서 그 생산영역 자신과는 아무 상관이 없는) 일정량의 불불노동을 합한 것과 관계가 있다.

한 상품의 생산가격=k+p〔즉 비용가격 더하기 이윤〕라는 식은 이제 좀더 자세하게 규정해서 p=kp′(p′는 일반이윤율)이 되어 생산가격=k+kp′이 된다. 만일 k=300이고 p′=15%라면 생산가격 k+kp′=300+300 × $\frac{15}{100}$ =345이다.

각 생산영역의 상품의 생산가격은 다음 경우 그 크기가 변할 수 있다.

① 상품의 가치는 불변인데(그래서 그 생산에 투입되는 죽은 노동과 살아 있는 노동의 양이 변함이 없다) 특정 생산영역과는 무관하게 일반이윤율이 변동할 경우.

② 일반이윤율은 불변인데 특정 생산영역에서 기술변화로 인하여 가치변동이 일어날 경우, 즉 불변자본의 구성요소를 이루는 어떤 상품의 가치가 변동할 경우.

③ 마지막으로 이 두 경우가 한꺼번에 일어날 경우.

특정 생산영역들의 실제 이윤율이 끊임없이 — 앞으로 더 살펴보게 될 것이다 — 크게 변동함에도 불구하고, 일반이윤율의 실제 변동은, 그 파급 M176 효과가 현저하게 경제적인 사건에 의해 예외적으로 나타나지 않는 한, 매우 오랜 기간에 걸쳐서 상당히 천천히 파장을 일으키면서 나타난다. 즉 개별 이윤율의 변동이 일반이윤율의 변동으로 흡수되기까지는 많은 시간이 필요한 것이다. 따라서 모든 단기간에서는(시장가격의 변동은 완전히 무시하고) 생산가격의 변동이 언제나 일단은 상품의 실제 가치변동〔즉 그것의 생산에 필요한 총노동시간의 변동]으로 설명된다. 물론 여기에서는 동일한 가치의 화폐표시액이 변동하는 경우는 완전히 무시된다.[23)]

한편 사회적 총자본을 살펴보면, 그것이 생산한 상품의 총가치(혹은 화폐로 표시된 그 가격)=불변자본의 가치+가변자본의 가치+잉여가치이다. 만일 노동착취도가 불변이라고 가정한다면, 여기에서 이윤율이 변할 수 있는 경우는 잉여가치량이 불변일 때 불변자본의 가치가 변하거나 아니면 가변자본의 가치가 변하거나 혹은 둘 모두가 변하여 그 결과 C가 변하고 그럼으로써 $\frac{m}{C}$〔일반이윤율〕이 변하게 되는 그런 경우뿐이다. 따라서 각 경우 모두 일반이윤율의 변동은 불변자본이나 가변자본의 구성요소인 상품 혹은 두 자본 모두의 구성요소인 상품의 가치변동에 근거한다.

혹은 일반이윤율은 상품가치가 불변일 때 노동착취도가 변하면 변할 수 있다.

혹은 노동착취도가 불변일 때 일반이윤율은, 노동과정에서의 기술변화로 인해 사용된 노동량의 불변자본에 대한 비율이 달라질 경우 변할 수 있다. 그러나 그러한 기술변화는 언제나 일단 상품의 가치변동이 일어나고 그 결과 거기에 수반되어 나타나는 것이며 그 가치변동은 그것의 생산에 소요되는 노동량이 과거에 비해 달라짐으로써 발생한다.

제1편에서 우리는 잉여가치와 이윤이 양적으로 동일하다는 것을 보았다. 그러나 이윤율은 잉여가치율과 처음부터 달랐는데, 무엇보다도 이들은 계산형태가 서로 달랐다. 그러나 또한 이윤율은 처음부터 잉여가치의 실제 원천을 철저히 은폐하고 속였는데, 그것은 잉여가치율이 불변인 채로 이윤율이 상승 혹은 하락할 수 있을 뿐만 아니라, 또한 자본가에게는 사실상 이윤율만이 관심사였기 때문이다. 그러나 잉여가치율과 이윤율 사이에는(잉여가치와 이윤 사이가 아니다) 큰 차이가 하나 있었다. 이윤율은 총자본에 대한 잉여가치량으로 계산되므로 잉여가치 그 자체는 총

M177

---

23) 코벳(Corbet), 174쪽.

자본에서〔즉 총자본의 모든 구성요소들에서〕 나오는 것처럼 보이기 때문에 그 결과 불변자본과 가변자본 사이의 유기적인 구별은 이윤의 개념 속에서 사라져버렸던 것이다. 따라서 사실상 잉여가치 그 자체는 자신의 전화된 형태인 이윤 속에서 자신의 원천을 부인당하고 자신의 특성을 상실하고, 또 식별하기 어려운 형태로 은폐되어버렸다. 그렇지만 그런 한에서 이윤과 잉여가치의 차이는 단지 질적인 차이뿐으로서 그 형태만 서로 다를 뿐인 반면, 그 양적인 실제 차이는 이 전화(잉여가치의 이윤으로의 전화—옮긴이)의 첫 단계에서는 이윤율과 잉여가치율 사이에서만 존재하고 이윤과 잉여가치 사이에서는 존재하지 않는다.

그러나 일반이윤율이 형성되고 이것에 의해 서로 다른 생산영역들에서 각기 사용된 자본의 크기에 따라 그에 상응하는 평균이윤이 형성되고 나면 사태가 달라진다.

이제는 특정 생산영역에서 실제 생산된 잉여가치〔즉 이윤〕가 상품의 판매가격에 포함된 이윤과 같아지는 것은 단지 우연적인 경우뿐이다. 이제는 통상 이윤율과 잉여가치율뿐만 아니라 이윤과 잉여가치도 사실상 크기가 다르다. 이제는 노동착취도가 일정할 때 특정 생산영역에서 생산된 잉여가치량은 직접 그 생산영역 내에 있는 자본가들에게보다는 사회적 자본의 총평균이윤에 대해서〔즉 자본가계급 일반에 대해서〕 더 중요한 의미를 갖는다. 개별 자본가들에게 자신들이 생산한 잉여가치가 중요한 것은[24] 이제 그 잉여가치가 평균이윤의 형성과정 속으로 흡수되어버리는 의미에서만 그러하다. 그러나 배후에서 일어나는 이런 과정은 자본가들에게는 보이지도 않고 이해할 수도 없을 뿐만 아니라 사실상 관심도 없는 내용이다. 각 생산영역들에서 이윤과 잉여가치 사이〔이윤율과 잉여가치율 사이뿐만 아니라〕의 실제 크기 차이는 이제 이윤의 원천과 그 참된 본

---

24) 〔당연히 여기에서는 임금인하, 독점가격 등에 의해 일시적인 특별이윤이 획득될 수 있는 가능성을 무시한다.〕

질을 자본가(이 문제에 개인적인 관심을 갖는)뿐만 아니라 노동자까지도
M178 속이면서 은폐해버린다. 가치의 생산가격으로의 전화와 함께 가치결정
그 자체의 근거도 시야에서 사라진다. 결국 잉여가치가 이윤으로 전화하
면서 상품의 가치 가운데 이윤을 이루는 부분이 상품의 비용가격인 다른
가치 부분에 대응함으로써 자본가에게 가치라는 개념은 이미 사라져버린
셈인데, 이는 상품생산에 소요된 총노동은 이제 그에게 보이지 않고 단지
보이는 것은 그것이 살아 있는 노동이든 죽은 노동이든 간에 생산수단의
형태로 그가 지불한 총노동 가운데 일부뿐이며 그리하여 이윤이 상품에
내재하는 가치가 아니라 그 외부에 존재하는 어떤 것으로 보이기 때문이
다—만일 그렇다면 이제 이런 생각은 특정 생산영역에서 비용가격에 부
가되는 이윤이 사실상 그 생산영역 내에서 일어나는 가치형성의 한계에
의해서 결정되는 것이 아니라 완전히 그것의 외부에서 결정되는 것으로
인정되고, 확정되어, 고정관념으로 자리를 잡는다.

그 내적 관련은 여기에서 비로소 처음 폭로된다. 이하의 서술에서, 그
리고 제4권에서 앞으로 살펴보게 되겠지만, 지금까지의 경제학은 가치결
정과정을 사전에 합의된 사항으로 유보함으로써 잉여가치와 이윤, 잉여
가치율과 이윤율 사이의 구별을 억지로 무시해왔을 뿐만 아니라 이 가치
결정과정과 함께 그에 관한 모든 과학적인 흔적도 깡그리 내버림으로써
그런 구별들을 단지 우연한 구별들로만 고집해왔다. —이러한 이론가들
의 혼란은 기껏해야 경쟁에 사로잡혀 자신의 눈앞에 전개되는 현상들을
전혀 꿰뚫어 보지 못하는 현실의 자본가들과 마찬가지로, 현상을 꿰뚫고
이런 숨은 과정의 내적 본질과 내재적인 양상을 인식할 능력이 전혀 없다
는 것을 잘 보여줄 뿐이다.

제1편에서 논의된 이윤율의 상승과 하락에 관한 모든 법칙들은 사실
다음과 같은 이중의 의미가 있다.

① 한편으로 그것은 일반이윤율의 법칙들이다. 지금까지의 논의에서
나온 것과 같이 이윤율을 상승 혹은 하락시키는 요인들이 그처럼 다양하

다는 점을 생각하면 일반이윤율은 매일 변동하는 것이 당연하다고 생각할 수 있다. 그러나 한 생산영역의 변동은 다른 생산영역의 변동과 마주쳐서 그 영향이 상쇄되어 균형을 이루기도 한다. 우리는 나중에 최근의 사례들을 통해서 이런 변동들의 최종 추이가 어떤 방향으로 나아가고 있는지를 살펴볼 것이다. 그렇지만 그런 최종 추이는 매우 완만하다. 개별 생산영역의 급격하고 다양하며 또 지속 기간이 각기 다른 여러 변동들은 일부는 시간이 흘러감에 따라, 가격상승 후 가격하락이 뒤따름으로써〔또는 그 반대의 경우가 일어남으로써〕그 영향이 상쇄되어버리기도 하고 또 그런 변동이 국지적으로 어떤 특정 생산영역에서만 일어나고 달리 더 다른 생산영역으로 파급되지 않기도 한다. 결국 국지적인 많은 변동들이 서로 상 _{M179} 쇄되어버리는 것이다. 개별 생산영역 내부에서 일어나는 변동〔즉 일반이윤율과의 괴리〕은 한편으로는 일정 기간이 지나고 나면 도로 평형을 되찾음으로써 일반이윤율에 영향을 미치지 않으며, 또 다른 한편으로는 국지적으로 다른 부분의 변동으로 그것이 상쇄되어버림으로써 역시 일반이윤율에 영향을 미치지 않기도 한다. 일반이윤율은 각 개별 영역들의 평균이윤율에 의해서만 결정되는 것이 아니라, 총자본이 개별 생산영역들 사이에 배분된 상태에도 영향을 받는다. 그런데 이러한 배분상태는 끊임없이 변하기 때문에 이것은 다시 일반이윤율의 끊임없는 변동요인이 된다. — 그러나 이 변동요인도 또다시, 이러한 운동이 여러 방향으로 계속 일어나기 때문에 대부분 균형을 되찾는다.

② 각 생산영역 내부에는, 단기간이나 장기간에 걸쳐 하나의 일정한 변동대(變動帶)가 있어서, 이윤율이 상승 혹은 하락하고 나서 그 변동이 일반이윤율에 영향을 미칠 수 있을 만큼 충분한 시간을 갖기 전에는〔즉 그런 변동이 국지적인 변동 이상의 변동이 되기 전에는〕그런 변동대 내에서만 이윤율이 오르내리게 된다. 그리하여 이 제3권의 제1편에서 말한 이윤율의 법칙은 바로 이러한 시간적, 공간적 범주 내에서 적용되는 법칙이다.

자본의 각 구성 부분들이 똑같이 이윤을 만들어낸다는 이론적인 생각은[25] — 잉여가치의 이윤으로의 첫 번째 전화에서 — 하나의 실제 현상을 그대로 표현한 것이다. 산업자본의 구성이 죽은 노동이 $\frac{1}{4}$, 살아 있는 노동 $\frac{3}{4}$으로 되어 있든, 혹은 죽은 노동 $\frac{3}{4}$, 살아 있는 노동 $\frac{1}{4}$로 되어 있든, 그리하여 한 경우의 잉여노동이 다른 경우보다 3배나 더 흡수됨으로써 한 경우의 잉여가치가 다른 경우보다 3배나 더 생산된다고 하더라도 — 노동 착취도가 두 경우 모두 동일하고 두 경우 간의 개별적인 차이를 무시한다면(이는 우리에게 현상적으로는 두 경우 모두 단지 생산영역 전체의 평균적인 자본구성으로만 나타나기 때문이다) — 그것과는 아무 상관 없이 두 경우는 모두 똑같은 크기의 이윤을 만들어낸다. 시야가 제한되어 있는 개별 자본가(혹은 특정 생산영역의 자본가 전체)는 당연히 자신의 이윤이 자신[혹은 자신들의 생산영역]이 고용한 노동에서만 나온 것이 아니라고 M180 믿는다. 그들의 평균이윤에 관한 한, 이 생각은 전적으로 옳다. 이런 자신의 이윤이 총자본에 의한 총노동의 착취와 어떤 관련이 있는지, 다시 말해 그의 자본가 동료 전체와 어떤 관련이 있는지 그것은 그에게 전혀 알 수 없는 미스터리이며, 더구나 부르주아 이론가인 경제학자가 그런 내적인 관련을 지금까지 밝혀내지 못함으로써 그것은 더욱 그러하다. 노동의 절약 — 일정한 생산물을 생산하는 데 필요한 노동뿐만 아니라 고용된 노동자의 숫자에서도 — 과 죽은 노동(불변자본)의 사용 증가는 경제적으로 완전히 올바른 조치이며 처음부터 일반이윤율과 평균이윤에는 아무 영향도 없을 것으로 보인다. 따라서 생산에 필요한 노동량을 줄이는 것이 이윤에 아무 영향도 미치지 않을 뿐만 아니라 적어도 개별 자본가의 입장에서 때로는 오히려 그것이 이윤의 증가를 위한 궁극적인 원천으로 보인다면 도대체 어떻게 해서 살아 있는 노동이 이윤의 유일한 원천이 될 수 있단 말인가?

만일 어떤 주어진 생산영역에서, 비용가격 가운데 불변자본의 가치에

---

25) 맬서스.[124]

해당되는 부분이 상승 혹은 하락한다면, 이 부분은 유통과정을 돌아서 처음보다 더 커지거나 더 작아져서 상품의 생산과정으로 돌아온다. 한편 같은 기간에 고용된 같은 수의 노동자가 더 많이 혹은 더 적게 생산할 때[즉 노동자 수가 불변인 상태에서 일정량의 상품생산에 소요되는 노동량이 변할 때], 비용가격 가운데 가변자본의 가치에 해당되는 부분은 불변일 수 있다. 즉 총생산물의 비용가격에 똑같은 크기로 포함될 수 있다. 그러나 총생산물을 구성하는 각각의 상품별로는 투입된 노동량이(지불노동과 불불노동을 모두 포함한다) 각기 다르고 따라서 이들 노동에 대한 지출도 각기 다르며 결국 임금 액수도 각기 다를 것이다. 자본가들에 의해 지불된 총임금은 불변이지만 각 상품별로는 그 임금이 서로 다를 것이다. 따라서 상품의 비용가격 중 이 부분에서 변동이 있을 수 있다. 그러나 이런 가치 변동—그것이 개별 상품 자체의 가치변동이든, 그 상품의 생산요소의 가치변동이든(혹은 일정량의 자본에 의해 생산되는 상품 전체 비용가격의 변동이든)—에 의해 개별 상품의 비용가격이 어떻게 변하든 그것과는 무관하게 평균이윤은 불변일 것이다. 즉 예를 들어 그것이 10%이면 여전히 10%일 것이다. 그렇지만 그것이 10%라고 하더라도 각 상품별로는 그 이윤의 크기가 서로 매우 다를 것인데 이들 간의 차이는 전제된 가치변동으로 생기는 개별 상품의 비용가격 크기의 변동 정도에 따를 것이다.[26]

가변자본—이것이 가장 중요한데 왜냐하면 이것이 잉여가치의 원천 ^{M181} 이며 자본가의 치부(致富)와 이것과의 관련이 감추어지면 전체 체제가 완전히 은폐되어버리는 결과가 되기 때문이다—과 관련된 상황은 더욱 엉망진창으로 헝클어져 있다[혹은 자본가에게는 그렇게 보인다]. 예를 들어 100파운드스털링의 가변자본이 노동자 100명의 주급이라고 가정하자. 노동일이 불변일 때 이 100으로 일주일 동안에 200개의 상품＝200W를 생산한다면 1W의 비용은(비용가격 중 불변자본에 해당하는 부분은 무시한다)

26) 코벳.[†25]

100파운드스털링=200W이므로 $1W = \frac{100파운드스털링}{200} = 10$실링이 된다.
이제 노동생산력이 변한다고 하자. 즉 노동생산성이 2배가 되어 같은 수
의 노동자가 같은 기간에 과거에는 200W를 생산하다가 이제는 200W의 2
배를 생산하게 되었다고 하자. 그럴 경우(비용가격이 여전히 임금으로
만 이루어진다면) 이제 100파운드스털링=400W이므로 $1W =$
$\frac{100파운드스털링}{400} = 5$실링의 비용이 된다. 만일 생산력이 절반으로 떨어진
다면 같은 노동량으로 이제는 $\frac{200W}{2}$만 생산될 것이다. 그리고 그럴 경우
100파운드스털링=$\frac{200W}{2}$이므로 $1W = \frac{200파운드스털링}{200} = 1$파운드스털링이
될 것이다. 상품생산에 소요되는 노동시간의 변동과 그로 인한 그 가치의
변동은 이제 비용가격과 관련하여 또 그로 인한 생산가격과 관련하여 임
금이 할당되는 상품량의 변동으로 나타나는데 그것은 같은 노동시간 동
안에 동일한 임금으로 생산할 수 있는 상품량의 변동을 가리킨다. 자본가
와 경제학자가 보는 것은 상품 1단위당 지불노동 부분이 노동생산성에 따
라 변하고 그와 동시에 이들 각 상품 단위당 가치도 변한다는 것이다. 그
들이 보지 못하는 것은 이런 현상이 각 상품 단위당 포함되어 있는 불불노
동의 경우에도 똑같이 일어난다는 것인데, 평균이윤이 사실상 자신의 생
산영역에서 흡수된 불불노동에 의해서 결정되는 것은 극히 우연한 경우
에 속하기 때문에 더욱 그것을 보기 어렵다. 이같이 조잡하고 개념적으로
정리도 안 되어 있는 형태를 통해서만, 이제 상품가치가 그 속에 포함된
노동에 의해서 결정된다는 사실을 꿰뚫어 볼 수 있다.

제10장

경쟁에 의한 일반이윤율의 균등화. 시장가격과 시장가치. 초과이윤

생산영역들 중 일부 영역에서는 거기에서 사용된 자본의 구성이 중간 M182
수준 혹은 평균수준〔말하자면 사회적 평균자본구성과 완전히 일치하거나
혹은 거의 비슷한 수준〕을 이룬다.

이런 생산영역에서는 생산된 상품의 생산가격이 화폐로 표현된 그것의
가치와 완전히 혹은 거의 비슷하게 일치한다. 수학적으로 근사치를 달리
엄밀하게 계산해서 다루지 않는 한, 이는 그대로 성립한다. 그리하여 사회
적 총자본은 경쟁에 의해 서로 다른 생산영역들 간에 분배되는데 이들 각
생산영역의 생산가격은 자본구성이 중간수준인 영역의 생산가격〔즉 k+
kp′(비용가격에 평균이윤율과 비용가격의 곱을 더한 것)〕을 기준으로 형
성된다. 그러나 이 평균이윤율은 바로 이윤과 잉여가치가 일치하는 자본
구성이 평균수준인 생산영역의 이윤율이다. 따라서 이윤율은 모든 생산
영역에서 같아지는데, 말하자면 평균자본구성이 지배적인 이 중간수준
생산영역의 이윤율로 균등화된다. 따라서 모든 상이한 생산영역들의 이
윤 총액은 그들의 잉여가치 총액과 같아야 하고 사회적 총생산물의 생산
가격 총액은 그 가치의 총액과 같아야 한다. 그러나 분명한 것은 각기 자

본구성이 다른 생산영역들 사이의 균등화는 언제나 중간수준의 자본구성 영역 ─ 이 자본구성이 사회적 평균과 정확히 일치하든 아니면 단지 비슷한 수준이든 간에 ─ 과 균등해지는 경향이 있다는 사실이다. 사회적 평균과 비슷한 수준에 있는 생산영역들 사이에서는 다시 이상적인〔즉 실제로 M183 는 존재하지 않는〕 중심점으로 균등화되려는 경향이 나타난다. 즉 이 중심점을 향하여 표준화되려는 경향을 보인다. 이와 같은 방식으로 각 생산가격들을 단지 가치의 전화된 형태로 만드는〔혹은 각 이윤들을 단순한 잉여가치의 한 부분으로 전화시키는〕 경향이 점차 지배적인 추세가 된다. 그러나 이때 그 이윤들은 각 생산영역에서 산출된 잉여가치에 비례하여 배분되는 것이 아니라 각 생산영역에서 사용된 자본량에 비례하여 배분됨으로써 같은 양의 자본은 그 자본구성에 상관없이 사회적 총자본이 생산한 총잉여가치 중 똑같은 부분(동일한 비율)을 할당받게 된다.

따라서 중간수준〔혹은 거기에 근접한〕 자본구성을 가진 자본들에서 생산가격은 가치와 일치〔혹은 거의 일치〕하며 이윤은 거기에서 산출된 잉여가치와 일치한다. 그 밖의 모든 다른 자본들은 각자의 자본구성에 상관없이 경쟁의 압력을 받아 이 중간수준 자본구성으로 균등화되려는 경향을 보인다. 그런데 중간수준의 자본구성을 가진 자본들은 사회적 평균자본과 완전히〔혹은 거의〕 일치하기 때문에 모든 자본은 각자가 생산하는 잉여가치량에 상관없이 이 잉여가치 대신 평균이윤을 각 상품가격을 통해 실현하려는〔즉 생산가격을 실현하려는〕 경향이 있다.

한편 평균이윤〔즉 일반이윤율〕을 산출하는 모든 영역에서는 ─ 이 이윤이 어떻게 산출된 것이든 상관없이 ─ 이 평균이윤이 바로 사회적 평균자본에 대한 이윤〔그 이윤 총액이 잉여가치 총액과 일치하는〕 이외의 것일 수 없으며, 또 비용가격에 이 평균이윤을 부가하여 만들어진 가격은 다름 아닌 생산가격으로 전화한 가치라고 말할 수 있다. 만일 어떤 생산영역의 자본이 어떤 이유에서든 이러한 균등화과정에 따르지 않을 경우에도 사정은 전혀 달라지지 않을 것이다. 그럴 경우 평균이윤은 사회적 총자본에서 이런 자본을 제외한 나머지 부분, 즉 균등화과정에 참가한 부분들에 대해서만 계산될 것이다. 분명한 것은 평균이윤이 각 생산영역의 자본들에 대해 그들의 크기에 비례하여 배분된 잉여가치의 총액 바로 그것일 수밖에 없다는 사실이다. 그것은 실현된 불불노동의 총액이며 이 총액은 지불된 산 노동 및 죽은 노동과 마찬가지로 각 자본가에게 배분되는 상품이나 화폐의 총액 속에 포함되어 나타난다.

여기에서 정말 어려운 문제는 바로 각 이윤들이 어떻게 일반이윤율로 균등화되어가는가 하는 것이다. 왜냐하면 일반이윤율은 명백히 하나의 결과이지 출발점일 수는 없기 때문이다.

우선 상품가치에 대한 평가[예를 들어 화폐에 의한 평가]는 상품교환 M184 의 결과일 수 있기 때문에 만일 그런 평가를 상정한다면 우리는 그런 평가를 상품가치와 상품가치 간의 실제 교환의 결과로 간주해야 할 것이 분명하다. 그렇지만 이런 상품 간의 교환이 어떻게 하여 그 실제 가치대로 이루어질 수 있는 것일까?

일단 우리는 서로 다른 생산영역들의 모든 상품이 그 실제 가치대로 팔린다고 가정하자. 그렇다면 어떻게 될까? 제1편의 논의에 따르면 서로 다른 생산영역들 간에는 제각기 다른 이윤율들이 지배한다. 얼핏 보면 상품이 그 가치대로 팔릴 것인가(다시 말해 상품들이 각자 지닌 가치에 비례하여 즉 그 가치가격Wertpreis대로 서로 교환될 것인가)의 문제와 상품이 그 판매를 통해서 그것의 생산에 투입된 자본에 비례하여 똑같은 이윤을 얻어낼 수 있는 가격에 팔릴 것인가의 문제는 완전히 서로 다른 문제인 것처럼 보인다.

살아 있는 노동의 투하량이 서로 다른 자본들은 각기 다른 크기의 잉여가치를 생산한다는 사실은, 적어도 어느 정도까지는 노동착취도 혹은 잉여가치율이 동일하다는 것을 전제하거나 또는 이 비율 간의 차이가 있더라도 그런 차이가 실제의 혹은 심리적인(관습적인) 상쇄요인에 의해 평준화된다고 간주되는 것을 전제한다. 이것은 노동자들 간의 경쟁을 전제로 하는 것이며 노동자들이 한 생산영역에서 다른 생산영역으로 끊임없이 옮겨 다님으로써 그런 평준화가 이루어지는 것을 전제로 하는 것이다. 이와 같은 일반 잉여가치율—모든 경제법칙과 마찬가지로 하나의 경향으로 간주되는— 은 우리가 논의를 단순화하기 위해 가정한 것이다. 그러나 그것은 현실에서도—물론 예를 들어 영국의 일용 농업노동자에 대한 정착법(Settlement law)†26과 같이 다소 현저한 지역 격차를 유발하는 현실적인 장애요인들 때문에 어느 정도 저지되는 경우도 있긴 하지만— 자본주의적 생산양식의 실질적인 전제이기도 하다. 물론 이론에서는 자본주의적 생산양식의 법칙이 순수한 형태로 발전해나간다고 가정한다. 현실에서는 언제나 근사치만 존재한다. 그러나 이런 근사치가 순수한 형태에 가까워지면 질수록 그만큼 자본주의 생산양식은 더 발전하는 것이며 전자본주의적 경제상태의 잔재들은 그만큼 더 빨리, 더 완전하게 제거되어 가는 것이다.

전반적인 어려움은 상품이 단지 **상품**으로만 교환되는 것이 아니라 각 **자본의 생산물**로 교환되며 이들 각 자본은 각자의 크기에 비례하여〔혹은 크기가 같을 경우〕총잉여가치량에서 균등하게 배분받기를 요구한다는 사실에서 비롯된다. 그리고 일정 기간에 일정 자본에 의해 생산된 상품의 총가격은 이런 조건을 만족시켜야 한다. 그러나 이 상품의 총가격은 단지 개별 자본의 생산물을 이루는 각 상품의 가격들의 합일 뿐이다.

문제의 핵심은, 노동자가 스스로 자신의 생산수단을 소유하고 각자의 상품을 서로 교환한다고 가정하면서, 사태를 살펴보면 거의 드러난다. 그럴 경우 이 상품들은 자본의 생산물이 아닐 것이다. 그리고 각 작업의 기술적인 성격에 따라 서로 다른 작업분야에서 사용된 노동수단과 노동재료의 가치는 서로 다를 것이다. 마찬가지로 어떤 상품 1개를 만드는 데 1시간이 걸리느냐 혹은 하루가 걸리느냐에 따라서 일정 노동량에 대해 요구되는 생산수단의 양—생산수단의 가치와는 별개로—도 다를 것이다. 또한 노동강도 등의 차이로 인한 제반 편차들이 상쇄된다고 보아 이들 노동자의 평균노동시간도 동일하다고 가정하자. 그럴 경우 두 노동자는 모두 그들의 매일의 노동생산물인 상품들에서 첫째로 그들의 비용, 즉 사용된 생산수단의 비용가격을 보전한다. 그런데 이 비용가격은 각 작업분야의 기술적 성격에 따라 서로 다를 것이다. 둘째로 이들은 똑같은 크기의 새로운 가치〔즉 생산수단에 부가된 노동일〕를 창출한다. 이 새로운 가치에는 임금과 잉여가치가 포함되는데 이 잉여가치란 노동자들의 필수적인 욕구를 넘어서는 잉여노동으로 여기서는 노동자들 자신의 소유가 된다. 이것을 자본주의적으로 표현한다면 두 노동자는 동일한 임금+동일한 이윤=동일한 가치(예를 들어 10시간 노동일의 생산물로 표현되는)를 획득하게 된다. 그렇지만 일단 그들 각각의 상품가치는 서로 다를 것이다. 예를 들어 상품 I에는 사용된 생산수단의 가치 부분이 상품 II의 경우보다 더 많이 포함되어 있을 수 있고 그로 인해 생길 수 있는 모든 차이를 이야기해본다면 상품 I은 상품 II보다 더 많은 산 노동을 흡수해야 하고 따라서 그 생산에 더 많은 노동시간이 소요될 것이다. 그리하여 상품 I과 상품 II의 가치는 서로 크게 차이가 날 것이다. 마찬가지로 이들 상품가치의 총액들〔즉 노동자 I의 생산물과 노동자 II의 생산물에 대해 일정 기간에 투입된 각각의 노동량〕도 크게 다를 수 있다. 우리가 여기에서 선대된 생산수단의 총가치에 대한 잉여가치의 비율을 이윤율이라고 부른다면 I과 II의 이윤율도 상당히 다를 것이다. 생산이 이루어지는 동안 매일 I과 II에서 소 M186 비되고 또 임금을 대표하는 것이기도 한 생활수단은 여기에서 선대된 생산수단의 한 부분을 이루는데 이것은 우리가 다른 곳에서는 가변자본이라고 부르던 것이다. 그러나 동일한 노동시간에 대한 잉여가치는 I과 II에서 동일하다. 혹은 좀더 엄밀하게 얘기하자면 I과 II는 1노동일의 생산물가치를 각기 따로 획득하기 때문에 그들은 이 생산물가치에서 각각의 선대된 '불변'요소들의 가치를 공제하고 나서 그 나머지〔동일한 가치〕를 획득하게 되는데 이 나머지는 생산과정에서 소비된 생활수단을 보전할 부분과 이것을 초과하는 나머지 잉여가치 부분으로 이루어져 있다고 볼 수 있다. I이 선대한 액수가 더 크다면 이것은 그 상품의 좀더 많은 가치 부분에 의해 보전될 것이고 이 상품의 '불변요소' 부분도 그것으로부터 보전될 것이다. 따라서 그 생산물의 총가치 가운데 좀더 많은 부분이 이 불변부분의 소재적인 요소들을 구입하는 데 재투자되어야 할 것이다. 반면에 선대 액수가 더 작은 II에서는 재투자되어야 할 가치 부분도 더 작을 것이다. 따라서 이런 가정 아래서는 이윤율의 차이라고 하는 것이 전혀 의미가 없는데 이것은 오늘날 임노동자들에게 그들이 강탈당한 잉여가치량이 어떤 이윤율로 표현되든 아무 상관이 없는 것과 마찬가지이며 또 국제무역에서 서로 다른 나라들 간 이윤율의 차이가 그들의 상품교환과는 아무런 상관이 없는 것과 마찬가지이다.

그러므로 상품이 그 가치[혹은 거의 그 가치]대로 교환된다는 것은, 교환이 생산가격에 따라 이루어지는 것보다 훨씬 낮은 단계에서 일어나는 것으로, 생산가격에 따른 교환을 위해서는 일정한 수준의 자본주의적 발전이 이루어져야만 한다.

서로 다른 상품들의 가격이 처음에 어떤 방식으로 결정되고 또 서로 어떤 영향을 주든 그것과는 상관없이 이들의 운동은 가치법칙이 지배한다. 즉 다른 조건이 일정할 때 생산에 소요되는 노동시간이 감소하면 가격도 하락하고 그 노동시간이 증가하면 그 가격도 상승한다.

가격과 가격변동이 가치법칙에 의해 지배되는 사실 외에도 상품의 가치가 이론적으로는 물론 역사적으로도 생산가격에 선행하는 것으로 간주되는 것은 전적으로 옳다. 이것은 바로 노동자가 생산수단을 소유하는 경우에 그대로 드러나며 이런 경우는 과거는 물론 근대사회에서도 소규모 자작농이나 수공업자에게서 쉽게 찾아볼 수 있다. 또한 이것은 우리가 앞서* 말한 견해,[27] 즉 단순한 생산물이 상품으로 발전한 것은 서로 다른 공

M187

---

* MEW Bd. 23, 102쪽 참조.

27) {1865년 당시에는 아직 마르크스가 단지 "견해"라고만 이야기했지만, 이것은 마우러(G. Maurer)부터 모건(L. H. Morgan)에 이르기까지 원시공동체에 대한 방대한 연구가 이루어지고

동체들 간의 교환에서 비롯된 것이지, 동일 공동체 성원들 사이의 교환에 의한 것이 아니라는 견해와도 그대로 일치한다. 그리하여 이것은 이 원시 공동체뿐만 아니라 그 이후의 노예제나 농노제의 경우에도 그대로 적용되며, 수공업의 길드조직에도 각 생산영역에 설치된 생산수단이 어렵지 않게 한 영역에서 다른 영역으로 이전이 가능할 때에는, 즉 서로 다른 생산영역들이 일정한 범위 내에서 마치 외국이나 공산주의적 공동체 같은 상호관계를 유지하고 있을 때에는 똑같이 적용된다.

상품들이 서로 교환되는 가격이 각자의 가치와 거의 일치하기 위해서는 다음과 같은 조건이 필요하다. ① 서로 다른 상품들 간의 교환이 완전히 우연적인 것이거나 매우 가끔씩만 이루어져서는 안 된다. ② 직접적인 상품교환과 관련하여, 이들 상품은 교환 쌍방 간에 서로의 필요에 상응하는 만큼의 해당량을 생산해야 하는데 이런 필요량은 서로의 판매 경험으로부터 얻어지는 것이며 교환 자체가 끊임없이 이루어지면서 생성되는 것이다. ③ 판매와 관련된 문제를 이야기하자면, 교환 당사자들 중 어느 한쪽이 그 가치 이상으로 판매할 수 있거나 또는 상대편으로 하여금 강제로 가치 이하로 팔게 할 수 있는 상태, 즉 자연적이든 인위적이든 독점상태가 아니어야 한다. 단지 구매자나 판매자가 수요와 공급의 우연한 상태로 인해 독점의 위치에 놓이게 되는 경우는 이를 우연적 독점으로 간주하기로 한다.

서로 다른 생산영역의 상품들이 그 가치대로 팔린다는 가정은 물론, 이 가치를 중심으로 가격들이 그 주위를 맴돌고 또 끊임없이 상승과 하락을 통해 조정된다는 것을 의미한다. 그리고 또 시장가치는 — 이에 대해서는 나중에 다시 살피게 될 것이다 — 서로 다른 생산자들에 의해 생산되는 개별 상품들의 개별 가치와 구별되어야 한다. 이들 상품 가운데 몇몇의 개별 가치는 시장가치 이하(즉 그들의 생산에 소요되는 노동시간이 시장가치

난 이후 오늘날에는 거의 논란의 여지가 있을 수 없는 분명한 사실로 인정된다.)

로 표시된 것보다 더 적다)이며 또 다른 몇 개는 이 이상일 것이다. 시장가
치는 한편으로는 한 영역에서 생산되는 상품의 평균가치로 간주되며 또
다른 한편으로는 그 영역의 평균적인 조건에서 생산되고 또 그 영역 생산
M188 물의 대다수를 이루는 상품들의 개별 가치로 간주된다. 가장 열악한 생산
조건이나 가장 유리한 생산조건에서 생산된 상품이 시장가치를 좌우하고
이 시장가치가 그대로 시장가격의 중심점이 되는 경우는 극히 드문 경우
에 속할 뿐이다. 그러나 그런 경우에도 시장가격은 동일한 종류의 상품에
대해서는 동일하다. 상품이 평균가치〔즉 두 극단의 중간에 분포하는 물량
들의 중간가치〕로 공급되어 일상적인 수요를 충족시킨다면 개별 가치가
시장가치 이하인 상품은 특별잉여가치〔혹은 초과이윤〕를 실현하게 되는
반면 개별 가치가 시장가치 이상인 상품은 그 속에 포함된 잉여가치의 일
부를 실현할 수 없게 될 것이다.

가장 열악한 조건에서 생산된 상품이 팔린다는 것은 수요*가 여전히 존
재하기 때문이라는 이야기는 여기에서 아무런 도움이 되지 않는다. 위의
경우 가격이 중간수준의 시장가치보다 더 높아지면 수요는 더 줄어들 것
이다.** 일정 가격 수준에서 어떤 상품은 시장 내에서 일정한 점유율을 가
질 수 있다. 가격이 변동할 때 이 점유율이 변하지 않으려면, 가격이 상승
할 때는 상품량이 줄어들고 가격이 하락할 때는 상품량이 늘어나야만 할
것이다. 그러나 수요가 너무 커서 계약이 성립하지 않을 정도라면(즉 가격
을 묻지 않는 '묻지 마 수요'만 일방적으로 존재한다면―옮긴이), 가장 열악한
조건에서 생산된 상품의 가치에 의해 가격이 좌우되고 시장가치는 바로
이 가치에 의해 결정될 것이다. 그러나 이런 경우는 수요가 비정상적으로
증가하거나 공급이 비정상적으로 감소할 때에만 있을 수 있다. 마지막으
로 또 생산된 상품의 양이 중간수준의 시장가치에 판매될 수 있는 상품량

---

* 초판에는 '공급'으로 되어 있음.
** 초판에는 '커질 것'으로 되어 있으나 마르크스의 초고에 따라 수정함.

보다 더 많다면 시장가치는 가장 좋은 조건에서 생산된 상품에 의해 좌우된다. 즉 이때 가장 좋은 조건에서 생산된 상품은 전부〔혹은 거의〕그 개별 가치대로 판매될 것이고 가장 열악한 조건에서 생산된 상품은 결코 그 비용가격을 실현할 수 없을 것이며 또 평균수준의 생산조건에서 생산된 상품은 그 속에 포함된 잉여가치의 단지 일부분밖에 실현할 수 없을 것이다. 시장가치에 관한 이런 이야기는 시장가치 대신에 생산가격을 대입하면 생산가격에 대해서도 그대로 적용된다. 생산가격은 각 영역에서 그때그때의 사정 여하에 따라 시장가치와 마찬가지 방식으로 조정된다. 그러나 생산가격 자체는 다시 매일매일의 시장가격들이 그 주위를 맴도는 중심이며 이를 기준으로 시장가격들은 일정 기간에 걸쳐 평준화된다(가장 M189 열악한 조건의 노동에 의해 생산가격이 결정되는 원리에 대해서는 리카도의 글[†27] 참조).

가격이 어떤 방식으로 조정되든 그것과는 상관없이 그 결과는 다음과 같다.

① 생산에 소요되는 노동시간의 증가 혹은 감소가 생산가격을 상승 혹은 하락시키는 방식으로 가치법칙은 가격의 움직임을 지배한다. 리카도[†28]가 (그는 자신이 이야기하는 생산가격이 상품의 가치와 괴리된다는 사실을 잘 알고 있었다) 독자들의 주의를 환기하기 위해서 상품의 절대가치가 아니라 그 상대가치의 변동의 영향에 관해서 이야기한 것은 바로 이런 의미였다.

② 생산가격을 결정하는 평균이윤은 일정 자본이 사회적 총자본에서 차지하는 비율에 따라 할당받는 잉여가치량과 언제나 거의 같아야 한다. 이제 일반이윤율과 그에 따른 평균이윤이 화폐가치로 계산된 실제 평균 잉여가치보다 높은 화폐가치로 표현되었다고 가정해보자. 그럴 경우 자본가의 입장에서는 그들 자본가들끼리 10%의 이윤을 지불하든 15%의 이윤을 지불하든 그것은 아무 상관이 없다. 즉 어떤 비율의 이윤을 지불하든 그들 상호 간에는 똑같이 화폐가치가 과대평가되어 있으므로 한쪽이 다

른 쪽보다 실제 상품가치에 대해 더 많이 지불하는 경우가 생기지 않을 것이기 때문이다. 그러나 노동자의 입장에서는(노동자는 자신의 정상임금을 획득한다고 가정하기 때문에, 즉 평균이윤의 상승이 실질임금의 삭감을 나타내는 것이 아니고 자본가의 정상적인 잉여가치와는 완전히 다른 어떤 것으로 나타난다고 가정하기 때문에) 평균이윤의 상승에 의해 발생하는 상품가격의 상승에 맞추어 화폐로 표시된 가변자본의 증가가 뒤따라야만 한다. 사실 이윤율과 평균이윤의 이런 전반적인 명목적 상승이, 총선대자본에 대한 실제 잉여가치의 비율에 의해 주어진 액수 이상으로 이루어지기 위해서는, 임금이 그에 상응하여 증가하고 또 불변자본을 이루는 상품의 가격도 마찬가지로 상승해야만 한다. 역으로 명목 가치가 실제 가치보다 하락하는 경우에는 그 반대 현상이 나타날 것이다. 그리하여 이제 상품의 총가치가 총잉여가치를 규제하고 이 총잉여가치는 다시 평균이윤의 크기〔그에 따라 일반이윤율의 크기〕를 규제하기 때문에 — 일반법칙 혹은 변동을 지배하는 원리로서 — 생산가격은 가치법칙의 지배를 받는 것이 된다.

M190 어떤 한 생산영역에서 경쟁이 끝나고 나면 개별 상품가치들로부터 동일한 시장가치와 시장가격이 만들어진다. 그러나 서로 다른 생산영역의 자본들 간 경쟁은 각 영역들 간에 이윤율을 균등화하는 생산가격을 만들어낸다. 후자가 이루어지기 위해서는 자본주의적 생산양식이 전자보다 더 발전해 있어야만 한다.

같은 생산영역에서 같은 종류의, 품질이 거의 같은 상품들이 그 가치대로 팔리기 위해서는 두 가지 조건이 필요하다.

첫째, 서로 다른 개별 가치들이 하나의 사회적 가치〔즉 위에서 말한 시장가치〕로 균등화되어야 하는데, 그렇게 되기 위해서는 같은 종류의 상품을 생산하는 생산자들 사이에 경쟁이 이루어져야 하고 또 이들 생산자들이 함께 그들의 상품을 판매하는 하나의 시장이 존재하여야 한다. 그러나 각기 다른 개별적인 여건 아래 생산되는 동일 상품들의 시장가격이 시장가치와 그대로 일치하기 위해서는〔즉 그 이하도 그 이상도 아니기 위해서는〕이들 서로 다른 판매자들끼리의 경쟁이 사회적 필요를 충족시킬 수 있을 만큼의 상품량〔다시 말해서 사회가 시장가치대로 지불할 능력이 되는 만큼의 상품량〕만을 시장에 공급할 수 있을 정도로 치열해야만 한다. 만일 생산량이 이러한 사회적 필요량을 초과하게 되면 상품은 그 시장가치 이하로 판매되어야 할 것이다. 반대로 생산량이 사회적 필요량에 미치지 못하거나 판매자들끼리의 경쟁이 치열하지 못해서 사회적 필요 물량을 시장에 충분히 공급하지 못할 경우에는 상품은 그 시장가치 이상으로 판매될 것이다. 만일 시장가치가 변한다면 상품 총량이 판매될 수 있는 조건들도 변할 것이다. 즉 시장가치가 하락하면 평균적인 사회적 수요(유효수요를 의미함)는 늘어나고 어느 정도의 범위 내에서는 좀더 많은 양의 상품이 소비될 수 있을 것이다. 시장가치가 상승한다면 그 상품에 대한 사회적 수요는 위축될 것이고 좀더 적은 양의 상품만이 소비될 것이다. 따라서 수요와 공급이 시장가격을 규제하고 또 시장가격과 시장가치 간의 괴리를 규제한다고 한다면, 시장가치는 또 다른 한편으로 수요와 공급 간의 관계를, 그리고 수요와 공급의 변동에 의해 시장가격이 계속 수렴되는 그 중심점을 규제한다.

이 문제를 좀더 자세히 살펴본다면, 우리는 개별 상품의 가치와 관련된 M191 조건들이 여기에서 같은 종류의 상품 총량의 가치와 관련된 조건으로 재생산된다는 사실을 알게 된다. 자본주의적 생산은 원래가 대량생산이며, 이와는 달리 상당히 많은 소생산자들에 의해 소량씩 생산되는—적어도 생필품에서—다소 덜 발달된 생산양식의 경우라고 할지라도 이들 생산물은 시장에서 비교적 소수 상인들의 손에 대량으로 집중되고 집적되어 판매된다. 이때 이들 생산물은 한 생산영역 전체의 공동생산물로서 혹은 한 생산영역 내의 크고 작은 부문의 생산물들로서 다루어진다.

여기에서 잠깐 지나가듯이 한마디 덧붙인다면 수요의 원리를 규제하는 '사회적 필요'는 본질적으로 서로 다른 계급들 상호 간의 관계와 그들의 상대적인 경제적 지위를 통해, 즉 첫째로 총잉여가치의 임금에 대한 비율과 둘째로 잉여가치가 다시 분할되는 각 부분들(이윤, 이자, 지대, 조세 등)의 비율에 의해서 제약을 받는다는 것이다. 그리하여 여기에서도 다시 수요와 공급 간의 관계가 작용하는 그 기초를 논의하지 않은 채 수요와 공급 간의 관계만으로는 아무것도 설명할 수 없다는 것이 드러난다.

상품과 화폐는 둘 다 각각으로는 교환가치와 사용가치의 통일체이지만 우리는 구매와 판매 과정에서 이들 두 요소가 양극으로 분리되어 상품(판매자)은 사용가치를, 그리고 화폐(구매자)는 교환가치를 나타낸다는 것을 이미 살펴본 바 있다(제1권 제1장 제3절). 판매를 위한 전제조건 중 하나는 상품이 사용가치를 지니고 따라서 사회적 필요를 충족시켜야 한다는 것이었다. 그리고 또 하나의 전제조건은 상품에 포함된 노동량이 사회적인 필요노동을 나타내는 것이고 따라서 상품의 개별 가치(그리고 이런 전제조건하에서 이것은 판매가격과 동일하다)가 그 상품의 사회적 가치와 일치해야 한다는 것이다.[28]

우리는 이것을 시장에 나와 있는 상품량 — 한 생산영역 전체의 생산물을 이루는 — 에 적용해 보기로 하자.

사태를 가능한 한 알기 쉽게 나타내기 위해 우리는 우선 한 생산영역의 상품 총량을 하나의 상품으로, 그리고 많은 동종(同種) 상품의 가격의 합을 M192 하나의 가격으로 간주하기로 한다. 그러면 개별 상품들에 관한 이야기들은 이제 시장에 나와 있는 일정 생산영역의 상품량에 그대로 적용된다. 상품의 개별 가치가 그 상품의 사회적 가치와 일치한다는 것은 이제 이 상품량 속에 그것의 생산에 필요한 사회적 노동이 포함되어 있고 이 상품량의 가치가 곧 그것의 시장가치와 일치하는 것으로 실현되어 있는 것[또한 그렇게 규정하는 것]을 의미한다.

---

28) 마르크스, 『경제학 비판』, 베를린, 1859.*
  * MEW Bd.13, 15~32쪽 참조.

이제 이 상품량 가운데 대부분이 거의 동일한 정상적인 사회적 조건에서 생산되고 그 결과 이들의 가치가 상품량을 구성하는 각 상품의 개별 가치와 일치한다고 가정하자. 만일 이들 상품량 중 비교적 적은 일부분이, 어떤 것은 이런 정상적인 조건보다 더 나은 조건에서 또 다른 어떤 것은 더 못한 조건에서 생산됨으로써, 이들 일부 상품량의 개별 가치가 대다수 상품량의 평균가치보다 더 크거나 더 작지만, 그럼에도 이들 더 크거나 더 작은 부분들이 서로 상쇄되어 이들이 속해 있는 상품들의 평균가치가 대다수 상품의 가치와 일치한다고 한다면, 그럴 경우 시장가치는 평균적인 조건으로 생산된 상품들의 가치에 의해서 결정된다.[29] 그리하여 전체 상품량의 가치는 평균적인 조건에서 생산된 것은 물론 그 이상이나 이하에서 생산된 상품까지도 모두 포함한 개별 상품들의 실제 가치의 합과 일치한다. 그럴 경우 시장가치[혹은 어떤 상품량의 사회적 가치, 즉 그 상품량에 포함된 필요노동시간]는 그 상품량 가운데 대다수의 평균적인 부분들의 가치에 의해서 결정된다.

반면에 시장에 나와 있는 어떤 상품의 총량은 불변인데 좀더 나쁜 조건에서 생산된 상품의 가치가 좀더 좋은 조건에서 생산된 상품의 가치와 상쇄되지 않고, 좀더 나쁜 조건에서 생산된 상품량이 평균적인 조건에서 생산된 상품량과 좀더 좋은 조건에서 생산된 상품량에 비해 상대적으로 많을 경우를 가정해보자. 그럴 경우 시장가치[혹은 사회적 가치]는 좀더 나쁜 조건에서 생산된 상품량에 의해 결정된다.

마지막으로 평균적인 조건보다 더 좋은 조건에서 생산된 상품량이 더 나쁜 조건에서 생산된 상품량보다 훨씬 많고 평균적인 조건에서 생산된 상품량에 비해서도 더 많을 경우를 가정해보자. 그럴 경우 시장가치는 가장 좋은 조건에서 생산된 상품량에 의해 결정된다. 여기에서는 항상 가장 좋은 조건에서 생산된 상품량이 시장가격을 규제하는 공급과잉 상태

29) 마르크스, 앞의 책.

의 시장은 무시한다. 우리가 여기에서 다루는 것은 시장가치와 구별되는
M193 의미에서의 시장가격이 아니라 시장가치 자체가 결정되는 다양한 방식
이다.[30]

사실 엄밀하게 말해(물론 실제로는 단지 근사한 형태를 띨 뿐 천차만별
의 변형이 있다) I의 경우에서 중간수준의 가치에 의해 규제되는 전체 상
품량의 시장가치는 그 개별 가치들의 총계와 같다. 물론 중간수준이 아닌
양극단의 조건에서 생산된 상품들에서는 이 가치가 그것들에 강요된 평
균치로 나타날 것이다.[*] 그리하여 가장 불리한 극단의 조건에서 생산한 사
람은 자신의 상품을 개별 가치 이하로 팔아야 할 것이고 가장 유리한 극단
의 조건에서 생산한 사람은 개별 가치 이상으로 판매하게 될 것이다.

II의 경우에는 양극단의 조건에서 생산된 개별 가치량들이 서로 상쇄되
지 않고 좀더 나쁜 조건에서 생산된 상품량이 주도권을 쥐게 된다. 여기에
서는 엄밀하게 말해서 개별 상품이나 전체 상품량의 각 구성 부분들의 평
균가치〔혹은 시장가치〕는, 서로 다른 조건들에서 생산된 각 상품들의 가
치를 합한 상품량의 총가치와 이 총가치가 각 상품별로 할당되는 그 비율

---

30) 시장가치(리카도와 슈토르흐에게는 시장가격 내지 생산가격에 해당됨)가 가장 열악한 조
건에서 생산된 상품의 가치에 의해서 결정되느냐(리카도) 아니면 가장 유리한 조건으로 생산
된 상품의 가치에 의해서 결정되느냐(슈토르흐)를 둘러싸고 벌어진 리카도와 슈토르흐 간의
지대 논쟁(이 논쟁은 지대만을 대상으로 한 논쟁이며, 논쟁과정에서 두 사람은 사실상 서로의
입장에 대해서 아무런 관심도 기울이지 않았다)은 두 사람이 모두 옳으면서 동시에 틀렸으며,
또한 두 사람 모두 각자 입장의 중간 경우를 전혀 고려하지 않았던 것으로 평가된다.[†29] 참고로
가장 유리한 조건에서 생산된 상품에 의해 가격이 결정되는 경우에 대한 코벳[†30]의 논의를 여
기에서 한번 살펴보기로 하자. — "그(리카도)의 주장은 모자 1개와 신발 1켤레와 같이 두 개의
서로 다른 상품이 두 개의 단위(1개=1켤레와 같은 방식으로 — 옮긴이)로 교환된다고 해서 이
두 개의 각 단위량을 생산하는 데 투입된 노동량이 같다는 것을 의미하는 것이 아니다. 우리가
여기에서 말하는 '상품'(Ware)은 '상품류'(商品類, Warengattung)를 가리키는 것이지, 어떤 특
정의 모자 1개나 신발 1켤레 등을 가리키는 것이어서는 안 된다. 그런 의미에서 영국에서 모자
를 생산하는 데 사용되는 노동 총량은 생산된 모든 모자에 나누어져 있다고 보아야 한다. 내가
보기에 이것은 지대론의 일반적 논의에서 처음 이야기되는 것은 아니다"(저자 미상, 『경제학
용어의 논쟁에 관한 고찰』, 런던, 1821, 53, 54쪽).

* 초판에는 '나타나다'(darstellt)가 아니라 '세우다'(aufstellt)로 되어 있는데 마르크스의 초고에
따라 수정함.

에 의해서 결정된다. 이렇게 결정된 시장가치는 극단적으로 좋은 조건에서 생산된 상품의 개별 가치는 물론 중간수준의 조건에서 생산된 상품의 개별 가치보다도 더 높을 것이다. 그렇지만 그것은 가장 열악한 조건에서 생산된 상품의 개별 가치보다는 여전히 더 낮을 것이다. 시장가치가 이 가장 열악한 조건의 개별 가치와 어느 정도 편차를 가질 것인지, 그리고 결국 어느 정도까지 합치될 것인지는 이 가장 열악한 조건에서 생산되는 상품의 양이 해당 상품의 전체 생산영역에서 차지하는 비중에 전적으로 의존할 것이다. 만일 수요가 공급을 조금이라도 초과할 경우에는 나쁜 조건에서 생산된 상품의 개별 가치가 시장가치를 규제하게 될 것이다. M194

　마지막으로 III의 경우와 같이 가장 유리한 조건에서 생산된 상품량이 반대편의 것은 물론 중간수준의 상품량과도 비교될 수 있을 정도로 상당한 양이 된다면 시장가치는 중간가치 이하로 떨어질 것이다. 이 경우 양극단과 중간의 가치 총액을 합해서 계산된 평균가치는 중간가치 이하에 있을 것이고, 유리한 편이 차지하는 상대적인 비중에 따라 이 중간가치에 더 근접하거나 더 멀어지거나 하게 될 것이다. 만일 수요가 공급에 비해 부족할 경우에는 좋은 조건에서 생산된 부분은 그 양에 관계없이 그들의 가격을 그들의 이 개별 가치로까지 인하함으로써 시장을 강제로 차지하게 된다. 이때 가장 좋은 조건에서 생산된 상품의 이 개별 가치는 공급이 수요를 훨씬 초과할 경우를 제외하고는 시장가치와 결코 일치할 수 없다.

　여기에서 **추상적으로** 이야기한 이러한 시장가치의 결정은 실제 시장에서는 구매자들 간의 경쟁에 의해 매개되고, 또 이렇게 결정된 가치의 상품량을 모두 흡수할 수 있을 만큼 수요가 충분히 크다는 것을 전제로 한다. 그래서 이제 우리는 다음 문제로 넘어가게 된다.

　둘째, 상품이 사용가치를 갖는다는 것은 그것이 단지 어떤 사회적 필요를 충족시킨다는 것을 의미할 뿐이다. 개별 상품에 대해서만 생각할 경우 우리는 이 일정 상품에 대한 필요 — 이미 가격을 통해 그 필요량이 반영되어 있다 — 가 존재하고 그 필요를 충족시킬 수 있는 양 이상의 상품은 없는 것으로 가정할 수 있었다. 그러나 우리의 관심이 한편으로는 어떤 생산부문 전체의 생산물로, 다른 한편으로는 사회적 필요라는 차원으로 넘어갈 경우 이제 필요량은 본질적인 계기가 된다. 그럴 경우 이제는 사회적 필요량을 고려하는 것이 필수적이다.

앞서 논의한 시장가치의 결정에서는 생산된 상품량을 주어진 것으로 [불변인 것으로] 가정하였고 단지 변동이 있는 것은 이 일정량 가운데 서로 다른 조건에서 생산된 상품량들이 차지하는 비율뿐이고 그에 따라 동일한 상품량의 시장가치가 각기 다르게 규제되는 것으로 가정하였다. 이 상품량이 보통의 공급량이고 생산된 상품의 일부가 잠정적으로 시장에 나오지 않을 가능성은 배제하기로 가정하자. 만일 이 공급량에 대한 수요도 계속 보통수준에서 머문다면, 이 상품은 앞에서 논의된 세 가지 경우에서 시장가치가 각기 어떻게 규제되든 상관없이 시장가치대로 팔릴 것이다. 상품량은 어떤 개인의 필요는 물론 사회적 범위에서도 필요를 충족시키게 될 것이다. 그러나 반면 그 양이 그에 대한 수요보다 적거나 많으면 시장가격과 시장가치 간에 괴리가 발생한다. 그 첫 번째 괴리는, 공급량이 수요보다 적을 때는 가장 나쁜 조건에서 생산된 상품이 시장가치를 규제하고 공급량이 수요보다 많을 때는 가장 좋은 조건에서 생산된 상품이 시장가치를 규제함으로써 발생한다. 즉 서로 다른 조건으로 생산된 상품량들 간의 단순한 비율에 따라서 각기 다른 결과가 나타나긴 하지만 양극단 중의 어느 하나가 시장가치를 규제하게 되는 방식으로 괴리가 발생하는 것이다. 만일 수요와 생산량의 차이가 클 경우에는 시장가격과 시장가치 간의 괴리도 더 현격하게 커질 것이다. 그런데 생산된 상품량과 시장가치대로 팔리는 상품량 간의 차이는 두 가지 원인으로부터 발생할 수 있다. 하나는 이 양 자체가 변동하여 지나치게 증가하거나 지나치게 감소함으로써 재생산의 규모가 기존의 시장가치를 규제하던 규모와는 다른 규모로 바뀌어버리는 경우이다. 이럴 경우에는 수요는 불변이지만 공급이 변화함으로써 상대적인 과잉생산이나 과소생산이 이루어진다. 또 하나의 원인은 공급은 불변인데 이런저런 이유로 수요가 감소 혹은 증가하는 경우이다. 이 경우에는 공급의 절대적인 크기는 불변이지만 그 상대적인 크기가 그 필요량의 변화에 의해서 변하게 된다. 그 영향은 첫째 경우와 동일하지만 그 방향은 반대이다. 마지막으로 만일 수요와 공급이 둘 다 변하고 그 변동 방향이 서로 반대 방향이든 같은 방향이든 변동량이 서로 다르다면, 즉 간단히 말해서 쌍방의 변화가 원래의 쌍방 간의 비율을 변화시킬 정도라면, 최종 결과는 항상 위에서 말한 두 경우 중의 어느 하나가 될 것이다.

수요와 공급에 관한 일반적 개념 규정에서 정말 어려운 문제는 이것이 동어반복으로 끝나는 것처럼 보인다는 것이다. 먼저 우리는 공급, 즉 시장에 나와 있는 생산물〔혹은 시장에 공급될 수 있는 생산물〕을 살펴보기로 하자. 여기서 불필요하게 상세한 논의로 빠져들지 않도록 우리는 이것을 M196 일정 산업부문의 연간 재생산 총량으로 간주하고 각 상품들이 지니는 특성에 따라 시장에서 퇴장되어 다음 해의 소비를 위해 재고로 저장되는 크고 작은 가능성은 무시하기로 한다. 이 연간 재생산은 첫째, 일정한 양〔상품량이 불연속량으로 계산되느냐 연속량으로 계산되느냐에 따라서 수량이나 개수〕을 나타낸다. 이 상품량은 인간의 필요를 충족시키는 사용가치일 뿐만 아니라, 이 사용가치는 어떤 주어진 크기로 시장에 존재한다. 그러나 둘째, 이 상품량은 상품의 시장가치〔혹은 단위로 사용되는 상품량〕의 배수(倍數)로 표현될 수 있는 일정한 시장가치를 갖는다. 따라서 시장에 나와 있는 상품의 양적 크기와 그것의 시장가치 사이에는 아무런 필연적인 관계도 존재하지 않는데, 이는 예를 들어 어떤 상품은 특별히 가치가 높고 또 다른 어떤 상품은 특별히 가치가 낮음으로써 일정한 가치액수가 어떤 상품의 경우에는 매우 큰 양으로 또 다른 상품의 경우에는 매우 작은 양으로 나타날 수 있기 때문이다. 시장에 나와 있는 어떤 물품의 양과 이 물품의 시장가치 사이에는 단지 다음과 같은 관계만 존재한다. 즉 주어진 노동생산성에 기초하여 각각의 특정 생산영역에서는 각 물품의 일정량을 생산하는 데 일정량의 사회적 노동시간이 소요된다는 것이다. 그러나 이 때 이들 양자 간의 비율은 각 생산영역마다 완전히 다를 것이며 이 물품의 유용성이나 그것의 사용가치상의 특수성과는 아무런 내적 관련을 갖지 않을 것이다. 다른 모든 조건이 불변이라고 가정하고 어떤 상품의 양 a에 대해서 노동시간 b가 소요된다면 상품량 na에 대해서는 nb의 노동시간이 소요될 것이다. 또한 사회가 어떤 상품의 필요를 충족하고자 하고 이를 위해 그 상품을 생산하려 한다면, 사회는 그만큼의 노동시간을 지불해야 할 것이다. 실제로 상품생산은 분업을 전제로 한 것이며 사회가 이 상품을 구매하기 위해서는 사회가 처분할 수 있는 노동시간 가운데 일부를 그 상품의 생산에 사용해야 하기 때문에, 사회는 자신의 가처분 노동시간의 일정량을 기준으로 이 상품을 구매하게 된다. 분업을 통해서 이 특정한 물품의 생산에 자신의 노동을 사용하는 사회의 해당 부분은 자신의 필요를 충족시킬 물품들에 나타나 있는 사회적 노동에 의해 등가물을 수취해야 할 것이다. 그러나 어떤 사회적 물품에 사용된 사회적 노동 총량〔즉 사회가 자신의 노동력 총량 가운데 이 물품의 생산에 사용하도록 할당한 부분, 다시 M197 말해서 총생산에서 이 물품의 생산이 차지하는 크기〕과, 사회가 이 물품을 통해 충족하는 필요의 크기 사이에는 아무런 필연적인 관계도 존재하지 않고 단지 우연적인 관계만 존재할 뿐이다. 어떤 상품 종류의 개개의 물품〔또는 일정량〕이 그것의 생산에 필요한 사회적 노동을 포함하고 이런 측면에서 볼 때 이 상품 종류 전체의 시장가치는 단지 필요노동을 나타낼 뿐인데도 어떤 상품이 당시의 사회적 필요량을 초과하여 생산될 경우에는 사회적 노동시간의 일부는 낭비된 것이며 그 상품량은 실제 거기에 투입된 것보다 훨씬 적은 사회적 노동량을 나타낼 것이다(사회가 특정 물품의 생산에 사용한 사회적 노동시간의 크기와 이 물품에 의해 충족될 사회적 필요의 크기를 맞출 수 있는 것은 생산이 사전적으로 실질적인 사회적 통제하에서 이루어질 경우뿐이다). 따라서 이 상품은 자신의 시장가치 이하로 팔릴 수밖에 없을 것이고 그나마 그중 일부는 아예 팔릴 수도 없을 것이다. ─거꾸로 어떤 상품 종류의 생산에 사용된 사회적 노동의 크기가 그 상품에 의해 충족되는 특정 사회적 필요의 크기에 비해 매우 작을 경우에는 그 반대 현상이 일어날 것이다. ─그러나 만일 일정 물품의 생산에 사용되는 사회적 노동의 크기가 충족되어야 할 사회적 필요의 크기와 일치함으로써 생산된 상품의 양이 수요가 불변일 때 원래의 재생산 규모와 일치할 때에는 상품은 자신의 시장가치대로 팔릴 것이다. 상품은 그 가치대로 교환〔혹은 판매〕되는 것이 합리적〔즉 상품균형의 자연법칙〕이다. 따라서 이 법칙으로부터 괴리를 설명해야 하는 것이지 거꾸로 괴리로부터 이 법칙을 설명해서는 안 된다.

이제 다른 측면, 즉 수요로 눈을 돌려보자.

상품은 생산적 소비나 개인적 소비를 위해 생산수단이나 생활수단으로 구매된다(많은 상품들의 경우 이 두 가지 용도에 모두 사용될 수 있지만 그것 때문에 이 논의가 달라질 것은 전혀 없다). 따라서 상품에 대한 수요는 생산자(여기에서는 생산수단이 자본으로 전화하는 것을 가정하기 때문에 이는 곧 자본가를 가리킨다)와 소비자에게서 모두 발생한다. 우선 이들 두 수요는 한편으로 일정량의 사회적 필요와 다른 한편으로 여러 생산 영역에서의 일정량의 사회적 생산에서 발생하는 수요를 상정하는 것처럼 보인다. 면직공업이 주어진 규모로 그 연간 재생산을 반복적으로 수행해 M198 나가기 위해서는, 경상수요 일정량에다 자본축적에 따른 매년의 재생산 확대를 감안하여 (다른 조건이 불변이라면) 면화량이 추가로 더 소요될 것이다. 생활수단의 경우에도 마찬가지이다. 즉 노동자계급이 관습적인 평균 생활방식대로 계속 살아가기 위해서는, 생활수단의 종류에 따라 약간 다르게 분배될 수는 있겠지만, 최소한 필수적인 생활수단의 일정량을 계속해서 확보해야만 할 것이다. 그리고 이 일정량 이외에 다시 매년의 인구증가를 고려할 때 일정량의 생활수단이 추가로 더 있어야 할 것이다. 그리고 약간씩 차이는 있겠지만 다른 계급의 경우에도 이런 사정은 마찬가지일 것이다.

그리하여 수요 측면에서는 사회적 필요의 일정 크기가 존재하고 이를 충족하기 위한 어떤 물품의 일정량이 시장에서 요구될 것으로 보인다. 그러나 이런 필요의 양적인 크기는 매우 탄력적이고 계속 변동하는 것이다. 필요가 고정된 것처럼 보이는 것은 단지 외관상으로만 그럴 뿐이다. 생활수단의 가격이 하락하거나 노동자의 화폐임금이 상승한다면 노동자는 더 많은 생활수단을 구입하게 될 것이고, 그 '수요'가 물리적 필요의 최저 한계에 국한되는 빈민 등을 완전히 무시한다면, 생활수단에 대한 '사회적 필요'는 더욱 커질 것이다. 다른 한편 예를 들어 면화가격이 하락하게 되면 면화에 대한 자본가의 수요는 증가하게 될 것이고 면화산업에는 더 많은 추가자본이 투자될 것이다. 이 경우 잊어서는 안 될 사실은, 생산적 소비에 대한 수요가 우리의 가정에 따라 자본가의 수요를 의미하고 자본가의 본래 목적이 잉여가치의 생산에 있기 때문에 자본가는 이 목적을 위해서만 일정 종류의 상품을 생산한다는 것이다. 다른 한편 이 사실은 자본가가 예를 들어 면화의 구매자로 시장에 나오는 한 그가 면화에 대한 필요를 대표한다는 사실에는 아무런 영향을 미치지 않는데, 이는 면화의 판매자에게는 그가 면화를 가지고 옷을 만들든지 화약을 만들든지 아니면 귀마개로 사용하든지 아무 상관이 없기 때문이다. 그러나 물론 이것은 그가 어떤 종류의 구매자인가 하는 데는 중요한 영향을 미친다. 면화에 대한 그의 필요는 사실 그의 필요가 단지 이윤추구라는 외피를 걸치고 있을 뿐이라는 점 때문에 본질적으로 수정된다. ― 시장에서 나타나는 상품에 대한 필요〔수요〕가 실제의 사회적 필요와 양적으로 차이가 나는 정도는 물론 각 상품에 따라서 상당한 차이가 있다. 내가 지금 이야기하는 이 차이란 것은 현재 필요한 상품량과, 상품가격이 달라졌을 때 혹은 구매자의 화폐사정이나 생활여건이 달라졌을 때 요구되는 상품량 간의 차이를 의미한다.

수요와 공급 간의 불균형, 그리고 그로 인한 시장가격과 시장가치 간의 괴리를 정확히 알아낸다는 것은 더할 나위 없이 쉬운 일이다. 정말로 어려운 것은 수요와 공급의 일치를 어떤 개념으로 이해해야 하는가 하는 문제이다.

수요와 공급은 일정 생산부문에서 생산된 상품량이 그 시장가치대로, 즉 그 이하도 그 이상도 아닌 수준으로 판매될 수 있을 때에 일치한다. 이 것이 우리가 알고 있는 첫째 개념이다.

둘째 개념은, 상품이 그 시장가치대로 팔릴 경우 수요와 공급은 일치한 다는 것이다.

수요와 공급이 일치하면 이것들은 작용을 멈추고 바로 그 때문에 상품 은 그 시장가치대로 팔리게 된다. 이들 두 힘이 똑같이 반대 방향으로 작 용하면 이들은 서로 상쇄되어 외부에 아무런 영향도 미치지 않게 될 것이 므로 이런 조건에서 발생되는 현상들은 이들 두 힘과는 상관없는 다른 어 떤 것에 의해서 설명되어야 한다. 수요와 공급이 서로 상쇄되어버리면 이 들은 어떤 사태에 대한 설명력을 잃어버리게 되고 시장가치에 대해서도 영향력을 잃을 것이기 때문에 우리는 시장가치가 왜 하필 그 화폐액으로 표현되고 다른 화폐액으로는 표현되지 않는지에 대해서 완전히 미궁 속 으로 빠져버리게 된다. 자본주의적 생산의 참된 내적 법칙은 수요와 공급 이 작용을 멈출 경우에만, 다시 말해서 이 양자가 일치히는 경우에만 순수 한 형태로 나타나기 때문에 수요와 공급의 상호작용을 통해서는 설명될 수 없는 것이 분명하다(이 양자의 사회적인 추동력에 대한 좀더 심층적인 분석 — 여기에서는 이루어지지 않는 — 은 무시한다). 수요와 공급은 실 제로는 결코 일치하지 않으며 설사 일치하는 경우가 있다 하더라도 그것 은 우연한 경우에 불과해서 과학적으로는 발생하지 않는 것으로 간주할 수 있다. 그러나 경제학에서는 이것을 일치하는 것으로 가정하는데 그 이 유는 무엇일까? 그것은 현상을 그것의 합법칙적인 자태(姿態)로, 즉 그것 의 개념에 상응하는 자태로 고찰하기 위해서이다. 다시 말해서 현상을 수 요와 공급의 운동으로 생겨나는 외관과 분리하여 고찰하기 위해서이다. 그리고 다른 한편으로는 그 운동의 실제 경향을 찾아내고 어느 정도 확정 하기 위해서이다. 이들의 불일치는 대립적 성질을 지닌 것이고 또한 끊임없이 이어지기 때문에 이들은 서로 마주 보는 방향〔즉 서로 간의 모순〕에 의해 상쇄된다. 따라서 수요와 공급이 결코 일치하지 않을 경우에도 이들 불일치는 — 한 방향에서의 괴리의 결과가 반대 방향에서의 또 다른 괴리를 불러일으킨다 — 길고 짧은 기간 전체를 두고 볼 때에는 결국 수요와 공급이 계속 일치하는 결과를 가져온다. 그러나 그것은 단지 유동적인 움직임의 평균으로서만 그리고 이들 모순의 계속적인 운동으로서만 그러하다. 그럼으로써 시장가치와 괴리된 시장가격들은 그 평균수치로 볼 때 시장가치와의 편차를 플러스 마이너스로 상쇄함으로써 시장가치와 균등하게 된다. 그리고 이러한 평균수치는 결코 단순히 이론적으로만 중요한 것이 아니라, 일정 기간의 변동과 균등화를 모두 감안하여 투자를 계산하는 자본의 입장에서는 실질적으로도 매우 중요하다.

따라서 수요와 공급 간의 관계는 한편으로는 단지 시장가격과 시장가치 간의 괴리만을, 또 다른 한편으로는 이러한 괴리의 상쇄 경향〔다시 말해서 수요 공급 관계의 작용이 상쇄되는 경향〕을 설명해준다(여기에서는 가치가 없이 가격만 가진 상품은 고려하지 않기로 한다). 수요와 공급은 이들의 불일치로 일어나는 작용들을 매우 다양한 형태로 해소한다. 예를 들어 만일 수요가 감소하고 그로 인해 시장가격이 하락하면 자본은 빠져나가고 공급은 줄어들 것이다. 그러나 또 다른 한편으로 필요노동시간을 단축하는 발명을 통해서 시장가치가 스스로 하락함으로써 이미 하락한 시장가격과 균등하게 되어버릴 수도 있다. 거꾸로 만일 수요가 증가하고 그에 따라 시장가격이 시장가치보다 높아지면 이 생산영역에는 과도한 자본공급이 이루어져서 생산이 늘어남으로써 시장가격이 스스로 시장가치 이하로까지 떨어져버릴 수도 있다. 혹은 이와 달리 가격이 수요 그 자체를 감소시켜버릴 수 있는 수준으로까지 상승할 수도 있다. 또한 어떤 생산영역에서는 요구되는 생산물의 일부를 일정 기간 좀더 나쁜 생산조건에서 생산할 수밖에 없어서 시장가치가 스스로 일정 기간 상승하게 될 수도 있다.

수요와 공급이 시장가격을 결정한다면 다른 한편으로 시장가격과 더 나아가서 시장가치도 수요와 공급을 결정한다. 수요의 경우에는 이것이 분명한데 왜냐하면 수요가 가격과 반대 방향으로 움직이기 때문이다. 즉 가격이 하락하면 수요는 증가하고 그 역도 성립한다. 그런데 이것은 공급의 경우에도 마찬가지이다. 공급되는 어떤 상품에 사용되는 생산수단의 가격은 이 생산수단에 대한 수요를 결정하고 따라서 그 생산수단에 대한 수요를 포함하는 그 상품의 공급도 결정하게 된다. 면화가격은 면제품의 공급을 결정한다. M201

이런 혼란 —가격이 수요와 공급에 의해서 결정되고 동시에 수요와 공급은 가격에 의해서 결정되는 — 에 또 하나 추가되는 것은 수요가 공급을 결정하고 거꾸로 공급은 수요를 결정하며 생산은 시장을 결정하고 시장은 다시 이 생산을 결정한다는 사실이다.[31]

보통의 경제학자(각주를 보라)라 하더라도 외부 요인에 의한 공급과 수

---

31) 다음과 같은 '통찰력'은 엄청난 넌센스에 불과하다. "어떤 상품의 생산에 필요한 임금과 자본 및 토지의 양이 과거에 비해 변한다면, 애덤 스미스가 상품의 자연가격이라고 불렀던 것도 변하며, 과거에 그 상품의 자연가격이었던 가격은 이런 변화들을 감안한 그 상품의 시장가격이 된다. 왜냐하면 공급과 수요량은 모두 전혀 변하지 않았지만"(여기에서 이 양자가 변하는 것은, 바로 시장가치[혹은 스미스가 문제로 삼는 생산가격]가 가치변동 때문에 변할 경우이다), "그 공급은 이제 생산비를 나타내는 새로운 가격을 지불할 수 있는[또 지불할 의사가 있는] 사람들의 수요와 완전히 일치하지 않고 그보다 더 크거나 더 작아짐으로써, 공급과 새로운 생산비를 감안한 유효수요 간의 비율이 과거와는 달라졌기 때문이다. 그리하여 공급은 변하게 되고—다른 장애요인이 없는 한— 결국 그 상품은 새로운 자연가격에 다다르게 될 것이다. 그리하여 많은 현명한 사람들이 보기에는— 상품이 그 공급의 변동에 의해서 새로운 자연가격을 얻게 되기 때문에— 시장가격이 새로운 비율에 따르게 되는 것과 마찬가지로 자연가격도 새로운 수요와 공급 간의 비율에 따르게 된다는 것, 그리하여 결과적으로 자연가격이 시장가격과 마찬가지로 수요와 공급 상호 간의 비율에 의존한다는 것이 옳다고 생각할 수 있을 것이다("스미스가 이야기한 자연가격의 결정에 대한 논의에서는, 그가 말한 시장가격의 경우와 마찬가지로, 수요와 공급의 대원칙이 활용되어야만 한다' — 맬서스[31]"(저자 미상, 앞의 책, 60, 61쪽). 이 현명한 사람은, 위의 경우 바로 생산비[그리고 가치]의 변동이 수요[즉 수요 공급의 비율]의 변화를 일으키고, 이런 수요의 변화가 공급의 변화를 가져올 수 있다는 사실을 파악하지 못한다. 이것은 바로 이 사람이 입증하려고 하던 것과 정반대의 것을 입증해줄 것이다. 즉 생산비의 변동이 수요 공급의 비율에 의해 결정되는 것이 아니라, 거꾸로 그것이 이 비율을 결정한다는 것을 입증해줄 것이다.

요의 변동이 없어도 수요 공급 관계는 상품의 시장가치 변동으로 인해 변동할 수 있다는 것은 잘 이해하고 있다. 게다가 그는 시장가치가 얼마이든 그 시장가치가 도출되기 위해서는 수요와 공급이 일치해야만 한다는 것도 틀림없이 인정할 것이다. 다시 말해서 수요와 공급 간의 관계가 시장가치를 설명하는 것이 아니라 거꾸로 시장가치가 수요와 공급의 변동을 설명한다. 『고찰』의 저자는 위에서 인용된 각주에 이어 계속해서 다음과 같이 이야기하고 있다.

> 그러나 이 비율(수요와 공급 사이의)은, 만일 우리가 '수요'와 '자연가격'을 계속 애덤 스미스에 관해 이야기할 때의 그런 의미로 사용한다면, 항상 같은 비율이어야 한다. 왜냐하면 그것은 단지 공급이 유효수요와 같을 경우에만, 즉 자연가격 그 이상으로도 그 이하로도 지불하지 않고 바로 그 가격에 지불하고자 하는 수요와 일치할 경우에만, 실제로 자연가격이 지불되기 때문이다. 그리하여 결과적으로 동일한 상품에 대하여 각기 다른 시기에는 각기 다른 두 개의 자연가격이 있을 수 있지만 공급과 수요 간의 비율은 두 경우 모두 동일하게 될 것이다. 즉 동일한 비율이 될 것이다.

따라서 서로 다른 시기에 동일한 상품의 서로 다른 2개의 자연가격이 존재할 경우 그 상품이 두 시기 모두 그 자연가격으로 팔린다면 수요와 공급은 두 시기 모두 일치될 수 있고 또 일치되어야만 한다. 그런데 두 시기 모두 수요와 공급 간의 비율은 아무 차이가 없지만 자연가격 그 자체의 크기는 차이가 있기 때문에 이 차이는 명백히 수요와 공급과는 상관없이 결정되는 것이고 따라서 결코 수요와 공급에 의해서 결정될 수는 없는 것이다.

어떤 상품이 그 시장가치대로 판매되기 위해서는[즉 그 속에 포함된 사회적 필요노동에 비례해서 판매되기 위해서는] 이 상품 종류의 총량을 생산하는 데 사용되는 사회적 노동의 총량이 그 상품에 대한 사회적 필요

〔즉 지불능력이 있는 사회적 필요〕의 양과 일치해야만 한다. 경쟁, 그리고 수요와 공급 간 비율의 변동과 일치하는 시장가격의 변동은, 끊임없이 그 상품 종류의 생산에 사용된 노동 총량을 이 필요량과 같은 수준으로 일치시키려고 한다.

상품의 수요와 공급 간 관계에서는 첫째로 사용가치와 교환가치의 관 ^{M203}계, 상품과 화폐의 관계, 구매자와 판매자의 관계가 반복되고 둘째로는 생산자와 소비자의 관계 ─ 제3의 상인이 두 사람을 대신할 수도 있긴 하지만 ─ 가 반복된다. 구매자와 판매자의 관계를 살펴보는 것은 두 사람을 서로 대면시키기만 하면 된다. 완전한 상품의 형태변화〔즉 구매와 판매의 전 과정〕을 설명하는 데는 세 사람만 있으면 충분하다. A는 자신의 상품을 B에게 판매함으로써 자신의 상품을 화폐로 전화시키고 다시 그는 그 화폐로 C에게서 상품을 구매함으로써 이 화폐를 상품으로 다시 전화시킨다. 그리하여 이 세 사람 사이에서 전체 과정이 모두 이루어진다. 한편 또 화폐를 고찰하면서 우리는 상품이 그 가치대로 판매된다고 가정하였는데 이는 우리가 상품이 화폐로 되었다가 다시 상품으로 재전화하는 형태변화만을 문제삼았으므로 가치와 괴리된 가격을 살펴볼 이유가 전혀 없었기 때문이다. 상품이 판매되고 그 판매액으로 새로운 상품이 구매되기만 하면 그것으로 우리는 형태변화의 전 과정을 보게 되며, 이 과정 그 자체는 상품의 가격이 그 가치 이상인가 아니면 그 이하인가와는 아무 상관이 없다. 상품의 가치는 여전히 중요한 기초를 이루는데 이는 화폐가 오로지 이 기초에서만 출발하여 개념적으로 전개되고 가격은 그 일반적 개념에 따라 일단은 가치의 화폐형태일 뿐이기 때문이다. 물론 유통수단으로서의 화폐를 고찰할 경우에는 한 상품의 단 하나의 형태변화만을 가정하는 것이 아니라 이런 형태변화들 간의 사회적 연계가 논의의 대상이 된다. 그리고 그럴 경우에만 우리는 화폐의 유통과 유통수단으로서의 화폐의 기능에 대한 논의에 도달한다. 그러나 화폐가 유통수단으로서의 기능으로 이행하고 그에 따라 형태도 변화하는 이런 연관관계는 비록 매우 중요한 것이긴 하지만 개별 구매자와 판매자 간의 거래에서는 별로 중요하지 않다.

반면에 수요와 공급의 고찰에서는, 공급은 일정 상품 종류의 판매자나 생산자가 공급하는 총량과 같고, 수요는 그 상품의 구매자나 소비자(개별 소비자이든 생산적 소비자이든)의 수요 총량과 일치한다. 그리고 이들 총량은 각기 하나의 단위로, 즉 각기 하나의 통합세력으로 서로 작용한다. 여기에서 각 개인은 하나의 사회적 힘의 일부로만, 즉 전체의 한 원소로만 작용하고 바로 이런 형태 속에서 경쟁은 생산과 소비의 사회적 성격을 드러내게 된다.

M204 경쟁력이 일시적으로 약해진 쪽에서는, 개인들이 자신의 경쟁자들 집단을 무시하고 독립적으로 행동하고 때로는 종종 이들에 대항하는 행동을 함으로써 서로(경쟁자 집단과 그 개인—옮긴이) 간의 의존성을 느끼게 되는 반면, 경쟁력이 강해진 쪽에서는 언제나 이들 개인이 하나의 단위로 단결하여 상대편에게 대항한다. 만일 어떤 상품의 수요가 공급보다 더 크다면 어떤 구매자는 (일정한 범위 내에서) 다른 구매자보다 더 비싼 가격을 제시할 것이고 그 결과 그 상품은 구매자 모두에게 시장가치* 이상으로 가격이 상승할 것이다. 반면 다른 한편으로 판매자들은 모두가 단결하여 높은 시장가격에 상품을 판매하려고 노력할 것이다. 거꾸로 공급이 수요보다 더 클 경우에는 판매자 중 어떤 한 사람이 좀더 낮은 가격으로 상품을 공급하기 시작하여 다른 판매자도 이에 따를 수밖에 없게 되는 반면, 구매자들은 모두가 단결하여 시장가격을 가능한 한 시장가치 이하로 떨어뜨리려고 노력할 것이다. 공동보조의 측면이 개인들의 관심을 얻는 것은 단지 그들이 서로 경쟁하는 것보다 더 유리한 경우에만 그러하다. 이러한 공동보조는 경쟁에서 그들의 세력이 약해져버리게 되면 곧 중단되는데, 즉 이 경우에는 각자가 가능한 한 자신만이 더 많은 이익을 거머쥐려고 노력

---

* 초판에는 '시장가격'으로 되어 있음.

하게 된다. 또한 만일에 어떤 사람이 어떤 상품을 좀더 값싸게 생산할 수 있어서 기존의 시장가격이나 시장가치 이하로 판매함으로써 자신의 공급량을 더욱 늘리고 더 큰 시장점유율을 차지할 수 있다면, 그는 그것을 실행에 옮길 것이고 그 결과 점차 다른 사람들도 어쩔 수 없이 좀더 값싼 생산방법을 도입하게 되어 결국 사회적 필요노동의 기준을 낮추는 행동이 시작될 것이다. 경쟁자 중 어느 한쪽이 우세해지면 그쪽에 속해 있는 개인은 이익을 얻게 된다. 이것은 마치 그들이 공동으로 독점을 행사하는 것처럼 보인다. 만일 경쟁에서 한쪽의 세력이 약해지면, 거기에 속해 있는 각 개인은 그 속에서 자신이 좀더 강한 위치(예를 들어 더 적은 생산비용으로 작업을 하게 되는 그런 위치)에 서기 위해서, 혹은 최소한 손해를 모면하기 위해서 노력하게 되고, 이럴 경우 그는 자신의 동료들을 짓밟게 되는데, 사실 이런 그의 행동은 그 피해 당사자는 물론 그의 같은 편 동료 모두에게 영향을 미치게 되는데도 그는 그런 짓을 자행하게 된다.[32]

수요와 공급은 가치의 시장가치로의 전화를 전제로 하며, 이들 수요 공급이 자본주의적 토대 위에서 이루어지는 한〔즉 자본의 생산물이 상품인 한〕, 자본주의적 생산과정〔즉 상품의 단순한 구매와 판매와는 완전히 다른 복잡한 관계〕을 전제로 한다. 여기에서는 상품가치의 가격으로의 형식 M205 적인 전화, 다시 말하자면 단순한 형태변화는 문제로 삼지 않는다. 여기에서 문제로 삼는 것은 시장가격과 시장가치〔더 나아가서 시장가격과 생산가격〕 간의 일정한 양적 편차이다. 단순한 구매와 판매의 경우에는 상품 생산자들끼리 서로 만나는 것만으로 충분하다. 그러나 좀더 깊이 분석해

---

[32] "만일 어떤 한 계급에 소속된 개개인이 계급 전체의 소득과 소유물 가운데 자신의 몫으로 할당된 일정 부분 이상을 얻을 수 없다면, 이들 개개인은 계급 전체의 수익을 더 올리기 위하여 기꺼이 단결할 것이다."(이들은 수요 공급의 비율이 허락하는 한 이런 행동을 취할 것이다.) 이것이 곧 독점이다. 그러나 이들 개개인이 자신만의 몫을 절대적으로 늘릴 수 있다고 생각한다면, 이들은 설사 계급 전체 수익의 크기를 줄이는 행위라 할지라도 기꺼이 그것을 자행할 것이다. 이것이 곧 경쟁이다(저자 미상, 『최근 맬서스가 주장하는 수요의 성질과 소비의 필요에 대한 원리 연구』, 런던, 1821, 105쪽).

보면 수요와 공급은 여러 계급과 계급분파의 존재를 전제로 하고 이들은 사회의 총수입을 그들 사이에 배분하고 이를 수입으로 소비함으로써 수입으로 이루어진 수요를 형성하게 된다. 그리고 또 다른 한편으로 이들은, 생산자들 자신에 의해 그들 사이에서 이루어지는 수요와 공급을 이해하기 위해서 자본주의적 생산과정의 전체 모습에 대한 인식을 필요로 한다.

자본주의적 생산에서는 상품형태로 유통과정에 투입된 가치량 대신에 다른 형태의—그것이 화폐이든 아니면 다른 상품이든—동일한 가치량을 끌어내는 것만이 문제가 아니고 생산에 투하된 자본 대신에, 그것이 어떤 생산부문에서 사용되었든 상관없이, 동일한 크기의 다른 자본이 얻는 것과 똑같은 크기(혹은 그 크기에 비례해서 그만한 크기)의 잉여가치나 이윤을 끌어내는 것이 문제이다. 따라서 여기서 문제가 되는 것은 적어도 어떤 상품을, 평균이윤을 가져다주는 가격(즉 생산가격)에 판매하는 것이다. 이런 형태를 통해서 자본은 스스로를, 각 자본가가 사회적 총자본에서 자신이 차지하는 비율에 따라 참여하는 하나의 사회적인 힘(gesellschaft-liche Macht)으로 의식하게 된다.

첫째, 자본주의적 생산 그 자체는 일정한 사용가치(즉 그것이 생산하는 상품의 특수성)에 대해서 무관심하다. 각 생산부문에서 그것이 관심을 기울이는 것은 오로지 잉여가치를 생산하는 것(즉 노동생산물 가운데 일정량의 불불노동을 획득하는 것)뿐이다. 그리고 자본에 종속된 성격 때문에 임노동 또한 자기 노동의 특수성에는 무관심하고 자본의 필요에 따라 스스로를 변형하면서 한 생산영역에서 다른 생산영역으로 옮겨 다녀야 한다.

둘째, 모든 생산부문은 사실상 서로 동일하다. 모든 생산부문은 동일한 이윤을 산출해내고, 또 각자가 생산한 상품이 어떤 종류의 사회적 필요를 충족시키지 못한다면 그 생산부문은 아무 쓸모가 없을 것이다.

M206   그러나 만일 상품이 그 가치대로 판매된다면, 앞서 논의한 바와 같이 각기 다른 생산부문에서는 거기에 투입된 자본량의 각기 다른 유기적 구

성에 따라서 각기 다른 이윤율을 나타낼 것이다. 그러나 자본은 이윤율이 좀더 낮은 부문에서 빠져나와 이윤율이 좀더 높은 다른 부문으로 옮겨 갈 것이다. 이와 같은 지속적인 자본의 유출과 유입에 의해서, 즉 한마디로 이윤율의 높고 낮음에 따라, 각 부문별로 자본이 분배됨으로써, 각 생산영역의 평균이윤은 균등해지고 따라서 가치가 생산가격으로 전화하는 수요와 공급 간의 관계가 만들어진다. 이런 균등화 정도는 그 나라의 자본주의적 발전 정도에 따라서 각 자본마다 다소 차이가 있을 것이다. 즉 해당 국가의 상태가 자본주의적 생산양식에 잘 적응하면 할수록 균등화는 더 잘 이루어질 것이다. 자본주의적 생산이 진보해감에 따라 그것의 조건도 함께 발전해나가고 자본주의적 생산은 자본주의적 생산과정이 이루어지는 사회적 전제조건 전체를 자신의 특수한 성격과 그 내적 법칙에 종속시킨다.

끊임없는 불균등의 끊임없는 균등화는 ① 자본의 유동성이 높을수록, 즉 자본이 한 생산영역〔혹은 한 장소〕에서 다른 생산영역〔혹은 다른 장소〕으로 쉽게 옮겨 갈수록 ② 노동력이 한 생산영역〔혹은 한 장소〕에서 다른 생산영역〔혹은 다른 장소〕으로 신속하게 이동할수록 더욱 급속하게 이루어진다. ①은 사회 내부에서의 완전한 자유무역을 가정하며 자본주의적 생산양식 그 자체로부터 생겨난 자연적인 독점 이외의 모든 독점을 제외하는 것을 가정한다. 또한 그것은 신용제도의 발달도 가정하는데, 신용제도는 비조직적인 형태로 흩어져 있는 대량의 이용 가능한 사회적 자본들이 몇몇 개별 자본가들에게 집중되도록 함으로써 결국 서로 다른 많은 생산영역들이 자본가들에게 종속되도록 한다. 이러한 종속은 자본주의적으로 착취되는 모든 생산영역들에서 가치의 생산가격으로의 전화를 가정할 때 이미 그 전제조건 속에 포함되어 있는 것이다. 그러나 이런 균등화 그 자체는 비자본주의적으로 운영되는 무수히 많은 생산영역들(예를 들어 소농체제의 농업)이 자본주의적으로 운영되는 생산영역들 사이에 끼어 있고 또 이들과 연결되어 있을 경우 상당한 장애를 받는다. 마지막으로 ①은 인구밀도가 높다는 것도 가정한다. — 다음으로 ②는 노동자가 한 생산영역〔혹은 한 장소〕에서 다른 생산영역〔혹은 다른 장소〕으로 옮겨 가는 것을 막는 모든 법률이 폐기되는 것을 가정한다. 그리고 노동자들이 작업내용에 관해서 무관심하다는 것을 가정하며 모든 생산영역의 작업이 가능한 한 단순작업으로 환원됨으로써 노동자에게서 모든 직업적 편견이 사라진다는 것을 가정한다. 결론적으로 말해서 노동자들의 자본주의적 생산양식에의 종속을 가정하는 것이다. 이에 대한 더 자세한 논의는 경쟁에 관한 특수 연구에서 다루기로 하겠다.

M207

지금까지의 논의로 개별 생산영역의 자본가들과 그들 전체는, 총자본에 의한 총노동자계급의 착취〔그리고 그 착취도〕에 일반적인 계급감정으로 관여할 뿐만 아니라 직접적, 경제적으로도 관여한다는 것이 밝혀진다. 왜냐하면 다른 모든 요인(여기에는 선대된 총불변자본의 가치도 포함된다)이 불변일 때 평균이윤율은 총자본에 의한 총노동의 착취도에 의존하기 때문이다.

평균이윤은 자본 100당 생산하는 평균잉여가치와 일치하는데 평균잉여가치에 관해서는 말 그대로 덧붙일 내용이 없이 자명하다. 평균이윤의 경우에는 거기(즉 평균잉여가치—옮긴이)에 이윤율의 결정요소 가운데 하나인 선대자본의 가치를 추가하기만 하면 된다. 사실 한 자본가〔혹은 어떤 특정 생산영역의 자본〕가 자신이 직접 고용한 노동자의 착취에 대하여 갖는 특별한 관심은, 어떻게 하면 비정상적인 초과노동이나 평균수준 이하로의 임금인하, 혹은 사용된 노동의 예외적인 생산성 등에 의해 평균이윤 이상의 이윤〔즉 초과수익〕을 얻을 수 있을까 하는 문제에 국한된다. 그밖에 자신의 생산영역에 가변자본을 전혀 투입하지 않는 자본가, 즉 노동자를 전혀 사용하지 않는 자본가도(사실 이것은 지나친 가정이다) 마찬가지로 자본에 의한 노동자계급의 착취에 관심을 기울일 것이고 자신의 이윤을 지불되지 않은 잉여노동에서 뽑아낼 것이다. 이는 또한(마찬가지로 지나친 가정이긴 하지만) 가변자본만을 사용하는, 즉 자신의 전 자본을 임금으로만 지출하는 자본가의 경우에도 똑같을 것이다. 그러나 노동착취도는 노동일이 일정할 경우 평균 노동강도에 의존하고, 노동강도가 일정할 때는 노동일의 길이에 의존한다. 잉여가치량〔따라서 이윤량〕, 즉 가변자본 총량이 일정할 때의 잉여가치량은 노동착취도에 의존한다. 총자본과 구별되는 한 개별 생산영역의 자본이 자신이 개별적으로 고용한 노동자들의 착취에 대해 기울이는 특별한 관심은, 자신이 속한 생산영역 전체와 구별되는 어떤 다른 개별 자본가가 개인적으로 그가 착취하는 노동자의 착취에 대해 기울이는 관심과 똑같은 것이다.

한편 자본의 모든 개별 생산영역과 개별 자본가는 총자본이 사용하는 M208 사회적 노동의 생산성에 똑같이 관심을 기울인다. 왜냐하면 다음의 두 가지 요소가 이 생산성에 달려 있기 때문이다. 첫째는 평균이윤이 나타내는 사용가치의 양이다. 이것은 두 가지 측면에서 중요한데, 하나는 그것이 신규 자본의 축적기금으로 사용되기 때문이고 다른 하나는 그것이 향락을 위한 수입기금으로도 사용되기 때문이다. 둘째는 선대된 총자본(불변자본과 가변자본)가치의 크기인데 이는 자본가계급 전체의 잉여가치〔혹은 이윤〕량이 주어질 때 이윤율〔혹은 일정량의 자본에 대한 이윤〕을 규정한다. 개별 생산영역〔혹은 이 생산영역의 개별 기업〕의 개별 노동생산성은 여기에 직접 관련된 자본가들에게만 관심을 끄는데, 이는 단지 이 생산성이 총자본에 대한 개별 생산영역〔혹은 자신의 생산영역에 대한 개별 자본가〕에 특별이윤을 만들어줄 수 있을 경우에 그러하다.

따라서 여기에서 우리는 자본가들이 그들 간의 경쟁에서는 서로 으르렁대면서도 왜 노동자계급 전체에 대해서는 참된 동지로서 서로 단결하는지 그 이유를 수학적으로 엄밀하게 입증한 셈이다.

생산가격은 평균이윤을 포함한다. 우리는 그것을 생산가격이라고 불렀다. 그것은 사실 스미스가 자연가격(natural price)이라고 불렀던 것, 리카도가 생산가격(price of production), 또는 생산비(cost of production)라고 불렀던 것, 중농주의자들이 필요가격(prix nécessaire)이라고 불렀던 것 등과 같은 것인데—이들 중 어느 누구도 생산가격과 가치의 구별을 설명하지 못했다—이는 바로 그것이 장기간에 걸쳐서 각 생산영역의 상품 공급조건[즉 재생산조건]이기 때문이다.[33] 또한 우리는 상품가치를 노동시간[즉 상품에 포함된 노동량]에 의해서 규정하는 것을 반대하던 이들 경제학자들이 왜 시장가격이 변동하는 중심점으로 생산가격을 계속 들고 있는지를 이제 알게 되었다. 즉 이들은 생산가격이 완전히 표면화된, 그리고 얼핏 보아서는 아무런 개념도 갖지 않는 상품가치의 형태이기 때문에, 다시 말해서 생산가격이 경쟁 국면에서 나타나는[즉 통속적인 자본가(따라서 경제학자)의 의식 속에 있는] 형태이기 때문에, 생산가격을 그처럼 이야기하고 있는 것이다.

———

지금까지의 논의에서 시장가치(그리고 그에 관한 모든 이야기는 필요

M209 한 몇몇 제약조건을 달 경우 생산가격에 대해서도 적용된다)가 어떻게 각 생산영역에서 가장 좋은 생산조건의 생산자들에게 초과이윤을 안겨주는지가 밝혀졌다. 공황이나 전반적인 과잉생산의 경우를 제외한다면 이것은 모든 시장가격에 해당되며 이는 그 시장가격이 시장가치나 시장생산가격과 어떤 괴리를 보이든 그것과는 무관하게 그러하다. 즉 시장가격에서는 같은 종류의 상품에 대해서는, 이들 상품이 각기 아무리 서로 다른 개별적인 조건에서 생산된다 하더라도[따라서 비용가격이 아무리 서로 다르다 하더라도] 그와는 상관없이, 같은 가격이 지불되는 것으로 나타난다(인위적인 것이든, 자연적인 것이든 통상적인 의미에서 독점의 결과로 나타나는 초과이윤에 관해서는 여기에서 이야기하지 않기로 한다).

그러나 초과이윤은 그 외에도 어떤 생산영역에서 그 상품가치가 생산

━━━━
33) 맬서스.[†32]

가격으로 전화하지 않을 경우, 따라서 그 이윤이 평균이윤으로 환원되지 못하는 경우에 있을 수 있다. 우리는 초과이윤이 존재할 수 있는 이 두 가지 경우에 대한 논의를 지대 편에서 계속 다루게 될 것이다.

제11장

임금의 일반적 변동이 생산가격에 미치는 영향

M210   사회적 자본의 평균구성이 80c＋20v이고 이윤율(MEW 원본에는 이윤으로 되어 있으나 바로잡았음－옮긴이)이 20%라고 하자. 이 경우 잉여가치율은 100%이다. 다른 모든 조건이 불변일 때 임금의 전반적 상승은 잉여가치율의 저하를 가져온다. 평균자본에서 이윤과 잉여가치는 일치한다. 이제 임금이 25% 상승하였다고 하자. 그러면 과거에 20의 비용으로 사용할 수 있었던 동일한 노동량에 대해서 이제는 25의 비용이 소요될 것이다. 그럴 경우 80c＋20v＋20p는 80c＋25v＋15p로 변화될 것이다. 가변자본에 의해 사용되는 노동은 과거와 똑같이 40의 가치액을 생산할 것이다. 만일 v가 20에서 25로 상승한다면 잉여〔즉 m 또는 p〕는 15에 머물 것이다. 자본 105에 대한 15의 이윤율(MEW 원본에는 이윤으로 되어 있으나 바로잡았음－옮긴이)＝$14\frac{2}{7}$%이며 이것은 새로운 평균이윤율이 될 것이다. 평균자본에 의해 생산되는 상품의 생산가격은 그것의 가치와 일치하므로 이 상품의 생산가격은 불변일 것이다. 따라서 임금의 상승은 이윤의 하락을 유발하지만 상품의 가치나 가격에는 아무런 변동도 일으키지 않는다.

원래 평균이윤율＝20%일 때 1회전기간에 생산된 상품의 생산가격은 그것의 비용가격에 이 비용가격의 20%에 해당하는 이윤을 더한 것이었다. 그것은 $k+kp'=k+\frac{20k}{100}$ 였다. 여기에서 k는 상품에 투입되는 생산수단의 가치에 따라서, 또 생산과정에서 생산물로 이전되는 고정자본의 마모량에 따라서 변하는 가변치이다. 그런데 이제는 생산가격이 $k+\frac{14\frac{2}{7}k}{100}$ 로 될 것이다.

이제 먼저 자본구성이 원래의 사회적 평균자본구성인 80c+20v(이것은 이제 $76\frac{4}{21}c+23\frac{17}{21}v$로 변하였다)보다 더 낮은 자본구성, 즉 예를 들어 50c+50v인 어떤 자본을 하나 상정해보자. 이 경우 (논의를 단순화하기 위 M211 해) 고정자본 전량이 마모를 통해서 연간 생산물로 이전되고 자본의 회전기간이 I의 경우(앞의 경우)와 같다고 가정한다면, 임금상승 이전의 연간 생산물의 생산가격은 50c+50v+20p=120이 될 것이다. 임금이 25% 상승할 경우 동일한 노동량을 계속 사용하기 위해서는 소요되는 가변자본량이 50에서 $62\frac{1}{2}$로 증가하게 된다. 만일 연간 생산물이 과거의 생산가격인 120에 계속 판매된다면 이것은 $50c+62\frac{1}{2}v+7\frac{1}{2}p$가 될 것이고 이윤율은 $6\frac{2}{3}$%가 될 것이다. 그러나 새로 형성된 평균이윤율은 $14\frac{2}{7}$%이고 또 우리는 모든 다른 조건을 불변으로 가정하였기 때문에 이 자본 $50c+62\frac{1}{2}v$도 새로운 이윤율의 적용을 받아야 한다. 그런데 $112\frac{1}{2}$의 자본에 대해 $14\frac{2}{7}$%의 이윤율을 적용하면 $16\frac{1}{14}$*의 이윤이 산출된다. 따라서 이렇게 생산된 상품의 생산가격은 이제 $50c+62\frac{1}{2}v+16\frac{1}{14}p$**$=128\frac{8}{14}$***이 된다. 즉 여기에서는 25%의 임금상승 결과 같은 상품의 같은 양의 생산가격이 120에서 $128\frac{8}{14}$****로〔혹은 7% 이상〕상승한 것이다.

이제 거꾸로 평균 자본구성보다 자본구성이 더 높은〔즉 예를 들어 92c+8v〕어떤 생산영역을 상정해보자. 여기서도 원래의 평균이윤은 20

---

* 초판에는 약 $16\frac{1}{12}$.
** 초판에는 $16\frac{1}{21}$ p.
*** 초판에는 $128\frac{1}{12}$.
**** 초판에는 $128\frac{2}{7}$.

이고 또 고정자본이 연간 생산물로 모두 이전되고 회전기간도 I, II의 경우 (앞의 두 경우)와 같다고 가정한다면 이 상품의 생산가격은 여기서도 다시 120이 될 것이다.

임금이 25% 상승한 결과 동일한 노동량의 구입에 소요되는 가변자본은 8에서 10으로 증가하고 따라서 그 상품의 비용가격도 100에서 102로 증가하며, 다른 한편 평균이윤율은 20%에서 $14\frac{2}{7}$%로 하락한다. 그러나 $100 : 14\frac{2}{7} = 102 : 14\frac{4}{7}$*이다. 즉 이제 102에 대한 이윤은 $14\frac{4}{7}$가 된다. 그리고 그에 따라 총생산물은 $k + kp' = 102 + 14\frac{4}{7} = 116\frac{4}{7}$에 판매된다. 즉 생산가격은 120에서 $116\frac{4}{7}$로 혹은 $3\frac{3}{7}$** 만큼 하락한다.

그리하여 임금이 25% 상승한 결과는 다음과 같다.

I. 사회적 평균구성의 자본에서는 상품의 생산가격이 변하지 않는다.

II. 사회적 평균 이하의 자본구성을 가진 자본에서는 상품의 생산가격이 (이윤하락과 같은 비율은 아니지만) 상승한다.

III. 사회적 평균 이상의 자본구성을 가진 자본에서는 상품의 생산가격이 (역시 이윤하락과 같은 비율은 아니지만) 하락한다.

평균자본이 생산한 상품의 생산가격은 그 생산물의 가치와 계속 일치하므로 모든 자본의 생산물의 생산가격도 총자본이 생산한 가치총액과 계속 일치한다. 즉 총자본에서는 그중 일부가 상승하고 일부가 하락하여 서로 상쇄됨으로써 사회적 평균자본의 수준과 같아진다.

상품의 생산가격이 II에서는 상승하고 III에서는 하락한다면, 잉여가치율의 하락이나 임금의 전반적 상승에 기인한 이런 서로 반대되는 결과는, 임금상승이 가격변동으로 보전될 수 없다는 것을 보여준다. 왜냐하면 III 에서는 생산가격의 하락이 자본가에게 이윤하락을 보전해줄 수 없으며 II 에서는 생산가격의 상승이 이윤하락을 막지 못하기 때문이다. 오히려 가

---

* 초판에는 (근사치).

** 초판에는 3% 이상으로 되어 있으나 마르크스의 초고에 따라 수정함.

격이 상승하든 하락하든 두 경우 모두 이윤율은 가격이 불변인 평균자본의 경우와 동일하다. II와 III 모두 평균이윤은 똑같이 $5\frac{5}{7}$ 만큼 혹은 약 25% 이상 하락하였다. 따라서 만일 II에서 가격이 상승하지 않고 III에서 가격이 하락하지 않는다면, II에서는 하락한 새 평균이윤율 이하로, III에서는 그 이상으로 상품이 판매되는 결과를 가져온다. 자본 100당 노동에 지출되는 자본량이 50, 25 혹은 10이 됨에 따라서, 임금상승이 가져오는 결과는 이들 각 자본〔즉 자신의 자본 중 $\frac{1}{10}$, $\frac{1}{4}$ 혹은 $\frac{1}{2}$ 을 임금에 지출한 각 자본〕마다 매우 현격하게 달라진다. 생산가격이 상승할 것인지 하락할 것인지는 해당 자본의 자본구성이 사회적 평균 이상인가 아니면 그 이하인가에 따라서 단지 새로 하락한 평균이윤으로의 균등화과정을 통해서만 영향을 받는다.

그러면 이제까지의 논의와 반대로 임금의 전반적인 하락과, 그로 인한 이윤율의 일반적 상승과 그에 따른 평균이윤의 상승 등은 사회적 평균에 비해 자본구성이 그 이상과 그 이하인 자본의 상품생산물의 생산가격에 어떤 영향을 미칠까? 지금까지의 논의들을 뒤집기만 하면 우리는 그 결과(리카도는 이것을 알아내지 못히였다)를 얻을 수 있다.

I. 평균자본=80c+20v=100, 잉여가치율=100%, 생산가격=상품가치 =80c+20v+20p=120, 이윤율=20%.

임금이 25% 하락하면 동일한 양의 불변자본을 처리하는 데 소요되는 가변자본은 20v에서 15v로 된다. 즉 상품가치=80c+15v+25p=120이 된다. v가 생산한 노동량은 불변이고 단지 이를 통해 만들어진 새 가치가 ^{M213} 자본가와 노동자 사이에 분배되는 비율만이 달라진다. 잉여가치는 20에서 25로 증가하고 잉여가치율은 $\frac{20}{20}$ 에서 $\frac{25}{15}$ 로, 즉 100%에서 $166\frac{2}{3}$ %로 상승한다. 자본 95에 대한 이윤은 이제 25가 되고 따라서 이를 자본 100으로 환산한 이윤율은 $26\frac{6}{19}$ %가 된다. 자본의 새로운 구성비는 이제 $84\frac{4}{19}$ c+ $15\frac{15}{19}$ v=100이 된다.

II. 평균 이하의 자본구성, 즉 50c+50v=100.

임금이 $\frac{1}{4}$ 하락하면 v는 $37\frac{1}{2}$로 감소하고 그 결과 총선대자본은 $50c +$ $37\frac{1}{2}$v$=87\frac{1}{2}$로 감소한다. 여기에 새로운 이윤율 $26\frac{6}{19}$%를 적용하면 $100:26\frac{6}{19}=87\frac{1}{2}:23\frac{1}{38}$이 된다. 원래 120이 소요되던 상품량에 대해서 이제는 $87\frac{1}{2}+23\frac{1}{38}=110\frac{10}{19}$이 소요된다. 가격은 거의 10이 하락하였다.

III. 평균 이상의 구성, 즉 $92c+8v=100$.

임금이 $\frac{1}{4}$ 하락하면 8v는 6v로 감소하고 총자본은 98로 감소한다. 그리하여 $100:26\frac{6}{19}=98:25\frac{15}{19}$. 원래 $100+20=120$이었던 상품의 생산가격은 임금이 하락한 지금은 $98+25\frac{15}{19}=123\frac{15}{19}$가 되어 약 4만큼 상승한다.

따라서 우리는 앞서의 논의를 방향만 반대로 돌려 필요한 부분을 약간 변경하면 된다는 것을 알게 된다. 즉 임금의 전반적 하락은 잉여가치와 잉여가치율의 전반적 상승을 가져오고 다른 조건이 불변일 때, 이윤율의 상승도 (똑같은 비율은 아니지만) 가져온다. 또한 상품생산물의 생산가격은 평균 이하의 자본구성인 자본에서는 하락하고, 평균 이상의 자본에서는 상승한다. 바로 이런 결과는 임금이 일반적으로 상승할 때 나타나던 것과 정반대의 것이다.[34] 이들 두 경우 모두——임금이 상승하는 경우와 하락하는 경우——노동일과 모든 필요생활수단의 가격은 불변이라고 가정한다. 따라서 여기에서 임금의 하락은 임금이 노동의 정상가격 이상으로 상승하거나 혹은 그 이하로 하락할 경우에만 있을 수 있다. 임금의 상승 혹은 M214 하락이 통상 노동자들이 소비하는 상품의 가치〔그리고 생산가격〕변동으로부터 생기는 경우에는 사정이 어떻게 될 것인지의 문제는 지대 편에서 일부 더 논의될 것이다. 그러나 다음 사항은 여기에서 언급해둘 필요가 있다.

---

34) 리카도[†33](그는 물론 우리와는 다른 방식으로 논의를 전개해나갔는데, 그것은 그가 가치의 생산가격으로의 균등화를 이해하지 못했기 때문이다)가 이런 현상을 전혀 고려하지 못하고 단지 첫째 경우〔즉 임금의 상승과 그것이 상품의 생산가격에 미치는 영향〕만을 고려했던 것은 특기해둘 만하다. 모방의 노예[†34]도 이처럼 극히 자명하고 또 사실상 동어반복에 불과한 현상은 살펴보려고 하지 않았다.

임금의 상승과 하락이 필요생활수단의 가치변동에 기인한 것이라면 위에서 논의한 내용이 수정될 수 있는 경우는 단지 그 가격이 변동할 경우 가변자본의 소요량이 함께 변하는 어떤 상품이 불변자본에도 구성요소로 투입됨으로써 그것의 가격변동이 임금에만 영향을 미치는 것이 아닐 경우뿐이다. 그 상품이 임금에만 영향을 미칠 경우는 이미 위에서 전부 논의되었다.

이 장 전체에서는 일반이윤율과 평균이윤의 형성, 따라서 가치의 생산가격으로의 전화까지도 모두 주어진 것으로 가정하였다. 여기에서는 임금의 전반적 상승과 하락이, 이미 주어진 것으로 전제된 상품의 생산가격에 어떤 영향을 미치는가 하는 문제만을 제기하였다. 이 문제는 이 제2편 전체에서 다루어지는 중점적인 문제들에 비하면 상당히 부차적인 문제이다. 그러나 이것은 제2편에서 제기된 문제들 가운데 리카도가 다룬—나중에 보게 되듯이* 일면적이고 불충분하기는 했지만—유일한 문제이다.

* MEW Bd. 26, 제2편, 181~194쪽 참조.

제12장

보유(補遺)

제1절 생산가격을 변동시키는 원인

M215한 상품의 생산가격은 다음 두 가지 원인에 의해서만 변할 수 있다.

첫째, 일반이윤율이 변할 경우이다. 그런데 이것은 단지 평균잉여가치율 그 자체가 변하거나 혹은 평균잉여가치율이 불변일 때 사회적 총선대 자본량에 대한 획득된 잉여가치량의 비율이 변할 경우에만 있을 수 있다.

잉여가치율의 변동이 임금의 정상수준 이상 혹은 그 이하로의 상승이나 하락에 기인한 것이 아닐 경우—그리고 이런 움직임들이 단지 어떤 균형점을 중심으로 오르내리는 것으로만 간주될 경우—이 잉여가치율의 변동은 단지 노동력의 가치가 하락 혹은 상승할 경우에만 있을 수 있다. 즉 생활수단을 생산하는 부문의 노동생산성이 변하지 않고는, 다시 말해서 노동자가 소비하는 상품의 가치변동이 없이는 달리 있을 수 없다.

그렇지 않으면 사회적 총선대자본량에 대한 획득된 잉여가치량의 비율이 변해야만 한다. 이 경우 그 변동은 잉여가치율로부터 생겨나는 것이 아니기 때문에, 총자본[특히 그것의 불변자본 부분]에서 비롯된 것이라야만 한다. 기술적인 면에서 볼 때 불변자본량은 가변자본에 의해 구입된 노동력에 비례하여 증가하거나 감소하고, 불변자본의 가치량은 불변자본량 그 자체의 증가나 감소에 따라 함께 변화한다. 따라서 불변자본량은 가변자본의 가치량에 비례하여 함께 증가 혹은 감소한다. 같은 양의 노동이 좀더 많은 양의 불변자본을 움직이게 된다면 그 노동은 더욱 생산적이 된다. 반대의 경우에는 역시 결과도 그 반대로 된다. 따라서 노동생산성의 변동이 발생하면 해당 상품의 가치는 반드시 변동하게 된다.

그리하여 위의 두 경우 모두 다음의 법칙이 적용된다. 즉 일반이윤율의 M216 변동으로 인하여 어떤 상품의 생산가격이 변동할 경우 그 상품 자체의 가치는 불변일 수 있다. 그러나 이것은 다른 상품의 가치변동도 함께 일어날 경우에만 그러하다.

둘째, 일반이윤율이 불변일 경우이다. 그럴 경우 어떤 상품의 생산가격이 변할 수 있는 것은 그 상품 자신의 가치가 변할 경우뿐이다. 즉 해당 상품의 재생산에 소요되는 노동량이 변할 경우뿐인데 이는 이 상품을 최종생산물로 생산하는 부문이나 혹은 이 상품의 생산에 투입되는 중간재를 생산하는 부문에서 노동생산성이 변하는 경우이다. 면방적사의 생산가격은 원면이 좀더 저렴하게 생산되든가 혹은 기계의 개량으로 방적작업의 생산성이 높아지면 하락할 수 있다.

앞서 보았듯이 생산가격=k+p, 즉 비용가격과 이윤의 합이다. 그런데 이것은 다시 k+kp′(MEW 원본에 kp로 되어 있으나 바로잡았음—옮긴이)으로 표시되는데 여기서 k, 즉 비용가격은 고정되지 않은 임의의 크기로서 각 생산영역별로 제각기 달리 변동하고 모든 생산영역들에서 상품생산에 사용된 불변자본과 가변자본의 가치를 합한 것과 그 크기가 같다. 그리고 p′은 백분비로 계산된 평균이윤율이다. 만일 k=200이고 p′=20%라면 생산가격 k+kp′=200+200×$\frac{20}{100}$=200+40=240이 된다. 이 생산가격은 상품가치가 변하더라도 변하지 않을 수 있는 것이 분명하다.

상품 생산가격의 모든 변동은 궁극적으로 가치변동으로 귀결되지만 상품가치의 모든 변동이 반드시 생산가격의 변동으로 나타날 필요는 없다. 왜냐하면 생산가격은 특정 상품의 가치에 의해서만 결정되는 것이 아니고 모든 상품의 총가치에 의해서 결정되기 때문이다. 즉 상품 A의 변동은 상품 B의 반대 반향의 변동에 의해 상쇄될 수 있고 그 결과 일반적 비율은 불변일 수 있기 때문이다.

제2절 자본구성이 평균수준인 상품의 생산가격

우리가 이미 본 바와 같이 생산가격과 가치 간의 괴리는 다음과 같은 사실로부터 발생한다.

① 어떤 상품의 비용가격에다, 그 상품에 포함된 잉여가치가 더해지는 것이 아니라 평균이윤이 더해짐으로써.

② 가치와 괴리된 어떤 상품의 생산가격이 다른 상품의 비용가격을 이루는 한 요소로서 산입됨으로써, 그리하여 상품 그 자체 내에서의 평균이윤과 잉여가치 사이의 차이에 의해서 발생할 수 있는 괴리와는 상관없이, 이미 그 상품의 생산에 소비된 생산수단의 생산가격과 잉여가치 간의 괴리가 그 상품의 비용가격 속에 산입되어버림으로써.

따라서 이런 사실로부터 평균구성의 자본에 의해 생산된 상품에서도 이 상품의 생산가격의 구성 부분을 이루는 각 요소들의 가치 총계와 그 상품의 비용가격 사이에 괴리가 생길 수 있다. 평균적 구성이 $80c+20v$인 경우를 상정해보면, 이제 이러한 자본구성을 가진 실제 자본들에서 $80c$는 불변자본 c의 가치보다 더 클 수도 더 작을 수도 있는데, 왜냐하면 이 c가, 생산가격이 자신의 가치와 괴리된 그런 상품들로 이루어져 있을 수 있기 때문이다. 마찬가지로 $20v$도, 임금으로 구입되는 상품이 자신의 생산가격과 가치가 괴리된 상품일 경우 그 가치와 괴리될 수 있다. 따라서 노동자는 이 필요생활수단의 생산가격이 그것의 가치와 일치할 경우 이 상품을 구입하기 위하여(보전하기 위하여) 필요노동보다 더 많거나 더 적은 노동시간을 노동해야만 한다. 즉 필요노동시간이 변하게 된다.

그러나 이런 사실들은 평균구성의 상품에 대한 명제를 전혀 훼손하지 않는다. 이들 상품에 돌아가는 이윤량은 그 속에 포함된 잉여가치량과 동일하다. 예를 들어 위에서 말한 80c+20v로 구성된 자본의 경우 잉여가치의 결정에 중요한 것은 이 실제 가치를 나타내는 수치들의 절대 크기가 아니라 이들 수치 간의 비율이다. 즉 v는 총자본의 $\frac{1}{5}$이며 c는 $\frac{4}{5}$라는 사실이 중요한 것이다. 위에서 상정한 것처럼 이 비율이 지켜지는 한 v가 생산한 잉여가치는 평균이윤과 동일하다. 한편 잉여가치가 평균이윤과 동일하기 때문에 생산가격=비용가격+이윤=k+p=k+m으로 실제의 상품가치와 일치하게 된다. 다시 말해서 임금의 상승 혹은 하락은 이 경우 k+p는 물론 상품가치에도 아무런 영향을 미치지 않으며 단지 이윤율에 대해서만 그것과 반대 방향으로 즉 하락 혹은 상승으로 영향을 미치게 된다. 즉 여기에서 임금의 상승 혹은 하락에 의해서 상품가격이 변한다면 이 평균구성인 생산영역들에서의 이윤율은 다른 생산영역의 이윤율 수준보다 높아지거나 낮아질 것이다. 단지 가격이 불변일 경우에만 이런 평균구성 영역의 이윤 수준은 다른 영역의 이윤 수준과 같아질 것이다. 따라서 이 영역에서는 생산물들이 그것의 실제 가치대로 팔리는 것과 같은 사태가 실제로 발생한다. 즉 상품이 그것의 실제 가치대로 팔린다면, 다른 조건이 M218 불변일 때 임금의 상승이나 하락은 그에 상응하는 이윤의 하락이나 상승을 유발하지만, 상품가치에는 아무 변동도 불러일으키지 않는다는 것, 그리고 어떤 경우에도 임금의 상승이나 하락은 상품가치에 아무 영향도 미치지 못하며 단지 잉여가치의 크기에만 영향을 미칠 수 있다는 것이 명백한 사실이다.

제3절 자본가의 보상 근거

경쟁으로 인해 서로 다른 생산영역들의 이윤율이 평균이윤율로 균등화되고 바로 그를 통해서 이들 서로 다른 생산영역들의 생산물가치가 생산가격으로 전화한다는 것을 지금까지 이야기하였다. 그리고 이런 과정은 자본이 어떤 한 생산영역에서 이윤이 평균보다 높아 보이는 다른 생산영역으로 끊임없이 이전됨으로써 이루어졌다. 그러나 이 경우에는 일정 산업부문에서 일정 기간 내에 호경기와 불경기가 교차됨으로써 일어나는 이윤의 변동이 함께 고려되어야만 한다. 각 생산영역들 사이에서 일어나는 이러한 자본의 끊임없는 유입과 유출은 이윤율의 상승과 하락을 유발하여 이들 움직임들이 서로 상쇄됨으로써 이윤율을 전반적으로 공통된 일반적 수준으로 환원하는 경향을 띠게 된다.

이런 자본의 운동은 항상 일차적으로는 시장가격 수준에 의해 일어나는데 이 시장가격은 이윤을 일반적인 평균수준 이상으로 상승시키기도 하고 또는 그 이하로 하락시키기도 한다. 상인자본의 존재는 여기 우리의 논의에서 별로 중요하지 않기 때문에 당분간 무시되었는데 이들 상인자본은 인기 품목들에서 간혹 나타나는 급작스러운 투기의 경우에서 볼 수 있듯이 대량의 자본이 비정상적으로 빠른 속도로 한 업종에서 빠져나가 다른 업종에 곧바로 투자되곤 한다. 그러나 본래적인 의미의 생산영역들〔공업, 농업, 광산업 등〕에서는 자본이 한 영역에서 다른 영역으로 이전하는 데 상당한 어려움이 뒤따르는데 이는 특히 기존의 고정자본 때문에 그러하다. 게다가 경험적으로 보더라도 한때 상당히 높은 이윤을 내던 면방적공업과 같은 산업부문이 또 다른 시기에는 매우 적은 이윤 혹은 심지어 손실을 내기까지 함으로써 결과적으로 수년을 하나의 주기로 보면 다른 산업부문과 평균이윤이 같아져버린다. 그리고 자본은 이런 경험에서 얻은 교훈을 이미 스스로 감안하고 있다.

그러나 경쟁을 통해서 나타나지 않는 것, 그것은 바로 생산의 운동을 지
배하는 가치의 결정이다. 생산가격의 배후에서 궁극적으로 그 생산가격
을 규정하는 것이 바로 가치이다. 경쟁을 통해서 나타나는 것은 다음과 같
은 것들이다. ① 평균이윤. 이것은 각 생산영역의 자본의 유기적 구성〔즉
일정한 착취영역에서 일정 자본에 의해 획득된 살아 있는 노동의 양〕과는
무관한 것이다. ② 임금수준의 변동으로 인한 생산가격의 상승과 하락. 이
현상은 얼핏 보면 상품의 가치관계와는 완전히 모순된다. ③ 시장가격의
변동. 이것은 일정 기간 동안 상품의 평균시장가격을 시장가치가 아니라
이 시장가치와 괴리되어 이것과는 완전히 다른 시장생산가격으로 환원해
버린다. 이런 모든 현상은 노동시간에 의한 가치 규정은 물론 지불되지 않
은 잉여노동으로 이루어지는 잉여가치의 본질과도 모순되는 것처럼 보인
다. 즉 경쟁에서는 모든 것이 뒤집혀 있는 것처럼 보인다. 표면적으로 나타난 경
제적 관계의 완성된 형태는 그것의 실제 존재에서〔따라서 그것의 관
념 ─ 이를 통해서 이들 관계를 직접 수행하는 당사자들이 이들 관계를 파
악하려고 하는 ─ 도〕그 내재적이고 본질적인 그러나 은폐된 핵심 모습
〔그리고 그에 상응하는 개념〕과는 진히 다르며 사실상 그것과 정반대의
모습이다.

또한 자본주의적 생산이 일정한 발전단계에 이르면 개별 생산영역들의
각기 서로 다른 이윤율이 일반이윤율로 균등화되는 과정은 이제 시장가
격이 자본을 밀어내고 끌어당기고 하는 그런 움직임에 의해서만 이루어
지지 않는다. 평균가격과 그에 상응하는 시장가격이 일정 기간 고정되면
이러한 균등화과정에서 기존의 균형점과 일정한 차이를 두고 이루어진 새
로운 균형점이 개별 자본가들의 의식 속에 자리를 잡음으로써 이런 차이
가 자본가들 상호 간의 계산에 포함된다. 자본가들의 관념 속에서 이들 차
이는 살아 움직이고 자본가들의 계산에서 보상 근거로 활용된다.

이 경우 기본 개념은 평균이윤 그 자체이다. 즉 같은 기간 같은 양의 자
본은 같은 양의 이윤을 산출해야만 한다는 것이다. 여기에는 다시 다음과

같은 생각, 즉 각 생산영역의 자본은 그 크기에 따라 사회적 총자본이 노동자로부터 쥐어 짜낸 총잉여가치에서 일정 부분을 할당받는다는 생각, M220 혹은 모든 개별 자본은 단지 총자본의 한 부분일 뿐이고, 모든 자본가는 사실상 총사업경영에서 자신의 자본 크기에 따라 총이윤의 일정 부분을 배당받는 주주로 간주된다는 생각이 깔려 있다.

그리하여 이런 생각 위에서 자본가들의 계산이 이루어지는데 예를 들어 상품이 생산과정에서 오래 묶여 있거나 아니면 판매해야 할 시장이 멀리 있어서 회전기간이 비교적 긴 자본의 경우에는 회전기간으로 인한 이윤감소분을 가격에 부가함으로써 보충하게 된다. 혹은 또 자본투자에 큰 위험이 따르는〔예를 들어 해운업과 같은〕 경우에도 가격 부가를 통해서 그 위험을 보상받는다. 자본주의적 생산의 발전에 따라 보험업이 발전하면 사실상 위험은 모든 생산영역에서 동일한 크기가 된다(코벳).[35] 그러나 물론 더 위험한 부문일수록 높은 보험료를 지불해야 하고 이것은 다시 그 부문의 상품가격에 부가된다. 현실적으로 이런 모든 것들은 다음과 같이 귀착된다. 즉, 어떤 자본투자—그리고 모든 자본투자에도 일정한 범위 내에서는 똑같이 필요한 것으로 간주된다—가 평균수준에 비해 더 많거나 더 적은 이윤을 얻게 되는 모든 상황은, 그 보상 근거나 계산요소를 정당화하기 위한 새로운 경쟁을 불러일으키지 않고도, 반드시 그에 해당하는 적절한 보상 근거로 고려된다는 것이다. 단지 자본가들은 그들이 각 생산영역의 상품가격을 서로 계산하는 과정에서 서로가 타당하다고 인정하는 이런 모든 보상 근거들이, 사실은 자신들의 자본 크기에 따라서 공동의 먹이〔총잉여가치〕를 공평하게 나누는 것과 관련된 것이라는 점을 모르고 있을 뿐이다. 혹은 아마도 경쟁으로 인해 이런 사실이 은폐되어 있어서 그것을 보지 못하는 것일 수도 있다. 오히려 그들에게는, 그들이 획득한 이윤의 크기가 그들이 쥐어 짜낸 잉여가치의 크기와 다르기 때문에 그들의 보상 근거가 총잉여가치에서 고루 분배받는 것에서 유래된 것이기보다는 상품의 비용가격에다 보상 근거에 따라 덧붙여진 것으로부터 유래된 것으로, 말하자면 그 보상 근거가 이윤 그 자체를 창출하는 것처럼 보인다.

　그 밖에 또 제7장 116쪽*에서 이미 이야기한, 잉여가치의 원천에 대한 자본가의 관념에 대한 이야기는 이 평균이윤의 경우에도 똑같이 적용된다. 여기에서 단지 다른 점이 있다면 그것은 상품의 시장가격과 노동착취도가 일정할 때 비용가격의 절감은 개별 자본가의 재주와 주의력 등에 의존한다는 점뿐이다.

* 이 책의 148쪽 참조.

제3편

___ 이윤율의 경향적 저하 법칙

제13장

법칙 그 자체

임금과 노동일이 주어져 있을 때 어떤 가변자본〔예를 들어 100〕은 고 ^M221 용된 노동자의 일정 수를 나타낸다. 즉 그것은 이 노동자 수를 나타내는 지표이다. 예를 들어 이제 100파운드스털링이 100명의 노동자에 대한 1주일간의 임금이라고 하자. 만일 이들 100명의 노동자가 필요노동과 잉여노동을 똑같은 비율로 수행한다면, 즉 그들이 매일 수행하는 노동에서 자신을 위한〔즉 자신들의 임금을 재생산하기 위한〕 노동시간과 자본가를 위한〔즉 잉여가치의 생산을 위한〕 노동시간의 크기가 같다면 이들의 총생산물 가치는 200파운드스털링이 될 것이고 이들이 생산한 잉여가치는 100파운드스털링에 달할 것이다. 그러면 잉여가치율 $\frac{m}{v}$ =100%가 될 것이다. 그러나 이 잉여가치율은 우리가 이미 앞에서 보았듯이 불변자본 c와 그에 따른 총자본 C의 크기 차이에 따라 각기 다른 이윤율로 나타나는데 이는 이윤율= $\frac{m}{C}$ 이기 때문이다. 잉여가치율이 100%이면 다음과 같이 된다.

c= 50, v=100이면, p′= $\frac{100}{150}$ =66 $\frac{2}{3}$ %

$$c=100, v=100이면, p'=\frac{100}{200}=50\%$$
$$c=200, v=100이면, p'=\frac{100}{300}=33\frac{1}{3}\%$$
$$c=300, v=100이면, p'=\frac{100}{400}=25\%$$
$$c=400, v=100이면, p'=\frac{100}{500}=20\%$$

M222 여기에서는 잉여가치율이 일정할 때〔즉 노동착취도가 불변일 때〕이윤율이 하락하는 경우가 잘 나타나고 있는데 이는 불변자본의 물적 크기와 함께, 비록 같은 비율은 아니더라도, 불변자본의 가치량과 그에 따른 총자본의 가치량도 함께 증가하였기 때문이다.

또한 이런 자본구성의 점진적인 변화가 단지 개별 생산영역들에서만 일어나는 것으로 그치지 않고 어느 정도 대다수의〔혹은 모든〕생산영역들에서 함께 일어나고 그로 인해 한 사회에 속해 있는 총자본의 평균 유기적 구성의 변화가 발생한다면, 이러한 가변자본에 대한 불변자본 비율의 점진적인 상승은, 잉여가치율〔혹은 자본에 의한 노동착취도〕이 불변일 때, 필연적으로 일반이윤율의 점진적 하락을 가져온다. 그러나 자본주의적 생산양식이 발전해나감에 따라서 불변자본에 대한 가변자본의 상대적 감소〔따라서 사용되는 총자본에 대한 가변자본 비율의 감소〕가 진행되는 것은 이제 자본주의적 생산양식의 하나의 법칙으로 나타나 있다. 이것은 자본주의적 생산 내부에서 발전해나가는 그것의 고유한 생산방법으로 인해서 주어진 가치량의 가변자본으로 고용할 수 있는 동일한 수의 노동자〔즉 동일한 양의 노동력〕가 같은 시간 동안에 점차 더 많은 양의 노동수단〔기계와 온갖 종류의 고정자본〕과 원료 및 보조자재 등을 다루고 가공하고 또 생산적으로 소비하게 된다는 것〔따라서 불변자본의 가치량이 끊임없이 증가해간다는 것〕을 의미할 뿐이다. 이같이 불변자본〔따라서 총자본〕에 대한 가변자본의 끊임없는 상대적 감소는 사회적 총자본의 유기적 구성이 그 평균에서 끊임없이 고도화한다는 것과 동일한 이야기이다. 이것은 또한 사회적 노동생산력이 끊임없이 발전해가는 것을 달리 표현한 것에 불과하며, 이런 노동생산력의 발전이 의미하는 것은 다름 아닌 기계나 고정자본을 좀더 많이 사용함으로써 같은 시간 동안에 같은 수의 노동자가 좀더 많은 원료와 보조자재를 사용하는 것으로[즉 좀더 적은 노동으로 생산물을 만들어내는 것으로] 나타난다. 이같이 불변자본의 가치량이 증가하는 것은 — 이 가치량의 증가가 불변자본을 소재적으로 구성하는 사용가치의 실제 양을 증가시키는 것은 아니지만 — 생산물이 점차 저렴해지는 것과도 직접적인 관련이 있다. 이는 개별 생산물의 측면에서 본다면 노동에 지출된 자본의 비율이 생산수단에 지출된 자본의 비율보다 더 큰 경우[즉 생산수준이 더 낮은 단계에 있는 경우]에 비해서 생산물에 포함된 노동량이 줄어드는 것을 의미한다. 따라서 이 장의 서두에서 제시했던 일련의 경우들은 자본주의적 생산의 실제 경향을 나타낸 것이다. 자본주의 M223 적 생산은 불변자본에 대한 가변자본의 끊임없는 상대적 감소와 함께 총자본의 유기적 구성의 고도화를 낳고 그러한 유기적 구성의 고도화의 직접적인 결과로서 노동착취도가 불변인 경우는 물론 그것이 상승할 경우에도 잉여가치율은 끊임없이 하락하는 일반이윤율로 나타나게 된다(이러한 하락이 왜 절대적으로 하락하는 형태가 아니라 점진적인 하락 경향으로 나타나는가에 대해서는 나중에 이야기할 것이다.* 즉 일반이윤율의 점진적인 하락 경향은 사회적 노동생산력의 끊임없는 발전에 대한 **자본주의적 생산양식의 한 고유한 표현**일 뿐이다. 이는 이윤율이 다른 요인에 의해서도 일시적으로 하락할 수 있다는 사실을 부인하는 것이 아니고 단지 자본주의적 생산양식의 발전과정에서 일반적 평균잉여가치율이 일반이윤율의 하락으로서 나타나는 것이 자본주의적 생산양식의 본질에 비추어 당연하게 나타나는 필연적인 현상이라는 이야기이다. 사용되는 살아 있는 노동의 양이 그것에 의해 움직여지는 대상화된 노동[즉 생산적으로 소비되는 생산수단]의 양에 비해 계속 감소하기 때문에, 이 살아 있는 노동 가

* 이 책의 제14장 참조.

운데 지불되지 않고 잉여가치로 대상화되는 부분도 사용된 총자본가치의 크기에 비해 점차 그 비율이 감소할 것이 분명하다. 그런데 사용된 총자본가치에 대한 잉여가치의 비율이 곧 이윤율이기 때문에 이윤율은 분명 계속 하락할 수밖에 없다.

지금까지의 논의에서 보듯이 이 법칙은 극히 단순한 것인데도 우리가 뒤편*에서 보게 되듯이 지금까지의 모든 경제학은 그것을 발견하지 못하였다. 이전의 경제학자들도 이 현상을 알고 있기는 했지만 그들은 그것을 해석하면서 잘못된 방향으로 머리를 쥐어짜고 있었던 것이다. 그러나 자본주의적 생산에서 이 법칙이 지니는 매우 큰 중요성 때문에 애덤 스미스 이래의 모든 경제학은 그것을 해명하려고 노력하였고 또 스미스 이래의 모든 학파들이 이것을 해명하는 방식의 차이들을 통해 구별될 정도로 이 법칙은 하나의 수수께끼였다고 말할 수 있다. 그러나 한편 또 지금까지의 경제학이 불변자본과 가변자본 간의 차이를 더듬거리면서도 결정적으로 그것을 정식화하여 파악하지는 못했다는 사실, 즉 그들이 잉여가치를 이윤과 분리하지 못하고 이윤 일반을 그것의 각기 상이한 독립된 구성 부분들[산업이윤, 상업이윤, 이자, 지대]과 구별하여 순수한 형태로 나타내지 M224 못했다는 사실, 다시 말해서 자본의 유기적 구성의 차이와 일반이윤율의 형성과정을 전혀 근본적으로 분석하지 못했다는 사실 등을 감안한다면 이들 경제학이 이 수수께끼를 결코 해명할 수 없었던 이유를 이해할 수 있다.

우리는 이윤이 각기 다른 독립된 범주들로 분할되는 것을 살펴보기 전에 의도적으로 이 법칙을 먼저 설명하고자 한다. 이 논의를, 이윤이 각기 다른 부분들로 분할되어 각기 다른 범주의 사람들에게 할당되는 현상과 분리하여 논의하는 까닭은 원래 이 법칙 일반이 이윤의 분할과 또 그로부터 생기는 이윤 범주들 간의 상호관계와는 별개의 것이기 때문이다. 우리

---

* MEW Bd. 26 제2부, 435~466, 541~543쪽 참조.

가 여기에서 이야기하는 이윤이란 잉여가치의 원천인 가변자본과 관련되는 것이 아니라 총자본(가변자본이 그 일부분인)하고만 관련되는 잉여가치 그 자체의 또 다른 하나의 명칭일 뿐이다. 따라서 이윤율의 하락은 선대된 총자본에 대한 잉여가치 그 자체의 비율의 하락으로 나타나며, 따라서 이 잉여가치가 각기 다른 범주들로 임의대로 분할되어가는 것과는 무관한 것이다.

우리는 앞서 자본의 유기적 구성 c:v가 50:100인 어떤 자본주의 발전단계에서는 100%의 잉여가치율이 $66\frac{2}{3}$%의 이윤율로 나타나고 c:v가 400:100인 좀더 고도화된 단계에서는 동일한 100%의 잉여가치율이 겨우 20%의 이윤율로 나타나는 것을 보았다. 이처럼 한 나라의 각기 다른 발전단계에서 나타나는 현상은 발전단계가 각기 다른 여러 나라들 사이에도 그대로 적용된다. 자본의 평균구성이 전자와 같은 저개발국에서는 일반이윤율=$66\frac{2}{3}$%가 되겠지만 후자와 같이 좀더 발전된 선진국에서는 일반이윤율=20%가 될 것이다.

만일 덜 발전한 나라의 노동이 덜 생산적이고, 따라서 더 많은 노동량이 같은 상품의 더 적은 양을 나타내고, 그리하여 더 낮은 교환가치가 더 적은 사용가치를 나타낸다면, 즉 이 나라의 노동자가 노동시간 중에서 자신의 생활수단[혹은 그것의 가치]을 재생산하는 데 더 많은 부분을 할애하고 잉여가치를 산출하는 데는 더 적은 부분을 할애함으로써 더 적은 잉여노동을 제공하게 된다면, 그리하여 잉여가치율이 더 낮아진다면, 두 나라 사이의 이윤율 차이는 사라질 수도 있고 심지어 역전될 수도 있을 것이다. 예를 들어 덜 발전한 나라에서 노동자가 노동일 가운데 $\frac{2}{3}$를 자신을 위해서 그리고 나머지 $\frac{1}{3}$을 자본가를 위해서 노동할 경우, 위에서 든 예의 가정에 따라서 이 노동력에 대해서는 $133\frac{1}{3}$이 지불되고 이 노동력이 제공하는 잉여가치는 $66\frac{2}{3}$에 불과할 것이다. $133\frac{1}{3}$의 가변자본에 대한 불변자본은 50일 것이다. 따라서 잉여가치율은 $133\frac{1}{3}:66\frac{2}{3}=50$%가 될 것이고 이윤율은 $183\frac{1}{3}:66\frac{2}{3}$ 혹은 $36\frac{1}{2}$%가 될 것이다.

지금까지 우리는 이윤이 분할되는 각기 다른 구성 부분들에 대해서는 아직 논의를 하지 않았기 때문에〔즉 우리들에게 이 구성 부분들은 아직 존재하지 않기 때문에〕단지 오해를 피하기 위해서 다음 사항을 미리 지적해두고자 한다. 즉 발전단계가 서로 다른 나라들을 비교할 경우 — 말하자면 자본주의적 생산이 발달한 나라와, 노동자가 실질적으로 자본가에게 착취당하고 있긴 하지만 형식적으로는 아직 노동이 자본에 포섭되어 있지 않은 나라(예를 들면 인도와 같은 나라인데, 여기에서는 자영농이 비록 고리대금업자에게 이자의 형태로 자신의 잉여노동 전체는 물론 — 자본주의적으로 말해 — 임금의 일부까지도 수탈당하기는 하지만 아직 자영농의 생산 그 자체는 자본에 포섭되어 있지 않다)를 비교할 경우 — 이들 나라의 이윤율의 높이를 그들 나라의 이자율의 높이로 측정하려는 것은 매우 잘못된 일일 것이다. 후자와 같은 저개발국에서 이자는 자본주의적 생산이 발달한 나라에서와 같이 생산된 잉여가치〔혹은 이윤〕의 일정 부분만을 나타내는 것이 아니라 그 속에 이윤 전체는 물론 그 이상까지도 함께 포함한다. 또한 이 경우의 이자율은 이윤과는 아무 상관이 없고 단지 고리대금이 자신의 지대를 획득하는 방식을 나타내는 바로 그 관계에 의해서 주로 결정된다.

자본주의적 생산의 발전단계가 서로 다른〔따라서 자본의 유기적 구성이 상이한〕나라들 사이에서는, 정상 노동일이 긴 나라보다 짧은 나라에서 잉여가치율(이윤율을 결정하는 하나의 요소)이 더 높을 수도 있다. 즉 첫째로 영국의 10시간 노동일이, 그 높은 노동강도 때문에 오스트리아의 14시간 노동일과 동일하다고 한다면, 노동일을 똑같은 비율로 나누었을 때 세계시장에서 영국의 잉여노동 5시간은 오스트리아의 잉여노동 7시간보다 더 높은 가치를 나타낼 수 있다. 그리고 둘째로 노동일 가운데 잉여노동에 해당하는 부분이 오스트리아보다 영국에서 더 클 수 있다.

잉여가치율이 불변이거나 상승할 경우 이윤율 저하의 법칙은 다음과 같이 다른 말로도 표현할 수 있다. 즉 사회적 평균자본의 일정량〔예를 들

어 100이라는 어떤 자본)을 상정하고 이 자본 가운데 노동수단이 차지하
는 부분이 점점 더 커지고 노동이 차지하는 부분은 점점 작아진다는 것으
로 표현할 수 있다. 따라서 생산수단을 움직이는 살아 있는 노동의 총량이
이 생산수단의 가치에 비해 하락하기 때문에, 이 노동 총량 중 불불노동과
그 불불노동을 나타내는 가치 부분도 총선대자본의 가치에 비해 하락하
게 된다. 혹은 지출된 총자본 가운데 살아 있는 노동에 대한 부분이 계속
해서 점점 줄어들고 따라서 이 총자본은, 사용된 노동 중 지불되지 않은
부분의 비율이 지불된 부분의 비율에 비해 동시에 증가한다 하더라도, 그
크기에 비해 점차 더 적은 잉여노동만을 획득하게 된다. 가변자본의 상대
적 감소와 불변자본의 상대적 증가는 두 부분의 절대적 크기가 증가한다
할지라도, 이미 말했듯이 노동생산성 증가의 또 다른 표현일 뿐이다.

어떤 자본 100이 80c+20v로 이루어져 있고 20v=20명의 노동자라고
하자. 그리고 잉여가치율은 100%, 즉 노동자들은 노동시간의 절반은 자신
을 위해서 나머지 절반은 자본가를 위해서 노동한다고 하자. 한편 덜 발전
된 나라의 자본=20c+80v이고 80v=80명의 노동자라고 하자. 그러나 여
기에서는 노동자가 전체 노동일의 $\frac{2}{3}$를 자신을 위해서 노동하고 $\frac{1}{3}$만을
자본가를 위해서 노동한다고 하자. 다른 모든 조건이 불변이라면 전자의
노동자는 40의 가치를 생산하고 후자는 120을 생산할 것이다. 즉 전자의
자본은 80c+20v+20m=120을 생산하여 이윤율=20%가 될 것이고, 후
자의 자본은 20c+80v+40m=140을 생산하여 이윤율=40%가 될 것이
다. 즉 전자의 잉여가치율=100%가 후자의 잉여가치율=50%보다 2배인
데도 후자의 이윤율이 전자보다 곱절로 높은 것이다. 그러나 이때 동일한
크기의 자본이 전자에서는 단지 20명으로부터 잉여노동을 갈취하지만,
후자에서는 80명으로부터 잉여노동을 갈취한다.

이윤율의 지속적인 저하 법칙〔혹은 살아 있는 노동이 다루는 대상화된
노동량에 비해 획득된 잉여노동이 상대적으로 감소하는 법칙〕은 사회적
자본이 고용하여 착취하는 노동의 절대량〔따라서 그 사회적 자본이 획득

하는 잉여노동의 절대량]이 증가하는 것을 결코 배제하지 않는다. 마찬가지로 개별 자본가들의 손아귀에 있는 개별 자본들이 좀더 많은 노동량을 통제하는〔따라서 그가 지휘하는 노동자 수를 늘리지 않고도 좀더 많은 잉여노동량을 획득하는〕경우도 역시 배제하지 않는다.

일정한 노동인구〔예를 들어 200만 명〕를 상정하고 거기에다 평균노동일의 길이와 노동강도, 그리고 임금과 그에 따른 필요노동과 잉여노동 간 M227 의 비율까지도 불변이라고 가정한다면, 이 200만 명의 총노동과 그것의 잉여노동(잉여가치로 표현되는)이 생산하는 가치의 크기는 여전히 불변일 것이다. 그러나 이들 노동이 다루는 불변자본〔고정자본과 유동자본〕의 양이 증가하면, 이들 노동이 생산한 가치량과 이 불변자본의 가치 — 불변자본의 양이 증가하면서 (같은 비율은 아니겠지만) 함께 증가하는 — 사이의 비율은 하락할 것이다. 이 비율〔따라서 이윤율〕은, 자본이 고용하는 살아 있는 노동량과 자본이 갈취하는 잉여노동량이 여전히 똑같다고 하더라도, 하락한다. 비율이 변하는 까닭은 살아 있는 노동의 양이 줄어들었기 때문이 아니라 이 노동이 움직이는 대상화된 노동의 양이 증가했기 때문이다. 우리가 여기에서 말하는 이윤율의 하락은 상대적인 것이지 절대적인 것이 아니며, 사실상 사용되는 노동이나 잉여노동의 절대량과는 아무상관이 없다. 이윤율의 하락은 총자본의 불변자본 부분에 대한 가변자본 부분의 감소, 그것도 절대적인 감소가 아니라 상대적인 감소에 의해 발생한다.

이제 노동량과 잉여노동량이 일정할 경우에 적용되던 이 법칙은 노동자 수가 증가할 경우〔즉 주어진 가정 아래 고용된 노동량이 증가하고 또한 그 가운데 지불되지 않은 부분인 잉여노동량이 증가할 경우〕에도 똑같이 적용된다. 만일 노동인구가 200만 명에서 300만 명으로 증가한다면, 그리하여 이들에게 임금으로 지불되는 가변자본도 동시에 200만에서 300만으로 증가하고 한편 불변자본은 400만에서 1,500만으로 증가한다면, 주어진 가정(노동일과 잉여가치율이 불변) 아래 잉여노동과 잉여가치의 양은 절반인 50%가 증가하여 200만에서 300만이 될 것이다. 그러나 이처럼 잉여노동〔따라서 잉여가치〕의 절대량이 50% 증가하는데도 불변자본에 대한 가변자본의 비율은 2:4에서 3:15로 하락하고 총자본에 대한 잉여가치의 비율은 다음과 같이 나타날 것이다(단위: 백만).

$$\text{I. } 4c+2v+2m; \; C=6, \; p'=33\tfrac{1}{3}\%$$
$$\text{II. } 15c+3v+3m; \; C=18, \; p'=16\tfrac{2}{3}\%$$

잉여가치량은 절반이 증가한 반면, 이윤율은 과거의 절반으로 하락하였다. 그러나 이윤은 사회적 자본으로 계산된 잉여가치일 뿐이며 따라서 이윤량〔이윤의 절대량〕은 사회 전체로 볼 때 잉여가치의 절대량과 동일하다. 따라서 이윤의 절대량〔이윤 총량〕은 총선대자본에 대한 이 이윤량의 비율〔혹은 일반이윤율〕이 크게 감소하였는데도 50% 증가한 셈이 된다. M228 따라서 자본이 사용한 노동자 수, 즉 자본이 고용한 노동의 절대량, 따라서 자본이 착취하는 잉여노동의 절대량, 즉 자본이 생산한 잉여가치량, 다시 말해서 자본이 생산한 이윤의 질대량은 이윤율이 계속 하락하더라도 증가할 수 있고 또 계속해서 증가할 수도 있다. 이것은 단지 가능한 경우에 그치지 않는다. 이것은 자본주의적 생산에 근거할 경우에는 반드시 — 일시적으로 벗어나는 경우를 제외한다면 — 나타나는 현상이다.

자본주의적 생산과정은 본질적으로 축적과정이기도 하다. 우리는 이미 앞에서 자본주의적 생산이 발전해나감에 따라서 재생산되고 유지되어야 할 가치량이, 사용되는 노동력이 불변일 경우에도, 노동생산성의 증가와 함께 증가해가는 것을 살펴보았다. 그러나 사회적 노동생산력이 증가함에 따라 생산수단이 그 일부를 이루는 사용가치의 생산량은 더욱 증가한다. 그리고 추가로 필요한 노동 — 이것을 획득해야만 이 증가된 부를 자본으로 재전화할 수 있다 — 은 이 생산수단(생활수단을 포함한다)의 가치가 아니라 그 양에 의존하는데 왜냐하면 노동자는 노동과정에서 생산수단의 가치가 아니라 그것의 사용가치와 관련을 맺기 때문이다. 그러나 축적 그 자체[그리고 축적과 함께 진행되는 자본의 집적]는 단지 생산력 증대의 한 물적 수단일 뿐이다. 그런데 이 생산수단의 증대에는 노동인구의 증가가 포함되는데 여기에는 과잉자본에 대응되는[심지어는 과잉자본의 필요를 전체적으로 항상 초과하는] 인구, 즉 바로 과잉 노동인구의 창출이 포함된다. 과잉자본이, 자신이 고용할 노동인구를 잠정적으로 초과할 경우 이것은 두 가지 방식으로 작용한다. 즉 그것은 한편으로는 임금을 상승시킴으로써 노동자 2세들의 사망률을 떨어뜨리고 결혼을 용이하게 함으로써 노동인구를 점차 증가시키며, 다른 한편으로는 상대적 잉여가치를 창출하는 방법의 사용(기계의 도입이나 개량 등)을 통해서 그보다 훨씬 급속하게 인위적으로 상대적 과잉인구를 창출해내고, 이것이 또다시—자본주의적 생산에서 빈곤은 인구를 낳기 때문에—실질적인 급속한 인구증가의 온상이 되게 하는 것이다. 따라서 자본주의적 축적과정의 본질에 따라—이것은 자본주의적 생산과정의 단지 하나의 계기일 뿐이다—자본으로 전화하기로 되어 있는 생산수단의 양이 증가하면 그에 따라 착취 가능한 노동인구도 증가하고 심지어 과잉상태로 되기까지 하는 것은 자명한 사실이다. 그러므로 생산과정과 축적과정이 진전되어감에 따라 획득 가능하고 또 획득된 잉여노동의 양과 따라서 사회적 총자본에서 획득되는 이윤의 절대량은 증가할 것이 분명하다. 그러나 바로 이 생산과 축적의 법칙은 동시에 양은 물론 그 가치에서도 불변자본을 가변자본[즉 살아 있는 노동으로 대체되는 자본 부분]보다 더 급속히 증가시킨다. 따라서 이 법칙은 사회적 총자본에서 이윤의 절대량은 증가시키지만 이윤율은 하락시킨다.

여기에서는 자본주의적 생산의 발전과 그에 상응하는 사회적 노동생산력의 발전, 그리고 생산영역과 생산물의 다양화 등과 더불어, 이러한 가치량의 증가가 끊임없이 증가되는 사용가치량과 그것의 향유를 그대로 나타낸다는 점은 완전히 무시한다.

자본주의적 생산과 축적의 진전은 필연적으로 노동과정을 점차 대규모화하고 그에 따라 개별 사업들에서 선대자본 규모를 점차 증대한다. 그리하여 자본집적의 증대는(동시에 소규모이긴 하지만 자본가 수의 증가도 수반한다) 단지 이러한 생산과 축적의 진전을 위한 물적 조건일 뿐만 아니라 그것에 의해 만들어진 결과이기도 하다. 그리하여 이들 양자는 서로 손을 맞잡고 상호 맞물려가면서 정도의 차이는 있지만 직접적 생산자를 계속 수탈해나간다. 그래서 개별 자본가들에게는 자신이 거느리는 노동자 병력의 숫자가 점점 늘어나고(그들의 입장에서 불변자본에 대한 가변자본의 비율은 하락하는데도), 그들이 획득하는 잉여가치[따라서 이윤]의 양이, 동시에 이윤율은 하락하는데도, 증가하는 것이 당연하게 여겨진다. 노동자 병력을 개별 자본가들의 지휘 아래로 집적하는 그 요인은 또한 사용되는 원료와 보조자재 같은 고정자본의 양이 살아 있는 노동의 사용량에 비해 더 급속한 속도로 증가하게 만드는 바로 그 요인이기도 하다.

　여기에서 한 가지 더 언급해둘 필요가 있는 것은, 노동인구가 일정할 때, 노동일의 연장이나 노동강도의 증가를 통해서, 혹은 노동생산력의 발진에 따른 임금의 가치하락을 통해서 잉여가치율이 상승한다면, 불변자본에 대한 가변자본의 상대적 감소에도 불구하고 잉여가치의 양과 따라서 이윤의 절대량도 증가할 것이 분명하다는 점이다.

　바로 이 사회적 노동생산력의 발전, 즉 총자본에 대한 가변자본의 상대 ^{M230} 적 감소과정에서[그리고 그에 따른 축적의 급속한 진행과정에서] 나타나는 바로 그 법칙, 그리고 또 다른 한편으로 축적 그 자체가 다시 생산력의 계속적 발전과 가변자본의 계속적인 상대적 감소의 출발점이 되는 바로 그 발전과정은, 가끔씩의 예외를 제외하고는, 사용되는 총노동력의 계속적인 감소와 잉여가치[따라서 이윤]의 절대량의 계속적인 증가로 나타난다.

　그렇다면 이제 하나의 같은 원인으로부터 발생하는 이윤율의 하락과 동시에 이윤량의 절대적 증가라고 하는 양면성을 지닌 이 법칙을 어떤 형태로 설명해야 하는 것일까? 더구나 이 법칙은 일정 조건에서 획득되는 잉여노동〔따라서 잉여가치〕의 양이 증가하고, 또 총자본이나 그 총자본의 일부에 지나지 않는 개별 자본에서도 이윤과 잉여가치의 크기가 일치한다는 사실에 근거하지 않는가?

우리는 자본의 일정 단위, 즉 예를 들어 100을 상정하고 이것을 기준으로 이윤율을 계산해보기로 하자. 이 100은 총자본의 평균구성, 즉 $80c + 20v$를 나타낸다고 하자. 이 책의 제2편에서 이미 우리가 보았듯이, 서로 다른 생산부문들의 평균이윤율은 각각의 개별적인 자본구성이 아니라 그것의 사회적 평균구성에 의해서 결정된다. 불변자본에 대해 가변자본이 상대적으로 감소하면〔따라서 총자본 100에 대해서 가변자본이 상대적으로 감소하면〕 이윤율은 노동착취도가 불변이거나 증가할 경우에도 하락하며, 잉여가치의 상대적 크기〔즉 투입된 총자본가치 100에 대한 잉여가치의 비율〕도 함께 감소한다. 그러나 이때 잉여가치는 그 상대적 크기만 감소하는 것이 아니다. 총자본 100이 흡수하는 잉여가치〔혹은 이윤〕의 크기는 절대적으로도 하락한다. 잉여가치율이 100%일 때 어떤 자본 $60c + 40v$는 40의 잉여가치량〔혹은 이윤량〕을 생산한다. 그리고 어떤 자본 $70c + 30v$는 30의 이윤량을, 어떤 자본 $80c + 20v$는 이윤이 더 떨어져 20이 될 것이다. 이러한 하락은 잉여가치량〔따라서 이윤량〕과 관련된 것이며, 따라서 착취도가 일정할 때, 총자본 100이 살아 있는 노동을 더 적게 사용함으로써, 더 적은 잉여노동〔따라서 더 적은 잉여가치〕이 사용되고 그 결과 더 적은 잉여가치가 생산되었기 때문에 일어난 것이다. 사회적 자본〔즉 사회적 평균구성을 가진 자본〕의 일정 비율을 떼어내어 잉여가치를 계산하는 산정 단위로 삼는다면, — 그리고 이것을 모든 이윤 계산에도 적용한다면 — 일반적으로 잉여가치의 상대적 감소와 절대적 감소는 일치할 것이다. 위의 예에서 이윤율이 40%에서 30%로, 다시 20%로 하락한 것은 사실상 자본 그 자체에 의해서 생산된 잉여가치량〔따라서 이윤량〕이 그 절대적 크기가 40에서 30으로, 다시 20으로 감소하였기 때문이다. 잉여가치의 계산 기준이 되는 자본가치량이 100이기 때문에, 이 자본의 크기가 불변일 때 잉여가치율의 하락은 단지 잉여가치와 이윤의 절대 크기의 감소에 대한 또 다른 하나의 표현일 뿐이다. 이것은 사실상 동어반복이다. 그러나 이런 감소현상은 이미 앞에서 논의한 바와 같이 자본주의적 생산과정의 발전의 본질로부터 일어나는 것이다.

그러나 한편으로는 주어진 자본에 대한 잉여가치와 이윤의 절대적 감소[따라서 또한 비율로 계산된 이윤율의 하락]를 가져오는 바로 그 원인이 또한 사회적 총자본(말하자면 자본가 전체)에 의하여 획득된 잉여가치와 이윤의 절대량의 증가를 가져오는 그 원인이기도 하다. 그러면 이런 현상은 도대체 왜 일어날 수밖에 없고 또 일어날 수 있는 것일까? 혹은 외견상 모순되어 보이는 이런 일은 어떤 조건에서 일어날 수 있는 것일까?

만일 사회적 자본의 일정 단위=100[따라서 사회적 평균구성을 가진 자본 100]이 불변의 크기이고, 따라서 이 자본에 이윤의 절대량 감소와 이윤율의 하락이 동시에 발생한다면(바로 이것들의 계산 근거가 되는 자본의 크기가 불변이기 때문에), 가변적인 크기인 사회적 총자본의 크기와 개별 자본가들의 수중에 있는 자본의 크기는, 주어진 가정에 따르기 위해서 그 가변자본 부분의 감소에 비례하여 반대 방향으로 변동해야만 한다.

앞의 예에서 자본구성비율이 60c+40v인 경우 잉여가치[혹은 이윤]는 40이었고 이윤율은 40%였다. 이런 자본구성을 가진 총자본의 규모가 100만이라고 가정해보자. 그럴 경우 총잉여가치[따라서 총이윤]는 40만이 될 것이다. 그런데 이제 자본구성비율이 80c+20v가 되었다면 노동착취도가 불변일 때 잉여가치[혹은 이윤]는 단위자본 100에 대해서 20이 될 것이다. 그러나 앞서 보았듯이 이윤율[혹은 단위자본 100에 의해 생산되는 잉여가치]이 하락하는데도 잉여가치[혹은 이윤]의 절대량이 증가한다면, 즉 예를 들어 40만에서 44만으로 증가한다면, 이런 증가는 총자본이 220만으로 증가하고 동시에 거기에 맞게 자본구성이 새로워져야만 가능할 것이다. 그럴 경우 운용되는 총자본의 양은 220%로 증가할 것이고, 반 _{M232}

면에 이윤율은 50% 하락할 것이다. 만일 자본이 2배가 되기만 하면, 과거의 자본 100만이 40%의 이윤율로 획득하던 것과 동일한 양의 잉여가치와 이윤을 이제는 단지 20%의 이윤율만으로도 획득할 수 있을 것이다. 만일 그것이 2배 이하로밖에 증가하지 못한다면, 그것은 과거의 자본 100만이 생산하던 것보다 더 적은 잉여가치[혹은 이윤]밖에 생산하지 못할 것이고, 그것이 과거의 자본구성을 그대로 유지한 채로 잉여가치를 40만에서 44만으로 증가시키려면 총자본은 단지 100만에서 110만으로만 증가하면 될 것이다.

여기에서 우리는 다시 앞서* 이미 논의된 법칙, 즉 가변자본의 상대적 감소에 따라[즉 사회적 노동생산력의 발전에 따라] 같은 양의 노동력을 고용하고 같은 양의 잉여노동을 흡수하기 위해서는 점점 더 많은 양의 총자본이 필요하게 된다는 그 법칙과 만나게 된다. 따라서 자본주의적 생산이 발전해나가는 것과 똑같은 비율로 노동인구가 상대적으로 과잉이 될 가능성도 함께 커지는데 이는 사회적 노동생산력이 감소하기 때문이 아니라 증가하기 때문이다. 다시 말하자면 그것은 노동과 생활수단 간의, 혹은 노동과 이 생활수단의 생산수단 간의 절대적인 불균형 때문이 아니라 자본주의적 노동착취가 가져오는 불균형, 즉 자본의 증가와 이 자본의 노동력(인구는 증가해간다)에 대한 수요의 상대적 감소 간의 불균형 때문인 것이다.

이윤율이 50% 하락한다는 것은 그것이 절반으로 떨어졌다는 것이다. 따라서 이때 이윤량이 변하지 않으려면 자본이 2배가 되어야만 한다. 이윤율이 하락할 때 이윤량이 불변이기 위해서는 총자본의 증가 배수(倍數)가 이윤율의 하락 배수와 같아야만 한다. 이윤율이 40에서 20으로 하락할 경우 똑같은 잉여노동을 얻으려면 총자본이 반대로 20에서 40의 비율, 즉 2배로 증가하여야 한다. 이윤율이 40에서 8로 하락한다면 총자본은 8에서

---

* MEW Bd. 23, 652, 673~674쪽 참조.

296 제3편 이윤율의 경향적 저하 법칙

40의 비율 즉 5배로 증가하여야 할 것이다. 40%의 이윤율에서는 자본 100만이 40만의 이윤을 생산하고 8%의 이윤율에서는 500만의 자본이 같은 이윤 40만을 생산할 것이다. 이것은 동일한 이윤을 얻고자 할 경우의 이야기이다. 반면에 이윤을 더 증가시키고자 할 경우에는 자본은 이윤율의 하락 비율보다 더 큰 비율로 증가해야 할 것이다. 달리 말하면, 총자본의 가변자본 부분이, 그것이 총자본에서 차지하는 구성비율은 하락하더라도, 그 절대량은 불변이거나 증가하기 위해서는 총자본의 증가율이 가변자본 M233 의 하락률보다 더 높아야만 하는 것이다. 즉 새로운 자본구성에서 총자본은, 노동력을 구매하는 데 필요한 가변자본량을 과거 수준은 물론 그보다 더 높은 수준으로까지 증가시켜야 하는 것이다. 어떤 단위 자본 100에서 가변자본비율이 40에서 20으로 감소할 경우 가변자본의 사용량이 40 이상이 되기 위해서는 총자본이 200 이상이 되어야만 한다.

착취되는 노동인구의 수는 불변이고 단지 노동일의 길이와 노동강도만 증가하더라도, 사용되는 자본량은 증가해야 하는데, 이는 자본구성이 변할 경우 동일한 노동량을 과거의 착취율로 사용하기 위해서는 자본량이 증가해야 하기 때문이다.

자본주의적 생산양식이 발전해나감에 따라 사회적 노동생산력의 발전은 한편으로는 이윤율의 지속적인 저하 경향으로, 또 다른 한편으로는 획득되는 잉여가치[혹은 이윤]의 절대량의 끊임없는 증가로 나타난다. 그리하여 전체적으로 가변자본과 이윤의 상대적 감소는 이들 양자의 절대적 증가와 동시에 진행된다. 이런 이중적인 작용은 우리가 이미 보았듯이, 총자본의 증가가 이윤율의 하락보다 더 급속히 진행될 경우에만 나타날 수 있다. 자본구성이 고도화할 경우[혹은 불변자본의 증가가 상대적으로 더 클 경우] 가변자본의 사용량이 절대적으로 증가하기 위해서는, 총자본이 자본구성의 고도화 비율보다 더 급속한 비율로 증가하여야만 한다. 바로 이런 이유로 해서 자본주의적 생산양식이 발전할수록 같은[혹은 좀더 많은] 양의 노동력을 고용하기 위해서는 더욱더 많은 자본량이 필요하게 된다. 따라서 자본주의적 토대 위에서 노동생산력의 증가는 필연적으로 끊임없는 과잉 노동인구를 창출해낸다. 총자본 중 가변자본이 차지하는 부분이 원래 $\frac{1}{2}$이었다가 $\frac{1}{6}$로 줄어들 경우 동일한 노동력을 계속 고용하기 위해서는 총자본이 3배로 늘어나야 한다. 그런데 이때 고용되는 노동력이 2배로 늘어나려면 총자본은 6배로 늘어나야 한다.

이윤율 저하 법칙을 설명할 줄 몰랐던 지금까지의 경제학은 단지 (개별 자본가에게서든 사회 전체에서든) 이윤량의 증가〔즉 이윤의 절대량의 증가〕만을 하나의 위안거리로 삼았다. 그러나 이런 이윤량 증가에 대한 설명조차도 사실 상투적이고 막연한 것에 근거한 것일 뿐이었다.

M234 이윤량이 두 가지 요소〔즉 첫째는 이윤율, 둘째는 이윤율의 형성에 사용되는 자본량〕에 의해 결정된다는 이야기는 동어반복에 불과하다. 따라서 이윤율이 하락하는데도 이윤량이 증가할 수 있다는 이야기는 바로 이런 동어반복의 한 표현일 뿐이며, 논의의 진전에는 아무런 도움도 주지 못한다. 왜냐하면 자본의 증가는 이윤량이 증가하지 않을 경우는 물론 이윤량이 감소할 경우에도 모두 있을 수 있기 때문이다. 이윤율 25%의 자본 100은 25의 이윤을 내고 이윤율 5%의 자본 400도 단지 20의 이윤밖에 내지 못한다.[35] 그러나 이윤율을 하락시키는 바로 그 원인이 또한 축적〔즉

---

35) "우리는―토지에 대한 추가 자본투자와 임금의 상승으로 인해 자본의 이윤율이 하락하는 경우에도―이윤 총량이 증가하는 것을 동시에 예상해야만 한다. 이제 100,000파운드스털링의 자본이 계속 축적되어가면서 이윤율이 20%에서 19%, 18%, 17%로 계속 하락해가는 경우를 가정하자. 이때 우리는 각 단계에서 자본가가 획득하는 이윤량이 점점 증가하는 경우를 예상해야만 한다. 즉 자본량이 100,000파운드스털링일 때보다는 200,000파운드스털링일 때, 그리고 그보다는 자본량이 300,000파운드스털링일 때 더욱 많은 이윤량이, 다시 말하면 이윤율이 하락하는데도 자본량의 증가에 따라 이윤량이 계속 증가하는 경우를 예상해야만 한다. 그러나 이런 현상은 일정 시기까지만 일어난다. 이 시기 동안에는 200,000파운드스털링의 19%가 100,000파운드스털링의 20%보다, 그리고 다시 300,000파운드스털링의 18%가 200,000파운드스털링의 19%보다 더 많게 된다. 그러나 자본의 증가와 이윤율의 하락이 어느 정도의 수준에 다다르고 나면, 이제 그 이상의 축적은 이윤 총량의 감소로 나타나게 된다. 즉 축적이 1,000,000파운드스털링에 달하고 이윤이 7%에 이르게 되면, 이윤 총량은 70,000파운드스털링이 될 것이다. 그런데 이제 자본이 1,100,000파운드스털링이 되고 이윤율이 6%로 하락하면 자본가는 66,000파운드스털링의 이윤을 얻게 되어, 총자본량이 1,000,000파운드스털링에서

추가자본의 형성]을 촉진하고 모든 추가자본이 추가노동을 고용하고 또 추가 잉여가치를 생산한다면, 그리고 또 다른 한편 이윤율의 하락이 불변자본과 그로 인한 원래의 총자본의 증가를 포함하는 것이라면, 이 전체 과정은 신비의 베일을 벗게 된다. 우리는 나중에 뒤에서,* 이윤율의 감소와 이윤량의 증가가 동시에 이루어질 수 있는 가능성을 은폐하기 위해 얼마나 교묘한 계산상의 왜곡이 있었는지를 자세히 살펴보게 될 것이다.

우리는 일반이윤율의 경향적 저하를 가져오는 바로 그 요인이 자본축 M235
적을 촉진하고 따라서 자본이 획득하는 잉여노동(잉여가치, 이윤)의 총량〔혹은 절대량〕을 증가시키는 원인이기도 하다는 것을 살펴보았다. 경쟁〔따라서 경쟁 당사자들의 의식 속〕에서는 모든 것이 전도되어 나타나는 것과 마찬가지로, 이 법칙〔즉 두 개의 상호 모순되어 보이는 것들 사이의 내재적인 필연적 관계〕도 마찬가지로 전도되어 나타난다. 위에서 논의된 비율들을 보더라도 큰 자본을 가진 자본가가, 얼핏 보기에는 높은 이윤을 획득하는 것처럼 보이는 더 적은 자본을 가진 자본가보다, 더 많은 이윤량을 획득하는 것은 분명한 사실이다. 게다가 경쟁을 외면적으로 관찰해보면, 공황 시기와 같이 대규모 자본가가 사신의 시상섬유율을 위해 소규모 자본가를 시장에서 축출하고자 할 경우, 대규모 자본가는 소규모 자본가를 구축하기 위해서 실제로 이런 사실을 이용하는데, 말하자면 자신의 이윤율을 고의로 낮추기도 한다. 나중에 자세히 논의하겠지만, 특히 상인자본이 나타내는 현상을 보면, 이윤의 하락은 사업 확장〔따라서 자본 확장〕의 결과로서 나타난다. 이런 왜곡된 개념들에 대한 올바른 과학적 설명은 나중에 뒤에서 하게 될 것이다. 이와 비슷한 표면적인 고찰은 개별 사업부

1,100,000파운드스털링으로 증가하였는데도 이윤은 4,000파운드스털링만큼 감소해버린 셈이 된다"(리카도, 『경제학 원리』, 제7장, 68, 69쪽). 사실 여기에서는 자본이 1,000,000에서 1,100,000으로, 즉 10% 증가한 데 반해 이윤율은 7에서 6으로, 즉 14% 하락한 것으로 가정하였다. 이제부터는 그것이 눈물의 씨앗이 된다(Hinc illae lacrimae).†36

* MEW Bd. 26, 제2부, 435~466, 541~543쪽 참조.

문들의 이윤율을 자유경쟁체제와 독점체제의 경우로 나누어서 서로 비교해 보아도 얻을 수 있다. 경제 당사자들의 머릿속에 박혀 있는 것과 같은 극히 천박한 생각은 로셔(W. Roscher)에게서 잘 드러나고 있는데, 그는 이런 이윤율의 저하를 "좀더 현명하고 좀더 인간적인 것"[†37]이라고 하였다. 그에게 이윤율의 하락은 자본 증가의 결과로서, 또한 이와 관련된 자본가의 계산—이윤율이 낮을 때 자신이 획득하는 이윤량은 더 커진다는—의 결과로서 나타난다. 이런 모든 생각들은(스미스는 제외되는데 그에 관해서는 뒤에 다시 논의할 것이다)* 일반이윤율 전반에 관한 개념이 전혀 정립되어 있지 못한 사실, 그리고 가격이란 것이 사실상 실제 상품가치에 어느 정도 자의적인 이윤량을 부가함으로써 결정된다는 소박한 생각 등에 근거해 있다. 그러나 이런 생각들이 아무리 소박한 것이라 할지라도 이것들은, 자본주의적 생산의 내재적 법칙이 경쟁 내부에서 나타나는, 바로 그 전도된 양태와 방식으로부터 필연적으로 발생하는 것들이다.

———

M236   생산력의 발전에 의해 일어난 이윤율의 하락이, 이윤량의 증가와 함께 나타나는 이 법칙은, 또한 자본에 의해 생산된 상품의 가격 하락이, 상품에 포함되어 있다가 상품의 판매를 통해 실현되는 이윤량의 상대적 증가와 함께 나타나는 그런 형태로도 나타난다.

    생산력의 발전과 그에 상응하는 높은 자본구성은 사용되는 노동량을 끊임없이 축소하여 생산수단의 양을 끊임없이 증가시키기 때문에, 총자본의 각 구성 부분들[즉 개별 상품, 혹은 총생산량을 구성하는 개별 상품량]은 살아 있는 노동을 더 적게 흡수하는 것은 물론 대상화된 노동[즉 사용된 고정자본의 마모분과 소비된 원료 및 보조자재들]도 더 적게 포함한

---

* MEW Bd. 26, 제2부, 214~228쪽 참조.

다. 말하자면 모든 개별 상품은 생산수단에 대상화된 노동과 생산과정에서 새롭게 부가되는 노동 모두 더 적은 양의 노동만을 포함한다. 따라서 개별 상품의 가격은 하락한다. 그렇지만 개별 상품 속에 포함된 이윤량은 절대적 혹은 상대적 잉여가치율이 상승할 경우, 증가할 수 있다. 이 경우 이들 상품에 새롭게 추가되는 노동량은 더 적지만 이 노동량 중에서 지불되는 부분에 비해 지불되지 않는 부분은 더 증가한다. 그러나 이것은 단지 일정한 한계 내에서만 있을 수 있는 경우이다. 생산이 발전해나감에 따라서 개별 상품 속에 새로 추가되는 살아 있는 노동의 절대량은 끊임없이 현저하게 감소하고, 그와 함께 그 상품 속에 포함된 지불되지 않는 노동량도, 지불되는 노동에 비해 상대적으로는 증가할지 몰라도 절대적으로는 감소한다. 노동생산력이 발전해감에 따라서 개별 상품의 이윤량은 잉여가치율의 증가에도 불구하고 크게 감소한다. 그리고 이런 감소는 이윤율의 하락과 마찬가지로 매우 완만하게 진행되는데 그것은 불변자본요소의 가치하락과 이 책의 제1편에서 언급한 바 있는, 잉여가치율의 불변 혹은 하락 시에 이윤율이 증가하는 바로 그런 경우 때문이다.

자본의 총생산물을 구성하는 개별 상품들의 가격이 하락한다는 것은 바로 일정량의 노동이 더 많은 상품 속에 실현된다는 사실〔즉 개별 상품에 포함된 노동량이 과거에 비해 줄어들었다는 사실〕을 의미한다. 이것은 원료 등 불변자본 부분의 가격이 상승할 경우에도 있을 수 있다. 몇몇 경우(예를 들어 노동생산력의 발전으로 불변자본은 물론 가변자본의 모든 요소들의 가격이 하락했을 경우)를 제외하고 잉여가치율이 상승하는데도 이윤율이 하락하는 이유는 ① 새로 추가되는 총노동량(처음보다 감소한) M237 가운데 불불노동 부분의 비중이 증가하였음에도 불구하고, 이 불불노동의 양이 처음의 불불노동 부분보다 적기 때문이며, 또 ② 개별 상품들의 자본구성의 고도화가, 새로 추가되는 노동의 가치 부분이 원료, 보조자재, 고정자본의 마모를 나타내는 가치 부분에 비해 하락하는 것으로 나타나기 때문이다. 개별 상품가격의 각 구성 부분들 간의 이러한 비율 변동〔즉 새로 추가되는 살아 있는 노동에 해당하는 가격 부분은 감소하고 이미 대상화된 노동에 해당되는 가격 부분은 증가하는 변동)은 개별 상품가격에서 불변자본에 대한 가변자본의 감소라는 형태로 나타난다. 이런 절대적 감소는 예를 들어 100과 같은 일정량의 자본에서는 물론, 재생산된 자본의 한 부분을 이루는 모든 개별 상품들에서도 마찬가지로 일어난다. 그러나 개별 상품의 가격요소들만으로 계산된 이윤율은 그것의 실제 내용과는 다른 모습으로 나타난다. 이것은 다음과 같은 이유에서이다.

{이윤율은 일정 기간(사실상 1년) 동안 사용된 총자본에 근거하여 계산된다. 다시 말하면 1년 동안에 만들어지고 실현된 잉여가치(혹은 이윤)를 총자본에 대한 백분비로 계산한 것이 곧 이윤율이다. 따라서 이 이윤율은 1년이 아닌 어떤 자본의 1회전기간을 기준으로 계산한 경우의 이윤율과 일치하지 않는다. 양자가 일치하는 경우는 이 자본이 1년에 꼭 한 번 회전할 경우뿐이다.

한편 1년 동안에 만들어진 이윤이란 단지 1년 동안에 생산되어 판매된 모든 상품의 각 이윤들의 합계일 뿐이다. 이제 우리가 이윤을 상품의 비용가격으로 나누게 되면, 이윤율=$\frac{p}{k}$가 되는데 여기서 p는 1년 동안에 실현된 이윤이고 k는 같은 기간에 생산되어 판매된 상품들의 비용가격의 합계이다. 그럴 경우 이 이윤율 $\frac{p}{k}$가 이윤량을 총자본으로 나눈 실제 이윤율 $\frac{p}{C}$와 일치할 수 있는 경우는 단지 k=C일 경우, 즉 자본의 회전기간이 정확하게 1년일 경우뿐이다.

한 산업자본의 다음과 같은 세 가지 상태를 한번 상정해보자.

I. 8,000파운드스털링의 자본이 매년 5,000개의 상품을 생산하여 상품 1개당 30실링에 판매함으로써 연간 매출액 7,500파운드스털링을 얻는다고 하자. 그리고 상품 1개당 이윤은 10실링이어서 연간 이윤은 2,500파운드스털링이라고 하자. 그러면 상품 1개당 선대자본은 20실링이고 이윤은 M238 10실링이므로 상품 1개당 이윤율은 $\frac{10}{20}$ =50%가 된다. 회전총액 7,500파운드스털링 중 선대자본은 5,000파운드스털링이고 이윤은 2,500파운드스

털링이다. 회전기간 1년간의 이윤율 $\frac{p}{k}$ 는 똑같이 50%이다. 그러나 총자본을 기준으로 계산하면 이윤율 $\frac{p}{C} = \frac{2,500}{8,000} = 31\frac{1}{4}$%이다.

II. 이제 자본이 10,000파운드스털링으로 증가하는 경우를 보자. 여기에서는 노동생산력의 증가로 매년 10,000개의 상품을 개당 20실링의 비용가격으로 생산할 수 있게 되었다고 하자. 그리하여 이들 상품 1개당 4실링의 이윤이 붙어서 개당 24실링에 판매된다고 하자. 그러면 연간 생산물가격=12,000파운드스털링이 되는데 이 가운데 선대자본은 10,000파운드스털링이고 이윤은 2,000파운드스털링이 된다. 상품 1개당 $\frac{p}{k} = \frac{4}{20}$ 이며 연간 회전총액에 대한 이윤 $\frac{p}{k} = \frac{2,000}{10,000}$ 으로 두 경우 모두 20%이다. 그리고 총자본은 비용가격의 합, 즉 10,000파운드스털링과 같으므로 이 경우 실제 이윤율 $\frac{p}{C}$ 도 역시 20%가 된다.

III. 노동생산력이 계속 상승하는 가운데 자본이 더욱 증가하여 15,000파운드스털링이 되고 연간 생산되는 상품은 30,000개에 달하고 이들 상품의 개당 비용가격은 13실링, 이윤은 2실링으로 개당 판매가격은 15실링이라고 하자. 그러면 연간 회전총액=30,000×15실링=22,500파운드스털링이 되고 이 가운데 신대자본은 19,500파운드스딜링, 이윤은 3,000파운드스털링이 된다. 따라서 $\frac{p}{k} = \frac{2}{13} = \frac{3,000}{19,500} = 15\frac{5}{13}$%가 되고 반면 $\frac{p}{C} = \frac{3,000}{15,000} = 20$%가 된다.

따라서 우리는 회전된 자본가치와 총자본이 일치하는 II에서만 상품 1개당〔혹은 연간 회전총액의〕이윤율과, 총자본을 기준으로 계산된 이윤율이 일치하는 것을 보게 된다. 회전총액이 총자본보다 적은 I은 상품의 비용가격을 기준으로 계산한 이윤율이 총자본을 기준으로 계산한 실제 이윤율보다 더 높으며, 총자본이 회전총액보다 적은 III은 이 비용가격을 기준으로 계산한 이윤율이 총자본을 기준으로 계산한 실제 이윤율보다 더 낮은 것을 보게 된다. 이것은 일반적으로 그대로 적용된다.

실제 상거래에서 자본의 회전은 대개 부정확하게 계산된다. 사람들은 실현된 상품가격의 총액이 사용된 총자본액에 달하면 여기서 자본이 1회전한 것으로 생각한다. 그러나 자본이 완전하게 1회전을 종결하는 것은, 실현된 상품의 비용가격 총액이 총자본액과 같아지는 바로 그 시점에 이르렀을 때이다.}

여기에서 다시 나타나는 중요한 사실은, 자본주의적 생산에서는 개별 상품(혹은 일정 기간의 상품생산물)을 따로 분리하여 그 자체로만(즉 단 M239 지 상품으로만) 간주해서는 안 되고 이 상품을 생산하는 총자본과의 관계 속에서, 즉 선대자본의 생산물로 간주해야 한다는 것이다.

이윤율은 생산되어 실현된 잉여가치의 양을, 소비된 자본 부분(상품 속에 반영되는 부분)은 물론 여기에 추가되는 부분(소비되지는 않았지만 사용되었고 앞으로도 생산과정에서 계속 사용될 부분)도 함께 기준으로 계산해야 하지만, 이윤량은 상품 그 자체 내에 포함되어 있다가 그것의 판매를 통하여 실현되는 이윤(혹은 잉여가치)의 양과 같을 수밖에 없다.

산업생산성이 증가하면 개별 상품의 가격은 하락한다. 그 상품 속에 포함되는 노동(즉 지불노동과 불불노동)은 감소한다. 예를 들어 원래의 노동량으로 생산되는 생산물이 생산성의 증가로 3배로 늘어났다고 가정해보자. 그럴 경우 개별 생산물에 돌아가는 노동량은 $\frac{2}{3}$나 감소해버릴 것이다. 그리고 이윤은 이 개별 생산물에 포함되는 노동량 가운데 단지 일부일 뿐이기 때문에 개별 상품의 이윤량은 감소할 수밖에 없고 이것은 잉여가치율이 상승한다 하더라도 어느 정도까지는 그럴 것이다. 그러나 어떤 경우에도 총생산물에 대한 이윤량은, 자본이 과거와 같은 수의 노동자를 과거와 동일한 착취도로 고용하는 한, 원래의 이윤량 이하로 떨어지지 않을 것이다(이것은 더 적은 수의 노동자를 더 높은 착취도로 고용할 경우에도 일어날 수 있다). 왜냐하면 개별 생산물에 대한 이윤량이 감소하는 것과 같은 비율로 생산물의 숫자가 늘어날 것이기 때문이다. 이윤량은 불변이지만 단지 이것이 각 상품별로 배분된 양이 달라졌을 뿐인 것이다. 그리고 새로 추가되는 노동에 의해 창출된 가치량이 노동자와 자본가 간에 분배되는 비율에서도 변화된 것은 없다. 이윤량이 증가할 수 있는 경우는, 단지 동일한 양의 노동이 고용되었을 때 지불되지 않는 잉여노동이 증가하는 경우나, 노동착취도가 불변일 때 노동자 수가 증가하는 경우, 혹은 이 두 가지가 한꺼번에 작용하는 경우뿐이다. 이 모든 경우에—그러나 가정에 의해서 가변자본에 대한 불변자본의 증가와 사용되는 총자본량의 증가는 계속 전제된다—개별 상품 속에 포함되는 이윤량은 감소하고 이윤율도 개별 상품별로는 하락한다. 일정량의 추가노동은 더 많은 양의 상품으로 나타난다. 그리하여 개별 상품의 가격은 하락한다. 추상적으로 본다면 생산력의 증가로 인하여 개별 상품가격이 하락하고, 동시에 이런 좀더 값싼 상품의 수가 증가할 경우에도 이윤율은 불변일 수 있는데, 이는 예를 들어 생산력 증대가 같은 비율로 동시에 상품의 모든 구성 부분에 영향을 미침으로써 상품의 총가격이 노동생산성 증가와 같은 비율로 하락하고, _{M240} 또 다른 한편 상품가격의 각 구성 부분들 간의 상호 비율은 불변인 그런 경우에 있을 수 있다. 잉여가치율의 증가가 불변자본[특히 고정자본요소]의 현저한 가치하락과 결합할 경우에는 이윤율이 상승할 수도 있을 것이다. 그러나 실제로는 우리가 이미 본 바와 같이 이윤율은 장기간에 걸쳐서 하락한다. 어떤 경우에도 개별 상품의 가격하락만으로는 이윤율의 변동을 설명할 수 없다. 모든 것은 생산에 참여한 자본 총량이 어느 정도인가에 달려 있다. 예를 들어 1엘레(Elle: 독일의 옛 길이 단위로 약 2자 1치에 해당함—옮긴이)의 직물 가격이 3실링에서 $1\frac{2}{3}$ 실링으로 하락했다고 하자. 이때 사람들이 가격하락 이전에는 방사(紡絲) 등의 불변자본이 $1\frac{2}{3}$ 실링, 임금이 $\frac{2}{3}$ 실링, 이윤이 $\frac{2}{3}$ 실링이었다가 가격하락 후에는 불변자본이 1실링, 임금이 $\frac{1}{3}$ 실링, 이윤이 $\frac{1}{3}$ 실링이 되었다는 사실을 안다고 하더라도 이것만으로는 이윤율이 불변인지 아닌지를 알 수 없다. 이윤율이 어떻게 되었는지는 총선대자본이 증가했는지 안 했는지, 그리고 증가했다면 어느 정도 증가했는지와 일정 기간에 직물이 몇 엘레나 생산되었는지에 달려 있다.

자본주의적 생산양식의 본질로부터 나타나는 현상, 즉 노동생산성이 증가하면서 개별 상품가격[혹은 주어진 상품량의 가격]이 하락하고, 상품 수량이 증가하며, 개별 상품의 이윤량과 상품 총량의 이윤율은 하락하지만 상품 총량의 이윤량은 증가하는 이런 현상 — 바로 이 현상은 표면적으로는 단지 개별 상품의 이윤량 하락, 그들 상품가격의 하락, 사회적 총자본은 물론 개별 자본가가 생산하는 상품 총량(증가된)의 이윤량 증가 등으로만 나타난다. 그리하여 이것은 마치 자본가가 자신의 자유로운 의사에 따라 개별 상품에 더 적은 이윤을 부가하고, 생산하는 상품의 수량을 증가시킴으로써 이것을 벌충하는 것처럼 이해된다. 이러한 생각은 양도이윤(Veräußerungsprofit, profit upon alienation[†38]) — 이것은 상인자본의 관점에서 추론된 것이다 — 이라는 개념에 기초해 있다.

우리는 앞서 제1권의 제4편과 제7편에서 노동생산력과 함께 증가하는 상품량과 개별 상품 그 자체의 가격하락(이 상품이 노동력의 가격을 결정하는 데 영향을 미치는 것이 아닌 한)이 상품가격의 하락에도 불구하고 개별 상품에서 지불노동과 불불노동 간의 비율에 아무 영향도 미치지 않는다는 것을 이미 살펴보았다.

경쟁에서는 모든 것이 왜곡되어, 특히 거꾸로 나타나기 때문에 개별 자본가는 다음과 같이 생각할 수 있다. ① 그는 개별 상품에 대한 자신의 이윤을 상품가격의 하락을 통해 감소시키지만 대신에 상품 판매량을 증가시켜서 더욱 큰 이윤을 만든다. ② 그는 개별 상품의 가격을 고정된 것으로 놓고 이것을 기준으로 곱하는 방식을 통해 총생산물의 가격을 결정한다. 그러나 원래의 과정은 총생산물을 기준으로 나누는 것이 먼저이고(제1권 제10장, 314/323쪽 참조)* 곱하는 것은 이 나누는 것이 제대로 되었을 경우에만 성립하는 이차적인 것에 불과하다. 사실 속류경제학자들은 경쟁 속에 파묻혀 있는 자본가들의 이러한 생각과 똑같은 생각을 하고 있으며 단지 이것을 표면적으로 좀더 이론적인[좀더 일반화된] 형태로 옮기고 있을 뿐이며 그것을 정당화하려고 하는 것일 뿐이다.

---

* MEW Bd. 23, 335쪽 참조.

사실상 좀더 저렴해진 상품량의 증가로 인한 상품가격의 하락과 이윤량의 증가는 이윤량의 증가와 동시에 이윤율이 하락하는 그 법칙의 또 다른 하나의 표현일 뿐이다.

　　가격상승과 이윤율 저하가 어느 정도까지 함께 일어날 수 있는지는 이미 앞서 제1권 314/323쪽의 상대적 잉여가치의 논의에서 설명된 것으로 여기에서는 더 자세히 다루지 않기로 한다. 더 개선된 것이지만 아직 일반화되지는 않은 생산방식을 사용하는 자본가는, 자신의 상품을 시장가격 이하로, 그러나 자신의 개별 생산가격 이상으로 판매한다. 그래서 그의 이윤율은 경쟁으로 인해 이런 상황이 균등화될 때까지는 계속 상승한다. 이 균등화과정에서 제2의 필요조건, 즉 선대자본의 증가가 나타난다. 이 선대자본 증가의 정도에 따라서 자본가는 이제 원래 고용된 노동자 수의 일부〔즉 그들 전부 혹은 대다수〕를 새로운 조건으로 고용함으로써 과거와 동일한〔혹은 더 많은〕 이윤량을 생산할 수 있게 된다.

제14장

상쇄요인

M242   지난 30년 동안 이루어진 사회적 노동생산력의 급격한 발전을 과거의 모든 시기와 비교해 보면〔특히 기계류를 제외하고도 사회적 총생산과정에 투입된 고정자본의 엄청난 양을 감안하면〕, 지금까지 경제학자들이 부딪힌 어려움〔즉 이윤율 저하를 설명하는 데 따르는 어려움〕 대신에 이제는 거꾸로 이런 저하현상이 왜 더 큰 폭으로 또 더 급속히 일어나지 않았는가를 설명해야 하는 어려움에 봉착하게 된다. 여기에는 틀림없이 어떤 상쇄작용을 하는 요인들이 있어서 일반법칙의 효과를 가로막고 지양함으로써 이 법칙의 성격을 단지 경향성으로만 머물게 하는 것이 분명한데 바로 그 때문에 우리도 일반이윤율의 저하를 경향적 저하라고 표현하였던 것이다. 이런 요인들 가운데 가장 일반적인 것들을 들어본다면 다음과 같다.

제1절 노동착취도의 증가

노동착취도〔즉 잉여노동과 잉여가치의 획득〕는 노동일의 연장과 노동
강도의 강화를 통해서 증가한다. 이 두 가지는 제1권의 절대적 잉여가치
와 상대적 잉여가치의 생산에서 상세하게 논의된 바 있다. 노동강도를 증
가시키는 데는 많은 요인들이 있는데, 예를 들어 우선 한 노동자가 감독하
는 기계의 양을 늘리는 경우처럼 가변자본에 대한 불변자본의 증가〔즉 이
윤율의 저하〕를 들 수 있다. 이런 경우—상대적 잉여가치의 생산을 위해
사용되는 대부분의 과정에서 나타나는 것과 같이—잉여가치율의 증가를
가져오는 원인들은 동시에, 사용되는 총자본의 크기가 주어져 있을 경우,
잉여가치량의 감소를 가져오기도 한다. 노동강도를 증가시키는 또 다른 M243
요인으로는 기계의 속도를 높여서 같은 시간 안에 더 많은 원료를 사용하
도록 하는 것을 들 수 있는데, 이 경우 고정자본과 관련하여 기계의 마모
는 더욱 빨리 이루어지지만 기계를 움직이는 노동의 가격에 대한 기계의
가치비율은 전혀 영향을 받지 않는다. 한편 노동력이 움직이는 불변자본
에 대한 노동력의 비율을 본질적으로 변화시키지 않고도, 또 오히려 이 불
변자본을 상대적으로 감소시키면서도, 획득되는 잉여노동의 양을 증가시
키는 요인이 있는데 그것은 바로 근대산업의 발명품인 노동일의 연장이
다. 그 밖에도 이미 말한 바와 같이—그리고 이것은 이윤율의 경향적 저
하에 관한 고유한 비밀이다—상대적 잉여가치의 창출과정은 대부분이
한편으로는 주어진 노동량으로 가능한 한 많은 잉여가치를 만들어내는
것과, 다른 한편으로는 선대자본의 구성비율에서 노동의 비중을 가능한
한 줄이고자 하는 것으로 귀결된다. 그 결과 노동착취도를 증가시키는 바
로 이 원인들은 동일한 총자본으로 과거와 같은 양의 노동을 착취할 수 없
게 만든다. 이것들은, 잉여가치율의 증가와 함께 주어진 자본에 의해 만들
어진 잉여가치량의 감소와 그에 따른 이윤율의 하락을 유발하는 경향들

〔즉 반대 방향으로 작용하는 상쇄 경향들〕이기도 하다. 여기에서는 또한 부녀자 노동과 아동 노동의 대폭적인 도입에 관해서도 언급해둘 필요가 있는데, 그것은 곧 주어지는 임금총액이 감소하지 않고 증가하는데도 가족 전체가 자본에 대하여 과거보다 더 많은 잉여노동을 제공할 수밖에 없는 것을 의미한다. ― 농업에서처럼 사용되는 자본량은 불변인 채로 단지 생산방법의 개량을 통해서 상대적 잉여가치의 창출을 촉진하는 모든 요인들도 동일한 작용을 한다. 이런 경우에는 가변자본에 대한 불변자본의 비율이 증가하지 않고도, 우리가 가변자본을 고용된 노동력의 지표로 간주할 경우, 사용된 노동력에 대한 생산물의 양은 증가하게 된다. 노동의 (이 노동의 생산물이 노동자의 소비에 사용되든 불변자본의 요소로 사용되든 그것은 마찬가지이다) 생산력이 이동의 장애〔자의적인 것이든 시간적인 요인 때문이든 하여튼 그런 종류의 모든 장애〕에서 해방될 경우, 그리고 이런 해방에도 불구하고 무엇보다도 불변자본에 대한 가변자본의 비율이 아무 영향을 받지 않을 경우에도, 이것은 마찬가지 작용을 하게 된다.

그런데 다음과 같은 의문이 제기될 수 있다. 즉 처음에는 이윤율의 저
M244 하를 저지하지만 결국은 끊임없이 저하를 촉진하는 원인들 속에, 발명이 일반화되기 전에 그것을 이용하는 자본가들이 일반수준 이상의 잉여가치를 얻는(잠정적이긴 하지만 계속 반복해서 여러 생산영역들에서 번갈아 나타나는) 경우가 포함되는 것인지의 여부가 바로 그것이다. 이 의문에 대한 답은 '그렇다'이다.

주어진 크기의 자본이 생산하는 잉여가치량은 두 가지 요소, 즉 잉여가치율과 일정 비율로 고용된 노동자 수의 곱으로 이루어져 있다. 따라서 잉여가치량은 잉여가치율이 일정할 때는 노동자 수에, 노동자 수가 일정할 때는 잉여가치율에 의존한다. 다시 말하면 그것은 가변자본의 절대량의 구성비율과 잉여가치율에 의존한다. 그런데 우리가 이미 보았듯이 평균적으로 상대적 잉여가치율을 상승시키는 원인은 곧 사용되는 노동력의

양도 감소시킨다. 그러나 이런 현상이 일어나는 정도의 차이는 이들 서로 상반되는 두 작용이 각각 이 현상에 미치는 영향의 비율에 의존할 것이고, 특히 이윤율 저하 경향은 노동일의 연장에서 유래하는 절대적 잉여가치율의 상승에 의해서 약화될 것이 분명하다.

이윤율에 일반적으로 나타나는 것은, 이윤율의 하락이 사용되는 총자본량의 증가 때문에, 이윤량의 증가와 함께 일어난다는 사실이다. 사회적 총가변자본의 측면에서 보면, 그것이 생산한 잉여가치와 이윤은 일치한다. 잉여가치의 절대량과 더불어 잉여가치율도 함께 증가하는데 이는 두 가지 이유 때문이다. 하나는 사회 전체에서 사용되는 노동력의 양이 증가하기 때문이며, 다른 하나는 이 노동의 착취도가 증가하기 때문이다. 그러나 주어진 크기의 한 개별 자본, 예를 들어 100의 자본에서는 잉여가치량이 평균적으로 하락하면서도 잉여가치율은 증가할 수 있다. 왜냐하면 잉여가치율은 가변자본 부분이 증식되는 비율에 의해서 결정되는 반면 잉여가치량은 총자본 중에서 가변자본이 차지하는 구성비율에 의해서 결정되기 때문이다.

잉여가치율의 상승—특히 이것은 위에서 이야기한 바와 같이 가변자본에 대한 불변자본의 비율이 전혀 증가하지 않거나 증가한다 하더라도 같은 비율로는 증가하지 않는 경우에도 나타나기 때문에—은 잉여가치량[따라서 이윤율]을 결정하는 하나의 요인이다. 따라서 그것이 일반법칙을 폐기하지는 못한다. 그러나 그것은 이 일반법칙을 더 경향적인 것으로, 즉 반대 방향으로 작용하는 요인들 때문에 그 절대적 관철이 저지되고, 완화되며, 또 약화되는 법칙으로 작용하게 만든다. 그러나 잉여가치율을 상승시키는 바로 그 요인들이(노동시간의 연장도 산업이 대규모화한 결과물이다) 주어진 자본에 의해 사용되는 노동력을 감소시키는 방향으로도 ^{M245} 작용하기 때문에, 이 요인들은 또한 이윤율의 하락 요인이면서 동시에 이러한 하락을 완만하게 하는 요인이 되기도 한다. 합리적인 수준에서 최소한 노동자 두 사람이 수행할 수 있는 양의 노동을 한 사람에게 부과하고 이 한 사람이 세 사람을 대체해버린 상황(가변자본의 감소, 즉 노동자 수의 감소—옮긴이)에서 이것이 이루어질 경우, 이 한 사람이 제공하는 잉여노동량은 원래 두 사람이 제공하던 것과 같을 것이고, 그럴 경우 잉여가치율은 상승한다. 그러나 그는 원래 세 사람이 제공하던 만큼의 잉여노동은 제공하지 못할 것이고 따라서 잉여가치량은 감소한다. 그런데 이 잉여가치량의 감소는 잉여가치율의 상승을 통하여 벌충되거나 억제된다. 전체 인구가 더 증가된 잉여가치율로 고용된다면, 잉여가치량은 이 인구가 불변이라 하더라도 증가한다. 더구나 인구가 증가할 경우에는 더욱 그러하다. 그리고 이것이 총자본의 크기에 대한 고용된 노동자 수의 상대적인 감소를 수반한다고 하더라도, 이런 하락은 잉여가치율의 상승을 통해 완화되거나 저지된다.

이 부분의 논의를 끝내기 전에 우리가 한 번 더 강조해둘 사항은, 자본의 크기가 불변일 때, 잉여가치율은 잉여가치량이 감소하더라도 증가할 수 있으며, 그 역의 경우도 성립한다는 사실이다. 잉여가치량은 잉여가치율에다 노동자 수를 곱한 것과 동일하다. 그러나 잉여가치율은 결코 총자본에 대해서가 아니라 가변자본에 대해서 계산되며 사실상 각 노동일을 기준으로 해서만 계산된다. 반면에 자본가치의 크기가 불변일 때 이윤율은, 잉여가치량의 증가나 감소 없이는 결코 상승하거나 하락할 수 없다.

제2절 노동력가치 이하로의 임금인하

이것은 여기에서 단지 경험적으로만 언급될 것인데, 그 이유는 사실 여기에서 언급되는 많은 다른 것들과 마찬가지로 이것이 자본의 일반적 분석과는 상관이 없고, 이 저작 속에서는 다루지 않는 경쟁의 논의에 해당되기 때문이다. 그러나 그것은 이윤율의 저하 경향을 저지하는 가장 중요한 요인의 하나이다.

제3절 불변자본요소의 저렴화

이 책의 제1편에서 잉여가치율이 불변일 때[혹은 잉여가치율과 무관하게] 이윤율을 상승시키는 요인에 관해 이야기한 모든 사항들이 바로 여기에 해당되는 것들이다. 따라서 총자본의 관점에서, 불변자본의 가치가 그것의 물리적인 양과 같은 비율로 증가하지 않는다는 사실도 여기에 해당된다. 예를 들어 유럽의 개별 방적공들이 근대적인 공장에서 가공하는 면 M246 화의 양은 유럽 방적공들이 과거에 물레를 사용해서 가공하던 면화의 양에 비하면 엄청나게 많은 양이다. 그러나 가공된 면화의 가치는 이런 양적 증가와 같은 비율로 증가하지 않는다. 기계와 다른 고정자본의 경우도 마찬가지이다. 요컨대 가변자본에 비해 불변자본의 양이 더 증가하는 이러한 발전은, 노동생산력의 증가로 인해 불변자본 구성요소의 가치를 감소시키며, 따라서 불변자본의 가치가, 물론 계속해서 증가하기는 하지만, 그것의 물리적 양[즉 같은 양의 노동력이 사용하는 생산수단의 물리적 양]과 같은 비율로 증가하는 것은 방해한다. 개별적인 경우에는 심지어 불변자본요소의 양은 증가하는데 그 가치는 불변이거나 하락하는 경우도 있을 수 있다.

지금까지 이야기한 것은 산업의 발전에 따른 기존 자본(즉 그것의 소재적인 구성요소들)의 가치절하 현상과 관련이 있다. 이것은 경우에 따라서 이윤을 산출하는 자본량을 감소시킴으로써 이윤량을 감소시키기도 하지만, 그럼에도 이윤율의 하락을 끊임없이 저지하는 방향으로 영향을 미치는 요인 중의 하나이기도 하다. 그리하여 여기에서도 다시 이윤율의 저하 경향을 야기하는 요인이 또한 이 경향의 실현을 억제하는 요인이기도 하다는 사실이 드러난다.

제4절 상대적 과잉인구

상대적 과잉인구의 창출은 이윤율의 저하로 나타나는 노동생산력의 발전과는 불가분의 것이며, 또한 그것에 의해 촉진된다. 상대적 과잉인구는 자본주의적 생산양식이 발전된 나라일수록 더욱 뚜렷하게 나타난다. 그것은 또한 한편으로 많은 생산영역들에서 자본에 의한 노동의 다소 불완전한 포섭을 지속시키는 원인이면서, 동시에 그 불완전 포섭이 외관상 나타나는 일반적 발전단계에 상응하는 시점보다 더 오랫동안 지속되는 원인이기도 하다. 이런 지속상태는, 언제든지 고용할 수 있는 상태로 자유롭게 풀려나 있는 임노동자가 저렴하고 풍부한 상태로 존재하고, 또 많은 생산영역들에서 그 본질에 따라 수공업이 기계공업으로 전화하는 과정에서 M247 나타나는 저항이 큰 데서 비롯된 결과이다. 다른 한편 이런 상대적 과잉인구로 인해 사치 소비재와 같은 새로운 생산부문들이 등장하게 되는데, 이들 부문은 종종 다른 생산부문에서 불변자본의 증가로 인해 쫓겨난 노동인구를 근거로, 자신의 생산부문을 다시 살아 있는 노동 위주로 편성하며, 이런 양상은 점차 다른 영역으로도 침투해 들어간다. 이들 두 경우 모두, 총자본에서 차지하는 가변자본의 비율은 매우 크고, 임금은 평균수준 이하이기 때문에, 이들 생산부문의 잉여가치율은 물론 잉여가치량도 비정상적으로 높게 된다. 그런데 일반이윤율은 개별 생산영역들의 이윤율이 균등화됨으로써 형성되기 때문에, 여기에서도 다시 이윤율의 저하 경향을 유발하는 요인이 이 경향과는 반대 방향으로 작용함으로써 그 경향을 어느 정도 상쇄해버리는 요인이 되기도 한다.

제5절 외국무역

외국무역이 가변자본을 이루는 필요생활수단이나 불변자본요소들의 가격을 저렴하게 해주는 한, 이 외국무역은 잉여가치율을 상승시키고 불변자본의 가치를 저하시킴으로써 이윤율을 상승시키는 방향으로 작용한다. 무역은 일반적으로 생산규모의 확장을 가능케 함으로써 이런 의미로 작용한다. 그럼으로써 이것은 한편으로는 축적을 촉진하고, 또 다른 한편으로는 불변자본에 대한 가변자본의 비율 감소를 촉진하고, 그럼으로써 이윤율의 하락을 촉진한다. 또한 외국무역의 확대는, 자본주의적 생산양식의 초기에는 그 생산양식의 토대로 기능하였지만, 이 생산양식이 발전해나감에 따라서 그것의 내적 필연성〔그리고 그것의 필요에 따라 끊임없이 확대되는 시장〕 때문에 이 생산양식 그 자체의 산물이 되었다. 그리하여 여기에서도 다시 똑같은 이중의 작용이 나타난다(리카도는 외국무역의 이런 측면을 완전히 간과하였다).[39]

또 다른 하나의 의문 — 이것은 그 특수성 때문에 원래 우리의 논의 범위를 벗어나는 것이다 — 은 다음과 같다. 즉 외국무역, 특히 식민지 무역에 투하된 자본이 달성하는 비교적 높은 이윤율에 의해 일반이윤율이 상승하게 될 것인가?

외국무역에 투하된 자본들은 더 높은 이윤율을 창출할 수 있는데, 왜냐하면 이 부문에서는 더 열악한 조건에서 생산되는 다른 나라의 상품들과 경쟁을 하기 때문에 선진국은 자국 상품을 경쟁국보다 더 값싸게 판매하 M248 더라도 그 가치 이상으로 판매할 수 있기 때문이다. 여기에서 선진국의 노동이 더 높은 질적 내용을 가진 노동으로 증식되는 한, 그 노동은 더 높은 질적 내용에 상응하는 임금을 지불받지는 못하지만, 판매될 때는 그 질적 내용에 따라 판매되기 때문에, 이윤율은 상승한다. 상품이 수출되고 수입되는 교역 상대국에 대해서도 같은 관계가 발생할 수 있다. 즉 상대국은 자신이 받는 것보다 더 많은 대상화된 노동을 현물형태로 이쪽 나라에 제공하고, 따라서 이 나라는 자신이 직접 생산할 경우보다 더 값싸게 이 상품을 획득할 수 있게 된다. 이것은 새로운 발명을, 아직 일반화되기 전에 이용하는 공장주와 전적으로 같은 경우로서, 그는 자신의 경쟁자보다 더 값싸게 상품을 판매하고, 그럼에도 자신의 상품을 그 개별 가치 이상으로 판매하는데, 다시 말해서 자신이 사용한 노동의 특별히 뛰어난 생산력을 잉여노동으로 증식하는 것이다. 그리하여 그는 초과이윤을 실현한다. 한편 식민지 등에 투하된 자본들의 경우에도, 이들 자본은 좀더 높은 이윤율을 달성할 수 있는데, 왜냐하면 식민지에서는 발전 수준이 낮기 때문에 이윤율이 더 높고 또한 노예나 농노의 사용 등 노동착취도 좀더 유리하기 때문이다. 식민지의 일정 부문들에 선대된 자본들이 벌어들여 본국으로 보내는 이들 높은 이윤율들이, 독점에 의해서 방해를 받지 않는 한, 일반이윤율의 균등화에 포함되어 그 결과 어느 정도까지는 이 일반이윤율을 상승시키게 된다는 점을 간과해서는 안 된다.[36] 특히 이것은 자본선대 부문이 자유경쟁의 원리에 맡겨져 있을 경우 더욱 간과해서는 안 된다. 그런데 리카도가 계속 생각했던 것은 바로 다음과 같았다. 즉 외국에서 비교적 높게 실현된 가격으로 그곳의 상품을 구입하여 본국으로 가져오는 것이다. 그리하여 이들 상품은 본국에서 판매되는데 그로 인해 이 유리한 생산영역은 다른 생산영역에 비해 기껏해야 일시적으로만 초과수익을 얻을 수 있게 된다는 것이다. 그러나 이런 표면적인 양상은 여기서 화폐형태만 벗겨내면 금방 사라져버린다. 유리한 조건에 있는 나라는 교환과정에서 더 적은 노동을 주고 더 많은 노동을 돌려받는다. 물론 그럴 경우 이 차이〔즉 더 많이 돌려받는 부분〕는 노동과 자본 사이의 교환과 마찬가지로 어느

36) 이 점에서 스미스는 리카도에 반대하는 올바른 관점에 서 있었는데 리카도는 이렇게 이야기하였다. "그들은 이윤의 균등화가 이윤의 일반적 상승을 통해 가능하다고 주장한다. 그러나 나는 이윤의 균등화가 유리한 사업부문의 이윤이 급속히 일반적 수준으로 하락함으로써 이루어진다고 생각한다"(『저작집』, 매컬럭 엮음, 73쪽).

특정 계급의 수중으로만 들어가는 것이긴 하다. 따라서 식민지에서 이윤율이 더 높은 것은 식민지의 자연조건이 좀더 유리하기 때문이기도 하지만 동시에 그곳의 상품가격이 더 낮기 때문이기도 한 것이다. 이윤율의 균등화는 발생하겠지만 그 균등화는 리카도가 생각했던 것처럼 과거 수준으로의 균등화는 아니다.

외국무역은 국내에서 자본주의적 생산양식을 발전시키고 따라서 불변 M249 자본에 대한 가변자본의 감소를 수반하지만, 또 다른 한편으로는 외국과 관련하여 과잉생산을 유발하며 따라서 계속 진행될 경우에는 다시 그 반대 작용도 유발한다.

그리하여 일반적으로 일반이윤율의 저하를 유발하는 요인은 동시에 이 저하를 저지하고 완화하며 부분적으로는 상쇄해버리기까지 하는 반대 작용을 불러일으키기도 한다는 것이 드러났다. 이 반대 작용은 그 법칙을 지양해버리지는 못하지만 그것의 작용을 약화하기는 한다. 이 반대 작용은 일반이윤율의 저하 그 자체보다는 오히려 그것이 완만하게 이루어지는 현상을 이해하는 데 반드시 필요하다. 그리하여 법칙은 단지 경향으로만 작용하고 그 작용은 단지 일정 조건에서만 그리고 장기간에만 뚜렷하게 나타난다.

논의를 더 진행하기 전에 우리는 오해를 피하기 위해서 두 가지 사항을 여기서 다시 되풀이해서 말해두고자 한다.

첫째, 자본주의적 생산양식의 발전에서 상품의 저렴화를 유발하는 바로 그 과정이 또한 상품생산에 사용되는 사회적 자본의 유기적 구성에 변화를 가져오고 그 결과 이윤율의 저하를 가져온다. 따라서 우리는, 불변자본의 물적 구성요소들의 양이 불변이거나 증가할 경우, 불변자본의 모든 상대적 비용의 감소가 거꾸로 이윤율의 상승〔즉 사용되는 가변자본의 감소 비율과 같은 비율로 불변자본가치가 감소하는 것〕에 영향을 미치기는 하지만, 개별 상품의 상대적 비용 감소〔이와 아울러 기계의 마모 등을 포함하는 이들 비용 일부분의 상대적 감소〕를 가변자본에 대한 불변자본의 상대적인 가치상승과 동일시해서는 안 된다.

둘째, 자본의 총생산물을 구성하는 개별 상품들에서 그 속에 포함된 살아 있는 추가노동이 그 속에 포함된 작업 원료와 그것을 생산하는 데 소비된 노동수단에 비하여 점차 그 비율이 감소하는 경우〔즉 사회적 생산력의 발전에 따라 그 상품의 생산에 소요되는 노동이 감소하기 때문에, 상품을 통해서 대상화되는 살아 있는 추가노동의 양이 계속 감소하는 경우〕이것은 상품에 포함되는 살아 있는 노동이 지불 부분과 불불 부분으로 나누어지는 그 비율에는 아무런 영향도 미치지 못한다. 사실은 오히려 그것의 정반대이다. 상품 속에 포함된 살아 있는 추가노동의 총량이 감소한다 하더 M250 라도, 지불 부분의 절대적〔혹은 비례적〕감소에 의해서, 지불 부분에 대한 불불 부분의 비율은 오히려 증가한다. 왜냐하면 어떤 상품의 살아 있는 추가노동의 총량이 감소하는 생산양식은 절대적·상대적 잉여가치의 증가를 수반하기 때문이다. 이윤율의 경향적 저하는 잉여가치율〔즉 노동착취도〕의 경향적 상승과 결합되어 있다. 따라서 임금률의 상승을 가지고 이윤율의 하락을—물론 이것이 어쩌다가 서로 같이 나타나는 경우도 있지만—설명하고자 하는 것보다 더 어리석은 일은 없다. 통계학은 일단 이윤율을 형성하는 관계들을 이해한 후에야 비로소 각기 다른 시대와 나라마다의 임금률에 대한 제대로 된 분석을 해낼 수 있다. 이윤율이 하락하는 것은 노동이 비생산적이라서가 아니라, 노동이 생산적이 되었기 때문이다. 잉여가치율의 상승과 이윤율의 하락, 양자는 모두 노동생산성의 증가가 자본주의적으로 나타난 특수한 형태들에 지나지 않는다.

제6절 주식자본의 증가

위에서 이야기한 다섯 가지 이외에 다시 하나 추가할 수 있는 다음 요인은, 그다지 깊게 논의할 수는 없는 것이다. 축적의 촉진과 함께 자본주의적 생산이 발전해감에 따라서 자본의 일부는 단지 이자를 낳는 자본으로만 계산되고 또 사용된다. 이것은 산업자본가가 기업가 수익을 획득하는 반면 자본을 대여해주는 모든 자본가는 이자로 만족한다는 그런 의미에서가 아니다. 이것은 일반이윤율의 높이와는 무관한데, 왜냐하면 일반이윤율에서 이윤=이자＋각종 이윤＋지대이고, 이들 각 범주로의 이윤배분은 일반이윤율과는 아무 상관이 없기 때문이다. 오히려 그것은 이들 자본이 아무리 거대한 생산적 기업에 투자되었다고 할지라도 이들 자본에는 모든 비용을 공제하고 나서 약간의 이자[이른바 배당]만이 주어진다는 그런 의미에서이다. 예를 들어 철도사업이 그러하다. 즉 이들은 평균이윤율보다 더 낮은 배당을 얻어내기 때문에 일반이윤율의 균등화에는 개입하지 않는다. 만일 이들이 개입한다면 일반이윤율은 훨씬 더 하락하게 될 것이다. 이론적으로 본다면 우리는 이들 자본을 계산에 포함시킬 수 있고, 그럴 경우 이윤율은 표면적으로 나타난 이윤율[즉 자본가들에게 정말 결정적으로 중요한 바로 그 이윤율]보다 더 낮아질 것이다. 왜냐하면 바로 이런 사업들에서는 가변자본에 대한 불변자본의 비율이 더할 나위 없이 클 것이기 때문이다.

제15장

법칙의 내적 모순의 전개

제1절 개관

M251   우리는 이 책의 제1편에서 이윤율이 잉여가치율을 실제보다 계속해서 더 낮게 나타낸다는 것을 이미 살펴보았다. 그리고 여기 제3편에서는 잉여가치율이 증가할 경우에도 이윤율은 저하하는 경향을 나타낸다는 것을 보았다. 이윤율이 잉여가치율과 같아지는 것은 단지 c=0인 경우, 다시 말해서 총자본이 모두 임금으로 지출되는 경우뿐이다. 그리고 이윤율의 저하가 잉여가치율의 하락을 나타내는 것은 단지 불변자본가치와 사용된 노동량의 가치 간의 비율이 불변이거나 혹은 이 후자가 불변자본가치에 비해 상대적으로 증가하는 경우뿐이다.

리카도는 이윤율이라는 이름으로 사실은 잉여가치율을 살펴보았고 그것도 단지 노동일이 외연적으로도 또 내포적으로도 그 크기가 일정하다는 가정에서만 살펴보았다.

이윤율의 저하와 축적의 촉진은 양자가 모두 생산력의 발전을 나타내는 것인 한 동일한 과정에 대한 서로 다른 표현에 지나지 않는다. 축적은 그와 더불어 노동의 대규모 집적과 자본구성의 고도화가 함께 일어날 경우 이윤율의 저하를 촉진한다. 한편 또 이윤율의 저하도 다시 소자본가의 합병을 통해서, 또 아직 수탈의 여지가 남아 있는 직접적 생산자들의 나머지 부분에 대한 수탈을 통해서 자본의 집적과 집중을 촉진한다. 그럼으로써 축적은, 이윤율과 함께 축적률이 하락하더라도, 양적인 측면에서는 계속 촉진된다.

한편 총자본의 증식비율〔즉 이윤율〕은 자본주의적 생산의 촉진제이기 때문에(자본의 자기증식이 자본의 유일한 목적이듯이) 이윤율의 하락은 M252 새로운 독립적 자본들의 형성을 완만하게 하고, 따라서 자본주의적 생산 과정의 발전에 위협적인 것으로서 나타난다. 즉 이윤율의 저하는 과잉생산, 투기, 공황, 그리고 과잉인구와 함께 나타나는 과잉자본을 촉진한다. 따라서 리카도와 같이 자본주의적 생산양식을 절대적인 것으로 간주하는 경제학자들은 여기에서 이 생산양식이 스스로 하나의 장애물을 창출하는 듯이 보이고, 따라서 이러한 장애는 생산 때문이 아니라 자연 때문(지대론에 따라서)이라고 느끼게 된다. 그러나 이윤율 저하에 대한 그의 공포감에서 중요한 것은 자본주의적 생산양식이 생산력의 발전에 따라서 부의 생산 그 자체와는 전혀 무관한 어떤 장애물을 만나게 된다는 느낌, 바로 그것이다. 그리고 이런 고유한 장애물은 자본주의적 생산양식이 무한히 계속되는 것이 아니라는 것, 즉 역사적으로 일시적인 생산양식일 뿐임을 증명하는 것이고, 이 자본주의적 생산양식이 부의 생산에 결코 절대적인 생산양식이 아니라 오히려 어느 정도의 발전단계에 도달하면 갈등에 빠진다는 사실을 증명해주는 것이다.

물론 리카도와 그의 학파는 이자가 포함된 산업이윤만을 고찰하였다. 그러나 지대율도, 그 절대량에서는 증가하고 또 산업이윤에 대한 비율에서도 증가하긴 하지만, 그럼에도 그것 역시 하락하는 경향이 있다(리카도 이전에 지대법칙을 발전시켰던 웨스트E. West의 논의를 보라). 사회적 총자본을 C, 이자와 지대를 제외한 나머지 산업이윤을 p_1, 이자를 z, 지대를

r라고 한다면, $\frac{m}{C} = \frac{p}{C} = \frac{p_1+z+r}{C} = \frac{p_1}{C} + \frac{z}{C} + \frac{r}{C}$가 된다. 우리는 앞서 자본주의적 생산이 발전함에 따라서 잉여가치의 총량 m은 계속 증가하지만, C가 m보다 더 빨리 증가하기 때문에 $\frac{m}{C}$은 계속 감소한다는 것을 살펴보았다. 따라서 $\frac{m}{C} = \frac{p}{C}$는 물론 $\frac{p_1}{C}$, $\frac{z}{C}$, $\frac{r}{C}$ 등도 각기 계속 감소한다 하더라도, p_1, z, r는 계속 증가할 수 있다는 사실〔혹은 z에 대해서 p_1이, p_1에 대해서 r가, p_1에 대해서 z가 상대적으로 증가한다는 사실〕은 전혀 모순된 것이 아니다. 총잉여가치〔혹은 이윤〕 m=p가 증가하면서 또한 동시에 이윤율 $\frac{m}{C} = \frac{p}{C}$가 하락할 경우, m=p가 배분되는 각 부분 p_1, z, r 사이의 배분비율은 총량 m에 의해 주어지는 일정 범위 내에서는 m이나 $\frac{m}{C}$에 영향을 미치지 않고 임의로 변동할 수 있다.

M253 p_1, z, r 상호 간의 변동은 단지 m을 서로 다른 구성비로 배분한 것에 지나지 않는다. 그러므로 $\frac{p_1}{C}$, $\frac{z}{C}$, $\frac{r}{C}$〔즉 총자본에 대한 개별 산업이윤율, 이자율, 지대율〕는, 일반이윤율 $\frac{m}{C}$이 하락하더라도 다른 것에 비해 어느 하나가 상승할 수 있다. 단지 조건은 이 세 요소의 합=$\frac{m}{C}$이라는 것뿐이다. 이윤율이 만일 50%에서 25%로 하락한다면, 즉 예를 들어 잉여가치율이 100%일 때 자본구성이 50c+50v에서 75c+25v로 변한다면, 원래의 경우에는 1,000의 자본으로 500의 이윤을, 나중의 경우에는 4,000의 자본으로 1,000의 이윤을 얻게 된다. m〔혹은 p〕은 두 배가 되었지만 p_1은 절반으로 떨어졌다. 그리고 원래 50% 가운데 이윤이 20, 이자가 10, 지대가 20이었다면 $\frac{p_1}{C}$=20%, $\frac{z}{C}$=10%, $\frac{r}{C}$=20%였다. 이제 이윤율이 25%로 변했을 경우 이들 세 요소 간의 비율이 불변이라면 $\frac{p_1}{C}$=10%, $\frac{z}{C}$=5%, $\frac{z}{C}$=10%가 된다. 그러나 이때 $\frac{p_1}{C}$이 8%로, $\frac{z}{C}$가 4%로 하락한다면 $\frac{r}{C}$는 13%로 상승할 것이다. 즉 r의 비율은 p_1과 z와는 반대로 상승할 것이고, 그럼에도 p'은 불변일 것이다. 위의 두 경우 모두 p_1, z, r의 양은 증가할 것인데, 이는 이들을 생산하는 자본의 양이 4배로 늘어났기 때문이다. 그 밖에 리카도의 가정〔즉 원래 산업이윤(+이자)이 모든 잉여가치를 포함한다는 가정〕은 역사적으로도, 개념적으로도 틀린 것이다. 오히려 ① 산업자본가

와 상업자본가가 사후 분배과정에서 일차적으로 이윤 전체를 할당받고
② 이윤의 초과분에 대해서 지대가 할당되는 것은 자본주의적 생산이 발
전해야만 가능한 일이다. 그리고 이런 자본주의적 기초 위에서 비로소 다
시 이윤(다시 말해서 총자본의 생산물로서 간주되는 잉여가치)의 일부분
인 지대, 그러나 생산물 가운데 자본가에게 귀속되지 않는 부분인 지대가
자라나게 되는 것이다.

필요한 생산수단[즉 충분한 자본축적]이 갖추어져 있다면, 잉여가치의
창출에 장애가 되는 것은, 잉여가치율[즉 노동착취도]이 일정하다면 바
로 노동인구이며, 노동인구가 일정하다면 바로 노동착취도이다. 그리고
자본주의적 생산과정은 본질적으로 잉여가치의 생산이며, 이 잉여가치는
잉여생산물[혹은 생산된 상품 가운데 지불되지 않은 노동이 대상화된 부
분]로 나타난다. 우리가 결코 잊어서는 안 되는 사실은 이 잉여가치의 생 M254
산 — 그리고 이 가운데 일부가 자본으로 환원되는 것[즉 축적]은 이 잉여
가치 생산의 불가결한 부분을 이룬다 — 이야말로 자본주의적 생산의 직
접적인 목적이며 또 결정적인 동기라는 점이다. 따라서 우리는 이것을 결
코 그것의 참된 형태가 아닌 것[즉 자본가를 위한 소비수단의 제작이나
자본가의 소비를 그 직접적인 목적으로 하는 생산]으로 표현해서는 안 된
다. 그렇게 표현할 경우에는 그것의 내재적이고 핵심적인 전체 모습을 통
해 나타나는 그것의 참된 특성을 하나도 보지 못하게 된다.

잉여가치의 획득은 이미 위에서 이야기한 바로 그런 장애요인들을 갖
는 직접적 생산과정을 이룬다. 착취된 잉여노동량이 상품으로 대상화되
면 그것은 곧 잉여가치가 생산된 것이 된다. 그러나 이런 잉여가치의 생산
은 자본주의적 생산과정[즉 직접적 생산과정]의 제1막에 불과하다. 자본
은 거기에서 얼마간의 불불노동을 흡수한다. 이윤율의 저하로 나타나는
이 과정이 발전해감에 따라 그렇게 생산된 잉여가치의 양은 엄청나게 부
풀어 오른다. 그리하여 이제 그 과정의 제2막이 시작된다. 전체 상품량[즉
잉여가치를 나타내는 부분은 물론 가변자본과 불변자본을 대체할 부분도

모두 포함하는 총생산물]이 판매되어야 하는 것이다. 이것이 판매되지 않거나, 혹은 일부만 판매되거나 아니면 생산가격 이하의 가격으로만 판매된다면, 노동자들은 여전히 착취되겠지만 이 착취는 자본가들을 위해 모두 실현되지 않고, 착취된 잉여가치는 전혀 실현되지 않거나 일부분만 실현되는 형태가 될 것이며, 그의 자본 가운데 일부 혹은 전체가 손실을 보게 될 것이다. 직접적인 착취조건들과 그것의 실현조건들은 동일하지 않다. 이 둘은 시간과 장소는 물론 개념적으로도 서로 일치하지 않는다. 전자는 단지 사회적 생산력에 의해서만 제약을 받지만, 후자는 서로 다른 각 생산부문들 간의 비례관계와 사회의 소비력에 의해서 제약을 받는다. 그러나 이 후자는 절대적 생산력이나 절대적 소비력에 의해 결정되는 것이 아니라, 사회의 대다수 소비를 거의 변동이 없는 최소수준으로 제한하는 적대적인 분배관계에 기초한 소비력에 의해서 결정된다. 또한 사회의 소비력은 축적의 추동력[즉 자본의 확대와 잉여가치 생산규모의 확대를 지향하는 추동력]에 의해서 제약을 받는다. 이것은 자본주의적 생산의 법칙이며, 그 법칙은 생산방법 그 자체의 끊임없는 혁명을 통해서, 그리하여 M255 기존 자본의 끊임없는 가치하락을 통해서, 또 전반적인 경쟁을 통해서, 그리고 단지 살아남기 위해서뿐만 아니라 파멸하지 않기 위해서 생산을 개선해나가고 생산규모를 확대해나갈 수밖에 없는 필연성을 통해서 관철된다. 따라서 시장은 끊임없이 확대되어야 하고, 그 결과 이들 간의 관련과 이들을 규제하는 조건은 점점 생산자와는 무관한 자연법칙의 모습을 띠어가고, 점차 통제 불가능한 것이 되어간다. 이런 내적 모순은 생산의 외연적 확대를 통해서 스스로를 해소하고자 노력한다. 그러나 생산력이 발전하면 할수록 그것은 소비관계가 기초해 있는 토대와 점점 더 깊은 모순 속으로 빠져들어간다. 이런 모순적인 토대 위에서 자본의 과잉과 인구의 과잉이 함께 나타나는 것은 전혀 모순이 아니다. 왜냐하면 이 두 요인이 함께 합쳐져서 생산되는 잉여가치의 양이 증가한다 할지라도, 이 잉여가치가 생산되는 조건과 실현되는 조건 간의 모순은 더욱 커질 것이기 때문이다.

이윤율이 일정하게 주어져 있을 때, 이윤량은 항상 선대된 자본량에 의존한다. 그러나 축적은 이 양 가운데 자본으로 재전화하는 부분에 의해서 결정된다. 그런데 이 부분은 이윤에서 자본가가 소비한 수입을 뺀 것과 같으므로 그것은 이 자본량의 가치뿐 아니라 자본가가 그것으로 구매할 수 있는 상품의 가격에도 의존한다. 여기서 이야기하는 상품이란 일부는 자본가의 소비용〔즉 그의 수입〕으로, 또 일부는 자본가의 불변자본으로 사용된다(여기에서 임금은 주어진 것으로 가정한다).

불변자본 — 생산과정에서 노동자가 움직이는 자본, 즉 노동자가 자신의 노동을 통해서 그 가치를 유지시키고 생산물에 반영시키는 자본 — 의 양은 노동자가 부가하는 가치와는 완전히 다르다. 자본량=1,000이고 부가된 노동=100이라면, 재생산되는 자본=1,100이다. 자본량=100이고 부가된 노동=20이라면 재생산되는 자본=120이다. 이윤율은 첫째 경우 =10%이고 둘째 경우=20%이다. 그럼에도 100의 노동으로부터 축적된 것이 20의 노동으로부터 축적된 것보다 더 많을 수 있다. 이처럼 자본의 흐름(생산력의 증대에 의한 자본의 가치절하는 무시하기로 한다)〔혹은 자본의 축적〕은 이윤율의 높이에 비례하는 것이 아니라 그것이 이미 지닌 자본량에 비례하여 진행되어간다. 이윤율이 좀더 높은 잉여가치율에 근거해 있는 한, 이윤율은 노동일이 매우 길면 노동이 비생산적이라 할지라도 높을 수 있다. 그것이 가능한 이유는 노동은 비생산적이지만 노동자의 생활에 대한 필요가 매우 적고 따라서 평균임금이 매우 낮기 때문이다. 임 M256
금이 낮다는 것은 곧 노동자의 체력이 낮다는 것을 의미한다. 그럴 경우 자본축적은 높은 이윤율에도 불구하고 완만하게 이루어진다. 노동자에게 지불되는 임금은 적지만 인구는 줄어들고 생산에 소요되는 노동시간은 증가하기 때문이다.

이윤율의 하락은 노동자가 적게 착취되기 때문이 아니라 사용되는 자본에 비해 사용되는 노동량이 줄어들기 때문에 일어난다.

앞서 보았듯이 이윤율의 하락이 이윤량의 증가와 함께 일어난다면, 자본가가 연간 노동생산물 가운데 자본의 범주로 밀어 넣어야 하는 부분(소비된 자본의 보전분으로)은 점차 커져가고 이윤의 범주로 얻게 되는 부분은 상대적으로 점차 줄어들게 된다. 따라서 찰머스(Th. Charlmers)[†40]의 구상, 즉 자본가가 연간 생산물 중 자본으로 지출하는 부분이 적을수록 자본가들이 더 많은 이윤을 얻게 된다는 생각(그렇게 되면 교회는 자본가들이 잉여생산물의 대부분을 자본화하는 대신 소비하는 것을 도와주게 된다)은 환상에 불과하다. 이 목사는 원인과 결과를 혼동하고 있었던 것이다. 게다가 이윤량은 이윤율이 낮더라도 선대되는 자본의 크기에 따라서 증가한다. 그러나 이것은 동시에 자본의 집적을 필요로 하는데 왜냐하면 이제 생산조건은 자본의 대량 사용을 요구하게 되었기 때문이다. 이것은 또한 자본의 집중[즉 소규모 자본가들이 대규모 자본에 의해, 또 그들 자본의 가치하락을 통해 흡수되어버리는 현상]도 불러일으킨다. 그리고 이것은 다시 두 배의 힘으로 생산자들—여기에는 소규모 자본가들도 포함되는데 왜냐하면 이들은 아직 생산과정에 자신의 노동을 직접 투입하고 있기 때문이다—로부터 노동조건을 분리시킨다. 이때 자본가들의 노동은 그들 자본의 크기[즉 그들이 자본가인 정도]에 반비례한다. 노동조건과 생산자 간의 이런 분리가 바로 자본의 개념을 이루는 것이다. 즉 그것은 본원적 축적(제1권 제24장)에서 시작하여 끊임없는 자본의 축적과 집적 과정으로 나타나고 결국은 여기에서 이야기하는 바와 같이 기존 자본의 소수 수중으로의 집중과 다수 자본의 탈락(이제 수탈의 양상이 달라진다)으로 나타난다. 이런 과정은 구심력과 함께 끊임없이 반대로 작용하는 원심력이 없어진다면 즉각 자본주의적 생산을 파멸로 이끌어버릴 것이다.

제2절 생산의 확대와 가치증식 간의 갈등

사회적 노동생산력의 발전은 두 가지 방식으로 나타난다. 첫째는 이미 M257
만들어진 기존 생산력들의 크기와 신규 생산이 이루어지는 생산조건의
가치액과 양적 크기, 그리고 이미 축적된 생산자본의 절대 크기에서 나타
난다. 둘째는 총자본에 비해서 임금으로 지출된 자본 부분이 상대적으로
줄어드는 형태로, 다시 말하자면 일정 자본의 재생산과 가치증식, 그리고
대량 생산에 소요되는 살아 있는 노동이 상대적으로 줄어드는 형태로 나
타난다. 이것은 또한 동시에 자본의 집적을 전제로 한다.

사용되는 노동력과 관련하여 생산력의 발전은 다시 두 가지 방식으로
나타난다. 첫째는 잉여노동의 증가[즉 노동력의 재생산에 소요되는 필요
노동시간의 단축]를 통해서 나타난다. 둘째는 일정 자본을 움직이는 데
사용되는 노동력의 양(노동자 수)이 감소하는 형태로 나타난다.

이들 두 가지 움직임은 서로가 함께 나타날 뿐만 아니라, 서로가 상대
편의 조건을 이루고 동일한 법칙이 나타나는 두 개의 현상에 불과하다. 그
러나 이들은 이윤율에 대해서 서로 반대 방향으로 작용한다. 이윤 총량은
잉여가치 총량과 동일하며, 이윤율 $= \frac{m}{C} = \frac{\text{잉여가치}}{\text{총선대자본}}$ 이다. 그런데 총액으
로서의 잉여가치는 일차적으로는 잉여가치율에 의해서, 이차적으로는 이
잉여가치율에 따라 사용되는 노동량[혹은 바로 가변자본의 크기]에 의해
서 결정된다. 이들 요소 중의 하나인 잉여가치율은 상승하고, 다른 하나의
요소인 노동자 수는(상대적으로 혹은 절대적으로) 감소한다. 생산력의 발
전이 사용된 노동 가운데 지불되는 부분을 감소시키는 한, 그것은 잉여가
치를 증가시키는데, 이는 이것이 잉여가치율을 상승시키기 때문이다. 그
러나 그것이 또한 일정 자본에 의해 사용되는 노동 총량을 감소시키는 한,
그것은 노동자 수(잉여가치량은 이것과 잉여가치율을 곱해서 산출된다)
를 감소시킨다. 매일 12시간씩 노동하는 2명의 노동자는, 설사 그들이 공

기만 먹고 노동할 수 있고 따라서 자신들을 위해서는 전혀 노동하지 않는
다고 하더라도, 1인당 2시간씩 노동하는 24명의 노동자들이 제공하는 것
M258 과 같은 크기의 잉여가치량을 생산할 수 없다. 따라서 이런 맥락에서 볼
때 감소된 노동자 수를 노동착취도의 증가를 통해서 보충하는 것에는 더
는 뛰어넘을 수 없는 일정한 한계가 있다. 따라서 이윤율의 하락은 저지될
수는 있지만 완전히 폐기될 수는 없다.

그러므로 자본주의적 생산양식의 발전과 함께 이윤율은 하락하는 반면
이윤량은 사용되는 자본량의 증가에 따라 함께 증가한다. 이윤율이 주어
지면 자본 증가의 절대량은 그것의 기존 크기에 의존한다. 그러나 다른 한
편 이 크기가 주어지면 자본 증가비율은 이윤율에 의존한다. 생산력 증가
(이것은 또한 이미 언급했듯이 기존 자본의 가치하락을 수반한다)가 곧바
로 자본가치량을 증가시킬 수 있는 것은 단지 이윤율의 증가를 통해서 연
간 생산물가치에서 자본으로 재전화하는 부분이 증가할 경우뿐이다. 노
동생산력의 관점에서 볼 때, 이렇게 될 수 있는 것은(왜냐하면 이 생산력
은 기존 자본의 가치와 아무런 직접적인 관련이 없기 때문이다) 단지 이를
통해서 상대적 잉여가치가 증가하거나 혹은 불변자본의 가치가 감소함으
로써 노동력의 재생산이나 불변자본요소로 사용되는 상품이 저렴해지는
경우뿐이다. 그러나 이 양자는 모두 기존 자본의 가치하락을 포함하며, 똑
같이 불변자본에 대한 가변자본의 감소를 가져온다. 양자는 모두 이윤율
의 저하를 가져오면서 동시에 그것의 진행을 느리게 만든다. 또한 증가된
이윤율이 노동에 대한 수요 증가를 유발하는 한, 그것은 노동인구의 증가
를 가져오고 그럼으로써 착취대상이 되는 재료(바로 자본을 비로소 진정
한 자본으로 만드는)를 증가시킨다.

그러나 노동생산력의 발전은 사용가치의 양을 증가시키고 사용가치의
종류를 다양화함으로써 기존의 자본가치를 증대하는 데도 간접적으로 영
향을 미친다. 이때 이 사용가치란 동일한 교환가치를 나타내면서 자본의
물적인 실체[즉 그것의 물적 구성요소(직접적으로는 불변자본을 이루고

간접적으로는 가변자본도 구성하는))를 이루는 것이다. 그리하여 동일한 자본과 동일한 노동으로, 자본으로 전화할 수 있는 더 많은 생산물이(여기에서 그것의 교환가치는 무시한다) 생산된다. 이 생산물은 추가노동을 흡수하는 데 사용될 수 있고 따라서 추가 잉여노동, 즉 추가자본을 형성하는 데 사용될 수 있다. 자본이 지휘할 수 있는 노동량은 그 자본의 가치에 의존하는 것이 아니라, 그 자본의 구성요소를 이루는(즉 바로 그 자본의 가치를 이루는) 원료, 보조자재, 기계 및 고정자본요소들과 생활수단의 양 등에 의존한다. 그리하여 사용되는 노동량과 그에 따른 잉여노동량이 함 M259 께 증가함에 따라서, 재생산되는 자본가치와 거기에 새로 추가되는 잉여가치가 모두 증가한다.

그러나 축적과정에 포함되어 있는 이들 두 계기는, 리카도의 방식과 같이 단지 그대로 병렬적인 것으로만 간주되어서는 안 된다. 이것들은 서로 모순관계에 있으며 서로 반대되는 경향과 현상을 나타낸다. 이들 적대적인 두 계기는 서로 간에 동시에 작용한다.

사회적 총생산물 중 자본으로 작용하는 부분의 증가는 노동인구의 실질적 증가를 촉진함과 동시에, 또한 상대적 과잉인구를 창출하는 요인으로도 작용한다.

자본량의 증가는 이윤율을 저하시키지만, 그로 인한 기존 자본의 가치하락은 또한 이윤율의 저하를 저지하고 자본가치의 축적을 촉진하는 요인이 되기도 한다.

생산력의 발전과 더불어 자본구성의 고도화, 즉 불변자본에 대한 가변자본의 상대적 감소도 함께 심화된다.

이런 다양한 영향들은 공간적으로는 물론 시간적으로도 점차 확산된다. 그리하여 이들 모순된 계기들 간의 갈등은 주기적으로 공황의 형태로 표출된다. 공황은 기존 모순을 단지 일시적으로만 폭력적으로 해결하는 것일 뿐이며, 얼핏 보기에 흐트러졌던 균형을 다시 회복하는 것처럼 보이는 급격한 폭발현상이다.

완전히 일반적으로 이야기하자면, 모순은 바로 자본주의적 생산양식이, 가치나 거기에 포함된 잉여가치, 그리고 자본주의적 생산이 이루어지는 사회적 관계들과는 아무 상관이 없이, 생산력의 절대적 발전을 향한 하나의 경향을 지니고 있으며 다른 한편으로는 기존의 자본가치를 유지하고 그것을 최대한 증식하는 것(말하자면 이 자본의 가치를 끊임없이 증대하는 것)을 목표로 삼는다는 점에 있다. 그것의 특성은 기존의 자본가치를 수단으로 삼아 바로 그 자본가치를 최대한 증식한다는 점에 있다. 그것을 달성하는 방법은 이윤율의 저하, 기존 자본가치의 하락과 이미 만들어진 생산력을 희생시키는 노동생산력의 발전 등이 있다.

M260 기존 자본의 주기적인 가치하락 — 이윤율 저하를 저지하고 신규 자본 형성에 의한 자본가치 축적을 촉진하는 자본주의적 생산양식에 내재하는 하나의 수단 — 은 기존의 관계들〔즉 자본의 유통과정과 재생산과정을 수행하고 따라서 생산과정의 급작스러운 정지와 위기를 수반하는 관계들〕을 파괴한다.

생산력의 발전과 함께 나타나는 불변자본에 대한 가변자본의 상대적 감소는 노동인구를 증가시키는 하나의 촉진제이기도 하지만, 반면에 끊임없이 인위적인 과잉인구를 창출하기도 한다. 가치의 측면에서 볼 때, 자본의 축적은 사용가치의 축적을 촉진하기 위한 이윤율 저하에 의해 완만해지지만, 반면에 이런 사용가치의 축적은 다시 가치의 축적을 촉진하는 하나의 요인이 된다.

자본주의적 생산은 자신에 내재하는 이들 장애요인들을 극복하기 위해서 끊임없이 노력한다. 그러나 그것은 새롭고 더 강력한 장애요인으로 기존의 장애요인을 대체하는 방식을 통해서만 그 장애요인을 극복한다.

자본주의적 생산의 참된 장애물은 자본 그 자체이다. 이는 곧 자본과 자본의 자기증식이 자본주의적 생산의 출발점이자 종점이며, 동기이자 곧 목표로 나타나는 것을 가리킨다. 즉 여기에서 생산은 자본을 위한 생산에 불과하고, 거꾸로 생산수단은 단지 생산자들의 사회를 위해 생활과정을 끊임없이 확대해서 형성해나가기 위한 수단에 그치지 않는다. 따라서 대다수 생산자들의 수탈과 빈곤에 기초한 자본가치의 유지와 증식이 일방적으로 진행되는 것을 가로막는 장애요인은, 생산방법〔즉 자신의 목적을 위해 자본을 사용해야 하고, 생산의 무제한적인 증대와 생산 그 자체를 목표로 하는 생산, 그리고 사회적 노동생산력의 무조건적인 발전을 지향하는 생산방법〕과 끊임없는 모순관계에 빠진다. 수단〔사회적 생산력의 무조건적인 발전〕은 기존 자본의 증식이라는 한정된 목적과 끊임없는 갈등 관계에 빠진다. 따라서 자본주의적 생산양식이 물적 생산력을 발전시키고 그에 상응하는 세계시장을 창출하기 위한 하나의 역사적 수단이라면, 그것은 동시에 이런 자신의 역사적 과제와 그에 상응하는 사회적 생산관계 간의 끊임없는 모순을 안고 있는 것이기도 하다.

제3절 인구과잉에 수반되는 자본과잉

이윤율의 저하와 함께 개별 자본가가 노동을 생산적으로 사용하기 위 _{M261} 해 손에 지녀야 하는 최소 자본량의 크기는 증가한다. 즉 노동의 착취 일반에 소요되는 최소 자본량, 다시 말해 사용되는 노동시간이 상품생산에 필요한〔즉 상품생산에 필요한 사회적 평균노동시간을 초과하지 않는〕노동시간이 되기 위해 필요한 최소 자본량은 증가한다. 동시에 자본의 집적도 증가하는데 왜냐하면 어느 한계를 넘어서면 이윤율이 낮은 대규모 자본이 이윤율이 높은 소규모 자본보다 더 급속하게 축적을 이루기 때문이다. 이런 집적의 증가는 다시 어느 정도의 수준을 넘어서면 새로운 이윤율의 하락을 유발한다. 그리하여 소규모의 많은 자본들이 모험의 장으로 몰려들게 된다. 즉 투기, 금융 사기, 주식 사기, 공황 등이 바로 그것이다. 이른바 자본과잉이란 것은 언제나 본질적으로 이윤율의 저하를 이윤량의 증가로 상쇄하지 못하는 자본의 과잉 — 그리고 이것들은 항상 새롭게 형성되는 싱싱한 새끼자본들이기도 하다—혹은 자기 소유 지분만으로는 사업을 벌일 규모가 되지 않고 또 신용의 형태로 대규모 사업을 이끌어나갈 능력도 없는 자본의 과잉과 관련이 있다. 이런 자본과잉은 상대적 과잉인구를 불러일으키는 요인으로부터 발생하며, 따라서 이 양자가 하나는 고용되지 못한 자본, 또 다른 하나는 고용되지 못한 노동인구로서 서로 대립되는 양극에 위치하기는 하지만, 그럼에도 전자는 후자의 보완적인 현상이다.

개별 상품의 과잉생산이 아닌, 자본의 과잉생산—물론 자본의 과잉생산은 항상 상품의 과잉생산을 포함하지만—은 따라서 다름 아닌 자본의 과잉축적이다. 이 과잉축적이 무엇인지를 이해하기 위해서(좀더 상세한 논의는 훨씬 뒤에 하게 될 것이다) 우리는 이것을 단지 절대적인 형태로 살펴볼 필요가 있다. 자본의 과잉생산이 절대적으로 일어나는 것은 언제인가? 그리고 이런 과잉생산은 몇몇 일부분의 생산영역에서만 일어나는 것이 아니고 그 절대적인 범위에서, 즉 전체 생산영역에서 나타나는 것일까?

자본주의적 생산을 목적으로 한 추가자본이 0일 경우 자본의 절대적 과잉생산이 나타날 것이다. 그런데 자본주의적 생산의 목적은 자본의 가치증식, 즉 잉여노동의 획득, 잉여가치의 생산, 이윤의 생산 등에 있다. 따 M262 라서 자본의 증가가 노동인구의 증가와 같은 비율로 이루어짐으로써 이 노동인구가 제공하는 절대적 노동시간과 상대적 잉여노동시간이 모두 확대될 수 없을 경우(상대적 잉여노동시간은 노동에 대한 수요가 지나치게 높아서 임금이 상승하는 추세를 보일 경우에는 증가할 수 없다), 즉 증가된 자본이 증가 이전에 비해 같거나 더 적은 잉여가치량밖에 생산하지 못할 경우, 자본의 절대적 과잉생산이 발생한다. 다시 말해서 증가된 자본 C+ΔC는 ΔC만큼 증가되기 전의 자본 C에 비해 같거나 적은 이윤밖에 생산하지 못한다. 두 경우 모두 일반이윤율도 급작스럽고 대폭적으로 하락할 것인데, 이때의 하락은 자본구성의 변동—생산력의 발전 때문이 아니고 가변자본의 화폐가치 증가(임금의 증가)와 그로 인해서 필요노동에 대한 잉여노동의 비율이 감소하기 때문에 발생하는 — 때문에 일어나는 것이다.

현실에서 이런 현상은 자본 가운데 일부는 부분적으로 혹은 전부 놀고 있고(왜냐하면 자본이 자신을 증식하기 위해서는 이미 기능하고 있는 자본을 그 지위에서 밀어내야만 하기 때문이다), 다른 일부는 놀고 있는(혹은 절반만 놀고 있는) 자본의 압력 때문에 좀더 낮은 이윤율로 증식하는 양상으로 나타날 것이다. 이때 추가자본의 일부가 기존의 자본을 대체해 버리든 아니면 기존의 자본이 추가자본의 자리를 차지하고 있든 그것은 전혀 문제가 되지 않을 것이다. 왜냐하면 우리는 언제나 기존 자본과 추가자본을 모두 함께 가지고 있기 때문이다. 이 경우 이윤율의 저하는 이윤량의 절대적 감소를 수반할 것인데, 그것은, 우리의 가정에 따라, 사용되는 노동력의 양은 증가할 수 없는데 잉여가치율은 상승할 수 없어서 이윤량도 증가할 수 없기 때문이다. 그리고 감소된 이윤량은 더 증가된 총자본에 대하여 (이윤율로—옮긴이) 계산될 것이다. —고용된 자본이 원래 이윤율대로 증식하여 원래 이윤량을 유지한다고 가정하더라도, 총자본은 증가할 것이므로 역시 이윤율은 하락하게 될 것이다. 만일 어떤 총자본 1,000이 이윤 100을 산출하다가 그것이 1,500으로 증가하고 나서도 여전히 100의 이윤만을 생산한다면, 후자의 경우 1,000의 자본이 산출한 이윤은 $66\frac{2}{3}$ 밖에 되지 않을 것이다. 원래 자본의 증식은 절대적으로 감소했을 것이다. 즉 새로운 조건에서 자본 1,000은 기존의 자본 $666\frac{2}{3}$가 생산하던 이윤과 똑같은 이윤을 산출할 것이다.

그러나 분명한 것은 기존 자본의 이런 사실상의 가치하락은 투쟁(즉 경쟁—옮긴이) 없이 일어나지 않는다는 사실이며 또 추가자본 $\varDelta C$가 투쟁 없이는 자본으로 기능을 수행할 수 없다는 사실이다. 이윤율의 하락은 자본의 과잉생산으로 인한 경쟁 때문에 일어나는 것이 아니다. 오히려 그 반대 M263 로 이윤율 저하와 자본의 과잉생산이 동일한 원인으로부터 발생함으로써, 그 결과 비로소 경쟁이 나타나게 된다. 기존 자본가의 수중에 있던 ΔC 부분은, 기존 자본의 가치를 저하시키지 않고 생산영역 내에서 자신의 자리를 빼앗기지 않기 위해서, 어느 정도 놀려지거나, 혹은 남아도는 추가자본의 비용을 새로운 침입자와 경쟁자에게 전가하기 위해 일시적인 손실을 무릅쓰고 사용되기도 한다.

신규 자본가의 수중에 들어간 ΔC 부분은 기존 자본을 희생시켜서 자신의 자리를 확보하려고 애쓰는데 이런 노력은 가끔 성공을 거두기도 함으로써 기존 자본의 일부는 어쩔 수 없이 이 ΔC에게 자리를 양보하고 자신은 놀려지거나 반고용 상태로 물러서기도 한다.

기존 자본의 일부가 놀려지는 것은 어떤 경우에도 발생할 수밖에 없는데 이것은 곧 그것이 자본으로 기능하고 가치증식을 해 나가는 자신의 자본으로서의 속성 때문에 놀려지는 것이다. 자본 가운데 어떤 부분이 이렇게 놀려질 것인지는 경쟁에서 결정된다. 경기가 좋을 경우, 경쟁은, 일반 이윤율의 균등화에서 나타나는 것과 마찬가지로, 자본가계급의 사실상의 연대관계로 작용함으로써 이들 자본가들이 공동의 전리품을 각자의 투자 규모에 비례하여 나란히 나누어 갖게 한다. 그러나 문제가 이윤의 배분이 아니라 손실의 배분이 될 경우에는, 이들 각자는 서로 가능한 한 자신의 손실분을 줄여서 남에게 그것을 떠넘기려고 노력한다. 문제가 되는 손실은 어쨌거나 자본가계급이 부담할 수밖에 없다. 그러나 이들 자본가 각자가 그 손실을 얼마씩 떠맡을 것인가 하는 문제〔즉 개별적인 분담의 문제〕는 이미 힘과 술수의 문제가 되고, 따라서 경쟁은 그럴 경우 철천지원수들 간의 전쟁으로 바뀌어버린다. 그리하여 개별 자본가의 이해와 자본가계급 전체의 이해 사이의 이런 대립은 표면화되는데 이것은 방금 위에서 우리가 살펴본 것처럼 이들 이해가 경쟁에 의해 일치될 경우 그것이 표면화되는 것과 마찬가지이다.

그러면 어떻게 해서 이런 갈등이 조정되어 자본주의적 생산의 '건전한' 운동에 상응하는 관계가 다시 정립될 것인가? 그 조정방식은 이미 그 조정을 필요로 하는 갈등의 표출 속에 그대로 포함되어 있다. 즉 그 방식은 추가자본 ⊿C의 전체 혹은 그 일부에 해당하는 가치액의 자본이 부분적으로 폐기되든가 혹은 놀려지든가 하는 것을 포함한다. 그러나 이미 우 M264 리가 갈등을 설명하면서 이야기한 바와 같이, 이런 손실의 배분은 각 자본가별로 균등하게 이루어지는 것이 결코 아니며 경쟁의 싸움을 통해서 결정된다. 즉 손실은 개별 자본이 차지하고 있는 유리한 점이나 기존의 지위에 따라서 매우 불공평하고 각기 다른 형태로 배분됨으로써 어떤 자본은 놀려지고 어떤 자본은 폐기되고 어떤 자본은 상대적인 손실만을, 혹은 일시적인 가치하락만을 겪게 된다.

그러나 어떤 경우에도 일정한 규모의 자본이 폐기되거나 놀려짐으로써 균형은 결국 회복될 것이다. 이것은 부분적으로 물적인 자본 실체에까지 확대될 것이다. 다시 말해서 고정자본과 유동자본인 생산수단의 일부가 자본으로서의 기능을 멈추게 될 것이다. 그리하여 기존의 생산경영 중 일부가 가동을 중지하게 될 것이다. 이런 측면에서 볼 때 모든 생산수단(토지를 제외하고)은 시간이 흐름에 따라 노후화하는 것이 정상이지만 이러한 가동 중지로 인해 그런 노후화가 훨씬 가속화한다는 사실도 여기에서 드러날 것이다. 그러나 이런 측면의 주된 작용은 이 생산수단이 생산수단으로서의 활동을 정지한다는 사실(즉 얼마 동안이든 이들의 생산수단으로서 기능 정지)에 있을 것이다.

주된 파괴, 특히 매우 극심한 형태의 파괴는 자본과 관련하여 발생할 것이고 특히 그 자본이 가치의 성질을 지닌다는 점에서 자본가치와 관련하여 발생할 것이다. 단순히 잉여가치(혹은 이윤)에 대한 미래의 청구권을 표시한 증서(즉 사실상 생산에 대한 다양한 형태의 공공연한 채무증서)의 형태를 띠는 자본가치 부분은 그것의 계산 근거가 되는 수입의 감소와 함께 즉시 가치가 하락할 것이다. 현찰인 금과 은의 일부는 자본으로 기능하지 못하고 휴면상태가 될 것이다. 시장에 나온 상품 가운데 일부는 엄청난 가격하락(즉 그것이 나타내는 자본가치의 하락)을 통해서만 자신의 유통과정과 재생산과정을 겨우 수행할 수 있을 것이다. 고정자본 구성 요소들도 마찬가지로 크든 작든 그 가치가 하락할 것이다. 게다가 일정한 가격관계를 전제로 하던 재생산과정은 전반적인 가격하락으로 정체와 혼란 속에 빠져버릴 것이다. 이런 혼란과 정체는 지불수단으로서 화폐의 기능—자본의 발전과 함께 주어지고, 바로 그런 자본발전의 전제가 되는 가격관계를 토대로 하는—을 마비시키고 일정한 기한을 두고 연쇄적으로 이어진 지불 의무들을 곳곳에서 단절해버릴 것이다. 그리하여 자본과 더불어 발전해온 이 신용제도의 붕괴에 의해 그 혼란과 정체는 더욱 심화

M265 되고 그 결과 급격하고 첨예한 공황, 즉 급격하고 폭력적인 가치하락과 재생산과정의 실질적인 정체와 혼란* 그리고 재생산의 실질적인 감소가 나타날 것이다.

그러나 이와 함께 다른 요소도 작용할 것이다. 생산의 정체는 노동자계급의 일부를 놀리게 되고 그로 인하여 고용된 노동자계급도 임금하락—임금수준이 평균 이하일 경우에도—을 감수해야 하는 사태에 빠져버린다. 이것은 평균적인 임금수준에서 상대적 잉여가치나 절대적 잉여가치가 증가되는 것과 마찬가지 효과를 자본에 가져다준다. 호경기는 노동자들의 결혼을 촉진하고 유아 사망률을 감소시킬 것이다. 이런 조건은—그것이 실제로 인구의 증가를 가져오는 경우에도—실제 노동인구의 증가를 가져오지는 않더라도 자본에 대한 노동자의 비율에는 영향을 미치기 때문에 마치 실제 고용된 노동자 수가 증가된 것처럼 나타날 것이다. 반면 가격하락과 격렬한 경쟁은 모든 자본가들로 하여금 새로운 기계와 새로 개량된 작업방법 그리고 새로운 작업 편성 등을 도입하도록 함으로써 자신이 생산한 총생산물의 개별적 가치를 그것의 일반적 가치 이하로 떨어뜨리도록** 몰아갈 것이다. 다시 말해서 주어진 노동량의 생산성을 높이

---

* 초판에는 '붕괴'로 되어 있으나 마르크스의 초고에 따라 수정함.
** 초판에는 '일반적 가치 이상으로 높이도록'으로 되어 있음.

고, 불변자본에 대한 가변자본의 비율을 떨어뜨리며, 그럼으로써 고용된 노동자들을 감축하도록, 요컨대 인위적인 과잉인구를 창출하도록 몰아갈 것이다. 또한 불변자본 구성요소들의 가치하락은 그 자체 이윤율을 상승시키는 한 요소가 될 것이다. 사용되는 불변자본의 양은 가변자본에 비해 증가하겠지만 그 양의 가치는 하락하게 될 것이다. 계속된 생산의 정체는 앞으로의 생산의 확대—자본주의적 한계 내에서—를 준비하게 될 것이다.

그리하여 순환과정은 새롭게 시작될 것이다. 기능이 정체됨으로써 가치가 하락한 일부 자본은 옛날 가치를 새롭게 회복할 것이다. 그 밖에도 이 악순환은 생산조건의 확대, 시장의 확대, 생산력의 증대 등을 다시 가져다줄 것이다.

그러나 우리가 아무리 극단적인 경우를 가정하더라도 자본의 절대적 과잉생산은 절대적 과잉생산 일반, 즉 생산수단의 절대적 과잉생산은 아니다. 그것이 생산수단의 과잉생산이 되는 것은 단지 이 생산수단이 자본으로 기능하고, 따라서 그것이 양적 증대와 함께 증가하는 가치에 비례하여 M266 이 가치의 증식을 이루는 경우, 즉 부가적인 가치를 생산하는 경우뿐이다.

그러나 그럼에도 과잉생산은 여전히 존재하는데 그것은 자본이 자본주의적 생산과정의 '건전하고' '정상적인' 발전을 위해 필요한 정도의 착취도로 노동을 착취하지 못하기 때문에, 즉 최소한 사용되는 자본량의 증가에 따라 이윤량이 함께 증가될 수 있을 정도의 착취도—따라서 여기에서는 자본 증가에 비례하여 혹은 그보다 더 급속하게 이윤율이 하락하는 경우는 배제된다—를 유지하지 못하기 때문이다.

자본의 과잉생산이란 다름 아닌, 자본으로 기능할 수 있는, 즉 일정 착취도로 노동을 착취하기 위해 사용될 수 있는, 생산수단[노동수단과 생활수단]의 과잉생산이다. 그것은 이런 착취도가 주어진 수준 이하로 떨어져서 자본주의적 생산과정의 혼란과 정체, 즉 공황과 자본의 파괴가 발발함으로써 나타난다. 이런 자본의 과잉생산이 얼마간의 상대적 과잉인구의 증가와 함께 나타나는 것은 전혀 모순이 아니다. 노동생산력을 높이고, 상품생산량을 늘리며, 시장을 확대하고, 자본량은 물론 자본가치의 축적도 함께 촉진하고, 또 이윤율도 저하시키는, 이들 모든 요인들은 상대적 과잉인구를 창출할 뿐만 아니라 그것도 끊임없이 창출한다. 즉 자본을 사용하기에는 너무 낮은 노동착취도 때문에〔혹은 적어도 주어진 노동착취도에서 노동이 산출할 이윤율이 너무 낮기 때문에〕과잉자본에 의해 고용되지 못하는 과잉노동인구를 창출한다.

자본이 만일 외국으로 보내진다면, 그것은 자본의 절대량이 국내에서 모두 고용될 수 없기 때문이 아니다. 자본이 외국으로 보내지는 까닭은 그것이 외국에서 좀더 높은 이윤율로 운용될 수 있기 때문이다. 그러나 외국으로 보내지는 이 자본은, 고용된 노동인구〔그리고 해당 나라 전체〕에 대해서 절대적 과잉자본이다. 그것은 그 자체로서 상대적 과잉인구와 함께 존재하며, 이것은 이 양자가 나란히 함께 존재하고 또 서로를 제약하는 것을 보여주는 한 가지 사례이다.

한편 축적과 결합된 이윤율의 저하는 필연적으로 격렬한 경쟁을 불러일으킨다. 이윤율의 저하를 이윤량의 증가로 보상하는 것은 사회적 총자본과 기존의 대규모 자본가에게만 해당된다. 새로이 독립적으로 기능하는 추가자본에는 이런 보상조건이 마련되어 있지 않으며 그것은 그 조건을 스스로 쟁취해야만 한다. 그래서 이윤율의 저하가 자본들 사이에서 격렬한 경쟁을 불러일으키는 것이지 그 반대는 아닌 것이다. 물론 이런 격렬한 경쟁은 잠정적으로 임금의 상승을 수반하고 이로 인한 일시적인 이윤율 저하도 수반한다. 상품의 과잉생산, 즉 시장의 공급과잉 상태에서도 똑같은 현상이 나타난다. 자본의 목적은 필요의 충족이 아니라 이윤의 생산이므로, 그리고 자본은 이런 목적을 생산의 대규모화를 지향하는 방법을 통해서만 달성하기 때문에(그 역은 아니다), 자본주의적 기초 위에서 제약을 받는 소비와 이런 내적인 장애요인을 끊임없이 넘어서려는 생산 사이에는 끊임없이 괴리가 나타날 수밖에 없다. 게다가 자본은 바로 상품으로 이루어져 있고, 따라서 자본의 과잉생산은 상품의 과잉생산을 포함한다. 바로 그런 이유로 경제학자들이 상품의 과잉생산은 부인하면서 자본의 과잉생산은 인정하는 특이한 현상이 나타난다. 전반적 과잉생산이 아니라 상이한 생산부문 내에서 불균형이 나타날 뿐이라고 이야기하는 것은 자본주의적 생산 내부에서 개별 생산부문들의 균형이 불균형으로부터의 연속적인 과정으로 나타난다고 이야기하는 것이나 마찬가지이다. 왜냐하면 여기에서 총생산의 관련 구조는, 생산 당사자들이 공동의 이성으로 파악할 수 있고 따라서 그들이 생산과정을 통제해나갈 수 있는 법칙이 아니라, 그들에게는 보이지 않는 맹목적인 법칙으로 부과되기 때문이다. 게다가 이것은 자본주의 생산양식이 아직 덜 발달된 나라의 소비 수준과 생산 수준을 자본주의 생산양식이 발달된 나라의 수준에 맞게 한다. 과잉생산이 단지 상대적인 것일 뿐이라는 이야기는 전적으로 옳다. 그러나 자본주의 생산양식 전체가 바로 상대적인 생산양식일 뿐이며 그것의 장애요인은 절대적인 것이 아니지만 바로 그 자본주의 생산양식과 그것의 토대에는 절대적인 것이다. 만일 그렇지 않다면 어떻게 해서 그 많은 사람들이 필요로 하는 상품의 수요가 부속할 수 있으며, 어떻게 해서 국내 노동자들에게 필요생활수단의 평균량을 지불하기 위해서 그 수요를 굳이 외국〔원거리 시장〕에서 찾아야 한단 말인가? 그 해답은 오로지 이 특수한 자본주의적 관계 속에서만 찾을 수 있는데 즉 여기에서는 과잉생산물의 형태가, 소유주 마음대로 소비할 수 있기 위해서는 그것이 소유주에게서 자본으로 재전화해야만 하기 때문이다. 마지막으로 자본가들이 자신들의 상품을 자신들 사이에서 교환하고 소비해버리면 된다는 이야기는, 자본 M268 주의적 생산 전체의 성격을 모르는 것이며, 중요한 것은 자본의 소비가 아니라 자본의 가치증식이라는 사실을 망각한 이야기이다. 단적으로 말해서 명백한 과잉생산 현상들을 부인하는 이런 모든 이야기는(이들 현상은 이런 이야기들과 아무 상관이 없는 것들이다) 다음과 같은 생각, 즉 **자본주의적 생산의 장애는 생산 일반**의 장애가 아니며, 따라서 이 특정한 자본주의적 생산양식의 장애도 아니라는 생각에서 비롯된 것이다. 그러나 이 자본주의적 생산양식의 모순은 바로 생산력의 절대적 발전을 향한 그것의 경향에 있으며 이로 인해 그것은 자본이 운동하는〔또한 오로지 거기에서만 운동할 수 있는〕특수한 생산조건과 끊임없이 갈등관계에 빠지게 되는 것이다.

생활수단은 기존 인구에 비해 과잉으로 생산되지 않는다. 오히려 그 반대이다. 즉 그것은 대다수의 인구가 충분히 그리고 인간적으로 필요로 하는 것에 비해 지나치게 적게 생산된다.

생산수단은 전체 인구 중 노동 가능한 인구를 모두 고용할 수 있을 만큼 그렇게 많이 생산되지 않는다. 오히려 그 반대이다. 즉 첫째로 인구의 대부분이 사실상 노동능력이 없는 상태로 만들어진다. 그리하여 이들 대다수는 자신의 형편에 따라 다른 사람의 노동을 착취하거나 혹은 매우 비참한 생산양식의 영역에서만 인정되는 그런 노동에 의존하게 된다. 둘째로 생산수단은, 노동능력이 있는 모든 인구를 가장 생산적인 조건〔즉 노동시간 동안에 사용되는 불변자본의 양을 늘리고 그것의 효율을 증가시킴으로써 이들의 절대적 노동시간을 단축하는 생산조건〕에서 노동하게 할 만큼 충분히 생산되지 않는다.

그러나 노동수단과 생활수단은 주기적으로 과잉생산되는데 이는 이것들이 노동자의 착취수단으로서 일정한 이윤율을 내도록 하기 위한 것이다. 또한 상품의 과잉생산도 일어나는데, 이는 자본주의적 생산에 의해 주어진 분배조건과 소비조건에서 상품에 포함된 가치와 잉여가치를 실현하여 새로운 자본으로 재전화하려는 과정에서〔즉 끊임없이 반복되는 돌발사태 없이 이런 과정을 수행해나가려고 함으로써〕그렇게 된다.

부는 과잉생산되지 않는다. 그러나 자본주의적이면서 모순적인 형태로 부는 주기적으로 과잉생산된다.

자본주의적 생산양식의 장애는 다음과 같은 형태로 나타난다.

① 노동생산력의 발전은 이윤율의 저하에서 하나의 법칙, 즉 어떤 지점

에 이르면 자신의 발전과 적대적으로 대립하고 그리하여 끊임없이 공황을 통해서 극복될 수밖에 없는 법칙을 낳는다.

② 불불노동의 획득, 그리고 대상화된 노동 일반에 대한 이 불불노동의 M269 비율〔혹은 자본주의적으로 표현해서 이윤과 이 이윤의 사용된 자본에 대한 비율, 즉 일정 수준의 이윤율〕이 바로 생산의 확대나 축소를 결정지으며, 사회적 필요〔즉 사회적으로 발전된 인간의 필요〕에 대한 생산의 비율은 그것을 결정짓지 못한다. 따라서 생산에 대한 장애는 생산의 확대가 일정 수준에 이르면 이미 나타나는데 그 수준은 사회적 필요의 관점에서 보면 아직 매우 불충분한 상태인 것처럼 보인다. 생산이 정체에 이르게 되는 것은 필요의 충족이 정체상태에 이를 때가 아니고 이윤의 생산과 실현이 정체상태에 이르게 될 때이다.

이윤율이 하락하면, 한편으로 자본의 온갖 노력들이 나타난다. 즉 개별 자본가들은 더욱 개선된 방법 등을 통해서 자기 상품의 개별 가치를 그것의 사회적 평균가치 이하로 낮추려고 노력하며, 그리하여 시장가격이 일정할 때 초과이윤을 얻고자 한다. 또 다른 한편 이윤율의 하락은 투기와 투기를 비호하는 분위기를 가져오는데, 이는 일반적인 평균이윤율과는 무관하게 그것을 넘어서는 특별이윤을 어떻게든 확보하기 위해 새로운 생산방법과 새로운 자본설비, 새로운 발명 등을 향한 필사적인 노력을 기울이기 때문이다.

이윤율, 즉 자본 증가비율은 무엇보다도 자신의 자리를 독립적으로 확보하려는 모든 신규 자본 투자가들에게 중요하다. 그리고 자본 형성이 이 윤량으로 이윤율을 보충하는 몇몇 소수의 기존 대자본가들 수중에서만 이루어지면 생산의 활발한 불길은 대개 사그라져서 꺼져버릴 것이다. 이 윤율은 자본주의적 생산의 추동력이며, 자본주의적 생산은 단지 이윤이 생산될 수 있고 또 이윤이 생산되는 한에서만 이루어진다. 그래서 영국의 경제학자들이 이윤율의 하락을 우려했던 것이다. 리카도가 그런 가능성을 우려했다는 것은 바로 그가 자본주의적 생산조건을 깊이 이해하고 있었다는 것을 보여준다. 리카도가 비난받고 있는 부분, 즉 그가 자본주의적 생산을 고찰하면서 '인간'의 문제에는 관심을 기울이지 않고 생산력의 발전에만 주의를 기울였다는 — 인간과 자본가치가 어떤 대가를 치르든지 개의치 않고 — 부분, 바로 그것이 리카도에게서 중요한 부분이다. 사회적 노동생산력의 발전은 자본의 역사적 과제이며 그것의 역사적 정당성이다. 바로 이를 통해서 자본은 무의식중에 더욱 고도의 생산형태를 위한 물적 조건을 창출한다. 리카도가 불안해했던 것은 이윤율, 즉 자본주의적 생산의 촉진제이며 또 축적의 조건이자 곧 추동력이기도 한 이 이윤율이 생산의 발전에 따라 위태로워지는 것이었다. 그리고 그가 가장 중요하게 생각한 것은 양적인 비율이다. 사실 여기에는 좀더 심오한 무엇인가가 자리를 잡고 있지만 그는 이것을 단지 어렴풋하게만 느끼고 있었다. 그리하여 그에게서는 자본주의 생산양식의 장애이자 그것의 상대적 성격, 즉 자본주의적 생산양식이 결코 절대적인 생산양식이 아니라 단지 물적 생산조건의 일정한 발전단계에 상응하는 하나의 역사적인 생산양식일 뿐이라는 사실이 순수한 경제학적 방식을 통해서[즉 부르주아적 관점에서, 곧 자본주의적 사고방식의 범위 내에서, 다시 말해 자본주의적 생산 그 자체의 관점에서] 표현되고 있다.

M270 표시는 본문 좌측 여백에 위치

제4절 보유

노동생산력의 발전은 각 산업부문마다 다르고, 그 정도도 매우 불균등할 뿐만 아니라 종종 반대 방향으로 이루어지기까지 하므로, 평균이윤(＝잉여가치)의 크기는 생산력 발전이 가장 앞서 있는 산업부문에서 추정되는 크기에 비해 훨씬 작을 수밖에 없다. 각 산업부문 간의 생산력 발전이 단지 그 비율에서도 매우 큰 차이가 날 뿐만 아니라 종종 반대 방향으로까지 이루어지는 까닭은 경쟁의 무정부성과 부르주아 생산양식의 고유한 특성 때문만은 아니다. 노동생산성은, 생산성 — 이것이 사회적 조건에 의존할 경우 — 의 증가에 비례하여 오히려 종종 산출이 감소하는 자연조건들과도 관련이 있다. 그래서 이들 각 생산영역들 간에 서로 반대되는 움직임, 즉 한쪽에서는 상승하고 다른 한쪽에서는 감소하는 현상이 있게 되는 것이다. 예를 들어 우리는 모든 원료의 양에 영향을 미치는 계절의 영향이나 산림 벌채, 탄광 및 철광의 채굴 등을 생각해볼 수 있다.

불변자본 가운데 원료 등의 유동자본 부분은 그 양이 노동생산력에 비례하여 계속 증가하지만, 건물·기계·광열설비 등의 고정자본 부분은 그렇지 않다. 기계의 경우 그 수가 증가하면 그 절대액은 점차 비싸지겠지만 상대적으로는 더 저렴해질 것이다. 5명의 노동자가 옛날에 비해 10배 많은 상품을 생산하게 되었다고 해서 그 때문에 고정자본의 지출도 10배로 늘어나는 것은 아니다. 불변자본 부분의 가치는 생산력의 발전과 함께 증가하지만 그 증가비율은 같지 않다. 이미 여러 번 강조되었듯이 이윤율 저하에서 나타나는 것과 같은 불변자본과 가변자본 간의 비율과, 노동생산 M271 력의 발전과 함께 개별 상품과 그들 가격에서 이 비율이 나타나는 것 사이에는 차이가 있다.

{상품가치는 총노동시간, 즉 상품에 포함되는 과거의 노동시간과 살아 있는 노동시간에 의해서 결정된다. 노동생산성의 증가란 곧 살아 있는 노동 부분이 감소하고 과거 노동 부분이 증가하는 것인데, 그러면서도 또한 그것은 상품에 포함되는 노동 총량이 감소하고 따라서 살아 있는 노동의 감소가 과거 노동의 증가보다 더 크게 이루어지는 형태로 진행된다. 어떤 상품의 가치에 포함되는 과거의 노동[불변자본 부분]은 일부는 고정자본의 마모분과 또 일부는 원료나 보조자재 등과 같이 상품에 전체가 투입되는 유동자본 부분으로 이루어진다. 원료나 보조자재로부터 발생하는 가치 부분은 노동생산성(의 증가)과 더불어 감소해야 하는데, 왜냐하면 이들 원료와 관련된 생산성의 증가란 이들 원료의 가치하락으로 나타나는 것이기 때문이다. 반면에 불변자본 중 고정자본 부분이 대폭 증가하고 그

에 따라 이 고정자본의 가치 부분 중 마모를 통해서 상품으로 이전되는 부분도 증가하는 것은 바로 노동생산력 증대의 가장 특징적인 현상이 된다. 이제 어떤 새로운 생산방법이 실질적인 생산성 증가를 이루기 위해서는, 고정자본의 마모를 통해 개별 상품들 속으로 이전되는 가치 부분이 살아 있는 노동의 감소로 인해 줄어든 가치 부분보다 더 적어야만 한다. 요컨대 그 생산방법이 개별 상품의 가치를 하락시켜야 하는 것이다. 이것은 또한 몇몇 경우에서와 같이, 고정자본의 추가 마모분 외에 더 증가된〔혹은 더 비싸진〕원료나 보조자재의 추가 가치 부분이 상품의 가치 형성에 포함되는 경우에도 마찬가지 결과가 된다. 즉 이들 경우 모든 가치 추가분은 살아 있는 노동의 감소로 인한 가치 감소분보다 더 커야만 하는 것이다.

이에 따라 상품에 포함되는 총노동량의 이러한 감소는, 상품이 생산되는 사회적 조건과는 상관없이, 노동생산력 증대의 본질적인 지표인 것처럼 보인다. 생산자들이 자신들의 생산을 미리 세워둔 계획에 따라서 통제하는 그런 사회에서는〔그리고 단순상품생산의 사회에서도〕, 노동생산성이 무조건 이 지표만으로 평가될 수도 있을 것이다. 그러나 자본주의적 생산에서는 어떨까?

어떤 한 자본주의적 생산부문에서 자신의 정상적인 상품량을 다음과 M272 같은 조건에서 생산한다고 가정해보자. 고정자본의 마모는 개당 $\frac{1}{2}$ 실링 (혹은 마르크), 원료와 보조자재에는 $17\frac{1}{2}$ 실링, 임금에는 2실링이 지출되고 잉여가치율 100%에서 잉여가치는 2실링, 총가치는 22실링(혹은 마르크)에 달한다고 하자. 그리고 논의를 단순화하기 위해 이 생산부문의 자본구성은 사회적 평균구성이라고 가정한다. 즉 상품의 생산가격이 그 가치와 일치하고 자본가의 이윤은 만들어진 잉여가치와 동일하다고 가정한다. 그러면 상품의 비용가격은 $\frac{1}{2}+17\frac{1}{2}+2=20$실링이며 평균이윤율은 $\frac{2}{20}=10\%$, 그리고 상품 1개당 생산가격은 그 가치와 일치하는 22실링(혹은 마르크)이 된다.

이제 어떤 기계가 하나 발명되어서 상품 1개를 생산하는 데 소요되는 살아 있는 노동은 절반으로 줄어든 반면 고정자본의 마모로 이루어지는 가치 부분은 3배로 늘어났다고 가정해보자. 그러면 사태는 다음과 같이 될 것이다. 즉 마모분 $1\frac{1}{2}$실링, 원료와 보조자재는 과거와 똑같이 $17\frac{1}{2}$실링, 임금 1실링, 잉여가치 1실링, 합계 21실링(혹은 마르크)이다. 상품가치는 1실링 하락했다. 그리하여 새로운 기계는 노동생산력을 결정적으로 증대했다. 그러나 자본가에게는 사태가 다음과 같이 될 것이다. 그의 비용가격은 이제 마모분 $1\frac{1}{2}$실링, 원료와 보조자재 $17\frac{1}{2}$실링, 임금 1실링, 합계 20실링으로 과거와 동일하다. 새로운 기계의 도입을 통해 이윤율이 즉각 변동되지는 않으므로, 이윤은 비용가격의 10%, 즉 2실링을 획득해야만 한다. 즉 생산가격은 여전히 22실링으로 불변이다. 그러나 이때 이 생산가격은 그 가치보다 1실링을 초과하게 된다. 결국 자본주의적 조건으로 생산이 이루어지는 사회에서는 상품이 저렴해지지도 않았고, 새로운 기계가 아무것도 개선시킨 것이 없다. 따라서 자본가는 새로운 기계를 도입하는 데 대해서 아무 관심이 없다. 그리고 이런 기계의 도입은 그에게 아직 완전히 마모되지 않은 기존의 기계를 전혀 쓸모없는 것으로[즉 단순한 고철 덩어리로] 만들어버림으로써 분명한 손실을 초래하는 것이므로 그는 이제까지의 경험을 통해 이런 어리석은 짓(그에게는)을 매우 경계하게 된다.

따라서 자본 입장에서는 노동생산력 증대의 법칙이 무조건 타당한 것은 아니다. 자본의 입장에서는 살아 있는 노동이 아니라 살아 있는 노동에게 지불되는 부분이 과거의 죽은 노동에 비해 더 많이 절약될 경우에만 생산력이 증가하는 것으로 된다(이것은 이미 제1권 제13장 제2절, 409/398쪽*에서 간단하게 언급된 바 있다). 여기에서 자본주의적 생산양식은 새로운 모순에 빠지게 된다. 그것의 역사적 소명은 인간의 노동생산성을 무조건 기하급수적인 속도로 발전시키는 것이다. 그런데 여기에서 이야기 M273

* MEW Bd.23, 414쪽 참조.

한 바와 같이 그것이 생산성의 발전을 저지하게 된다면 그것은 자신의 역사적인 소명에 불성실한 것이 된다. 따라서 여기에서 다시 자본주의적 생산양식이 점차 노쇠해져서 쇠퇴해가리라는 것이 그대로 입증된다.)[37]

—

경쟁에서는 생산력의 증가에 따라 독립적인 사업체를 성공적으로 경영해나가는 데 필요한 최소 자본규모가 증가하는 양상이 이렇게 나타난다. 즉 비용이 많이 드는 새로운 설비가 산업 전반에 도입되면 소규모의 자본들은 조만간 이 산업부문에서 축출된다. 이 경우 소규모 자본들은 각 생산영역에서 새로운 기계의 발명이 이루어진 초기에만 독립적으로 기능할수 있다. 한편 규모가 매우 큰 사업부문, 즉 철도산업과 같이 불변자본의비율이 엄청나게 큰 부문은 평균이윤율을 내지 못하고 그 가운데 단지 일부분, 즉 이자 정도만을 산출한다. 만일 그렇지 않다면 일반이윤율은 더하락할 것이다. 그러나 이런 산업부문에서는 또한 주식 형태의 대규모 자본 집적을 통해 소규모 자본도 직접적인 투자영역을 발견하기도 한다.

자본의 증가〔즉 자본의 축적〕가 이윤율의 저하를 가져오는 경우는 위에서 살펴보았듯이 오로지 이 증가와 함께 자본의 유기적 구성비율이 변할 때뿐이다. 그러나 생산방법이 매일매일 끊임없이 변한다 하더라도, 총자본을 구성하는 크고 작은 자본들은 일정한 기간에 걸쳐서 그 자본 구성요소들의 주어진 평균비율에 기초하여 축적을 계속해나갈 것이므로, 자본 증가와 더불어 자본의 유기적 구성에는 아무런 변화가 일어나지 않고따라서 이윤율의 저하를 일으키는 원인도 만들어지지 않는다. 새로운 생산방법이 일부에서 도입되고 있는 동안에 변함없이 진행되는 과거의 생

---

37) 〔이 부분에 괄호를 친 이유는 이것을 초고 원본의 메모에서 정리해내긴 했지만, 원본에 있던 자료에 몇 개의 설명을 내가 덧붙였기 때문이다.〕

산방법에 기초한 이런 끊임없는 자본의 증가(즉 생산의 확대)는 다시 사회적 총자본의 증가와 같은 비율로 이윤율이 하락하지 않게 되는 하나의 원인이 된다.

임금으로 지출되는 가변자본의 상대적 감소에도 불구하고 노동자 수가 절대적으로 증가하는 현상은, 모든 생산부문에서 일어나는 것이 아니고, 또한 모두 똑같은 비율로 일어나는 것도 아니다. 예를 들어 농업부문에서 M274 는 살아 있는 노동 요소가 절대적으로 감소할 수도 있다.

어쨌든 가변자본의 상대적 감소에도 불구하고 임노동자 수가 절대적으로 증가하는 것은 단지 자본주의적 생산양식의 필요일 뿐이다. 자본주의적 생산양식에서는 노동자를 매일 12~15시간씩 고용할 필요가 없게 되면 이미 노동력은 과잉상태인 것이 된다. 만일 노동자 수의 절대적 감소를 가져오는 생산력의 발전, 다시 말해 나라 전체로 볼 때 총생산에 소요되는 시간을 감소시키는 생산력의 발전이 실제로 이루어지면, 그것은 인구의 대다수를 실업상태로 만들어버림으로써 혁명을 불러올 것이다. 여기에서 다시 자본주의적 생산양식의 특수한 한계, 즉 그것이 생산력 발전과 부의 창출에 대한 절대적 형태가 아니라 오히려 일정한 지점에 이르면 그런 발전과 충돌해버린다는 한계가 드러난다. 부분적으로 이런 충돌은 옛날 방식의 고용부문 곳곳에서 노동인구 가운데 상당 부분을 과잉으로 만드는 주기적인 공황으로 나타난다. 자본주의적 생산의 한계는 노동자의 잉여노동시간에 있다. 사회가 획득하는 절대적 잉여노동시간은 이것과 상관이 없다. 자본주의적 생산의 관점에서 생산력 발전이 중요한 것은 그것이 노동자계급의 잉여노동시간을 증가시키는 한에서만 그런 것이지 물적 생산 일반에서 노동시간을 감소시키는 데 있는 것이 아니다. 따라서 생산력의 발전은 본래의 방향과 반대 방향으로 움직이게 된다.

우리는 앞서 자본축적의 증가가 자본집적의 증가를 수반한다는 것을 살펴보았다. 그리하여 자본의 힘은 증가하고 자본가로 인격화된 사회적 생산조건이 실제 생산자로부터 소외되는 현상도 더욱 심화된다. 자본은 점점 더 큰 사회적 힘으로 나타나며 이 세력의 담당자는 자본가이다. 그리고 그 세력은 이제 한 개인의 노동이 창출할 수 있는 관계들 위에는 서 있지 않으며, 소외되고 독립된 사회적 힘으로서〔하나의 물적 존재로서, 그리고 또한 이런 물적 존재를 이용한 자본가의 힘으로서〕사회와 대립하게 된다. 자본 전체로 이루어지는 일반적인 사회적 힘과 이런 사회적 생산조건에 대해 지배권을 행사하는 개별 자본가들의 개인적인 힘 사이의 모순은 점점 커지는데 그것은 결국 이런 모순이 해소되는 방향, 즉 생산조건이 일반적이고 공동의 사회적 생산조건으로 전환하게 되는 방향으로 나아가

M275 게 된다. 이런 해소과정은 자본주의적 생산 아래에서 생산력 발전과 이 생산력 발전이 이루어지는 양태와 방식에 따라서 각기 다른 형태로 주어진다.

—

아무리 생산성이 높고 잉여가치율을 높이는 새로운 생산방법이 있다 하더라도 그것이 이윤율을 저하시키는 것이라면 어떤 자본가도 그것을 자발적으로 도입하지는 않을 것이다. 그러나 그러한 새로운 생산방법은 모두 상품을 저렴하게 만든다. 따라서 자본가는 그런 상품을 원래의 그 생산가격보다〔아마도 그 가치보다〕더 높게 팔게 된다. 자본가는 자신의 생산비용과, 더 높은 생산비용으로 생산되는 다른 상품들의 시장가격 사이의 차액을 착복한다. 그에게 이것이 가능한 이유는 이들 다른 상품의 생산에 소요되는 사회적 평균 필요노동시간이 자신이 도입한 새로운 생산방법에서 소요되는 노동시간보다 더 크기 때문이다. 그의 생산방법은 사회적 평균보다 수준이 높다. 그러나 경쟁은 이 새로운 생산방법을 일반화하고 그것을 일반법칙에 귀속시킨다. 그러면 이제 이윤율 하락이 나타나는데—아마도 이 생산부문에서 먼저 일어나고 그런 다음 차례로 다른 생산부문으로 확대될 것이다—이것은 자본가의 의지와는 전혀 무관한 것

이다.

이 점에 대해서 또 한 가지 지적해두어야 할 점은, 바로 이 법칙이 직접 혹은 간접적으로 노동자의 소비나 노동자의 생활수단의 생산에 사용되지 않는 생산물들을 생산하는 부문에도 적용된다는 사실이다. 즉 상품가격의 하락이 상대적 잉여가치를 증가시킬 수 없는〔즉 노동력의 가치를 떨어뜨릴 수 없는〕생산부문에도 그 법칙이 적용된다는 사실이다(물론 이런 부문들에서 불변자본의 저렴화는, 노동착취도가 일정할 때 이윤율을 상승시킬 수 있다). 새로운 생산방법이 확산되기 시작하면, 그리하여 이 상품이 더 저렴하게 생산될 수 있다는 사실이 실질적으로 입증되면, 옛날의 생산조건으로 생산하던 자본가들은 자신의 생산물을 생산가격 이하로 팔 수밖에 없다. 왜냐하면 이 상품의 가치가 하락하였기〔즉 이 상품의 생산에 소요된 노동시간이 사회적 평균노동시간보다 많아졌기〕때문이다. 한마디로 말해서 — 이것은 경쟁의 결과로 나타난다 — 그들은 불변자본에 대한 가변자본의 비율이 감소된 새로운 생산방법을 도입하지 않을 수 없게 된다.

기계를 사용함으로써 그것으로 생산된 상품의 가격을 저렴하게 만들어 주는 모든 요인들은 언제나 일차적으로는 개별 상품 속에 흡수되는 노동량을 감소시키는 것으로 귀착된다. 그리고 그 다음으로 그것은 개별 상품 속으로 이전되는 기계의 마모분 가치를 감소시키는 것으로 귀착된다. 기 _{M276} 계의 마모 속도가 느릴수록 그것은 더 많은 상품 속으로 자신의 가치를 이전할 수 있고 또 그것이 완전히 소모되어 재생산되어야 할 동안 더 많은 살아 있는 노동을 보전한다. 두 경우 모두 고정적 불변자본의 양과 가치는 가변자본에 비해 증가한다.

다른 모든 조건이 일정할 때 이윤을 통해 축적할 수 있는 한 나라의 힘은 이윤율에 따라서 변한다. 즉 이윤율이 높으면 그 힘은 커지고, 이윤율이 낮으면 그 힘은 작아진다. 그러나 이윤율이 하락하면 다른 모든 조건은 불변으로 머물러 있지 않는다.…… 낮은 이윤율은 대개 영국에서와 같이 인구수에 비해 더 급속한 축적률을 수반하고 …… 높은 이윤율은 폴란드, 러시아, 인도 등지에서와 같이 인구수에 비해 더 낮은 축적률을 수반한다.(존스, 『경제학 입문 강의』, 런던, 1833, 50쪽 이하)

존스(R. Jones)는 이윤율이 하락하더라도 축적의 유인과 능력은 더욱 증대한다는 사실을 올바로 지적하였다. 그 이유는 첫째 상대적 과잉인구의 증가 때문이다. 그리고 둘째는 노동생산성의 증가와 함께 동일한 교환가치로 표시되는 사용가치의 양〔즉 자본의 물적 구성요소의 양〕이 증가하기 때문이다. 셋째는 생산부문이 다양해지기 때문이다. 넷째는 신용제도와 주식회사 등의 발달 때문에, 그리고 그런 요인 때문에 스스로 산업자본가가 되지 않고도 화폐를 자본으로 전화시키는 것이 쉬워졌기 때문이다. 다섯째는 부를 탐하는 욕구와 전반적인 사회적 필요의 증가 때문이며, 여섯째는 고정자본 등에 대한 투하량의 증가 때문이다.

———

자본주의적 생산의 세 가지 주요 사항.
① 소수의 수중으로 생산수단의 집적. 이를 통하여 이들 생산수단은 직접적 노동자의 소유에서 벗어나 반대로 사회적 생산의 잠재력으로 전화한다. 이는 물론 이들이 일단 자본가들의 사적 소유의 형태를 띠고 있더라도 그러하다. 이들 자본가는 부르주아 사회의 수탁 관리인들이지만 이런 수탁 관리로부터 생겨나는 모든 열매는 자신들이 착복한다.
M277 ② 사회적 노동으로서의 노동 그 자체의 조직화. 이는 협업과 분업, 그리고 노동과 자연과학의 결합에 의해 이루어진다.
이상의 두 가지 측면으로부터 자본주의적 생산양식은 사적 소유와 사적 노동을, 비록 대립적인 형태를 통해서이긴 하지만, 지양한다.

③ 세계시장의 건설.

자본주의적 생산양식 내부에서 발전해나가는 엄청난(인구에 비하여) 생산력과 (비록 같은 비율로는 아니지만) 인구에 비해 훨씬 급속히 증가하는 자본가치(단지 그것의 물적 크기뿐만 아니라)는 부의 증가에 비해 상대적으로 계속 좁아져가는 토대 — 이 엄청난 생산력이 그 위에서 움직이는 — 와 이 증가된 자본이 증식하기 위한 조건과 모순된다. 그리하여 공황이 발발한다.

제4편

__ 상품자본과 화폐자본의 상품거래자본과
화폐거래자본(상인자본)으로의 전화

제16장

상품거래자본

상인자본(Kaufmännische kapital)〔혹은 상업자본(Handelskapital)〕은 M278
좀더 하위 개념의 두 형태인 상품거래자본과 화폐거래자본으로 나누어지
는데, 이제 우리는 자본의 핵심 구조를 분석하는 데 필요한 범위 내에서
이들 두 가지 자본형태의 성격을 상세히 규명해나가기로 한다. 이 작업이
특히 필요한 까닭은 근대경제학이 자신을 대표하는 가장 뛰어난 학자들
사이에서조차 상인자본을 곧바로 산업자본과 혼동함으로써 이들 두 자본
의 고유한 성격들을 사실상 완전히 간과해버렸기 때문이다.

———

상품자본의 운동에 관해서는 이미 제2권*에서 분석한 바 있다. 사회적
총자본의 관점에서 본다면 그 총자본 가운데 일부는, 비록 그 구성요소가
계속 바뀌고 그 크기도 끊임없이 변동하긴 하지만, 언제나 화폐로 전화하

* MEW Bd.24, 91~103쪽 참조.

기 위해서 상품의 형태로 시장에 나와 있으며, 또 다른 일부는 상품으로 전화하기 위해 화폐의 형태로 시장에 나와 있다. 사회적 총자본은 항상 이런 전화의 운동과정〔즉 이 두 개의 서로 다른 형태변화과정〕속에서 파악된다. 유통과정 속에 있는 자본의 이런 기능이 특정 자본의 특정 기능으로 독립하고 분업에 의해 특정 자본가계층에게 부여되는 기능으로 고정될 경우 상품자본은 상품거래자본〔혹은 상인자본〕이 된다.

M279   운수업〔즉 분배 가능한 형태를 취하는 상품을 보관하고 분배하는 기능을 수행하는 산업〕을 어느 정도까지 유통과정 내부에서 지속되는 생산과정으로 간주할 수 있을 것인지에 대해서는 이미 앞에서(제2권 제6장 '유통비'의 제2절과 제3절) 논의한 바 있다. 상품자본의 유통과정에서 부수적으로 진행되는 이런 기능들은, 때로는 상인자본〔혹은 상품거래자본〕의 고유한 기능과 혼동되기도 하고, 때로는 현실에서 이 상인자본의 고유한 특정 기능들과 결합되어 있기도 하는데, 이는 사회적 분업의 발전에 따라 상인자본의 기능이 아무리 순수하게 드러난다 하더라도〔다시 말해서 상인자본의 기능이 아무리 상품자본의 실질적인 기능과 분리되어 그것과 독립적인 것이 된다고 하더라도〕 그러하다. 따라서 이 특정한 형태의 자본이 갖는 특수성을 규명해내려는 우리의 목적에 비추어 보면 위와 같은 기능들은 무시되어야 한다. 단순히 유통과정에서만 기능하는 자본〔특히 상품거래자본〕이 부분적으로 위의 기능을 자신의 특정 기능과 결합하고 있는 경우에는 이 자본의 순수한 형태가 드러나지 않는다. 그런 기능들을 분리하여 제거하고 난 연후에야 우리는 비로소 그 자본의 순수한 형태를 보게 된다.

앞서 우리는, 상품자본으로서 자본의 존재와 그것의 형태변화(Meta-morphose), 즉 유통부문 내에서(말하자면 시장에서) 상품자본으로서 거쳐 가는 형태변화——이 형태변화는 사고파는 행위를 통해서, 상품자본에서 화폐자본으로의 전화와 화폐자본에서 상품자본으로의 전화를 해소해 나가는 형태변화이다——가 산업자본의 재생산과정〔총생산과정〕의 한 국면을 이룬다는 것을 이미 살펴보았다. 그러나 동시에 산업자본이 유통자본으로서 이런 기능을 수행할 때는 그것이 생산자본으로서 기능을 수행할 때와 다르다는 것도 살펴보았다. 유통자본과 생산자본은 동일한 자본의 서로 다른 두 개의 존재형태이다. 사회적 총자본 가운데 일부는 이런 형태변화과정에서 유통자본의 존재형태로 끊임없이 시장에 나타나는데, 이는 물론 개별 자본의 측면에서는 상품자본으로서 자신의 존재와 형태변화 그 자체가 단지 끊임없이 사라졌다가 다시 생겨나는 하나의 통과점〔즉 자신의 연속적인 생산과정 가운데 하나의 통과단계〕을 이룰 뿐이고 따라서 시장에 나타나는 상품자본이 끊임없이 상품에서 빠져나갔다가 생산과정을 거쳐 새로운 생산물로 다시 나타남으로써 계속 그 구성요소들이 교체되는데도 불구하고 그러하다.

그런데 상품거래자본은 다름 아닌, 끊임없이 시장에 나타나고 형태변화과정 속에 있고 또 항상 유통영역 속에 포괄되는, 이 유통자본의 한 부분이 전화한 형태에 지나지 않는다. 우리가 여기서 유통자본의 한 부분이라고 이야기하는 것은 상품을 사고파는 행위의 일부분은 항상 산업자본가들 사이에서 직접 이루어지기 때문이다. 바로 이 부분을 우리는 이번 장 M280의 논의에서 완전히 제외하고자 하는데 그것은 이 부분의 논의가 상인자본의 특수한 성질에 대한 이해〔즉 개념 규정〕에 도움이 되지 않을 뿐만 아니라 또한 우리의 목적에 맞추어서 이 부분의 논의를 이미 제2권에서 충분히 진행했기 때문이다.

자본가 일반으로서의 상품거래자는 우선 그가 자본가로서 지출하는 일정 화폐액〔즉 그가 x(원래의 가치액)로부터 $x+\Delta x$(그 액수에 이윤을 더한 액수)를 얻어내기 위해서 투하한 일정 화폐액〕의 대표자로서 시장에 나타난다. 그에게는, 자본가 일반으로서는 물론 특히 상품거래자로서도, 그가 자신의 자본을 처음에는 화폐자본의 형태로 시장에 내놓아야 한다는 것이 당연하게 여겨진다. 왜냐하면 그는 상품을 생산하는 것이 아니라 단지 상품을 거래하고 상품의 운동을 매개할 뿐이며, 따라서 상품을 거래하기 위해서는 일단 상품을 사야만 하고 따라서 그는 화폐자본의 소유자여야만 하기 때문이다.

한 상품거래자가 거래자본으로 증식시키고자 하는 3,000파운드스털링을 가지고 있다고 하자. 그는 이 3,000파운드스털링으로 가령 30,000엘레의 아마포를 제조업자로부터 1엘레당 2실링으로 사서 이를 모두 팔았다고 하자. 만일 연 평균이윤율이 10%이고 그가 모든 부대비용을 공제하고 나서 10%의 이윤을 얻었다고 한다면 그는 연말에 3,000파운드스털링을 3,300파운드스털링으로 만들었을 것이다. 그가 이 이윤을 어떻게 해서 얻는가는 우리가 나중에 뒤에서 다룰 문제이다. 여기에서는 단지 그의 자본의 운동형태만을 살펴보고자 한다. 그는 3,000파운드스털링을 가지고 계속 아마포를 사고 이를 다시 판다. 사고는 다시 파는 이런 계속되는 반복행위, 즉 G — W — G′은 자신의 운동과 기능 외부에 있는 생산과정의 매개가 전혀 없이 완전히 유통과정으로만 이어져 있는 단순한 자본형태를 이룬다.

그렇다면 이 상품거래자본과 상품자본〔산업자본의 한 존재형태로서의 상품자본〕 간의 관계는 어떤 것인가? 아마포 제조업자의 입장에서 본다면, 그는 상인의 화폐를 얻음으로써 자신의 아마포 가치를 실현하였고, 자신의 상품자본 형태변화의 첫 국면〔즉 상품자본의 화폐로의 전화〕을 완수하였으며, 다른 조건이 불변이라면 이제 이 화폐를 원사, 석탄, 임금, 그리고 생활수단(자신의 수입으로 소비할 목적인) 등으로 재전화할 수 있게 되었다. 즉 수입의 지출을 제외한다면 재생산과정을 계속할 수 있게 된 것이다.

그러나 아마포 생산자인 제조업자에게는 아마포가 화폐로 형태변화〔즉 그것의 판매〕가 이루어졌지만 아마포 자체는 아직 그런 형태변화가 M281 이루어지지 않았다. 아마포는 여전히 상품자본으로서 그 첫 형태변화를 완수하기 위한〔즉 판매되기 위한〕 사명을 띠고 시장에 나와 있다. 이 아마포로서는 그것을 소유하는 사람만 바뀌었을 뿐 다른 변화는 아무것도 일어나지 않았다. 그것의 사명에서나 또 전체 과정에서 그것의 위치에서나, 아마포는 여전히 상품자본〔즉 판매되기 위한 상품〕일 뿐이다. 다만 그것이 이전에는 생산자의 수중에 있다가 지금은 상인의 수중으로 옮겨와 있을 뿐이다. 아마포를 파는 기능〔즉 그 형태변화의 첫 국면을 매개하는 기능〕은, 이전에는 생산자가 아마포를 생산하는 기능을 마치고 난 다음에 계속해서 수행하도록 생산자에게 떠안겨진 기능이었는데, 이제는 이것이 상인에게로 옮겨져 상인의 특수한 사업으로 바뀌었다.

만일 아마포 생산자가 새로운 30,000엘레를 3,000파운드스털링의 가치로 시장에 내놓는 데 소요되는 기간에 상인이 30,000엘레를 팔지 못했다고 가정하자. 이럴 경우 상인은 아직 팔리지 않은 30,000엘레를 가지고 있고 이를 아직 화폐자본으로 재전화하지 못하였기 때문에 새로 생산된 30,000엘레를 구매할 수 없다. 그러면 정체〔즉 재생산의 중단〕가 발생한다. 물론 아마포 생산자는 추가 화폐자본을 이용하여 30,000엘레의 판매와는 상관없이, 이 화폐자본을 생산자본으로 전화시켜 생산과정을 계속 수행해나갈 수 있을 것이다. 그러나 이렇게 가정한다고 해도 사정은 달라지지 않는다. 30,000엘레에 선대된 자본에 관한 한, 그것의 재생산과정은 정지된 채로 남아 있다. 즉 여기에서 사실상 상인의 행위가 생산자의 상품자본을 화폐로 전화시키기 위하여 수행되어야 하는 행위〔즉 유통과정과 재생산과정에서 상품자본의 기능을 매개하는 행위〕 이외에 아무것도 아니라는 것이 명백히 드러난다. 만일 독립된 상인 대신에 이런 판매와 구매만 전담하는 생산자의 직원이 한 사람 고용되었다고 가정해보면 이런 관계는 뚜렷하게 드러날 것이다.

말하자면 상품거래자본은 생산자의 상품자본——화폐로 전화하는 과정〔상품자본으로서 자신의 기능〕을 시장에서 수행해야 하는——이외에 아무것도 아니며, 단지 이 기능이 생산자의 부수적인 행위가 아니라 이 기능만을 전담하는 특정 자본가계층인 상품거래자의 행위로 드러나고, 하나의 특정한 자본투자영역으로 독립된 것일 뿐이다.

그 밖에 이런 사실은 상품거래자본의 특수한 유통형태에서도 그대로 드러난다. 상인은 상품을 샀다가 다시 이를 판다. 즉 G—W—G′이다. 단순상품유통이나 산업자본의 유통과정으로 나타나는 상품유통 W′—G —W에서도, 유통은 각 화폐가 두 번 손을 바꿈으로써 이루어진다. 아마포 생산자는 자신의 상품인 아마포를 팔고 이것을 화폐로 바꾼다. 즉 상인 손에 있던 화폐가 그의 손으로 옮겨진다. 바로 이 화폐를 가지고 그는 원사, 석탄, 노동 등을 사들임으로써, 아마포의 가치를 아마포의 생산요소를 이루는 상품들로 재전화시키기 위해 이 화폐를 다시 지출한다. 그가 사들인 상품은 그가 팔았던 상품과는 다른 종류의 상품이다. 그는 생산물을 팔아서 생산수단을 산 것이다. 그러나 상인자본의 운동에서는 사태가 달라진다. 아마포 상인은 3,000파운드스털링을 가지고 30,000엘레의 아마포를 산다. 그리고 바로 이 30,000엘레의 아마포를 다시 팔아치움으로써 유통으로부터 (3,000파운드스털링에 이윤을 더한) 화폐자본을 다시 얻어내고자 한다. 따라서 여기에서는 동일한 화폐가 아니라 동일한 상품이 두 번 자리를 옮겨 간다. 즉 같은 상품이 판매자의 손에서 구매자의 손으로, 그리고 바로 이 구매자(이제는 판매자가 된)의 손에서 다시 또 다른 구매자의 손으로 넘겨진다. 상품은 두 번 판매되고 중간상인들이 여럿 끼어들면 더 많은 회수로 판매될 수도 있다. 그리고 이런 반복되는 판매, 즉 동일한 상품의 두 번에 걸친 자리바꿈을 통해서야 비로소 최초의 구매자가 상품을 사들이기 위해 지출했던 화폐가 되돌아오게 된다. W′—G—W의 경우에는 동일한 화폐가 두 번 자리를 옮김으로써 한 가지 모습의 상품이 양도되었다가 다른 모습의 상품이 획득된다. 또 다른 G—W—G′의 경우에는 동일한 상품이 두 번 자리를 옮김으로써 앞서 지출된 화폐가 유통에서 다시 환수된다. 상품은 생산자의 손에서 상인의 손으로 넘겨지자마자 금방 모두 팔려 나가는 것이 아니며, 상인은 단지 판매라는 행위〔혹은 상품자본 기능의 매개〕를 꾸준히 계속 수행해나가고 있을 것이 분명하다. 그러나 동시에 생산자본가에게는 상품자본으로서 그 모습만 바꾸는 자신의 자본의 단순한 기능에 지나지 않는 W—G가, 상인에게는 자신이 선대한 화폐자본의 특수한 증식형태인 G—W—G′이라는 것도 분명한 사실이다. 여기에서 상품의 형태변화의 한 국면이, 상인과 관련하여 G—W—G′〔즉 자본의 한 고유한 진화과정(Evolution)〕으로서 나타난다.

상인은 최종적으로 상품〔즉 아마포〕을 소비자에게 팔게 되는데 물론 이때 이 소비자는 생산적 소비자(예를 들어 표백업자)일 수도 있고 아마포를 개인적인 용도에 사용하는 개별 소비자일 수도 있다. 이를 통해서 그는 처음 선대한 자본을 (이윤을 더해서) 회수하게 되고 자신의 행위를 새로 시작할 수 있게 된다. 만일 그가 아마포를 구입할 때 물건을 인수하고 나서 6주 후에 화폐로 그 대금을 결제하게 되어 있고, 그가 이 6주 전에 아마포를 모두 팔았다면, 그는 자신의 화폐자본을 전혀 지출하지 않고서도 아마포 생산자에게 대금을 지불할 수 있을 것이다. 만일 그가 아마포를 모두 팔지 못했을 경우에는 그는 만기일에(아마포를 인수한 바로 그 시점이 아니고) 3,000파운드스털링을 지출해야만 할 것이다. 그리고 시장가격의 하락으로 인하여 아마포를 구입가격보다 낮은 가격으로 팔았다면, 그는 이 결손 부분을 자신의 자본으로 충당해야 할 것이다.

그렇다면 상품거래자본——판매까지 손수 수행하는 생산자의 수중에서는 단지 자기 자본이 재생산과정의 한 특정 국면〔즉 유통영역〕에 잠깐 머무르는 동안 취하는 하나의 특수한 형태에 불과해 보이는——이 독립적으로 기능하는 자본으로서 갖는 특성은 도대체 무엇인가?

첫째, 상품자본은 그것의 생산자와는 다른 대리인의 수중에서 화폐로의 최종적인 전화〔즉 그것의 첫 번째 형태변화이자 곧 상품자본으로서 그것에 부여된 기능〕를 시장에서 수행한다. 그리고 이런 상품자본의 기능이 상인의 사고파는 행위에 의해서 매개됨으로써, 이 행위는 산업자본의 나머지 기능들과 분리된〔따라서 독자적인〕 고유한 사업의 형태를 띠게 된다. 이것은 사회적 분업의 한 특정 형태로서, 이를 통해 자본의 재생산과정에서 한 특정 국면〔즉 여기에서는 유통국면〕에 부여된 기능의 한 부분이, 생산자와는 다른 유통담당자의 고유한 전담기능으로 나타나게 된다. 그러나 이것만으로는 이 특수한 업무가 자신의 재생산과정에서 파악되는 산업자본과 구별되고 또 그것과는 별개의 특정자본의 기능으로 나타나지 못한다. 왜냐하면 산업자본가가 파견한 직원이나 다른 직접적인 그의 대리인이 상품거래를 수행할 경우, 이것은 사실상 독립된 자본의 기능으로 나타날 수 없기 때문이다. 따라서 둘째 요인이 추가되어야만 한다.

둘째, 이 요인은 독자적인 유통담당자인 상인이 화폐자본(자신의 소유이든 차입한 것이든 간에)을 자신의 책임하에 지출한다는 점에서 비롯된 다. 자신의 재생산과정 속에 있는 산업자본에는 단지 W—G〔즉 상품자본의 화폐자본으로의 전화 혹은 단순한 판매〕로만 나타났던 것이, 상인자본에는 G—W—G′〔즉 동일한 상품의 구매와 판매〕으로서, 그리하여 구매과정에서 자신으로부터 떨어져 나갔던 화폐자본을 판매를 통해서 다시 자신에게로 환수하는 것으로 나타난다.

M284

상인에게 G—W—G로 나타나는 것은, 그가 생산자에게서 상품을 구매하면서 자본을 지출하는 것인 한, 언제나 W—G〔즉 상품자본의 화폐자본으로의 전화〕가 된다. 말하자면 그것은 언제나 상품자본의 첫 번째 형태변화가 되는 것인데, 그럼에도 바로 동일한 이 행동이 생산자나 자신의 재생산과정에 있는 산업자본에는 G—W〔즉 화폐의 상품(생산수단)으로의 재전화 혹은 형태변화의 두 번째 국면〕로 나타날 수 있다. 아마포 생산자에게 W—G는 첫 번째 형태변화〔즉 자신의 상품자본의 화폐자본으로의 전화〕으로 나타난다. 그런데 바로 이 행동이 상인에게는 G—W〔즉 자신의 화폐자본의 상품자본으로의 전화〕로 나타난다. 이제 그가 아마포를 표백업자에게 판다면 표백업자에게 이것은 G—W〔즉 화폐자본의 생산자본으로의 전화 혹은 아마포 생산자의 상품자본의 두 번째 형태변화〕로 나타난다. 그러나 상인에게 이것은 W—G〔즉 그가 사들였던 아마포의 판매〕로 나타난다. 그렇지만 아마포 제조업자가 생산한 상품자본은 이제야 비로소 사실상 최종적으로 판매된 것이다. 다시 말하면 상인의 이러한 G—W—G는 두 생산자들 간의 W—G를 위한 단지 하나의 매개과 정만을 나타낸다. 우리는 또 아마포 제조업자가 판매된 아마포 가치의 일부분을 가지고 원사상인(原絲商人)에게서 원사를 사들인 경우를 가정해보자. 이것은 그에게 G—W이다. 그러나 원사를 판매한 상인에게는 이것이 W—G, 즉 원사를 되판 것이 된다. 그리고 상품자본으로서의 원사 그 자체와 관련해 보면, 이것은 원사가 유통영역에서 소비영역으로 넘어간 것으로 원사의 최종적인 판매일 뿐이다. 즉 그것은 W—G로서 원사의 첫 번째 형태변화의 종결인 셈이다. 따라서 상인이 산업자본가에게서 구매를 하든 아니면 그에게 판매를 하든, 상인의 G—W—G〔즉 상인자본의 순환〕는, 항상 상품자본 그 자체와 관련해서는, 단지 재생산과정에 있는 산업자본의 통과형태〔즉 자신의 첫 번째 형태변화를 완수하는 W—G〕로만 나타난다. 상인자본의 G—W는 산업자본가에게만 동시에 W—G이지, 그가(von ihm)* 생산한 상품자본에는 그렇지 않다. 이것은 상품자본이 산업자본가의 손에서 유통담당자의 손으로 옮겨진 것일 뿐이다. 상인자본의 W—G는 상품자본의 최종적인 기능인 W—G에 불과하다. G—W—G는 단지 동일한 상품자본의 두 번의 W—G로서 자신의 종국적인 판매를 매개할 뿐인 두 번에 걸친 연속적인 판매인 것이다. ^{M285}

따라서 상품자본이 상품거래자본이라는 독자적인 유형의 자본형태를 취하는 것은, 상인이 화폐자본을 지출한다는 점에 있으며, 또한 이 화폐자본이 자본으로 기능하고 자신을 증식하는 것이, 단지 그것이 상품자본의 형태변화〔즉 화폐로의 전화라고 하는 상품자본의 기능〕를 매개하는 데만 사용되고, 이를 끊임없이 상품을 사고파는 행위를 통해서만 수행한다는 점에 있다. 이것은 그의 독립적인 행위이다. 즉 산업자본의 유통과정을 매개하는 이런 행위는 상인이 움직이는 화폐자본만의 고유한 기능이다. 이 기능을 통해서 상인은 자신의 화폐를 화폐자본으로 전화시키고 자신의 G

---

* 초판에는 '그에게서'(für ihn)로 되어 있으나 마르크스의 초고에 따라 수정함.

를 G—W—G′으로 나타내며, 바로 이 과정을 통해서 그는 상품자본을 상품거래자본으로 전화시킨다.

상품자본의 형태로 존재하는 한——사회적 총자본의 재생산과정의 관점에서 볼 때——상품거래자본은 다름 아닌 산업자본 가운데 아직 시장에 있으면서 형태변화과정을 수행하고 있는 부분(이제는 상품자본으로 존재하고 또 기능하는)이다. 그러므로 오로지 사고파는 것으로만 규정되고 따라서 상품자본과 화폐자본 이외의 다른 형태〔즉 생산자본의 형태〕는 취하지 않고 항상 자본의 유통영역에만 머물러 있는 화폐자본, 그것은 상인에 의해 지출된 화폐자본뿐이다.——이제 자본의 전체 재생산과정과 관련하여 이 화폐자본만을 따로 살펴보기로 하자.

생산자인 아마포 제조업자는 아마포 30,000엘레를 상인에게 3,000파운드스털링에 팔자마자, 즉시 이 화폐를 가지고 필요한 생산수단을 사들이고 자신의 자본을 다시 생산과정에 투입한다. 그의 생산과정은 중단되지 않고 계속된다. 그에게서는 자신의 상품의 화폐로의 전화가 이루어졌다. 그러나 아마포 자체로서는 우리가 이미 본 바와 같이 전화가 아직 이루어지지 않았다. 아마포는 아직 최종적으로 화폐로 재전화하지 않았고 사용가치로 (생산적 소비이든 개인적 소비이든) 소비에 투입되지 않았다. 아마포 상인은 이제 시장에서 원래 아마포 생산자가 시장에서 대표하였던 바로 그 상품자본을 대표한다. 아마포 생산자에게 형태변화과정은 단축되긴 했으나 이는 단지 그 과정이 상인의 수중으로 넘어가서 이어지고 있기 때문일 뿐이다.

M286　　아마포 생산자가 자신의 아마포가 상품으로서의 성격을 실질적으로 버리게 될 때까지〔즉 이것이 최종 구매자인 생산적 소비자나 개인적 소비자에게 넘겨질 때까지〕 기다려야 한다면 그의 재생산과정은 중단되어버릴 것이다. 그렇지 않고 이를 중단시키지 않으려면, 그는 생산규모를 줄여서 아마포 가운데 아주 적은 일부분만을 원사, 석탄, 노동 등의 생산자본요소들로 전화시키고, 나머지 대부분은 화폐준비금으로 유보해둠으로써, 자

본 가운데 일부가 상품으로 시장에 나가 있는 동안 자본의 나머지 부분이 생산과정을 계속해나가고, 그리하여 일부는 상품으로 시장에 나가면서 또 다른 일부는 화폐형태로 환수될 수 있게 해야만 한다. 이 같은 그의 자본 분할은 상인이 개입하더라도 완전히 없어지는 것은 아니다. 그러나 만일 상인이 없다면 유통자본 가운데 화폐준비금의 형태로 유보되어야 하는 부분은 생산자본 형태로 운용되는 부분에 비해 항상 더 커야만 하고 따라서 재생산규모도 제한되어야 할 것이다. 만일 상인이 있을 경우에는, 생산자는 자본 가운데 더 많은 부분을 계속 생산과정에 사용하고 더 적은 부분을 화폐준비금으로 유보할 수 있을 것이다.

바로 그렇기 때문에 사회적 총자본 가운데 한 부분이 상인자본의 형태로 계속 유통영역 내부에만 머무르고 있는 것이다. 이 부분은 언제나 상품을 사고파는 데만 사용된다. 그래서 이 자본은 그 소유주만 계속 바뀌는 것처럼 보인다.

만일 상인이 3,000파운드스털링으로 아마포를 사는 대신에 아마포를 생산해서 팔 의도로 이 3,000파운드스털링을 스스로 생산적으로 사용해버린다면, 사회적 생산자본은 증가할 것이다. 물론 그렇게 되면 아마포 생산자는 자신의 자본 가운데 상당한 부분을 화폐준비금으로 묶어두어야 할 것이고, 또한 이번에 산업자본가로 전환한 상인도 마찬가지일 것이다. 반면에 상인이 계속 상인으로 남는다면, 생산자는 판매에 할애해야 할 시간을 절약하고 이 시간을 생산과정의 감독에 사용할 수 있을 것이며, 상인은 자신의 모든 시간을 판매에 사용해야 할 것이다.

상인자본이 자신에게 부여된 역할을 뛰어넘지 않고 오로지 거기에 전념할 경우 다음과 같은 상황을 생각해볼 수 있을 것이다.

① 분업 덕분에 사고파는 데만 사용되는 자본의 크기(또한 여기에는 상품을 구매하는 데 필요한 화폐 이외에도 상인의 업무를 추진하는 데 필요한 노동과 상인의 불변자본, 즉 창고나 건물, 운송수단 등에 지출해야 할 화폐도 포함된다)는 산업자본가가 상인의 업무 부분을 모두 손수 수행해 M287

야 할 경우 필요한 자본의 크기보다 더 줄어든다.

② 상인은 이 업무에만 매달려 있기 때문에 생산업자가 이를 직접 수행할 경우보다 더 빨리 생산업자에게 그의 상품을 화폐로 전화시켜주고 또 상품자본 그 자체의 형태변화도 더 신속하게 이루어진다.

③ 상인자본 전체와 산업자본과의 관계를 살펴보면, 상인자본의 1회전은 한 생산영역의 여러 자본들의 회전을 가능하게 할 수 있을 뿐만 아니라 여러 생산영역의 많은 자본들의 회전을 가능하게 할 수도 있다. 전자에 해당하는 것은 예를 들어 아마포 상인이 3,000파운드스털링을 주고 한 아마포 생산업자에게서 아마포를 산 다음, 이 생산업자가 같은 양의 상품을 시장에 다시 내놓기 전에, 이 물량을 모두 팔아치우는 것은 물론 그 사이에 다시 여러 명의 다른 생산업자에게서도 아마포를 사서 되팔아치움으로써 같은 생산영역의 여러 자본들의 회전을 매개하는 경우이다. 후자에 해당하는 것은 상인이 예를 들어 아마포를 팔고 나서 이제는 비단을 사들임으로써 또 다른 생산영역의 자본의 회전을 매개하는 경우이다.

일반적으로 이야기하자면, 산업자본의 회전은 유통기간뿐만 아니라 생산기간에 의해서도 제약된다. 상인자본의 회전은, 이것이 단지 일정한 종류의 상품만 다룰 경우, 한 산업자본의 회전뿐만 아니라 이 생산영역의 모든 산업자본의 회전에 의해서도 제약을 받는다. 상인은 한 산업자본의 아마포를 샀다가 팔고 나서, 이 산업자본이 새로운 상품을 시장에 내놓기 전에 다른 산업자본의 아마포를 샀다가 팔 수 있다. 즉 동일한 상인자본이 한 생산영역에 선대된 여러 자본의 여러 회전을 연달아서 매개할 수 있다. 그럴 경우 이 상인자본의 회전은 한 개별 산업자본의 여러 회전과 일치하지 않고, 따라서 이 개별 산업자본이 유보해두어야 하는 화폐준비금만을 보전해주는 것이 아니다. 물론 한 생산영역에서 상인자본의 회전은 그 생산영역의 총생산에 의해 제약을 받는다. 그러나 상인자본의 회전은 그 생산영역의 단 하나의 자본이 갖는 생산의 한계나 회전기간——이 회전기간이 생산기간에 의해서 주어질 경우——에 의해서 제한되는 것이 아니다.

가령 A라는 사람이 생산에 3개월이 소요되는 어떤 상품을 공급한다고 하자. 상인은 이 상품을 샀다가 예를 들어 한 달 만에 판 다음 같은 상품을 다른 생산자에게서 또 샀다가 팔 수 있다. 혹은 그는 한 농부의 곡물을 팔 M288 고 난 후 그 돈으로 다른 농부의 곡물을 다시 샀다가 팔 수 있다. 그의 자본 회전은 그가 일정 기간〔예를 들어 한 해 동안〕 연달아서 사고팔 수 있는 곡물의 양에 의해서 제한을 받는다. 반면 농부의 자본 회전은, 유통기간을 무시할 경우, 1년이 소요되는 곡물의 생산기간에 의해 제한을 받는다.

그리고 한 상인자본의 회전은 또한 여러 생산영역의 여러 자본의 회전들을 매개할 수도 있다.

하나의 상인자본이 여러 번의 회전을 통해서 여러 상품자본을 연달아서 화폐로 전화시켜주는 한〔즉 그것이 사고파는 행위를 계속 이어서 하는 한〕, 이 상인자본은, 화폐가 일정 기간 자신의 유통횟수를 통해 상품에 대해서 수행하는 것과 똑같은 기능을, 화폐자본으로서 상품자본에 대하여 수행한다.

상인자본의 회전은 크기가 같은 산업자본의 회전〔혹은 그것의 1회 재생산〕과 일치하지 않는나. 오히려 그것은 산업자본 여러 개의 — 하나의 생산영역에 있는 것이든 여러 개의 생산영역에 있는 것이든 — 회전의 합과 일치한다. 상인자본의 회전이 빨라지면 빨라질수록 총화폐자본 가운데 상인자본의 형태를 띤 부분의 크기는 더 작아지고, 회전이 느려지면 느려질수록 이 부분의 크기는 더욱 커진다. 생산이 덜 발달해 있을수록 유통 전반에 투입된 상품 총량에 대한 상인자본 총액의 비율은 상대적으로 더욱 커진다. 그러나 생산수준이 더 발달할수록 이 비율은 상대적으로나 절대적으로나 점차 작아진다. 역으로 반대의 경우에는 이것도 역시 반대로 나타난다. 따라서 그처럼 생산이 덜 발달된 상태에서는 실제 화폐자본의 대부분이 상인들의 수중에 있게 되고 이들의 자산은 다른 자산보다도 주로 화폐자산으로 이루어진다.

상인이 선대하는 화폐자본의 유통속도는 다음의 요인들에 의존한다.

① 생산과정이 새로 시작되고 여러 생산과정이 서로 맞물리는 속도. ② 소비의 속도.

　상인자본은 반드시 위에서 살펴본 것과 같은 회전만 수행할 필요가 없다. 즉 그가 가진 가치액을 모두 합하여 하나의 상품만 샀다가 그것을 다시 팔 필요가 없다. 상인은 이 두 가지 행위를 동시에 수행한다. 그럴 경우 그의 자본은 두 부분으로 나누어진다. 즉 하나는 상품자본으로 다른 하나는 화폐자본으로 이루어진다. 그는 한편으로 구매를 함으로써 그의 화폐를 상품으로 전화시키고 다른 한편으로는 판매를 함으로써 상품자본을 화폐로 전화시킨다. 한편에서는 그에게로 그의 자본이 화폐자본으로 환 M289 수되고 다른 한편에서는 상품자본이 그에게로 흘러들어온다. 한쪽 부분이 커지면 다른 쪽 부분은 그만큼 더 작아진다. 이 두 부분은 서로 번갈아가며 변동하면서 균등화된다. 유통수단으로서의 화폐 사용과 지불수단으로서의 화폐, 그리고 이를 통해 생겨나는 신용제도가 결합하게 되면, 상인자본 가운데 화폐자본 부분은 이 상인자본이 수행하는 거래 규모에 비해 더욱 작아진다. 만일 내가 1,000파운드스털링어치의 포도주를 3개월 결제로 사서 이것을 3개월이 되기 전에 모두 현금으로 팔아치웠다면, 나는 이 거래에 한 푼도 내 돈을 지출하지 않아도 된다. 또한 이 경우 여기에서 상인자본의 모습을 띠는 화폐자본은, 사실상 화폐자본의 형태로〔즉 화폐형태로〕 환수된 바로 산업자본 자신이라는 것도 분명하다(1,000파운드스털링어치의 상품을 3개월 결제로 판매한 생산업자가 현금 대신 어음〔즉 은행에서 할인이 가능한 약속어음〕을 받은 경우에도 상황은 마찬가지이며 이것은 상품거래자의 자본과 아무 관련이 없다). 판매기간에 상품의 시장가격이 $\frac{1}{10}$만큼 하락하면, 상인은 이윤을 건지지 못하는 것은 물론 3,000파운드스털링 대신에 2,700파운드스털링만을 회수하게 된다. 그는 결제를 하기 위해서 300파운드스털링을 더 채워 넣어야만 할 것이고 이 300파운드스털링은 가격하락으로 인한 결손 부분을 메우는 역할밖에 못 할 것이다. 그러나 이것은 생산자에게서도 마찬가지일 것이다. 만일 이처럼 가격이 하락했을 때 생산자가 직접 판매를 담당했다면 그도 똑같이 300파운드스털링의 손실을 볼 것이고, 별도의 예비자본이 없다면 그는 과거와 같은 규모의 생산을 다시 시작할 수 없을 것이다.

아마포 상인이 3,000파운드스털링어치의 아마포를 제조업자에게서 산다. 제조업자는 이 3,000파운드스털링 가운데서 2,000파운드스털링을 원사를 사기 위해 지불한다. 그는 이 원사를 원사상인에게서 구입한다. 제조업자가 원사상인에게 지불한 화폐는 아마포 상인의 화폐가 아니다. 왜냐하면 아마포 상인은 화폐 대신에 그 액수만큼의 상품을 가지고 있기 때문이다. 그것은 제조업자 자신의 자본의 화폐형태이다. 원사상인의 수중에서 이 2,000파운드스털링은 이제 환수된 화폐자본으로 나타난다. 그러나 이것은 대체 아마포에서 떨어져 나와 원사로 옮아 붙은 화폐형태인 이 2,000파운드스털링과는 어떻게 다른 것인가? 만일 원사상인이 외상으로 물건을 사서 그것의 결제기일이 도래하기 전에 이를 모두 현금으로 팔았다면, 이 2,000파운드스털링 속에는 상인자본〔즉 산업자본이 자신의 순환과정에서 취하는 화폐형태와는 구별되는 상인자본〕은 한 푼도 들어 있지 않다. 따라서 상품거래자본은, 그것이 단지 상품자본이나 화폐자본의 모습으로 상인의 수중에 있는 산업자본의 한 형태에 불과한 것이 아닌 한, 상 M290 인 자신의 것으로서 상품을 사고파는 데만 사용하는 바로 그런 화폐자본 부분이다. 이 부분은, 생산에 투하된 자본 가운데 산업자본가의 수중에서 화폐준비금〔즉 구매수단〕으로 존재하면서 계속 산업자본가의 화폐자본으로 유통되어야 하는 부분의 역할을, 좀더 줄어든 크기로 담당한다. 이 부분은 이제 좀더 줄어든 크기로, 상인자본의 수중에서 계속 유통과정에서만 기능하는 자본으로 존재한다. 이것은 총자본 가운데, 개인적 소비 용도의 지출을 제외한다면, 재생산과정의 연속적인 운영을 위해 계속 구매수단으로서 시장에서 유통되어야 하는 부분이다. 재생산과정이 빨라지고 지불수단으로서의 화폐〔즉 신용제도〕 기능이 발달할수록 총자본에서 이것이 차지하는 비율은 점점 작아진다.[38]

상인자본은 다름 아닌 유통영역 내부에서 기능하는 자본이다. 유통과

정은 전체 재생산과정의 한 국면이다. 그러나 유통과정에서는 가치가 생
산되지 않으며 따라서 잉여가치도 생산되지 않는다. 여기에서는 가치량
의 변동은 발생하지 않고 단지 그 형태변화만 발생할 뿐이다. 거기에서 진
행되는 것은 사실상 상품의 형태변화로, 이것은 가치창출이나 가치변동
과는 아무 관련이 없다. 만일 생산된 상품의 판매를 통해서 잉여가치가 실
현되었다면, 그것은 이미 이 상품 속에 그 잉여가치가 포함되어 있었기 때
문이다. 따라서 두 번째 행위, 즉 화폐자본을 다시 상품(생산요소)과 교환
하는 경우에도, 구매자는 결코 잉여가치를 실현하는 것이 아니고, 단지 여
기에서 화폐를 생산수단 및 노동력과 교환함으로써 잉여가치의 생산을
준비하는 것일 뿐이다. 오히려 반대로 이 형태변화에 유통기간——자본이
전혀 아무것도 생산하지 않고 따라서 잉여가치도 생산하지 않는 기간——

---

38) 상인자본을 생산자본으로 분류하기 위해 램지는 상인자본을 운송산업과 뒤섞어 이를 상업
이라고 부르고 "상품을 한 장소에서 다른 장소로 옮기는 것"이라고 정의하였다(『부의 분배에
관한 고찰』, 19쪽). 이런 혼동은 이미 베리(P. Verri)(『경제학 고찰』, 32쪽)와 세이(J. -B. Say)
(『경제학 개론』제1권, 14, 15쪽)도 마찬가지였다. 뉴먼(S. P. Newman)은 자신의 『경제학 요
강』(뉴욕, 1835)에서 다음과 같이 쓴다. "기존의 사회경제 조직에서 상인〔즉 생산자와 소비자
사이에 서 있는 사람〕이 담당하는 고유한 업무는, 맨 처음 자본을 투하해서 그 반대급부로 생
산물을 가지고 있는 전자〔즉 생산자〕에게서 이 생산물을 후자인 소비자에게 전달해주고 자본
을 회수하는 것〔즉 하나의 중개행위〕이며, 이는 공동체 전체의 경제적 과정을 원활하게 해줄
뿐만 아니라 중개되는 생산물의 가치도 높여주는 행위이다"(174쪽). 상인의 개입을 통해 생산
자와 소비자는 돈과 시간을 절약한다. 이 행위에는 자본과 노동이 투하되어야 하고 당연히 응
분의 보상이 따라야 한다. "왜냐하면 그는 생산물에 가치를 부가하기 때문인데, 이는 그 생산
물이 생산자의 수중에서보다 소비자의 수중에서 더 많은 가치를 갖기 때문이다." 그래서 그에
게 상업은 세이와 마찬가지로 "엄격하게 말해서 하나의 생산활동"(175쪽)으로 비친다. 뉴먼의
이 견해는 근본적으로 잘못된 것이다. 한 상품의 사용가치는 생산자의 수중에서보다는 소비자
의 수중에서 더 큰데, 이는 그 사용가치가 소비자에게서 비로소 실현되기 때문이다. 왜냐하면
한 상품의 사용가치는 그 상품이 소비영역에 들어서야만 비로소 실현되고 기능을 수행하기 때
문이다. 생산자의 수중에서는 상품의 사용가치가 단지 잠재적인 형태에 머물러 있을 뿐이다.
그러나 우리는 한 상품에 대해서 지불을 두 번〔즉 먼저 교환가치에 대해서 지불하고 다시 사용
가치를 지불하는〕하지 않는다. 나는 그것의 교환가치를 지불하고 그 대가로 그것의 사용가치
를 소유한다. 그리고 교환가치는 생산자나 중간상인의 수중에서 소비자의 수중으로 넘어간다
고 해서 조금도 더 늘어나지 않는다.

제4편 상품자본과 화폐자본의 상품거래자본과 화폐거래자본(상인자본)으로의 전화

이 소요되는 한, 이 형태변화는 가치창출을 제약하고, 그것의 유통기간에 비례하여 이윤율은 하락하고 잉여가치는 줄어든다. 따라서 상인자본은 가치는 물론 잉여가치도 창출하지 못한다. 즉 직접적으로는 아무것도 창출하지 못한다. 단지 그것이 유통기간의 단축에 기여할 경우, 그것은 산업자본가가 생산하는 잉여가치를 증대하는 데 간접적인 도움을 준다. 그것이 시장의 확대를 도와주고 자본들 간의 분업을 매개하고, 따라서 자본이 그 규모를 확대해갈 수 있도록 해준다면, 그것의 기능은 산업자본의 생산성과 그것의 축적을 촉진하는 결과가 된다. 그것이 유통기간을 단축하는 한, 그것은 선대자본에 대한 잉여가치의 비율[즉 이윤율]을 상승시킨다. 그것이 유통영역에 더 적은 화폐자본 부분만을 묶어두는 한, 그것은 직접 생산에 사용되는 자본 부분을 증대해준다.

제17장

상업이윤

M292　　제2권*에서 이미 보았듯이, 유통영역에서 자본의 순수한 기능들——산업자본가가 일차적으로 자기 상품의 가치를 실현하고 이차적으로 이 가치를 상품의 생산요소로 재전화시키기 위해 수행해야 하는 행위로서 W′—G—W라고 하는 상품자본의 형태변화를 매개하기 위한 행위, 즉 사고파는 행동들——은 가치나 잉여가치를 창출하지 못한다. 오히려 그 반대로 이런 행위에 소요되는 시간은, 객관적으로는 상품에 대해서, 주관적으로는 자본가들에 대해서, 가치와 잉여가치의 형성을 가로막는 제약을 만들어낸다는 사실이 드러났다. 물론 상품자본의 형태변화 그 자체는, 그 자본의 일부가 상품거래자본의 형태를 띤, 혹은 상품자본의 형태변화를 매개하는 행위가 특정 자본가집단의 특정 사업이나 일부 화폐자본이 전담하는 기능으로 나타나든, 그것에 의해서는 전혀 변화되지 않는다. 산업자본가 자신에 의한 상품의 판매와 구매——이를 통해서 W′—G—W라는 상품자본의 형태변화는 해소된다——가 전혀 가치나 잉여가치를 창출

---

* MEW Bd.24, 124~128쪽 참조.

하는 행위가 아니라면 산업자본가 대신에 다른 사람이 이 행위를 수행한다고 하더라도 가치나 잉여가치의 창출은 마찬가지로 불가능할 것이다. 또한 사회적 총자본 가운데 일부분이, 재생산과정이 유통과정으로 인해 중단되지 않고 연속될 수 있도록 항상 화폐자본의 형태로 대기하고 있어야 한다면, 그리하여 이 화폐자본은 가치나 잉여가치를 전혀 창출하지 못한다면, 이 자본을 계속 유통영역에 선대하는 기능을 수행하는 사람이 산업자본가에서 다른 자본가집단으로 바뀐다고 해서 이 화폐자본의 그러한 특성이 변할 수는 없을 것이다. 상인자본이 간접적으로 얼마만큼 생산적 M293 일 수 있는지는 이미 이야기한 바 있으며 나중에 좀더 설명할 것이다.

따라서 상품거래자본—이것과 관련된 저장, 발송, 수송, 소매, 도매 등 온갖 잡다한 기능들을 모두 떼어내고 이것의 순수한 본래 기능인 사고파는 것에만 한정해서 본다면—은 가치나 잉여가치를 창출하는 것이 아니라, 단지 가치와 잉여가치의 실현과, 그와 함께 상품이 한 사람의 손에서 다른 사람의 손으로 넘어가는 상품의 실질적인 교환[즉 사회적 신진대사]을 매개할 뿐이다. 그러나 산업자본의 유통국면도 생산과 마찬가지로 재생산과정의 한 국면을 이루는 것이기 때문에, 유통과정에서 계속 기능하는 자본도 여러 생산부문들에서 기능하는 자본과 마찬가지의 연 평균이윤을 산출해야만 한다. 만일 상인자본이 산업자본보다 더 높은 평균이윤을 얻는다면, 산업자본의 일부가 상인자본으로 옮겨 갈 것이다. 또한 반대로 그것이 더 낮은 평균이윤을 얻을 경우에는 상인자본의 일부가 산업자본으로 옮겨 갈 것이다. 어떤 유형의 자본도 상인자본만큼 재빨리 손쉽게 자신의 임무와 기능을 바꾸지는 못할 것이다.

상인자본 자신은 전혀 잉여가치를 창출하지 못하기 때문에, 그것이 평균이윤의 형태로 얻게 되는 잉여가치는 총생산자본이 창출한 잉여가치의 일부일 것이 분명하다. 그렇다면 이제 문제는 다음과 같다. 즉 상인자본은 생산자본이 창출하는 잉여가치[혹은 이윤] 가운데 자신이 얻게 되는 부분을 어떤 방법으로 얻는 것일까?

상업이윤이, 상품의 가치 이상으로 가격을 매김으로써 생겨나는 부가물이라는 것은 단지 표면적으로 보이는 가상(假象, Schein)일 뿐이다.

물론 상인은 자신이 판매하는 상품의 가격으로부터만 자신의 이윤을 끌어낼 수 있고, 더욱이 그가 상품을 팔 때 붙이는 이 이윤은, 자신의 구매가격과 판매가격 간의 차이이며, 구매가격을 넘어서는 판매가격의 초과분에 해당하는 것이 분명하다.

상품을 사고 나서 팔기까지의 추가비용(유통비)은 이 가격에 산입될 수도 있고 또 산입되지 않을 수도 있다. 만일 그런 비용이 산입된다면 판매가격과 구매가격 간의 차이는 단지 이윤만이 아닐 것이 분명하다. 논의의 편의상 우리는 일단 이런 비용이 전혀 산입되지 않는 것으로 가정하자.

M294 산업자본가들에게 그들 상품의 판매가격과 구매가격 간의 차이는 곧 그들의 생산가격과 비용가격 간의 차이이고, 또 사회적 총자본을 고찰할 경우에는 자본가들의 입장에서 상품가격과 그 상품의 비용가격 간의 차이이기도 하며, 이는 다시 상품 속에 대상화된 노동 총량에서 지불노동 부분을 뺀 부분이기도 하다. 산업자본가들은 그들이 사들인 상품을 다시 시장에 내다 팔기 전에, 우선 생산과정을 수행하여, 이 과정에서 나중에 상품가격 중 이윤으로 실현될 부분을 미리 생산해낸다. 그러나 상품거래자의 경우에는 사정이 다르다. 상품은 그것이 유통과정에 있을 동안만 그의 수중에 머문다. 그는 단지 생산자본가들이 처음 수행하기 시작한 상품의 판매[즉 상품가격의 실현]를 그냥 이어나갈 뿐이고, 따라서 상품 속에 새로운 잉여가치를 부가할 수 있는 아무런 중간과정도 수행하지 않는다. 산업자본가가 유통과정을 통해서 이미 생산된 잉여가치[혹은 이윤]를 단지 실현하기만 하는 반면, 상인은 유통과정 속에서[또 유통과정을 통해서] 자신의 이윤을 실현하는 것은 물론 이윤을 거기에서 비로소 만들어내기까지 해야만 한다. 이것은 산업자본가가 상인에게 생산가격으로[혹은 총 상품자본의 관점에서 본다면, 그것의 가치대로] 판매한 상품을 그 생산가격 이상으로 판매함으로써만[즉 그것의 가격에 일정한 명목액을 부가함

으로써만], 다시 말해서 총상품자본의 관점에서 본다면 그것의 가치 이상으로 판매하고 이러한 명목부가가치를 그것의 실질가치에 덧붙임으로써만[요컨대 실제의 그 가치보다 더 비싸게 판매함으로써만] 가능할 것처럼 보인다.

이런 부가형태는 매우 간단하게 이해할 수 있다. 예를 들어 1엘레의 아마포에 2실링이 들었다고 하자. 내가 판매를 통해 10%의 이윤을 얻어야 한다면 나는 가격에 $\frac{1}{10}$을 덧붙여서, 즉 1엘레를 2실링 $2\frac{2}{5}$펜스에 팔아야 한다. 그러면 상품의 실제 생산가격과 판매가격 간의 차이는 $2\frac{2}{5}$펜스가 되고 이것은 2실링에 대해서 10%의 이윤에 해당된다. 이 경우 나는 사실상 구매자에게 1엘레를 $1\frac{1}{10}$엘레의 가격에 판매한 셈이다. 혹은 마찬가지 결과이지만 이를 다음과 같이 설명할 수도 있다. 즉 나는 내 구매자*에게 2실링을 받고 $\frac{10}{11}$엘레만을 넘겨주고 $\frac{1}{11}$엘레는 내 몫으로 챙겨버렸다. 그런 다음 사실은 이 $\frac{1}{11}$엘레를 다시 $2\frac{2}{5}$펜스에 판매함으로써 결국 1엘레의 가격을 2실링 $2\frac{2}{5}$펜스로 계산한 것이다. 즉 이것은 상품의 명목가격을 상승시킴으로써 잉여가치와 잉여생산물을 할당받는 단지 우회적인 방법일 뿐이다.

이것은 무엇보다도 우리가 눈으로 보는 현상을 통해서 드러나는 바 그대로, 상품의 가격상승을 통한 상업이윤의 실현이다. 그리고 사실 이윤이 상품의 명목가격을 올림으로써 얻어진다든가 혹은 상품을 그 가치 이상으로 판매함으로써 얻어진다든가 하는 그런 모든 생각은 상인자본의 시각에서 나온 것들이다. _{M295}

그러나 조금만 더 자세히 살펴보면 이것은 단지 그렇게 보이는 것(假象, Schein)일 뿐이며, 자본주의적 생산양식을 지배적인 생산양식으로 전제할 경우, 이 생산양식 내에서는 이러한 방법으로 상업이윤이 실현되지 않는다는 것이 금방 드러난다(여기에서 이야기하는 것은 항상 평균을 가리키

---

* 초판에는 '판매자'(Verkäufer)로 되어 있으나 마르크스의 초고에 따라 수정함.

는 것이지, 개별적인 경우들을 가리키는 것이 아니다). 왜 우리는 상품거래자가 자신의 상품에 대해 10%의 이윤을 실현하는 것이, 단지 그가 그상품을 그것의 생산가격보다 10% 높게 팔 경우에만 가능하다고 생각하는 것일까? 그것은 우리가 이 상품의 생산자인 산업자본가(그는 산업자본이 의인화한 존재로서 외부 세계에 대하여 항상 '생산자'의 모습을 띤다)가 상품을 상인에게 그것의 생산가격에 판다고 가정하기 때문이다. 만일 상품거래자가 지불하는 상품의 구매가격이 그 상품의 생산가격〔혹은 궁극적으로 그것의 가치〕과 동일하고, 그리하여 상품의 생산가격〔혹은 궁극적으로 그 상품의 가치〕이 상인에게 비용가격이 된다면, 사실상 이 구매가격을 넘어서는 판매가격의 초과분──바로 이 차이가 그의 이윤의 원천이 된다──은 생산가격을 넘어서는 상업가격의 초과분이어야 하며, 궁극적으로 상인은 모든 상품을 그 가치 이상으로 판매해야만 한다. 그런데 산업자본가는 왜 상인에게 상품을 그것의 생산가격에 판매하는 것으로 가정할까? 혹은 또 이런 가정은 무엇을 다시 전제로 하는 것일까? 그것은 상인자본(여기에서 우리가 상인자본이라고 부르는 것은 상품거래자본만을 가리키는 것이다)이 일반이윤율의 형성에는 관여하지 않는다는 것을 전제로 하기 때문이다. 우리는 일반이윤율의 논의에서 당연히 바로 이 전제 위에서 출발하였는데 그 이유는 첫째, 상인자본 그 자체가 그 논의에서는 아직 등장하지 않았기 때문이며 둘째, 평균이윤〔따라서 또한 일반이윤율〕이 무엇보다도 여러 생산영역의 산업자본들이 실제로 생산한 이윤〔혹은 잉여가치〕이 균등화된 것으로 논의를 이끌어나가야 했기 때문이다. 반면 상인자본에서 지금 우리가 문제로 삼는 것은, 생산에는 관여하지 않으면서 이윤에는 관여하는 자본이다. 따라서 이제 앞서의 논의는 보완될 필요가 있다.

이제 연간 투하된 총산업자본이 720c+180v=900(단위는 백만 파운드 스털링)이고 m′=100%라고 가정해보자. 그러면 생산물은 720c+180v+180m이 될 것이다. 그리고 우리가 이 생산물〔혹은 생산된 상품자본〕을 W

라고 부른다면, W의 가치〔혹은 생산가격(왜냐하면 가치와 생산가격 양자는 상품 전체에서는 일치하기 때문에)〕는 1,080이며 총자본 900에 대한 이윤율은 20%가 된다. 이 20%는 앞서 우리들의 논의에 의하면 바로 평균이윤율이다. 왜냐하면 여기에서 잉여가치는 특정 자본구성을 가진 특정 자본에 대해서가 아니라 평균자본구성을 가진 총산업자본에 대해서 계산되었기 때문이다. 즉 W=1,080이고 이윤율=20%이다. 그런데 여기에서 이 900파운드스털링의 산업자본 이외에 다시 100파운드스털링의 상인자본을 추가하고, 이 상인자본도 산업자본과 마찬가지 비율로 이윤을 얻는다고 가정해보자. 가정에 따라 상인자본은 총자본 1000의 $\frac{1}{10}$ 을 이룬다. 따라서 그것은 총잉여가치 180의 $\frac{1}{10}$ 을 할당받고 따라서 그것의 이윤율은 18%가 된다. 그리하여 사실상 총자본 중 나머지 $\frac{9}{10}$ 에 대해서 할당되는 이윤은 162뿐이며, 이는 자본 900에 대해서 똑같은 18%에 해당된다. 그러므로 W가 산업자본 900의 소유자에게서 상품거래자에게로 판매되는 가격은 720c+180v+162m=1,062가 된다. 만일 상인이 그의 자본 100에 대해서 18%의 평균이윤을 가산한다면, 그는 그 상품을 1,062+18=1,080에 즉 그것의 생산가격에(혹은 총상품자본의 관점에서는 그것의 가치에) 팔게 된다. 이는 물론 상인이 자신의 이윤을 단지 유통과정 속에서만〔그리고 그 유통과정을 통해서만〕 만들어내고 또한 자신의 구매가격을 넘는 판매가격의 초과분에 의해서만 만들어낼 뿐인데도 그러하다. 그런데 그는 이 상품을 그것의 가치〔혹은 생산가격〕 이상으로 팔지는 않는데 이는 바로 그가 산업자본가에게서 이 상품을 그것의 가치〔혹은 생산가격〕 이하로 사들였기 때문이다.

이리하여 상인자본은 총자본의 일반이윤율 형성에 결정적인 한 부분을 차지하게 된다. 즉 위에서 이야기한 경우를 예로 삼아 본다면 평균이윤율은 이 경우 18%였다. 그러나 만일 상인자본이 총자본의 $\frac{1}{10}$ 로 추가되지 않았다면 그 평균이윤율은 20%였을 것이고 따라서 상인자본의 개입으로 일반이윤율은 $\frac{1}{10}$ 만큼 하락한 셈이 된다. 그럼으로써 생산가격의 개념은 좀

더 상세하고 엄격한 내용으로 규정된다. 생산가격은 여전히 상품가격=
그 비용(상품 속에 포함되는 불변자본+가변자본의 가치)+평균이윤으로
이해된다. 그런데 이제 이 평균이윤이 다르게 결정된다. 즉 평균이윤은 여
전히 총생산자본이 창출한 총이윤에 의해 결정되기는 하지만 이제는 총
생산자본에 대해서 계산되는 것(즉 위에서처럼 총생산자본=900, 이윤=
M297 180이면 평균이윤율=$\frac{180}{900}$=20%가 되는 것)이 아니라 '총생산자본+상
인자본'에 대해서 계산된다. 즉 생산자본이 900, 상인자본이 100이라면 평
균이윤율은 $\frac{180}{1,000}$=18%가 된다.

　그리하여 생산가격은 k(비용)+20이 아니라 k+18이 된다. 평균이윤율
속에는 총이윤 가운데 상인자본에게 돌아가는 몫이 이미 산입되었다. 따
라서 총상품자본의 실제 가치(혹은 생산가격)는 k+p+h(h는 상업이윤)
가 된다. 그러므로 생산가격(혹은 산업자본가가 판매할 때의 가격)은 상
품의 실제 생산가격보다 낮다. 혹은 달리 말해서 상품 전체를 두고 말한다
면, 산업자본가계급이 판매할 때의 상품가격은 그 상품의 가치보다 낮다.
위의 경우를 두고 이야기한다면 900(비용)+ '900에 대한 18%', 다시 말해
서 900+162=1,062이다. 그런 다음 상인은 100의 비용을 들인 상품을
118에 판매함으로써 18%를 덧붙인다. 그러나 그가 100에 사들인 상품이
118의 가치가 있기 때문에 그는 그 상품을 가치 이상으로 판매한 것은 아
니다. 이하에서 우리는 생산가격을 위에서 이야기한 바 있는 좀더 좁은 의
미로 계속 사용하고자 한다. 그리하여 이제 분명해진 것은 산업자본가의
이윤이, 비용가격을 넘는 상품 생산가격의 초과분과 같다는 것과, 이 산업
이윤과는 달리 상업이윤은 그 상품의 생산가격(상인의 구매가격이기도
하다)을 넘는 판매가격의 초과분과 같다는 점이며, 또한 그 상품의 실제
가격=생산가격+상업이윤이라는 점이다. 산업자본이 이미 상품가치 속
에 잉여가치로 들어가 있는 이윤만을 실현하는 것과 마찬가지로, 상인자
본은 산업자본이 실현한 상품가격 속에 총잉여가치(혹은 이윤)가 아직 전
부 실현되지 않고 남아 있기 때문에 이윤을 실현할 수 있다.[39] 따라서 상

인의 판매가격이 구매가격을 초과하는 것은, 판매가격이 상품의 총가치를 초과하기 때문이 아니라 구매가격이 상품의 총가치에 미달하기 때문이다.

이같이 상인자본은 잉여가치의 생산에 개입하지 않고도 잉여가치의 평균이윤으로의 균등화에 개입한다. 따라서 일반이윤율은 상인자본에게 돌아갈 잉여가치의 차감분〔즉 산업자본 이윤으로부터의 차감분〕을 이미 포괄하고 있다.

지금까지의 논의로부터 다음과 같이 말할 수 있다.

① 산업자본에 비해 상인자본의 비율이 커질수록 산업이윤율은 떨어지고 그 역의 경우도 성립한다.

M298

② 제1편에서 우리는 이윤율이 실제 잉여가치율〔즉 노동착취도〕보다 항상 너무 낮게 표현된다는 것을 명확히 보여준 바 있다. 예를 들어 위의 경우 720c+180v+180m에서 잉여가치율은 100%인데도 이윤율은 겨우 20%로만 나타났다. 그런데 이런 경향이 이제 평균이윤율에다 상인자본의 몫을 산입할 경우 더욱 심화되어서, 평균이윤율은 20%에서 18%로 더 낮아졌다. 따라서 직접 착취를 수행하는 자본가의 평균이윤율은 실제 그것의 이윤율보다 더 낮게 표현된다.

다른 모든 조건이 불변이라고 가정한다면 상인자본(여기에서 소매상, 잡화상 등의 경우는 예외로 한다)의 상대적 크기는 그 회전속도〔즉 재생산과정의 동력〕에 반비례한다. 과학적 분석과정에서는 일반이윤율의 형성이 산업자본과 이들 간의 경쟁에서 출발하고 그런 뒤에야 비로소 상인자본이 개입하여 조정, 보완하고 변용되는 것으로 나타난다. 그런데 역사 발전과정에서는 이것이 정반대로 이루어진다. 여기에서 상품의 가치에 의거하여 어느 정도 그 가격을 최초로 결정하는 것은 바로 상인자본이며 일반이윤율이 최초로 형성되는 곳도 재생산과정을 매개하는 유통영역이

---

39) 벨러스(J. Bellers). †41

다. 처음에는 상업이윤이 산업이윤을 결정한다. 자본주의적 생산양식이 자리를 잡아 생산자 자신이 상인이 되면, 그때 비로소 상업이윤은 사회적 재생산과정에 관여하는 총자본의 일부로서 상인자본에게 돌아가는 총잉여가치 가운데 일부분으로 제한될 것이다.

상인자본이 개입한 상태에서의 이윤 균등화과정을 이야기하면서 지금까지 우리는 상인이 선대한 화폐자본이 상품가치에 아무것도 부가하지 못한다는 것, 즉 상인이 자신의 이윤을 얻기 위해 가격에 덧붙이는 추가분은 단지 생산자본이 상품의 생산가격에 산입하지 않고 남겨둔 상품가치 부분에 해당할 뿐이라는 것을 살펴보았다. 이 경우 화폐자본의 처지는 산업자본가의 고정자본이 생산과정에서 소모되지 않는 한, 자신의 가치를 상품가치에 이전할 수 없는 그것과 비슷하다. 상인은 상품자본의 생산가격=G를 상품자본의 구매가격을 통해서 화폐로 대체한다. 그의 판매가격은, 앞서 논의된 바와 같이, G+⊿G인데 이때 ⊿G는 상품가격에 부가되는 M299 부분(일반이윤율에 의해 결정된다)을 가리킨다. 그래서 그가 상품을 팔면 그는 원래 상품의 구매를 위해 지출했던 화폐자본 이외에 ⊿G도 함께 회수하게 된다. 여기에서 다시 명확하게 드러나는 사실은, 이 화폐자본이란 것이 산업자본가의 상품자본이 화폐자본으로 전화한 바로 그것이며, 이것은 산업자본가가 상품자본을 상인에 의하지 않고 직접 최종 소비자에게 판매할 경우와 마찬가지로 상품자본 가치의 크기에 영향을 미칠 수 없다는 것이다. 상인의 화폐자본은 사실상 최종 소비자의 지불단계를 앞당긴 것에 불과하다. 그러나 이것은 지금까지 우리가 가정해온 바와 같이 상인이 자신의 경비로 사용하는 비용이 없다는 전제, 즉 그가 생산자에게서 상품을 구매하기 위해 지출해야 하는 화폐자본 이외에는 어떤 다른 자본도(그것이 유동자본이든 고정자본이든) 상품의 형태변화과정인 사고파는 과정에서 지출하지 않는다는 전제 아래서만 그러하다. 그렇지만 우리가 이미 유통비에 관한 고찰(제2권 제6장)에서 본 바와 같이 실제 상황은 그런 전제와 다르다. 그리고 이 유통비 가운데 일부는 상인이 다른 유통담당자에게서 전가받은 비용이고 또 다른 일부는 자신의 사업에서 직접 발생한 비용이다.

이런 유통비에는 여러 가지 유형이 있을 수 있다. 어떤 것은 상인의 고유한 업무 그 자체에서 발생하는 것, 즉 상인에게만 고유한 유통비에 해당하는 것도 있을 것이고, 또 어떤 것은 발송·수송·저장 등과 같이 유통과정 내부에서 뒤따라 일어나는 생산과정들에서 발생하는 것도 있을 것이다. 어쨌든 이러한 유통비는 상품구매 시 지출된 화폐자본 이외에 별도로 상인이 이들 유통수단을 구매하고 지불할 때 추가로 부담해야 할 자본이다. 이들 비용요소들은 그것들이 유동자본인 한에서는 전부가, 그리고 고정자본일 때에는 그것의 마모분만큼 상품의 판매가격에 추가된다. 그리고 이 추가 부분은 상인의 순수한 유통비와 같이, 상품에 아무런 실질적인 가치도 부가하지 않으면서 단지 하나의 명목가치만을 이루는 요소로서 상품의 판매가격에 산입되는 것일 뿐이다. 그러나 동시에 이들 추가자본은 그것이 유동자본이든 고정자본이든 모두 일반이윤율의 형성에 개입한다.

상인의 순수한 유통비(즉 발송·수송·저장 등에 대한 비용은 제외)는 상품의 가치를 실현하기 위하여, 또 이 가치를 상품에서 화폐로 혹은 화폐에서 상품으로 전화하기 위하여[즉 그 교환을 매개하는 데] 필요한 비용에 해당한다. 그 경우 유통행위 가운데에서 계속 이루어지고 또 상인의 고유한 업무와는 완전히 별도로 존재할 수 있는 몇몇 생산과정들은 완전히 제외된다. 실제로 이런 생산과정으로는 예를 들어 운수업이나 발송업과 같이 상업과는 완전히 다른 산업분야가 있을 수 있고 또한 사실 그러하다. M300 또 매매되는 상품이 부두나 다른 공공장소에 쌓여 있을 수도 있으며 여기에서 발생하는 비용은, 그것이 상인이 지출해야 할 비용인 한, 제3자로부터 계산되어 상인에게 청구된다. 이런 모든 것은 상인자본이 가장 순수한 형태로 다른 기능들과 가장 적게 결합되어 나타나는 전형적인 도매업에서 드러난다. 짐마차 운송업자, 철도 지배인, 선주 등은 '상인'이 아니다. 우리가 여기에서 논의하는 비용은 구매비용과 판매비용이다. 이미 이야기한 것처럼 이들 비용은 계산, 부기, 시장 조작, 통신 등에 소요되는 것이다. 이것들을 수행하는 데 필요한 불변자본은 사무실, 종이, 우편요금 등이다. 그 밖에 다른 비용은 상업 임노동자를 사용하는 데 지출되는 가변자본이 있다(발송비용, 운송비용, 관세 등은 부분적으로 상인이 상품구매 시 지출하는 비용이고 따라서 구매가격에 포함되는 것으로 볼 수 있다).

이들 모든 비용은 상품의 사용가치를 생산하는 과정에서 발생하는 것이 아니고 그 가치를 실현하는 과정에서 발생한다. 즉 이것들은 순수한 유통비용들이다. 이것들은 직접적 생산과정이 아니라 유통과정에 개입하는 것들이며, 따라서 재생산의 전체 과정에 개입한다.

이들 비용 가운데 우리에게 관심이 있는 유일한 부분은 가변자본에 지출된 부분이다. (그 밖에 함께 논의될 내용은 다음과 같다. 첫째, 상품가치 속에는 단지 필요노동만 들어간다는 그 법칙이 유통과정에서는 어떻게 관철되는가? 둘째, 상인자본에게서 축적은 어떻게 나타나는가? 셋째, 실제의 사회적 총생산과정에서 상인자본은 어떻게 기능하는가?)

이들 비용은 생산물이 상품이라는 경제적인 형태를 띠게 되면서부터 나타난다.

만일 산업자본가들 스스로가 그들의 상품을 직접 판매하는 데 소비하는 노동시간—객관적으로 말해 상품의 유통기간—이 이 상품에 대해서 아무런 가치도 부가하지 못한다면, 산업자본가 대신에 상인이 이 일을 수행한다고 해도 이 노동시간의 성격이 변하지 않으리라는 것은 분명한 일이다. 상품(생산물)에서 화폐로의 전화, 그리고 화폐에서 상품(생산수단)으로의 전화는 산업자본에 반드시 필요한 기능이며 따라서 자본가들(사실상 의인화되어 고유한 의식과 의지를 갖춘 자본에 불과한)에게 반드시 M301 필요한 행위이다. 그러나 이 기능은 가치를 증식하지도 잉여가치를 창출하지도 않는다. 상인은 이 행위를 수행함으로써, 즉 생산자본가가 생산영역에서 수행한 다음 중단한 자본의 기능을 다시 유통영역에서 이어서 매개함으로써 산업자본가의 자리를 단지 이어받을 뿐이다. 이 행위에 소요되는 노동시간은 자본의 재생산과정에서 반드시 필요한 행위로서 소비되는 것이지만 그것은 아무런 가치도 부가하지 못한다. 만일 상인이 이 행위를 수행하지 않는다면(그리하여 거기에 소요되는 노동시간도 사용하지 않는다면) 그는 자신의 자본을 산업자본의 유통담당자 역할을 수행하는 데 사용하지 않는 것이 된다. 또한 그럴 경우 그는 산업자본가가 중단한 기능을 계속 이어받지도 않을 것이고 따라서 자본가로서 자신이 지출한 자본의 비율에 따라 산업자본가계급이 생산한 이윤량의 분배에 참여할 수도 없을 것이다. 그러므로 상업자본가는 잉여가치량의 분배에 참여하기 위해서, 즉 자신이 지출한 자본을 증식하기 위해서 반드시 임노동자를 사용할 필요는 없다. 만일 자신의 사업규모나 자본규모가 작다면 그는 스스로 자신의 노동자가 될 수도 있다. 그럴 경우 그에게 지불되는 것은 상품의 구매가격과 실제 생산가격 간의 차이에서 생겨난 이윤부분이 된다.

그런데 상인의 자본 지출규모가 소규모일 경우, 그가 실현하는 이윤은 비교적 고급의 숙련된 임노동자의 임금보다 전혀 많지 않거나 오히려 더 적을 수도 있다. 사실 그의 주변에서 그와 마찬가지의 기능을 수행하는 생산자본가의 직접적인 상업대리인들(구매직원, 판매직원, 출장직원 등) 중에는, 임금의 형태건 혹은 판매 시마다 주어지는 이윤의 배당형태(수수료, 이익배당 등)이건, 그 소득이 상인과 같거나 더 많은 사람들도 있다. 앞의 경우 상인은 독립된 자본가로서 상업이윤을 벌어들인다. 그리고 뒤의 경우 산업자본가의 임노동자인 그 직원은 산업자본가(이윤의 직접적 담당자인)의 이윤 중 일정 비율의 형태나 혹은 아예 임금의 형태로 전체 이윤 가운데 일부를 지불받는다. 이 경우 그의 고용주는 산업이윤은 물론 상업이윤까지도 벌어들이게 된다. 그러나 이 두 경우 모두, 설사 유통담당자 자신에게는 자신의 소득이 단지 임금[즉 그가 수행한 노동에 대한 보수] 으로만 보인다고 하더라도, 그리고 상인의 경우에는 자신의 이윤의 크기가 고급 노동자의 임금과 겨우 비슷할 정도에 불과한 것으로 보인다고 하더라도, 이들의 소득은 모두 상업이윤에서만 나오는 것이다. 그것은 이들 M302

의 노동이 가치를 창출하는 노동이 아니기 때문이다.

자신의 활동을 유통행위로까지 확장하는 것은 산업자본가에게 다음과 같이 나타난다. ① 그가 생산과정의 감독자라는 자신의 기능을 스스로 수행하는 것에 그런 확장이 장애가 되는 한, 그것은 그에게 개인적인 시간손실을 가져온다. ② 화폐형태로든 상품형태로든 자신의 생산물이 유통과정[가치증식도 없고 직접적 생산과정이 중단되어 있는 과정] 속에 머무는 기간이 길어진다. 이 직접적 생산과정이 중단되지 않기 위해서는 생산규모를 축소하든가 혹은 생산규모를 축소하지 않으려면 추가 화폐자본을 투하해야만 한다. 이것은 기존 자본의 이윤을 줄이거나, 기존의 이윤을 유지하기 위해서는 추가 화폐자본을 투하하든가 해야 한다는 것을 의미한다. 이것은 산업자본가의 자리에 상인이 대신 들어앉는다 해도 전혀 변함이 없다. 즉 산업자본가가 유통과정에서 추가로 시간을 소비하는 대신에 이제 상인이 그 시간을 소비하게 되고, 산업자본가가 유통을 위해 추가자본을 투하해야 하는 대신에 이제는 상인이 그것을 투하하게 된다고 해도 변함이 없으며, 혹은 또 산업자본의 상당 부분이 계속해서 유통과정 속에서 떠돌아다니는 대신에 상인자본이 완전히 그 자리를 메우게 되고, 산업자본가가 더 적은 이윤을 버는 대신에 그가 자신의 이윤 가운데 일부를 모두 상인에게 떼어 내준다고 해도 전혀 변함이 없는 것이다. 단지 차이점이 있다면 그것은 이때의 상인자본이 꼭 필요한 규모를 넘어서지 않는 한, 이런 자본기능의 분화를 통해 적어도 유통과정에서는 더 적은 시간이 소비되고 또 그에 대한 추가자본이 더 적게 투하되며 총이윤 가운데 상업이윤으로 떨어져 나가는 부분이 더 적어지리라는 것뿐이다. 위의 예 720c+180v+180m(별도의 상인자본 100과 함께)에서 산업자본가의 이윤이 162[혹은 18%]라고 한다면, 즉 18이 산업자본가의 이윤에서 상업이윤으로 공제된다면, 이 별도의 상인자본이 없을 경우 산업자본가가 선대해야 하는 추가자본은 아마 200에 달할 것이고 그럴 경우 산업자본가의 총선대자본은 900에서 1,100으로 늘어나서 잉여가치 180에 대한 이윤율은 단지

$16\frac{4}{11}$%에 머물게 될 것이다.

스스로 상인의 기능까지 수행하는 산업자본가는, 이제 유통 중인 자신의 생산물이 화폐로 재전화하기 전에 새로운 상품을 구입하기 위해 필요한 추가자본 외에도, 상품자본의 가치 실현을 위해서〔즉 유통과정을 위해서〕또 다른 자본(상업노동자에 대한 임금과 사무비용)을 지출하게 되는데, 그러나 이때 이 자본은 추가자본을 이루기는 하지만 잉여가치를 창출하지는 못한다. 이 자본은 상품가치로부터 보전되어야 하는데 왜냐하면 M303 이 상품가치의 일부는 이런 유통비용으로 다시 전화해야 하기 때문이다. 그러나 이런 과정에서 추가 잉여가치는 전혀 창출되지 않는다. 사회적 총자본과 관련하여, 이것은 사실상 그 총자본의 일부가 가치증식과정이 아닌 부차적인 행위에 사용될 필요가 있고, 사회적 자본의 이 부분은 끊임없이 이 목적을 위해서 재생산되어야 한다는 것을 의미한다. 이리하여 산업자본가가 상인의 기능까지 함께 수행하는 것은 개별 자본가는 물론 산업자본가계급 전체로서도 이윤율을 하락시키는 결과를 가져온다. 이러한 결과는, 같은 양의 가변자본을 움직이는 데 추가자본이 요구되는 한, 추가자본이 주가될 때마다 항상 발생하게 된다.

유통업무와 관련된 이런 추가비용이 이제 산업자본가에게서 상업자본가에게로 전가된다면, 이윤율의 하락은 여전히 일어나지만 그 하락비율은 감소하고 그 방식도 달라진다. 이 경우 사태는 다음과 같이 나타난다. 즉 만일 이런 비용이 존재하지 않는다면, 상인은 필요 이상의 자본을 선대한 셈이 되고, 이 추가자본에 대한 이윤은 상업이윤의 크기를 증대시킨다. 말하자면 산업자본과 더불어 평균이윤율의 균등화에 참여하는 상인자본의 크기가 증대하게 되고 따라서 평균이윤율은 하락한다. 우리가 위에서 든 예에서, 유통비에 대해 상인자본이 100 이외에 다시 50을 더 추가해서 선대한다면, 총잉여가치 180은 이제 생산자본 900에 상인자본 150을 더한 합계 1,050에 대해서 배분된다. 따라서 평균이윤율은 $17\frac{1}{7}$%로 하락한다. 산업자본가는 상품을 상인에게 $900+154\frac{2}{7}=1,054\frac{2}{7}$ 에 판매하고 상인은 이것을 다시 1,130(1,080+그가 재보전해야 하는 비용 50)에 판매한다. 그렇지만 상인자본과 산업자본 간의 기능분화를 통해서 상업비용의 집중이 이루어지고 그 결과 상업비용의 감소가 이루어진 점은 인정되어야 한다.

여기에서 다음과 같은 의문이 제기된다. 즉 상품거래자인 상업자본가에게 고용된 상업 임노동자는 어떻게 되는 것인가?

어떤 점에서 보면 이런 상업노동자도 다른 노동자들과 다를 바 없는 임노동자이다. 즉 그는 첫째로 상인에게서 그의 수입으로 지출되는 화폐가 아니라 바로 가변자본에 의하여 자신의 노동을 판매하기 때문이다. 즉 개인 용도가 아니라 선대되는 자본의 자기증식 목적을 위하여 자신의 노동을 판매하기 때문이다. 둘째로 그의 노동력가치[따라서 그의 임금]는 다른 모든 임노동자들과 마찬가지로 그의 노동생산물에 의해서가 아니라 그의 고유한 노동력의 생산과 재생산 비용에 의해서 정해지기 때문이다.

M304

그러나 상업노동자와 산업자본에 의해 직접 고용된 노동자들 간에는 산업자본과 상인자본 사이에 존재하는 차이[따라서 산업자본가와 상인 간에 존재하는 차이]와 마찬가지의 차이가 존재한다. 상인은 단순한 유통 담당자로서 가치는 물론 잉여가치도 전혀 생산하지 않기 때문에 (왜냐하면 그가 자신의 비용만큼 상품에 부가하는 그 부가가치는 이미 기존에 존재하던 가치를──물론 그가 이런 자신의 불변자본가치를 어떻게 획득하고 보전해왔는지는 또 문제가 되지만──부가하는 것에 지나지 않기 때문이다) 이런 기능을 위해 그가 고용한 상업노동자도 그를 위해 직접적으로 잉여가치를 창출해주는 것이 불가능하다. 우리가 생산적 노동자의 경우 임금이 노동력가치에 의해 결정된다고 가정한 것과 마찬가지로, 이 경우 상인도 자신이 고용한 노동자의 임금을 깎아서 부를 늘릴 수는 없기 때문에 상인은 자신의 비용 계산에서 노동에 대한 지출(그가 단지 일부분만 지불하는)을 건드릴 수가 없다. 바꿔 말하자면 그는 자신의 노동자의 급료 따위를 속이는 방법으로는 부를 늘릴 수 없다.

상업노동자와 관련해서 이들이 직접 잉여가치(이윤은 단지 이 잉여가치의 변형된 형태일 뿐이다)를 생산하지 않으면서도 어떻게 해서 그들의 고용주에게 이윤을 생산해주는지를 설명하는 것은 결코 어려운 일이 아니다. 이 문제는 사실 상업이윤의 일반적 분석에서 이미 해명된 것이다. 산업자본이 상품 속에 들어가서 실현되는 노동 가운데 아무런 등가도 지불하지 않은 부분을 판매함으로써 이윤을 얻는 것과 마찬가지로, 상인자본은 상품 속에(이 상품의 생산에 선대된 자본이 총산업자본 가운데 일부로 기능하는 한) 들어 있는 불불노동 가운데 일부를 생산자본에 완전히 지불하지 않고 남겨두었다가 이를 상품판매 시에 지불받음으로써 이윤을 얻는다. 잉여가치와 상인자본의 관계는 산업자본의 그것과는 다르다. 산업자본은 타인의 불불노동을 직접 획득함으로써 잉여가치를 생산한다. 그러나 상인자본은 이 잉여가치의 일부를 산업자본으로부터 넘겨받음으로써 이를 획득한다.

상인자본이 재생산과정에서 자본으로서 기능하고, 따라서 기능하는 자 M305 본으로서 총자본이 산출한 잉여가치에서 일부를 얻어내는 것은 오직 가치의 실현이라는 자신의 기능을 통해서뿐이다. 개별 상인의 이윤의 크기는 그가 이 과정에서 사용할 수 있는 자본량에 의존하며, 또한 그는 자신이 고용한 점원의 불불노동이 크면 클수록 그만큼 더 많은 자본을 판매와 구매에 사용할 수 있다. 상업자본가는 자신의 화폐를 자본으로 만들어주는 바로 그 기능을, 대부분 자신의 노동자를 통해서 수행한다. 이 점원의 불불노동은 비록 잉여가치를 창출하지는 않지만 그럼에도 상업자본가로 하여금 잉여가치를 획득할 수 있게 해주는데, 이것은 상인자본의 관점에서 보면 이 점원의 불불노동이 자신의 이윤의 원천인 것과 마찬가지 결과가 된다. 만일 그렇지 않다면 상업활동은 결코 대규모로, 즉 자본주의적으로 운영되지 않을 것이다.

노동자의 불불노동이 생산자본에 직접 잉여가치를 창출해주는 것과 마찬가지로 상업노동자의 불불노동은 상인자본에 그 잉여가치의 일부를 가져다준다.

문제는 바로 이것이다. 즉 상인의 노동시간과 노동은, 그것이 비록 이미 창출된 잉여가치의 일부를 가져다주긴 하지만, 본질적으로 가치를 창출하는 노동은 아니기 때문에, 그렇다면 상인이 상업노동력의 구매를 위해 지출하는 가변자본은 도대체 어떻게 되느냐 하는 것이다. 이 가변자본은 선대된 상인자본에 지출비용으로 가산되는 것일까? 만일 그렇지 않다면 그것은 이윤율 균등화의 법칙과 모순되는 것처럼 보인다. 어떤 자본가가 도대체 150을 투하하고 나서 단지 100만을 선대자본으로 계상할 수 있겠는가? 만일 그렇다면, 즉 지출비용으로 가산된다면, 그것은 또 상인자본의 본질과 모순되는 것처럼 보인다. 왜냐하면 상인자본이 자본으로 기능하게 되는 것은, 산업자본과 같이 타인의 노동을 움직임으로써가 아니라 그 자신이 노동함으로써, 즉 구매와 판매 기능을 스스로 수행함으로써이기 때문이며, 또한 바로 그렇게 해야만 산업자본이 생산한 잉여가치의 일부를 자신에게 이전시킬 수 있기 때문이다.

(따라서 다음 사항들이 연구되어야 한다. 상인의 가변자본, 유통에서 필요노동의 법칙, 상인노동이 그 불변자본가치를 보전하는 방법, 재생산과정 전체에서 상인자본의 역할, 궁극적으로 한편으로는 상품자본과 화폐자본으로의 분화, 또 다른 한편으로는 상품거래자본과 화폐거래자본으로의 분화.)

만일 각 상인이 자신의 노동만으로 회전시킬 수 있는 크기의 자본만을 M306 갖는다면 상인자본은 무수히 많은 수의 소자본들로 나누어질 것이다. 이런 분화의 정도는 자본주의적 생산양식의 발전과 더불어 생산자본의 생산규모가 커지고 그 취급량이 늘어남에 따라서 비례적으로 더욱 심해질 것이다. 그리하여 이들 두 자본 간의 불비례는 더욱 심화될 것이다. 생산영역의 자본이 집중되는 것에 비례하여 유통영역의 자본은 반대로 분화되어갈 것이다. 산업자본가의 순수한 상업적 업무〔따라서 그의 순수한 상업적 지출〕는 그가 100명의 상인과 거래하는 대신 이제 1,000명의 상인과 거래하게 됨으로써 훨씬 증가할 것이다. 그리하여 상인자본의 독립에서

오던 이익의 대부분은 사라져버릴 것이다. 순수한 상업적 비용 이외에 다른 유통비용, 즉 선별·발송 등의 비용도 증가할 것이다. 이런 것들은 산업자본과 관련된 것들이다. 이제는 상인자본을 살펴보자. 우선 순수한 상업적 노동을 살펴보자. 계산에 소요되는 시간은 액수가 크다고 해서 액수가 적은 경우보다 더 많이 소요되지 않는다. 100파운드스털링씩 10회 구매하는 것은 1,000파운드스털링으로 1회 구매하는 것보다 10배의 시간이 소요된다. 10명의 소상인과 거래하는 것은 1명의 대상인과 거래하는 것에 비해 10배의 편지, 서류, 우편요금이 소요된다. 상업점포에서 적절한 분업이 이루어지기만 하면—한 사람은 장부의 기록을 맡고, 한 사람은 현금 출납을 맡고, 또 다른 한 사람은 거래 상담을 하고, 어떤 사람은 구매만 하고, 어떤 사람은 판매만 하고, 또 다른 사람은 출장을 다니고 하는 형태로—그것은 엄청난 시간절약을 가져오고, 그 결과 도매업에서 사용되는 상업노동자의 숫자는 그 거래규모에 비하면 터무니없이 적다. 이렇게 되는 이유는, 같은 기능에는(그것이 수행하는 규모와 상관없이) 같은 노동시간이 소요되는 그런 기능이 상업에서는 산업에 비해 훨씬 많기 때문이다. 그렇기 때문에 자본의 집적도 역사적으로 산업부문보다 상업부문에서 더 일찍 나타난다. 그 다음에는 불변자본의 지출에 대해서 살펴보자. 100개의 조그만 사무실이 한 개의 큰 사무실보다, 그리고 100개의 작은 상품창고가 한 개의 큰 상품창고보다 훨씬 비용이 많이 먹힌다. 수송비용(적어도 선대비용으로 상인이 부담하는)도 분화가 심해지면 그만큼 더 증가한다.

산업자본가는 자신의 상업적 업무 부분에 더 많은 노동과 유통비용을 지출해야 할 것이다. 같은 크기의 상인자본이라 하더라도 많은 수의 소상인에게로 분할되어 있으면 이런 분할로 인해 자신의 기능을 수행하는 데 훨씬 많은 수의 노동자가 필요할 것이며 또한 같은 크기의 상품자본을 회전시키는 데에도 더 큰 상인자본이 필요할 것이다.

상품의 구매와 판매에 직접 지출되는 총상인자본을 B라고 하고 이에 상응하여 상업적 보조노동자에게 지불되는 가변자본을 b라고 한다면, B+b는, 각 상인이 점원을 고용하지 않고 손수 모든 일을 수행할[즉 자본의 일부가 b로 전혀 지출되지 않을] 경우의 총상인자본 B보다 적어야 할 것이다. 그러나 아직 문제가 해결된 것은 아니다.

상품의 판매가격은 다음의 두 부분을 충족시킬 수 있어야 한다. ① B+b에 대한 평균이윤을 지불할 수 있어야 한다. 이것은 이미 B+b가 일반적으로 원래의 B보다 줄어든 것이고, b가 없을 경우 소요되는 것보다 더 적은 상인자본이라는 사실을 통해서 설명되었다. ② b에 대하여 새롭게 부가적으로 나타나는 이윤 이외에도, 지불된 노임[즉 상인의 가변자본=b 그 자체]을 충분히 보전해줄 수 있어야 한다. 바로 이 둘째 부분에서 문제가 생긴다. 즉 b는 가격의 새로운 구성 부분을 이루는 것인가, 아니면 B+b에 의해 만들어진 이윤의 일부분——상업노동자에게는 임금으로만 나타나고 상인에게는 자신의 가변자본의 단순한 보전 부분일 뿐인——에 지나지 않는 것인가? 후자의 경우 상인이 자신의 선대자본 B+b에 대해서 얻어낸 이윤은, 일반이윤율에 따라 결정되는 B에 대한 이윤에다 b——상인이 임금의 형태로 지불했지만 그 자체 아무런 이윤도 만들어내지 못하는——를 더한 것과 같을 것이다.

사실 문제의 핵심은 b의 한계(수학적인 의미에서)를 찾아내는 일이다. 우선 문제를 정확히 확정하기로 하자. 상품의 구매와 판매에 직접 지출되는 자본을 B, 이런 기능을 수행하면서 소비되는 불변자본(물적 거래비용)을 K, 상인이 지출하는 가변자본을 b라고 해보자.

B의 보전에는 아무런 문제도 없다. 그것은 상인에게는 단지 실현된 구매가격이고 제조업자에게는 생산가격일 뿐이다. 상인은 이 가격을 구매하면서 지불하고 그것을 다시 판매하면서 B를 자신의 판매가격의 일부로서 획득한다. 그리고 앞서 설명한 바와 같이 그는 이 B 외에 B에 대한 이윤도 획득한다. 예를 들어 어떤 상품에 100파운드스털링을 지불하고 그에 대한 이윤을 10%라고 하자. 그러면 그 상품은 110파운드스털링에 판매될

것이다. 먼저 그 상품에 100이 지불되었고 100의 상인자본은 거기에 단지 10을 부가했을 뿐이다.

그런데 K를 보면 이것은 생산자가 직접 구매와 판매를 수행할 경우 소비하는 불변자본 부분과 최소한 같거나 대개는 그보다 작다. 그러나 이것은 직접적인 생산과정에서 소요되는 불변자본에 하나의 추가적인 부분을 이룬다. 그럼에도 이 부분은 항상 상품가격으로부터 보전되어야 하며, 혹은 같은 이야기이지만, 상품 가운데 이 크기에 상당하는 일부가 끊임없이 이 불변자본형태로 지출되어야 하며 또한──사회적 총자본의 관점에서 본다면──그 형태로 끊임없이 재생산되어야 한다. 선대된 불변자본 가운 M308 데 이 부분은 생산과정에서 직접 선대된 전체 불변자본량과 마찬가지로 이윤율에 제한적으로 영향을 미친다. 산업자본가가 자신의 업무 가운데 상업적인 부분을 상인에게 넘기는 경우 그는 이 자본 부분을 선대할 필요가 없다. 그 대신 이제 이 자본 부분은 상인이 선대한다. 그러나 그런 경우 이것은 단지 명목적인 것에 지나지 않는다. 상인은 그가 사용하는 불변자본(물적 거래비용)을, 생산은 물론 재생산도 하지 않는다. 이 불변자본의 생산은 일정한 산업자본가의 고유한 업무[혹은 적어도 그의 업무의 일부]로서 나타난다. 그리하여 그 산업자본가는 생활수단을 생산하는 자본가에게 불변자본을 공급하는 산업자본가와 마찬가지의 역할을 수행하게 된다. 따라서 상인은 일차적으로 이 불변자본 부분을 보전하고 그 다음에 그에 대한 이윤을 얻게 된다. 결국 두 경우 모두 산업자본가에게는 이윤의 감소가 나타난다. 그러나 분업과 관련된 집적과 경제성 때문에 상인에게 기능이 이양됐을 경우에는 산업자본가가 손수 이 자본을 선대했을 경우보다 감소의 폭이 줄어들게 된다. 이윤율의 하락도 그 폭이 더 작아지는데 이는 그 경우 선대되는 자본의 크기가 줄어들기 때문이다.

이리하여 지금까지의 판매가격은 B+K+ '(B+K)에 대한 이윤'으로 이루어지게 된다. 여기까지는 아무런 문제가 없다. 그러면 이제 여기에 b, 즉 상인이 선대하는 가변자본을 끌어들여보자.

그러면 판매가격은 B+K+b+ '(B+K)에 대한 이윤' +'b에 대한 이윤'이 된다.

B는 단지 구매가격만을 보전하고 B에 대한 이윤 이외에는 이 가격에 아무것도 부가하지 않는다. K는 K에 대한 이윤과 K 자신을 그 가격에 부가한다. 그러나 이때 K+ 'K에 대한 이윤', 즉 '유통비 가운데 불변자본의 형태로 선대되는 부분' + '그에 상응하는 평균이윤'은 상업자본가의 수중에서보다 산업자본가의 수중에서 더 클 것이다. 평균이윤이 이처럼 상업자본가의 수중에서 줄어드는 현상은 다음과 같은 형태로 나타난다. 즉 우선 완전한 평균이윤〔선대된 산업자본에서 B+K를 공제하고 남은 부분 전체〕이 계산되고 여기에서 다시 B+K에 대한 평균이윤을 공제하고 남은 부분이 상인에게 지불된다. 그리하여 이 부분은 상인자본이라는 특정 자본의 이윤으로 나타나게 되는 것이다.

그러나 b+ 'b에 대한 이윤'의 경우, 혹은 여기서는 이윤율이 10%로 가정되어 있으므로 'b+ $\frac{1}{10}$b'의 경우에는 사정이 다르다. 그리고 핵심적인 문제는 바로 이것과 관련된다.

상인이 b를 가지고 구매하는 것은 가정에 따라 단순한 상업노동이다. 즉 W−G와 G−W라는 자본유통의 기능을 매개하는 데 필요한 노동이다. 그러나 상업노동은 어떤 자본이 상인자본으로 기능하는 데〔즉 그 자본이 상품에서 화폐로, 또 화폐에서 상품으로의 전화를 매개하는 데〕 필요한 노동이다. 그것은 가치를 실현하지만 가치를 창출하지는 못하는 노동이다. 그리고 어떤 자본이 이런 기능을 수행할 경우에만—즉 어떤 자본가가 이런 행위를 수행할 경우에만, 다시 말해서 그의 자본으로 이런 노동을 수행할 경우에만—이 자본은 상인자본으로 기능하게 되며 또한 일반이윤율의 형성에도 관여하게 된다. 다시 말해서 총이윤 가운데에서 자신의 몫을 끌어내게 된다. 그런데 b+ 'b에 대한 이윤' 가운데에서 일단 먼저 지불되는 것은 노동이고(왜냐하면 산업자본가가 이를 상인에게, 자신이 수행했어야 할 노동에 대한 대가로 지불하든, 혹은 상인이 고용한 점원에 대해서 지불하든 둘 다 마찬가지이기 때문이다) 그 다음에 지불되는 것이, 상인이 부담해야 했던 이 노동의 지불에 대한 이윤인 것처럼 보인다. 상인자본은 먼저 b를 환불받고 그 다음에 b에 대한 이윤을 환불받는다. 이렇게 되는 과정을 살펴보면 먼저 상인자본은 자신이 상인자본으로 기능하게 하는 노동에 대해서 지불받고 그 다음에 자신이 자본으로 기능한 데 대해서[즉 기능하는 자본으로 이윤을 얻는 일을 수행한 데 대해서] 이윤을 지불받는다. 이것이 곧 해명해야 할 문제이다.

B=100, b=10, 그리고 이윤율=10%라고 가정하자. 우리는 여기서 문제의 핵심과 관련이 없고 이미 앞서 다루어진 구매가격요소 K를, 불필요한 계산을 피하기 위해 0으로 놓기로 하자. 그러면 판매가격=B+p+b+p(=B+Bp'+b+bp', 여기에서 p'은 이윤율)=100+10+10+1=121이 될 것이다.

그런데 b가 상인에 의해 임금으로 지출되지 않는다면──왜냐하면 b는 상업노동에 대해서만, 즉 산업자본이 시장에 투입하는 상품자본의 가치를 실현하는 데 필요한 노동에 대해서만 지불되는 것이기 때문이다──사태는 다음과 같이 될 것이다. 즉 B=100으로 구매하거나 판매하기 위해서 상인은 자신의 시간을 투여하게 될 것이고 우리는 이것이 그가 사용할 수 있는 유일한 시간이라고 가정해보자. b 혹은 10으로 표현되는 이 상업노동이 만일 임금이 아니라 이윤으로 지불되려면 또 다른 상인자본=100을 가정해야만 한다. 왜냐하면 문제의 b=10을 10%의 이윤율로 얻기 위해서는 100의 자본이 필요하기 때문이다. 이 두 번째 B=100은 상품가격에 부가되지 않지만 그것의 10%는 부가된다. 따라서 이 두 번의 행위로 상인자본은 200이 되며 상품은 200+20=220에 구매된다.

상인자본은 유통과정에서 기능하는 산업자본의 일부분이 독립한 형태에 지나지 않는다. 따라서 상인자본과 관련된 모든 문제는, 상인자본 고유의 현상이 아직 독립적으로 나타나지 않고 산업자본과의 직접적인 관련 M310 하에서[즉 산업자본의 한 부문으로] 나타나는 형태로 일단 문제를 설정함으로써 해명되어야만 한다. 상인자본은 유통과정에서 공장의 작업장과는 다른 경리사무실의 형태를 띠고 끊임없이 기능을 수행한다. 따라서 여기에서 지금 문제가 되는 b도 산업자본가 자신의 경리사무실 안에서 살펴보아야 한다.

원래 이 경리사무실은 공장의 작업장에 비해 언제나 보잘것없이 매우 규모가 작은 것이다. 어쨌든 다음 사실은 분명하다. 즉 생산규모가 확대되어감에 따라 상업적 행위〔즉 산업자본의 유통을 위해 끊임없이 수행되는 행위, 다시 말해서 상품자본의 형태로 존재하는 생산물을 판매하는 것은 물론 판매된 대금을 다시 생산수단으로 전화시키고, 이 전체 과정에 대한 계산을 수행하는 것〕도 증가한다. 가격 계산, 부기, 출납, 통신 등의 모든 것이 여기에 속한다. 생산규모가 증대해갈수록 산업자본의 상업적 행위〔즉 가치와 잉여가치의 실현을 위한 노동 및 기타 유통비〕도, 비록 똑같은 비율은 아닐지라도, 증가한다. 그 때문에 상업 임노동자의 사용이 필요하게 되고, 이 노동자들이 별도의 경리사무실을 형성하게 된다. 이들 상업노동자에 대한 지출은, 비록 그것이 임금의 형태를 띠긴 하지만, 생산적 노동의 구매에 지출되는 가변자본과는 구별된다. 이것은 직접적으로 잉여가치를 증대하지 않으면서 이 산업자본가의 지출, 즉 선대자본량을 증가시킨다. 왜냐하면 이것은 이미 창출된 가치의 실현을 위해서만 사용되는 노동에 대해서 지불되는 지출이기 때문이다. 이런 종류의 모든 다른 지출과 마찬가지로 이것도 이윤율을 하락시키는데, 이는 선대자본은 증가하는데 잉여가치는 증가하지 않기 때문이다. 만일 잉여가치 m이 불변인데 선대자본 C가 C+ΔC로 증가한다면 이윤율은 $\frac{m}{C}$ 대신에 더 낮은 이윤율 $\frac{m}{C+\Delta C}$ 이 될 것이다. 따라서 산업자본가는 그의 불변자본에 대한 지출과 마찬가지로 이 유통비를 최소한으로 줄이기 위해 노력한다. 그러므로 산업자본은 상업 임노동자와 생산적 임노동자를 동일한 방식으로 대하지 않는다. 다른 조건이 불변이라면 후자를 많이 사용할수록 생산이 대량화되고 그만큼 잉여가치〔혹은 이윤〕가 더욱 증가한다. 반대의 경우에는 그

역이 성립한다. 그러나 생산규모가 커질수록, 따라서 실현되어야 할 가치와 잉여가치가 커질수록[즉 생산된 상품자본이 커질수록] 그만큼 사무실 비용이, 상대적으로는 아니지만 적어도 절대적으로는, 더욱 증가한다. 그 _{M311}리하여 일종의 분업의 단초가 주어진다. 이윤이 이런 지출의 전제가 되고 있다는 것은 무엇보다도 상업노동자의 급료가 증가하면 종종 이것의 일부가 이윤에 대한 일정 비율로 지불된다는 사실을 통해서 잘 드러난다. 따라서 단지 매개적 행위들로만 이루어지는 노동[즉 가치의 계산과 그것의 실현, 그리고 실현된 화폐의 생산수단으로의 재전화 등과 관련된 노동]의 크기는 생산되어 실현되어야 할 가치의 크기에 의존하는 것이 당연한 일이다. 또한 이런 노동은 그러한 가치의 상대적인 크기를 결정하는 원인(직접적인 생산적 노동의 경우와 같이)이 아니라 단지 그것의 결과로서 작용한다는 것도 당연한 일이다. 다른 유통비의 경우도 이것은 비슷하다. 길이를 재고 무게를 달고 포장을 하고 또 수송을 하는 등의 행위가 증가하면 그에 따라 비용도 당연히 증가한다. 포장 및 수송 등에 들어가는 노동량은 그런 행위의 대상물인 상품의 양에 의존하며 그 역은 아니다.

상업노동자는 직접 잉여가치를 생산하지 않는다. 그러나 그의 노동가격은 그의 노동력가치[즉 그것의 생산비]에 의해서 결정된다. 반면 이 노동력의 행사, 즉 부리고, 힘을 쓰게 하고 마멸시키는 등의 행위는, 다른 모든 임노동자의 경우와 마찬가지로, 결코 그 노동력의 가치에만 한정되지 않는다. 따라서 그의 임금은 그가 자본가를 도와서 실현시키는 이윤량과는 아무런 필연적인 관계가 없다. 그가 자본가에게 지불한 크기와 그가 자본가로부터 받는 것의 크기는 서로 다르다. 그는 직접적으로 잉여가치를 창출함으로써가 아니라 잉여가치의 실현 비용을 줄여줌으로써(그가 부분적으로 불불노동을 수행하는 한) 자본가에게 대가를 지불받는다. 원래 상업노동자는 임노동자 가운데 비교적 보수가 좋은 계층에 속하고, 그들의 노동은 숙련노동으로서 평균노동을 상회한다. 그러나 자본주의적 생산양식이 발전해가면 이들의 임금은 평균노동에 비해서조차도 점차 하락하는 경향이 있다. 그 원인은 부분적으로 사무실 내에서의 분업에 있다. 즉 노동능력이 일면적으로만 발달해가는데, 그 비용의 일부는 자본가에게서 지불되지 않고 노동자의 숙련에 의한 기능 그 자체의 발달로 메워지게 되고, 분업이 발달할수록 이런 일면적인 노동의 숙련은 더욱 심화된다. 그다음 또 하나의 원인은 과학과 대중교육이 진보함에 따라 예비교육과 상업지식 및 어학지식 등이 더 급속하고 손쉽고, 보편적으로 더욱 저렴하게 재생산된 데 있다. 이런 경향은 자본주의적 생산양식이 학습방법 등을 더욱 실용화해감에 따라 더욱 가속화된다. 대중교육이 일반화됨으로써 과

M312 거에는 열악한 생활양식하에 거주하면서 이 분야의 고용에서 배제되었던 계층이 이제 고용 가능 계층으로 바뀌게 된다. 그리하여 상업노동부문에 노동자들이 폭주하는 현상이 발생하고 그로 인해 경쟁이 격화된다. 몇몇 예외를 제외하고는 자본주의적 생산이 발달함에 따라 이런 사람들의 노동력은 평가절하된다. 그리하여 그들의 임금은 하락한다. 그러나 그에 반해 그들의 노동능력은 증대되어간다. 자본가는 가치와 이윤이 더 많이 실현되면 이들 노동자의 수를 늘린다. 이런 노동의 증가는 언제나 잉여가치 증가의 결과이지 그 원인은 아니다.[39a]

———

이리하여 하나의 이중적 현상이 발생한다. 즉 한편으로 상품자본과 화

39a) {상업프롤레타리아트의 운명에 대한 이 예언(1865년에 쓴)이 그 이후 어떻게 입증되었는지는 숱한 독일 출신 점원(상업노동자)들이 상거래행위와 3~4개 국어에 능통하면서도 런던 시티(City) 지역에서 불과 주급 25실링에 고용되고 있는 것에서 그대로 드러난다. 이런 임금은 숙련기계공의 임금에 비해 훨씬 낮은 것이다. 초고에서 떨어져 나가 망실된 두 페이지는 아마 이런 점들이 좀더 깊이 논의되어 있을 것으로 보인다. 그 밖에 또 이와 관련하여 참고할 것으로는 제2권 제6장(유통비) 105~113쪽*이 있는데, 거기에서는 이 문제에 관한 여러 가지 내용들이 이미 언급되어 있다.}

* MEW Bd. 24, 131~138쪽 참조.

폐자본(따라서 더 나아가 상인자본)으로서의 여러 기능들은 산업자본의 일반적 형태가 갖는 기능들이다. 그리고 다른 한편으로 특정의 여러 자본 〔즉 특정한 일련의 자본가들〕이 이들 기능을 전담하고 그리하여 이들 기능은 자본증식의 특수한 영역이 된다.

상업적 기능과 유통비는 상인자본에만 독립적인 것으로 나타난다. 산업자본 가운데 유통에 돌려진 부분은, 단지 그것이 지속적으로 존재하는 형태인 상품자본과 화폐자본으로만 존재하지 않고, 공장작업장 곁의 사무실에도 존재한다. 그러나 상인자본에는 이 부분이 독립된 것이 된다. 상인자본에 대해 그 사무실은 자신의 고유한 작업장이다. 자본 가운데 유통비용의 형태로 사용되는 부분은, 대상인의 경우 산업자본가보다 훨씬 더 크게 나타난다. 왜냐하면 각 공장작업장과 연결된 자신의 고유한 사무실 외에도, 산업자본가계급 전체가 유통비의 형태로 사용해야 할 자본 부분이 몇몇 소수의 개별 상인들에게 집중되고 이들이 유통기능을 계속 담당해가면서 거기에서 발생되는 유통비의 지속적인 공급도 그들이 전담하게 되기 때문이다.

산입자본에서 유통비는 단지 부수적인 비용일 뿐이고 또 그렇게 나타 M313 난다. 그러나 상인에게 그것은 그 크기에 비례하여—일반이윤율을 전제로 하여—얻게 되는 자신의 이윤의 원천으로 나타난다. 따라서 이렇게 유통비로 지출되는 부분은 상인자본에서는 하나의 생산적 투자이다. 그러므로 상인자본이 구매하는 상업적 노동도 상인자본에는 직접적으로 생산적인 것이다.

제18장

상인자본의 회전. 가격

M314 산업자본의 회전은 그것의 생산기간과 유통기간의 통일이며 따라서 생산과정 전체를 포괄한다. 이에 반해 상인자본의 회전은 그것이 사실상 상품자본의 독립된 운동에 불과하기 때문에, W—G라는 상품 형태변화의 제1국면을 어떤 특정 자본의 자신으로의 환류운동〔즉 상인의 관점에서 상인자본의 회전에 해당하는 G—W, W—G〕으로 나타낼 뿐이다. 상인은 상품을 구매함으로써 자신의 화폐를 상품으로 전화시키고 그런 다음 이를 판매함으로써 이 상품을 다시 화폐로 전화시키며 이런 과정을 끊임없이 반복한다. 유통과정 내부에서 산업자본의 형태변화는 언제나 W_1— G—W_2로 나타난다. 생산된 상품 W_1의 판매를 통해 획득된 화폐는, 새로운 생산수단 W_2를 구매하기 위해서 사용된다. 이것은 사실상 W_1과 W_2 간의 교환이며 동일한 화폐가 주인만 두 번 바뀌는 것이다. 이러한 화폐의 운동은 서로 다른 두 종류의 상품인 W_1과 W_2 사이의 교환을 매개한다. 그러나 상인에게는 반대로 G—W—G′의 과정에서 동일한 상품이 주인을 두 번 바꾸는 것이 되고 이 상품은 단지 상인에게로 화폐의 환류를 매개하는 것일 뿐이다.

만일 예를 들어 상인자본 100파운드스털링이 있고 상인이 이 100파운드스털링으로 상품을 구매하고 그런 다음 이 상품을 110파운드스털링에 판매한다면, 이것은 그의 자본 100파운드스털링이 1회전을 한 것이 되고 연간 회전수는 1년 동안에 이 운동 G—W—G′이 몇 번이나 반복되는가에 달려 있다.

여기에서 우리는 구매가격과 판매가격 간의 차액 속에 포함되어 있을 여러 비용들에 대해서는 무시하기로 한다. 왜냐하면 이런 비용은 여기에서 우리가 논의할 형태에 아무런 변화도 불러일으키지 않기 때문이다.

따라서 일정 상인자본의 회전수란 여기에서 단순한 유통수단으로서 화폐의 순환이 반복되는 횟수와 완전히 같은 말이다. 어떤 화폐액이 10회 유 M315 통하면 그 가치의 10배에 해당하는 상품을 구매하는 것과 마찬가지로, 예를 들어 상인의 화폐자본 100이 10회 회전하면 그 가치의 10배에 달하는 상품을 구매하고 10배의 가치=1,000의 상품자본을 실현하게 된다. 그러나 이 양자 간에는 다음과 같은 차이점이 있다. 즉 전자의 경우인 단순한 유통수단으로서 화폐의 순환에서는, 동일한 화폐액이 여러 사람의 손을 거쳐 가고 그리하여 동일한 기능을 반복해서 수행하게 되는데, 따라서 회전하는 화폐량은 회전속도에 의해서 보전된다. 그러나 후자의 경우인 상인에게는, 동일한 화폐자본(그것이 어떤 화폐들로 이루어져 있든 그것과는 상관없이)[즉 동일한 화폐가치]이 그 가치액에 해당하는 상품자본을 반복해서 구매하고 판매하는데, 그럼으로써 그 결과 그것은 G+ΔG[다시 말해서 가치+잉여가치]로 원래의 출발점인 자신의 수중으로 반복적으로 환류되어 온다. 이것은 후자의 순환이 자본순환이라는 것을 특징짓는다. 그것은 유통으로부터 투입한 것보다 더 많은 화폐를 끊임없이 끌어낸다. 그렇지만 상인자본의 회전이 빨라지면(이 경우에는 신용제도가 발달하여 화폐의 지불수단 기능도 더욱 강화된다) 동일한 화폐량의 회전도 더욱 빨라진다는 것은 자명한 일이다.

그러나 상품거래자본의 반복되는 회전이 나타내는 것은 구매와 판매의 반복 이외에 어떤 다른 것도 아니다. 반면 산업자본의 반복되는 회전은 총 재생산과정(여기에는 소비과정이 포함된다)의 순환과 갱신을 나타낸다. 그런데 이 후자의 회전은 상인자본에는 단지 외부조건으로만 나타난다. 상인자본의 회전이 신속하게 이루어질 수 있으려면 산업자본이 끊임없이 상품을 시장에 내고 그것에서 다시 회수하는 것을 계속해야만 한다. 재생산과정 일반이 완만하게 되면 상인자본의 회전도 완만하게 된다. 상인자본은 분명 생산자본의 회전을 매개하긴 하지만 이는 단지 그것이 생산자본의 회전을 단축하는 한에서만 그러하다. 상인자본은 생산기간—이 생산기간도 역시 산업자본의 회전기간에 하나의 제약요인이 된다—에는 직접적인 영향을 미치지 않는다. 이것이 상인자본의 회전에 대한 첫 번째 제약요인이다. 그러나 둘째로, 재생산적 소비에 의해 형성된 이 제약요인 외에도, 궁극적으로 이 회전은 또 개인적 소비 전체의 크기와 속도에 의해 제약을 받는다. 왜냐하면 상품자본 가운데 소비재원으로 들어가는 모든 부분이 바로 이 크기와 속도에 의존하기 때문이다.

그러나(상인세계 내부의 회전은 무시하기로 한다. 즉 한 상인이 동일한 상품을 계속해서 다른 상인에게 판매하는 경우는 일상화되어 있고, 또 이런 종류의 유통은 투기가 성행하는 시기에 특히 만연하지만 이들은 모두 무시하기로 한다) 상인자본은 첫째, 생산자본의 W—G 국면을 단축한다. 둘째, 근대 신용제도 아래 상인자본은 사회적 총화폐자본의 대부분을 장악함으로써 자신이 이미 구매한 것을 모두 팔기 전에 자신의 구매행위를 반복할 수 있다. 이때 그 상인이 직접 최종 소비자에게 그것을 팔든, 아니면 12명이나 되는 중간상인의 손을 거쳐서 그것을 팔든, 이것은 전혀 상관이 없다. 주어진 제약조건들을 끊임없이 뛰어넘을 수 있을 만큼 재생산과정이 매우 탄력적일 경우, 상인은 생산 그 자체로부터는 아무런 제약도 받지 않으며, 설사 받는다 하더라도 그 제약은 매우 탄력적일 것이다. 그리하여 상품의 본성으로부터 야기되는 W—G와 G—W의 분리 외에도, 여기에서 상인자본에 대한 가상적인 수요가 창출된다. 물론 그것의 독립에도 불구하고 상인자본의 운동은 유통영역 내부에서 산업자본의 운동, 바로 그것이다. 그러나 그것의 독립적 성격 덕택에 상인자본은 일정 범위 내에서는 재생산과정의 제약을 벗어나서 움직이며 그리하여 스스로 이 제약을 뛰어넘기도 한다. 내적으로는 종속되어 있으면서도 외적으로는 독립성을 유지하는 이 양면적 성격은, 상인자본을 계속 몰아가서 결국은 그 내적 연관이 공황을 통해서 강제로 재정립되는 그 지점까지 도달하게 한다.

그러므로 공황에서 나타나는 현상들은 일차적으로 직접적인 소비와 관련된 소매단계에서보다는 도매영역과 그 도매영역에 사회적 총자본을 공급해주는 은행영역에서 먼저 나타나면서 터져 나온다.

현실적으로 제조업자는 수출업자에게 상품을 판매하고 수출업자는 이를 다시 그의 외국 고객들에게 판매할 수 있으며, 수입업자는 원료를 제조업자에게 판매하고 제조업자는 생산물을 도매상 등에게 판매할 수 있다. 그러나 보이지 않는 어떤 한 지점에서 상품은 팔리지 않은 채로 남게 되고 모든 생산자와 중간상인의 재고는 점차 늘어나게 된다. 바로 이 시기에 소비는 통상 최고 절정에 다다르게 되는데, 그것은 한편으로는 한 산업자본가가 다른 일련의 산업자본가들의 소비를 연쇄적으로 유발하기 때문이기도 하고, 또 다른 한편으로는 그들이 고용한 노동자들이 완전 고용됨으로써 평상시보다 더 많이 소비하기 때문이기도 하다. 또한 자본가의 소득이 늘어감에 따라 그들의 지출도 늘어나게 된다. 거기에다 우리가 이미 본 바와 같이(제2권 제3편)* 불변자본과 불변자본 사이의 끊임없는 유통이(축적이 촉진되는 것은 차치하고서라도) 발생한다. 이것은 처음에는 개인적 소비와 무관한데, 왜냐하면 이 유통은 개인적 소비영역에는 투입되지 않기 때문이다. 그럼에도 이 유통은 개인적 소비에 의해 결정적으로 제약을 받는데, 이는 불변자본의 생산이 결코 불변자본 그 자체를 위한 것이 아니 M317

* MEW Bd. 24, 420~423, 427~431쪽 참조.

라, 개인적 소비에 쓰이는 생산물을 공급하는 생산영역에서 불변자본이 더 많이 소요됨으로써 이루어진 것이기 때문이다. 그럼에도 이들 불변자본은 예상수요에 의해 자극을 받으면서 상당 기간 순탄한 길을 걸어갈 수가 있다. 그리하여 이 부문에서 상인과 산업자본가의 사업은 매우 번창 일로를 걷게 된다. 공황이 찾아오는 것은, 외국으로 판매하는 상인(혹은 국내에 그의 재고를 쌓아둔 상인일 수도 있다)에게 그 자본의 회수가 점차 완만해지고 부족해짐으로써, 판매가 완전히 이루어지기도 전에 은행이 지불을 재촉하고 또 앞서 구매한 상품의 어음 결제일이 도래해버릴 때이다. 그러면 투매[즉 지불을 위한 판매]가 시작된다. 그리하여 번화해 보이던 겉모습이 일순간에 종말을 맞는 파산이 발생한다.

상인자본의 성격이 단지 표피적이고 무개념적인 것은 상인자본의 회전이 매우 다양한 여러 생산자본의 회전을 동시에 혹은 연속적으로 매개할 수 있기 때문에 더욱 그러하다.

그러나 상인자본의 회전은 여러 산업자본의 회전을 매개할 뿐만 아니라 상품자본의 형태변화에서 서로 대립되는 국면도 매개할 수 있다. 예를 들어 상인이 제조업자에게서 아마포를 사서 이를 표백업자에게 판매하는 경우, 상인자본의 회전[사실상 아마포의 실현인 $W-G$]은 서로 다른 두 산업자본의 대립되는 두 국면을 나타낸다. 상인이 생산적 소비를 위해서 판매하는 경우, 그의 $W-G$는 언제나 한 산업자본의 $G-W$를 나타내고 그의 $G-W$는 항상 또 다른 산업자본의 $W-G$를 나타낸다.

이 장의 앞부분에서 이야기했듯이, 만일 우리가 유통비 K를 논의에서 제외한다면[즉 상인이 상품구매 시 지출하는 액수 이외에 따로 선대하는 자본 부분을 제외한다면], 당연히 ΔK[즉 그가 이 추가자본 부분에 대해서 얻게 되는 추가이윤]도 논의에서 제외해야 할 것이다. 그렇게 하는 것이, 우리가 상인자본의 이윤과 회전이 가격에 미치는 영향을 논의하는 데 논리적으로나 수학적으로나 올바른 논의방식일 것이다.

만약 1파운드의 설탕 생산가격이 1파운드스털링이라고 한다면 상인은

100파운드스털링으로 100파운드의 설탕을 구매할 수 있을 것이다. 그가 1년 동안에 이만한 분량의 설탕을 사고팔고 또 연간 평균이윤율이 15%라고 한다면, 그는 100파운드스털링에 대해 15파운드스털링을 부가할 것이고, 1파운드의 생산가격인 1파운드스털링에 대해서는 3실링을 부가할 것이다. 그리하여 그는 1파운드의 설탕을 1파운드스털링 3실링에 판매할 것이다. 그런데 만일 1파운드의 설탕 생산가격이 1실링으로 하락한다면, 상 M318 인은 100파운드스털링으로 2,000파운드를 구매할 것이고 1파운드를 1실링 1$\frac{4}{5}$펜스에 판매할 것이다. 설탕사업에 투하된 100파운드스털링의 자본에 대한 연간 이윤은 과거와 다름없이 여전히 15파운드스털링이 될 것이다. 단지 그는 앞의 경우에는 설탕을 100파운드 팔아야 하고 뒤의 경우에는 2,000파운드를 팔아야 할 것이다. 생산가격의 등락은 이윤율과 아무 상관이 없을 것이다. 그러나 1파운드당 설탕의 판매가격 가운데 상업이윤에 해당하는 부분〔즉 상인이 일정량의 상품(생산물)에 부가하는 가격 부분〕의 크기가 얼마인지는 이 생산가격의 등락과 깊은〔그리고 결정적인〕관계가 있다. 어떤 상품의 생산가격이 하락하면, 상인이 그 상품의 일정량에 대해서 구매가격으로 선대하는 액수도 줄어들고, 그에 따라 (이윤율이 불변이라면) 가격이 하락한 이 상품의 일정량에 대해서 그가 얻게 되는 이윤의 액수도 줄어들 것이다. 혹은, 결과적으로 같은 이야기이지만, 상품의 생산가격이 하락하면, 그는 주어진 자본을 가지고〔예를 들어 100을 가지고〕가격이 하락한 이 상품을 더 많이 구매하고, 그가 100에 대해서 얻는 총이윤 15는 이들 상품 낱개마다에 더 적은 액수로 분할될 것이다. 만일 반대의 경우에는 이것이 거꾸로 이루어질 것이다. 이런 현상은 상인이 거래하는 상품을 생산하는 산업자본의 생산성이 높으냐 낮으냐에 전적으로 의존할 것이다. 네덜란드의 동인도회사[42] 시절처럼 상인이 독점상인이고 그가 생산도 함께 독점하고 있는 경우를 제외한다면, 상인이 개개의 상품에 대하여 적은 이윤으로 많은 상품을 판매할 것인지 아니면 많은 이윤으로 적은 상품을 판매할 것인지가 상인 자신에게 달려 있다고 하는 항간의 생각은 더할 나위 없이 어리석은 생각일 것이다. 상인의 판매가격에는 두 개의 제약이 주어져 있다. 하나는 상품의 생산가격이며 또 하나는 평균이윤율인데 이 두 가지는 모두 그의 재량권 밖에 있다. 그가 스스로 결정할 수 있는 것이라곤 단지 자신이 비싼 상품을 취급할 것인지 값싼 상품을 취급할 것인지의 선택권 정도인데, 그러나 이것도 그가 처분할 수 있는 자본량과 기타 다른 요인들과 관련되어 있다. 따라서 상인이 어떻게 행동할 것인지는 전적으로 자본주의적 생산양식의 발전 정도에 의존하는 것이지, 상인 마음대로 되는 것이 아니다. 다만 순수한 상업회사만이, 과거 생산에 대해 독점을 행사하던 동인도회사처럼, 여건이 완전히 뒤바뀐 오늘날에도 기껏 자본주의적 생산의 초기에나 적용되던 그런 방식을 어떻게 계속할 수 없을까 망상에 젖어 있을 수 있다.[40]

M319   이런 항간의 선입견들은, 이윤에 관한 모든 잘못된 생각들과 마찬가지로, 단순히 상업만 보는 견해와 상인적인 편견에서 비롯된 것인데, 그것이 유지되는 것은 다음과 같은 요인 때문이다.

첫째, 경쟁이 일으키는 온갖 현상들. 그러나 이것은 다만 상업이윤이 개별 상인들〔즉 총상인자본 가운데 일정 부분을 소유한 사람들〕에게 분배되는 것과 관계가 있을 뿐이다. 예를 들어 어떤 상인이 경쟁 상인을 물리치기 위해서 가격을 인하해서 판매하는 경우가 바로 그런 것이다.

둘째, 로셔와 같은 부류의 경제학자들이 아직도 라이프치히에서 계속하고 있는 망상 때문인데, 이 망상이란 판매가격을 변동시키는 것이 "인

---

40) "이윤은 원칙적으로 가격이 아무리 상승해도 변하지 않는다. 그것은 밀물과 썰물에 밀려 떠다니는 물체처럼 자기 위치를 그대로 유지한다. 그러므로 가격이 상승하면 사업가는 가격을 올리고, 가격이 하락하면 사업가도 가격을 낮춘다"(코벳, 『개인적 부의 원인과 그 양식에 대한 연구』, 런던, 1841, 20쪽) — 여기에서 논의하고 있는 것은 이 책 전체의 논의 범주와 마찬가지로 단지 정상적인 상업의 경우이며 투기는 아니다. 투기에 대한 고찰은 상인자본의 분화와 관련된 다른 모든 것들과 함께 우리의 논의에서 제외되었다. "상업이윤은 자본에 부가되는 가치이며 가격과는 무관한 것이다. 후자(투기에 의한 이윤)는 자본가치나 가격 그 자체의 변동에 근거한다"(같은 책, 128쪽).

간의 영리함과 그 인간성"에 근거하는 것이지 변화된 생산양식 그 자체의 결과는 아니라는 생각이다.[43]

셋째, 노동생산성이 증가한 결과 생산가격이 하락하고 따라서 그 판매가격도 하락하면, 수요는 공급보다 더 급속히 증가하고 그에 따라 시장가격도 상승하게 됨으로써, 판매가격은 평균이윤 이상의 이윤을 가져다준다.

넷째, 상인은 자신의 사업에서 더 큰 자본을 더 빨리 회전시키기 위해 판매가격을 인하하기도 한다(이것은 그가 가격에 부가하는 통상적인 이윤을 줄이는 것 이외에 아무것도 아니다). 이런 모든 것은 단지 상인들 간의 경쟁과 관련된 것일 뿐이다.

이미 제1권에서* 본 바와 같이 상품가격의 등락은 주어진 자본이 생산하는 잉여가치량은 물론 그것의 잉여가치율의 결정에도 아무 영향을 미치지 못한다. 그러나 물론 이때 일정량의 노동이 생산하는 상품량의 상대적인 크기에 따라 개별 상품의 가격과 이 가격 가운데 잉여가치가 차지하는 부분은 그것과 함께 변동한다. 각 상품량의 가격은 그것이 가치에 상응하는 것인 한, 상품 속에 대상된 노동의 총량에 의해 결정된다. 적은 양의 노동이 많은 상품들 속에 대상화된다면, 개별 상품의 가격은 하락하고 M320 그 상품 속에 포함된 잉여가치는 줄어들 것이다. 한 상품 속에 체화되는 노동이 지불노동과 불불노동으로 어떻게 나누어지는가[즉 이 상품의 가격 가운데 얼마만큼이 잉여가치를 나타내는가] 하는 문제는 이 상품의 총노동량[즉 그 상품의 가격]과는 아무 상관이 없다. 그러나 잉여가치율은 개별 상품의 가격 속에 포함된 잉여가치의 절대적 크기가 아니라, 그것의 상대적 크기[즉 그 상품에 포함되어 있는 임금에 대한 잉여가치의 비율]에 의해 결정된다. 그러므로 개별 상품의 잉여가치의 절대적 크기가 작을 경우에도, 그것의 잉여가치율은 높을 수 있다. 개별 상품의 잉여가치의 절

* MEW Bd. 23, 542~552쪽 참조.

대적 크기는 일차적으로는 노동생산성에 의존하며 단지 부차적으로만 지불노동과 불불노동 간의 분배에 의존한다.

그런데 상인자본의 판매가격에서 생산가격은 완전히 외생적으로 주어지는 전제요소이다.

과거 상업부문의 상품가격이 그렇게 높을 수 있었던 것은 ① 생산가격이 높았기 때문이다. 즉 노동생산성이 매우 낮았기 때문이다. ② 일반이윤율이 존재하지 않았기 때문인데, 이는 상인자본이, 자본의 일반적 운동에 대해서 주어지는 것보다 훨씬 더 많은 양의 잉여가치를 얻어냈기 때문이다. 따라서 이들 두 가지 요인을 모두 고려해볼 때 이런 현상이 사라지게 된 것은 자본주의적 생산양식이 발전한 결과 때문이다.

서로 다른 상업부문들 간에는 상인자본의 회전속도가 각기 다르고 그에 따라 연간 회전수도 각기 다르다. 같은 상업부문 내부에서도 회전속도는 경기순환의 각 국면마다 달라진다. 그리하여 경험에 기초한 평균 회전수가 나타난다.

이미 우리가 앞서 보았듯이 상인자본의 회전은 산업자본의 회전과 다르다. 이것은 사태의 본질상 당연한 것으로, 즉 산업자본 회전에서 개별 국면은 독립된 상인자본〔혹은 그것의 일부〕의 완결된 하나의 회전으로 나타난다. 이들 두 자본의 회전은 이윤과 가격의 결정에서도 각기 서로 다른 관계를 갖는다.

산업자본에서 회전은, 한편으로는 재생산의 주기성을 나타내고 따라서 일정 기간 시장에 투입되는 상품량은 그 회전에 의존한다. 다른 한편으로는 유통기간이 하나의 제약(신축적인 제약이긴 하지만)이 되면서 가치와 M321 잉여가치의 형성에 어느 정도 제약을 가하는데 이는 그것이 생산과정의 규모에 영향을 미치기 때문이다. 그리하여 산업자본의 회전은 연간 생산되는 잉여가치량의 결정에서〔따라서 일반이윤율의 형성에서〕 그것을 촉진하는 요소가 아니라 그것에 제약을 가하는 요소로서 개입한다. 반면에 상인자본의 경우 평균이윤율은 하나의 주어진 크기이다. 상인자본은 이윤[혹은 잉여가치]의 창출에 직접적인 영향을 미치지 못하며, 일반이윤율의 형성에는 그것이 총자본에서 차지하는 크기에 따라 산업자본이 생산한 이윤량에서 자신의 몫을 얻어내는 범위 내에서만 영향을 미친다.

제2권 제2편에서 논의된 조건 아래서는 산업자본의 회전수가 증가할수록 그것이 형성하는 이윤의 크기도 증가한다. 그리고 일반이윤율의 형성을 통해 총이윤은 개별 자본들에 분배되는데, 이 분배는 이 개별 자본들이 그 이윤의 생산에 직접 참여한 비율에 따라서가 아니라, 총자본 가운데에서 각 자본이 차지하는 비율에 따라[즉 각 자본의 크기에 비례하여] 이루어진다. 그러나 이것은 사태의 본질을 조금도 변화시키지 않는다. 총산업자본의 회전수가 증가하면 그만큼 이윤량[즉 연간 생산되는 잉여가치량]도 증가하고, 따라서 다른 조건이 불변이라면 이윤율도 그에 따라 상승한다. 그러나 상인자본의 경우는 사정이 다르다. 상인자본에 대해 이윤율은 주어진 크기인데, 이때 이윤율을 결정하는 것은, 하나는 산업자본이 생산한 이윤의 양이며 또 다른 하나는 생산과정과 유통과정에 선대된 자본 총액에 대한 총상인자본의 양적 비율이다. 물론 총상인자본의 회전수는 총자본에 대한 총상인자본의 비율[즉 유통을 위해 필요한 상인자본의 상대적 크기]의 결정에 영향을 미친다. 그것은 당연히 유통을 위해 필요한 상인자본의 절대적 크기와 그것의 유통속도가 서로 반비례관계에 있고, 이때 그것의 상대적 크기[즉 총자본 가운데 그것이 차지하는 비율]는 다른 조건이 불변이라면 총자본의 절대적 크기에 의해 주어지기 때문이다. 총자본이 10,000이고 그것의 $\frac{1}{10}$이 상인자본이라면 상인자본은 1,000이 되며, 총자본이 1,000이라면 상인자본은 그 $\frac{1}{10}$인 100이 된다. 즉 그것의 상대적 크기가 불변이더라도 상인자본의 절대적 크기는 총자본의 크기가 변하면 함께 변동한다. 그런데 여기에서 우리는 그것의 상대적 크기[즉 총자본의 $\frac{1}{10}$]를 주어진 것으로 가정한다. 그러나 이런 상인자본의 상대적 크기 그 자체는 다시 회전에 의해 결정된다. 회전이 빠를 때 상인자본의 절대적 크기는, 예를 들어 앞의 경우에는 1,000파운드스털링이고 뒤의 경우 100파운드스털링이어서 그 상대적 크기는 $\frac{1}{10}$ 이다. 회전이 느려지면 그것의 절대적 크기는, 앞의 경우 2,000 뒤의 경우 200이 된다. 그 결과 그것의 상대적 크기는 총자본의 $\frac{1}{10}$ 에서 $\frac{1}{5}$ 로 증가하게 된다. 상인자본의 평균회전을 단축하는 요인들[예를 들어 수송수단의 발달 등]은 그만큼 상인자본의 절대적 크기를 감소시키고 따라서 일반이윤율을 상승시킨다. 그 반대의 경우에는 그 역이 성립한다. 과거에 비해 자본주의적 생산양식이 발전하면 그것은 상인자본에 이중으로 영향을 미친다. 즉 첫째로 같은 양의 상품을 회전시키는 데 실제로 기능하는 상인자본의 양이 줄어든다. 말하자면 상인자본의 회전속도가 더 빨라지고 그것의 토대인 재생산과정의 속도가 증가함으로써, 산업자본에 대한 상인자본의 비율이 감소하게 된다. 둘째로 자본주의적 생산양식의 발전과 함께 모든 생산은 상품생산이 되고 따라서 모든 생산물은 유통담당자의 수중으로 들어오게 된다. 덧붙여서 말하자면 소규모로 생산되던 과거의 생산양식에서는, 생산자 자신이 현물형태로 직접 소비하던 생산물량과 현물형태로 제공되던 서비스량을 제외한 나머지 대부분의 생산물과 서비스는, 생산자가 직접 소비자에게 판매하든가 주문을 받아서 제공하든가 하였다. 따라서 과거의 생산양식하에서는 상인자본이 자신이 회전시키는 상품자본과의 비율에서 자본주의적 생산양식에서보다 더 컸는데도 그것은

① 절대적인 크기로는 더 작았다. 왜냐하면 총생산물 가운데 극히 미미하게 작은 부분만이 상품으로 생산되어 상품자본으로 유통에 투입되고 상인의 수중에 들어갔기 때문이다. 즉 상품자본 자체가 작았기 때문에 상인자본도 작았던 것이다. 그러나 동시에 상인자본은 상대적으로는 컸는데, 그 이유는 단지 그것의 회전속도가 느리고 그것이 회전시키는 상품량에 대한 비율이 컸기 때문만이 아니라, 이 상품량에 대한 가격[따라서 거기에 선대되는 상인자본]이 낮은 노동생산성 때문에 자본주의적 생산의 경우보다 더 컸기 때문이다. 그리하여 같은 크기의 가치가 좀더 적은 양의 상품으로 나타났던 것이다.

② 자본주의적 생산양식의 기초 위에서는 생산되는 상품의 양만 증가하는 것이 아니다(여기에서는 이 상품량의 가치가 노동생산성의 증가 때문에 감소했다는 점을 고려해야 한다). 즉 그 밖에도 같은 양의 생산물[예를 들어 옥수수]이 더 많은 상품량이 될 수 있다. 즉 생산물 가운데 더 많은 부분이 상업부문으로 들어온다. 그 결과 이로부터 단지 상인자본의 크기뿐만 아니라 유통에 투하되는 모든 자본의 크기도, 예를 들어 해운·철도·전신 등에 투하되는 자본의 크기도 함께 증가한다.

M323

③ 그러나 (이것은 '자본 간 경쟁'에서 이야기되는 관점이긴 하지만) 자본주의적 생산양식이 발전함에 따라 소매업으로 진입이 더 손쉬워지고, 자유롭게 풀려난 자본이 넘쳐나는 것은 물론 투기가 성행하게 되면, 기능하지 않거나 혹은 기능하더라도 일부만 기능하는 상인자본이 증가하게 된다.

그러나 총자본에 대한 상인자본의 상대적 크기를 주어진 것으로 가정한다면, 서로 다른 상업부문들 간 회전속도의 차이는 총이윤에서 상인자본에게 돌아가는 부분의 크기는 물론 일반이윤율에도 아무런 영향을 미치지 않는다. 상인의 이윤은 그가 회전시키는 상품자본의 크기에 의해서가 아니라 그가 이 회전을 매개하기 위해서 선대하는 화폐자본의 크기에 의해서 결정된다. 만약 연간 일반이윤율이 15%일 때 상인이 100파운드스털링을 선대하고 그의 자본이 1년에 한 번 회전한다면, 그는 자신의 상품을 115파운드스털링에 판매할 것이다. 만일 그의 자본이 1년에 5회 회전할 경우에는, 그는 구매가격이 100인 상품자본을 매번 103으로 연간 5회 판매함으로써 1년 전체에 걸쳐서 500의 상품자본을 515에 판매할 것이다. 그리하여 그는 앞서 100의 선대자본에 대해서 얻었던 것과 똑같은 연간 이윤 15를 얻게 될 것이다. 만일 그렇지 않다면 상인자본은 그 회전수에 비례하여 산업자본보다 더 높은 이윤을 얻게 되고 이는 일반이윤율의 법칙과 모순될 것이다.

이와 같이 서로 다른 상업부문들에서 상인자본의 회전수는 상품의 거래가격에 직접적으로 영향을 미친다. 상인이 부가하는 가격의 크기〔즉 주어진 자본의 상업이윤 가운데 개별 상품의 생산가격에 부가되는 부분의 크기〕는 각 사업부문들에서 상인자본의 회전수〔혹은 회전속도〕에 반비례한다. 어떤 상인자본이 연간 5회 회전한다면, 그 자본이 일정 가치의 상품자본에 부가할 수 있는 가격 부분은, 연간 한 번밖에 회전할 수 없는 다른 상인자본이 같은 가치의 상품자본에 부가하는 것의 $\frac{1}{5}$에 그칠 것이다.

서로 다른 상업부문들에서 자본의 평균회전기간이 판매가격에 미치는 영향은 다음과 같이 요약된다. 즉 동일한 이윤량——이 이윤량은 상인자본의 크기가 일정할 때 연간 일반이윤율에 의하여 결정된다. 즉 이 자본을 가지고 상인이 운용하는 특수한 형태와는 무관하게 결정된다——이 같은 가치의 상품량에 대해서 각기 다르게 배분된다. 즉 예를 들어 연간 5회 회전할 경우에는 $\frac{15}{3}=3\%$를, 연간 1회 회전할 경우에는 15%를 상품가격에 각각 부가하는 것이다.

M324   그리하여 서로 다른 상업부문들에서 상업이윤율은 동일하더라도, 각 부문의 상품 판매가격은 이들 각 부문의 회전기간에 비례하여 완전히 다른 비율로 이들 상품가치에 곱해져서 계산된다.

반면 산업자본의 경우, 회전기간은 생산되는 개별 상품의 가치크기에 전혀 영향을 미치지 못한다. 그렇지만 그것은 착취되는 노동량에 영향을 미치기 때문에, 일정 크기의 자본이 일정 기간에 생산하는 가치량과 잉여가치량에는 영향을 미친다. 물론 이런 사실은 우리가 생산가격으로 눈을 돌리는 순간 곧 은폐되어버리고 다른 모습으로 보인다. 그러나 그렇게 되는 이유는 단지 서로 다른 상품들의 생산가격이, 앞서 논의된 법칙들에 따라 이들 상품의 가치에서 이탈하기 때문일 뿐이다. 우리가 총생산과정〔즉 총산업자본이 생산하는 상품량〕을 고찰하게 되면 우리는 금방 일반법칙이 이미 관철되고 있음을 확인하게 될 것이다.

이렇게 산업자본에서 회전기간이 가치형성에 미치는 영향을 더 자세히 고찰하면, 그것은 상품가치가 그 속에 포함된 노동시간에 의해 결정된다는 일반법칙〔즉 경제학의 기초〕으로 환원되는 반면, 상인자본의 회전이 상업가격에 미치는 영향으로 인해서 나타나는 현상은, 매개변수들을 깊이 분석하지 않으면, 가격을 완전히 자의적으로 결정할 수 있다는 가정이 전제되어 있는 것처럼 보인다. 여기에서 자의적인 결정이란 자본이 연간 얼마만큼의 이윤을 만들겠다고 미리 마음대로 작정하고 이에 의거하여 가격을 결정하는 것을 의미한다. 특히 이런 회전의 영향은, 어느 정도의 범위 내에서는, 마치 생산과정과 무관하게 유통과정 그 자체가 독자적으로 상품가격을 결정하는 것처럼 보이게 한다. 재생산의 총과정에 대한 피상적이고 전도된 모든 견해들은 상인자본의 관점〔그리고 상인자본의 고유한 운동이 유통담당자의 머릿속에 심어주는 생각들〕에서 비롯된 것들이다.

섭섭한 일이지만 독자들이 잘 알고 있는 바와 같이, 만일 자본주의적 생산과정의 참된 내적 관련들에 대한 분석이 매우 복잡한 일이고 매우 세밀한 작업이라면, 그리하여 눈에 보이는, 단지 드러나 있는 운동을 그 내부의 참된 운동으로 환원하는 일이야말로 바로 과학이 해야 할 일이라면, 자본주의적 생산담당자와 유통담당자의 머릿속에서는 생산법칙에 대한 생각이, 이 법칙을 완전히 벗어나 단지 피상적인 운동의 의식적 표현에 머무를 수밖에 없다는 것이 너무도 당연한 일이다. 상인, 주식투기꾼, 그리 M325 고 은행가 등의 생각은 필연적으로 완전히 전도되어 있다. 제조업자의 생각은 그의 자본이 종속되어 있는 유통행위에 의해서, 그리고 또 일반이윤율의 균등화에 의해서 왜곡되어 있다.[41] 경쟁도 이들의 생각을 완전히 전도시키는 역할을 한다. 가치와 잉여가치의 크기가 일정하게 제약되어 있다면, 자본들 간의 경쟁이 가치를 생산가격과 상업가격으로, 또 잉여가치

41) 다음 이야기는 매우 순진하지만 동시에 매우 옳은 이야기이기도 하다. "따라서 서로 다른 상인들 사이에서 같은 상품이 전혀 다른 가격으로 판매될 수 있는 것도, 많은 경우 그 이유가 잘못된 계산 때문이라는 것이 확실하다"(펠러/오더만, 『상업산술의 모든 것』, 제7판, 1859, 〔451쪽〕). 이것은 가격 결정이 얼마나 이론적이고 추상적인 것인지를 그대로 보여주고 있다.

를 평균이윤으로 어떻게 전화시키는가를 보는 것은 쉬운 일이다. 그러나 가치와 잉여가치의 크기가 제약되어 있지 않다면, 경쟁이 왜 일반이윤율을 1,500%가 아닌 15%로 제약하는지는 결코 알 수 없게 될 것이다. 경쟁은 기껏해야 일반이윤율을 하나의 수준으로 귀착시킬 수 있을 뿐이다. 그러나 이 수준 그 자체를 결정하는 요소는 절대 경쟁이 아니다.

따라서 상인자본의 관점에서는 회전 그 자체가 가격을 결정하는 것으로 나타난다. 한편 산업자본의 회전속도는—그것이 일정 자본으로 하여금 많든 적든 노동을 착취할 수 있게 해주는 한—이윤량과 일반이윤율에 결정적으로〔그리고 제한적으로〕영향을 미치는 반면, 상인자본에는 이윤율이 외생적으로 주어지고 이윤율과 잉여가치의 형성 사이의 내적 관련은 완전히 사라져버린다. 다른 조건이 불변일 때〔특히 자본의 유기적 구성이 불변일 때〕, 동일한 산업자본의 연간 회전이 2회에서 4회로 증가한다면, 그것은 두 배의 잉여가치와 두 배의 이윤을 생산하게 된다. 이것은 이 자본이 자신의 회전속도를 증가시켜줄 개선된 생산방법을 독점할 경우 명백하게 나타난다. 반대로 서로 다른 상업부문의 회전기간이 각기 다르면, 일정한 상품자본의 회전이 가져다주는 이윤은 이 상품자본을 회전시키는 화폐자본의 회전수에 반비례하는 형태로 나타난다. 적은 이윤과 신속한 회전은 특히 소매상인에게는 그가 신봉하는 하나의 원칙으로 나타난다.

M326 그 밖에 또 속도가 서로 다른 회전들이 서로 교대로 나타나면서 상쇄되는 것을 무시한다면, 각 상업부문에서 상인자본의 회전과 관련된 이런 법칙은, 이 부문에 선대된 상인자본 전체의 평균회전에 대해서만 유효하다. B와 같은 부문에서 운동하는 자본 A는, 평균회전수보다 더 빨리 회전할 수도, 더 늦게 회전할 수도 있다. 그리고 이 경우 또 다른 하나의 자본인 B는 A와 반대로 평균보다 더 늦게 회전할 수도, 더 빨리 회전할 수도 있다. 그리하여 이것은 이 부문에 선대된 상인자본 총량의 회전에는 아무런 변화도 주지 않게 된다. 그러나 개별 상인이나 소매상인에게는 이것이 결정

적으로 중요하다. 이들 상인은 자신의 자본을 평균보다 더 빨리 회전시킬 경우 초과이윤을 얻는데, 이는 산업자본가들이 평균수준보다 더 유리한 조건에서 생산활동을 수행함으로써 초과이윤을 얻는 경우와 마찬가지이다. 경쟁이 밀어닥쳐도 그는 자신의 이윤을 평균 이하로 떨어뜨리지 않으면서 동료 자본가들보다 더 저렴하게 상품을 판매할 수 있을 것이다. 그는 자신의 자본회전 속도를 높여줄 수 있는 조건이 예를 들어 점포의 위치일 경우에는 그에 대한 별도의 지대를 지불하게 될 것이다. 다시 말해서 자신의 초과이윤 가운데 일부를 지대로 전화하게 될 것이다.

제19장
화폐거래자본

M327 　　산업자본의 유통과정에서, 그리고 우리가 이제 여기에 부가할 수 있게
된 상품거래자본의 유통과정에서(왜냐하면 상품거래자본은 산업자본의
유통운동 가운데 한 부분을 자신의 고유한 운동으로 넘겨받기 때문이다),
화폐가 수행하는 순전히 기술적인 운동들──바로 이 운동들은 그것을〔그
리고 그것만을〕자신의 고유한 행위로 수행하는 특정 자본의 기능으로 독
립하면서, 이 자본을 화폐거래자본으로 전화시킨다. 산업자본의 일부〔더
나아가 상품거래자본의 일부〕는 계속해서 화폐형태로 존재하는데, 이는
단지 화폐자본 일반으로뿐만 아니라 이 기술적인 기능으로 파악되는 화
폐자본으로 존재한다. 화폐자본의 형태를 띠는 이 일정 부분은 이제 총자
본과 분리되어 나와 독립하는데, 그것의 자본주의적 기능은 오로지 산업
자본가와 상업자본가 계급 전체를 위해서 이 기능을 수행하는 데 있다. 상
품거래자본의 경우와 마찬가지로, 유통과정에서 화폐형태로 존재하는 산
업자본의 일부도 따로 분리되어 나와, 나머지 총자본을 위해서 재생산과
정의 이런 행위들을 수행한다. 따라서 이 화폐자본의 운동도 다시, 단지
재생산과정 속에서 파악되는 산업자본의 한 독립된 부분의 운동에 지나

지 않는다.

자본이 새로 투하될 경우에만(축적의 경우도 해당된다), 화폐형태의 자본은 운동의 출발점과 종점으로 나타난다. 그러나 일단 자신의 운동과정 가운데에 있는 자본은 그 출발점과 종점이 단지 통과점으로만 나타난다. 산업자본이 생산영역에서 출발하여 다시 그 생산영역으로 되돌아올 때까지의 형태변화[즉 $W'-G-W$]를 수행하는 한, 이미 단순상품유통에서 드러난 바와 같이, G는 사실상 형태변화의 한 국면의 최종 결과물—G가 이 국면을 보충하는 이 국면의 반대편 국면의 출발점이 되기 위한—일 뿐이다. 그리고 상인자본에서 산업자본의 $W-G$는 언제나 $G-W-G$ M328 로 나타나지만, 그럼에도 그것이 일단 현실적으로 운동을 시작하면, 이 상인자본에서도 그것의 실제 과정은 계속 $W-G-W$이다. 그러나 상인자본은 $W-G$와 $G-W$의 두 행위를 동시에 수행한다. 말하자면 $W-G$ 단계에 하나의 자본이 있고 $G-W$ 단계에 또 다른 자본이 별도로 존재하는 것이 아니라, 동일한 하나의 자본이 생산과정의 연속성을 위해서 끊임없이 구매와 판매를 동시에 수행하는 것이다. 즉 그것은 언제나 이 두 단계에 동시에 존재한다. 그것의 일부가 나중에 상품으로 재전화하기 위해 화폐로 전화하는 한편, 그것의 다른 일부는 동시에 화폐로 재전화하기 위해 상품으로 전화한다.

여기에서 화폐가 유통수단으로서 기능하느냐 혹은 지불수단으로서 기능하느냐 하는 것은 상품교환의 형태에 달려 있다. 두 경우 모두 자본가는 끊임없이 많은 사람들에게 화폐를 지불하고 또 끊임없이 많은 사람들에게서 화폐를 지불받는다. 화폐지불과 화폐수납이라고 하는 이 단순한 기술적 행위는 그 자체 하나의 노동을 이루며, 이 노동은 화폐가 지불수단으로 기능하는 한 정산과 결산 등의 행위를 필요로 한다. 이러한 노동은 하나의 유통비이며 가치를 창출하는 노동이 아니다. 이 노동은 특정 담당자나 특정 자본가가 나머지 전체 자본가계급을 위해서 그것을 수행하게 됨으로써 줄어든다.

자본 가운데 일정 부분은 항상 축장화폐〔즉 잠재적인 화폐자본〕로 있어야만 한다. 즉 구매수단의 준비금이나 지불수단의 준비금, 혹은 아직 사용되지 못한 채 화폐형태로 묶여 있는 유휴자본으로 존재해야만 한다. 그리고 자본 가운데 일부분은 끊임없이 이 형태로 환류한다. 이것은 화폐수납과 지불 그리고 부기 외에 축장화폐의 보관을 필요로 하는데 이것도 또한 하나의 특수한 행위이다. 그것은 사실상 축장화폐를 유통수단과 지불수단으로 끊임없이 분해하는 행위와, 판매를 통해 획득한 화폐와 만기가 도래한 지불 등을 통해 그 축장화폐를 다시 형성하는 행위다. 자본 가운데 화폐로 존재하는 부분의 이런 끊임없는 운동, 즉 자본기능 그 자체에서 분리된 이 순수한 기술적 행위는 바로 특정 노동과 비용을 유발하는 그것, 즉 유통비이다.

M329 분업은, 자본의 기능에 의해 야기된 이런 기술적 행위를, 가능한 한 전체 자본가계급을 위해 특정한 담당자나 자본가가 고유의 기능으로 수행하고 또 이들 행위가 그들의 수중으로 집중되도록 작용한다. 이때 분업은 상인자본의 경우와 마찬가지로 이중의 의미를 갖는다. 첫째, 그것은 특정 사업이 되는데, 특히 그것은 전체 자본가계급의 화폐 메커니즘을 위한 특정 사업으로 수행되기 때문에, 집적된 형태로〔즉 대규모로〕수행된다. 둘째, 분업은 다시 이 특정 사업 내부에서도 진행되는데, 즉 서로 독립된 상이한 여러 부문들로 이것이 나누어짐으로써, 그리고 다시 이들 각 부문 내부에서 작업장이 만들어지는 형태로 진행된다(큰 사무실, 수많은 회계원과 출납원, 더욱 세분화되는 분업 등). 화폐의 지불, 수납, 결산, 일상적인 회계처리, 화폐의 보관 등의 행위는 이런 기술적 행위를 필요로 하는 행위들과 분리되어 이들 기능에 투하되는 자본을 화폐거래자본으로 만든다.

화폐거래업을 특정 업무로 독립시켜주는 여러 행위들은 화폐 그 자체의 여러 규정성에서 나오며 또한 자본이 화폐자본의 형태로 수행해야만 하는 자신의 여러 기능들에서도 나온다.

내가 앞에서 이미 이야기했듯이 화폐제도 일반은 원래 서로 다른 공동

체들 간의 생산물교환에서 발전되어 나온 것이다.[42]

그리하여 화폐거래업[즉 화폐상품을 취급하는 상업]은 처음에 국가 간 교역으로부터 발달하였다. 나라마다 주화가 서로 달랐기 때문에, 외국에서 상품을 구매하는 상인들은 자기 나라의 주화를 현지의 주화로 바꾸어야 했고, 그 반대의 경우에는 역으로 해야만 했다. 그렇지 않으면 서로 다른 주화들을 화폐로 주조되지 않은 순은이나 순금[즉 세계화폐]으로 교환해야만 했다. 따라서 환업무는 근대적 화폐거래의 자연발생적 기초로서 간주되어야 한다.[43] 환은행은, 유통주화와 구별하여 은(혹은 금)이 세계 M330 화폐(지금은 은행화폐나 상업화폐가 그에 해당된다)로 기능하게 됨으로써 발전해나갔다. 환업무는, 그것이 단순하게 한 나라의 환거래자가 다른 나라의 환거래자에게 어떤 여행자에 대한 지불을 지시하는 것인 한, 이미

---

42) 『경제학 비판』, 27쪽.*

　* MEW Bd. 13, 21쪽 참조; MEW Bd. 23, 102~103쪽도 비교해 보라.

43) "상업에서는 이미 각 주화마다 거기에 포함된 금은의 함량 차이는 물론 주화에 새겨진 영주나 도시 그림들도 매우 큰 차이가 있어서, 모든 지역에서 통용될 수 있는 한 가지 주화에 의한 결제의 필요성이 일찍부터 제기되었다. 상인들은 외국 시장을 여행할 경우 현금지불에 사용하기 위하여 주조되지 않은 순금과 순은을 가지고 다녔다. 마찬가지로 그들은 여행에서 돌아올 경우 현지에서 손에 넣은 지역 주화를 주조되지 않은 은이나 금으로 다시 맞바꾸었다. 그리하여 환업무, 즉 주조되지 않은 귀금속과 현지 화폐의 교환(그 역방향으로의 교환도 포함)은 매우 널리 퍼진 수익성 있는 사업이 되었다(휠만, 『중세의 도시제도』 제1권, 본, 1826~29, 437, 438쪽). ──환은행이라고 하는 이름은 …… 환이나 환어음 등에서 따온 것이 아니라 화폐종류의 교환(Wechseln der Geldsorten)이란 뜻에서 따온 것이다. 1609년 암스테르담 환은행이 설립되기 훨씬 전에 이미 네덜란드의 상업도시들에는 환거래인과 환거래소는 물론 환은행까지도 있었다. …… 이들 환거래인의 업무는 외국 상인들이 국내로 가지고 들어오는 무수히 다른 주화들을 법적으로 통용되는 주화로 교환해주는 것이었다. 세월이 지날수록 이들의 사업영역은 점차 확대되어갔다. …… 그들은 그 시대의 출납업자이면서 은행가가 되어갔다. 그러나 암스테르담 정부는 출납과 환거래가 결합되는 것을 위험스럽게 여기게 되었고, 이런 위험에 대처하기 위해서 공적인 권한을 위임받은 환거래 및 출납 담당기관을 설립하기로 결정하였다. 그 기관이 바로 1609년의 그 유명한 암스테르담 환은행이었다. 똑같은 이유로 베네치아, 제노바, 스톡홀름, 함부르크 등에서 환은행이 상시적인 화폐교환을 위해 설립되었다. 이들 환은행 가운데 지금까지 남아 있는 유일한 은행은 함부르크 은행인데, 이는 독자적인 화폐제도를 갖지 못한 이 상업도시가 그런 은행의 필요성을 아직도 계속 느끼고 있기 때문이다"(피서링, 『실용경제학 개요』, 암스테르담, 1860, 제1편, 247, 248쪽).

로마나 그리스에서도 본래적인 의미의 환거래가 발달해 있었다.

상품(사치품의 원료)으로서의 금은의 거래는 자연히 지금거래업(地金
去來業: 덩어리 상태의 금을 거래하는 것—옮긴이), 즉 세계화폐로서의 화폐기
능을 매개하는 상업의 자연발생적 기초를 이루었다. 이런 기능은, 앞서 설
명하였듯이(제1권 제3장 제3절 다) 두 가지이다. 즉 하나는 국가 간의 지
불결제를 위해서나 또 이자증식을 위한 자본 이동 등의 경우 서로 다른 나
라의 유통영역들 간에 오고 가는 운동이다. 그리고 다른 하나는 귀금속의
산지에서 세계시장을 거쳐 각 나라의 유통영역으로 분배되기까지의 운동
이다. 영국에서는 17세기가 거의 끝나갈 무렵까지도 금 세공업자가 은행
가의 역할을 수행하였다. 여기에서 우리는 더 나아가 환거래 등에서의 국
가 간 지불결제의 발전과정이나 지폐와 관련된 모든 것들, 즉 단적으로 말
해서 우리가 여기에서 아직 다루지 않은 온갖 특수한 형태의 신용제도들
은 모두 무시하고자 한다.

국가화폐는 세계화폐로서의 기능을 통해 그 국지적 성격을 탈피한다.
M331 즉 일국의 화폐는 타국의 화폐로 표현되고 그리하여 모든 나라의 화폐가
그 속에 포함된 금과 은의 함량에 의해 환산된다. 한편 이 금과 은은, 동시
에 세계화폐로 유통되는 두 상품으로서, 끊임없이 변동하는 상호 간의 가
치비율에 의해 환산되어야만 한다. 화폐거래업자는 이런 매개행위를 자
신의 고유한 사업으로 삼는다. 이처럼 환거래업과 지금거래업은 화폐거
래업의 가장 원초적인 형태로서, 화폐의 두 가지 기능〔국가화폐의 기능과
세계화폐의 기능〕에서 유래한 것들이다.

자본주의적 생산과정〔그리고 상업 일반, 심지어 전 자본주의적 생산양
식하에서의 상업〕에서 다음과 같은 현상이 나타난다.

첫째, 축장화폐로서의 화폐〔즉 이제는 자본 가운데 지불수단 및 구매수
단의 예비재원으로서 항상 화폐형태로 존재해야 하는 부분〕가 집적된다.
이것은 축장화폐의 제1형태로서, 자본주의적 생산양식에서 재현되는
것이며, 상인자본의 발달에 따라 적어도 이 상인자본을 위해서 일반적으

로 형성되는 것이다. 이것은 국내 유통은 물론 국가 간 유통에서도 모두 나타난다. 이 축장화폐는 끊임없이 유통하면서 계속 유통으로 투입되었다가 다시 환류한다. 축장화폐의 제2형태는 화폐형태의 유휴자본〔즉 외관상 사용되지 않고 있는 자본〕으로, 여기에는 새롭게 축적되어 아직 투자되지 않고 있는 화폐자본도 포함된다. 이런 축장화폐의 형성에 필요한 기능은 무엇보다도 그 축장화폐의 보관과 회계처리 등이다.

그러나 둘째로, 이것은 구매할 때의 화폐지출, 판매할 때의 화폐수납, 지불을 하고 받는 것, 지불의 결제 등의 행위와 결부되어 있다. 이런 모든 행위를 화폐거래자는 무엇보다도 상인과 산업자본가를 위한 단순한 출납 담당자로서 수행한다.[44]

화폐거래업의 원래 기능에 대차(貸借) 기능과 신용거래 기능이 결합되

---

44) "출납업자에 관한 제도가 그 본래의 독자적인 성격 그대로 가장 순수하게 보존되어 있는 곳은 아마도 네덜란드의 상업도시들일 것이다(암스테르담 출납업의 기원에 관해서는 뤼자크의 『네덜란드의 부(富)』 제3편 참조). 그들의 기능은 옛날 암스테르담 환은행의 기능과 부분적으로 일치한다. 출납업자는 자신의 서비스를 이용할 상인들에게서 일정액의 화폐를 받고, 그 대가로 그 상인들에게 자신의 장부에서 하나의 '신용계좌'(credit)를 개설해준다. 또한 그는 이 상인들의 채권을 인수하여 그들 대신에 자신이 이 채권을 회수하는 조건으로 상인들에게 신용을 제공한다. 한편 그는 상인들이 발행한 어음에 대해 지불을 해주고 그 액수만큼을 상인의 계좌에 차감 기입한다. 그런 다음 그는 이런 입출금에 대해서 약간의 수수료를 받는데, 이 수수료는 그가 중간에서 매개하는 거래금액의 크기에 따라 그에 상응하는 자기 노동에 대한 임금으로 받는 것이다. 같은 출납업자를 사이에 두고 서로 거래하는 두 상인들 간의 지불결제는 상계방식의 회계처리에 의해 매우 간단하게 처리되는데, 이는 출납업자가 매일매일 그들 간의 상호 지불청구를 대신 결제해주기 때문이다. 즉 출납업의 고유한 업무는 이런 지불들의 매개로 이루어진다. 그러므로 출납업은 공장의 운영이나 투기 그리고 백지신용의 개설 등의 행위를 배제한다. 왜냐하면 출납업에서 지켜야 하는 원칙은 출납업자가 자신의 장부에 계좌를 개설한 사람에게 그의 예치금액 이상으로는 결코 지불을 해주지 않는 것이기 때문이다"(피서링, 앞의 책, 243, 244쪽). 다음에는 베네치아 출납조합의 경우를 보자. "다른 지역에 비해 현금을 들고 다니기 불편한 베네치아의 지리적 특성 때문에 대상인들은 출납조합에게 조합원들에 대한 안전과 감독 및 관리를 책임지도록 하였다. 조합원들은 조합에 일정 금액을 예치하고, 조합은 그 조합원에게 예치된 금액에 근거하여 어음을 교부하였는데, 이렇게 어음으로 교부된 금액은 조합에 비치된 장부의 해당 조합원 계좌에서 차감 기입되고, 조합원이 새로운 금액을 예치하면 그 계좌에 추가 기입되었다. 말하자면 소위 지로은행(Girobanken)의 시초였던 셈이다. 그런 형태로는 이 조합이 가장 오래된 것인데 이를 12세기라고 주장하는 사람들은 1171년에 설립된 국채인수기관을 그것의 효시로 잘못 알고 있기 때문이다"(휠만, 앞의 책, 453, 454쪽).

면 화폐거래업은 비록 그것이 초기단계에 있을 경우에도 완전히 발전된 형태가 된다. 여기에 대해서는 다음의 제5편 이자 낳는 자본에서 다루게 될 것이다.

지금거래 그 자체〔즉 한 나라에서 다른 나라로 금은의 이전〕는 상품거래의 한 결과일 뿐이며, 서로 다른 시장들에서의 국제수지와 이자율의 상태를 나타내는 환율에 의해 결정된다. 지금거래자 그 자신은 단지 그 결과를 매개하는 것에 지나지 않는다.

화폐의 운동과 형태에 관한 규정이 단순상품유통으로부터 어떻게 발전해 나오는가를 고찰하면서 우리가 이미 보았듯이(제1권 제3장), 구매수단과 지불수단으로 유통되는 화폐량의 운동은 상품의 형태변화〔즉 우리가 이제는 알고 있듯이 총재생산과정의 한 계기일 뿐인 상품형태변화의 규모와 속도〕에 의해서 결정된다. 화폐재료〔금과 은〕가 산지로부터 공급되는 문제는, 직접적인 상품교환을 통해서, 즉 금은도 하나의 상품으로서 다른 상품과 교환됨으로써 해결된다. 다시 말해서 그것은 철이나 기타 다른 금속의 공급과 마찬가지로 상품교환의 한 부분에 지나지 않는다. 그러나 세계시장에서 귀금속의 운동은(여기에서 우리는 이 운동이 대차에 의한 자본 이전——이것은 상품자본의 형태로도 나타난다——을 나타내는 것인 한 논외로 하고자 한다) 전적으로 국가 간의 상품교환에 의해서 결정되는 M333 데, 이는 국내에서 구매수단과 지불수단으로서 화폐의 운동이 국내의 상품교환에 의해서 결정되는 것과 마찬가지이다. 일국의 유통영역에서 타국의 유통영역으로 귀금속의 유출입은, 그것이 단지 국내 주화의 가치절하나 복본위제로 인한 것일 경우에는, 돌발적인 교란을 정부가 외부에서 자의적으로 교정하고자 하는 의미에서의 화폐유통이다. 마지막으로 축장화폐의 형성과 관련된 문제는, 그것이, 국내 상업에서이든 대외무역에서이든, 구매수단이나 지불수단의 예비재원을 나타내는 것인 한, 그리고 동시에 그것이 유휴자본의 형태를 취하는 한, 어떤 경우든 단지 유통과정에서 필연적으로 발생하는 침전물일 뿐이다.

화폐유통 전체가 그것의 크기와 형태 및 그 운동에서 상품유통의 단순한 결과이고, 이 상품유통이 자본가의 입장에서 보더라도 자본의 유통과정(그리고 바로 그 속에서 자본과 수입 간의 교환, 수입과 수입 간의 교환—수입의 지출이 소매거래를 통해서 실현되는 한—이 파악된다)을 나타내는 것일 뿐이라면, 화폐거래업이 상품유통의 단순한 결과물일 뿐이고 또 그것이 상품유통의 단순한 현상형태인 화폐유통만을 매개하는 것이 아니라는 것은 극히 당연한 일이다. 이런 화폐유통 그 자체는, 상품유통의 한 계기로서 화폐거래업에는 이미 주어져 있는 것이다. 화폐거래업이 매개하는 것은 그 화폐유통의 기술적인 여러 행위들이며 화폐거래업은 이들 행위를 집적하고 단축하며 또 단순화한다. 화폐거래업은 축장화폐를 형성하는 것이 아니라, 이런 축장화폐의 형성이 자발적인 한(즉 사용되지 않는 자본이나 재생산과정의 교란에 의한 것이 아닌 한), 그것을 가장 경제적인 최소규모로 축소하기 위한 기술적 수단을 제공한다. 그것은 구매수단과 지불수단을 위한 예비재원이, 자본가계급 전체를 위해 관리되는 경우, 개별 자본가에 의해 직접 관리되는 경우보다 더 적게 소요되기 때문이다. 화폐거래업은 귀금속을 구매하는 것이 아니라, 상품거래업이 귀금속을 구매할 때 그것의 배분을 매개할 뿐이다. 화폐거래업은, 화폐가 지불수단으로 기능하는 한, 결제를 용이하게 해주며 이런 결제 메커니즘을 인위적으로 조작함으로써 결제에 필요한 화폐량을 감소시킨다. 그러나 그것은 상호 지불의 내적 관련이나 그 크기를 결정하지는 않는다. 예를 들어 은행과 어음교환소에서 상호 교환되는 어음과 수표는 완전히 독립된 사업을 나타내고, 또한 주어진 행위의 결과물들로서, 여기에서 중요한 것은 이런 결과물들을 기술적으로 더 잘 처리하는 데 있다. 화폐가 구매수단으로 유통되는 한, 구매 및 판매의 액수와 그 횟수는 화폐거래업과 전혀 무관하다. 화폐거래업은 단지 그런 구매 및 판매에 수반되는 기술적 M334 인 행위들을 단축하고 그럼으로써 그 회전에 필요한 현금의 양을 줄일 뿐이다.

그러므로 우리가 여기에서 고찰하고 있는 순수한 형태의 화폐거래업(즉 신용제도와 분리된)은 단지 상품유통의 한 계기〔특히 화폐유통〕의 기술하고만 그리고 그로부터 생기는 여러 가지 화폐기능들하고만 관계가 있을 뿐이다.

바로 이 점이 화폐거래업을 상품거래업——이것은 상품의 형태변화와 상품교환을 매개하거나 혹은 상품자본의 이런 과정을 산업자본에서 떨어져 나온 특정 자본의 과정으로 나타나게 만든다——과 본질적으로 구별짓는 특징이다. 따라서 상품거래자본은 자신의 고유한 유통형태를 G—W—G(여기에서는 상품이 두 번 자리를 바꾸고 그럼으로써 화폐가 환류한다), 즉 W—G—W(여기에서는 화폐가 두 번 자리를 바꾸고 이를 통해 상품교환이 매개된다)와 반대인 형태로 나타낼 수 있지만, 화폐거래자본은 이런 특수한 형태를 나타낼 수 없다.

화폐자본이 특정 자본가 부류에 의해 화폐유통의 이런 기술적 매개부문에 투하되는 한——축소된 규모의 추가자본을 나타내는 이 자본은, 만일 이것이 이들 자본가 부류에 의해 투하되지 않을 경우에는 상인과 산업자본가가 직접 이런 목적을 위해 투하해야만 하는 자본이다——여기에서도 자본의 일반적 공식인 G—G′이 적용된다. G의 선대를 통해서 그것을 선대한 사람은 G+ΔG를 얻는다. 그러나 여기에서는 G—G′의 매개가 형태변화의 물적 계기에 관계하는 것이 아니라 기술적 계기에만 관계할 뿐이다.

화폐거래업자가 취급하는 화폐자본의 양은 곧 유통과정에 있는 상인과 산업자본가의 화폐자본이며, 화폐거래업자가 수행하는 행위는 그가 매개하는 상인과 산업자본가의 행위에 불과하다는 것은 명백한 사실이다.

또 하나 분명한 것은 이들이 이미 실현되어 있는 가치(비록 채권의 형태로 실현된다 할지라도)만을 취급하기 때문에 그들의 이윤도 잉여가치로부터의 공제분에 불과하다는 사실이다.

상품거래업의 경우와 마찬가지로 여기에서도 기능은 이중적인 형태로

이루어진다. 왜냐하면 화폐유통과 관련된 기술적 행위들 가운데 일부는
상품거래업자와 상품생산자가 손수 수행해야 하는 것이기 때문이다.

M335 　상품거래자본과 화폐거래자본에서의 화폐축적의 특수한 형태는 다음 제5편에서 고찰될 것이다.

지금까지의 논의로 자명해진 것은, 상인자본을 (그것이 상품거래자본의 형태를 취하든 화폐거래자본의 형태를 취하든) 광산업, 농업, 축산업, 제조업, 운수업 등과 마찬가지로 사회적 분업에 의해 주어진 산업자본의 한 부문〔다시 말해서 산업자본의 특정 투자부문〕으로 고찰하는 것은 더할 나위 없이 잘못된 일이라는 사실이다. 어떤 산업자본이라도 그 재생산과정의 유통국면에 있을 동안에는 상품자본과 화폐자본으로서, 상인자본이 그런 두 자본형태를 띠고 자신의 고유한 기능으로 수행하는 것과 똑같은 기능을 수행한다는 것을 간단히 살펴보기만 하면, 그러한 엉성한 고찰은 잘못되었다는 것이 금방 드러난다. 오히려 반대로 상품거래자본과 화폐거래자본에서는, 생산자본으로서의 산업자본과 유통영역에 있는 이들 자본 사이의 차이가 분명히 드러나는데, 이는 자본이 유통영역에서 일시적으로 취하는 일정 형태와 기능들이, 자본의 분리된 한 부분의 독자적인 형태와 기능으로 나타나기〔그리고 바로 그런 형태와 기능에만 묶여 있기〕

때문이다. 말하자면 산업자본이 전화한 형태(즉 상품자본)와, 서로 다른 생산영역에 투하된 생산자본들 사이의 차이〔즉 각 산업부문의 성격에 따른 소재적인 차이〕는 전혀 다른 것이다.

속류경제학자들이 방금 이야기한 차이를 혼동하는 이유는 그들이 전화된 형태들의 차이를 고찰하면서 그것의 소재적인 측면에만 관심을 기울이는 잘못 외에도 두 가지가 더 있다. 첫째는 상업이윤의 독자적인 성격을 이들이 설명할 수 없다는 점이다. 둘째는 자본주의적 생산양식──이것은 ^{M336} 무엇보다도 우선 상품유통과 화폐유통을 자신의 토대로 전제한다──이라는 특정 형태로부터 발생하는 상품자본과 화폐자본〔그리고 더 나아가 상품거래자본과 화폐거래자본〕의 형태를 생산과정 그 자체에서 나오는 필연적인 형태들로 도출해내려는 그들의 변호론적 노력 때문이다.

만일 상품거래자본과 화폐거래자본을 축산업이나 제조업 그리고 곡물경작업 등과 구별하지 않는다면 이것은 명백히 생산과 자본주의적 생산 일반을 동일시하는 것이고 또한 특히 사회구성원들 사이의 사회적 생산물의 분배도, 그것이 생산적 소비를 위한 것이든 개인적 소비를 위한 것이든, 영원히 상인과 은행가에 의해 매개되어야 한다고 보는 것이다. 그리고 이때 이런 상인과 은행가에 의한 매개는 육류의 소비가 축산업에 의해서 매개되고 의류의 소비가 제조업에 의해 매개되는 것과 전혀 다름없는 것으로 간주된다.[45]

---

45) 현명한 로셔[†44]는 다음과 같은 사실을 알아내었다. 즉 만일 어떤 사람들이 상업을 생산자와 소비자들 간의 '매개'라고 특징짓는다면, 그것과 똑같이 '우리는' 생산 그 자체도 소비의 '매개'(누구와 누구 사이의?)로 특징지을 수 있을 것이고, 그리하여 당연히 상인자본을 농업자본이나 산업자본과 마찬가지로 생산자본의 한 부분으로 만들게 될 것이다. 말하자면 만일 인간이 생산을 통해서만 자신의 소비를 매개할 수 있다고(인간은 라이프치히에서 교육을 받지 않고도 이를 수행해야만 한다), 혹은 자연을 획득하기 위해서는 노동이 필요하다고(우리는 이런 노동을 '매개'라고 부를 수 있다) 말할 수 있다면, 이로부터 당연히 사회적 생산의 특정 형태에서 나오는 사회적 '매개'도──바로 매개이기 때문에──바로 그런 절대적 성격〔지위〕을 필연적으로 갖게 된다고 말할 수 있다는 것이다. 매개라는 말이 모든 것을 결정짓는다. 더구나 사실 상인은 생산자와 소비자 간의 매개자가 아니라(이 소비자가 생산자와 구별된다는 사실, 즉

스미스와 리카도 같은 위대한 경제학자들도, 자본의 기본형태인 산업자본으로서의 자본만을 중점적으로 고찰하고, 유통자본(화폐자본과 상품자본)에 대해서는 사실상 그것이 각 자본의 재생산과정에 하나의 국면을 이루는 한에서만 고찰함으로써, 하나의 독자적인 유형으로서의 상인자본에 대해서는 혼란스러워한다. 산업자본의 고찰에서 직접 도출되는 가치형성, 이윤 등에 관한 명제들은 상인자본에 대해서는 직접 그대로 적용되지 않는다. 그래서 그들은 이것을 사실상 완전히 옆으로 밀쳐놓고 단지 상인자본이 산업자본의 한 유형일 뿐이라고만 이야기하고 있다. 리카도가 외국무역을 다룰 때처럼 이 상인자본을 따로 다룰 경우, 그들은 상인자본이 가치(따라서 잉여가치)를 전혀 창출하지 않는다는 것을 입증하려고 노력하였다. 그러나 외국무역의 논의는 국내 거래의 경우에도 똑같이 적용된다.

M337

———

지금까지 우리는 상인자본을 자본주의적 생산양식의 관점에서 그리고 그 범위 내에서 고찰하였다. 그러나 상업은 물론 상인자본도 자본주의적 생산양식보다 더 오래된 것이며 사실상 상인자본은 역사적으로 가장 오래된 자본의 자유로운 존재양식이다.

이미 본 바와 같이 화폐거래업과 거기에 투하되는 자본은 그것의 발전을 위해서 다름 아닌 도매업〔그리고 상품거래자본〕의 존재만을 필요로 하기 때문에 우리가 여기에서 살펴보아야 할 것은 단지 이 상품거래자본뿐이다.

상인자본은 유통영역으로 투입되는 것이고 그것의 기능은 단지 상품교

———

소비자는 생산을 하지 않는다는 점은 일단 여기에서 무시된다) 이들 생산자들 간의 생산물의 교환에 대한 매개자이며, 그가 없더라도 수없이 진행될 수 있는 교환들 가운데 어떤 한 교환의 매개자일 뿐이다.

환을 매개하는 것이기 때문에, 그것의 존재——직접적인 물물교환에서 나타나는 발전되지 못한 형태들을 제외한다면——를 위해서 필요한 조건은 단순상품유통과 단순화폐유통에 필요한 것과 동일하다. 혹은 오히려 이 단순상품유통과 단순화폐유통이 상인자본의 존재조건이기도 하다. 상품으로 유통과정에 투입되는 생산물은 그것이 어떤 생산양식에서 생산된 것이든(즉 원시공동체에서 생산된 것이든, 혹은 노예제 생산이나 소농 및 소부르주아적 생산양식 아래서 생산된 것이든, 또는 자본주의적 생산양식 아래서 생산된 것이든) 그로 인해 이들 생산물의 상품으로서의 성격은 조금도 변화되지 않으며, 또 상품으로서 이들 생산물은 교환과정과 거기에 수반되는 형태변화를 거치지 않으면 안 된다. 상인자본에 의해서 매개되는 양극은 상인자본에 외생적으로 주어져 있는데, 이는 이들 양극이 화폐와 화폐의 운동에 대해서 외생적으로 주어져 있는 것과 완전히 동일하다. 상인자본에 유일하게 필요한 것은 단지 상품으로서의 이 양극이 존재하는 것이고, 이때 모든 생산이 상품생산을 이루든 혹은 자급자족적 생산자가 자신의 생산을 통해서 스스로 충족한 직접적 필요 부분 이상의 초과분만을 시장에 내든, 그것은 아무 상관이 없다. 상인자본은 단지 이 양극, 즉 그에게 주어진 전제조건인 그 상품들의 운동을 매개할 뿐이다.

생산물이 상인의 손을 거쳐 상업 속으로 어느 정도까지 포섭되느냐 하는 것은 생산양식의 성격에 달려 있으며 그것이 최대가 되는 것은 자본주의적 생산이 충분히 발달하여 생산물이 직접적 생존수단이 아니라 오로지 상품으로만 생산될 경우이다. 한편 상업은 어떤 생산양식 아래서든 항 M338 상 교환에 투입되어 생산자(이는 여기에서 생산물의 소유자로 이해되어야 한다)의 소비나 축장화폐를 증가시키기 위해 잉여생산물의 생산을 촉진한다. 그리하여 생산은 점차 교환가치를 지향하는 성격을 띠게 된다.

상품의 형태변화, 즉 그것의 운동은 다음과 같이 이루어진다. ① 소재적으로 그것은 다양한 상품들 상호 간의 교환으로 이루어져 있으며 ② 형태적으로 그것은 판매(상품의 화폐로의 전화)와 구매(화폐의 상품으로의 전화)로 이루어져 있다. 그리고 상인자본의 기능은 바로 이들 기능[즉 구매와 판매를 통한 상품의 교환]으로 귀착된다. 결국 상인자본은 단지 상품교환을 매개할 뿐이다. 그런데 이때 이 상품교환은 처음부터 단순히 직접적 생산자들 간의 상품교환으로 파악되어서는 안 된다. 노예제도와 농노제도 그리고 공납제도(원시공동체를 고찰할 경우) 아래서 생산물의 소유주[즉 생산물의 판매자]는 각각 노예주인과 봉건영주 그리고 공납징수 국가가 된다. 상인은 많은 사람들을 위해서 사고판다. 구매와 판매가 상인의 수중으로 집적되고 그럼으로써 구매와 판매는 구매자(상인으로서)의 직접적 욕망과 관련이 없어지게 된다.

그러나 상인이 그 상품교환을 매개하는 생산영역의 사회적 조직이 어떤 것이든, 상인의 자산은 항상 화폐자산으로 존재하며 그의 화폐는 항상 자본으로 기능한다. 그것의 형태는 항상 $G—W—G'$이다. 즉 교환가치의 독립적 형태인 화폐가 그 출발점이며 그것의 고유한 목표는 교환가치의 증식인 것이다. 상품교환 그 자체와 그것을 매개하는 행위들—생산자와 분리되어 비생산자에 의해서 수행되는—은 다만 단순한 부가 아니라 일반적인 사회형태인 교환가치로서의 부를 증식하기 위한 수단일 뿐이다. 그것을 이끄는 동기와 그것을 규정하는 목표는 오로지 G를 $G+\varDelta G$로 전화시키는 것이다. $G—G'$을 매개하는 행위인 $G—W$와 $W—G'$은 G가 $G+\varDelta G$로 전화하는 과정의 중간 계기로만 나타난다. 상인자본의 특징적인 운동을 나타내는 이 $G—W—G'$이야말로 상인자본을 $W—G—W$[즉 사용가치의 교환을 궁극적인 목표로 삼는 생산자들 간의 상품거래]와 구별시키는 것이다.

그러므로 생산이 덜 발달해 있을수록 화폐자산은 더욱더 상인의 수중에 집적된다. 즉 상인자산의 독자적인 형태로 나타난다.

M339 자본주의적 생산양식의 내부에서는—말하자면 자본이 생산 그 자체를 장악하여 그 생산의 형태를 완전히 변화된 특수한 것으로 만들어버리면—상인자본은 특정한 하나의 기능을 갖는 자본으로만 나타난다. 그러

나 그 이전의 모든 생산양식들에서는 그리고 생산이 직접적으로 생산자의 생활수단을 위한 생산의 성격을 많이 띨수록, 상인자본은 탁월한 자본기능을 가진 것처럼 보였다.

따라서 자본이 생산 그 자체를 아직 장악하기 훨씬 전에, 상인자본이 이미 자본의 역사적 형태를 띠고 나타났던 이유를 알아내는 것은 조금도 어려운 일이 아니다. 상인자본의 존재와 일정 단계까지의 발전은 그 자체가 자본주의적 생산양식의 발전을 위한 역사적 전제조건이기도 하다. 즉 그것은 ① 화폐자산의 집적을 위한 전제조건이기 때문이며, 또 ② 자본주의적 생산양식이 상업적 생산을 전제로 하여, 개별 고객들을 상대로 하지 않고 대량판매를 전제로 하고 따라서 자신의 개인적 필요를 충족하기 위해 구매하지 않고 많은 사람들의 구매행위를 자신의 구매행위로 집적하는 상인을 전제로 하기 때문이다. 한편 일반적으로 상인자본의 발전은, 생산에 점점 교환가치를 지향하는 성격을 부여하고, 생산물을 점점 상품으로 전화시키는 방향으로 작용한다. 그럼에도 상인자본의 발전은, 그 자체만으로는, 우리가 바로 다음에서 상세히 보게 되는 것처럼, 한 생산양식에서 다른 생산양식으로의 이행을 매개하고 해명해주기에는 불충분하다.

자본주의적 생산 내부에서는, 상인자본은 과거 자신의 독자적인 존재형태를 벗어나 자본선대 일반의 특정한 한 계기가 되며, 이윤율의 균등화는 상인자본의 이윤율을 일반적 평균수준으로 낙착시킨다. 상인자본은 단지 생산자본의 대리인으로만 기능한다. 상인자본의 발전에 따라서 부수적으로 형성된 특수한 사회적 상황들은 이제 더는 결정적인 영향력을 행사하지 못한다. 반대로 상인자본이 지배적인 곳에서는 이 낡은 상황들이 여전히 성행하게 된다. 이런 현상은 한 나라 내에서도 예를 들어 상업도시들의 경우 공업도시들과는 완전히 다르게 과거의 낡은 사회적 상황과 유사한 것들이 그대로 유지되고 있는 것을 통해서 볼 수 있다.[46)]

자본이 상인자본으로 독립해서 우세한 형태로 발전해간다는 것은 생산 M340 이 아직 자본에 예속되지 않고 있다는 것과 같은 의미로서, 다시 말하자면 자본이 자신과 무관하고 자신과 독립된 생산의 사회적 형태를 기반으로 하여 발전해가는 것을 의미한다. 따라서 상인자본의 독립적인 발전은 사회의 일반적인 경제발전과 반비례관계에 있다.

독립적인 상인자산이 자본의 지배적 형태를 이루고 있다는 것은 유통과정이 그것의 양극〔교환을 수행하는 생산자들 자신〕에서 독립해 있다는 것을 의미한다. 이들 양극은 유통과정에 대해서 독립적이며 유통과정도 이들 양극에 대해서 독립적이다. 생산물은 이 경우 상업에 의해서 상품이 된다. 여기에서 생산물의 형태를 상품으로 발전시키는 것은 상업이며, 생산된 상품이 자신의 운동을 통해 상업을 형성하는 것은 아니다. 여기에서 자본이 자본으로서 맨 처음 나타나는 것은 유통과정에서이다. 유통과정에서 화폐는 자본으로 발전한다. 유통과정에서 생산물은 최초로 교환가치〔즉 상품과 화폐〕로서 발전한다. 자본은 자신의 양극〔즉 유통에 의해 매개되는 서로 다른 생산영역들〕을 지배하게 되기 전에 유통과정에서 형성될 수 있고 또 형성되어야만 한다. 화폐와 상품 유통은 그 내적 구조의 성격상 아직 주로 사용가치의 생산을 지향하는 매우 다양한 조직들의 생산영역들을 매개할 수 있다. 제3자에 의해 여러 생산영역들이 서로 연결되는 유통과정의 이런 독립은 이중의 의미를 지닌다. 즉 하나는 유통이 아직 생산을 완전히 장악하지는 못했으나 생산에 대해서 주어진 전제조건으로 행세한다는 점이다. 그리고 또 하나는 생산과정이 아직 유통을 자신의 한 계기로서 받아들이지 않고 있다는 점이다. 그러나 자본주의적 생산

---

46) 키셸바흐(W. Kisselbach, 『중세의 세계무역 진행과정』, 1860)는 사실상 아직도 계속 상인자본이 자본 일반의 형태를 취하는 세계 속에 갇혀 살고 있다. 그는 자본의 근대적 의미를 조금도 알지 못하는데 이는 몸젠(Th. Mommsen)—즉 그가 『로마사』에서 '자본'과 자본의 지배에 관해 이야기할 때—도 마찬가지이다. 본래적인 상인계급과 상업도시는 근대 영국사에서 정치적으로 반동적인 것으로 나타나는데, 이들은 지주귀족·금융귀족과 연합하여 산업자본가에 대항한다. 예를 들어 맨체스터와 버밍엄에 대항하는 리버풀의 정치적 입장을 서로 비교해 보면 이를 잘 알 수 있다. 영국의 상인자본과 금융귀족들은 곡물관세가 폐지되고 나서야 비로소 산업자본의 완전한 지배를 인정하였다.

에서는 이 두 가지가 모두 완성된 형태로 이루어진다. 거기에서는 생산과 정이 완전히 유통의 토대 위에 있으며, 유통은 단지 생산의 한 계기〔즉 생산의 중간국면〕로서 상품으로 생산된 생산물을 실현하고 상품으로 생산된 그 생산요소들을 보전하는 과정일 뿐이다. 유통으로부터 직접 유래하는 자본형태〔상인자본〕는 여기에서 자신의 재생산 운동과정 중에 있는 자본의 여러 형태 가운데 하나에 지나지 않는다.

상인자본의 독립적인 발전이 자본주의적 생산의 발전 정도와 반비례한다는 법칙은 베네치아 상인과 제노바 상인 그리고 네덜란드 상인들 사이에서 성행하던 중계무역의 역사 속에서 가장 잘 나타난다. 이들 지역의 상인들에게 그 주된 수입은 자국 생산물의 수출에 의해서 얻어지는 것이 아니라, 상업적으로나 경제적으로나 발전수준이 낮은 공동체들 간의 생산물 교환을 매개하는 것에 의해서, 그리고 또 그들이 중계하는 두 생산국들에 대한 착취를 통해서 얻어졌다.[47] 여기에서 상인자본은 양극〔즉 그것이 매개하는 생산영역들〕과 분리된 순수한 형태의 것이었다. 이 중계무역은 상인자본 형성의 주요 원천이다. 그러나 이러한 중계무역의 독점과 이런 상업 그 자체는, 이들에 의해 착취당하던 나라들——이들의 저발전이 바로 중계무역의 존립 기반이었다——이 경제적으로 발전해감에 따라 쇠퇴의 길을 걷게 된다. 중계무역업의 이런 쇠퇴는 특정 상업부문의 쇠퇴에 그칠 뿐만 아니라 이 중계무역업을 토대로 우세한 지위를 유지하던 순수 상업국가와 그 국가의 상업적 부가 쇠퇴하는 것을 의미한다. 이것은 자본주의적 생산이 발전해감에 따라 상인자본이 산업자본에 예속되어가는 것을

---

47) "상업도시의 주민들은 부유한 나라들로부터 정교한 공업제품과 값비싼 사치품을 수입하여 이를 대지주들의 허영심을 충족시키는 데 제공해주었는데, 이들 대지주들은 이런 상품을 허겁지겁 사들이고는 그 대가로 자기 땅에서 생산된 많은 1차 생산물을 지불하였다. 그래서 이 시기에 유럽 대부분의 무역은 어떤 나라의 1차 생산물과 공업이 발달한 나라의 공업제품 간의 교환으로 이루어졌다. …… 이들 공업제품들에 대한 기호가 일반화되고 그리하여 그 수요가 상당한 수준에 이르게 되자, 상인들은 운송비를 절약하기 위해서 자기 나라 안에서 유사한 공업부문에 대해 투자를 시작하였다"(스미스, 『국부론』, 에버딘, 런던, 1848〕 제3권, 제3장〔267쪽〕).

나타내는 하나의 특수한 형태일 뿐이다. 그리고 상인자본이 생산을 직접 지배하던 시기에, 그것의 경영형태와 경영방식을 가장 잘 보여주는 예로 식민지경제 일반(소위 식민지제도)과 더 특수하게는 과거의 네덜란드 동인도회사[42]의 경영을 들 수 있다.

M342 상인자본의 운동은 G—W—G′이므로 상인의 이윤은 일차적으로 단지 유통과정 내에서 수행되는 행위〔즉 구매와 판매의 두 행위〕를 통해서만 만들어진다. 그 다음으로 그 이윤은 마지막 행위〔즉 판매〕를 통해서 실현된다. 따라서 그것은 양도이윤[38](Veräußerungsprofit, profit upon alienation)이다. 얼핏 보아서 생산물이 그 가치대로 판매되는 한, 순수하게 독립적인 상업이윤은 존재할 수 없는 것처럼 보인다. 값싸게 구매하여 비싸게 판매하는 것이 상업의 법칙이다. 즉 그것은 등가의 교환이 아니다. 거기에 가치개념이 포괄되기 위해서는, 서로 다른 상품들이 모두 가치이며 또한 화폐이어야 한다. 다시 말해 질적으로 동일한 사회적 노동으로 표현되어야 한다. 그러나 이들의 가치크기는 동일하지 않다. 생산물들이 교환되는 양적 비율은 처음에는 완전히 우연적인 것이다. 생산물이 상품형태를 취하게 되는 것은 그것들이 교환 가능한 것들이란 사실, 말하자면 제3자에 의해 표현될 수 있다는 사실 때문이다. 교환이 계속 이루어지고 그 교환을 위한 재생산이 규칙적으로 이루어지게 되면 이런 우연성은 점점 없어진다. 그러나 그런 과정은 처음에는 생산자나 소비자가 아닌 이들 양자를 매개하는 상인이 이들 상품의 화폐가격을 비교하고 그 차액을 착복함으로써 이루어진다. 상인은 바로 그러한 자신의 행위를 통하여 등가관계를 수립한다.

상인자본은 처음에는 자신이 아직 지배하지 못하는 양극〔또한 자신이 창출한 것이 아닌 전제들〕사이를 매개하는 운동일 뿐이다.

화폐가 상품유통의 단순한 형태 W—G—W로부터 가치척도와 유통수단으로서뿐만 아니라, 상품〔따라서 부〕의 절대적 형태, 즉 축장화폐로 나타나고 화폐로서의 자기보전과 증가를 목적으로 삼게 되는 것과 마찬가지로, 상인자본의 단순한 유통형태 G — W — G´으로부터도 화폐〔즉 축장화폐〕는 단지 양도를 통해서 스스로를 보전하고 증가시키는 것으로 나타난다.

고대 상업국가들은 마치 에피쿠로스학파에서 이야기하는 우주의 중간 층에서 사는 신(神)들[†45]처럼 혹은 폴란드 사회의 숨구멍 속에서 사는 유태인들처럼 존재한다. 상업도시와 상업국가 들에서 최초로 독립적이고 대규모로 발전된 상업은 순수한 중계무역으로서 미개한 생산국가들 사이에서 이들을 중계해주는 역할을 수행하는 것이었다.

자본주의적 사회 이전의 단계에서는 상업이 산업을 지배하였다(근대 사회에서는 그 반대이다). 그리고 상업은 당연히 자신이 중간에서 매개하는 공동체들에게 어느 정도 영향을 미치게 된다. 상업은 향락과 생존을 생산물의 직접적 이용보다는 오히려 판매에 더욱 의존하게 만듦으로써 생산을 점점 더 교환가치에 예속시킨다. 그리하여 상업은 낡은 관계를 해체하고 화폐유통을 증대한다. 그것은 생산의 잉여분만을 획득하는 것에 그 M343 치지 않고, 점차 이 생산 그 자체까지 잠식해 들어가서 생산부문 전체를 자신에게 종속시킨다. 이때 이러한 분해작용은 그 생산공동체의 특성에 크게 의존한다.

상인자본이 발전수준이 낮은 공동체들 간의 생산물 교환을 매개하는 한, 상업이윤은 외관상 사기나 기만으로 보일 뿐만 아니라 실제로도 대부분이 그로부터 얻어진다. 서로 다른 국가들 간의 생산가격 차이를 착취하는 것 이외에도(그리고 이런 맥락에서 상인자본은 상품가치의 결정과 균등화에 영향을 미친다) 상인자본은 그런 생산양식 아래서의 잉여생산물 대부분을 자신이 소유한다. 이렇게 되는 이유 중 하나는 그가 중간에서 매개하는 공동체들의 생산이 본질적으로 아직 사용가치를 지향하고 있고, 또 이들 경제조직에서는 전반적으로 유통에 투입되는 생산물 부분을 가치대로 판매한다는 것〔즉 전반적으로 생산물을 가치대로 판매한다는 것〕이 아직 부차적으로밖에는 중요하지 않기 때문이다. 그리고 또 하나의 이유는 그런 과거의 생산양식에서 상인의 거래대상인 잉여생산물의 주된 소유자들, 즉 노예주인·봉건영주·국가(예를 들면 동양의 전제군주) 등은, 앞서 인용한 구절에서 스미스가 봉건시대에 대하여 정확하게 지적했던 것과 같이, 상인이 파놓은 함정인 그 향락적 부의 대표적인 소비자들이었기 때문이다. 그리하여 압도적인 지배권을 행사하던 상인자본은 도처에서 약탈제도를 만들어냈는데[48] 이는 최근은 물론 과거의 상업국가들에서도 상인자본의 발전이 폭력적인 약탈[즉 해적, 노예사냥, 식민지 정복 등]과 직접적으로 연관되어 있다는 사실에서 그대로 나타난다. 그 좋은 예가 카르타고, 로마, 그리고 그 후에는 베네치아, 포르투갈, 네덜란드 등이다.

---

48) "작금에 상인들 사이에는 그들이 이미 많은 위험을 무릅쓰고 상거래를 수행하고 있는데도, 거기에 더하여 귀족과 도적까지 가세하여 자신들을 체포하고 구타하며 또 세금을 물리고 약탈을 한다는 불평이 심하다. 만일 그들이 정의를 위해서 그런 수난을 겪고 있다면 상인들은 당연히 성자가 되고도 남을 것이다. …… 그러나 상인들이 전 세계를 상대로 그런 부정과 기독교의 교리에 반하는 절도와 강도짓을(심지어는 그들끼리도) 자행하고 있다는 점을 생각한다면, 그들이 부정하게 모은 그런 큰 재산을 신께서 다시 잃게 하고 약탈당하게 하며, 또 그들이 얻어맞고 체포되도록 한다고 해서 그것이 무슨 이상한 일이겠는가? …… 그리고 왕은 그런 부당한 상업을 정당한 공권력으로 징벌하여 그 신민들이 상인들에게 무차별하게 피해를 당하지 않도록 배려하는 것이 그의 당연한 의무이다. 그런데 왕들이 이런 의무를 제대로 이행하지 않기 때문에 신께서는 기사와 도적을 필요로 하고, 이들을 통해서 상인들의 부당함을 징벌하며 이들이 상인들에 대한 마귀가 되도록 한다. 이는 마치 신께서 이집트와 전 세계를 마귀를 이용하여 괴롭히고 그 적들의 손을 빌려 멸망하게 한 것과 마찬가지이다. 그리하여 신은 한 악한을 다른 악한의 손을 빌려 제거하는데, 이는 그가 기사를 상인보다 덜 도둑놈이라고—상인은 전 세계를 상대로 매일 도적질을 하는 반면 기사는 1년에 한두 번 혹은 한두 상인의 것만을 훔친다는 것을 근거로—알리고 싶어서 그러는 것은 아니다." "이사야의 예언대로 될지니, 즉 너희의 왕들이 도적의 무리로 화할 것이니라. 왜냐하면 그들 왕들은 1굴덴(옛날의 금화 이름—옮긴이)이나 반 굴덴을 훔친 도적에 대해서는 교수형에 처하면서 전 세계를 도적질하는 자들과는 함께 손을 잡고 비할 바 없이 안전하게 도적질을 하기 때문이다. 그리하여 격언이 그대로 이루어지는바, 큰 도적이 작은 도적을 목매달게 되는 것이다. 또한 로마의 원로원 의원 카토(Cato)가 말한 바와 같이 좀도둑은 감옥 속에서 족쇄를 차고 있지만, 공공의 도적은 보석과 비단옷에 감싸여 있다. 그렇다면 신은 궁극적으로 무엇을 말하려는 것인가? 그가 행하려 하는 바는, 그가 에스겔(Ezechiel: 구약의 한 예언자로서 기원전 597년에 바빌론의 포로가 되었음. 구약에 에스겔서가 있음—옮긴이)을 통해 말한 바와 같이, 왕과 상인을, 즉 한 도적과 또 다른 도적을, 마치 납과 철을 섞듯이 서로 섞어서 한 도시를 태울 때 이들 두 도적들이 하나도 남지 않도록 하리라 하였다"(마르틴 루터, 「상거래와 고리대에 관하여」, 1527년 부분[†46]).

상업과 상인자본의 발달은 모든 곳에서 교환가치를 목적으로 하는 생 M344
산을 발전시키고 또 그런 생산의 범위를 확대하여 다양하게 하고 세계화
하며 또한 화폐를 세계화폐로 발전시킨다. 그리하여 상업은 모든 곳에서
주로 사용가치를 목적으로 하는 기존의 다양한 형태의 여러 생산조직들
을 어느 정도 해체하는 데 영향을 미친다. 그러나 그것이 낡은 생산양식의
해체에 어느 정도로 영향을 미칠 것인지는 무엇보다도 그 생산양식의 견
고성과 내적 구조에 의존한다. 그리고 이런 해체과정의 결과가 어떻게 될
것인지〔즉 낡은 생산양식 대신에 어떤 새로운 생산양식이 나타날 것인지〕
는 상업에 달려 있는 것이 아니라 그 낡은 생산양식의 성격에 달려 있다.
고대사회에서는 상업의 영향과 상인자본의 발달이 항상 노예경제로만 귀
착되었다. 즉 그 출발점 때문에, 가부장적이고 직접적 생존수단의 생산을
목적으로 한 노예제도가 단지 잉여가치의 생산을 목적으로 하는 노예제
도로 전화하는 것에만 그쳐버리기도 하였다. 그러나 근대사회에서는 그
출발점이 자본주의적 생산양식이다. 그러므로 여기에서는 그 결과 자체
가 상인자본의 발달과는 완전히 다른 요인들에 의해 제약된다.

당연한 것이지만, 도시산업이 독자적으로 농촌산업과 분리되면, 그 생
산물은 처음부터 상품이 되고 따라서 그 생산물의 판매에는 상업의 매개
가 필요하게 된다. 그런 점에서 상업의 발달이 도시의 발달에 의존하는 한
편 도시의 발달도 상업의 발달을 전제로 한다는 것은 당연한 일이다. 그러 M345
나 산업의 발전이 상업의 발전과 어느 정도로 같은 보조를 취할 것인지의
문제는 전혀 다른 요인들에 의존한다. 고대 로마는 후기 공화정 시기에 이
미 그 이전보다 훨씬 더 발전된 상인자본을 가지고 있었는데, 이것은 전혀
산업발전의 도움 없이 이루어진 것이었다. 반면 코린트와 기타 유럽 및 소
아시아 지역의 그리스 도시국가들에서는 고도로 발달한 산업이 상업의
발전을 함께 가져왔다. 한편 도시의 발달과 그에 따른 조건들과는 정반대
로, 상업정신(Handelsgeist)과 상인자본의 발달은 정착생활을 하지 않는
유목민족들 사이에서도 많이 나타난다.

16세기와 17세기에 지리상의 발견이 가져다준 상인자본의 급속한 발전과 상업부문의 대혁명[†47]이 봉건적 생산양식에서 자본주의적 생산양식으로 이행을 촉진하는 데 하나의 주요한 계기가 되었다는 것은——그리고 바로 이런 사실이 완전히 잘못된 견해를 만든 원인이기도 하다——의심의 여지가 없다. 세계시장의 급격한 확대, 유통되는 상품의 엄청난 증가, 아시아 지역의 생산물과 아메리카 지역의 자연자원을 장악하고자 하는 유럽 국가들 사이의 경쟁, 그리고 식민지제도 등등은 실제로 생산에서의 봉건적 제약을 타파하는 데 크게 기여하였다. 그러나 근대적 생산양식이 그 초기에[즉 매뉴팩처 시기]에 발전했던 것은, 그런 발전을 위한 조건이 이미 중세시기에 창출되어 있었던 경우에 한한 것이었다. 예를 들어 우리는 네덜란드와 포르투갈을 비교해 볼 수 있다.[49] 그리고 만일 16세기[부분적으로는 17세기]에 상업의 급속한 확대와 새로운 세계시장의 창출이 낡은 생산양식의 몰락과 자본주의적 생산양식의 발흥에 중요한 영향력을 행사하였다면, 이것은 거꾸로 이미 창출되어 있던 자본주의적 생산양식의 기초 위에서 이루어진 것이었다. 세계시장은 바로 이 자본주의적 생산양식의 기초 그 자체를 이루는 것이었다. 한편 또 끊임없이 확대된 규모로의
M346 생산을 향한 이 생산양식의 내적 필연성은 세계시장의 계속적인 확대를 이끌어서, 여기에서는 상업이 산업을 개혁하는 것이 아니라 산업이 상업을 끊임없이 개혁하게 된다. 상업의 지배권도 이제는 대규모 공업의 제반 여건이 얼마나 지배적인지의 여부와 결부된다. 예를 들어 우리는 영국과

49) 네덜란드의 발전에서, 다른 조건을 무시할 때, 어업과 제조업 그리고 농업 부문에서 확보된 기초가 얼마나 중요했는지에 대해서는 이미 18세기의 저술가들이 논의한 바 있다. 예를 들어 매시(J. Massie)[†48]를 보라.——이들 논의에서는 아시아 지역과 고대·중세에서 상업의 범위와 중요성을 과소평가했던 이전의 견해들과는 반대로 이를 지나치게 과대평가한다. 이런 잘못된 생각들에서 벗어날 수 있는 가장 좋은 방법은 18세기 초엽 영국의 수출입 동향을 오늘날의 그것과 비교해 보는 것이다. 그렇지만 영국의 그것도 이미 그 이전의 모든 상업국가들에 비하면 더할 나위 없이 훨씬 규모가 큰 것이었다(앤더슨, 『상업의 기원에 대한 역사적·연대기적 기술』[261쪽 이하] 참조).

네덜란드를 비교해 볼 수 있다. 지배적인 상업국가로서 네덜란드의 몰락의 역사는 상인자본이 산업자본에 예속되어가는 과정의 역사이다. 전 자본주의적이고 민족적인 생산양식의 구성과 그 내적 견고성이, 자신을 해체하려는 상업의 영향력에 저항하여 그것을 가로막던 예는, 바로 영국인들의 인도인 및 중국인과의 교역에서 잘 나타난다. 인도와 중국에서는 소농경영과 가내공업이 결합된 경제단위가 생산양식의 광범위한 기초를 이루고 있었으며, 그 위에 인도에서는 토지의 공동소유에 기반을 둔 촌락 공동체 형태가 여기에 가세하였는데, 이런 공동체 형태는 중국에서도 그 본원적 형태를 띠었다. 인도에서 영국인들은 이런 소규모 경제공동체들을 타파하기 위해서 지배자 및 지대취득자로서 그들의 직접적인 정치적·경제적 권력을 마구 사용하였다.[50] 영국인들의 상업이 여기에서 그 생산양식에 혁명적인 영향을 미친 경우는, 그들이 상품을 매우 낮은 가격에 판매함으로써 이 농업과 공업이 결합된 생산단위 가운데 하나의 원시적 구성 부분을 이루는 직조업을 궤멸하여 그 공동체를 파괴한 경우 단 하나뿐이었다. 이 인도에서도 이런 해체작업은 매우 서서히 이루어질 수 있었을 뿐이다. 이는 직접적인 정치적 권력이 도움을 줄 수 없었던 중국의 경우에는 더더욱 어려웠다. 중국에서는 경작업과 제조업의 직접적 결합으로 얻는 큰 경제성과 시간절약이, 도처에서 수행되는 유통과정의 제반 경비를 자신의 상품가격 속에 포함시켜야 하는 대규모 공업의 생산물에 대항하는 완강한 저항요인이 되었다. 한편 러시아의 상업은 영국의 상업과 반대로 아시아적 생산의 경제적 기초를 손상하지 않았다.[51]

---

50) 역사를 각 민족의 역사로 파악한다면, 영국인들의 인도 경영은 파행적이고 어리석기 짝이 없는(실제로 부끄러운 것이었다) 경제적 실험의 역사였다. 뱅골 지역에서 그들은 영국식의 대토지소유제라는 만화를 그려보았으며, 남동부 인도 지역에서는 분할지소유제라는 만화를 그려보았고, 북서부 인도 지역에서는 인도의 경제공동체를 토지의 공동소유제라는 그들의 고유한 제도로 다시 변형하려고 갖은 노력을 다 기울였다.
51) {러시아가 국내 시장과 인근 아시아 시장만을 대상으로 하여 자본주의적 생산을 발전시키기 위해 발작적인 노력을 기울이기 시작하면서부터는 이런 사정도 다르게 전개되기 시작하였다.}

봉건적 생산양식으로부터의 이행은 두 가지 방식으로 이루어진다. 하

나는 생산자가 상인이자 곧 자본가가 됨으로써, 농업의 자연경제와 춘프
트(Zunft: 중세의 독일 수공업자조합—옮긴이) 조직으로 된 중세 도시공업의
수공업자들과 대립하는 것이다. 이것이 참된 혁명적인 길이다. 그리고 또
하나는 상인이 생산을 직접 장악하는 방식이다. 그러나 이 후자의 길은 그
것이 실제로 역사에서 이행으로 작용하는 경우에도—17세기 영국 직물
상인의 경우를 예로 들면 이들은 비록 독립해 있기는 했지만 자신의 통제
하에 있는 직조공들에게 양모를 팔고는 다시 그들로부터 완성된 직물을
사들였다—그 자체만으로는 낡은 생산양식의 전복을 가져오지 않을 뿐
만 아니라 오히려 이를 보존하고 자신의 전제조건으로 유지한다. 그래서
예를 들어 19세기 중엽까지만 해도 아직 프랑스의 견직공업, 영국의 메리
야스와 레이스 공업부문의 제조업자들은 명목상으로만 제조업자일 뿐,
그 내용은 사실상 상인으로서 직조공들을 과거의 분산적 방식으로 계속
작업하게 하고, 이들에 대해 상인으로서의 지배력만을 행사(이들이 사실
상 상인을 위해서 일하도록)했을 뿐이다.[52] 이런 방식은 도처에서 참된
자본주의적 생산양식을 가로막고, 이 생산양식이 발전함에 따라 사라져
간다. 이것은 생산양식을 전복하지 않은 채 단지 직접적 생산자들의 처지
를 악화시키고 이들 생산자들을 직접 자본에 예속되어 있는 노동자보다
더 열악한 조건 속에 있는 단순 임노동자와 프롤레타리아로 전화시킬 뿐
이며 이들의 잉여노동을 낡은 생산양식의 기초 위에서 획득한다. 수공업
적으로 운영되는 런던의 가구산업 가운데 일부에서는 이런 관계가 약간
변형된 형태로 똑같이 나타난다. 이런 가구산업은 특히 타워햄리츠[†49] 구
역에서 매우 대규모로 성행하고 있다. 그것의 전체 생산은 서로 독립적인

52) {라인 지방의 리본 및 레이스공과 견직공의 경우에도 이것은 마찬가지였다. 심지어 크레펠
트(Krefeld)에서는 이 지방의 수직업자(手織業者)와 도시의 '제조업자들' 간의 교역을 위해 전용
철도가 건설되기까지 했다. 그러나 이 철도는 기계방직업자가 등장하게 되면서 수직업자와 함
께 놀려지게 되었다.}

상당히 많은 사업부문들로 나누어져 있다. 어떤 부문은 의자만 생산하고 또 어떤 부문은 탁자만, 그리고 또 다른 어떤 부문은 장롱만 생산하는 그런 방식이다. 그러나 이들 각 사업부문 하나하나는 다소 수공업적 방식으로 운영되고 있어서 소수의 장인 밑에 도제 여러 명이 딸린 형태를 취한다. 그렇지만 생산은 대량으로 이루어지기 때문에 개별 고객을 상대로 하지는 않는다. 이들의 고객은 가구점 주인들이다. 토요일이면 장인들은 이들 가구점 주인들에게 찾아가서 자신의 생산물을 판매하는데, 이때 그 판매가격에 대해서 흥정이 벌어지는 것은 마치 전당포에서 돈을 빌려줄 때 저당물의 금액에 대하여 흥정이 벌어지는 것과 마찬가지로 이루어진다. M348 이들 장인은 일주일 단위의 판매를 필요로 하는데 이는 그 다음 주의 원료구매와 임금지불을 미리 준비해두어야 하기 때문이다. 이런 상황에서 그들은 본질적으로 단지 상인과 그들 자신의 노동자들 사이의 중개인에 불과하다. 상인은 잉여가치의 대부분을 자기 호주머니 속으로 챙겨 넣는 본래적인 의미의 자본가이다.[53] 과거 수공업적으로 혹은 농촌공업의 한 부수적인 부문으로 운영되던 부문들이 매뉴팩처로 이행하는 경우에도 사정은 비슷했다. 이들 소규모 자영업에서 기술수준이 발전해감에 따라——이들은 이미 수공업적 경영이 허용하는 범위 내에서 기계들을 사용하고 있었다——대규모 공업으로의 이행도 또한 나타났다. 기계는 사람 손 대신에 증기에 의해 움직여지게 되었는데 그 대표적인 예로는 최근 영국의 메리야스업을 들 수 있다.

그리하여 세 가지 형태의 이행이 나타나게 된다. 첫째는 상인이 직접 산업경영자(Industrieller)가 되는 형태이다. 이것은 상업에 기반을 둔 산업의 경우에 해당한다. 상인이 원료와 노동자를 모두 외국에서 수입해 오는 사치품산업, 예를 들어 15세기에 이탈리아가 콘스탄티노플에서 수입한 그

---

53) {이 제도는 1865년 이후 더욱 대규모로 발전하였다. 이에 대한 자세한 내용은 『노동착취제도에 대한 상원특별위원회 제1차 보고서』, 런던, 1888 참고.}

런 경우이다. 둘째는 상인이 소수의 장인들을 자신의 중개인(middleman)으로 삼거나 혹은 직접 독립생산자에게서 생산물을 구매하는 형태이다. 이 경우 상인은 이들 생산자들을 명목상 독립된 상태로 남겨두며 그들의 생산방식에도 관여하지 않는다. 셋째는 산업자본가가 상인이 되어 상업에 필요한 대량의 생산물을 직접 생산해내는 형태이다.

중세에는 상인이, 포프가 말한 바 그대로,[†50] 춘프트 장인들이나 농민들이 생산한 상품을 단지 '운반하는 사람'에 불과하였다. 그러다가 상인은 직접 산업경영자가 되든가 아니면 수공업적인 농촌의 소규모 공업들을 자기편으로 포섭한다. 그리고 다른 한편으로는 생산자가 직접 상인이 되기도 한다. 예를 들어 직조장인이 양모를 조금씩 계속 상인한테 얻어서 자신이 도제와 함께 그 상인을 위해 일해주는 형태가 아니라, 장인이 직접 양모와 원사를 구매하여 자신이 생산한 직물을 상인에게 판매하게 되는 것이다. 생산요소들은 장인이 구매한 상품의 형태로 생산과정에 투입된다. 이제 직물업자는 개별 상인이나 어떤 특정 고객을 상대로 생산하는 것이 아니라 상업세계(Handelswelt)를 상대로 생산한다. 생산자는 자신이 곧 상인이다. 상인자본은 다만 유통과정을 수행할 뿐이다. 원래 상업은 춘프트 수공업과 농촌의 가내공업 그리고 봉건적 농업 등이 자본주의적 경영으로 전화하기 위한 전제조건이었다. 그것은 생산물을 상품으로 발전시키는데, 이는 한편으로는 상업이 생산물을 위한 시장을 창출해주고, 다른 한편으로는 새로운 상품등가를 제공하며 또 생산에 대해 새로운 원료와 보조자재를 공급해주고, 그리하여 처음부터 상업에 기반을 둔─시장과 세계시장을 상대로 한 생산에는 물론 세계시장으로부터 유래하는 생산조건에도 기반을 둔─생산부문들을 창출함으로써 그렇게 된다. 매뉴팩처가 어느 정도 강화되고 그 위에 대규모 공업도 발달하게 되면, 이들 공업은 그들 스스로가 시장을 창출하고 이 시장을 자신들의 상품을 통해 정복한다. 이제 상업은 지속적인 시장의 확대를 생존조건으로 하는 산업생산의 하인이 된다. 계속 확장되는 대량생산은 기존 시장을 범람시키고 따라서 이 시장의 제약을 계속 뛰어넘으면서 그 시장을 확대해간다. 이 대량생산을 제약하는 것은 상업이 아니라(상업이 단지 기존 수요만을 나타내는 것인 한) 기능하고 있는 자본의 크기와 노동생산력의 발전수준이다. 산업자본가는 세계시장을 앞에 놓고 자신의 비용가격을 국내의 시장가격뿐만 아니라 전 세계의 시장가격과 끊임없이 비교하고 또 비교해야만 한다. 이런 비교는, 과거에는 상인들만이 수행하던 것이었고 그럼으로써 상인자본이 산업자본에 대한 지배권을 확보할 수 있는 수단이었다.

근대적 생산양식에 대한 최초의 이론적 연구〔중상주의 이론체계〕는 필연적으로, 상인자본의 운동으로 독립된 유통과정의 표면적 현상들에서 출발할 수밖에 없었고 따라서 그 논의는 피상적인 외관만을 파악하는 데 그쳤다. 그 이유는 우선 상인자본이 자본 일반의 최초의 자유로운 존재양식이기 때문이며 또 하나는 봉건적 생산이 몰락하고 근대적 생산이 등장하기 시작한 최초의 변혁시기에 상인자본이 행사하고 있던 그 우세한 영향력 때문이다. 근대경제에 대한 참된 과학의 시작은 이론적 고찰이 유통과정에서 생산과정으로 옮겨 가고서야 비로소 이루어진다. 이자 낳는 자본도 또한 자본의 원시적 형태이다. 그러나 중상주의가 왜 이 자본에서 출발하지 않고 오히려 이 자본에 대해 논쟁적인 태도를 취했는지는 다음 장에서 다루기로 한다.

제5편

__ 이자와 기업가수익으로의 이윤 분할.
이자 낳는 자본

일반이윤율 혹은 평균이윤율을 처음 고찰할 때(제3권 제2편) 이 평균 M350
이윤율은 아직 그것의 완성된 형태로 나타나지 않았는데, 이는 균등화가
단지 서로 다른 영역에 투자된 산업자본들 간의 균등화로만 나타났기 때
문이다. 제4편에서는 이 균등화에 관여한 상인자본과 상업이윤을 설명함
으로써 이것을 보충하였다. 그리하여 이제 일반이윤율과 평균이윤율은
이전의 개념보다 훨씬 엄밀한 의미로 규정되었다. 앞으로 우리가 다시 일
반이윤율이나 평균이윤율을 논의할 때는 그것이 방금 말한 후자의 엄밀
한 의미로, 즉 평균이윤율의 완성된 형태와 관련해서만 논의되는 것임을
명심해두어야만 한다. 따라서 이제부터 이 평균이윤율은 산업자본과 상
인자본에 모두 동일한 것이므로, 평균이윤에 관한 한 산업이윤과 상업이
윤을 구별하는 것은 불필요하다. 자본은 생산영역에서 산업자본으로 투
자되든, 유통영역에서 상인자본으로 투자되든 그것과는 상관없이 단지
그것의 크기에만 비례하여 동일한 연간 평균이윤을 얻게 된다.

화폐—여기에서는 그것이 현실에서 화폐로 존재하든 상품으로 존재
하든 그것에는 상관없이 어떤 가치량의 독립된 표현으로 간주된다—는

자본주의적 생산의 기초 위에서 자본으로 전화할 수 있고 이런 전화를 통하여 일정 가치에서 스스로를 증식한(즉 증가한) 가치가 된다. 그것은 이윤을 생산한다. 다시 말해 그것은 자본가로 하여금 노동자로부터 일정량의 불불노동(즉 잉여생산물과 잉여가치)을 끌어내어 획득할 수 있도록 해준다. 그럼으로써 화폐는 화폐로서 가지고 있는 사용가치 이외에 하나의 추가적인 사용가치를, 즉 자본으로서 기능하는 사용가치를 갖게 된다. 여기에서 화폐의 사용가치란 바로 그것이 자본으로 전화하여 생산한 이윤 그 자체이다. 가능태(可能態, mögliche)로서의 자본(즉 이윤생산의 수단)이라는 이 속성으로 인해, 화폐는 상품이, 그러나 독특한 종류(sui generis)의 상품이 된다. 혹은 같은 말이지만, 자본은 자본으로서 상품이 된다.[54]

연간 평균이윤율을 20%라고 가정해보자. 그러면 100파운드스털링의 가치를 가진 어떤 기계는 평균조건하에서 평균수준의 지능과 합목적적인 활동에 의해 자본으로 사용될 경우 20파운드스털링의 이윤을 가져다줄 것이다. 따라서 100파운드스털링을 소유한 어떤 사람은 이 100파운드스털링을 가지고 120파운드스털링을 만들(혹은 20파운드스털링의 이윤을 만들) 능력을 가진 셈이 된다. 그는 자신의 수중에 100파운드스털링에 해당하는 가능태로서의 자본을 소지한 것이다. 만일 이 사람이 그 100파운드스털링을 실제로 자본으로 사용할 어떤 다른 사람에게 1년간 양도한다면, 전자는 후자에게 20파운드스털링의 이윤(즉 아무런 등가도 지불하지 않고 공짜로 얻는 잉여가치)을 생산할 힘을 넘겨주는 셈이다. 그런데 이 후자가 그 100파운드스털링의 소유주에게 만일 연말에 5파운드스털링(즉 생산된 이윤의 일부)을 지불한다면, 그는 100파운드스털링의 사용가치(즉 20파운드스털링의 이윤을 생산하는 그 자본기능의 사용가치)에 대한

---

54) 이 점에 관해서는 경제학자들도 그렇게 생각했는데 그런 몇 구절을 여기에서 인용해볼 수 있다. ─ "귀하(잉글랜드은행)는 자본이라는 상품을 가지고 매우 큰 장사를 하고 있습니까?" 이 구절은 『은행법위원회: 1857년』(104쪽)의 증인심문에서 잉글랜드은행의 한 이사에게 던져진 질문이다.

대가를 지불하는 셈이다. 후자가 전자에게 지불하는 그 이윤의 일부를 이자라고 부른다. 그러므로 이자란 다름 아닌 기능하는 자본이 자신의 이윤 가운데 자기 호주머니에 챙겨 넣지 않고 자본의 소유주에게 지불하는 부분을 일컫는 특수한 명칭이다.

100파운드스털링의 소유가 그것의 소유주에게 이자[즉 그의 자본에 의해 생산된 이윤의 일부]를 가져다주는 힘을 부여한다는 것은 분명한 일이다. 만일 그가 다른 사람에게 100파운드스털링을 양도하지 않는다면 후자는 이윤을 생산할 수 없을 것이며 무엇보다도 이 100파운드스털링에 대한 자본가로서 아예 기능할 수 없을 것이다.[55]

이것을 길바트(Gilbart, 각주 55를 참고할 것)처럼 자연의 정의라고 말하는 것은 터무니없다. 생산담당자들 사이에서 일어나는 거래의 정당성 M352은 이 거래들이 생산관계로부터 자연스러운 귀결로서 나타난다는 데 근거한다. 법률적 형태에서는 이런 경제적인 거래들이 거래 당사자들의 의지행위[즉 그들의 공통된 의지의 표현]로, 그리고 개별 당사자들에 대해 국가가 강제하는 계약으로 나타나지만, 이러한 법률적 형태는 그 형태만으로는 이들 내용 그 자체를 규정할 수 없다. 그들 형태는 단지 그 내용을 표현하고 있을 뿐이다. 그 내용이 정당성을 갖는 것은, 그것이 해당 생산양식에 비추어서 적합한 경우에 한해서이다. 만일 그 내용이 해당 생산양식과 모순될 경우 그것은 정당하지 않게 된다. 자본주의적 생산양식의 기초 위에서는 노예제도가 정당하지 않으며 상품의 품질을 속이는 것도 마찬가지로 정당하지 않다.

100파운드스털링이 20파운드스털링의 이윤을 생산하는 것은 그것이 산업자본이든 상인자본이든 좌우간 자본으로 기능함으로써이다. 그러나 이런 자본으로서의 기능에 필수불가결한 조건은 그것이 자본으로 선대된

---

55) "화폐를 가진 어떤 사람이, 자신의 화폐를 빌려 쓰는 사람에게 이윤의 일부를 얻는 방식으로, 이윤을 획득하려는 의도를 가지고 화폐를 빌려주는 것은 자연의 정의에 입각한 자명한 원리이다"(길바트, 『은행업의 역사와 원리』, 런던, 1834, 163쪽).

다는 사실, 즉 화폐가 생산수단(산업자본의 경우)이나 상품(상인자본의 경우)의 구매에 지출된다는 사실이다. 그러나 화폐가 지출되기 위해서는 우선 그것이 존재해야만(da sein) 한다. 만일 100파운드스털링의 소유주인 A가 이 100파운드스털링을 개인적 소비에 지출해버리거나 혹은 축장화폐로서 자신이 직접 보유해버린다면, 이 100파운드스털링은 기능하는 자본가 B에 의해서 자본으로 지출될 수 없을 것이다. B는 자신의 자본을 지출하는 것이 아니라 A의 자본을 지출한다. 그러나 그는 A의 의사 없이는 A의 자본을 지출할 수 없다. 따라서 사실상 본원적으로 100파운드스털링을 자본으로 지출하는 사람은, 비록 자본가로서 그의 기능이란 게 100파운드스털링을 자본으로 지출하는 것이 전부이긴 하지만, 바로 A이다. 이 100파운드스털링에 관한 한 B가 자본가로서 기능할 수 있는 것은 단지 A가 그에게 100파운드스털링을 양도하였기 때문에, 즉 그가 그 100파운드스털링을 자본으로 지출하였기 때문이다.

우리는 먼저 이자 낳는 자본 본연의 유통을 고찰하기로 한다. 그런 다음 우리는 그것이 상품으로 판매되는 독특한 방식, 즉 완전히 양도되는 것이 아니라 단지 일시적으로만 대여되는 방식을 살펴보기로 한다.

출발점은 A가 B에게 선대하는 화폐이다. 이때 저당은 있을 수도 있고 없을 수도 있다. 그러나 상품 담보에 의한 선대나 어음, 주식 등의 채무증서를 담보로 한 선대를 제외한다면, 저당이 있는 형태가 더 오래된 것이다. 여기에서 우리는 그런 예외적인 특수한 형태들은 제외하고 이자 낳는 자본의 통상적인 형태만 다루고자 한다.

화폐는 B의 수중에서 실질적으로 자본으로 전화하여 G—W—G′의 운동을 거친 다음 G′으로서, 즉 G+⊿G로서 A에게 다시 환류하는데 이때의 ⊿G가 곧 이자를 나타낸다. 논의를 단순화하기 위해 여기에서 우리는 자본이 장기간 B의 수중에 계속 남아 있으면서 이자가 정기적으로 지불되는 경우는 당분간 논외로 한다.

M353

그리하여 운동은 다음과 같이 된다.

$$G - G - W - G' - G'$$

여기에서 이중으로 나타나는 것은 ① 자본으로서 화폐의 지출, ② 실현된 자본 G'(혹은 $G+\varDelta G$)으로서 화폐의 환류이다.

상인자본의 운동 $G - W - G'$에서 동일한 상품은 두 번(혹은 상인이 상인에게 판매할 경우에는 그 이상) 주인이 바뀐다. 그러나 동일한 상품의 이런 자리바꿈은, 이 과정이 그것의 최종적인 소비에 이를 때까지 아무리 반복된다고 할지라도, 단지 상품의 구매 혹은 판매라고 하는 하나의 형태변화를 가리킬 뿐이다.

한편 $W - G - W$에서는 동일한 화폐가 두 번 자리를 바꾸는데 이것은 상품의 완전한 형태변화(즉 처음에는 상품에서 화폐로 그 다음에는 화폐에서 다시 다른 상품으로의 전화)를 가리킨다.

그러나 반면에 이자 낳는 자본에서 G의 첫 번째 자리바꿈은, 상품의 형태변화는 물론 자본의 재생산에 대해서도 전혀 아무런 관련이 없다. 그것이 그런 관련을 갖게 되는 것은 그것의 두 번째 지출에서인데, 즉 기능하는 자본가의 수중에서 이 G가 상업에 운용되든가 혹은 생산자본으로 전화되든가 함으로써이다. 여기에서 G의 첫 번째 자리바꿈은 다름 아닌 A에게서 B로 G의 이전(혹은 양도)이며, 그런 이전은 대개 일정한 법률적인 형태와 조건 아래 이루어진다.

처음 A에게서 B로 단순한 이전이 그 출발점이 되는 이러한 자본으로서 화폐의 두 번의 지출은 그것의 두 번의 환류와 조응한다. 그것은 운동으로부터 G'(혹은 $G+\varDelta G$)으로서 기능하는 자본가 B에게로 환류한다. 그런 다음 B는 그것을 다시 A에게 이윤의 일부(즉 실현된 자본, 다시 말해서 $G+\varDelta G$)로서 이전한다. 이때 $\varDelta G$는 이윤 전체가 아니고 단지 그것의 일부분에 지나지 않으며 바로 이자에 해당한다. 화폐가 B에게로 환류하는 것은 단지 B가 그것을 지출했기 때문에, 즉 그것이 기능하는 자본(그러나 또한 A의 소유물)이기 때문이다. 따라서 그것의 환류가 완성되기 위해서는 B가 그것을 다시 A에게 이전해야만 한다. 그러나 B는 자본액 이외에 그가 이 자본액으로 만든 이윤 가운데 일부를 이자란 명목으로 A에게 넘겨주어야만 한다. 왜냐하면 A가 B에게 화폐를 양도한 것은 단지 그것을 자본〔즉 운동과정에서 자신을 보전할 뿐만 아니라 그 소유주에게 잉여가치까지도 창출해주는 가치〕으로서 양도한 것이기 때문이다. 이 화폐는 그것이 기능하는 자본인 동안에만 B의 수중에 머문다. 그리고 그것의 환류 ──기한이 만료된 후──와 함께 화폐는 자본으로서의 기능을 멈춘다. 그러나 그것은 더 기능하지 않는 자본으로서 자신의 법률적 소유주인 A에게

M354 로 다시 재이전되어야만 한다.

자본이라는 이 상품에 고유한 대부라는 형태(다른 거래에서도 판매라는 형태 대신 나타나기도 한다)는 이미 자본이 상품으로 등장하거나 혹은 자본으로서의 화폐가 상품으로 화한다는 사실을 전제로 한다.

여기에서 우리는 다음과 같은 점을 구별하지 않으면 안 된다.

앞에서 살펴보았듯이(제2권 제1장) 자본이 유통과정에서 상품자본과 화폐자본으로 기능한다는 점을 잠깐 여기에서 상기해보자. 그런데 이 두 가지 형태에서 모두 자본은 자본으로서 상품으로 화하지는 않는다.

생산자본이 상품자본으로 전화하면 그것은 시장에 내보내져서 상품으로 판매되어야만 한다. 이때 그것은 단순히 상품으로 기능한다. 이 경우 자본가는 단지 상품의 판매자로만 나타나고 구매자도 상품의 구매자로만 나타난다. 생산물은 상품으로서 유통과정에서 판매를 통해 자신의 가치를 실현하고, 화폐로 전화한 형태를 취해야만 한다. 따라서 이 상품이 소비자에 의해 생활수단으로 구매되든 아니면 자본가에 의해 생산수단〔즉 자본구성 부분〕으로 구매되든 그것은 전혀 문제가 되지 않는다. 유통행위 속에서 상품자본은 단지 상품으로만 기능하고 자본으로는 기능하지 않는다. 상품자본이 단순한 상품과 구별되는 것은 ① 전자가 이미 잉여가치를 내포하고 있고 따라서 자신의 가치실현이 곧 잉여가치의 실현이기도 하기 때문이다. 그러나 이것이 상품〔즉 일정 가격의 생산물〕이라는 자신의

단순한 존재형태를 변화시키는 것은 전혀 아니다. 구별을 가져오는 또 하나의 요소는 ② 전자에는 상품으로서 자신의 이러한 기능이 자본으로서 자신의 재생산과정의 한 계기이며, 따라서 상품으로서 자신의 운동이 동시에 자본으로서 자신의 운동이 되기도 하는 까닭은, 그것이 자신의 전체 과정 가운데 단지 하나의 부분운동일 뿐이기 때문이다. 그러나 그것이 그렇게 되는 것은 판매행위 그 자체 때문이 아니고 단지 이 일정 가치액의 자본의 총운동과 이 판매행위 간의 관련 때문이다.

마찬가지로 화폐자본으로서의 자본도 사실상 단지 화폐[즉 상품(생산요소)의 구매수단]로서만 작용한다. 이때 이 화폐가 동시에 자본의 한 형태인 화폐자본이기도 한 것은 자본이 여기에서 화폐로서 수행하는 실질적인 기능[즉 구매행위] 때문이 아니라, 자본이 화폐로서 수행하는 이 행위가 자본주의적 생산과정을 끌어냄으로써 그것이 자본의 전체운동과 관련되기 때문이다.

그러나 이들 자본이 실제로 기능하는 한, 즉 현실의 과정에서 실제로 자신들의 역할을 수행하는 한, 상품자본은 단지 상품으로만, 화폐자본은 단지 화폐로만 작용한다. 형태변화의 어떤 계기에서도, 계기 그 자체만을 본다면, 자본가가 구매자에게 자본으로서의 상품을 판매하는 경우는—비록 구매자에게는 그 상품이 자본으로 여겨지고 그는 판매자에게 자본으 M355
로서의 화폐를 양도하지만—결코 없다. 어떤 경우에도 자본가는 상품을 단지 상품으로만 또 화폐를 단지 상품의 구매수단인 화폐로만 양도한다.

자본이 유통과정에서 자본으로 나타나는 것은 전체 과정과의 관련하에서만, 다시 말해서 출발점이 곧 귀환지점으로 나타나는 계기에서만, 즉 G—G′ 혹은 W—W′에서이다(반면 생산과정에서 자본이 자본으로 나타나는 것은 자본가에 대한 노동자의 예속을 통해서 그리고 잉여가치의 생산을 통해서이다). 그러나 이 귀환의 계기에서는 매개가 사라져버린다. 거기에서 현존하는 것은 G′ 혹은 G+⊿G(⊿G만큼 증가된 가치액이 화폐형태로 존재하든 혹은 상품이나 생산요소로 존재하든)로서, 그 화폐액은 처음에 선대된 화폐액＋그것의 초과분〔즉 실현된 잉여가치〕에 해당한다. 그리고 자본이, 실현된 자본〔즉 증식된 가치〕으로 존재하는 바로 이 귀환지점에서는, 이런 형태로——그 귀환지점이 (가상의 것이든 실제의 것이든) 정지된 지점으로 고정되어버린 한——자본이 유통에 투입되는 일은 없으며 오히려 자본은 유통으로부터 전체 과정의 결과물로서 되돌아오는 모습을 취한다. 만일 그것이 다시 지출된다면 그것은 결코 자본으로서 제3자에게 양도되는 것이 아니라 단순한 상품으로서 그에게 판매되거나 혹은 상품과 교환되는 단순한 화폐로서 그에게 넘겨진다. 자본은 자신의 유통과정에서 결코 자본으로서가 아니라 단지 상품 혹은 화폐로서만 나타나며, 이 상품 혹은 화폐는 여기에서 타자(他者)에 대한(für andre) 그것의 유일한 현존재이다. 상품과 화폐가 여기에서 자본일 수 있는 것은, 상품이 화폐로 전화하고 화폐가 상품으로 전화하는 사실 때문이 아니라, 다시 말해서 구매자 혹은 판매자에 대한 그것들의 실제 관계 때문이 아니라, 단지 자본가들 자신에 대한(주관적인 관점에서) 그리고 재생산과정의 계기로서(객관적인 관점에서) 그것들의 관념적인 관계 때문이다. 자본이 실제 운동과정에서 자본으로 존재하는 것은, 유통과정에서가 아니라 생산과정, 즉 노동력의 착취과정에서일 뿐이다.

그러나 이자 낳는 자본에서는 사정이 다르며 바로 그것이 곧 이자 낳는 자본의 독특한 성격이 된다. 자신의 화폐를 이자 낳는 자본으로서 증식시키고자 하는 화폐소유주는, 자신의 화폐를 제3자에게 양도하여, 그것을 유통에 투입하고, 자본——자신뿐만 아니라 타인에 대해서도——으로서의 상품으로 만든다. 즉 그 화폐는 그것을 양도한 소유주에게만 자본인 것이 아니라 제3자에게도 처음부터 자본〔즉 잉여가치(이윤)를 창출할 수 있는 사용가치를 가진 가치〕으로서 양도된다. 그리고 이 가치는 운동과정에서 자신을 계속 보전하고, 기능을 수행하고 나서는 다시 원래 그것을 지출했던 사람〔여기에서는 화폐소유주〕에게 도로 돌아온다. 따라서 그것은 단지 잠깐 동안만 소유주와 떨어져서 그 소유주의 소유로부터 기능하는 자본

M356

가의 점유로 되는 것이며, 따라서 완전히 주는 것이거나 판매되는 것이 아니다. 그것은 단지 대부되는 것일 뿐이다. 말하자면 그것은 첫째 일정 기한이 지나고 나면 원래의 출발점으로 되돌아오는 것은 물론, 둘째 그것도 실현된 자본으로 되돌아옴으로써, 잉여가치를 생산할 수 있는 자신의 사용가치를 실현한다는 조건으로만 양도되는 것이다.

자본으로서 대부되는 상품은, 그것의 속성에 따라 고정자본으로도 유동자본으로도 대부된다. 화폐는 어느 형태로건 대부될 수 있는데 예를 들어 그것이 종신연금의 형태로 상환됨으로써 이자와 함께 자본 가운데 일부도 끊임없이 환류되는 경우에는 고정자본으로 대부되는 셈이다. 어떤 상품들은 그 사용가치적 속성 때문에 항상 고정자본으로만 대부될 수 있는데, 주택·선박·기계 등이 여기에 해당된다. 그러나 모든 대부자본은, 그것이 어떤 형태를 띠든 또 그 상환방식이 그 사용가치적 속성 때문에 어떻게 변형되든 간에, 항상 화폐자본의 한 특수한 형태일 뿐이다. 왜냐하면 여기에서 대부되는 것은, 언제나 일정 화폐액이며 그 이자도 이 액수에 대해서 계산되기 때문이다. 만일 대부되는 것이 화폐도 유동자본도 아니라면, 그것이 상환되는 방식도 고정자본의 환류방식과 같을 것이다. 대부자는 주기적으로 이자와 또 고정자본에서 소모된 가치 부분〔즉 해당 기간의 마모분에 해당하는 등가〕을 받는다. 기한이 끝나면 대부된 고정자본 가운데 소모되지 않고 남은 부분은 현물상태로 반환된다. 대부되는 자본이 유동자본일 경우에는 그 귀환방식도 유동자본의 환류방식과 같을 것이다.

그리하여 환류방식은 언제나 재생산되는 자본의 실제 순환운동〔그리고 그 순환운동의 특수한 방식〕에 의해서 결정된다. 그러나 대부자본에서 그 환류는 상환이라는 형태를 취하는데 이는 그것의 양도〔선대 혹은 지출〕가 대부라는 형태를 띠기 때문이다.

이 장에서 우리가 다루고자 하는 것은 단지 본래적인 의미의 화폐자본이며 대부자본의 다른 형태들은 모두 여기에서 파생되어 나간 것들이다.

대부된 자본은 이중으로 환류한다. 즉 그것은 먼저 재생산과정에서 기능하는 자본가에게로 환류하고, 그런 다음 그 환류가 다시 한 번 대부자인 화폐자본가(즉 그것의 법률적 출발점이자 그것의 실제 소유주)에게 상환되는 형태로 반복된다.

실제 유통과정에서 자본은 언제나 상품 혹은 화폐로만 나타나며 자본의 운동은 일련의 구매와 판매로 분해된다. 요컨대 유통과정은 상품의 형태변화로 분해된다. 그러나 우리가 재생산과정 전체를 고찰하게 되면 사정이 달라진다. 만일 우리가 화폐에서 출발한다면(그리고 이것은 우리가 상품에서 출발한다 하더라도 마찬가지인데 왜냐하면 그럴 경우 우리는 가치에서 출발하는 것이고, 그 상품도 화폐형태로 고찰될 것이기 때문이다) 일정 화폐액이 지출되고 일정 기간이 경과하고 나서 그 화폐는 일정 증가분과 함께 귀환하게 된다. 이때 귀환하는 것은 지출된 화폐액에 해당하는 보전 부분에 잉여가치가 더해진 것이다. 그 화폐액은 일정한 순환운동을 거치면서 자신을 보전하고 또 증식하였다. 그런데 만일 그 화폐가 자본으로 대부된 것이라면, 그것은 곧 자신을 보전하고 증식하는 화폐액으로 대부된 것이며, 일정 기간 후에 부가분과 함께 반환되어 이 과정을 새로 수행할 수 있을 것이다. 그것은 화폐로 지출된 것도 아니고 상품으로 지출된 것도 아니다. 즉 그것은 상품과 교환된 것이 아니기 때문에 화폐로 지출된 것이 아니며, 판매의 대가로 화폐로 돌아온 것도 아니기 때문에 상품으로 지출된 것도 아니다. 그것은 자본으로 지출된 것이다. 자본의 자기 자신에 대한 관계, 즉 우리가 자본주의적 생산과정을 그 통일된 전체로서 간주할 경우 자본이 스스로를 드러내는 그 관계이자 또 자본이 화폐를 낳는 화폐로서 나타나는 바로 그 관계는, 여기에서 아무런 매개적인 중간운동 없이 단순히 화폐의 성격(즉 화폐의 규정성)으로 화폐에 합쳐져 있다. 그리고 화폐가 화폐자본으로 대부될 경우 화폐는 바로 이 규정성에 따라서 양도된다.

화폐자본의 역할에 대한 기묘한 견해로서 프루동의 견해를 들 수 있다(『신용의 무상성. 바스티아와 프루동 간의 논쟁』, 파리, 1850). 프루동에게

대부가 악(惡)인 것은 그것이 판매가 아니기 때문이다. 이자를 노린 대부는

> 판매할 물건에 대한 소유권을 한 번도 양도하지 않고서도, 같은 물건을 계속 새롭게 판매할 수 있고 또 계속 그것에 대한 가격을 획득할 수 있는 능력이다.(9쪽)[†51]

대부의 경우 그 판매대상인 화폐나 주택 등이 매매의 경우처럼 그 소유주를 바꾸지 않는 것은 사실이다. 그러나 프루동은, 화폐가 이자 낳는 자본의 형태로 양도될 때 그에 대한 아무런 등가도 받지 않는다는 사실을 보지 못하고 있다. 일반적인 교환과정에서 벌어지는 모든 매매행위에서는 물론 그 대상물이 양도된다. 그리고 이때 판매되는 대상물의 소유권도 언제나 함께 양도된다. 그러나 이때 그들은 가치를 양도하지는 않는다. 판매의 경우 상품은 양도되지만 그것의 가치는 화폐의 형태[혹은 화폐를 대신하는 또 다른 형태인 채무증서나 지불증서의 형태]로 돌려받는다. 구매의 M358 경우 화폐는 양도되지만 그 가치는 양도되지 않고 상품형태로 보전된다. 전체 재생산과정 동안 산업자본가는 동일한 가치를 단지 형태만 달리해서 자신의 수중에(잉여가치는 논외로 한다) 계속 가지고 있다.

교환[즉 대상물 간의 교환]이 이루어지는 한, 가치의 변동은 발생하지 않는다. 동일한 자본가는 언제나 똑같은 가치를 수중에 지니고 있다. 그러나 자본가에 의해 잉여가치가 생산되면 교환은 이루어지지 않는다. 만일 교환이 이루어진다면 그것은 이미 잉여가치가 상품 속에 포함된 경우이다. 우리가 개별 교환행위가 아닌 자본의 총순환과정[G—W—G′]을 고찰하게 되면 일정 가치액이 끊임없이 지출되고 이 가치액+잉여가치[혹은 이윤]가 유통으로부터 계속 회수되는 것을 보게 된다. 이런 과정의 매개는 물론 단순 교환행위들에서는 드러나지 않는다. 그리고 자본으로서 G의 바로 이 과정이야말로 곧 대부자로서 화폐자본가가 얻는 이자의 기반이자 원천이기도 하다. 프루동은 이렇게 말한다.

사실 모자를 판매하는 제모업자는 …… 모자에 대한 가치를 더 받지도 덜 받지도 않는다. 그러나 대부자본가는 …… 자신의 자본을 온전하게 돌려받을 뿐만 아니라 그 자본 이상을, 즉 그가 교환에 투입한 것 이상을 받는다. 그는 자본에 더하여 이자를 받는 것이다.(69쪽)

여기에서 모자 제조업자는 대부자본가와 대립되는 생산자본가를 대표한다. 프루동은 생산자본가가 어떻게 해서 상품을 그것의 가치대로 판매할 수 있으며(여기에서 생산가격의 균등화는 전혀 고려할 필요가 없는데 이는 프루동의 견해에 그런 개념이 아예 없기 때문이다) 또 그를 통해 그가 교환에 투입한 자본에 더하여 이윤을 얻게 되는지를 전혀 밝히지 못하였다. 모자 100개의 생산가격이 115파운드스털링이고 이 생산가격이 우연히 모자의 가치와 일치한다고 해보자. 즉 모자를 생산하는 자본이 사회적 평균구성인 자본이라고 하자. 만일 이윤이 15%라고 한다면 모자 제조업자는 상품을 그것의 가치대로 115파운드스털링에 판매함으로써 15파운드스털링의 이윤을 실현한다. 그가 비용으로 들인 것은 단지 100파운드스털링뿐이다. 그가 자신의 자본으로 생산을 수행할 경우 그는 15파운드스털링의 초과분을 모두 자기 호주머니에 챙겨 넣는다. 만일 그가 대부자본을 이용할 경우에는 아마도 그는 그 초과분 가운데 5파운드스털링을 이자로서 공제해야 할 것이다. 이것은 모자의 가치를 변동시키는 것은 아니고 단지 이 모자의 가치 속에 이미 포함되어 있는 잉여가치를 여러 사람에게 분배하는 데 변화를 가져온다. 모자의 가치는 이자 지불에 의해 아무런 영향도 받지 않기 때문에 프루동의 다음과 같은 말은 틀린 것이다.

상업에서는 노동자의 임금에 자본의 이자가 부가되어 상품가격을 구성하기 때문에 노동자가 자신의 노동생산물을 다시 구매하는 것이 불가능하다. 자신의 노동으로 살아간다는 것은, 이자가 지배하는 경우에는, 모순을 가진 원리이다.(105쪽)[56]

푸르동이 자본의 성질을 거의 이해하지 못하고 있었다는 것은, 그가 자본 일반의 운동을 이자 낳는 자본의 고유한 운동으로 서술하는 다음 문장에서 그대로 드러나고 있다.

화폐자본은 이자를 축적하면서 교환을 거쳐 끊임없이 자신의 원천으로 되돌아오기 때문에, 같은 사람에 의해서 계속 반복되는 대부는 항상 같은 사람에게 이익을 가져다준다.(154쪽)

그렇다면 프루동에게서 이자 낳는 자본의 고유한 운동 가운데 아직 해명되지 않고 남아 있는 것은 무엇인가? 그것은 구매, 가격, 대상물의 양도 등과 같은 범주들과 이 경우 잉여가치가 나타나는 그 직접적인 형태이다. 요컨대 자본이 자본으로서 상품화하는 현상, 따라서 판매가 대부로, 가격이 이윤의 일부로 전화하는 현상 바로 그것이다.

자본이 자신의 출발점으로 되돌아오는 것은 일반적으로 총순환에서 자본운동의 특성이다. 이것은 결코 이자 낳는 자본만의 특성이 아니다. 그것만의 특성은 매개적인 순환이 없는 그 외적인 귀환의 형태에 있다. 대부자본가는 자신의 자본을 아무런 등가도 받지 않고 산업자본가에게 양도한다. 그의 양도행위는 자본의 실제 순환과정의 행위가 전혀 아니며 단지 산업자본가가 움직이는 이 순환을 준비하는 행위일 뿐이다. 화폐의 이 최초의 자리바꿈은 어떤 형태변화 행위〔즉 구매나 판매〕도 나타내지 않는다.

---

56) 따라서 '주택'이나 '화폐' 등은, 프루동의 견해를 따를 경우, '자본'으로 대부되어서는 안 되고 "상품으로 …… 비용가격"(43, 44쪽)으로 양도되어야만 한다. 루터는 프루동보다 약간 나은 수준에 있었다. 그는 이미 이윤을 만드는 것이 대부나 구매 형태와는 무관하다는 것을 알고 있었다. "구매행위로부터도 고리채를 얻을 수 있다. 그러나 이것까지 다루게 된다면 그것은 한꺼번에 너무 많은 것을 다루는 것이 된다. 이제 우리는 그 가운데 하나만을, 즉 대부에서의 고리대(Wucher)만을 다루어야 한다. 만일 그렇게 하지 않는다면(최후의 심판일이 지난 후에) 우리는 구매행위의 고리대에 대해서도 일장 설교를 듣게 될 것이다"(루터, 『고리대에 반대하는 설교를 할 목사들에게』, 비텐베르크, 1540).†52

소유권은 양도되지 않는데, 왜냐하면 교환이 일어나지 않기(즉 아무런 등
가도 받지 않기) 때문이다. 화폐가 산업자본가의 수중에서 대부자본가의
수중으로 귀환하는 행위는 단지 자본의 양도라는 그 최초의 행위를 보충
하는 것에 지나지 않는다. 자본은 화폐형태로 지출되었다가 순환과정을
거쳐 산업자본가에게 다시 화폐형태로 되돌아온다. 그러나 그 자본은 지
출될 때 산업자본가의 소유가 아니었기 때문에, 되돌아와서도 그의 소유
가 될 수는 없다. 재생산과정을 거치는 도중에도 이 자본이 산업자본가의
소유가 되는 것은 불가능하다. 즉 산업자본가는 이 자본을 대부자에게 되
돌려주어야 한다. 자본이 대부자의 수중에서 차입자의 수중으로 이전되
는 최초의 지출은, 하나의 법률적 거래로서 실제 자본의 재생산과정과는
아무 관련이 없고 단지 그 과정을 준비하는 것일 뿐이다. 환류된 자본이
차입자의 수중에서 다시 대부자의 수중으로 이전되는 그 상환행위는, 두
번째 법률적 거래로서 첫 번째 거래를 보충하는 것이다. 즉 첫 번째 거래
는 실제 과정을 준비하고 두 번째 거래는 그 준비된 실제 과정의 뒤를 잇
는 행위이다. 그리하여 대부자본의 출발점과 귀환점, 양도와 상환 등은 법
률적 거래에 의해 매개된 자의적인 운동으로 나타나고, 또 실제 자본운동
의 전후에 일어나는 것으로서 자본운동 그 자체와는 아무 관련이 없다. 만
일 자본이 처음부터 산업자본가의 소유이고 따라서 환류한 이후에도 그
의 소유로 남는다고 하더라도, 이 실제 운동에서는 달라질 것이 없을 것이
기 때문이다.

첫 번째 준비행위에서 대부자는 자신의 자본을 차입자에게 양도한다.
두 번째 후속행위와 마무리행위에서 차입자는 자본을 대부자에게 되돌려
준다. 이 양자 간의 거래만 두고 본다면(여기에서 잠깐 이자는 논외로 밀
어두기로 하자), 즉 대부자와 차입자 사이에서 이루어지는 대부자본 자신
의 운동만 두고 본다면, 이 두 행위는(실제 재생산과정이 수행되는 시간의
길이만큼 서로 떨어져 있는) 이 운동 전체를 포괄한다. 그리고 이 운동(즉
상환을 조건으로 한 양도)은 일반적으로 대부와 차용의 운동이며 곧 화폐

나 상품의 조건부 양도라는 이 특수한 형태의 운동이다.

　자본운동 일반의 특성인 자본가에게로 화폐의 귀환〔즉 자신의 출발점으로 자본의 귀환〕이, 이자 낳는 자본에서는 이런 귀환의 형태를 갖는 실제 운동과 분리되어 완전히 피상적인 모습을 취한다. A는 자신의 화폐를 화폐로서가 아니라 자본으로서 양도한다. 이 경우 자본에는 아무런 변화도 일어나지 않으며 단지 그것을 갖는 사람의 손만 바뀔 뿐이다. 화폐의 M361 자본으로의 실제 전화는 B의 수중에서 비로소 이루어진다. 그러나 A로서는 단지 B에게 양도하는 것만으로 그것이 자본으로 화한다. 생산과정과 유통과정으로부터 자본이 실제로 환류하는 것은 단지 B에게서만 일어난다. 그러나 A에게서도 양도의 형태로 환류가 일어난다. 즉 B의 수중에서 A의 수중으로 화폐가 되돌아온다. 일정 기간 화폐의 양도〔즉 대부〕와 그에 대한 이자(잉여가치)를 덧붙인 그것의 환수가 이자 낳는 자본 그 자체의 고유한 운동형태 전부이다. 대부된 화폐가 자본으로서 실제로 운동하는 것은 대부자와 차입자 간의 거래 너머(jenseits)에 있는 행위이다. 이 거래 그 자체에서는 이런 매개가 지워져서 보이지 않으며 또 직접적으로 파악되지도 않는다. 자본은 독특한 종류의 상품으로서 또한 특유의 양도방식을 취한다. 따라서 환류도 여기에서는 일련의 경제적 과정의 귀결이나 결과물이 아니라 구매자와 판매자 간의 특수한 법률적 계약의 결과로서 나타난다. 환류기간은 재생산과정의 경과에 달려 있지만 이자 낳는 자본의 경우에는 자본으로서의 그러한 환류가 단지 대부자와 차입자 간의 계약에 달려 있는 것처럼 보인다. 그 결과 이런 거래와 관련된 자본의 환류가 생산과정에 의해 결정되는 결과물로 나타나지 않고 마치 대부자본에서는 화폐형태가 결코 사라지지 않는 것처럼 보인다. 물론 이 거래는 사실상 실제의 환류에 의해서 결정된다. 그렇지만 거래 그 자체에서는 이런 내용이 드러나지 않으며 실제로도 그렇게 드러나는 경우는 없다. 만일 실제 환류가 제때에 이루어지지 않으면, 차입자는 다른 보조재원을 통해 대부자에 대한 채무를 이행해야만 한다. 자본의 단순한 형태──액수 A로 지출되었다가 일정 기간이 지난 후에는, 이런 시간적인 간격 이외에 아무런 다른 매개 없이, 액수 $A+\frac{1}{x}A$로 반환되는 화폐——는 실제 자본운동과는 맞지 않는 형태에 지나지 않는다.

자본의 실제 운동에서 귀환은 유통과정의 한 계기이다. 처음 화폐는 생산수단으로 전화했다가 생산과정에서 다시 상품으로 전화하며 그런 다음 이 상품의 판매를 통해서 화폐로 재전화하고 결국 이 형태로 처음 자본을 화폐형태로 선대했던 그 자본가의 수중으로 귀환한다. 그러나 이자 낳는 M362 자본의 경우에는 귀환과 양도 모두 자본의 소유자와 제2의 인물 간의 법률적인 거래 결과일 뿐이다. 우리가 보는 것은 양도와 상환뿐이다. 그 사이에 일어나는 모든 것들은 사라져버린다.

그러나 자본으로 선대되는 화폐는 그것을 자본으로 선대한〔즉 자신을 자본으로 지출한〕 사람에게 되돌아오는 속성이 있기 때문에, 즉 G—W—G′이 자본운동의 내재적인 형태이기 때문에, 바로 그로 인해서 화폐 소유주는 화폐를 자본〔다시 말하자면 그것의 출발점으로 귀환하는 속성, 그리고 운동과정에서 스스로를 가치로서 보전하고 증식하는 속성이 있는 것〕으로 대부할 수 있다. 그는 자신의 화폐를 자본으로 양도하는데 이는 그 화폐가 자본으로 전화하고 나서 그것의 출발점으로 환류하기 때문이다. 즉 일정 기간이 지나고 나면 차입자에 의해 반환될 수 있고 대부자 자신에게 환류하기 때문이다.

따라서 자본으로서 화폐의 대부——일정 기간 뒤에 반환하는 조건으로 화폐의 양도——는 화폐가 실제로 자본으로 전화하고 또 실제로 그 출발점으로 환류한다는 것을 전제로 한다. 그러므로 자본으로서 화폐의 실제 순환운동은 차입자가 대부자에게 화폐를 되돌려준다는 법률적 거래를 전제로 한 것이다. 만일 차입자가 그 화폐를 자본으로서 지출하지 않는다 하더라도 그것은 그의 사정일 뿐이다. 대부자는 그것을 자본으로서 대부하며, 화폐는 그 자체만으로 자본기능을 수행해야만 한다. 즉 화폐자본의 순환에 투입되어 출발점으로 화폐형태로 환류해야만 한다.

가치액이 화폐 혹은 상품으로 기능하는 유통행위 G—W와 W—G′ 은, 그 가치액 전체 운동의 각 매개 계기들[즉 매개적인 과정들]에 지나지 않는다. 가치액은 자본으로서 총운동 G—G′을 수행한다. 그것은 화폐 혹은 어떤 다른 형태의 가치액으로 선대되었다가 다시 가치액으로 귀환한다. 화폐대부자는 그것을 상품 구매에 지출하는 것이 아니라—혹은 가치액이 상품형태로 존재하는 경우 화폐를 받고 상품을 판매하는 것이 아니라—자본으로서[즉 G—G′으로서], 다시 말해서 일정 기간이 경과하고 나면 다시 출발점으로 귀환하는 가치로서 선대한다. 그는 그 가치액을 구매 혹은 판매하는 것이 아니라 대부하는 것이다. 그러므로 이 대부는 그것을 화폐나 상품이 아닌 **자본으로서** 양도하는 데 알맞은 형태이다. 그러나 그렇다고 해서 대부가 자본주의적 재생산과정과 전혀 무관한 거래형태가 될 수 없다는 것은 아니다.

—

지금까지 우리는 그 소유주와 산업자본가 사이의 **대부자본의** 운동에 대해서만 살펴보았다. 이제는 이자에 대해서 살펴보기로 하자.

대부자는 자신의 화폐를 자본으로서 지출한다. 즉 그가 타인에게 양도 M363 하는 가치액은 자본이며 따라서 그것은 그에게로 환류한다. 그러나 이런 단순한 환류는 대부된 가치액이 **자본으로서** 환류하는 것이 아니라 단지 대부가치액 그 자체의 단순한 반환에 지나지 않는다. 자본으로서의 환류가 되기 위해서는, 선대된 가치액이 운동과정에서 자신을 보전하는 것은 물론 자신을 증식함으로써[즉 그 가치량을 늘임으로써], 말하자면 잉여가 치와 함께 G+ΔG의 형태로 귀환해야만 한다. 이때 이 ΔG가 이자이다. 즉 평균이윤 가운데 기능하는 자본가의 수중에 머무르지 않고 화폐자본가에게 돌아가는 부분에 해당한다.

화폐가 화폐자본가에 의해 자본으로서 양도된다는 것은 그 화폐가 화폐자본가에게 G+⊿G로 반환되어야 한다는 것을 의미한다. 중간중간에 정기적으로 이자만 환류하고 자본은 좀더 오랜 기간이 지나고 나서야 상환되는 특수한 형태는 나중에 다시 다루기로 하고 우선 여기서는 제외하기로 한다.

화폐자본가는 차입자인 산업자본가에게 무엇을 주었는가? 그는 사실상 차입자에게 무엇을 양도하였는가? 화폐의 대부를 자본으로서의 화폐 양도〔즉 상품으로서의 자본 양도〕로 만드는 것은 다만 양도행위뿐이지 않은가?

자본이 화폐대부자로부터 상품으로 양도되는 것〔혹은 그가 취급하는 상품이 제3자에게 자본으로 양도되는 것〕은 단지 이 양도과정을 통해서뿐이다.

통상적인 판매의 경우에는 무엇이 양도되는가? 판매되는 상품의 가치는 아니다. 왜냐하면 이 경우 가치는 단지 형태만 바꿀 뿐이기 때문이다. 그 가치는 실제로 그것이 화폐형태로 판매자의 수중으로 넘어오기 전까지는 관념적인 가격으로 상품 속에 존재한다. 즉 여기에서는 동일한 가치와 가치량이 단지 그 형태만 바꾼 것이다. 그것은 한 번은 상품형태로 또한 번은 화폐형태로 존재한다. 판매자가 실제로 양도한 것, 즉 판매자로부터 구매자의 개인적 소비 혹은 생산적 소비로 실제 이전된 것은 상품의 사용가치이다. 즉 사용가치로서의 상품이다.

그렇다면 화폐자본가가 일정 대부기간에 차입자인 생산자본가에게 양도하는 사용가치는 대체 무엇인가? 그것은 곧 화폐가 자본으로 전화되어 자본으로 기능할 수 있고, 따라서 운동과정에서 원래 자신의 가치량을 보전하면서 아울러 일정한 잉여가치〔즉 평균이윤〕(이것보다 더 크든가 작든가 하는 것은 이 경우 우연적인 것으로 나타난다)를 창출하는 바로 그 화폐의 사용가치이다. 다른 상품의 경우 사용가치는 마지막 구매자의 수중에서 소비되고 따라서 상품의 실체와 함께 그것의 가치도 거기에서 소 M364 멸한다. 그러나 자본이라는 상품은 그 사용가치의 소비를 통해 자신의 가치와 사용가치를 단지 보전할 뿐만 아니라 증식하기까지 하는 속성이 있다.

바로 이런 자본으로서 화폐의 사용가치〔평균이윤을 창출할 수 있는 능력〕를 화폐자본가는 산업자본가에게 일정 기간 양도한다. 즉 이 기간에 그는 산업자본가에게 그 대부자본의 처분권을 양도하는 것이다.

그런 한에서 그렇게 대부된 화폐는 산업자본가의 입장에서 볼 때 그 위상이 노동력과 상당히 흡사하게 보인다. 산업자본가는 노동력에 대해서 단지 노동력가치만을 지불하는데 대부자본에 대해서도 단지 대부자본의 가치만을 상환한다. 산업자본가의 입장에서 노동력의 사용가치는, 그것의 소비를 통해 노동력 그 자체가 가진 가치〔혹은 그것에 지불된 가치〕보다 더 많은 가치(이윤)를 창출해내는 데 있다. 이 가치 초과분이 곧 산업자본가에게는 노동력의 사용가치이다. 대부화폐자본의 사용가치도 마찬가지로 그에게는 자신의 가치를 보전하고 또 증식할 수 있는 능력으로 나타난다.

화폐자본가는 사실상 하나의 사용가치를 양도하는 것이며 그럼으로써 그가 양도하는 것은 상품으로 양도된다. 그리고 그런 한에서 그것은 상품 그 자체와 완전히 유사하다. 첫째, 한 사람의 수중에서 다른 사람의 수중으로 이전되는 것은 가치이다. 상품 그 자체〔즉 단순상품〕의 경우 구매자와 판매자의 수중에는 동일한 가치가 형태만 달리하여 그대로 머문다. 두 사람은 모두 자신들이 양도한 가치와 동일한 가치를, 한 사람은 상품형태로 다른 한 사람은 화폐형태로 계속 갖는다. 차이점이 있다면 화폐자본가의 대부에서는, 그 거래에서 가치를 양도하는 쪽이 한쪽뿐이라는 점이다. 그러나 화폐자본가는 그 가치를 미래의 상환을 통해서 보전한다. 대부의 경우에는 가치를 양도하는 쪽이 한쪽뿐이므로 가치를 받는 쪽도 한쪽뿐이다. 둘째, 한쪽에서 양도하는 실제 사용가치를 다른 한쪽에서 받아서 소비한다. 그러나 통상적인 상품거래와는 달리 여기에서는 이 사용가치 그 자체가 바로 가치〔즉 화폐를 자본으로 사용함으로써 만들어지는 가치량이 원래의 가치량을 넘는 초과분]이다. 이 사용가치가 곧 이윤이다.

대부되는 화폐의 사용가치는, 그것이 자본으로 기능할 수 있고 또 그 자체 평균적인 조건에서 평균이윤을 생산할 수 있다는 것이다.[57]

M365 그렇다면 이제 산업자본가가 지불하는 것[즉 대부자본의 가격]은 무엇인가? 매시에 의하면

차입한 것을 사용한 대가로 지불되는 이자는 그것이 생산할 수 있는 이윤의 일부이다.[58]

통상적인 상품의 경우 구매자가 구매하는 것은 그 상품의 사용가치이다. 그리고 그가 지불하는 것은 그 상품의 가치이다. 마찬가지로 화폐의 차입자가 구매하는 것도 역시 자본으로서 화폐의 사용가치이다. 그러나 그가 지불하는 것은 무엇인가? 그것은 분명히 다른 상품의 경우와는 달리 그것의 가격이나 가치가 아니다. 화폐의 대부자와 차입자 간에는 일반 상품의 구매자와 판매자 간에 일어나는 것과 같은 가치의 형태변화[즉 이 가치가 한 번은 화폐형태로, 또 한 번은 상품형태로 존재하는 그런 형태변화]가 일어나지 않는다. 여기에서는 양도되는 가치와 다시 반환되는 가치 사이의 동일성이 완전히 다른 방식으로 나타난다. 가치액[즉 화폐]은 아무런 등가 없이 일방적으로 양도되었다가 일정 기간이 지나고 나면 반환된다. 대부자는 이 가치가 자신의 수중에서 차입자의 수중으로 이전되고 난 이후에도 여전히 그 가치의 소유주로 남는다. 단순상품교환의 경우 화폐는 언제나 구매자 쪽에 있다. 그러나 대부의 경우에는 화폐가 언제나 판

---

57) "이자 수취의 정당성은 누군가가 이윤을 만드느냐 않느냐에 달린 것이 아니고, 그것이 제대로 사용될 경우 그것으로 이윤을 창출할 수 있는 그 사람(차용자)의 능력 여하에 달린 것이다"(J. 매시가 익명으로 출판한 책, 『자연이자율을 지배하는 요인에 대하여』, 런던, 1750, 49쪽).

58) "부자들은 자신의 화폐를 스스로 사용하기보다는 …… 그것을 다른 사람들에게 대부해주어서 그들이 이것으로 이윤을 만들어내고 그렇게 만든 이윤의 일부를 소유주인 자신들을 위해 유보해두도록 한다"(앞의 책, 23, 24쪽).

매자 쪽에 있다. 판매자는 화폐를 일정 기간 동안 양도하는 사람이며 자본의 구매자는 그 화폐를 상품으로 받는 사람이다. 그렇지만 이런 관계는 화폐가 자본으로 기능하고 따라서 자본으로 선대되는 경우에만 가능하다. 차입자는 화폐를 자본〔즉 자기증식하는 가치〕으로서 차입한다. 그러나 그것은 다른 모든 자본과 마찬가지로 출발점〔즉 그것이 선대되는 순간〕에서는 아직 자본 그 자체로만 머물러 있다. 그것은 자신의 사용을 통해서만 비로소 자신을 증식하며 스스로를 자본으로서 실현한다. 그런데 차입자는 그것을 실현된 자본으로서, 즉 '가치+잉여가치(이자)'로서 상환해야만 한다. 그리고 이때 이 잉여가치는 그가 실현한 이윤의 단지 일부분에 지나지 않는다. 다시 말하자면 전체가 아니라 단지 일부분일 뿐인 것이다. 그 이유는 차입자에게 사용가치는 그것이 자신에게 이윤을 생산해주는 데 있기 때문이다. 만일 그렇지 않다면 대부자로부터 사용가치의 양도는 일어나지 않을 것이다. 한편 이윤 전체가 깡그리 차입자의 수중에 들어갈 수도 없다. 만일 그렇게 되어버린다면 그는 사용가치의 양도에 대해서 아무것도 지불하지 않는 셈이 되고, 그가 대부자에게 상환하는 선대화폐는 자본〔즉 실현된 자본〕이 아닌 단순한 화폐에 지나지 않을 것이다. 왜냐하면 실현된 자본이란 단지 G+⊿G로만 존재하기 때문이다.

대부자와 차입자 두 사람은 모두 동일한 화폐액을 자본으로 지출한다. ^{M366} 그러나 차입자의 수중에서만 그 화폐액은 자본으로 기능한다. 같은 화폐액이 두 사람에게 두 개의 자본형태로 존재한다고 해서 이윤이 두 배가 되는 것은 아니다. 두 사람 모두에게 그 화폐액이 자본으로 기능하게 되는 것은 단지 이윤의 분할을 통해서뿐이다. 그중 대부자에게 돌아가는 부분을 이자라고 부른다.

가정에 의하면 거래 전체는 두 종류의 자본가〔즉 화폐자본가와 산업자본가 혹은 상업자본가〕 사이에서 이루어진다.

결코 잊어서는 안 되는 사실은, 여기에서는 자본이 자본상품으로 존재한다는 것, 환언하면 여기에서 문제가 되는 상품은 곧 자본이라는 사실이다. 따라서 여기에서 나타나는 모든 관계는 단순상품의 관점에서[혹은 재생산과정에서 상품자본으로 기능하는 자본의 관점에서도] 보면 불합리해 보일 것이다. 여기에서 거래가, 판매와 구매 대신에 대부와 차용이 되는 것은, 자본상품의 특성에서 비롯된 것이다. 또한 여기에서 지불되는 것이 상품의 가격이 아니라 이자라는 것도 마찬가지로 그러한 특성 때문이다. 만일 우리가 이자를 화폐자본의 가격으로 부른다면 그것은 가격의 불합리한 형태이며 상품가격의 개념과 완전히 모순되는 것이다.[59] 여기에서 가격은 순수하게 추상적인 형태[또한 내용이 없는 공허한 형태]로 환원된 것으로, 어떤 사용가치의 형태를 지닌 것에 대해서 지불되는 일정 화폐액이다. 그러나 가격의 개념에 비추어 본다면 가격이란 이 사용가치를 화폐로 표현한 가치에 해당한다.

이자를 자본의 가격이라고 부르는 것은 처음부터 완전히 불합리한 표현이다. 여기에서는 한 상품이 이중의 가치를 갖는데 즉 한 번은 가치를, 또 한 번은 이 가치와는 상이한 가격을 가지며, 이 가격이란 가치의 화폐적 표현 그 자체일 뿐이다. 화폐자본은 무엇보다도 하나의 화폐액[혹은 일정 상품량의 가치가 화폐액으로 고정된 것] 이외의 아무것도 아니다. 만일 상품이 자본으로 대부된다면 그 상품은 일정 화폐액이 변장한 형태일 뿐이다. 왜냐하면 이때 자본으로서 대부되는 것은, 몇 파운드의 면화가 아니라 면화의 형태 속에 그것의 가치로 존재하는 일정 액수의 화폐이기 때문이다. 따라서 자본의 가격은, 비록 토런스가 생각했던(앞의 주 59) 통화로서는 아니더라도, 화폐액으로서의 자본과 관계한다. 그렇다면 이제 하나의 가치액이 자기 자신의 가격[즉 자기 자신의 화폐형태의 표현인 그 가격] 이외에 또 어떤 가격을 갖는단 말인가? 가격은 분명히 상품의 사용

M367

---

59) "통화(currency)에 적용되는 가치라는 표현에는 세 가지 의미가 있다. …… 2. 나중에 받을 통화와 동일한 액수로 비교되는 실제 수중에 지닌 화폐. 이 경우 통화의 가치는 이자율에 의해 측정되며 이자율은 대부 가능한 자본의 양과 그것의 수요 사이의 비율에 의해 결정된다"(육군 대령 R. 토런스, 『1844년 은행특허법의 운용에 관하여』, 제2판, 1847, [5, 6쪽]).

가치와 구별되는 상품의 가치이다(이것은 시장가격의 경우에도 마찬가지로서, 시장가격과 가치의 구별은 질적인 면에 있는 것이 아니라 단지 그것의 가치량하고만 관련되는 양적인 면에 있다). 가치와 질적으로 다른 가격이란, 터무니없는 모순이다.[60]

자본은 자신의 가치증식을 통해서 자신이 자본임을 선언한다. 그러한 가치증식의 정도는 자본이 스스로를 자본으로 실현하는 양적인 정도를 나타낸다. 자본이 산출하는 잉여가치〔혹은 이윤〕(그것의 비율이나 수준)는 선대된 자본의 가치와 비교함으로써만 측정될 수 있다. 그러므로 이자 낳는 자본의 가치증식 정도도 총이윤에서 그것에 할당되는 부분인 이자액과 선대자본의 가치액을 비교함으로써만 측정될 수 있다. 따라서 만일 가격이 상품의 가치를 나타낸다면, 이자는 화폐자본의 가치증식을 나타내고 또한 그 화폐자본에 대하여 대부자에게 지불되는 가격으로 나타난다. 그러므로 바로 여기에서, 화폐를 통해 매개되는 교환〔즉 구매와 판매〕의 그 단순한 관계를 이 이자 낳는 자본의 경우에 곧바로 적용하고자 하였던 프루동의 방식이 애초부터 얼마나 얼토당토않은 일이었는지가 그대로 드러난다. 가장 기본적인 전제는 바로 화폐가 자본으로 기능한다는 것, 따라서 화폐가 자본 그 자체〔즉 잠재적 자본〕로서 제3자에게 넘겨질 수 있다는 점이다.

그러나 자본 자신이 여기에서 상품으로서 나타나는 것은, 자본이 시장에서 팔려 나가고 또 자본으로서 화폐의 사용가치가 실제로 양도되는 한에서이다. 그런데 자본의 사용가치는 이윤을 창출하는 것이다. 자본으로서 화폐〔혹은 상품〕의 가치는 화폐〔혹은 상품〕로서 그것들의 가치에 의해 결정되는 것이 아니라, 이들이 그 소유주들을 위하여 생산하는 잉여가치

---

60) "화폐〔혹은 통화〕가치라는 말의 모호한 의미는 그것이 상품의 교환가치나 자본의 사용가치를 나타내는 데 구별 없이 사용될 경우 언제나 혼란의 근원이 된다"(투크, 『통화원리의 연구』, 77쪽)──그 주된 혼란(문제 그 자체의 혼란)은 가치 그 자체(이자)가 자본의 사용가치로 되어버린다는 점인데 투크는 이를 보지 못한다.

의 양에 의해 결정된다. 자본의 생산물은 이윤이다. 자본주의적 생산의 기초 위에서는, 화폐가 화폐로 지출되느냐 아니면 자본으로 선대되느냐 하는 것이 화폐의 사용방법이 서로 다른 것에 지나지 않는다. 화폐 내지 상품은 그 자체로서 잠재적 자본인데, 이는 노동력이 잠재적 자본인 것과 마찬가지이다. 왜냐하면 ① 화폐는 생산요소들로 전화할 수 있고, 또 그 자체로 이들 생산요소의 단순한 추상적 표현이자 이들 생산요소의 가치로서의 현존재이기 때문이다. ② 부의 소재적 요소들은 잠재적으로 이미 자본이 될 수 있는 속성을 지니기 때문인데, 이는 이들 요소를 보충해주는 이들의 대립물, 즉 이들 요소를 자본으로 만들어주는 바로 그것〔임노동〕이 자본주의적 생산의 기초 위에서는 이미 존재하기 때문이다.

소재적 부의 대립적인 사회적 성격——임노동으로서의 노동과 소재적 부의 대립——은 생산과정과는 별개로 이미 자본소유 그 자체를 통해 표현되어 있다. 이 자본소유는 자본주의적 생산과정 그 자체와는 별개의 한 계기이며, 언제나 그 생산과정의 결과물이면서 또한 그 생산과정의 전제(생산과정의 결과물로서)이기도 하다. 이 계기는, 화폐〔혹은 상품〕 그 자체가 쉬고 있는 잠재적 자본이라는 사실, 그리고 이들 화폐〔혹은 상품〕는 자본으로 판매될 수 있고 또한 그런 형태로 타인의 노동에 대한 지휘권이자 이들 타인의 노동을 취득하고자 하는 청구권이며 따라서 스스로 증식하는 가치라는 사실로 나타난다. 따라서 여기에도 다시 분명히 드러나는 사실은, 이 관계가 타인의 노동을 취득하기 위한 권리이자 수단이며, 자본가 쪽에서 그에 대한 등가로 제공하는 어떤 종류의 노동이 아니라는 것이다.

자본이 더더욱 상품으로 나타나는 경우는, 이윤이 이자와 좁은 의미의 이윤으로 분할되는 것이 상품의 시장가격의 경우와 마찬가지로 수요와 공급에 의해서, 즉 경쟁에 의해서 규제되는 경우이다. 그러나 여기에서도 차이점은 그 유사성과 마찬가지로 뚜렷하게 나타난다. 만일 수요와 공급이 일치한다면 상품의 시장가격은 그것의 생산가격과 일치한다. 즉 그럴 경우 상품의 가격은 경쟁과는 상관없이 자본주의적 생산의 내적 법칙에 의해 규제되는 것으로 나타난다. 이는 수요와 공급의 변동이 바로 시장가격의 생산가격으로부터의 편차—이들 편차는 서로 상쇄됨으로써 일정 기간이 지나고 나면 평균시장가격과 생산가격이 같아지도록 만든다—를 설명해주는 것 이외에 아무것도 아니기 때문이다. 이들 수요와 공급이 일치하게 되면 이들 두 힘은 각기 작용을 멈추고 서로 상쇄되는데 그럴 경우 가격 결정의 일반법칙은 개별 경우의 법칙으로도 나타난다. 즉 그 경우 시장가격은 이미 그것의 직접적인 현존재 속에 있으며, 모든 시장가격운동의 평균일 뿐만 아니라, 생산양식 그 자체의 내적 법칙에 의해 규제되는 생산가격과도 일치한다. 임금의 경우도 이와 마찬가지이다. 거기에서도 ^{M369} 수요와 공급이 일치하면 이들의 작용은 멈춰지고 임금은 노동력의 가치와 일치하게 된다. 그러나 화폐자본의 이자에서는 사정이 다르다. 여기에서는 경쟁이 법칙의 편차를 규정하지 않으며, 경쟁에 의해 부과되는 분할법칙 이외의 법칙은 존재하지 않는다. 왜냐하면 우리가 나중에 보게 되겠지만, '자연'이자율이란 존재하지 않기 때문이다. 우리는 대개 자연이자율을 자유로운 경쟁을 통해서 확정되는 이자율로 생각한다. 그러나 이자율의 '자연적' 한계란 존재하지 않는다. 경쟁이 단지 편차와 변동만을 규정하는 데 그치지 않을 경우, 즉 이들 상호 작용하는 두 힘이 균형을 이룸으로써 모든 규정성이 중지되어버린 경우, 규정되는 것은 모두 그 자체 법칙과는 상관이 없으며 자의적인 것에 불과하게 된다. 이에 대해서는 다음 장에서 계속 다루기로 한다.

이자 낳는 자본에서는 모든 것이 피상적인 것으로 나타난다. 자본선대는 대부자로부터 차입자로의 단순한 자본이전으로 나타나며, 실현된 자본의 환류는 차입자로부터 대부자로의 이자를 붙인 단순한 상환[단순한 재이전]으로만 나타난다. 그리하여 자본주의 생산양식에 내재하는 다음과 같은 규정성, 즉 이윤율은 개별 회전에서 만들어진 이윤과 선대된 자본 가치 간의 비율에 의해서만 결정되지 않고 이 회전기간 자체의 길이에 의해서도 결정되는 것으로[즉 산업자본이 일정 기간 만들어내는 이윤으로]

나타난다는 규정성, 바로 이 규정성도 이자 낳는 자본에서는 완전히 피상적인 형태로 나타난다. 즉 그것은 대부자에게 일정 기간에 대해 일정이자가 지불되는 형태로 나타난다.

낭만파인 아담 뮐러(Adam Müller)는 사물의 내적 관련에 대한 상식적인 안목으로 다음과 같이 말하고 있다(『정치학 요론』, 베를린, 1809, 〔제3부〕, 138쪽).

물건의 가격을 결정하는 데는 시간이 문제가 되지 않는다. 그러나 이자의 결정에는 시간이 가장 중요한 문제가 된다.

그가 보지 못한 것은 생산기간과 유통기간이 상품가격의 결정에 개입하며, 바로 그것에 의해서 자본의 일정 회전기간에 대한 이윤율이 결정되고, 이 일정 기간 이윤율의 결정이 곧 이자를 결정한다는 사실이다. 여기에서 그의 심오한 통찰력은 표면에서 일어나는 먼지구름을 보고 그 먼지들을 대담하게도 뭔가 비밀스럽고 중요한 것이라고 이야기한 데 있다.

제22장

이윤의 분할. 이자율. '자연'이자율

이 장의 대상들은, 나중에 다루게 될 신용의 모든 현상과 마찬가지로 M370
여기에서 하나씩 상세하게 다룰 수가 없다. 대부자와 차입자 간의 경쟁 그
리고 그로 인한 화폐시장의 단기적 변동들은 우리의 논의 범위를 벗어난
것들이다. 산업순환기간의 이자율의 순환을 설명하기 위해서는, 이 산업
순환 자체부터 설명해야 하는데 이것도 여기에서는 할 수가 없다. 세계시
장에서 이자율의 균등화도 마찬가지로 여기에서는 논의에서 제외된다.
여기에서 우리는 이자 낳는 자본의 자립적인 형태와 이자의 이윤에 대한
자립성만을 다루고자 한다.

이자는, 지금까지 우리의 가정에 의하면, 단지 산업자본가가 화폐자본
가에게 지불해야 하는 이윤의 한 부분이기 때문에, 이자의 최대한계는 이
윤 그 자체로 나타나고, 그럴 경우 기능하는 자본가에게 돌아가는 부분은
0이 될 것이다. 이자가 사실상 이윤보다 더 커져서 이윤만으로는 모두 지
불할 수 없는 특수한 경우를 제외한다면, 이자의 최대한계는 아마 총이윤
에서 감독임금(wages of superintendence)으로 분해되는 부분(이 부분은
뒤에서 다시 다루게 된다)을 뺀 것이 될 것이다. 이자의 최저한계는 전혀

규정할 수 없다. 이자는 아무 수준으로나 하락할 수 있다. 그렇지만 그럴 경우에는 언제나 반작용이 일어나서 이 상대적 최저수준 위로 이자를 다시 끌어올리게 된다.

어떤 자본의 사용에 대해 지불되는 액수와 그 자본 자신과의 비율은 화폐로 계산된 이자율을 나타낸다. ─이자율은 다음에 의존한다. ① 이윤율, ② 총이윤이 대부자와 차입자 간에 분할되는 비율(『이코노미스트』,[†53] M371 1853년 1월 22일자). 차입한 것에 대한 사용 대가로 지불되는 이자는 차입한 것으로 생산해낼 수 있는 이윤의 일부이기 때문에, 이 이자는 항상 그 이윤에 의해서 규제될 수밖에 없다.(매시, 앞의 책, 49쪽)

우리는 먼저 총이윤과 그중에서 화폐자본가에게 이자로 지불되는 부분 간의 비율이 고정되어 있다고 가정해보자. 그럴 경우 이자는 총이윤의 변동에 비례해서 상승 혹은 하락할 것이 분명하다. 그리고 총이윤은 일반이윤율과 그 일반이윤율의 변동에 의해 결정된다. 만일 예를 들어 평균이윤율이 20%이고 이자가 이윤의 $\frac{1}{4}$이라면 이자율은 5%가 될 것이다. 평균이윤율이 16%라면 이자율은 4%가 될 것이다. 이윤율이 20%가 되면 이자는 8%로 상승할 수 있는데 그럴 경우 산업자본가는 이윤율이 16%이고 이자율이 4%일 경우와 마찬가지의 이윤, 즉 12%를 얻게 될 것이다. 만일 이때 이자의 상승이 6~7%에 그친다면 산업자본가는 이윤에서 더 많은 부분을 얻게 될 것이다. 만일 이자가 평균이윤에서 할당받는 비율이 불변으로 고정된다면, 일반이윤율이 상승함에 따라 총이윤과 이자 사이의 절대적 차이는 더욱 커질 것이고, 총이윤 가운데 기능하는 자본가에게 돌아가는 부분도 더 커질 것이다. 역의 경우에는 그 반대가 될 것이다. 가령 이자가 평균이윤의 $\frac{1}{5}$로 고정되어 있다고 하자. 그러면 10의 $\frac{1}{5}$은 2가 되고 총이윤과 이자의 차이는 8이 될 것이다. 20의 $\frac{1}{5}$은 4이고 이때의 차이는 20─4=16이 되며 25의 $\frac{1}{5}$=5인 경우 차이는 25─5=20, 30의 $\frac{1}{5}$=6에서의 차이는 30−6=24, 35의 $\frac{1}{5}$=7인 경우 차이는 35−7=28이 된다. 4, 5, 6, 7% 등의 각기 다른 이자율들이 여기에서는 단지 총이윤의 $\frac{1}{5}$〔즉 20%〕로만 나타난다. 따라서 이윤율이 서로 다를 경우에는, 총이윤에 대한 같은 비율〔혹은 백분비〕이 각기 다른 이자율들로 나타날 것이다. 이자의 비율이 이처럼 불변이라면, 일반이윤율이 상승할 경우 산업이윤(총이윤과 이자 간의 차이)은 그에 비례하여 증가할 것이다. 그리고 반대의 경우도 역시 마찬가지일 것이다.

모든 다른 조건이 불변일 때, 다시 말해서 이자와 총이윤 간의 비율이 어느 정도 불변이라고 가정할 때, 기능하는 자본가는 이윤율의 수준에 정비례하여 그에 상응하는 이자를 지불할 수 있으며 또 지불하고자 한다.[61] 우리가 이미 앞서 보았듯이 이윤율의 수준은 자본주의적 생산의 발전 정도와 반비례관계에 있기 때문에, 한 나라의 이자율 수준도, 그 이자율의 M372 변동이 현실의 이윤율 변동을 반영하는 한, 산업발전의 정도에 반비례하게 된다. 우리는 나중에 이것이 항상 그럴 필요는 없다는 것을 보게 될 것이다. 이런 의미에서 이자는 이윤(더 엄격하게 말하자면 일반이윤율)에 의해 규제된다고 할 수 있다. 그리고 이런 규제방식은 그것의 평균에 대해서도 그대로 적용된다.

어쨌든 평균이윤율은 이자를 궁극적으로 결정하는 최대한계로 간주되어야 한다.

이자가 평균이윤과 관련되는 상황을 이제 좀더 자세히 살펴보기로 하자. 이윤과 같이 하나의 주어진 전체를 두 사람에게 분배할 경우, 당연히 일차적으로 문제가 되는 것은 이 나누어지는 전체의 크기이다. 그리고 이 전체의 크기〔즉 이윤의 크기〕는 그것의 평균율에 의해 정해진다. 일반이윤율〔즉 일정 크기의 자본에 대한 이윤의 크기〕이 만일 100으로 주어져 있다고 가정한다면, 이자의 변동은 명백히 이윤 가운데에서 차입자본을

---

61) "자연이자율은 개별 기업이윤들에 의해 규제된다"(매시, 앞의 책, 51쪽).

가지고 기능을 수행하는 자본가에게 돌아가는 부분과 반비례관계에 있을 것이다. 그리고 분할되는 이윤의 크기〔즉 불불노동의 가치생산물의 크기〕를 결정하는 요인은, 이들 두 부류의 자본가들 사이에서 그 이윤의 분배를 결정하는 요인들과는 상당히 다르고 종종 서로 완전히 반대 방향으로도 작용한다.[62]

근대산업이 운동해가는 회전순환을 살펴보면—침체, 회복, 호황, 과잉생산, 파국, 불황, 침체 등을 거치는 순환으로서, 이에 대한 자세한 분석은 우리의 논의 범위를 벗어난다—우리는 다음과 같은 사실을 보게 된다. 즉 이자가 낮은 시기는 호황기나 초과이윤 시기에 해당하고, 이자가 높은 시기는 호황기와 그것의 전환국면 사이의 중간기간에 해당하며, 이자가 극도의 고리대 수준으로 최고에 도달하는 것은 바로 공황국면이라 _{M373} 는 사실이다.[63] 1843년 여름부터 결정적인 호황기로 접어들었다. 1842년 봄의 이자율은 $4\frac{1}{2}$%였는데 1843년 봄과 여름에는 그것이 2%로 떨어졌고[64] 그해 9월에는 $1\frac{1}{2}$%로까지 떨어졌다(길바트, 앞의 책, 166쪽). 그런 다음 1847년 공황기에 이자율은 8% 이상으로 상승하였다.

물론 다른 한편으로 이자의 하락이 경기의 침체와 관련될 수도 있고 이자의 상승이 경기의 상승과 관련될 수도 있다.

이자율은 공황기에 최고 수준에 도달하는데 이때에는 지불을 위해서 아무리 많은 비용이 들더라도 차용을 하지 않을 수 없게 된다. 또한 바로

---

62) 〔초고에는 이 부분에 다음과 같은 주석이 붙어 있다. "이 장의 논의를 진행하면서 드러나는 것은, 이윤의 분배법칙을 다루기 전에 먼저 양적인 분할이 어떻게 질적인 분할이 되는지를 논의하는 것이 더 낫겠다는 것이다. 앞 장에서 바로 그 논의로 이행하는 데는, 무엇보다도 이자를 별로 엄격히 규정되지 않은 막연한 이윤 부분으로 가정하는 것만으로도 충분할 것이다."〕

63) "불황이 끝난 직후의 제1기에는 투기는 없고 화폐는 풍부하다. 제2기에는 투기도 성행하고 화폐도 풍부하다. 제3기에는 투기가 줄어들기 시작하고 화폐가 부족해진다. 제4기에는 화폐가 마르고 불황이 닥쳐온다"(길바트, 『은행실무론』, 제5판, 제1권, 런던, 1849, 149쪽).

64) 투크(Th. Tooke)는 이것을 "잉여자본의 축적—이것은 전년도에 수익성 있는 투자가 부족했던 데서 필수적으로 따라오는 부수적인 현상이다—과 축장화폐의 방출, 그리고 산업 전망에 대한 신뢰 회복" 때문인 것으로 설명하였다(『물가의 역사』, 런던, 1848, 54쪽).

이 시기에는 이자율의 상승이 유가증권 가격의 하락과 함께 이루어진다는 점에서, 처분 가능한 화폐자본을 가진 사람들에게는, 이자 낳는 유가증권들(이자율이 다시 하락해서 정상상태가 되면 적어도 평균가격으로는 회복될 것이 분명한)을 형편없이 싼 가격에 획득할 수 있는 매우 유리한 상황이 조성된다.[65]

그러나 이윤율의 변동과 전혀 상관없이 이자율이 하락하는 경향도 존재한다. 그것은 다음과 같은 두 가지 주된 원인에 기인한다.

I. 우리가 자본의 차용을 곧 생산적 투자를 위한 것으로 가정한다 하더라도 이자율은 총이윤율의 변동 없이도 변동할 수 있다. 왜냐하면 어떤 국민의 부가 계속 증가함에 따라, 선조의 노동으로 형성된 재원을 가지고 단지 그것의 이자만으로도 살아갈 수 있는 부류의 사람들이 생겨나고 또한 그 숫자가 점차 늘어나기 때문이다. 그리고 청년기와 장년기에 열심히 사업에 참여하여, 거기에서 모은 액수의 이자로써 은퇴한 후 노년을 편안하게 생활하고자 하는 사람들도 많아진다. 이들 두 부류는 국부가 증가함에 따라 그 숫자가 함께 증가하는 경향이 있다. 왜냐하면 이미 상당한 자본을 가지고 시작하는 사람은 적은 자본을 가지고 시작하는 사람보다 더 쉽게 자립적인 재산을 만들 수 있기 때문이다. 따라서 역사가 오래되고 부유한 나라들에서는, 역사가 짧고 가난한 나라들에서보다, 총국가자본 가운데 그 소유주가 직접 사용하려 하지 않는 부분과 그 사회의 총생산자본과의 비율이 M374 더 높게 나타난다. 영국에는 금리생활자계급의 숫자가 얼마나 많은가! 금리생활자계급의 숫자가 증가해가는 데 비례하여 자본대부자계급의 숫자도 증가하는데 이는 이들 두 계급이 동일한 사람들이기 때문이다.(램지,『부의

---

65) "한 은행가의 오랜 고객이 20만 파운드스털링의 유가증권을 담보로 대출을 신청했다가 거절당하였다. 자신의 지불정지를 통고하러 그 은행가가 막 자리를 뜨려고 하자 그는 은행가에게 은행가가 그 유가증권을 15만 파운드스털링에 사주면 그럴 필요가 없지 않으냐고 말하였다"([H. 로이],『어음교환소에 관한 이론. 1844년 은행특허법』, 런던, 1864, 80쪽).

분배에 관한 고찰』, 201, 202쪽)

Ⅱ. 신용제도가 발달하고, 그에 따라 사회 전 계층의 총화폐저축을 산업
자본가와 상인이 은행가를 매개로 이용하게 되는 현상이 지속적으로 증
대하며, 이들 저축이 화폐자본으로 기능할 수 있을 정도의 액수로 계속해
서 집적되는 현상 등도 이자율을 하락시키는 것임이 틀림없다. 여기에 대
해서는 뒤에 다시 논의할 것이다.

이자율의 결정과 관련하여 램지는 다음과 같이 말한다. 즉 이자율은

한편으로는 총이윤율에, 다른 한편으로는 이 총이윤이 이자와 기업가수
익으로 분할되는 비율에 의존한다. 그리고 이 비율은 자본대부자와 차입자
간의 경쟁에 의존한다. 또한 이 경쟁은 예상되는 총이윤율에 의해 영향을
받고, 또 전적인 것은 아니지만 그것에 의해 규제된다.[66] 경쟁이 총이윤율
에 의해서만 전적으로 규제되지 않는 이유는 첫째, 많은 사람들이 생산적
으로 투자할 의도가 없이도 자본을 차입하기 때문이며 둘째, 대부 가능한
자본의 크기가 총이윤의 변동과 상관없이 국부의 크기에 따라 변동하기 때
문이다.(206, 207쪽)

평균이자율을 찾아내기 위해서는, ① 장기 산업순환기간의 이자율 변
동 전체에 대한 평균이자율이 계산되어야 하고 ② 자본이 장기간 대부되
는 투자부문의 이자율이 계산되어야만 한다.

일국 내에서 지배적인 평균이자율——끊임없이 변동하는 시장이자율과
는 구별되는——은 어떤 법칙에 의해서도 전혀 규정받지 않는다. 경제학자
들이 이야기하는 자연이윤율이나 자연임금률과 같은 의미의 자연이자율

---

[66] 이자율은 전체적으로 평균이윤율에 의해 결정되기 때문에 종종 비정상적인 투기는 낮은
이자율과 관련된 것일 수 있다. 예를 들어 1844년 여름의 철도투기가 그런 경우이다. 잉글랜드
은행의 이자율은 1844년 10월 16일에 이르러서야 겨우 3%로 인상되었던 것이다.

은 전혀 존재하지 않는다. 이 점에 대해서 매시는 이미 올바르게 인식하고 있었다(49쪽).

이 경우에 누구나 의문을 제기할 수 있는 유일한 문제는 이 이윤 가운데 얼마만큼이 대부자에게 가고 또 얼마만큼이 차입자에게 가야 할 것인가 하는 문제이다. 그리고 이 문제에서는 대부자와 차입자 전체의 의견에 의해 M375 결정하는 방법 이외에는 다른 방법이 없다. 왜냐하면 이 문제에 관한 한, 옳고 그름의 판단은, 공동의 합의에 의존할 수밖에 없기 때문이다.

여기에서 수요와 공급의 일치는—평균이윤율을 주어진 것으로 가정할 때—전혀 아무런 의미도 없다. 그러나 다른 곳에서 이 수요와 공급에 관한 공식을 도피처로 삼을 경우(그런 곳에서는 실제로 그렇게 하는 것이 옳기도 하다) 이 공식은 경쟁과는 아무 상관 없고 오히려 경쟁을 규정하는 기본법칙(규제 범위 혹은 크기의 한도)을 찾아내는 공식으로 사용된다. 특히 그것은 실제 경쟁에 참가하고 있으면서 그런 경쟁의 현상형태와 그로부터 생겨나는 상념들에 사로잡힌 사람들로 하여금, 비록 역시 피상적인 것이긴 하지만 경쟁 내부에서 나타나는 경제적 관계의 내적 관련에 대한 생각에 도달하도록 만들어주는 공식으로 사용된다. 이 공식은 경쟁을 동반하는 변동으로부터 이런 변동의 한계에까지 이르게 해주는 하나의 방법이다. 그러나 평균이자율의 경우에는 이것이 그렇지 않다. 평균수준의 경쟁관계[즉 대부자와 차입자 간의 균형]가 왜 대부자에게 주어야 할 이자율을 그의 자본의 3, 4, 5% 등으로[혹은 총이윤의 20%, 50% 등의 일정 백분비로] 만드는지에 대해서는 아무런 근거도 찾을 수 없다. 만일 경쟁이 그것을 결정한다면, 이런 결정은 그 자체 우연적이고 순수하게 경험적인 것일 뿐이며, 이런 우연성을 어떤 필연적인 것인 양 말하고 싶어 하는 것은 단지 무엇이든 그렇게 단정적인 것으로 만들지 않고는 못 배기는 좀스러운 꼼꼼함과 망상 때문일 것이다.[67] 은행법과 상업불황에 관한 M376

1857년과 1858년의 의회 보고서에서 가장 재미있는 부분은 '실질이자율의 생성'에 대한 잉글랜드은행의 이사들과 런던 은행가들, 그리고 지방 은행가들과 직업적인 이론가들 간에 오간 이야기들이다. 이들의 이야기는 모두 상투적인 수준을 조금도 벗어나지 못한 것들로, 예를 들면 "대부 가능한 자본에 대해 지불되는 가격은, 이 자본의 공급 사정에 따라서 변동한다"라든가 "높은 이자율과 낮은 이윤율은 장기간 함께 병존할 수 없다"라든가 하는 이야기들이다.[68] 중간이자율이 단지 평균적인 것이면서 실제 크기로 존재하는 것인 한, 관행이나 법률적 전통 등도 경쟁 그 자체와 마찬가지로 중간이자율의 결정에 관계한다. 중간이자율은 이자 계산과 관련된 많은 법률적 다툼을 거치면서 이미 적법한 것으로 인정될 수밖에 없었다. 여기에서 더 나아가 중간이자율의 범위를 왜 일반법칙화할 수 없는지에 대해 의문을 제기한다면 그 대답은 바로 이자의 성질에서 찾을 수 있다. 이자는 평균이윤의 한 부분일 뿐이다. 그리고 이자에서는 동일한 자본이 이중의 성격을 띠게 되는데, 즉 대부자의 수중에서는 대부 가능한 자본

---

67) 예를 들어 J. G. 업다이크의 『경제학 소고』(뉴욕, 1851)가 그런 경우인데, 그는 이자율 5%의 일반성을 영속적인 법칙으로 설명하고자 하는 극히 허무맹랑한 시도를 하였다. 이보다 더 천진난만한 것은 카를 아른트의 『독점정신과 공산주의에 대립되는 자연적 국민경제』(하나우, 1845)이다. 여기에는 다음과 같이 쓰여 있다. "재화의 생산이 자연스럽게 진행될 경우—선진 국에서는—이자율을 어느 정도 규제하는 것으로 보이는 현상은 단 한 가지뿐이다. 그것은 곧 유럽 삼림의 목재량이 그것의 연간 생장에 의해 증가하는 비율이다. 이 생장은 이들 목재의 교환가치와는 전혀 무관하게(나무의 생장을 그 교환가치와 무관하다고 대비하는 이런 짓은 얼마나 우스꽝스러운 일인가!) $\frac{3}{100} \sim \frac{4}{100}$ 의 비율로 이루어진다. 이에 따라(나무의 교환가치는 그것의 생장에 의존하지만, 그것의 생장은 그것의 교환가치와 전혀 무관하므로) 그것(이자율)이 가장 부유한 나라의 현재 수준 이하로 하락하리라고는 기대할 수 없다"(124, 125쪽). — 이것은 '삼림에 기원을 둔 이자율'이라 이름 붙여줄 만한 것으로서, 그 발견자는 또한 자신의 책을 통해 '축견세(畜犬稅, Hundesteuer: 개를 키우는 주인에게 부과되는 일종의 사치세로 19세기 초 프로이센에서 최초로 도입되었음—옮긴이)의 철학자'로서 '우리 과학'에 공헌하고 있기도 하다(420, 421쪽).

68) 잉글랜드은행은 할인율을 높이고 내릴 때, 물론 공개시장의 지배적인 할인율도 당연히 고려하긴 하지만, 주로 금의 유입과 유출에 따라서 그것을 결정한다. "따라서 이제 은행 할인율의 변동을 선취하는 형태의 어음할인 투기는 화폐센터(즉 런던 화폐시장)의 큰손들의 사업 절반을 차지하게 되었다"([H. 로이], 앞의 책, 113쪽).

으로 나타나고, 기능하는 자본가의 수중에서는 산업자본 혹은 상인자본으로 나타난다. 그러나 그 자본은 단 한 번만 기능하며 이윤도 단 한 번만 생산한다. 생산과정에서는 대부 가능한 자본이라는 자본의 성격은 아무런 역할도 수행하지 않는다. 두 사람 사이에서 이 이윤이 어떻게 분배되고 또 그 이윤에 대한 청구권을 두 사람이 얼마만큼 갖는가 하는 것은 그 자체 순전히 경험적이고 우연의 영역에 속하는 일로서 이는 마치 한 회사에서 벌어들인 공동이윤이 각 출자자들에게 백분율로 분배되는 것과 마찬가지이다. 이윤율 결정의 본질적 기초가 되는 잉여가치와 임금 간의 분배에 결정적인 영향을 미치는 것은 완전히 서로 다른 두 요소, 노동력과 자본이다. 이들은 서로가 상대의 한계를 결정하는 두 독립변수의 함수들이다. 그리고 생산된 가치의 양적 분할은 바로 이들 두 요소 간의 질적 차이로부터 나온다. 우리가 나중에 보게 되듯이, 잉여가치가 지대와 이윤으로 분할되는 경우에도 똑같은 일이 발생한다. 그러나 이자의 경우에는 그렇게 되지 않는다. 이자의 경우에는 우리가 방금 본 바와 같이 거꾸로 질적 차이가, 같은 크기의 잉여가치의 순수한 양적 분할로부터 발생한다. M377

지금까지의 논의로부터 '자연'이자율이란 존재하지 않는다는 것이 드러난다. 그러나 일반이윤율과 반대로 중간이자율〔혹은 평균이자율〕에서는, 끊임없이 변동하는 시장이자율과는 달리 그 한계를 어떤 일반법칙으로도 확정지을 수 없는 반면——왜냐하면 이 경우 문제가 되는 것은 총이윤이 서로 다른 명목으로 두 자본소유주에게로 분할되는 것이기 때문이다——또 다른 한편으로 이자율은 (그것이 중간이자율이든, 시장이자율이든 상관없이) 일반이윤율과는 완전히 달리 균일하게 정해진 분명한 크기로 나타난다.[69]

---

69) "상품의 가격은 끊임없이 변동한다. 그리고 상품은 온갖 상이한 종류의 용도에 의해 규정된다. 그런데 화폐는 온갖 목적에 똑같이 사용된다. 상품은 같은 종류라 하더라도 그 품질에 따라 차이가 난다. 그러나 현금화폐는 항상 동일한 본연의 가치를 지니며 또 그래야만 한다. 따라서 우리가 이자라고 부르는 화폐의 가격은, 어떤 다른 사물보다 확정적이고 균일한 성격을 갖

이자율과 이윤율의 관계는 상품의 시장가격과 그 가치 간의 관계와 비슷하다. 이자율이 이윤율에 의해 결정된다고 할 때, 그때의 이윤율은 항상 일반이윤율을 가리키는 것이지, 특정 산업부문에서만 지배적인 개별 이윤율을 가리키는 것이 아니며 더군다나 개별 자본가가 특정 사업영역에서 M378 획득하게 되는 특별이윤은 더더욱 아니다.[70] 그러므로 일반이윤율은 사실상 평균이자율 속에서—비록 이 평균이자율이 일반이윤율의 순수하고 확실한 표현은 아니지만—경험적으로 주어진 사실(事實, Faktum)로 재현된다.

차입자가 제공하는 담보의 종류에 따라서, 그리고 대부기간에 따라서, 이자율 그 자체도 끊임없이 다른 형태를 띠게 된다는 것은 분명 옳다. 그러나 이들 어떤 경우에서도 이자율은 주어진 하나의 시점에는 단일한 형태만을 띤다. 즉 이들 차이는 이자율의 확정된 단일한 형태에 아무런 영향도 주지 않는다.[71]

는다"(J. 스튜어트, 『경제학 원리』, 프랑스어판, 제4권, 1789, 27쪽).

70) 그러나 이윤의 분할에 대한 이런 법칙은 개별 대부자와 차용자에게 적용되는 것은 아니며 단지 일반적 의미에서의 대부자와 차용자를 대상으로 하는 것이다. …… 수익이 많이 나고 적게 나는 것이 사업수완이 좋고 나쁜 데 대한 대가라는 사실은 주목할 만한 가치가 있지만, 대부자들에게는 이런 사업수완의 수준이라는 것이 아무런 의미가 없다. 왜냐하면 대부자들로서는 사업수완이 떨어진다고 손해를 볼 이유도 없고 사업수완이 좋다고 더 이익을 볼 이유도 없기 때문이다. 같은 사업부문에 종사하는 개인들 간에 적용되는 이런 이야기는 서로 다른 사업부문들에도 똑같이 적용될 수 있다. 만일 어떤 사업부문에서 활동하는 상인과 제조업자가 같은 나라의 다른 사업부문에 종사하는 상인이나 제조업자가 벌어들인 정상이윤보다 더 많은 이윤을 벌어들인다면, 그 초과수익은, 그것을 얻는 데 보통 수준의 기술이나 사업수완만 소요되었다고 하더라도, 그들 상인과 제조업자의 소유가 된다. 그리고 이 초과수익은 그들에게 화폐를 대부해준 대부자에게는 돌아가지 않는데 …… 왜냐하면 대부자는 일반이자율 이하로밖에 지불을 보장하지 않는 악조건에서는 자신의 화폐를 어떤 사업부문의 운영에 쓰이도록 대부해주지 않으며, 또한 바로 그렇기 때문에 자신의 화폐로부터 아무리 많은 수익이 생긴다 하더라도 이 일반이자율 이상을 얻을 필요도 없기 때문이다"(매시, 앞의 책, 50, 51쪽).

71) {은행이자율 ………………… 5%
시장이자율, 60일 어음 ………………… $3\frac{5}{8}$%
상동, 3개월 어음 ………………… $3\frac{1}{2}$%
상동, 6개월 어음 ………………… $3\frac{5}{16}$%
어음중개인 대부, 1일 대부 ………………… 1~2%

중간이자율은 모든 나라에서 상당 기간에 걸쳐 불변의 크기로 나타나는데, 이는 일반이윤율이—개별 이윤율들이 끊임없이 변동하지만, 이들 변동은 한 영역의 변동이 다른 영역의 반대 방향의 변동에 의해 상쇄된다—상당 기간이 경과하고 나서야 변동하기 때문이다. 그리고 이들 일반이윤율의 상대적 불변성은 곧 중간이자율(평균이자율 혹은 일반이자율)의 상대적 불변성으로 나타난다.

그러나 끊임없이 변동하는 시장이자율의 경우, 이자율은 상품의 시장가격과 마찬가지로 매 순간 항상 확정된 크기로 주어진다. 왜냐하면 화폐 M379 시장에서는 모든 대부가능자본의 총량이 기능하는 자본과 끊임없이 대응하기 때문인데, 즉 대부가능자본의 공급 비율과 그런 대부가능자본에 대한 수요가 그때그때마다 시장이자율을 결정하기 때문이다. 이런 현상은 신용제도의 발달과 그로 인한 신용제도의 집적으로 대부가능자본의 성격이 더욱 일반화되고 또 사회화되면서, 이것이 한꺼번에 동시적으로 화폐시장에 작용할수록 더욱 심화된다. 반면 일반이윤율은 계속해서 경향(즉 개별 이윤율들의 균등화운동)으로만 존재한다. 자본가들의 경쟁—이런 경쟁 그 자체가 균등화운동이다—은 여기에서, 장기적으로 이윤이 평균 이하인 영역에서 점차로 자본을 끌어내어 이를 이윤이 평균 이상인 영역으로 밀어 넣는 작용을 하며, 혹은 추가자본이 이들 영역들 간에 점차 서로 다른 비율로 배분되도록 만든다. 그것은 이들 각 영역들 상호 간의 자본의 인출과 투입이라는 끊임없는 변동으로서, 이자율 결정의 경우와는

상동, 1주일 대부	....	3%
주식중개인 대부, 14일 최종이자율	....	$4\frac{3}{4}\sim5\%$
예금이자율(은행)	....	$3\frac{1}{2}\%$
상동(어음할인상)	....	$3\sim3\frac{1}{4}\%$

위의 표는 이들의 차이가 같은 날짜에도 얼마나 클 수 있는지를 잘 보여준다. 이 표는 1889년 12월 9일 런던 화폐시장의 이자율로서 12월 10일자 『데일리 뉴스』[154]의 경제면(City-Artikel)에 실린 것이다. 최저는 1%이고 최고는 5%이다.)

달리 동시에 대량으로 이루어지는 것이 아니다.

우리는 이미 앞에서 이자 낳는 자본이 비록 상품과 절대적으로 다른 범주이긴 하지만, 독특한 종류의 상품으로 화하고 그리하여 이자가 그것의 가격이 되는 것을 보았으며, 그 이자는 보통 상품들의 시장가격과 마찬가지로 언제나 수요와 공급에 의해 확정된다는 것도 보았다. 따라서 시장이 자율은 비록 끊임없이 변동하고 있기는 하지만, 주어진 순간마다 모든 상품의 시장가격과 마찬가지로 항상 확정된 단일한 형태로 나타난다. 화폐자본가는 이 상품을 공급하고, 기능하는 자본가는 그것을 구매함으로써 그에 대한 수요를 형성한다. 그러나 일반이윤율 균등화의 경우에는 이런 일이 일어나지 않는다. 만일 한 영역의 상품가격이 생산가격 이상으로 상승하거나 그 이하로 하락한다면(이 경우 각 사업별로 발생하는 고유한 변동과 산업순환의 여러 국면들과 관련된 변동들은 무시하기로 한다) 균등화는 생산의 확대 혹은 축소를 통해서〔말하자면 특정 생산영역들과 관련된 자본의 투입 혹은 인출을 매개로 하여, 산업자본이 시장에 투입하는 상품량의 확대 혹은 축소를 통해서〕이루어진다. 그렇게 상품의 평균시장가격이 생산가격으로 균등화됨으로써 일반이윤율〔혹은 평균이윤율〕과 개별 이윤율 간의 편차가 시정된다. 이 과정에서는 산업자본〔혹은 상인자본〕그 자체가, 이자 낳는 자본처럼 구매자에 대하여 상품으로 나타나는 경우가 결코 없으며 또 있을 수도 없다. 만일 그런 경우가 나타난다면 그 M380 것은 평균이윤율이 곧바로 확정되는 과정이 아니라 단지 상품시장가격의 변동과 그것의 생산가격으로 균등화가 이루어지는 과정에 지나지 않을 것이다. 일반이윤율은 사실상 다음과 같은 세 가지 요소에 의해 결정된다. ① 총자본이 생산하는 잉여가치, ② 이 잉여가치와 총자본가치 간의 비율, ③ 경쟁. 단 이때 이 경쟁은 개별 생산영역에 투자된 자본들이 그 상대적인 크기에 비례하여 이 잉여가치로부터 균등하게 분배되도록 만드는 그런 운동으로서의 경쟁이어야 한다. 이런 점에서 볼 때 일반이윤율은 사실상, 수요와 공급 관계에 의해 직접적으로 결정되는 시장이자율과는 완전히 다르고 또 훨씬 복잡한 요인들에 의해 결정된다. 따라서 일반이윤율은 이자율처럼 그렇게 명확하게 주어진 사실(事實)로서 존재하지 않는다. 서로 다른 생산영역들의 개별 이윤율은 그 자체, 정도의 차이는 있어도, 불확실한 것이다. 그리고 일단 그들 개별 이윤율이 나타날 경우에는 언제나, 균등한 것으로 나타나는 것이 아니라 불균등한 것으로 나타난다. 그러나 일반이윤율은 이윤의 최저한계로서만 나타나고, 경험할 수 있고 직접 눈으로 볼 수 있는 실제 이윤율의 모습으로는 나타나지 않는다.

이자율과 이윤율 간의 이런 차이를 강조하는 과정에서, 우리는 스스로 이자율의 결정에 유리한 다음 두 가지 경우를 무시하고 있다. 즉 ① 이자 낳는 자본이 이미 역사적으로 과거부터 존재하고 있으며, 전통적으로 전해 내려오는 일반이자율이 존재하는 경우. ② 세계시장이 (일국 내의 생산조건과는 상관없이) 이자율의 결정에 미치는 영향이, 그것이 이윤율에 미치는 영향에 비해 훨씬 큰 경우.

평균이윤은 직접 주어지는 사실로 나타나는 것이 아니라, 연구를 통해서 비로소 확정되는 것〔즉 서로 반대 방향으로 움직이는 변동들이 모두 균등화되고 난 다음의 최종 결과물〕으로 나타난다. 그러나 이자율은 그것과 다르다. 이자율은, 적어도 일정 지역에서는 전반적으로 통용되면서 매일매일 확정되는 하나의 사실이며, 특히 산업자본과 상인자본에는 그 운동과정에서 계산의 전제이자 동시에 계산 항목으로 사용된다. 그것은 단위 화폐액 100파운드스털링이 2, 3, 4, 5% 등을 벌어들일 수 있게 해주는 일반적 능력이다. 기상예보에서 표시되는 기압이나 기온조차도 주식시황 보고에서 표시되는 이자율—개별 자본에 대한 것이 아니라 화폐시장의 이자율, 즉 대부가능자본 일반의 이자율—만큼 정확하지는 않다.

화폐시장에서는 대부자와 차입자만이 서로를 상대할 뿐이다. 상품은 화폐라는 똑같은 형태를 취한다. 여기에서는 선대된 각각의 특정 생산영 M381 역〔혹은 유통영역〕에 따라 자본이 취하는 모든 특수한 모습들이 사라진다. 여기에서 자본은 독립된 가치〔즉 화폐〕의 (아무런 차이도 없이 모두가 동일한) 모습으로 존재한다. 개별 영역들 간의 경쟁이 여기에서는 지양된다. 이들 영역은 모두 합쳐져서 하나의 화폐차입자로서 존재하며 자본도 또한 그에 대응하여 그 사용방식과는 무관한 형태로 그들과 만난다. 여기에서 자본은 실제의 모습으로, 즉 산업자본이 각 생산영역들 사이의 경쟁과 운동을 통해서만 나타나는 바로 그 모습[말하자면 그 자체 계급의 공동자본의 모습]으로, 자본의 수요공급과정에서 총체적인 형태로 나타난다. 한편 화폐자본이 화폐시장에서 실제로 취하는 이 형태는 개별 사용형태들과는 무관한 공동의 요소로서, 각기 다른 영역들 간에[즉 자본가계급 간에] 그 개별 영역들의 생산적 필요에 따라 분배된다. 또한 대규모 산업의 발달과 함께 화폐자본은 점차, 그것이 시장에 나타나는 한, 시장에 나와 있는 자본 각 부분의 소유주인 개별 자본가들을 대표하는 것이 아니라, 집적되고 조직화된 다수 집단의 모습으로 나타나며, 실제 생산과는 전혀 다르게 사회적 자본을 대표하는 은행가의 통제하에 들어간다. 그리하여 수요의 형태에서는 대부가능자본에 대응하는 하나의 계급 전체로 나타나고 공급의 형태에서는 자본 그 자체가 대부자본으로서 다수 집단의 형태로 나타난다.

이러한 것들이 곧 일반이윤율은 흐릿한 안개처럼 나타나는 반면 이자율은 뚜렷하게 확정된 형태로 나타나게 되는 몇 가지 이유들이다. 이자율은 그 크기가 계속 변동하지만, 그 변동이 모든 차입자들에 대해서 동시에 적용되기 때문에, 차입자들에게는 항상 확정되어 주어진 것으로 나타난다. 이것은 화폐의 가치가 변동하더라도 그 화폐는 여전히 모든 상품에 대해 동일한 가치를 갖는 것과 마찬가지이며, 또한 상품의 시장가격이 매일 변동하더라도, 신문의 경제면에는 그것이 매일 기록되는 것과 마찬가지이다. 따라서 이자율도 바로 그런 원리에 의해 규칙적으로 '화폐의 가격'으로서 신문에 게재되는 것이다. 그렇게 되는 이유는, 이 경우 자본 그 자체가 화폐형태의 상품으로 공급되기 때문이고, 따라서 그 가격의 확정은 다른 모든 상품의 경우와 마찬가지로 그 시장가격의 확정을 의미한다. 그러므로 이자율은 언제나 일반이자율로서〔즉 일정 화폐액으로, 다시 말해 양적으로 확정된 형태로〕나타난다. 반면에 이윤율은 같은 영역 내에서, 상품의 시장가격이 동일할 때에도, 개별 자본이 같은 상품을 생산하는 조건의 차이에 따라 달라질 수 있다. 왜냐하면 개별 자본의 이윤율은 상품의 시장가격이 아니라 시장가격과 비용가격 간의 차이에 의해서 결정되기 때문이다. 그리고 이런 상이한 이윤율들은——처음에는 같은 영역 내부에 M382 서, 그 다음에는 서로 다른 영역들 간에 존재한다——오로지 끊임없는 변동들에 의해서만 균등화될 수 있다.

———

(추후의 퇴고를 위한 메모) 신용의 한 특수한 형태: 우리가 잘 알고 있는 바와 같이 화폐가 구매수단이 아닌 지불수단으로 기능한다면, 상품은 양도받지만 그 가치는 어느 정도 후에 비로소 실현된다. 그런데 만일 지불이, 상품이 다시 판매되고 난 이후에야 이루어진다면, 이 판매는 구매의 결과로 나타나는 것이 아니라, 그 판매에 의해 구매가 실현되는 것이 된다. 혹은 그 판매는 구매의 한 수단이 된다. 둘째, 차용증서, 어음 등이 채권자에 대한 지불수단으로 화한다. 셋째, 차용증서의 변제는 화폐로 이루어진다.

제23장

이자와 기업가수익

M383 앞의 두 장에서 우리가 살펴본 바와 같이 이자는 원래, 기능하는 자본
가(산업가든 상인이든)가 자신의 자본이 아닌 차입자본을 사용하는 한,
이 자본의 소유주인 대부자에게 양도하지 않으면 안 되는 이윤〔즉 잉여가
치〕의 일부이며 실제로도 그러하다. 만일 그 기능하는 자본가가 자기 소
유의 자본만을 사용한다면 그런 이윤의 분할은 일어나지 않을 것이며 그
이윤 전체가 그의 소유로 될 것이다. 사실 자본의 소유주들이 자신의 자본
을 손수 재생산과정에서 사용하는 한, 이자율을 결정하는 그들 간의 경쟁
은 나타나지 않을 것이며, 바로 그런 점에서 이미 이자라는 범주——이자
율의 결정이 없이는 존재할 수 없다——는 산업자본가의 운동 그 자체와는
다른 것이라는 점이 드러난다.

　　이자율은 일정액의 화폐자본에 대한 1년 혹은 일정 기간의 사용에 대해
대부자가 받고자 하고 차입자가 지불하고자 하는 비율에 의해 정해질 수
있다. …… 만일 어떤 자본소유자가 자본을 직접 재생산과정에서 사용한다
면 그는 이자율 결정에서 차입자의 숫자에 대응하는 대부자본가의 숫자에

포함되지 않는다.(투크, 『1793~1837년 물가의 역사』 제2권, 런던, 1838, 355, 356쪽)

이윤의 일부를 이자로 전화시키고 이자라는 범주를 창출한다는 것은 사실상 자본가들이 화폐자본가와 산업자본가로 분리된다는 것을 의미할 뿐이다. 그리고 이자율을 창출하는 것은 단지 이들 두 부류의 자본가들 간의 경쟁일 뿐이다.

자본이 재생산과정에서 기능하는 한──그 자본이 산업자본가의 소유 ^{M384}이고 그래서 그가 어떤 대부자에게도 그 자본을 상환할 필요가 없는 경우에도──산업자본가가 자신의 개인 용도로 자유롭게 처분할 수 있는 것은 이 자본 자체가 아니라 그가 수입으로서 지출할 수 있는 이윤뿐이다. 그의 자본이 자본으로 기능하는 한 그 자본은 재생산과정에 속해 있고 그 속에 고정되어 있다. 그가 설사 그 자본의 소유주라고 할지라도, 그가 그 자본을 노동의 착취를 위해 자본으로서 이용하는 한, 그러한 그의 소유권에도 불구하고 그는 다른 방식으로 그 자본을 사용할 수가 없다. 화폐자본가의 경우에도 이것은 마찬가지이다. 그의 자본이 대부되고 따라서 화폐자본으로서 작용하는 한, 그 자본은 그에게 이자〔즉 이윤의 일부분〕를 가져다준다. 그러나 동시에 그 자본 자체는 그가 마음대로 사용할 수 없는 것이 된다. 이것은 그가 예를 들어 1년 혹은 그 이상 자신의 자본을 대부해주고 일정 기한마다 이자만 받고 원금은 돌려받지 않을 경우에 그대로 해당된다. 그러나 이 경우 설사 그가 이자를 받으면서 원금도 함께 돌려받는다고 할지라도 사정은 마찬가지이다. 원래의 자본을 되돌려 받을 경우 그는 그 자본이 자신을 위해 자본〔여기에서는 화폐자본〕으로서의 작용을 계속하게 하려면 그 자본을 계속해서 새롭게 대부해야만 할 것이다. 그 자본이 그의 수중에 머물고 있는 한 그것은 이자도 낳지 않을 것이고 자본으로서 작용하지도 않을 것이다. 그리고 그것이 이자도 낳고 또 자본으로서 작용하는 한 그것은 그의 수중에 있지 않을 것이다. 따라서 자본은 영구히 계속해서 대부될 가능성을 갖는다. 그런 점에서 보즌켓(J. Bosanquet)에 대한 투크의 다음과 같은 반론은 완전히 틀린 것이다. 그는 보즌켓(『금속통화, 지폐, 신용화폐』, 73쪽)의 다음 문장을 인용한다.

> 만일 이자율이 1%까지 하락한다면 차입자본과 자기 자본은 거의 동일 선상에 놓일 것이다.

이에 대해 투크는 다음과 같은 주석을 붙이고 있다.

> 이같이 낮은 이자율에서는 혹은 그보다 더 낮은 이자율에서도, 차입자본이 자기자본과 거의 동일 선상에 놓이게 된다는 것은 매우 의아스러운 주장으로서 만일 그것이 그처럼 영리하고 또 한 가지 주제에 정통한 저자가 한 말이 아니었다면 일고의 가치도 없을 것이다. 자기 논의의 전제가 상환조건을 포함한다는 사실을 그는 간과한 것일까, 아니면 거의 중요하지 않은 것으로 치부해버린 것일까?(투크, 『통화원리의 연구』, 제2판, 런던, 1844, 80쪽)

만일 이자율이 0이라면, 자본을 차입하는 산업자본가는 자기자본을 사용하는 자본가와 똑같은 처지에 놓일 것이다. 두 사람은 똑같은 평균이윤을 얻게 될 것이고 차입자본과 자기자본은 둘 모두 이윤을 생산하는 한에서만 자본으로 작용할 것이다. 상환조건은 여기에 아무런 영향도 미치지 못한다. 이자율이 0에 가까워질수록, 즉 예를 들어 1%까지 하락하게 되면, 그만큼 더욱 차입자본은 자기자본과 같은 위치에 놓이게 된다. 화폐자본이 화폐자본으로 존재하려 하는 한, 그 화폐자본은 끊임없이 기존의 이자율[예를 들면 1%]로 동일한 계급의 산업자본가나 상업자본가에게 대부되어야만 한다. 이들이 자본가로서 기능하는 한, 차입자본을 가지고 기능하는 자본가와 자기자본을 가지고 기능하는 자본가 간의 차이점은, 한

M385

사람은 이자를 지불하고 다른 한 사람은 지불하지 않는다는 것밖에 없다. 즉 한 사람은 이윤 p를 모두 갖지만 다른 한 사람은 p−z〔이윤−이자〕만을 갖는 것이며, 만일 z가 0에 가까워지면 p−z도 점차 p에 가까워짐으로써 그만큼 두 자본의 처지는 비슷해지게 된다. 한 사람은 자본을 상환하고 또 새롭게 차용해야 하는 반면, 다른 한 사람은 자신의 자본을 기능하게 하기 위해서 끊임없이 자본을 새로 생산과정에 선대해야 하고 자본을 이 생산과정과 무관하게 처분해서는 안 된다. 그 밖에 남아 있는 또 한 가지 차이점은 매우 당연한 것으로서 한 사람은 그 자본의 소유주이고 다른 한 사람은 아니라는 사실이다.

그렇다면 이제 제기되는 의문은 바로 이것이다. 즉 이런 이윤의 순수한 양적 분할〔즉 순이윤과 이자로의 분할〕이 어떻게 해서 질적 분할로 전환되는가? 달리 말하자면 어떻게 해서 차입자본을 전혀 사용하지 않고 자기자본만을 사용하는 자본가까지도 자신의 총이윤의 일부를 이자라는 특정 범주에 소속시켜 그 자체 독립된 개별 부분으로 계산하게 되는가? 그리고 더 나아가서 어떻게 해서 차입된 것이든 아니든 모든 자본이 이자 낳는 자본과 순이윤을 낳는 자본으로 자신을 구분해서 나누게 되는 것인가?

물론 이윤의 모든 우연적인 양적 분할이 이와 같이 질적 분할로 전환되는 것은 아니다. 예를 들어 어떤 산업자본가들은 하나의 사업을 경영하기 위해서 서로 연합하고 그런 다음 이윤을 서로 간에 법적으로 정해진 협약에 의해 분배한다. 그리고 또 어떤 산업자본가들은 서로 연합하지 않고 각자가 자기 사업을 경영한다. 이들 후자는 그들의 이윤을 두 범주로〔즉 일부는 개인이윤으로 또 다른 일부는 존재하지도 않는 동업자를 위한 회사이윤으로〕 그렇게 나누어 계산하지 않는다. 따라서 여기에서는 양적 분할이 질적 분할로 전환되지 않는다. 이런 분할이 일어나는 것은 우연히 소유주들이 법률상 다수의 인격체들로 이루어진 경우이며 그렇지 않을 경우에는 그런 분할이 일어나지 않는다.

제기된 의문에 대답하기 위해서 우리는 이자 형성의 실제 출발점에서 좀더 머물러야만 하겠다. 말하자면 화폐자본가와 생산자본가가 법적으로 서로 다른 인격으로서뿐만 아니라 재생산과정에서 전혀 다른 역할을 수행하는 사람들로서[혹은 각자의 수중에서 동일한 자본을 실제 이중적으로 그리고 완전히 서로 다른 형태로 운동시키는 사람들로서] 사실상 만난다는 가정에서 출발해야겠다. 한 사람은 단지 대부만 하고 다른 한 사람은 그것을 생산적으로 사용한다.

M386   차입자본을 사용하는 생산자본가들에게서는 총이윤이 두 부분[즉 그가 대부자에게 지불해야 하는 이자와 자기 몫의 이윤인 이자초과분]으로 나누어진다. 일반이윤율이 주어져 있을 경우 이 후자 부분은 이자율에 의해 결정되며, 이자율이 주어져 있을 경우에는 일반이윤율에 의해 결정된다. 또한 실제 이윤총액의 크기인 총이윤이 개별 경우에 평균이윤과 아무리 편차를 보인다고 하더라도 기능하는 자본가의 소유가 되는 부분은 이자에 의해 결정된다. 왜냐하면 이자는 일반이자율(특별한 법적 조건이 있는 경우는 제외한다)에 의해 확정되고 또 생산과정이 시작하기 전에[즉 생산과정의 결과물인 총이윤이 아직 획득되기 전에] 이미 선취되는 것으로 전제되어 있기 때문이다. 우리가 이미 알고 있는 바와 같이 자본의 고유한 특정 생산물은 잉여가치[더 엄밀하게 규정하자면 곧 이윤]이다. 그러나 차입자본을 사용하는 자본가들에게는 그것이 이윤이 아니라 '이윤-이자'[즉 이윤에서 이자를 지불하고 남는 나머지 부분]이다. 그러므로 그들 자본가에게는 차입자본이 기능하는 한 이 나머지 이윤이 자본생산물로 나타나는 것이 필연적이다. 그리고 또 이런 상황은 그들 자본가의 실제 상황이기도 한데, 왜냐하면 그들은 단지 기능하는 자본만을 대표하기 때문이다. 그들은 그 자본이 기능하는 한 그 자본의 인격체이며, 또 그 자본이 기능하는 것은 그것이 산업이나 상업에 수익을 위해 투자되고 그들 자본가와 함께[즉 그것을 사용하는 사람에 의해] 그때그때의 사업부문에 부여된 행위들을 수행하는 한에서이다. 따라서 그들 자본가가 총이윤에서 대부자에게 지불해야 하는 이자와는 달리, 그들 자신에게 귀속되는

나머지 이윤 부분은 필연적으로 산업이윤 내지 상업이윤의 형태를 취한다. 혹은 이 두 가지 이윤형태를 포괄할 수 있는 한마디의 독일어로 표현한다면 기업가수익(Unternehmergewinn)의 형태를 취한다. 만일 총이윤이 평균이윤과 같다면 이 기업가수익의 크기는 오로지 이자율에 의해서만 결정된다. 총이윤이 평균이윤과 편차를 보인다면 그것과 평균이윤(두 이윤 모두 이자를 공제하고 난 후의 이윤이다)과의 차이는 그때그때의 모든 경기상황──이것은 개별 생산영역의 이윤율과 일반이윤율과의 편차나 혹은 일정 영역의 개별 자본가의 이윤과 그 영역의 평균이윤과의 편차 등을 잠정적으로 불러일으키는 요인이다──에 의해 결정된다. 그런데 이미 본 바와 같이 생산과정 내에서는 이윤율이 잉여가치뿐만 아니라 다른 많은 요인들에도 의존한다. 즉 생산수단의 구매가격, 평균수준 이상의 많은 생산방식들, 불변자본의 절약 등에 의존한다. 이런 생산가격 이외에도 그 ^{M387}것은 특수한 경기상황들과, 또 개별 거래의 체결에서 자본가들의 개인적인 사업수완에 따라 이들이 생산가격 이상 혹은 이하로 판매나 구매를 하고, 그리하여 유통과정 내부에서 총잉여가치 중 더 많은 부분이나 더 적은 부분을 획득하게 되는 경우들에 의존한다. 그러나 이 모든 경우에서 총이윤의 양적 분할은 질적 분할로 전화하게 된다. 그리고 이러한 전화는 그 양적 분할이, 무엇을 분할해야 하며, 또 실제로 활동하는 자본가가 어떻게 그 자본으로 경영하며 그리하여 얼마만큼의 총이윤이 기능하는 자본으로서 그에게〔즉 실제 활동하는 자본가로서의 그의 기능의 결과로서〕 얻어질 것인가 하는 등의 문제에 의존하는 정도에 따라 더욱 심화될 것이다. 이 경우 기능하는 자본가는 자본을 소유하지 않은 사람으로 가정한다. 자본의 소유권은 그에게 대립되어 대부자〔즉 화폐자본가〕에 의해서 대표된다. 그러므로 그가 이 대부자에게 지불하는 이자는 총이윤 가운데에서 자본소유 그 자체에 할당되는 부분으로 나타난다. 이와는 달리 이윤 가운데 실제 활동하는 자본가들에게 돌아가는 부분은 이제 기업가수익으로서 나타나는데, 이 기업가수익은 그가 재생산과정에서 자본을 가지고 수행하는 행위 혹은 기능들[즉 그가 산업부문이나 상업부문에서 기업가로서 수행하는 그 특별한 기능들]로부터만 유래한다. 따라서 이자는 그에게 자본소유의 열매[즉 그것이 '일하지' 않고 기능하지 않는다는 점에서, 자본의 재생산과정을 생략한 자본 그 자체의 단순한 열매]로서만 나타난다. 반면 기업가수익은 그가 자본을 가지고 수행한 기능의 열매[즉 자본운동과 자본과정의 열매]로서만 그에게 나타나는데, 이 자본과정은 바로 그 자신의 활동으로서 화폐자본가가 생산과정에도 참여하지 않고 생산활동도 하지 않는 것과는 대비되는 것으로 나타난다. 총이윤의 두 부분 간의 이런 질적 구별—즉 이자는 생산과정과 무관하게 자본 그 자체[즉 자본소유]의 열매인 반면, 기업가수익은 과정 중인 자본[즉 생산과정에서 작용하는 자본]의 열매, 따라서 재생산과정에서 자본의 사용자가 수행하는 실제 역할의 열매라고 하는 질적 구별—은 화폐자본가나 산업자본가 편에서의 주관적인 견해가 결코 아니다. 그것은 객관적인 사실에 근거한다. 왜냐하면 이자는 대부자인 화폐자본가에게 흘러들어가는데 그는 단순한 화폐소유자이며 생산과정 이전에 그리고 생산과정의 외부에서 단지 화폐소유 그 M388 자체만을 대표할 뿐인 반면, 기업가수익은 화폐를 소유하지 않으면서 단지 기능만 수행하는 자본가에게 흘러들어가기 때문이다.

차입자본을 가지고 일하는 산업자본가는 물론 자신의 자본을 자신이 직접 사용하지 않는 화폐자본가에게서도, 서로 다른 두 사람—이들은 동일한 자본에 대해서 그리고 또한 그 자본이 산출한 이윤에 대해서도 각기 서로 다른 권리를 갖는다—간의 총이윤의 양적 분할은 질적 분할로 전환한다. 이제 이윤 가운데 한 부분은 그 자체 자본에 돌아가는 열매[이자라는 하나의 규정성]로서 나타나고 다른 한 부분은 자본의 특수한 열매[기업가수익이라는 그에 대립되는 또 하나의 규정성]로서 나타난다. 다시 말하자면 하나는 자본소유의 단순한 열매로 나타나고 다른 하나는 자본으로 수행한 기능[즉 실제 활동하는 자본가가 수행하는 기능]의 열매로, 다시 말해 과정 중에 있는 자본의 열매로 나타난다. 그리고 총이윤의 두 부분이, 마치 각자 근본적으로 다른 두 원천으로부터 나온 것인 양, 이처럼 서로 대립된 형태로 화석화되어 독립해버리는 것은 이제 총자본가계급과 총자본에서도 그렇게 될 수밖에 없다. 그리고 그것은 활동하는 자본가들이 사용하는 자본이 차입된 것이든 혹은 화폐자본가가 소유한 자본을 직접 사용하든 모두 마찬가지이다. 각 자본의 이윤〔따라서 이들 자본의 균등화에 기초한 평균이윤〕은 질적으로 다르면서 서로 자립적이고 독립적인 두 부분, 그러면서 각기 개별 법칙에 의해 결정되는 그런 두 부분, 즉 이자와 기업가수익으로 분할된다. 자기자본을 가지고 일하는 자본가도 차입자본으로 일하는 자본가와 마찬가지로, 자신의 총이윤을 소유주로서의 자신에게 귀속되는 부분〔즉 자본대부자로서의 자신에게 돌아가는 부분〕인 이자와 기능하는 활동적 자본가로서의 자신에게 돌아가는 부분인 기업가수익으로 분할한다. 이러한 질적 분할에서는 그 자본가가 실제로 다른 자본가와 그러한 분할을 수행해야 하는가 그렇지 않은가는 중요하지 않다. 자본의 사용자는 설사 그가 자기자본으로 일하는 경우에도 두 사람으로 분해된다. 즉 자본의 단순한 소유주와 자본의 사용자로 분해된다. 그리고 그의 자본도 그것이 산출하는 이윤 범주와 관련하여 자본소유〔즉 생산과정의 바깥에 있으면서 그 자체 이자를 생산하는 자본〕와 생산과정 내부에 있으면서 과정 중인 자본으로서 기업가수익을 생산하는 자본으로 나누어진다.

따라서 이자는 이제 총이윤 가운데 생산과 무관한 부분으로서, 산업자본가가 타인의 자본을 가지고 일하는 경우에만 나타나는 것은 아니라는 것이 확실해진다. 즉 산업자본가가 자기자본을 가지고 일하는 경우에도 M389 그의 이윤은 이자와 기업가수익으로 분할되는 것이다. 이리하여 단순한 양적 분할은 질적 분할로 전환한다. 그리고 이런 전환은 산업자본가가 그 자본의 소유주이든 아니든 그런 우연적인 조건과는 상관없이 일어난다. 이 분할은 서로 다른 사람들에게 분배되는 이윤의 비율일 뿐만 아니라 자본에 대한 관계가 서로 다른 〔즉 서로 다른 자본의 규정성〕 이윤의 두 범주이다.

이리하여 이자와 기업가수익으로의 총이윤의 분할이 일단 질적인 분할로 전환하기만 하면 어째서 이 분할이 총자본과 총자본가계급에 대해서도 이런 질적 분할의 성격을 갖게 되는지 그 이유가 이제 매우 간단하게 밝혀진다.

첫째, 이것은 다음과 같은 간단한 경험적 사실, 즉 산업자본가의 상당수가 비록 두 자본 간의 비율은 다르더라도 자기자본과 차입자본을 함께 사용하고 있으며 또한 이 자기자본과 차입자본 간의 비율이 매 시기 변동한다는 사실로부터 유래한다.

둘째, 총이윤의 일부가 이자형태로 전화하는 것은 총이윤의 다른 부분이 기업가수익으로 전화하게 만든다. 이 기업가수익은 사실상, 이자가 독자적인 범주로서 확립되면 그에 대응하는 형태로서 총이윤 가운데 그 이자를 초과하는 부분의 형태를 취할 뿐이다. 총이윤이 이자와 기업가수익으로 분할되는 데 대한 지금까지의 모든 연구는 단적으로 총이윤의 일부가 일반적으로 이자로서 화석화하면서 독립해 나가는 데 대한 연구로 귀결된다. 그런데 이자 낳는 자본은 역사적으로 자본주의적 생산양식과 그에 상응하는 자본과 이윤이라는 개념이 존재하기도 훨씬 전에 이미 완성된 전래의 형태로서 존재하였으며, 따라서 이자도 자본에 의해 생산된 잉여가치의 완성된 하위형태로 존재하였다. 따라서 지금까지도 통념상으로 화폐자본〔즉 이자 낳는 자본〕은 자본 그 자체〔순수한 의미에서의 자본〕로 통용되고 있다. 그리하여 또 다른 한편 매시의 시대까지도 아직 이자로 지불되는 것이야말로 참된 의미에서의 화폐라는 생각이 지배적이었던 것이다. 실제로 자본으로 사용되든 않든〔즉 소비만을 위해서 차입된다 하더라도〕 대부자본이 이자를 낳는다는 사실은 이 자본형태의 자립성에 대한 생각을 더 강화해준다. 자본주의적 생산양식의 초기에는 이자가 이윤에 대해서 그리고 이자 낳는 자본이 산업자본에 대해서 독립된 형태를 띠었다는 가장 좋은 증거는, 18세기 중엽에 이르러서야 겨우 이자가 총이윤의 일부에 지나지 않는다는 사실이 발견되었다는(매시에 의해서 그리고 그에 뒤이어 D. 흄에 의해)[55] 점, 그리고 무엇보다도 그 시기가 되어서야 비로 소 그런 발견이 필요했다는 점이다.

셋째, 산업자본가가 자기자본을 가지고 일을 하든 차입자본을 가지고 일을 하든 그것은 다음과 같은 사실, 즉 그에게 화폐자본가계급이 특정 부류의 자본가로서, 그리고 화폐자본이 독립된 부류의 자본으로서, 또한 이자가 이런 특정 자본에 상응하는 잉여가치의 자립적 형태로서 대립적으로 나타난다는 사실에는 아무런 변화도 일으키지 않는다.

질적인 측면에서 볼 때, 이자는 자본의 단순한 소유가 가져다주는 잉여가치이자, 그 소유주가 재생산과정의 바깥에 있는데도 자본 그 자체가 낳는 잉여가치이며 말하자면 자신의 과정에서 떨어져 나온 채로 자본이 낳는 잉여가치이다.

양적인 측면에서 볼 때, 이윤 가운데 이자를 형성하는 부분은 산업자본이나 상인자본 그 자체와는 관계없이 화폐자본과 관계되는 것으로 나타나며 이 부분의 잉여가치율[즉 이자율 혹은 이자]은 바로 이 관계를 확립한다. 왜냐하면 첫째, 이자율은—그것이 일반이윤율에 의존하는데도—자립적으로 결정되기 때문이며 둘째, 그것은 상품의 시장가격과 마찬가지로, 확정지을 수 없는 이윤율과는 대조적으로 아무리 변동할 경우에도 항상 확정된 형태의 단일하고 명료한 비율로 나타나기 때문이다. 만일 모든 자본이 깡그리 산업자본가들의 수중에 들어가버린다면 이자와 이자율은 존재하지 않을 것이다. 총이윤의 양적 분할이 취하는 그 자립적인 형태는 질적 분할을 만들어낸다. 산업자본가를 화폐자본가와 비교해 본다면 전자와 후자의 구별은 단지 기업가수익[즉 총이윤에서 평균이자(이자율에 의해 경험적으로 주어지는 크기)를 초과하는 부분]에만 의존한다. 한편 이 산업자본가를 차입자본 없이 자기자본만으로 경영하는 산업자본가와 비교해 본다면, 후자는 단지 화폐자본가로서 전자와 차이가 있을 뿐인데, 이는 후자가 이자를 타인에게 양도하지 않고 자기 몫으로 갖기 때문이다. 그에게는 이들 두 측면에서 모두, 총이윤 가운데 이자와 구별되는 부분은 기업가수익으로, 그리고 이자 그 자체는 자본 그 자체가 가져다주는 잉여가치[즉 생산적으로 사용되지 않고도 자본이 가져다주는 잉여가치]로 나타난다.

개별 자본가들에게 이것은 실제로 옳다. 그는 자신의 자본을, 그것이 출발점에서 이미 화폐자본으로 존재하든 혹은 이제 막 화폐자본으로 전화하려고 하든 상관없이, 이자 낳는 자본으로 대부할 것인지 아니면 생산자본으로 자신이 손수 증식시킬 것인지를 선택한다. 그러나 이를 일반화해버리면, 즉 몇몇 속류경제학자들이 하듯이 이윤의 근거로 제시하기 위해서 사회적 총자본에 이를 그대로 적용한다면, 그것은 물론 틀린 것이다. M391 다시 말해 총자본 가운데에서 화폐로 존재하는 비교적 작은 부분을 제외하고, 나머지 총자본이 취하는 형태인 생산수단을 구매해서 가치를 증식시킬 사람도 없이, 총자본이 화폐자본으로 전화한다는 것은 잘못된 생각이다. 더구나 자본주의적 생산양식의 기초 위에서 자본이 생산자본으로 기능하지 않고도[다시 말해 잉여가치 — 이자는 단지 그것의 일부일 뿐이다 — 를 창출하지 않고도] 이자를 낳는다는 생각, 즉 자본주의적 생산양식이 자본주의적 생산 없이도 진행된다는 생각은 더더욱 잘못이다. 만일 자본가들 가운데 지나치게 많은 사람들이 자신의 자본을 화폐자본으로 전화시키고자 한다면, 그것은 화폐자본의 엄청난 가치하락과 이자율의 대폭락을 가져올 것이다. 그러면 즉각 많은 자본가들은 이자로 생활할 수 없는 처지에 빠질 것이고 따라서 산업자본가로 재전화하지 않을 수 없게 될 것이다. 그러나 이미 말한 바와 같이 개별 자본가들에게는 이것이 사실이다. 따라서 그들 개별 자본가의 입장에서는, 설사 그가 자기자본으로 경영을 한다 할지라도, 자신의 평균이윤 가운데 평균이자에 해당하는 부분은 생산과정과 관련없이 자기자본 그 자체의 열매로 간주되며, 이자로 독립한 이 부분에 대립하여 총이윤 가운데 이자를 초과하는 부분은 기업가수익으로 간주되는 것이 필연적이다.

넷째, {초고에는 비어 있음.}

이상에서 밝혀진 바와 같이 이윤 가운데 기능하는 자본가가 차입자본의 소유자에게 지불해야 하는 부분은, 모든 자본이 차입된 것이든 아니든, 이자라는 이름으로 주어지는 이윤 부분의 자립적 형태로 전화한다. 이 부분의 크기가 얼마가 될 것인지는 평균이자율의 수준에 달려 있다. 이 부분의 유래는 기능하는 자본가가 자기자본의 소유주인 한, 이자율의 결정에서 경쟁하지 않는다는(적어도 적극적이지는 않다는) 사실로부터만 드러난다. 이윤에 대해 각기 다른 권리를 가진 두 사람 사이에 이루어지는 이윤의 순수한 양적 분할은 자본과 이윤 그 자체의 본성에서 유래된 것으로 보이는 하나의 질적 분할로 전화한다. 이는 우리가 이미 본 바와 같이 이윤의 일부가 일반적으로 이자의 형태를 취하게 되면, 평균이윤과 그 이자 간의 차이〔즉 이윤에서 이자를 초과하는 부분〕는 이자와 대립되는 형태인 기업가수익의 형태로 전화해버리기 때문이다. 이자와 기업가수익이라는 이들 두 형태는 단지 각자의 대립물로서만 존재한다. 이들 양자는 모두 잉여가치—이들 양자는 바로 이 잉여가치의 서로 다른 두 범주〔즉 서로 다른 항목(혹은 이름)으로 고정되어 있는 부분〕에 지나지 않는다—와 관계하는 것이 아니라 서로에 대해서만 관계한다. 즉 이윤의 일부가 이자로 전화하기 때문에 이윤의 다른 부분이 기업가수익으로 나타나는 것이다. M392

여기에서 우리가 이윤이라고 하는 것은 항상 평균이윤을 의미하는데 그 이유는 그것과 개별 이윤들〔혹은 서로 다른 생산영역의 이윤들〕과의 편차—즉 경쟁이나 다른 여러 요인들에 의해 평균이윤〔혹은 잉여가치〕의 분배에서 발생하는 변동—를 여기서 완전히 무시하고 있기 때문이다. 이것은 지금의 논의 전체에 대해서 그대로 적용된다.

이제 이자는 재생산과정의 바깥에 머물러 있는 단순한 대부자에게도, 그리고 자기자본을 손수 생산적으로 사용하는 소유주에게도, 램지가 표현한 바 그대로 자본소유 그 자체가 낳는 순이윤(Nettoprofit)이다. 그런데 이 후자에게도 그것이 순이윤을 가져다주는 이유는 그가 기능하는 자본가이기 때문이 아니라 화폐자본가이기 때문이다. 즉 그가 기능하는 자본 가로서의 자신에게 이자 낳는 자본으로서의 자기자본을 대부한 사람이기 때문이다. 화폐〔일반화하자면 가치〕의 자본으로의 전화가 언제나 자본주 의적 생산과정의 결과물인 것과 마찬가지로, 자본으로서 화폐의 존재는 언제나 자본주의적 생산과정의 전제조건이다. 화폐는 스스로 생산수단으 로 전화할 수 있는 자신의 능력을 통해서 끊임없이 불불노동을 지배하고, 그리하여 상품의 생산과정과 유통과정을 자신의 소유주를 위한 잉여가치 의 생산으로 전화시킨다. 따라서 이자란, 단지 가치 일반〔즉 사회적으로 일반화된 형태를 취하는 대상화된 노동〕이 실제 생산과정에서 생산수단 의 형태를 취하고, 또 살아 있는 노동력에 대해 독자적인 세력으로 대응하 여 불불노동을 취득할 수 있게 해주는 수단이기도 한 바로 그런 가치라는 사실의 표현에 지나지 않는다. 또한 이자는, 가치가 그런 독자적인 세력이 되는 것이 곧 그것이 노동자에 대하여 타인의 소유로 대립해서 나타나기 때문이라는 사실의 표현이기도 하다. 그러나 다른 한편 이자라는 형태에 서는 임노동에 대한 이런 대립이 사라져버린다. 왜냐하면 이자 낳는 자본 은 임노동이 아니라 기능하는 자본을 자신의 대립물로 삼기 때문이다. 즉 대부자본가는 재생산과정에서 실제로 기능하는 자본가들과 직접 대립하 며, 임노동자——바로 자본주의적 생산의 기초 위에서 생산수단을 빼앗 긴——와 대립하지는 않기 때문이다. 이자 낳는 자본은 기능으로서의 자본 에 대립되는 소유로서의 자본이다. 그러나 기능하지 않는 한 자본은 노동 자들을 착취하지도 않으며 노동과 대립하지도 않는다.

다른 한편 기업가수익은 임노동과의 대립물이 아니라 이자와의 대립물 이 된다.

M393 첫째, 평균이윤을 주어진 것으로 가정한다면 기업가수익률은 임금이 아니라 이자율에 의해 결정된다. 이 두 비율은 서로 반비례관계로 움직 인다.[72]

둘째, 기능하는 자본가는 기업가수익에 대한 자신의 청구권〔즉 기업가

제5편 이자와 기업가수익으로의 이윤 분할. 이자 낳는 자본

수익 그 자체)을 자본에 대한 자신의 소유에 근거해서 주장하는 것이 아니라, 자본의 기능(자본이 아무것도 하지 않고 단지 소유로만 존재하는 규정성과는 대립되는)에 근거하여 주장한다. 이 대립은 그가 차입자본을 가지고 경영할 경우 즉각 직접적으로 현존하는 대립(즉 서로 다른 두 사람에게 이자와 기업가수익이 각각 돌아가는 형태의 대립)으로 나타난다. 기업가수익은 재생산과정에서 자본의 기능으로부터 나온다. 다시 말하면 기능하는 자본가가 산업자본이나 상인자본의 기능을 매개하면서 수행하는 활동의 결과물로 나온다. 그러나 기능하는 자본의 대표자는 이자 낳는 자본의 대표자처럼 그렇게 아무런 의무도 없는 한가한 사람이 아니다. 자본주의적 생산의 기초 위에서 그 자본가는 유통과정은 물론 생산과정도 지휘한다. 생산적 노동의 착취를 위해서는, 그가 직접 수행하든 아니면 그의 이름을 빌려 다른 사람이 대행하든, 좌우간 상당한 노력이 들어가야 한다. 따라서 이자와는 달리 그에게 기업가수익은 자본소유와는 무관하고 오히려 비소유자(즉 **노동자**)로서 자기 기능의 결과물로서 나타난다.

따라서 그의 뇌리에서는 필연적으로 자신의 기업가수익이 — 임노동과의 어떤 대립물이 되는 것이 아님은 물론 또한 남의 불불노동만도 아닌 — 오히려 그 자체 임금이라는 생각, 즉 감독임금(Aufsichtslohn, wages of superintendence of labour)이라는 생각이 들게 된다. 이때 또한 그의 생각으로는 이 감독임금이 임금노동자의 통상 임금보다 높아야 하는데, 그 이유는 ① 그의 노동이 더 복잡한 노동이며 ② 임금을 지불하는 사람이 자기 자신이기 때문이다. 자본가로서 그의 기능이 잉여가치(곧 불불노동)의 생산에 있고 그것도 가장 경제적인 조건에서 그렇게 하는 것에 있다는 사실은 다음과 같은 대립형태, 즉 자본가로서 아무 기능도 수행하지 않고 단지 자본의 소유주일 뿐인 자본가에게 이자가 돌아가는 반면 기업가수익이

---

72) "기업가수익이 자본의 순이윤에 의존하는 것이지, 후자가 전자에 의존하는 것은 아니다" (램지, 앞의 책, 214쪽. 램지에게서 순이윤이란 항상 이자와 동의어이다).

자신이 사용하는 자본의 소유주가 아닌 자본가에게 돌아간다는 그 대립형태 속에 함몰되어 잊혀버린다. 이윤[즉 잉여가치]에서 분할된 이들 두 부분의 대립형태 속에 파묻혀서, 이들 두 부분이 잉여가치의 일부분들일 뿐이며 그런 분할이 잉여가치의 본성과 그것의 유래 그리고 그것의 존재조건 등을 조금도 변화시킬 수 없다는 사실은 잊혀버린다.

M394

재생산과정에서 기능하는 자본가는 임금노동자와 대립하여 타인의 소유인 그 자본을 대표하며, 화폐자본가는 기능하는 자본가를 대리인으로 하여 노동의 착취에 참여한다. 그러나 실제로 활동하는 자본가만이 노동자와 대립되는 생산수단의 대표자로서, 노동자로 하여금 자신을 위해서 노동하게 하고 또한 생산수단을 자본으로서 기능하게 할 수 있다는 사실은 재생산과정의 외부에 있는 자본의 단순한 소유와 재생산과정 내부에 있는 자본의 기능 간의 대립 속에 파묻혀서 잊혀버린다.

사실 이윤[즉 잉여가치]의 두 부분이 이자와 기업가수익이라는 형태를 취하는 상황에서는 노동과의 관계는 아무것도 나타나지 않는다. 그것은 이 관계가 노동과 이윤[즉 이 두 부분의 총액이자 통일체인 잉여가치] 사이에만 존재하기 때문이다. 이윤이 분할되는 비율, 그리고 이런 분할의 근거인 그 상이한 권리들은, 이윤을 이미 완성된 그것의 현존재로서 전제한다. 그러므로 만일 자본가가 자신이 사용하는 자본의 소유주일 경우 그는 이윤[혹은 잉여가치] 전체를 자신이 가진다. 그러나 노동자의 입장에서는 그가 그렇게 하든 아니면 그것의 일부를 법적 소유주인 제3자에게 넘기든 아무런 상관이 없다. 이리하여 어느 사이에 두 부류의 자본가들에게로 이윤이 분할되는 근거는, 추후의 분할 내용과는 무관하게 자본 그 자체가 재생산과정에서 창출해내는 잉여가치[즉 그렇게 분할될 바로 그 이윤]의 존재 근거로 바뀌어버린다. 만일 이자가 기업가수익과 대립하고 기업가수익이 이자와 대립함으로써, 이 양자가 상호 간에는 대립관계에 있으면서도 노동과는 대립하지 않는다면, '기업가수익＋이자'[즉 이윤, 그리고 더 나아가 잉여가치]는 어디에 근거하는 것인가? 이들 두 부분의 대립형태에 근거한다! 그러나 이윤은 이런 대립형태의 분할이 이루어지기 전에 그리고 그런 분할이 제기되기도 전에 생산된다.

이자 낳는 자본이 스스로를 확증하는 것은 대부화폐가 실제로 자본으로 전화하여 잉여(이자도 이것의 한 부분이다)를 생산할 때뿐이다. 그러나 이것만으로는 그 대부화폐가 생산과정과 무관하게 이자를 낳는 속성을 가지고 있다는 사실을 없애지 못한다. 노동력이 자신의 가치창출 능력을 확증하는 것은 오로지 노동력이 노동과정에서 활동하고 실현될 경우뿐이다. 그러나 이것도 노동력 그 자체가 잠재적인 능력으로서의 가치창 M395 출활동이며 그것이 생산과정으로부터 발생하는 것이 아니라 오히려 그 생산과정의 전제조건이라는 사실을 배제하는 것은 아니다. 노동력은 가치창출능력으로서 구매된다. 어떤 경우 그것은 생산적 노동이 아닌, 예를 들어 순수하게 개인적인 목적이나 서비스 등을 위해 구매될 수도 있다. 자본의 경우도 역시 마찬가지이다. 자본을 자본으로서 이용할 것인지의 여부〔즉 잉여가치를 생산하는 자본의 내재적인 속성을 실제로 활용할 것인지의 여부〕는 차입자 쪽의 문제이다. 그가 지불하는 것은 어떤 경우이든 그 자체 가능성으로서 자본이라는 상품 속에 포함되어 있는 잉여가치이다.

이제 우리는 기업가수익에 관해서 좀더 상세히 살펴보도록 하자.

자본주의적 생산양식에서 자본의 특수한 사회적 규정성의 계기〔즉 타인의 노동을 지휘하는 속성을 가진 자본소유〕가 확립되고, 따라서 이자가 이 계기와 관련하여 자본이 생산하는 잉여가치 부분으로 나타남에 따라서, 잉여가치의 다른 부분〔기업가수익〕은 필연적으로 자본으로서의 자본으로부터가 아니라 자본의 특수한 사회적 규정성 ─자본은 자본이자라는 표현을 통해서 이미 그 특수한 존재양식을 획득하였다─ 과 분리된 생산과정으로부터 유래하는 것으로 나타난다. 그러나 자본과 분리될 경우 생산과정은 곧 노동과정 일반이다. 그러므로 자본소유주와 구별되는 산업자본가는 기능하는 자본으로서가 아니라 자본과 무관한 기능인〔즉 노동과정 일반의 단순한 수행자, 즉 노동자, 혹은 심지어 임노동자〕으로서 나타난다.

이자 그 자체는 곧 자본으로서 노동조건의 현존재를 나타내는데, 그것은 노동에 대한 자본의 사회적 대립관계 속에서, 그리고 자본이 노동에 대립하면서 노동을 지배하는 개인적 세력으로 전화하는 과정 속에서 이루어진다. 이자는 타인의 노동생산물을 획득하는 수단으로서 단순한 자본소유를 나타낸다. 그러나 이자가 이러한 자본의 특성을 나타내는 것은, 생산과정의 외부에 머물면서 자본으로 돌아가는 어떤 것〔즉 이 생산과정 그 자체의 특수한 자본주의적 규정성의 결과물이 전혀 아닌 어떤 것〕으로서이다. 이자가 이런 자본특성을 나타내는 것은 노동에 대한 직접적 대립관계를 통해서가 아니라 오히려 반대로 노동과는 무관하게, 단지 한 자본가

M396 의 다른 자본가에 대한 관계만을 통해서이다. 즉 노동 그 자체에 대한 자본의 관계는 피상적이고 아무런 관련이 없는 성격을 띤다. 이리하여 이자〔즉 자본의 대립적 성격이 하나의 자립적 표현을 스스로에게 부여하는 이윤의 특정 형태〕에서는 이러한 대립이 그 표현을 통해서 사라지고 완전히 제거되어버린다. 이자는 두 자본가들 간의 관계이지 자본가와 노동자 간의 관계가 아니다.

한편 이자의 이런 형태는 이윤의 다른 부분에 대해 기업가수익〔더 나아가 감독임금〕이라는 질적 형태를 부여한다. 자본가가 자본가로서 수행해야 하는〔그리고 그를 노동자와 구별하고 대립하게 만드는〕특수한 기능들은 단순한 노동기능들로서 나타나게 된다. 그가 잉여가치를 창출하는 것은 그가 자본가로서 노동하기 때문이 아니라 그가 자본가로서의 속성과는 무관하게 그도 또한 노동하기 때문이다. 따라서 잉여가치 가운데 이 부분은 더는 잉여가치가 아니고, 그것과는 반대로 그가 수행한 노동에 대한

등가물이다. 자본의 소외된 특성[즉 노동에 대한 자본의 대립]이 실제 착취과정의 건너편으로[즉 이자 낳는 자본으로] 옮겨짐으로써 이런 착취과정 그 자체도 단순한 노동과정으로서, 즉 기능하는 자본가가 노동자의 노동과는 다른 노동을 수행하는 바로 그런 노동과정으로서만 나타난다. 그리하여 착취하는 노동과 착취되는 노동이 모두 똑같이 노동으로서 같아져버린다. 착취하는 노동도 착취되는 노동과 마찬가지로 노동인 것이다. 이자는 자본의 사회적 형태가 주어지지만, 그것은 중립적이고 무차별한 형태로 나타난다. 반면 기업가수익에는 자본의 경제적 기능이 주어지지만, 거기에서는 이런 기능에 규정된 자본주의적 성격이 제거되어 있다.

여기에서 자본가들의 의식 속에서는 제3권 제2편('평균이윤으로의 균등화')에서 보상 근거에 관하여 논의한 것과 똑같은 생각이 떠오르게 된다. 즉 거기에서는 잉여가치의 분배를 결정하는 데 영향을 미치는 이 보상 근거들이, 자본가들의 사고방식에 따라 이윤 그 자체의 발생 근거이자 그것의 정당성(주관적인)의 근거로 왜곡된다.

기업가수익이 그것과 이자와의 대립으로부터 발생하는 노동의 감독임금이라는 생각은, 이윤의 일부가 사실상 임금으로 분리될 수 있고 또 실제로 분리된다는 사실, 혹은 오히려 그 반대로 자본주의적 생산양식의 기초 위에서는 임금의 일부가 이윤의 불가결한 구성 부분으로 나타난다는 사실을 통해 더욱 굳어진다. 이 부분은 이미 애덤 스미스가 올바로 알아낸 바와 같이, 그 규모가 매우 커서 감독자를 고용해야 할 정도로 분업이 충 M397 분히 발달한 사업부문들에서 감독자의 봉급으로 그 순수한 형태를 나타내는데, 그것은 한편으로는 이윤(이자와 기업가수익의 총액)과, 또 다른 한편으로는 이윤 가운데 이자를 공제하고 나서 이른바 기업가수익으로 남겨진 부분과 완전히 분리된 자립적 형태를 띤다.

감독과 지휘의 노동은, 직접적 생산과정이 독립된 생산자들의 개별화된 노동이 아니라 사회적으로 결합된 과정의 형태를 띠고 나타나는 곳에서는 어디에서나 필연적으로 발생한다.[73] 그러나 이 노동은 이중의 성질을 갖는다.

한편으로 많은 개인들이 서로 협력하는 모든 노동에서는 그 과정의 연관과 통일성이 필연적으로 하나의 통솔 의지로 나타나는데, 이 의지란 곧 작업장에서의 한 부분노동이 아니라 그 작업장의 총체적 활동에 해당하는 기능을 의미하며, 마치 오케스트라의 지휘자에게 해당되는 것과 같은 기능이다. 이것은 모든 결합적 생산방식에서는 반드시 수행되어야 하는 하나의 생산적 노동이다.

다른 한편으로—상인부문은 완전히 제외하고—이런 감독노동은 직접적 생산자로서의 노동자와 생산수단 소유자 간의 대립에 기초한 모든 생산양식에서 필연적으로 발생한다. 이런 대립이 심할수록 이 감독노동*이 수행하는 역할은 더욱 커진다. 따라서 그것은 노예제도하에서 가장 큰 역할을 수행하였다.[74] 그러나 그것은 자본주의적 생산양식에서도 없어서는 안 되는 것인데, 왜냐하면 이 생산양식에서 생산과정은 곧 자본가에 의한 노동력의 소비과정이기 때문이다. 전제군주국가에서도 마찬가지로 주민에 대한 정부의 감독과 전면적인 간섭을 담당하는 노동은, 모든 공동체의 본성에서 나오는 공동사업의 수행은 물론 국민 대중과 행정부의 대립관계에서 나오는 특수한 기능들까지를 모두 포괄한다.

노예제도를 눈앞에서 목격하던 고대 저술가들의 경우에는, 당시의 현실 그대로 이론에서도 감독노동의 양면이 분리될 수 없이 합쳐진 것으로서 나타나고 있는데 이는 근대 경제학자들이 자본주의적 생산양식을 절대적 생산양식으로 간주하는 것과 마찬가지이다. 한편 이제 아래의 예에서 보게 되겠지만, 근대적 노예제도의 옹호론자들이 감독노동을 노예제

M398

---

73) "여기에서는(농업부문의 지주들에게) 감독이 전혀 불필요하다"(J. E. 케언스, 『노예노동력』, 런던, 1862, 48, 49쪽).

* 초판에는 '노동자감독'(Arbeiter-Oberaufsicht)로 되어 있으나 마르크스의 초고에 따라 수정함.

74) "만일 작업의 성격상 노동자들이(즉 노예들이) 더 넓게 분산될 필요가 있을 경우에는, 감독자의 숫자와 이런 감독에 소요되는 노동비용도 함께 증가하게 된다"(케언스, 앞의 책, 44쪽).

도의 옹호 근거로서 이용하려는 것과 마찬가지로, 또 다른 경제학자들은 그 감독노동을 임노동제도의 근거로 이용하려 한다.

카토(Marcus, Cato) 시대의 농장관리인:

농장노예의 우두머리에는 농장관리인이 있어서 수입과 지출, 구매와 판매 등의 업무를 담당하였는데 그는 주인의 지시를 받으며 주인이 없을 때에는 명령과 처벌의 권한까지도 가지고 있었다. …… 물론 그 관리인은 다른 노예들보다 자유로웠다. 마고의 서(書)(Magonischen Bücher)[56]에 의하면 그에게는 결혼과 출산 그리고 재산소유까지도 허락되어 있었으며 카토는 그가 여자 관리인과 결혼할 수 있도록 하였다. 관리인은 행실이 훌륭할 경우 주인에게서 자유를 획득할 수 있는 가능성도 부여받고 있었다. 그 밖의 다른 점에서는 그들 모두가 하나의 공동가계를 이루고 있었다. …… 농장관리인까지를 포함하여 모든 노예들은 각기 자신의 생필품을 주인의 계산에 의해 일정 기간마다 정해진 비율로 공급받아서 그것으로 생계를 꾸려나갔다. …… 그것의 양은 노동을 기준으로 하였기 때문에 예를 들어 노예보다 더 가벼운 노동을 하는 관리인은 노예보다 더 적은 양만을 받았다.(몸젠, 『로마사』 제1권, 제2판, 1856, 809, 810쪽)

아리스토텔레스:

왜냐하면 주인(자본가)이 자신을 주인으로 입증하는 것은 노예의 취득(노동을 구매할 수 있는 힘을 가진 자본소유)에 있는 것이 아니라 노예의 이용(생산과정에서 노동자의 사용, 즉 오늘날에는 임노동자의 사용)에 있기 때문이다. …… 그러나 이에 관한 지식들은 중요한 것도 고상한 것도 아니다. 즉 노예가 수행해야 할 것을 주인은 명령하기만 하면 된다. 만일 주인이 이 명예를 감독자에게 넘겨줌으로써 직접 그 성가신 일에 매달릴 필요가 없게 된다면 주인 자신은 국가의 업무를 수행하거나 철학을 하게 될 것

이다.(아리스토텔레스, 『정치학』, 베커 엮음, 제1권, 제7장)

정치영역과 마찬가지로 경제영역에서도 지배(Herrschaft)란 것이 그 권력자에게 지배행위에 따른 기능들을 부과한다는 사실, 다시 말하자면 경제영역에서 권력자는 노동력을 소비할 방법을 알고 있어야 한다는 사실을 아리스토텔레스는 꾸밈없이 말하고 있다. 그리고 그는 이에 덧붙여 이런 감독노동의 본질은 전혀 중요하지 않으며, 그 이유는 주인이 일단 충분한 재력을 갖게 되면 곧 이 성가신 일의 '명예'를 감독자에게 넘겨주어버리기 때문이라고 말한다.

지휘와 감독의 노동〔즉 직접적 생산자의 예속으로부터 발생하는 기능〕은, 그것이 모든 사회적 결합노동의 성질로부터 발생하는 하나의 특수한 기능이 아니라, 생산수단의 소유주와 노동력만의 소유주 간의 대립으로부터 발생하는 것인 한——노예제도에서와 같이 노동력이 노동자 그 자체와 함께 구매되어버리든, 혹은 노동자가 자신의 노동력을 판매하고 따라서 생산과정이 동시에 자본이 노동자의 노동을 소비하는 과정으로 나타나든——종종 이런 관계 그 자체를 옹호하는 근거로 이용되며, 타인의 불불노동에 대한 취득〔즉 착취〕도 또한 자본소유주가 당연히 지불받아야 할 임금으로 표현된다. 그리고 이에 대해서는 미국 노예옹호론자의 한 사람인 오코너(Ch. O'Conor)가 '남부에서의 정의'라는 기치하에 1859년 12월 19일 뉴욕에서 개최된 한 집회에서 행한 다음의 연설보다 더 훌륭한 설명이 없다.

M399

자, 신사 여러분, (그는 우레와 같은 박수를 받으며 이렇게 말하였다.) 흑인은 자연 그 자체로부터 이런 노예상태에 있도록 규정되어 있습니다. 흑인은 강한 체력과 함께 노동할 힘 또한 가지고 있습니다. 그러나 그에게 이런 체력을 부여한 자연은 그에게 지배를 위해 필요한 지능과 노동에 대한 자발적 의지는 주지 않았습니다. (박수) 이 두 가지는 그에게 거부되었던 것입니다! 그리고 그에게 노동에 대한 자발적 의지를 주지 않은 바로 그 자연은, 그러한 의지를 강제로 집행할 주인을 그에게 보내서, 그가 자신은 물론 그를 지배하는 주인을 위해서도 유용한 종으로서 살아갈 수 있도록 그러한 풍토를 조성해주었던 것입니다. 저는 흑인을 자연이 그에게 부여한 바대로 그리고 자연이 그를 지배할 주인을 보내준 바의 그 상태에 그대로 머물게 하는 것이 결코 부당한 것이 아님을 주장합니다. 또한 그에게서 모든 권리를 빼앗아서 그가 다시 노동하게 하고, 그의 주인에게는 그 주인이 그를 지배하고 또 그를 그 자신과 사회를 위해 유용한 존재가 되도록 만들기 위해 기울인 노동과 재능에 대해 정당한 보상을 치르도록 만드는 것이 결코 부당하지 않다고 주장합니다.[57]

그렇다면 이제 임노동자도 노예와 마찬가지로 그를 노동하게 하고 그를 지배하기 위해서 하나의 주인을 가져야만 한다. 그리고 일단 이런 지배·예속 관계가 전제된다면 임노동자가 자신의 임금을 생산하고 또 그 위에 감독임금까지, 즉 자신을 지배하고 감독하는 노동에 대한 보상까지도 생산하는 것이, 다시 말하자면 "그의 주인에게는 그 주인이 그를 지배하고 또 그를 그 자신과 사회를 위해 유용한 존재가 되도록 만들기 위해 기울인 노동과 재능에 대해 정당한 보상을 치르도록 만드는 것이" 순리에 맞는 것이 된다.

감독과 지휘의 노동은, 그것이 자본의 대립적 성격[즉 자본의 노동 지배]에서 비롯된 것인 한, 따라서 또한 그것이 계급대립에 기초한 모든 생산양식과 자본주의적 생산양식에 공통된 것인 한, 자본주의 체제에서도 생산적 기능—모든 사회적 결합노동을 각 개인들에게 특수한 노동으로 부과하는 기능—과 직접적으로 그리고 불가분의 것으로서 결합된다. 에피트로포스(Epitropos: 고대 그리스에서의 감독자—옮긴이)나 중세 프랑스에서 레지쇠르(régisseur)라고 불린 사람의 임금은, 사업규모가 충분히 커져서 그런 관리자를 고용해서 경영해야 할 정도가 되면—그 덕택에 우리의

제23장 이자와 기업가수익 507

산업자본가가 비록 "국가업무를 수행하거나 철학을 하지는" 못한다고 할지라도——이윤과 완전히 분리되어 일종의 숙련노동에 대한 임금의 형태를 취하기도 한다.

'우리 산업제도의 정수'는 산업자본가가 아니라 산업관리자임을 유어는 이미 지적한 바 있다.[75] 사업 가운데 상업과 관련된 부분은 이미 제4편에서 이야기했다.*

자본주의적 생산은 지휘감독의 노동을 자본소유와 완전히 분리하여 길거리로 내쫓아버렸다. 그래서 이 감독노동을 자본가가 수행할 필요가 없게 되었다. 지휘자는 오케스트라 악기들의 소유주일 필요가 전혀 없으며, 또한 나머지 연주자들의 '임금'과 관련된 어떠한 것도 지휘자로서 그의 기능에 속하지는 않는다. 협동조합 공장을 보면 자본가가 생산의 기능자로서는 별로 쓸모가 없다는 것이 잘 드러나는데, 이는 자본가가 역사적으로 자신의 계급 형성이 마무리되고 나서 대토지소유주를 별로 쓸모가 없는 존재로 생각했던 것과 마찬가지이다. 자본가들의 노동이 단지 자본주의적인 생산과정에서만 발생하는 것이 아닌 한(즉 다른 생산양식의 생산과정에서도 나오는 것인 한—옮긴이), 따라서 자본 그 자체가 없어지면 그와 함께 소멸하는 것이 〔아닌〕 한, 그리고 그것이 타인의 노동을 착취하는 기능에 국한되지 않는 한, 그리하여 그것이 사회적 노동이라는 노동의 형태〔즉 많은 사람들의 협동과 결합〕로부터 하나의 공동결과물로 나오는 것인 한, 그것은 자본주의적 껍질을 벗는 순간 자본 그 자체의 형태로부터 완전히 독립한다. 이 노동이 자본주의적 노동〔즉 자본가의 기능〕으로 반드시 필요한 것이라고 말한다면, 그것이 의미하는 바는 보통의 속류적인 생각

---

75) 유어, 『공장철학』 제1권, 프랑스어판, 1836, 67, 68쪽. 여기에서 이 공장주들의 핀다로스 (Pindaros, 기원전 522년경~442년경: 고대 그리스의 서정시인—옮긴이)는 바로 이 공장주들에게 그들 대부분이 그들이 사용하고 있는 메커니즘을 조금도 이해하지 못한다는 증명서를 수여하고 있다.

* 이 책의 300~302쪽 참조.

에 젖어 있는 사람들이 자본주의적 생산양식의 태내에서 발달된 형태들을 그것과 대립된 자본주의적 특성과 분리해서는 생각할 수 없다는 것을 가리킨다. 화폐자본가와 대립하는 것은 산업자본가 노동자(der industrielle Kapitalist Arbeiter)이다. 그러나 그 노동자는 자본가로서의 노동자, 다시 M401 말하자면 타인의 노동을 착취하는 사람으로서의 노동자이다. 그가 이 노동과 관련하여 요구하고 획득하는 임금은, 그가 타인의 노동으로부터 취득한 양과 정확히 일치하며, 또한 그 임금은 그가 착취에 필요한 노력을 스스로 기울이는 한 이 노동의 착취도에 직접적으로 의존하며, 이 착취를 위해서 그가 기울인 노력 그리고 (그가 어떤 관리자를 고용했을 경우) 그 관리자가 쏟는 노력의 정도에 의존하여 결정되는 것이 아니다. 공황이 끝날 때마다 영국의 공장지대에서는 과거의 공장주들이 옛날의 자기 공장들에서 이제는 새로운 소유주들(자신들의 채권자인 경우가 많았다)[76]의 관리인으로서 값싼 임금을 받고 감독업무에 종사하는 것을 흔히 볼 수 있다.

상업관리인과 산업관리인에게 지불되는 관리임금은 노동자들의 협동조합 공장과 자본주의적 주식회사에서 모두 기업가수익과는 완전히 분리되어 나타난다. 기업가수익에서 관리임금의 분리는 다른 경우에는 우연적인 것으로 나타나지만 여기에서는 불변적인 것으로 나타난다. 협동조합 공장에서는 관리인이 노동자들과 대립하여 자본을 대표하는 것이 아니라 노동자들에게 임금을 지불받음으로써 감독노동의 대립적 성격이 사라져버린다. 주식회사(신용제도와 함께 발달한다)는 일반적으로 이 관리노동을 점점 더 자본(자기자본이든 차입자본이든)의 소유와 분리된 기능으로 만드는 경향이 있다. 이는 부르주아 사회가 발달함에 따라 사법기능과 행정기능이 토지소유 ─ 봉건시대에는 이들 두 기능이 바로 이 토지소

---

[76] 내가 잘 아는 어떤 경우에서는 1868년의 공황이 끝난 후 몰락한 한 공장주가 과거 자신의 노동자들로부터 임금을 받는 임노동자가 되었다. 즉 그 공장은 파산하고 나서 노동조합에 의해 인수되었고 그 과거의 공장소유주는 거기에 관리인으로 고용되었던 것이다.

유의 부속물이었다——와 분리되는 것과 마찬가지이다. 그러나 한편으로 자본의 단순한 소유주인 화폐자본가에 대해서 기능하는 자본가가 대립해 있고, 또 신용의 발달과 더불어 이 화폐자본 자신이 하나의 사회적 성격을 취하면서 은행으로 집중되어 이제는 직접적인 소유주들로부터가 아니라 바로 이 은행들로부터 대부됨으로써, 그리고 또 다른 한편으로 차입된 것이든 그렇지 않든 어떤 명목의 자본도 소유하지 않은 단순한 관리자가 기능하는 자본가 그 자신이 수행해야 할 모든 실질적인 기능들을 수행하게 됨으로써, 이제 기능인만 남게 되고 자본가는 별로 쓸모없는 사람으로서 생산과정에서 사라진다.

M402 영국 협동조합 공장들의 공식 결산서[77]에 나타난 바로는——다른 노동자들의 임금과 마찬가지로 지출된 가변자본의 일부를 이루는 관리인의 임금을 공제하고 나서도——이들 공장의 이윤이, 경우에 따라서는 개인 공장들보다 훨씬 높은 이자를 지불하는데도 불구하고, 평균이윤보다 더 컸다. 그처럼 이윤이 높았던 원인은 이들 공장에서 불변자본의 사용을 매우 크게 절약했기 때문이다. 그러나 여기에서 우리의 흥미를 끄는 것은 평균이윤(=이자+기업가수익)의 크기가 관리임금과는 완전히 무관하게 실제 크기로 뚜렷이 나타났다는 사실이다. 여기에서는 이윤이 평균이윤보다 더 컸기 때문에 기업가수익도 다른 경우보다 더 컸다.

몇몇 자본주의적 주식회사들〔가령 주식은행들(Joint Stock Banks)〕에서도 똑같은 현상이 나타나고 있다. 런던 앤드 웨스트민스터 뱅크는 1863년에 연 30%의 배당을 지불하였는데 유니언 뱅크 오브 런던을 비롯한 다른 은행들은 연 15%의 배당을 지불하였다. 이 경우 총이윤 속에는 관리자들의 급여 외에 예수금에 대해 지불되는 이자도 함께 빠져 있다. 여기에서 높은 이윤은 예수금에 대한 불입자본의 비율이 더 낮기 때문인 것으로 설

---

77) 〔여기에서 말하는 결산서는 이 본문이 1865년에 쓰인 것이므로 적어도 1864년 이전의 것이다.〕

명된다. 예를 들어 런던 앤드 웨스트민스터 뱅크의 경우 1863년 현재 불입자본은 1,000,000파운드스털링인 데 비해 예수금은 14,540,275파운드스털링이었고 반면에 유니언 뱅크 오브 런던의 경우에는 불입자본 600,000 파운드스털링에 비해 예수금은 12,384,173파운드스털링이었다.

기업가수익과 감독임금〔혹은 관리임금〕 간의 혼동은 원래 이윤의 이자 초과분이 이자와 대립되는 형태를 취함으로써 생겨난 것이다. 이 혼동은 이윤을 잉여가치〔즉 불불노동〕가 아니라 자본가 자신이 수행한 노동의 임금으로 나타내고자 하는 변호론적 의도로 인해 더욱 심화되었다. 그러자 이에 대해 사회주의자들은 이윤을 실제로 감독임금〔즉 이론적으로 그렇게 이야기되는 바로 그것〕만으로 줄이라고 요구하였다. 이런 요구는 위의 이론적인 변호론들에 매우 껄끄러운 것이 되었는데 이런 상황을 더욱 부추긴 것은 다음과 같은 두 가지 사태였다. 즉 하나는 산업관리자와 상업관리자 계층의 숫자가 늘어남에 따라 감독임금이 다른 임금과 마찬가지로 점차 일정한 수준〔즉 일정한 시장가격〕을 갖게 되었다는 점이며[78] 또 다른 하나는 그 감독임금이 다른 모든 숙련노동 임금과 마찬가지로, 특별한 훈련이 필요한 노동력의 생산비용을 감소시키는 일반적인 발전 경향과 더불어 점차 하락해갔다는 점이다.[79] 노동자 쪽에서 협동조합의 발달과 부르주아 쪽에서 주식회사의 발달과 함께 관리임금과 기업가수익 간의 혼동에 대한 최후의 핑계마저도 사라져버렸고, 이윤도 사실상 그것이 이론적으로 부정할 수 없는 것〔즉 단순한 잉여가치〕으로 나타나게 되었다.

M403

---

78) "장인들도 그들의 도제와 마찬가지로 노동자들이다. 이런 점에서 본다면 그들의 이해는 그들의 도제들과 동일한 것이다. 그러나 그들은 그 외에 자본가이거나 혹은 자본가의 대리인이기도 하며 그런 점에서 그들의 이해는 노동자들의 이해와 결정적으로 대립된다"(27쪽). "이 나라 산업노동자들에 대한 교육의 광범위한 보급은 나날이 노동의 가치를 하락시키고, 또한 이런 전문지식을 가진 사람의 숫자를 늘림으로써 거의 모든 장인이나 기업가의 기능의 가치도 하락시킨다"(호지스킨, 『자본의 요구에 대한 노동의 방어』, 런던, 1825, 30쪽).

79) "전통적 장애요인의 전반적 완화와 교육 편의의 증대는 비숙련노동자의 임금을 상승시키는 대신 숙련노동자의 임금을 하락시키는 작용을 한다"(J. S. 밀, 『경제학 원리』, 제2판, 제1권, 런던, 1849, 479쪽).

즉 이윤은 아무런 등가도 지불되지 않은 가치로서, 실현된 불불노동으로 나타났던 것이다. 그리하여 기능하는 자본가는 노동을 실제로 착취하는 것이며 또 그의 착취의 열매는, 그가 차입자본으로 일하는 경우, 이자와 기업가수익[이윤에서 이자를 초과하는 부분]으로 나누어지게 된다는 것이 분명해졌다.

자본주의적 생산의 기초 위에서 주식회사들에서는 관리임금을 이용한 새로운 속임수가 발달하는데, 이는 실제의 관리자들과 나란히 혹은 그들의 위에 또 다른 일정 수의 관리원과 감독원이 나타남으로써 그렇게 되는 것인데, 이 경우 사실상 그런 관리나 감독은 단지 주주들을 약탈해서 자기 배를 불리기 위한 핑계에 지나지 않는 것들이다. 이에 대해서는 『시티(The City: 런던의 상업금융 중심지구—옮긴이) 혹은 런던 실업계의 생리학. 어음교환소와 찻집의 스케치』(런던, 1845)에 자세한 내용이 담겨 있다.

> 은행가와 상인이 8~9개의 각기 다른 회사들의 중역으로 참가함으로써 벌어들이는 수입이 어느 정도인지는 다음의 예를 보면 잘 알 수 있다. 커티스(T. A. Curtis)가 파산하고 나서 파산재판소에 제출한 그의 개인 대차대조표에는 중역으로 그가 받은 수입이 연간 800~900파운드스털링으로 나타나 있다. 커티스는 잉글랜드은행과 동인도회사의 이사이기도 하기 때문에 그를 이사로 삼을 수 있었던 주식회사는 매우 운이 좋은 것으로 평가되었다.(81, 82쪽)

이들 회사 중역이 일주일에 한 번씩 회의에 참석하면서 받는 보수는 적어도 1기니(Guinee, 21마르크에 해당한다)에 이른다. 파산재판소에 제출된 서류에 따르면 이런 감독임금은 대개 이들 명목상의 중역들이 실제 수행하는 감독행위와 반비례한다.

제24장

이자 낳는 자본의 형태를 통한 자본관계의 외화

이자 낳는 자본에서 자본관계는 가장 표피적이고 물신적인 형태에 도
달한다. 여기에서 우리는 $G-G'$을 보게 되는데 이는 곧 양극을 매개하는
과정이 없이 스스로 증식하는 가치이며 더 많은 화폐를 생산하는 화폐이
다. 상인자본 $G-W-G'$에서는, 비록 상인자본이 유통영역에만 머물러
있고 따라서 그 이윤이 양도이윤으로만 나타나긴 하지만, 적어도 자본주
의적 운동의 일반적 형태가 존재한다. 그래서 이윤은 거기에서 단순한 물
적 산물이 아니라 항상 하나의 사회적 관계의 산물로 나타난다. 또한 상인
자본의 형태는 적어도 상품의 구매와 판매라는, 두 개의 서로 대립된 과정
으로 분해되는 하나의 운동, 즉 대립된 두 국면의 통일체로서의 한 과정을
나타낸다. 그러나 이자 낳는 자본의 형태인 $G-G'$에서는 이것이 사라져
버린다. 만일 예를 들어 어떤 자본가가 1,000파운드스털링을 차입하는데
이자율이 5%라고 한다면, 1년 동안 1,000파운드스털링의 자본으로서의
가치는 $C+Cz'$이 되는데, 이때 C는 자본이고 z'은 이자율로서 이 경우 5%
이므로 $\frac{5}{100}=\frac{1}{20}$, 따라서 $1,000+1,000\times\frac{1}{20}=1,050$파운드스털링이 된다.
자본으로서 1,000파운드스털링의 가치는 1,050파운드스털링이다. 말하자

면 자본이란 결코 단순량이 아니다. 그것은 양적 관계로서, 주어진 크기의 본래 가치가, 스스로 증식하는 가치로서의 자신[즉 잉여가치를 생산한 본래 가치]에 대해서 갖는 관계이다. 그리고 우리가 이미 본 바와 같이 자본 그 자체는, 자기자본을 사용하든 차입자본을 사용하든, 모든 직접적으로 활동하는 자본가들에게 이처럼 직접적으로 스스로 증식하는 가치로서 나타난다.

G — G′: 우리는 여기에서 자본의 원래 출발점이, 정식 G — W — G′에서 양극만으로 축약되어버린 화폐[즉 G — G′]가 되고 그 경우 G′은 G+⊿G[즉 더 많은 화폐를 창출하는 화폐]가 되는 것을 본다. 그것은 무의미한 요약으로 축약되어버린 원래 자본의 일반적 정식이다. 그것은 완성된 자본으로, 생산과정과 유통과정의 통일체이며 따라서 일정 기간이 지나면 일정한 잉여가치를 가져다주는 자본이다. 이자 낳는 자본의 형태에서 이것은 생산과정과 유통과정의 매개 없이 직접적으로 나타난다. 자본은 이자[즉 자신의 증가분]의 신비로운[그리고 스스로를 창출하는] 원천으로 나타난다. 물적 존재(das Ding: 화폐, 상품, 가치)는 이제 단순한 물적 존재만으로 이미 자본이며, 자본은 단순한 물적 존재로 나타난다. 그리하여 총재생산과정의 소산은 물적 존재 그 자체에 부여된 속성으로 나타나며, 화폐를 화폐로서 지출할 것인지 아니면 자본으로 대부할 것인지는 그 화폐[즉 항상 교환 가능한 형태를 취하는 상품]의 소유주에게 달려 있다. 따라서 이자 낳는 자본에서는 이런 자동화된 물신성[곧 스스로를 증식하는 가치이자 화폐를 낳는 화폐]이 순수한 형태로 만들어지고, 이런 형태 속에서 자신의 발생 흔적을 깨끗하게 지워버린다. 사회적 관계는 물적 존재[즉 화폐]의 자신에 대한 관계로 완성된다. 화폐의 자본으로의 실질적인 전화 대신에 여기에서 나타나는 것은 단지 그것의 공허한 형태뿐이다. 노동력의 경우와 마찬가지로 여기서 화폐의 사용가치는 가치[즉 자신 속에 포함된 가치보다 더 큰 가치]를 창출하는 데 있다. 화폐는 그 자체 이미 잠재적으로 스스로를 증식하는 가치이며, 그것이 그런 가치로서 대부되

는 것이 곧 이 고유한 상품의 판매형태이다. 배나무가 배를 열매 맺는 것이 그것의 속성이듯 화폐가 가치를 창출하고, 이자를 낳는 것도 바로 화폐의 속성이 된다. 그리고 화폐대부자는 자신의 화폐를 바로 그런 이자 낳는 물적 존재로 판매한다. 그러나 그것만으로는 아직 충분하지 않다. 즉 이미 본 바와 같이 실제로 기능하는 자본까지도 그것이 기능하는 자본으로서가 아니라 자본 그 자체〔즉 화폐자본〕로서 이자를 낳는 것처럼 스스로 나타난다.

이것도 다시 더 왜곡된다. 즉 이자는 이윤의 일부분에 불과하다는 사실, 다시 말해서 이자는 기능하는 자본가가 노동자로부터 착취해내는 잉여가치의 일부분에 불과하다는 사실이, 이제 여기에서는 거꾸로 이자가 자본의 고유한 열매〔즉 본원적인 것〕로 나타나고, 이윤은 기업가수익의 형태로 전화하여 재생산과정에서 얻어지는 단순한 부속물〔즉 부가물〕로 나타난다. 여기에서 자본의 물신적 형태와 자본물신성에 대한 개념〔혹은 표상(Vorstellung)〕이 완성된다. G — G′에서 우리는 자본의 무개념적 형태, 그리고 생산관계가 극도로 전도된 형태와 물화된 형태를 보는데 그것은 곧 이자 낳는 형태로서, 자신의 고유한 재생산과정을 전제로 하는 자본의 단순한 형태이며, 또한 재생산과정과 무관하게 자신의 가치를 증식시킬 수 있는 화폐〔혹은 상품〕의 능력이다. 그것은 극히 휘황한 형태로 신비화된 자본의 형태이다.

자본을 가치〔곧 가치창출〕의 자립적인 원천으로 나타내고자 하는 속류 _{M406} 경제학으로서는 당연히 이 형태 — 이윤의 원천이 더는 인식될 수 없고 자본주의적 생산과정의 결과물이 과정 그 자체와 분리되어 자립적인 현존재가 되어버리는 형태 — 가 뜻밖에 얻어진 횡재와 같은 것이다.

화폐자본에서 비로소 자본은 상품이 되며, 그 상품의 증식하는 성질은 그때그때 이자율로 표시되는 하나의 고정된 가격을 갖는다.

이자 낳는 자본으로서, 그리고 그 직접적인 형태로는 이자 낳는 화폐자본으로서(우리가 여기에서 다루지 않는 다른 형태의 이자 낳는 자본은 바로 이 형태로부터 파생되는 것이거나 이 형태를 전제로 하는 것들이다) 자본은 자신의 순수한 물신적 형태인 G—G′을 주체[즉 판매될 수 있는 물적 존재]로 취한다. 그것은 첫째, 화폐로서 자본의 지속적인 현존재를 통해서 이루어지는데, 화폐의 이 형태는 그것의 모든 규정성이 사라져버리고 그것의 실질적인 구성요소들이 감춰져버린 형태이다. 화폐는 사용가치로서 상품의 구별성이 사라져버린 바로 그 형태이며, 따라서 또한 이 상품과 그것의 생산조건들로 이루어진 산업자본의 구별성도 사라져버린 형태이다. 화폐는 가치[그리고 여기에서는 자본]가 자립적인 교환가치로 존재하는 형태이다. 자본의 재생산과정에서 화폐형태는 하나의 사라져가는 단순한 통과 계기일 뿐이다. 반면 화폐시장에서 자본은 항상 이 형태로 존재한다. 둘째, 자본에 의해 산출된 잉여가치가 여기에서는 다시 화폐형태를 띠고 자본 자신에 속하는 것으로 나타난다. 나무가 자라나는 것과 마찬가지로 화폐를 낳는 것*도 화폐자본으로서 이런 형태를 취하는 자본에 고유한 것으로 나타난다.

이자 낳는 자본에서 자본의 운동은 짧게 단축되어버린다. 매개과정은 사라져버리고, 어떤 자본 1,000은 그 자체로서는 1,000**이지만 일정 기간이 경과하고 나면 1,100으로 전화하게 되는 하나의 물적 존재로 고정되는데 이는 마치 지하실에 있는 포도주가 일정 기간이 경과하고 나면 그 사용가치가 더욱 커지는 것과 흡사하다. 이제 자본은 물적 존재이지만 그것은 물적 존재로서의 자본이다. 화폐는 이제 살아 움직이는 육체를 가지고 있다. 화폐가 대부되거나 혹은 재생산과정에 투하되면(화폐가 기업가수익과는 별도로, 자신의 소유주인 기능하는 자본가에게 이자를 가져다주는 한) 거기에는 이자가 붙는데 이것은 그 화폐가 집에서 잠을 자든 혹은 잠에서 깨어 밤낮으로 돌아다니든 그것과는 상관이 없다. 이리하여 이자 낳

---

* 이자 낳는 것.
** 초판에는 1,100으로 되어 있음.

는 화폐자본 속에서(그리고 모든 자본은 그 가치표현에서 화폐자본이거나 화폐자본의 표현으로 간주된다) 화폐축장자들의 간절한 소망은 실현된다.

이자가 이처럼 하나의 물적 존재로서의 화폐자본이 낳는 것이라는 사 M407 실(여기에서는 자본에 의한 잉여가치의 생산이 그렇게 나타난다)을 루터는 고리대업에 대한 그의 소박한 반론 속에서 매우 잘 써먹고 있다. 그는 정해진 기일에 차입된 화폐가 상환되지 않음으로써 상환받아야 할 대부자에게 손실이 발생한 경우에는, 혹은 예를 들어 밭을 구매하여 얻을 수 있었을 이윤을 그처럼 상환이 이루어지지 않아서 그 이윤을 얻을 수 없게 된 경우에는, 이자를 요구할 수 있다고 한 뒤에 계속해서 다음과 같이 말하고 있다.

내가 당신에게 그것(100굴덴)을 빌려준다면 나는 두 가지 손실을 감수해야만 한다. 즉 하나는 지불수단으로 그것을 사용할 수 없는 데서 오는 손실과 또 하나는 그것을 구매수단으로 사용할 수 없는 데서 오는 손실이다. 이는 곧 직접적으로 발생하는 손실과 수익을 얻을 기회를 놓친 데서 오는 손실이라는 이중의 손실을 의미한다. …… 그런데 한스라는 사람이 이처럼 자신이 빌려준 100굴덴으로 인해 손실을 입고 그 손실에 대한 정당한 보상을 요구한다는 이야기가 들리자마자, 그들(고리대업자들—옮긴이)은 벼락같이 달려들어 각자의 100굴덴에 대하여 그 두 가지 손실, 즉 지불수단으로 사용할 수 없었던 데서 오는 손실과 밭을 살 수 없었던 데서 오는 손실을 요구한다. 말하자면 마치 그 100굴덴이 당연히 그러한 두 가지 손실을 불러일으키는 것인 양 이야기함으로써, 누구든 남에게 빌려줄 100굴덴만 가지고 있다면 거기에 대해서 무조건 아직 발생하지도 않은 그 두 가지 손실에 대한 보상을 부가해버리는 것이다. …… 그리하여 당신들은 증거도 없고 또 계산될 수도 없는 것은 물론 어느 누구도 당신에게 끼친 바가 없는 가상의 손실을 핑계 삼아 이웃의 돈을 갈취함으로써 고리대금업자가 된다. 이런 종류의 손실을 법률가들은 실제로 존재하지 않는 가공의 손실이라고 부른다. 그것은 각자가 자기 혼자서 만들어낸 손실이다. …… 말하자면 그것은 내가 실제로 지불할 수 없었거나 구매할 수 없어서 발생한 손실이라고 말할 수 없는 것이다. 혹은 그것은 우연으로부터 만들어진 필연이라고 말할 수 있는 것으로, 즉 존재하지 않는 것으로부터 존재하는 것을 만들어내는 것이며, 불확실한 것으로부터 확실한 것을 만들어내는 것을 의미한다. 이런 고리대금업이 불과 수년 만에 세계를 모두 먹어치우는 것은 아닐까? …… 만일 대부자에게 그의 의지와는 상관없이 뜻하지 않은 불행이 닥친다면 그는 이에 대한 보상을 받아야만 하겠지만 고리대금업은 그와는 정반대의 사정에 의해 이루어진다. 즉 거기에서 그들 업자는 가난한 이웃들의 돈을 갈취하여 이윤을 만들고, 많은 부를 긁어모아 부자가 되려 하면서도 아무런 노력이나 위험 혹은 손실도 전혀 입지 않고 단지 다른 사람들의 노동에만 얹혀 태평한 생활을 누리고자 한다. 난로 옆에 가만히 앉아서 자기 돈 100굴덴으로 하여금 온 나라 안에서 자기를 위해 부를 긁어모으게 하고 게다가 그 돈은 빌려준 것일 뿐이기 때문에, 아무런 위험도 없고 그로 인해 근심할 필요도 없이 온전한 자기 돈으로 남아 있게 되는 이런 장사, 도대체 누가 이런 장사를 마다하겠는가? (루터, 『고리대에 반대하는 설교를 할 목사들에게』, 비텐베르크, 1540) [52]

자본이란 것이 타고난 자신의 속성〔영원히 스스로를 보전하고 또 증가시키는 가치〕에 힘입어(즉 스콜라철학자들의 숨은 자질에 힘입어) 자신을 재생산하는 것은 물론 재생산과정에서 스스로를 증식하는 가치라고 하는 생각(표상)은, 연금술사들의 환상을 훨씬 뛰어넘는 프라이스(R. Price)의 기발한 환상을 만들어내었다. 피트(W. Pitt)는 그 환상을 진지하게 믿었으며 국채상각기금[58]에 대한 법률의 입안에서 이를 재정문제에 대한 그의 이론적 지주로 삼았다.

M408

복리를 낳는 화폐는 처음에는 서서히 증가한다. 그러나 시간이 지날수록 그 증가율은 점점 더 빨라지기 때문에 어느 정도 기간이 지나고 나서는 그 증가속도가 상상을 초월하게 된다. 만일 우리의 구세주가 탄생한 그해에 복리 5%로 대부된 1페니가 있었다고 한다면 지금쯤 그것의 액수는 순금으로 이루어진 1억 5천만 개의 지구에 해당하는 어마어마한 액수가 되어 있을 것이다. 그러나 만일 그것이 단리(單利)로 대부되었을 경우에는 같은 기간 동안 그것의 액수는 겨우 7실링 $4\frac{1}{2}$ 펜스에 불과할 것이다. 지금까지 우리 정부는 전자가 아닌 후자의 방식으로 재정을 개선해왔다.[80]

그는 그의 책 『노후연금에 대한 고찰』(런던, 1772)에서 그의 환상을 더욱더 하늘 높이 펼쳐 보인다.

우리의 구세주가 탄생한 (즉 예루살렘의 그 교회에서) 바로 그해에 복리

---

80) 프라이스, 『국채문제에 관한 대중에의 호소』, 런던, 1772〔19쪽〕. 그는 순진한 익살을 부리고 있다. "우리는 화폐를 단리로 빌려서 복리로 증식시켜야 한다"(R. 해밀턴, 『대영제국 국채의 기원과 발달에 관한 연구』, 제2판, 에든버러, 1814〔133쪽〕). 그렇게만 할 경우 돈을 차입하는 것은 무엇이나 다 개인에게서도 가장 확실한 치부 수단이 될 것이다. 그러나 만일 예를 들어 내가 연리 5%로 100파운드스털링을 빌린다면 나는 연말에 5파운드스털링을 지불해야 할 것이고, 이것이 설사 1억 년간 계속된다고 할지라도 그동안 내가 매년 빌리는 돈은 언제나 100파운드스털링뿐일 것이고 또한 나는 매년 5파운드스털링을 지불해야 할 것이다. 이런 과정〔즉 100파운드스털링을 빌리는 것〕만으로는 나는 결코 105파운드스털링을 대출해 줄 수 있는 처지가 될 수 없을 것이다. 그렇다면 나는 무엇으로 5%를 지불하게 될 것인가? 새로운 차용을 통해서, 혹은 내가 만일 국가라면 조세를 통해서 그렇게 할 수 있을 것이다. 그러나 이때 만일 화폐를 빌린 사람이 산업자본가이고 그가 15%의 이윤을 얻었다면, 그는 5%를 이자로 지불하고 5%를 자신이 소비하고(물론 수입이 증가하면 그의 소비욕구도 증가하겠지만) 또 5%를 자본화할 수 있을 것이다. 즉 계속해서 5%의 이자가 지불되기 위해서는 이미 15%의 이윤이 전제되어 있는 것이다. 이 과정이 계속된다면 앞서 우리가 논의한 여러 가지 이유들로 인해 이윤율은 예를 들어 15%에서 10%로 하락할 것이다. 그러나 프라이스는 5%의 이자가 15%의 이윤율을 전제로 한다는 사실을 완전히 잊고 있으며, 이 이자율이 자본축적이 진행되더라도 계속 지속되리라고 본다. 그는 현실의 축적과정에는 전혀 무관심하며, 단지 화폐가 대부되어 복리로 환류하는 데만 정신이 팔려 있다. 그에게는 이런 환류가 이자 낳는 자본의 타고난 속성이기 때문에, 그것이 어떻게 해서 그렇게 되는지는 전혀 관심을 기울일 필요가 없는 것이다.

6%로 대부된 1실링이 있다면 그것은 지금쯤, 태양계 전체를 토성 궤도의 지름과 지름이 같은 하나의 공으로 볼 때, 그 공보다 더 큰 금덩어리에 해당하는 액수로 커져 있을 것이다. …… 그렇기 때문에 국가는 어떤 어려움도 겪을 필요가 없다. 왜냐하면 국가는 최소의 저축으로 최대의 부채를 그것이 원하는 짧은 기간에 단숨에 갚아버릴 수 있기 때문이다.(13, 14쪽)

영국 국채에 대한 얼마나 참한 이론적 소재인가!

프라이스는 기하급수로 만들어진 그 숫자의 엄청남에 현혹되어 눈이 멀어 있었다. 그는 재생산조건과 노동조건을 전혀 고려하지 않고 자본을 저절로 움직이는 자동기계로 간주하였기 때문에, 즉 단순히 스스로 증식하는 숫자로만 간주하였기 때문에(맬서스가 인구를 기하급수적으로 증가하는 것이라고 간주했던 것과[59] 마찬가지로), 그는 자신이 자본의 증가법칙을 $s=c(1+z)^n$이라는 공식으로 발견했다고 제멋대로 상상할 수 있었다(s=자본액+복리 합계, c=선대자본, z=이자율(백분비로 환산된 것), n=과정이 진행된 햇수).

피트는 프라이스의 이 작품을 그대로 진지하게 받아들였다. 1786년 하원은 공공이익을 위해 1백만 파운드스털링의 국채를 발행하기로 결의하였다. 피트가 믿었던 프라이스의 논리에 따르면 이만한 국채 금액을 '축적하고' 그 국채를 복리의 마술로 사라지게 하려면 당연히 국민들에게 과세하는 것보다 더 좋은 방법은 없었다. 하원의 그런 결정에 뒤이어 피트가 제안한 또 하나의 법률이 결의되었는데 그것은,

> 만기에 이른 종신연금과 함께 기금이 매년 4백만 파운드스털링으로 증가할 때까지(조지 3세 제26년의 법령 제31호)[60]

25만 파운드스털링의 축적을 규정한 것이었다.

1792년 피트는 상각기금의 증액을 제안하면서 행한 연설에서, 영국에

서 상업의 우위를 가져온 여러 가지 원인들에 대해서 이야기하였는데 그는 그러한 원인들로 기계, 신용 등을 들었지만 가장 광범위하고 지속적인 원인으로는 축적을 들었다. 그런데 이 원리는 천재인 애덤 스미스의 저작에서 완벽하게 논의되고 충분히 설명되었다고 하면서, 이러한 자본축적이 이루어지는 것은, 다음 해에도 똑같이 사용되고 또 계속적인 이윤을 가져다줄 원금을 증가시키기 위해서 연간 이윤 가운데 적어도 일부분이 유보되기 때문이라고 설명한다.

프라이스를 매개로 하여 피트는 스미스의 축적이론을 부채의 축적에 의한 국가의 치부이론으로 바꾸고 그리하여 이윽고 차입한 것을 지불하기 위해서 다시 차입하게 되는 무한한 차입과정으로 즐겁게 빠져들어가기에 이른다.

근대 은행업의 아버지인 조시아 차일드(J. Child)에게서도 우리는 이미 다음과 같은 구절을 발견할 수 있다. 즉

100파운드스털링이 10% 복리로 70년 후에는 102,400파운드스털링으로 ᴹ⁴¹⁰ 될 것이다.(차일드, 『상업에 관한 논고』, 암스테르담과 베를린, 1754, 115쪽, 1669년 집필)

프라이스의 견해가 근대경제학에서 얼마나 생각 없이 통용되고 있었는지는 『이코노미스트』에 실린 다음 구절을 보면 잘 드러난다.

저축되는 모든 자본 부분이 복리로 증가함에 따라 자본은 모든 것을 잡아먹어버림으로써 소득의 원천을 이루는 이 세상의 모든 부는 오래전에 자본의 이자가 되고 말았다. …… 모든 지대는 과거에 토지에 투자되었던 자본에 대한 현재의 이자지불이다.(『이코노미스트』, 1851년 7월 19일)

이자 낳는 자본으로서의 그 속성에 따라, 일반적으로 생산될 수 있는

모든 부는 자본에 귀속되며, 자본이 지금까지 획득했던 모든 것은, 모든 것을 먹어치우는 그것의 식욕에 비하면 단지 할부금에 불과할 뿐이다. 그 타고난 법칙성에 따라 인류가 공급할 수 있는 모든 잉여노동은 자본에 귀속된다. 즉 그것은 몰로크(Moloch: 가나안 지방에서 섬겨지던 소의 형상을 한 신으로서 사람을 그 신의 제물로 바쳤다—옮긴이)이다.

마지막으로 '낭만파' 뮐러의 다음과 같은 허풍선이 이야기를 한 번 더 보기로 하자.

프라이스가 말하는 복리의 엄청난 증가나 스스로 가속화해가는 인력의 엄청난 증가는, 그것이 실제로 이루어지기 위해서는 분할이나 중단이 없는 안정된 질서가 몇 세기 동안 지속되어야 한다는 것을 전제로 한다. 만일 자본이 각기 독자적으로 성장해가는 많은 소자본들로 분할된다면 인력에 의한 축적의 총과정은 새롭게 시작할 것이다. 자연의 속성에 따라 인력의 지속성은 하나의 길이가 개별 노동자들(!)에게 평균적으로 할당된 약 20~25년에 해당한다. 이 기간이 지나고 나면 노동자는 자신의 경력을 마감하고 이제 노동의 복리(複利)를 통해 벌어들인 자본을 새로운 노동자들에게 양도해야 하는데, 이것은 대개의 경우 다수의 노동자 혹은 아이들에게 배분된다. 이들 새로운 노동자는 자신들에게 할당된 자본을 가지고, 그들이 그 자본으로부터 노동의 복리를 끌어낼 수 있기 전에, 우선 생계를 유지하고 또 교육을 받는 데 사용하여야 한다. 또한 부르주아 사회가 벌어들이는 엄청난 양의 자본은, 아무리 운동이 활발한 공동체에서도, 수년에 걸쳐서 조금씩 축적된 다음, 노동의 직접적인 확대에 사용되는 것이 아니라, 오히려 상당한 액수가 모이고 나면 즉시 다른 개인이나 노동자 혹은 은행이나 국가 등에 대부라는 명목으로 양도된다. 그러면 이들 차입자들은 그 자본을 실제로 운용함으로써 그로부터 복리(複利, Zinseszins)를 벌어들여 대부자에게 쉽사리 단리(單利)를 지불할 수 있게 된다. 마지막으로 만일 생산의 법칙이나 절약의 법칙만이 관철될 경우에는, 인력과 그 생산물이 기하급수적으로 엄청나게 증가할 것인데 여기에 대해서는 소비와 욕구 및 낭비의 법칙이 상쇄작용을 하게 될 것이다.(밀러, 앞의 책, 제3부, 147~149쪽)

이런 몇 구절의 문장으로 그 엄청난 환상적 오류를 단번에 보여준다는 것은 불가능한 일이다. 노동자와 자본가에 대한 혼동, 그리고 노동력의 가치와 자본이자 간의 그 기막힌 혼동 등은 차치하더라도, 복리 이자의 부과는 적어도 자본이 일단 '대부되고 난 다음에' 거기에서 '이자'가 생겨난다는 사실로부터 설명되어야만 한다. 우리들의 밀러가 전개하고 있는 논리는 모든 점에서 낭만파다운 특성이 그대로 드러나 있다. 그 내용은 사물의 피상적인 가상(假象, Schein)에만 몰두해 있는 일상적인 선입견들로 이루어져 있다. 그런 다음 이런 왜곡되고 피상적인 내용들이 신비화하는 표현방식에 의해 '고양되고' 또 시적(詩的)인 형태로 바뀌고 있다.

자본축적과정은 이윤(잉여가치) 가운데 자본으로 재전화되는 부분〔다시 말해서 이윤 가운데 새로운 잉여노동의 흡수를 위해서 사용되는 부분〕이 이자라는 이름으로 불릴 수 있는 한, 복리에 의한 축적으로 파악될 수 있다. 그러나

① 모든 우연적인 교란들을 무시하더라도, 재생산과정이 진행됨에 따라 기존 자본의 대부분은 많든 적든 끊임없이 가치절하를 겪게 된다. 이는 상품가치가 그것의 생산에 본원적으로 소요되는 노동시간에 의해 결정되지 않고, 그것의 재생산에 소요되는 노동시간에 의해 결정되고, 그 노동시간이 사회적 노동생산력의 발달에 따라 끊임없이 감소하기 때문이다. 따라서 사회적 생산성이 더 발달된 단계에 이르면, 모든 기존의 자본은 오랜 기간의 자본축적과정의 결과물로서가 아니라 상대적으로 매우 짧은 재생산기간의 결과물로 나타나게 된다.[81]

② 제3권 제3편에서 입증된 바와 같이, 이윤율은 자본축적이 증가함

81) 밀과 케리의 저서와 그에 대한 로셔의 잘못된 주석 참조.[161]

따라서, 그리고 그에 상응하는 사회적 노동생산력이 증가〔이것은 곧 불변자본에 대한 가변자본의 상대적 감소로 나타난다〕함에 따라서 하락한다. 만일 한 노동자가 움직이는 불변자본이 10배로 늘어났을 경우, 이윤율을 계속해서 동일 수준으로 유지하기 위해서는 잉여노동시간을 10배로 늘려야 할 것이며, 그럴 경우에는 하루 24시간 전체를 자본이 노동시간으로 취득한다 하더라도 부족하게 될 것이다. 그러나 프라이스의 그 기하급수적 증가현상과 '복리로 모든 것을 먹어치우는 자본'이라는 개념의 기초에는 이윤율이 하락하지 않는다는 생각이 깊이 깔려 있다.[82]

M412

잉여가치와 잉여노동의 동일성에 의해서 자본축적에 대한 하나의 질적 한계가 설정된다. 그 한계란 곧 **총노동일**로서 그때그때의 현존하는 생산력과 인구의 발전수준을 가리키며, 이는 한 번에 착취될 수 있는 노동일의 양을 제한한다. 그러나 잉여가치가 이자라고 하는 무개념적인 형태로 파악되어버리면, 그 한계는 단지 양적인 것이 되어 온갖 환상이 만들어지게 된다.

그렇지만 이자 낳는 자본에서는 자본물신성의 개념(표상)이 완성되어 있다. 즉 그 개념(표상)에서는 축적된 노동생산물(게다가 화폐로 고정된)에, 타고난 비밀스러운 자질에 의해 완전히 자동적으로 기하급수적인 잉여가치를 생산해내는 힘이 부여되어 있고, 따라서 이 축적된 노동생산물은 『이코노미스트』에서 말하고 있듯이 모든 시대에 걸친 세상의 모든 부를 당연한 그의 소유물로 가지며 또한 그런 부를 우연히 이미 오래전에 할인한 것이 된다. 이런 개념(표상) 속에서는 과거노동의 생산물〔즉 과거노동 그 자체〕이 현재 혹은 미래의 살아 있는 잉여노동의 한 조각을 이미 자

---

82) "어떤 노동이나 노동생산력, 그리고 어떤 아이디어나 기술로도 복리에 대한 압도적인 요구들을 충족시킬 수 없다는 것은 분명한 사실이다. 그러나 모든 저축은 자본가들의 수입에서 나오는 것이기 때문에, 사실상 이런 요구는 끊임없이 제기되기 마련이고, 그에 따라 노동생산력도 그런 요구의 충족을 끊임없이 거부하게 된다. 따라서 일종의 상쇄작용 같은 것이 계속해서 이루어지게 된다"(호지스킨, 앞의 책, 23쪽).

신의 내부에 배태하고 있는 것으로 여겨진다. 그러나 우리가 알고 있는 바와 같이 과거노동의 생산물가치의 보전과 재생산은 사실상 살아 있는 노동과 그것이 접촉한 결과물에 지나지 않으며, 또한 살아 있는 잉여노동에 대한 과거노동의 생산물의 지배가 지속될 수 있는 기간도 단지 자본관계가 지속될 동안, 즉 과거노동이 살아 있는 노동에 대해 자립적이고 압도적으로 대립해 있는 일정한 사회관계가 지속될 동안뿐이다.

제25장
신용과 가공자본

M413 　　신용제도와 그것이 스스로 만들어낸 여러 가지 수단들(신용화폐 등)에 대한 세밀한 분석은 우리의 연구계획 범위를 벗어나는 것이다. 여기에서는 자본주의적 생산양식 일반의 특성을 밝히는 데 필요한 몇 가지 사항만을 지적하고자 한다. 또한 우리는 상업신용과 은행신용만을 다루고자 한다. 그러나 신용의 발달과 공공신용의 발달 간의 관계는 우리의 논의에서 제외될 것이다.

　　나는 앞에서(제1권 제3장 제3절 나.) 단순상품유통으로부터 지불수단으로서 화폐의 기능이 어떻게 형성되며 또 그럼으로써 상품생산자와 상품거래자 간에 채권자와 채무자의 관계가 어떻게 형성되는지를 밝힌 바 있다. 상업이 발달하고 또 유통만을 목표로 생산이 이루어지는 자본주의적 생산양식이 발달하게 되면 이런 신용제도의 자연발생적 기초는 확대되고 일반화되며 완성된다. 여기에서 화폐는 대부분 그리고 전적으로 지불수단으로만 기능한다. 즉 상품은 화폐와 교환되어 판매되는 것이 아니라 일정 기한에 지불을 약속한 서류와 교환되어 판매된다. 이런 지불약속 서류들을 편의상 통틀어서 어음의 일반적 범주 속에 포괄해 넣을 수 있다.

그것의 만기일과 지불일이 도래하기까지 이들 어음은 그 자체가 다시 지불수단으로 유통되고 또한 본래적인 의미의 상업화폐를 이룬다. 이들 어음이 궁극적으로 채권과 채무의 상쇄에 의해서 결제되는 것인 한, 그것은 아직 최종적으로 화폐로 전화되지 않은 동안에는 절대적으로 화폐로서 기능한다. 생산자와 상인 간의 이런 상호 간의 지출이 신용의 본래적인 기초를 이루는 것과 마찬가지로, 그것의 유통수단인 어음은 본래적인 신용화폐인 은행권 등의 기초를 이룬다. 이 은행권 등은 화폐유통에——그것이 금속화폐이든 국가지폐이든 간에——기초한 것이 아니라 어음유통에 기초해 있다.

리섬(W. Leatham, 요크셔의 은행가)은 『통화에 관한 서한집』(증보 제2 ^{M414}판, 런던, 1840)에서 이렇게 이야기한다.

> 내가 알고 있는 바 1839년 한 해 동안의 어음총액은 528,493,842파운드스털링이었으며(그는 이 액수 가운데 외국 어음이 약 $\frac{1}{7}$*인 것으로 추정하고 있다) 같은 해에 유통된 어음액수는 132,123,460파운드스털링이었다.(55, 56쪽) 어음은 유통의 한 구성 부분으로 그것의 액수는 유통의 다른 구성 부분을 모두 합한 액수보다도 크다.(3, 4쪽)——이런 엄청난 액수의 어음의 기초(!)를 이루는 것은 은행권과 금의 액수이다. 그리고 만일 상황에 따라 이 기초가 축소될 경우에는 어음의 안정성과 그것의 존립 자체가 위험에 빠지게 된다.(8쪽)——유통 전체의 액수와(그는 은행권을 가리키고 있다) 즉각 현금지불 요구를 받을 수 있는 전체 은행의 요구불 액수를 추정해본 결과, 나는 법에 의해 금으로 태환될 수 있어야 하는 액수가 1억 5,300만 파운드스털링인 데 반해 실제 태환이 가능한 금의 액수는 1,400만 파운드스털링에 불과하다는 것을 알았다.(11쪽)——어음의 일부를 낳기도 하고 또 어음의 급격하고 위험한 팽창을 조장하기도 하는 화폐과잉과 낮은 이자율

---

* 초판에는 $\frac{1}{5}$로 되어 있음.

혹은 할인율 등을 억제하는 이외에, 어음을 통제할 수 있는 수단은 달리 존재하지 않는다. 전체 어음 가운데 실제 거래에(즉 예를 들어 실제 구매와 판매에) 근거하는 어음이 얼마이며, 그리고 얼마만 한 부분이 인위적으로 만들어져서 (가공의) 융통어음으로만 사용되는지, 즉 만기일 전에 유통시킬 목적으로(그리하여 유통수단일 뿐인 것을 기능하는 자본으로 둔갑시킬 목적으로) 발행되는 어음이 얼마인지를 결정하는 것은 불가능한 일이다. 내가 아는 바로는 화폐가 과잉되고 흔할 시기에 어음의 발행은 그 극에 달한다.(43, 44쪽)

보즌켓은 『금속통화, 지폐, 신용화폐』(런던, 1842)에서 이렇게 말한다.

어음교환소(런던 은행가들이 수납한 수표와 만기가 된 어음을 서로 교환하는 장소)에서 매일 결제되는 하루 평균 액수는 300만 파운드스털링 이상이며 이들 결제를 위해 소요되는 하루 평균 화폐준비액은 20만 파운드스털링보다 약간 더 많은 정도이다.(86쪽) {1889년 한 해 동안 어음교환소에서 거래된 총액은 76억 1,875만 파운드스털링으로서 약 300일간의 개장일 동안 하루 평균 2,550만 파운드스털링에 달하였다.} 어음은 그것의 소유권이 배서(背書)에 의해 여러 사람에게 양도되는 한, 화폐와는 독립된 유통수단(통화)임이 분명하다.(92, 93쪽) 유통되는 모든 어음은 평균 두 번의 배서를 갖게 되며 따라서 모든 어음은 만기가 되기 전에 평균 두 번의 지불을 처리하게 된다. 이리하여 1839년 한 해 동안 배서를 통해서 어음이 소유권 이전을 매개한 총액은 5억 2,800만 파운드스털링의 2배, 즉 10억 5,600만 파운드스털링으로서 하루 평균으로는 300만 파운드스털링 이상에 달할 것으로 보인다. 따라서 화폐를 사용하지 않는 소유권 이전에서 화폐의 기능을 대신 수행하는 어음과 예금의 총액은 하루 평균 적어도 1,800만 파운드스털링에 달할 것임이 틀림없다.(93쪽)

투크는 신용 일반에 대해서 다음과 같이 이야기한다.

신용이란, 단적으로 말하자면, 어떤 사람이 화폐〔혹은 일정 화폐가치로 평가되는 상품〕형태로 일정 자본액 —— 이 액수는 항상 일정 기간이 경과하고 나서야 지불될 수 있다 —— 을 다른 어떤 사람에게 맡겨도 좋다고 생각할 수 있게 해주는 바로 그 근거가 되는 신뢰의 정도이다. 자본이 화폐로 대부될 경우, 즉 은행권이나 당좌대월 혹은 거래 상대방에 대한 환어음 등으로 대부될 경우, 그것의 상환액수에는 자본사용의 대가로서 일정 비율의 액수가 부가된다. 상품의 경우에는, 즉 거래자들 사이에서 그 화폐가치가 확정되어 있고 또 그것의 양도가 곧 하나의 판매를 이루는 상품의 신용거래 경우에는, 그것에 대해 지불되도록 확정된 액수에, 자본 사용에 대한 대가와 결제기간까지 부담해야 할 위험의 대가로서 일정 보상액이 포함된다. 그런 신용거래에서는 대개 일정 결제일이 기록된 지불의무 서류가 주어진다. 그리고 이런 양도 가능한 지불의무〔혹은 지불약속〕는, 대부자에게, 그가 이어음의 만기일 전에 화폐나 상품의 형태로 자신의 자본을 사용해야 할 사정이 생겼을 때, 그 어음에 대한 배서를 통해 그 어음의 신용을 강화하는 형태로 그 어음을 할인해서 화폐를 차입하거나 상품을 구매할 수 있게 해주는 수단이 된다.(『통화원리의 연구』, 87쪽)

코클랭(Ch. Coquelin)은 「산업에서의 신용과 은행에 대하여」(『르뷔 데 되 몽드』지(誌)[62](1842, 제31권〔797쪽〕)에서 이렇게 말하고 있다.

모든 나라에서 신용사업의 대다수는 산업과의 관련 범위 그 자체 내에서 이루어진다. …… 원료생산자는 원료를 가공업자에게 대부하고 그로부터 만기일이 정해진 하나의 지불약정서를 받는다. 그 가공업자는 원료에 자신의 작업 부분을 수행한 후 그것을 더 계속해서 가공할 다른 제조업자에게 다시 자신의 생산물을 비슷한 조건으로 대여한다. 그리하여 이런 방식으로 신용은 한 사람에게서 다른 사람에게로 결국 소비자에게 이를 때까지 계속 확대되어간다. 도매상인은 소매상인에게 상품을 대여하는 반면 그 자신은 또 제조업자나 중간상인으로부터 상품을 대여받는다. 모든 사람이 한편으로는 차입하고 한편으로는 대부하는데 이때 거래되는 것은 때로는 화폐도 있지만 상품인 경우가 더 많다. 이리하여 산업적인 관련 속에서 끊임없는 대부들 간의 교환이 이루어지는데 이것들은 서로 결합되고 갖가지 방향으로 서로 교차된다. 바로 이런 대부들 상호 간의 교환의 증가를 통해서 신용의 발달이 이루어지고 바로 여기에서 신용의 참된 힘이 나온다.

신용제도의 다른 측면은 화폐거래의 발달과 관련되어 있는데, 이 화폐거래의 발달은 자본주의적 생산에서는 당연히 상품거래의 발달과 보조를 같이한다. 우리는 제4편(제19장)에서 사업가들의 예비재원의 보관, 화폐의 수납 및 지불과 국제적인 지불 등의 기술적 조작들 그리고 그에 따른 지금(地金)거래 등이 어떻게 화폐거래자들의 수중으로 집중되는지를 보았다. 이런 화폐거래와 관련되어 신용제도의 또 다른 측면〔즉 이자 낳는 자본의 관리, 혹은 화폐자본의 관리〕이 화폐거래자의 특수한 기능으로 발달한다. 화폐의 차용과 대부는 그들 화폐거래자의 특수한 사업이 된다. 그들은 화폐자본의 실제 대부자와 차입자 간의 매개자로서 등장한다. 이런 측면에서 은행업이란 일반적으로 말해 대부 가능한 화폐자본을 대량으로 자신의 수중에 집중시켜, 개별 화폐대부자 대신 은행가가 모든 화폐대부자의 대리인으로서 산업자본가와 상업자본가를 상대하는 것을 가리키게된다. 은행가들은 화폐자본의 일반적 관리자가 된다. 한편 그들은 또 대부자 전체에 대응하여 차입자들을 집중시키고 이들이 상업세계 전체를 대신해서 차입하도록 한다. 은행은 한편으로는 화폐자본〔즉 대부자〕의 집중을 나타내고 다른 한편으로는 차입자의 집중을 나타낸다. 은행의 이윤은 일반적으로 은행이 대부하는 것보다 더 낮은 이자로 차입하는 것에서 만들어진다.

M416

은행들이 취급하는 대부가능자본은 여러 가지 방식으로 그들에게 흘러들어온다. 우선 첫째로 그들은 산업자본가들의 출납자이기 때문에, 모든 생산자와 상인이 예비재원으로 가지고 있는 화폐자본이나 지불금으로 그들에게 유입된 화폐자본이 그들 은행의 수중으로 집중된다. 그럼으로써 이들 예비재원은 대부 가능한 화폐자본으로 전화한다. 그리고 이들이 공동의 재원으로 집중되었기 때문에, 이제 상업세계의 예비재원은 최소한의 필요한 규모로만 국한되고, 또한 이렇게 되지 않았더라면 예비재원으로 그냥 잠자고 있었을 일부 화폐자본도 대부되어 이자 낳는 자본으로 기능하게 된다. 둘째로 은행들의 대부가능자본은 그들 은행에게 대부를 위탁하는 화폐자본가들의 예금으로도 형성된다. 은행제도의 발달과 더불어, 그리고 특히 은행이 예금에 대해 이자를 지불하게 됨에 따라, 모든 계급의 화폐저축과 일시적인 유휴화폐가 은행에 예금으로 적립된다. 개별적으로는 화폐자본으로 기능할 능력이 없는 소액들이 큰 액수로 합쳐져서 하나의 화폐세력을 형성한다. 이러한 소액들의 집적행위는 은행제도의 특수한 기능으로서, 본래의 화폐자본가와 차입자 간의 중개기능과는 구별되어야 한다. 마지막으로 수입 가운데에서 한꺼번에 소비되지 않고 조금씩만 소비되는 수입들도 은행에 예금으로 적립된다.

대부(여기에서 우리는 본래 의미의 상업신용만 다룬다)는 어음할인〔만기일 이전에 어음의 화폐로의 전화〕과 다양한 형태의 갖가지 대여로 이루어지는데 이러한 대여형태로는 대인 신용에 의한 직접적 대여, 각종 이자 낳는 증서나 국채, 주식 등을 담보로 한 동산(動産)담보대여(Lombard-vorschüsse), 특히 선하증권, 창고증권 그리고 기타 상품소유증서 등을 담 ^{M417}보로 한 대여 등이 있으며 그 밖에 예금을 초과하는 당좌대월 등도 여기에 해당된다.

은행가가 제공하는 신용은 여러 가지 형태를 띨 수 있다. 예를 들어 그것은 타 은행에 대한 어음이나 수표, 또 그런 종류의 신용개설과 마지막으로 은행권을 발행할 권한이 있는 은행의 경우에는 그 은행의 은행권 형태를 띨 수 있다. 은행권은 은행가 자신에 대한 하나의 어음과 마찬가지로서 그것의 소지자에게 언제든지 지불될 수 있는 것이며 또 은행가에 의해 개인어음과 대체되는 것이다. 보통 사람들의 눈에는 이 마지막 신용형태가 특히 주목을 끌고 중요하게 보인다. 그 이유는 첫째, 이런 종류의 신용화폐는 단순한 상업유통에서 벗어나서 일반유통으로 들어가 거기에서 화폐로 기능하기 때문이다. 그리고 둘째, 대부분의 나라들에서 은행권을 발행하는 주요 은행들은 국립은행과 민간은행이 혼합된 특수한 형태를 띠고 사실상 배후에 국가신용을 업고 있으며 그들의 은행권은 어느 정도 법정지불수단이 되어 있기 때문이다. 그 밖에 또 하나의 이유는 그 은행권이란 것이 유통되는 신용의 표지를 나타낼 뿐이기 때문에 은행가가 취급하는 것은 바로 신용 그 자체라는 것이 여기에서는 명백해지기 때문이다. 그러나 은행가는 다른 모든 형태의 신용도 취급하는데 이는 그가 자신에게 예금된 현금화폐를 대부하는 것일 뿐인데도 그러하다. 사실상 은행권은 도매업에서 잔돈 역할을 수행할 뿐이고 은행의 주된 업무로 가장 큰 비중을 차지하는 것은 언제나 예금이다. 거기에 대한 가장 좋은 예는 스코틀랜드 은행들에서 찾아볼 수 있다.

여러 가지 특수한 신용기관들이나 은행 그 자체의 특수한 형태들에 대해서는 우리들의 논의 목적에 비추어 더 살펴볼 필요가 없다.

은행가들은 다음과 같은 두 가지 업무를 갖는다. …… ① 자본을 직접 본인이 사용하지 않는 사람들로부터 모아서 이를 사용할 수 있는 다른 사람들에게 분배하여 넘겨준다. ② 고객의 수입으로부터 예금을 받아서 고객이 그 예금을 소비지출로 사용하고자 할 때마다 그만한 액수를 그때그때 지불한다. 전자는 **자본의 유통**이며 후자는 **화폐(통화)**의 유통이다. — 전자는 일면 자본의 집중이면서 동시에 그것의 분배이기도 하다. 그리고 후자는 주변 지역의 지역적 목적을 위한 통화의 관리다.(투크, 앞의 책, 36, 37쪽)

우리는 제28장에서 투크의 이 문장 부분으로 다시 돌아올 것이다.

『의회 보고서』 제8권, 『상업불황위원회 제1차 보고서』 제2권 제1부, 1847~48년, 증언록(이하 『상업불황위원회: 1847~48년』으로 인용).── _{M418} 1840년대 런던의 어음할인에서는 은행권 대신에 한 은행의 타 은행에 대한 21일 기한의 어음이 많이 사용되었다(지방은행업자인 피즈J. Pease의 진술 제4636번 및 4645번). 이 보고서에 따르면 은행가들은 화폐가 부족할 경우 고객들에 대한 지불에서 그런 어음을 사용하는 것이 관례였다. 그 어음의 수령인은 은행권이 필요할 경우 이 어음을 다시 할인해야만 했다. 이것은 은행들에게 화폐를 창출하는 것이나 마찬가지의 일종의 특권이었다. 존스로이드 은행은 화폐가 부족하거나 이자율이 5% 이상으로 상승할 때는 '아주 오랜 옛날부터' 이런 방식으로 지불을 해왔다. 고객들은 이런 은행들의 어음을 기꺼이 받았는데 그 이유는 존스로이드 은행 같은 곳의 어음은 개인어음에 비해 훨씬 쉽게 할인할 수 있었기 때문이다. 그래서 이런 은행들의 어음은 종종 20~30명의 손을 거치기까지 하였다(같은 보고서, 제902번~제905번, 제 992번).

이런 형태들은 모두 지불요구를 이전하는 데 사용되는 것들이다.

신용이 가져오는 어떤 형태도 그것이 화폐기능을 수행할 수 없는 경우란 거의 없다. 그 신용형태가 은행권이나 어음, 혹은 수표 그 어느 것이든 그 과정과 결과는 본질적으로 동일하다.(풀라턴, 『통화 조절론』, 제2판, 런던, 1845, 38쪽)──은행권은 신용의 거스름돈이다.(51쪽)

다음의 글은 길바트의 『은행업의 역사와 원리』(런던, 1834) 가운데 실려 있는 구절들이다.

은행의 자본은 두 부분으로 이루어져 있는데, 즉 투자자본과 차입된 은행자본이 그것이다.(117쪽) 은행자본[혹은 차입자본]은 다음의 세 가지 방식으로 조달된다. ① 예금의 수령, ② 자기 은행권의 발행, ③ 어음의 발행. 만일 누군가가 나에게 100파운드스털링을 공짜로 빌려주고 이 100파운드스털링을 내가 다른 누구에게 4% 이자로 대부한다면 나는 한 해 동안에 이 거래로부터 4파운드스털링을 벌어들일 수 있을 것이다. 마찬가지로 누군가가 내가 소유하고 있는 지불약속(이 지불약속I promise to pay이란 영국 은행권들의 일반적인 형태이다)을 빌려다가 연말에 그것을 되돌려주기로 하고 그 대가로 나에게 4%를 지불하고자 한다면 나는 그에게 100파운드스털링을 빌려준 경우와 마찬가지로 이를 통해 4파운드스털링을 벌어들일 수 있을 것이다. 그리고 다시 만일 지방 도시의 누군가가 21일 후에 런던의 제3자에게 내가 100파운드스털링을 지불해주는 조건으로 그 100파운드스털링을 내게 맡긴다면 그 21일 동안에 이 100파운드스털링으로부터 내가 붙여 먹을 수 있는 모든 이자는 내 이윤이 될 것이다. 이것이 곧 은행이 예금과 은행권과 어음을 매개로 하여 은행자본을 창출해내는 방법과 기술을 적절하게 요약한 것이다.(117쪽) 은행가의 이윤은 일반적으로 그가 차입한 은행자본의 액수에 정비례한다. 은행의 실질이윤을 계산하기 위해서는 총이윤에서 투자자본에 대한 이자를 공제해야 한다. 그 나머지가 은행이윤인 것이다.(118쪽) 은행가가 자기 고객에게 대부해주는 화폐는 다른 사람들의 화폐이다.(146쪽) 아무 은행권도 발행하지 않는 은행가들은 어음할인을 통해서 은행자본을 창출한다. 그들은 그들의 할인 조작을 매개로 해서 그들의 예금고를 증대한다. 즉 런던의 은행가들은 자기 은행에 예금계좌를 가진 상점들에 대해서만 어음할인을 해준다.(119쪽). 은행에서 어음을 할인하고 이 어음총액에 대해 이자를 지불한 회사는 적어도 할인받은 액수 가운데 일부를 무이자로 그 은행에 예치하여야만 한다. 은행가들은 이런 방식으로 자신이 대부하는 화폐로부터 시중에서 통용되는 이자율보다 더 높은 이자율을 획득하고 또 자신의 수중에 들어와 있는 예금잔고를 매개로 하여 하나의 은행자본을 창출한다.(120쪽)

M419

예비재원, 예금, 수표 등의 경제적 운용에 대해서는

예금은행은 대변(貸邊)계정(은행이 받아야 할 부분―옮긴이)의 대체를 통해서 유통수단의 사용을 절약하고(다시 말하자면 은행이 지불을 해야 할 경우 지불대상자의 대출금계정 등에서 지불해야 할 액수를 상쇄해버림으로써 실제 지불하는 액수를 줄이는 것을 가리킴―옮긴이) 큰 액수의 거래를 더 적은 액수의 실제 화폐로 결제한다. 이렇게 절약된 화폐를 은행가들은 어음할인 등을 통하여 고객들에 대한 대부에 사용한다. 따라서 대변계정의 대체는 예금제도의 효율성을 높여준다.(123쪽) 상호 거래관계에 있는 두 고객이 그들 간의 계산을 같은 은행에서 하든 다른 은행을 통해서 하든 그것은 마찬가지이다. 왜냐하면 은행가들은 어음교환소에서 서로의 수표를 교환하기 때문이다. 이러한 대체방식을 통해서 예금제도는 금속화폐의 사용을 완전히 배제해도 될 정도로까지 확대될 수 있을 것이다. 만일 모든 사람이 은행에 예금계좌를 가지고 있고 또 모든 사람이 자신의 지불을 수표를 통해서 한다면 이 수표가 유일한 유통수단이 될 것이다. 그렇게 될 경우 화폐는 은행가들의 수중에 있는 것을 전제로 해야 할 것이고 만일 그렇지 못할 경우 그 수표는 아무런 가치도 갖지 못할 것이다.(124쪽)

각 지방별로 이루어지는 거래들이 은행으로 집중되는 것은 다음 두 가지 방법을 통해서 이루어진다. ① 은행지점을 통하는 방법. 각 지방은행들은 그 지역 내의 소도시들에 지점을 가지고 있으며 런던 은행들은 런던 시내의 각 구역별로 지점을 가지고 있다. ② 대리점을 통하는 방법.

각 지방은행은 모두 런던에 하나의 대리점을 가지고 있는데, 이는 런던에서 그들 각자의 은행권이나 어음을 지불해주고 또 지방에 사는 사람들에게 런던 거주자가 계산상 지불해야 할 돈을 수령하기 위해서이다.(127쪽) 모든 은행가는 다른 은행의 은행권을 받기는 하지만 그것을 다시 지불에 사용하지는 않는다. 그들은 일주일에 1~2회 인근 대도시에 모여서 은행권을 서로 교환한다. 그리고 이때 차액은 런던의 어음으로 지불한다.(134쪽) 은행의 목적은 거래를 용이하게 하는 것이다. 그런데 거래를 용이하게 해주는 것은 모두 투기도 용이하게 해준다. 거래와 투기는 많은 경우 매우 밀접하게 연결되어 있어서 어디까지가 거래이고 어디서부터가 투기인지를 잘라서 말하기는 상당히 어렵다. …… 은행이 있는 곳이면 어디에서나 자본을 손쉽고 값싸게 얻을 수 있다. 값싼 자본은 투기를 촉진하는데 이는 고기와 맥주의 값이 저렴해지면 먹고 마시는 것이 촉진되는 것과 마찬가지이다.(137, 138쪽) 자체 은행권을 발행하는 은행들은 이 은행권으로 지불을 하기 때문에 그런 은행들의 어음할인업은 이런 은행권 발행을 통해서 만들어진 자본으로만 수행되는 것처럼 보일 수 있으나 그것은 그렇지 않다. 은행가는 자신이 할인해주는 모든 어음을 자신의 은행권으로 지불할 수 있지만 그럼에도 그의 실제 자본은 그가 소지하고 있는 어음의 $\frac{9}{10}$만을 대표할수 있다. 왜냐하면 그가 이들 어음에 대해서 단지 자신의 지폐만을 주는데도 불구하고 이 지폐들은 어음의 만기일까지 유통영역에 계속 머물러 있을 필요가 없기 때문이다. 즉 어음은 3개월간 유통될 수 있지만 은행권은 3일만에 회수할 수 있기 때문이다.(172쪽) 고객에 의한 인출 초과는 규제된 업무사항이다. 그런 규제는 사실상 당좌대월에 대한 담보를 잡고자 하는 데 목적이 있다. …… 당좌대월은 대인 신용은 물론 유가증권의 예치를 통해서도 담보가 가능하다.(174, 175쪽) 상품을 담보로 대부된 자본은 어음할인으로 대부된 자본과 마찬가지의 작용을 한다. 만일 어떤 사람이 자신의 상품을 담보로 100파운드스털링을 차입한다면, 그것은 그가 자신의 상품을 100파운드스털링의 어음을 받고 판매한 후 이 어음을 은행가에게서 할인하는 것과 마찬가지의 경우에 해당한다. 그러나 대부 덕분에 그는 자신의 상품을 시장상태가 더 좋아질 때까지 계속 가지고 있을 수 있게 되며 또한 긴급한 용무로 화폐를 조달해야 할 필요가 생겼을 때 입어야 할 희생을 피할 수 있게 된다.(180, 181쪽)

M420

『통화이론 논평』, 62, 63쪽.

내가 오늘 A에게 1,000파운드스털링을 예금하였다가 내일 그것을 다시 찾아서 B에게 예금할 수 있다는 것은 논쟁의 여지가 없이 가능한 일이다. 모레 나는 다시 그 1,000파운드스털링을 B로부터 인출하여 C에게 예금할 수 있고 이런 식의 반복은 무한히 계속될 수 있다. 그리하여 동일한 1,000파운드스털링의 화폐가 일련의 이전과정을 거쳐서 그 절대액수를 정할 수 없는 몇 배의 예금액수로 불어날 수 있다. 따라서 영국의 모든 예금의 $\frac{9}{10}$까지도 각기 그 일부를 담당하는 은행가들의 장부상의 기록 이상의 아무런 실체도 갖지 않는 것이 가능해진다. …… 그래서 스코틀랜드에서는 유통되는 화폐 {그나마도 거의 지폐일 뿐이다!}가 결코 3백만 파운드스털링을 넘어서지 않으면서도 예금은 2천 7백만 파운드스털링에 달하고 있다. 이리하여 예금의 급작스러운 전반적 인출요구(a run on the banks)가 발생하지 않는 한, 이 1,000파운드스털링은 한 바퀴 여행을 하면서 이처럼 손쉽게 그 몇 배의 액수를 결제할 수 있게 된다. 내가 오늘 한 사업가에게 내 채무를 결제한 바로 그 1,000파운드스털링이 내일은 다른 상인에 대한 채무를 결제할 수 있고 모레는 또 다른 은행에 대한 결제를 할 수 있으며 이런 식으로 결제가 무한히 치러질 수 있기 때문에 동일한 1,000파운드스털링이 손에서 손을 거쳐 그리고 은행에서 은행을 거쳐가면서 아무리 큰 액수의 예금도 결제할 수 있게 된다.

{우리가 본 바와 같이 길바트는 이미 1834년에 다음과 같은 사실을 알고 있었다.

거래와 투기는 많은 경우 매우 밀접하게 연결되어 있어서 어디까지가 거래이고 어디서부터가 투기인지를 잘라서 말하기는 상당히 어렵다.

판매되지 않은 상품에 대한 대부를 얻는 것이 쉬워지면 쉬워질수록 그
M421 만큼 그런 대부에 대한 수요는 더욱 늘어나서, 일단 상품대부를 받고 보자
는 식으로 무작정 상품을 생산하거나 혹은 이미 생산된 상품을 원격지시
장에 투매해버리려는 경우가 늘어난다. 한 나라의 사업계 전체가 그러한
협잡술에 어떻게 휩쓸려버릴 수 있으며 또 그것의 결말이 어떻게 나는지
에 대해서는 1845~47의 영국 상업사가 가장 좋은 실례를 보여주고 있
다. 거기에서 우리는 신용이 무엇을 만들어낼 수 있는지를 보게 된다. 다음
의 사례들을 설명하기 위해서 미리 몇 가지 짤막한 언급을 해두고자 한다.

1842년 말이 되자 1837년 이후 거의 끊임없이 영국 산업을 짓눌러오던
불황이 회복되기 시작하였다. 그에 연이은 2년 동안 영국 공산품에 대한
외국의 수요는 계속 늘어나서 1845~46년은 최고의 호황기를 나타내 보였
다. 1843년 아편전쟁[63]으로 중국은 영국에 문호를 개방하였다. 이 새로
운 시장은 이미 활기를 띠고 있던 시설확장 붐에 새로운 구실을 제공해주
었고 이는 특히 면직공업의 경우 더욱 그러하였다. "우리가 어떻게 해서
그 많은 양을 생산할 수 있겠는가? 우리는 3억 명의 옷을 입혀야 하는 것
이다." —이것은 당시 맨체스터의 한 공장주가 나에게 한 말이다. 그러나
신설될 모든 공장 건물과 증기기관 그리고 방적기와 직기로도 랭커셔에
서 대량으로 밀려들어오는 잉여가치를 모두 흡수하기에는 불충분하였다.
사람들은 생산을 증대시켰던 것과 똑같은 열정을 가지고 철도건설에 달
려들었다. 처음 이 분야에서 제조업자와 상인 들이 투기로 재미를 보자
1844년 여름 이후에는 이미 완전히 불이 붙어버렸다. 사람들은 1차 납입
을 할 수 있는 돈만 있으면 가능한 범위의 모든 주식들을 청약하였다. 다
음 불입은 어떻게든 될 것이다! 머지않아 그 후의 납입일이 다가오자—
『상업불황위원회: 1848~57년』 질문 제1059번에 따르면 1846~47년에 철
도에 투자된 자본은 7천 5백만 파운드스털링에 달하였다—그들은 신용
에 호소할 수밖에 없었고 회사의 본래 사업은 대부분 출혈을 감수할 수밖
에 없었다.

그리고 이들 본래 사업도 대부분 이미 과중한 짐을 지고 있었다. 높은 이윤의 유혹에 이끌려 처분 가능한 유동자산이 허용하는 범위보다 훨씬 더 사업이 확장되어 있었던 것이다. 그러나 쉽게 얻을 수 있는 신용이 있었고 게다가 이 신용은 값도 저렴하였다. 은행할인율은 매우 낮은 수준에 머물러 있었다. 즉 1844년에 그것은 1.75~2.75%였고 1845년 10월까지 계속 3% 이하에 머물다가 잠깐 5%로까지 상승하였지만(1846년 2월) 1846년 12월에는 다시 3.25%로 하락하였다. 잉글랜드은행은 지하실에 전대미문의 엄청난 액수의 금준비(金準備, Goldvorrat)를 보유하고 있었다. 국내 주식시장의 모든 시세는 그 어느 때보다도 높게 형성되었다. 따라서 이렇게 좋은 기회를 그냥 내버려둘 이유가 어디에 있으며 이럴 때 잽싸게 움직이지 않을 이유가 어디에 있겠는가? 또한 만일 생산할 수만 있다면 영국의 공장주들이 그렇게도 갈망하던 해외시장에 상품들을 깡그리 보내지 않을 이유가 어디에 있겠는가? 그리고 면사와 면직물을 극동에 판매하고 그 대 M422 가로 받은 물건을 다시 영국에서 판매함으로써 이중의 수익을 얻게 되는 것을 마다할 공장주가 어디에 있겠는가?

이리하여 대부를 받아서 인도와 중국에 대규모로 위탁판매하는 체계가 생겨났는데 이 체계는 단지 대부 그 자체만을 위한 위탁판매 체계로 매우 급속히 발전해갔다. 이것은 아래에서 하나씩 살펴보겠지만 필연적으로 시장에서의 대규모 공급과잉을 빚어내어 결국 파국으로 끝을 맺을 수밖에 없었다.

이 파국은 1846년의 흉작으로 인해 발발하였다. 영국과 특히 아일랜드는 생활수단의 엄청난 공급부족을 겪었는데 그중에서도 곡물과 감자가 더욱 심각하였다. 그러나 이들 농산물을 공급하던 나라들은 영국 공산품과의 교역 비중이 극히 낮았다. 그래서 수입해야 할 식량의 지불에는 귀금속이 사용될 수밖에 없었고 그 결과 최소한 9백만 파운드스털링의 금이 외국으로 유출되었다. 이 금 가운데 750만 파운드스털링의 금은 잉글랜드은행의 금준비로부터 나온 것으로, 이로 인해 화폐시장에서 잉글랜드은행의 활동은 상당히 취약해졌다. 잉글랜드은행에 자신의 금준비를 예치해두고 있던 나머지 다른 은행들도 사실상 그들의 금준비가 잉글랜드은행의 금준비와 동일한 것이므로, 금융활동에 똑같이 제약을 받을 수밖에 없었다. 그리하여 신속하고 순조롭던 지불의 흐름이 교란에 빠지게 되었는데 이 교란은 처음에는 한두 군데에서 시작되었지만 곧 전반적인 교란으로 번졌다. 1847년 1월까지만 해도 아직 3~3.5%였던 은행할인율이 최초의 공황이 발발한 4월에는 7%로 상승하였고 여름에는 이것이 잠깐 소폭으로 완화되었지만(6~6.5%) 추수가 다시 흉작으로 끝나자 새롭고 훨씬 강력한 공황이 발발하였다. 은행의 공식적인 최저할인율은 10월에 7%로 상승하였고 11월에는 10%로 상승하였는데, 이는 거의 대다수의 어음들이 엄청난 고리대 이자율로만 할인이 가능하였고 그렇지 않으면 아예 할인이 불가능해졌다는 것을 의미한다. 전반적인 지불정지는 일련의 일류 상점들과 많은 중소 상점들을 파산으로 몰아갔다. 잉글랜드은행 자신도 1844년의 교활한 은행법[†64]에 의해 부과된 제약들로 말미암아 파산할 수밖에 없는 위험에 처하였다. 이에 정부는 전반적인 요구를 받아들여 10월 25일 은행법을 보류하고 은행에 부과된 불합리한 법적 사슬을 풀어주었다. 이리하여 잉글랜드은행은 보유하고 있던 은행권을 무제한으로 유통시킬 수 있었다. 이 은행권의 신용은 사실상 국가의 신용에 의해 보증된 것이었으므로(즉 확고한 것이었으므로) 이로 인해 곧 화폐부족 문제는 결정적으로 완화되었다. 물론 아직도 회생의 희망이 없는 크고 작은 많은 회사들이 계속 파산하고 있었지만 공황의 정점에서는 벗어나 있었으며 은행할인율은 12월*에 다시 5%로 하락하였고 1848년에는 이미 새로운 사업활동이 다시 시작되었다. 그리하여 1849년 대륙에서의 혁명운동을 분기점으로 하여 1850년대에는 미증유의 산업호황이 닥쳐왔지만 그것은 다시 1857년에 파국을 맞게 된다.}

M423

---

* 초판에는 '9월'(September)로 되어 있음.

I. 1847년 공황 동안 국채와 주식의 엄청난 가치하락에 대해서는 1848년 상원이 제출한 한 문서가 잘 설명해주고 있다. 이 문서에 따르면 1847년 10월 23일 현재의 가치하락 상태는 동년 2월의 상태와 비교해 볼 때 다음과 같은 액수에 달한다.

영국 국채	·············	93,824,217파운드스털링
독(dock)과 운하 주식	·············	1,358,288파운드스털링
철도 주식	·············	19,579,820파운드스털링
합계		114,762,325파운드스털링

II. 동인도지역과의 거래에서 나타나는 협잡 수법, 즉 상품을 구매한 다음 어음을 발행하는 것이 아니라, 화폐로 바꿀 수 있는 할인 가능한 어음을 발행하기 위해서 상품을 구매하는 수법에 대해서는 1847년 11월 24일자 『맨체스터 가디언』(Manchester Guardian)[65]지에 그대로 실려 있다.

런던에 있는 A는 B를 통해서 맨체스터에 있는 공장주 C로부터 동인도의 D에게 보내기 위해 선적한 상품을 구매한다. B는 C가 B 앞으로 발행한 6개월 어음으로 C에게 지불한다. 동시에 B는 A 앞으로 6개월 어음을 발행하여 A에게 지불한다. 상품이 선적되고 나면 A는 자신에게 송부된 선하증권을 근거로 D 앞으로 6개월 어음을 발행한다.

따라서 구매자와 발송자는 두 사람 모두 그들이 실제로 상품대금을 지불하기 전에 몇 달 동안 자금을 소유하고 있게 된다. 그리고 대개 이 어음들은 이처럼 장기간 거래에서는 대금의 회수에 시간이 걸리기 마련이라는 핑계로 만기일자에 다시 만기일을 갱신해버리는 경우가 매우 많았다. 그러나 불행히도 이런 거래에서는 손실이 발생할 경우, 거래가 축소되는 것이 아니라 오히려 거래의 확대를 가져왔다. 거래에 관련된 자들이 어려워지면 어려워질수록 그들의 구매수요는 더욱 증가하였는데, 이는 앞서의 투기에서 손실을 본 자본을 보충하기 위해 새로운 대부를 얻고자 했기 때문이다. 이제 구매행위는 수요와 공급에 의해 규제되지 않게 되었고, 이런 구매행 위야말로 파산상태에 빠진 회사의 금융수단 가운데 가장 중요한 부분이 되어버렸다. 그러나 이것은 단지 한쪽 측면일 뿐이다. 이곳 영국에서 공산품의 수출과 관련되어 벌어지는 이런 일들이 저쪽 동인도에서도 생산물의 구매 및 선적과 관련하여 똑같이 벌어졌다. 자신의 어음을 할인할 수 있을 정도로 신용이 충분한 인도 상회들이 설탕, 인디고, 비단 혹은 면화 등을 구매한 이유는, 그 구매가격이 런던의 당시 가격과 비교할 때 이윤을 남길 수 있기 때문이 아니라, 이전에 런던 거래처 앞으로 발행했던 어음의 만기가

임박해서 그것을 막아야 했기 때문이었다. 1회 선적분의 설탕을 구매해서 런던 거래처에 10개월 어음으로 지불하고, 육로우편으로 선하증권을 보내는 것보다 더 간단한 일이 어디에 있겠는가? 그로부터 두 달도 채 되기 전에, 아직 바다 위에 떠 있을 그 상품의 선하증권은 이미 런던에 도착하여 롬바드 가(Lombard Street)[†66]에서 그 상품과 함께 담보로 잡힘으로써, 런던 거래처는 그 상품에 대해 발행된 어음의 만기일보다 8개월 전에 화폐를 손에 넣을 수 있었다. 이런 모든 일은 어음할인업자들이, 넘쳐흐르는 화폐를 가지고 있어서 선하증권과 창고증권에 대해 화폐를 대부해줄 수 있고 또 민싱레인(Mincing Lane)[†67]에 위치한 그 '훌륭한' 회사들 앞으로 발행된 인도 상회들의 어음을 무한정한 액수로 할인해줄 수 있는 한, 아무런 어려움이나 중단 없이 잘 진행되어나갔다.

{이런 협잡행위는 상품들이 희망봉을 돌아서 인도로부터 오고 가고 해야만 할 동안에는 계속 성행하였다. 그러나 상품들이 수에즈 운하를 거쳐서 질러 다니게 되면서부터 그것도 기선으로 다니게 되면서부터는, 가공자본을 만들어내는 이런 방법은 그 근거를 잃게 되었다. 즉 상품의 운송기간이 오래 걸린다는 핑계는 사라지게 되었다. 그리고 전신을 통해서 인도시장의 상황이 영국 상인에게, 또 영국 시장의 상황이 인도 상인에게 바로

그날 알려지게 됨으로써 이 방법은 완전히 불가능하게 되었다.}

Ⅲ. 다음의 글은 이미 앞서 인용된 보고서 『상업불황위원회: 1847~48년』에 실려 있는 것이다.

1847년 4월 마지막 주에 잉글랜드은행은 로열 뱅크 오브 리버풀에게 지금부터 그들과 자신과의 어음할인 업무는 현재 한도액의 절반 액수로 줄인다고 통고하였다. 이 통고는 매우 나쁜 영향을 미쳤는데 왜냐하면 리버풀에서는 최근 지불이 현금보다는 어음으로 이루어지는 경우가 훨씬 많았기 때문이며, 또 하나의 이유는 자신이 인수해야 할 어음의 지불을 위해서 통상 은행에 많은 현금을 가지고 왔던 상인들이 최근에는 면화나 기타 상품들의 대금으로 받은 어음 외에는 은행에 가지고 올 수 있는 것이 없게 되었기 때문이다. 이런 경향은 매우 널리 퍼져 있었기 때문에 그 통고로 인한 거래의 어려움도 매우 컸다. 은행이 상인들을 위해서 지불해주어야 했던 인수어음들은 대부분이 외국에서 발행된 것들이었고 지금까지는 생산물대금의 지불에 의해 대개 결제가 이루어졌다. 상인들이 과거의 현금 대신에 지금 가지고 온 어음들은 기한과 종류가 제각기 다른 어음들로서, 상당수가 기산일로부터 3개월짜리 은행어음이었으며, 또 상당량은 면화를 담보로 한 어음들이었다. 이들 어음은 은행어음일 경우 런던 은행가들에 의해 인수되었고, 기타 다른 어음은 브라질, 미국, 캐나다, 서인도 등과의 거래에 종사하는 여러 유형의 상인들에 의해 인수되었다. …… 리버풀 상인들이 서로 간에 어음을 발행하는 경우는 없었고, 그들로부터 상품을 구매하는 국내 고객들이 그 대금을 런던 은행에 대한 어음이나 런던의 다른 상회에 대한 어음 혹은 다른 누군가에 대한 어음으로 지불하는 경우가 많았다. 잉글랜드은행의 통고는 판매되는 외국 상품을 담보로 한 어음의 유통기간을 단축하는 결과를 가져왔는데 대개 이들 어음의 유통기간은 3개월 이상인 경우가 많았다. (26, 27쪽)

영국의 1844~47년 호황기는 위에서 말한 바와 같이, 최초의 대규모 철
M425 도 투기와 관련되어 있었다. 그것이 사업 전반에 미친 영향에 관해서 위의
보고서는 다음과 같이 쓰고 있다.

1847년 4월 거의 모든 상업회사들은 그들 상인자본의 일부를 철도에 투
자함으로써 그들의 사업을 다소 궁핍하게 만들기 시작했다.(41, 42쪽) ──
철도주식을 개인이나 은행 혹은 보험회사 등에 담보로 맡길 경우에는 비록
높은 이자율이긴 하지만, 예를 들어 8%에 대부를 받을 수 있었다.(66, 67
쪽) 철도에 대한 이들 회사의 투자가 매우 컸기 때문에 이들 회사는 다시
그들의 사업을 계속해나가기 위해서 어음할인을 통해 은행으로부터 그만
한 액수의 자본을 빌려야만 했다.(67쪽) ──(질문:) 귀하는 철도주식에 대한
대금 불입이 {1847년} 4월과 10월의 {화폐시장에서의} 자금압박에 많은 영
향을 미쳤다고 하는 데 대해 어떻게 생각하는가? (대답:) 나는 그것이 4월의
자금압박에 아무 영향도 미치지 않았다고 믿는다. 내 생각에는 그것이 4월
까지는, 그리고 아마도 여름까지는, 은행가들을 약화하기보다는 강화하였
다고 본다. 왜냐하면 실제의 화폐사용은 주식대금 불입만큼 그렇게 급속하
게 이루어지는 것이 전혀 아니기 때문이다. 따라서 그 결과 대부분의 은행
들은 연초에 엄청난 액수의 철도자금을 수중에 가지고 있었다. {이런 사실
은 『상업불황위원회: 1848~57년』에 실려 있는 은행가들의 무수한 진술들
에서 그대로 입증되고 있다.} 이 자금은 여름 동안에 점차 줄어들기 시작하
였고 12월 31일에는 완전히 줄어들어 있었다. 10월의 자금압박의 한 원인
은 은행의 수중에서 철도자금이 점차 줄어들었기 때문이다. 4월 22일에서
12월 31일 사이에 우리 수중에 있던 철도자금은 $\frac{1}{3}$ 이 감소하였다. 철도 주
식대금의 불입은 영국 전체에 이런 영향을 파급시켰다. 그것은 점차 은행
의 예금을 갉아먹었던 것이다.(43, 44쪽)

새뮤얼 거니(Samuel Gurney: 매우 악명 높은 오버렌드 거니 회사의 사

장)까지도 다음과 같이 이야기한다.

1846년 철도부문의 투자를 위한 자본수요는 현저하게 증가하였지만 그 것이 이자율을 상승시키지는 않았다. 소액자본들이 모여서 대자본을 이루는 경향이 나타났고 이런 대자본이 우리 시장에서 사용되었다. 그리하여 전체적으로 볼 때 런던 시티의 화폐시장에는 몰려든 돈은 늘었는데 그것이 흘러 나가지는 않는 결과가 빚어졌다.〔159쪽〕

리버풀 주식은행(Riverpool Joint Stock Bank)의 이사인 호지슨(A. Hodgson)은 어음이 어떻게 해서 은행가의 준비금을 이룰 수 있는지를 잘 보여준다.

우리가 다른 사람들로부터 받은 모든 예금과 화폐 중 적어도 $\frac{9}{10}$ 는 우리 금고 속에서 그날그날 만기일에 도달한 어음들로 채워져 있는 것이 상례였다. …… 그래서 공황 동안에 매일매일 만기에 도달한 어음들로부터 벌어들이는 수익이 매일 우리가 요구받는 지불청구 액수와 거의 맞먹을 정도였다.(53쪽)

투기어음.

M426

제5092번. 누구로부터 주로 어음(판매된 면화에 대한 어음)을 인수하는가? {이 책에서 자주 이름이 거론되는 면화공장주 가드너의 대답:} 상품중개인이다. 상인은 면화를 구매하여 이를 중개인에게 넘기고 이 중개인을 인수자로 하는 어음을 발행하여 그 어음을 할인한다. 제5094번. 그렇다면 이 어음은 리버풀의 은행에 가지고 가서 거기에서 할인을 받는가?─그렇다. 물론 다른 곳에서도 하지만 …… 주로 리버풀의 은행들이 해주는 이런 어음할인이 없었다면 내가 보기에 전년도 면화가격은 파운드당 1.5~2펜스가량 더 낮았을 것이다.──제600번. 당신은 투기업자들이 리버풀의 면화중개인들을 인수자로 하는 어음을 무수히 발행하여 이를 유통시켰다고 말하였다. 그렇다면 면화 이외의 다른 식민지 생산물들을 담보로 한 어음들에 이들 투기업자들이 대부한 것도 이것과 마찬가지 경우인가?──{리버풀 은행가 호지슨의 대답:} 그러한 투기업자의 어음발행은 모든 종류의 식민지 생산물들과 관련되어 있지만 면화의 경우는 매우 특수한 것이다.──제601번. 은행가로서 당신은 이런 종류의 어음을 기피하려 하였는가?──전혀 그렇지 않다. 우리는 그런 어음을 적당한 양으로 보유하기만 한다면 완전히 온전한 어음으로 간주하였다. …… 이런 종류의 어음은 자주 만기가 갱신되었다.

1847년 동인도와 중국 시장에서의 협잡행위──찰스 터너(Ch. Turner: 리버풀의 한 일급 동인도상사의 사장).

우리 모두는 모리셔스(Mauritius)와의 거래 및 이것과 비슷한 다른 거래들과 관련하여 발생한 사고들을 잘 알고 있다. 중개인들이 관례로 삼고 있던 상품대부 가운데에는, 가장 정상적인 것으로 상품이 도착한 후에 이 상품을 담보로 발행한 어음을 결제하기 위한 대부가 있었고 그 밖에 선하증권에 대한 대부가 있었으며 …… 아직 선적되지 않은 상품에 대한 대부나 심지어 어떤 경우에는 아직 생산도 되지 않은 상품에 대한 대부도 있었다. 예를 들어 나는 캘커타에서 특수한 경우에 처하여 6,000~7,000파운드스털링어치의 어음을 구매한 적이 있다. 이들 어음대금은 모리셔스로 부쳐져서 거기에서 사탕무를 재배하는 데 사용되었다. 그 어음들을 영국으로 가져왔더니 그 가운데 절반이 지불을 거절당하였다. 이 어음의 지불대금이 되어야 할 사탕무의 선적이 끝나고 나서 밝혀진 사실인데, 이 사탕무는 사실 그것이 선적도 되기 전에〔말하자면 그것이 아직 가공되기도 전에〕이미 제3자에게 저당잡혀 있었던 것이다.(78쪽) 동인도시장으로 보내는 상품들에 대해서는 최근 공장주들이 현금지불을 요구하고 있다. 그러나 거기에는 조금 더 언급되어야 할 부분이 있다. 즉 만일 구매자가 런던에 몇 개의 신용계좌를 가지고 있을 경우에는, 그는 런던 지역을 상대로 어음을 발행하여 이 어음을 최근 할인율이 떨어진 그곳 런던에서 할인받는다. 그리하여 그는 그렇게 손에 넣은 현금을 공장주에게 지불하게 된다. ······ 인도로 상품을 발송하여 그곳으로부터 그 대금을 받을 수 있기까지는 최소한 12개월이 소요된다. ······ 인도와의 거래를 시작하는 어떤 사람이 10,000~15,000파운드스털링을 가지고 한 런던 상사와 상당한 액수의 신용약정을 체결한다. 그는 이 상사에 대해 1%를 주는 대신 그가 인도로 발송한 상품대금을 이 런던 상사에게로 넘기는 조건하에 이 런던 상사를 인수자로 하는 어음을 발행한다. 그러나 이때 양자는 암묵리에 그 런던 상사가 아무런 실질적인 대부를 할 필요가 없다는 것을 서로 양해하고 있다. 즉 그 어음은 상품대금이 도착할 때까지 연장된다. 그런 어음들은 리버풀, 맨체스터, 런던 등지에 M427 서 할인되고, 그 가운데 상당수는 스코틀랜드 은행의 수중에 들어간다.(79쪽)—제786번. 최근 런던에서 파산한 한 상사가 있는데, 이 상사의 회계장부를 감사한 결과 다음과 같은 사실이 밝혀졌다. 여기 한 회사는 맨체스터에 있고 다른 한 회사는 캘커타에 있다. 이들은 똑같이 런던 상사에 20만 파운드스털링의 신용을 개설해두고 있다. 즉 이 맨체스터 회사의 거래처들은 글래스고나 맨체스터로부터 캘커타 상사로 상품을 위탁판매 형식으로 발송하고 나서 런던 상사를 인수자로 하여 20만 파운드스털링 한도 내에서 어음을 발행한다. 동시에 약정에 따라 캘커타 상사도 런던 상사 앞으로 20만 파운드스털링 한도 내에서 어음을 발행한다. 캘커타 상사는 이 어음을 캘커타에서 판매하여 그 대금으로 다른 어음을 구매한 후 그 어음을 런던으로 보냄으로써, 런던 상사로 하여금 처음에 글래스고나 맨체스터에서 발행된 어음을 인수할 수 있도록 해준다. 이런 방식에 의해서 하나의 거래가 60만 파운드스털링의 어음을 세상에 내보내게 된다.—제971번. 만일 캘커타의 한 상사가 오늘 1회 선적분의 (영국으로 보낼) 상품을 구매하고 그 상품대금으로 자신의 런던 거래처를 인수자로 하는 어음을 지불한 다음, 그 선적상품의 선하증권을 런던으로 발송한다면 이 선하증권은 그들 거래처들에게 즉시 롬바드 가의 대부자금을 끌어오는 데 이용될 수 있다. 따라서 그들 상사는 그들의 거래처가 그 어음을 결제하기 전에 8개월 동안 현금을 이용할 수 있게 된다.

IV. 1848년에 1847년 공황의 원인을 조사하기 위한 상원 비밀위원회가 구성되었다. 그러나 이 위원회에서 이루어진 증언들은 1857년이 되어서야 겨우 공표되었다(『상업불황위원회: 1848~57년』이라는 약칭으로 인용됨). 여기에서 유니언 뱅크 오브 리버풀의 지배인이었던 리스터는 다음과 같이 진술하고 있다.

제2444번. 1847년 봄에 엄청난 신용의 팽창이 일어났는데 …… 이는 사업가들이 그들의 자본을 철도사업에 이전시켰으면서도, 이전에 확장해놓았던 그들 본래의 사업도 계속 꾸려나가려고 하였기 때문이다. 아마도 처음에는 누구나 철도주식을 이윤을 붙여서 팔 수 있으리라 믿었을 것이고 따라서 본래의 사업부문에 들어간 돈도 그것을 통해 보충할 수 있으리라고 믿었을 것이다. 그러나 그것이 불가능해지자 과거에는 현금으로 꾸려나가던 자기 사업에 신용을 끌어들이게 되었을 것이다. 신용팽창은 이렇게 발생하였다.

제2500번. 어음을 인수한 은행들이 손실을 본 어음은 주로 곡물이나 면화를 담보로 한 어음들이었는가? …… 그것은 모든 종류의 생산물들을 담보로 한 어음들이었다. 즉 곡물, 면화, 사탕무, 그리고 기타 모든 종류의 생산물들이 다 망라되었다. 당시에 가격이 하락하지 않은 생산물은 기름을 제외하고는 거의 없었다.—제2506번. 어음을 인수하는 중개인은, 담보로 제공되는 상품의 가격이 하락한 경우에도 담보액이 충분치 않을 때에는 어음을 인수하지 않는다.

제2512번. 생산물에 대해서는 두 가지 어음이 발행되었다. 첫째 종류는 해외로부터 수입업자를 인수자로 하여 발행되는 본래의 어음이다. …… 이렇게 생산물에 대해서 발행되는 어음은 대개 생산물이 도착하기 전에 만기가 되어버리는 경우가 많았다. 따라서 상인은 상품이 도착했을 때 충분한 자본을 가지고 있지 못한 경우, 그 상품을 모두 판매할 수 있을 때까지 중개인에게 그 상품을 저당잡히지 않으면 안 된다. 이리하여 그 상품을 담보로 리버풀 상인은 중개인을 인수자로 하는 또 다른 종류의 어음을 즉시 발행하게 된다. …… 그런 다음 중개인에게, 그가 그 상품을 담보로 할 것인지의 여부와 한다면 얼마만큼을 대부해줄 것인지를 확신시켜주는 일은, 은행가의 일로 남는다. 은행가는 손실이 발생할 경우 중개인이 회수할 수 있는 담보물을 잡았는지를 확인해야만 한다.[M428]

제2516번. 우리는 외국으로부터의 어음도 받는다. …… 누군가가 해외에서 영국을 인수자로 하는 어음을 구매하여 이를 영국에 있는 한 상사에 보낸다. 우리는 그 어음이 정상적으로 발행된 것인지 아닌지, 그리고 그것이 실제 생산물을 대표하는 것인지 아니면 허깨비인지를 알아낼 수가 없다.

제2533번. 당신은 거의 온갖 종류의 해외 생산물이 큰 손실을 입고 판매되었다고 하였다. 당신은 그런 사태가 이들 생산물에 대한 부당한 투기의 결과라고 믿는가?―그런 사태는 매우 많은 양이 수입되었지만 그것을 모두 소화해낼 만큼의 소비가 없었기 때문에 발생한 것이다. 모든 면에서 소비가 현저하게 부족했기 때문이다.―제2534번. 10월에는 생산물들이 거의 판매되지 않았다.

공황이 그 정점에 도달했을 때 전반적으로 이를 모면한 사람들이 어떻게 그럴 수 있었는가에 대해서는 위의 보고서 속에서 이 방면의 일급 전문가이자 약삭빠른 퀘이커교도이기도 한 오버렌드 거니 회사의 사장 거니가 잘 말해준다.

제1262번. 공황이 한창일 때 자신의 은행권으로 얼마나 수익을 올릴 수 있을지, 혹은 자신이 보유하고 있는 국고채권이나 3%짜리 공채를 판매하면서 1% 손해를 볼 것인지 아니면 2% 손해를 볼 것인지를 물어보는 상인은 없다. 일단 그가 공포에 휩싸이고 나면 이미 수익이나 손실은 전혀 문제가 되지 않는다. 다른 사람들이 무엇을 하든 그는 오직 자신의 안전만을 염두에 둔다.

V. 두 개의 시장 상호 간의 공급과잉에 대해서 동인도와의 거래에 종사하는 상인인 알렉산더(N. Alexander)는 1857년 은행법 하원위원회에서 (『은행법위원회: 1857년』이라는 약칭으로 인용됨) 다음과 같이 말한다.

제4330번. 만일 내가 맨체스터에서 6실링을 투자한다면 나는 즉시 5실링을 인도에서 되돌려 받는다. 만일 내가 6실링을 인도에서 투자한다면 즉시 나는 5실링을 런던에서 되돌려 받는다.

따라서 그 결과 인도 시장은 영국에 의해서, 영국 시장은 인도에 의해서 동시에 공급과잉이 발생한다. 바로 이런 현상이 1857년 여름에 그대로 나타났는데 이는 1847년의 그 혹독한 경험이 지나간 지 10년도 채 못 되어서 일어난 것이다.

제26장

화폐자본의 축적과 그것이 이자율에 미치는 영향

영국에서는 추가적인 부에 의해 끊임없이 축적이 이루어지고 있는데 이 _{M429} 러한 축적은 궁극적으로 화폐형태를 취하는 경향이 있다. 그러나 화폐를 획득하고자 하는 소망 다음으로 절박한 소망은 이 화폐를 다시 풀어서 어떤 종류의 투자를 함으로써 이자나 이윤을 벌어들이고자 하는 소망이다. 왜냐하면 화폐가 화폐로만 머물러서는 아무것도 벌어들이지 못하기 때문이다. 따라서 만일 과잉자본의 이러한 끊임없는 유입과 동시에, 그런 자본의 사용영역이 서서히 그리고 충분히 확대되지 않는다면, 우리는 투자할 곳을 찾는 화폐의 주기적인 축적을 방치할 수밖에 없을 것이고 그 결과 그러한 주기적 축적은 그때그때의 상황에 따라서 커지기도 작아지기도 할 것이다. 여러 해에 걸쳐서 국채는 영국의 남아도는 부를 흡수하는 주요한 수단이었다. 국채가 1816년 그 최대 액수에 도달하고 나서 흡수수단으로 더는 작용하지 않게 된 이래로, 매년 최소한 2천 7백만 파운드스털링이 다른 투자 기회를 찾아 나서게 되었다. 게다가 다양한 형태의 자본상환이 발생하였다. …… 운영에 대규모 자본이 소요되고 때때로 놀고 있는 과잉자본을 흡수하는 기업들은 …… 적어도 우리나라에서는, 일상적인 투자영역에 전혀 발붙이지 못하는 과잉상태의 사회적 부가 주기적으로 누적되는 것을 해소하는 데 절대적으로 필요한 존재들이다.(『통화이론 논평』, 런던, 1845, 32~34쪽)

1845년에 대하여 같은 책에서는 다음과 같이 쓰고 있다.

매우 짧은 기간에 물가는 불황의 최저점에서 급속히 솟아올랐다. …… 3% 국채는 거의 액면가를 회복하였다. …… 잉글랜드은행의 지하실에 저장된 금은 과거 어느 때보다 더 큰 액수에 달해 있다. 모든 주식은 거의 미증유의 가격으로까지 치솟아올라 있고 이자율은 거의 명목에 불과한 수준으로까지 떨어졌다. …… 모든 것이 영국에서 다시 한 번 남아도는 부가 상당량 축적되었다는 것, 그리고 투기가 과열되는 시기가 다시 한 번 우리 가까이에 다가와 있다는 것을 보여주고 있다.(36쪽)

M430 금의 수입이 외국무역의 수익 때문이라는 분명한 징표는 전혀 없지만 그럼에도 달리 이를 설명해줄 방법이 없는 상황에서 그 수익이 이런 금 수입의 일부를 대표하고 있다는 것은 분명한 사실이다.(허버드J. G. Hubbard, 『통화와 국가』, 런던, 1843, 40, 41쪽)

경기가 좋고 물가는 안정되어 있으며, 화폐유통도 원활한 어떤 시기에 흉작이 들어서 5백만 파운드스털링의 금을 수출하고 그만한 액수의 곡물을 수입한다고 가정해보자. 그럴 경우 통화는 {여기에서 통화란, 이제 곧 밝혀지겠지만 유통수단을 가리키는 것이 아니고 놀고 있는 화폐자본을 가리킨다.} 그 액수만큼 감소하게 된다. 일반 개인의 수중에 있는 통화량은 여전히 불변일 수 있지만 은행에 예치된 상인들의 예금이나 화폐중개인에게 예치된 은행들의 잔고, 그리고 은행금고에 들어 있는 준비금 등은 모두 감소할 것이다. 그리고 유휴자본액의 이러한 감소의 직접적인 결과는 이자율의 상승〔예를 들어 4%에서 6%로〕으로 나타날 것이다. 경기가 나쁘지 않기 때문에 신용도에는 영향이 없겠지만 신용의 가격은 더 높아질 것이다.(같은 책, 42쪽) 상품가격이 전반적으로 하락한다면, 과잉화폐는 예금증가의 형태로 은행으로 환류할 것이며, 유휴자본의 과잉으로 이자율은 최저수준으로 하락할 것이다. 이런 상태는 물가가 상승할 때까지 그리고 경기가 활성화되면서 유휴화폐가 사용될 때까지 혹은 또 유휴화폐가 해외 유가증권이나 해외 상품에 대한 투자에 의해 흡수될 때까지 계속될 것이다.(68쪽)

다음은 다시 『상업불황위원회: 1847~48년』에서 발췌한 것이다. ─ 1846~47년의 흉작과 기근으로 식량의 대량 수입이 필요해졌다.

따라서 수입이 수출을 크게 초과하고 …… 따라서 은행에서 현저한 화폐 유출이 발생하고 어음을 할인해야 하는 사람들이 어음할인 중개인에게 쇄도하는 등의 현상이 나타났다. 어음할인 중개인들은 어음을 더욱 엄격히 검사하기 시작하였다. 이제까지는 손쉬웠던 융자가 매우 심하게 제한을 받게 되었으며 취약한 상사들 가운데 도산하는 업체가 나타났다. 전적으로 신용에 의존하던 상사들은 파산하였다. 이는 이미 이전부터 감지되던 불안감을 가중하였다. 은행가들과 금융업자들은, 자신들의 채무를 이행하기 위해 그들의 어음과 기타 유가증권들을 은행권으로 바꾸어주는 것이 과거만큼 확실하게 진행될 수 없다는 것을 알았다. 그들은 융자를 더욱 제한하였으며 딱 잘라 거절하는 경우도 잦아졌다. 많은 경우 그들은 앞으로 닥쳐올 채무 결제를 위해 은행권을 묶어두었다. 그들은 좀처럼 은행권을 풀려고 하지 않았다. 불안과 혼란은 날로 증가하였으며 만일 존 러셀(John Russell)의 편지가 없었더라면 전반적인 파산이 닥쳤을 것이다.(74, 75쪽)

러셀의 편지는 은행법을 유보시켰다. ─ 앞에서 언급한 바 있는 찰스 터너는 다음과 같이 말한다.

많은 상사들은 큰 자산을 가지고 있었지만 그것은 유동자산이 아니었다. 그들의 자본은 모리셔스의 토지나 인디고 공장 혹은 설탕 공장 등에 묶여 있었다. 따라서 그들은 일단 50만~60만 파운드스털링의 채무를 지고 나면, 그에 대한 어음을 지불할 유동자산을 전혀 가지고 있지 않았기 때문에 M431 결국 신용을 통해서만 그리고 바로 그 신용이 허용하는 한도 내에서만 자신들의 어음을 결제할 수 있으리라는 것이 빤히 드러났다.(81쪽)

역시 앞서 언급한 새뮤얼 거니도 다음과 같이 말한다.

〔제1664번〕현재로는(1848년) 거래의 축소와 화폐의 과잉이 지배적이다. ─제1763번. 나는 이자율이 그렇게 높이 상승한 것이 자본부족 때문이라고는 생각하지 않는다. 그것은 은행권을 얻기 어려운 데서 온 두려움 때문이라고 생각한다.

1847년 영국은 식량 수입 대금으로 최소한 9백만 파운드스털링의 금을 외국에 지불하였다. 그 가운데 750만 파운드스털링은 잉글랜드은행에서 그리고 150만 파운드스털링은 다른 곳에서 조달되었다.(301쪽)─잉글랜드은행의 총재 모리스(J. Morris)는 이렇게 말한다.

1847년 10월 23일에 공공기금과 운하 및 철도 주식은 이미 114,752,225 파운드스털링만큼 가치가 하락해 있었다.(312쪽)

바로 그 모리스에게 벤팅크(G. Bentinck)는 다음과 같이 질문한다.

〔제3846번〕당신은 유가증권이나 온갖 종류의 생산물에 투자된 모든 자본이 바로 그것과 똑같은 방식으로 가치절하된 사실을 모르는가? 즉 면화, 생사, 양모 등의 원료들이 그런 헐값에 대륙으로 팔려 나가고 설탕, 커피,

차 등이 강제 매각을 통해 처분되어버린 사실을 모르는가?─정부가 엄청난 식량 수입으로 야기된 금의 유출을 상쇄하기 위해서 상당한 희생을 몰고 온 것은 불가피한 일이었다.─당신은 그런 희생들을 통해 금을 도로 채워 넣는 것보다 오히려 은행금고 속에 누워 있는 8백만 파운드스털링의 화폐를 푸는 것이 더 나았으리라고는 생각하지 않는가?─나는 그렇게 생각하지 않는다.

그렇다면 이제 이러한 영웅주의에 대한 주석을 보도록 하자. 디즈레일리(B. Disraeli)는 잉글랜드은행의 전(前) 총재이자 현재 그 은행의 이사인 코튼(W. Cotton)에게 다음과 같은 질문들을 던지고 있다.

1844년 은행 주주들에 대한 배당은 얼마였는가?─연 7%였다.─그리고 1847년 배당은?─9%─은행은 금년도에 주주들에 대한 소득세를 지불하는가?─물론이다.─1844년에도 지불했는가?─그때는 지불하지 않았다.[83]─그렇다면 이 은행법은(1844년의) 주주들의 이해에 매우 큰 영향을 미쳤다. …… 즉 결과적으로 새로운 은행법이 도입된 이후부터 주주들에 대한 배당은 7%에서 9%로 상승하였고 게다가 과거에는 주주가 지불해 M432 야 했던 소득세마저도 이제는 은행이 지불하게 된 것이 아닌가?─전적으로 맞는 말이다(제4356~4361번).

1847년 공황 동안 은행들의 화폐축장에 대해서 지방은행가 피즈는 이렇게 말한다.

---

83) {말하자면 과거에는 배당이 먼저 확정되고, 그 다음에 개별 주주들에 대한 배당액이 지불될 때 그 배당에서 소득세가 공제되었다. 그러나 1844년 이후에는 은행의 총이윤에서 세금이 공제되고, 그런 다음 배당은 '소득세가 면제'(free of Income Tax)된 형태로 이루어졌다. 따라서 동일한 명목배당율이라 하더라도 후자의 경우가 그 세금 액수만큼 배당이 더 높아진 것이다.}

제4605번. 잉글랜드은행이 이자율을 계속해서 더 높이지 않을 수 없었기 때문에 불안감은 널리 확산되었다. 그리하여 지방은행들은 화폐 보유액과 은행권 보유액을 증가시켰으며, 보통 때 같으면 아마도 단지 200~300파운드스털링의 금이나 은행권만을 가지고 다녔을 우리들 중 많은 사람들도 수천 파운드스털링씩을 금고나 책상 서랍에 넣어두었다. 그것은 시장에서 어음의 유통능력과 할인 가능 여부에 대한 불확실성이 매우 널리 퍼져있었기 때문이다. 그리하여 전반적인 화폐축장이 이루어졌다.

위원 가운데 한 사람은 다음과 같이 지적한다.

제4691번. 최근 12년간 원인이 무엇이었든 그 결과는, 생산에 종사하는 계급보다는 유태인과 화폐거래업자들에게 더 유리한 것이었다.

화폐거래업자가 공황 동안에 얼마나 심하게 착취하였는가에 대해서 투크는 다음과 같이 이야기한다.

워릭셔(Warwickshire)와 스태퍼드셔(Staffordshire)의 철물업에서는 1847년 매우 많은 상품 주문이 반납되었는데 이는 공장주들이 자기 어음의 할인을 위해 지불해야 하는 이자율이 그의 이윤 전체를 먹어치우고도 모자랄 정도였기 때문이다.(제5451번)

이제 우리는 이미 앞서 인용된 바 있는 또 다른 의회 보고서인 『은행법 특별위원회 보고서』(하원에서 상원으로 이송, 1857년: 이하 『은행법위원회: 1857년』으로 인용)를 살펴보기로 하자. 거기에서 잉글랜드은행의 이사이자 통화주의자들[68]의 주도적인 인물인 노먼(G. W. Norman)은 다음과 같이 심문을 받는다.

제3635번. 당신은 이자율이 은행권의 양이 아니라 자본의 수요와 공급에 의존한다고 하였다. 그렇다면 은행권과 경화(硬貨, Hartgeld: 금과 연계된 화폐로 이른바 태환화폐를 가리킴-옮긴이) 이외에 당신이 자본으로 간주하는 것은 어떤 것인가?─내 생각에 자본의 통상적인 정의란 생산에 사용되는 상품 혹은 용역이다.─제3636번. 당신이 이자율을 이야기할 때 당신이 말하는 자본 속에는 모든 상품이 포함되는가?─그렇다, 생산에 사용되는 모든 상품이 포함된다.─제3637번. 당신이 이자율을 이야기할 때 당신이 말하는 자본 속에는 그런 모든 상품이 포함된다는 말인가?─물론이다. 만일 한 면직업자가 자신의 공장에서 쓸 면화가 필요하다면 그가 그 면화를 조달하는 방법은 아마도 우선 은행가에게 대부를 얻어서 그를 통해 획득한 은행권을 가지고 리버풀로 가서 거기에서 구매하는 경로를 거칠 것이다. 그에게 실제 필요한 것은 면화이며, 은행권이나 화폐는 면화를 획득하기 위한 수단일 뿐 이 외에는 필요치 않다. 또는 그가 노동자에게 지불을 하기 위한 수단이 필요할 경우, 그는 다시 은행권을 차입하여 이 은행권으로 노동자들에게 임금을 지불한다. 그리고 노동자들의 입장에서는 식량과 주택이 필요하고 화폐는 바로 이를 위해 지불되는 수단이다.─제3638번. 그러나 화폐에 대해서는 이자가 지불되지 않는가?─일차적으로는 그렇다. 그러나 다른 경우를 한번 생각해보자. 만일 그 면직업자가 은행에서 대부를 얻지 않고 신용으로 면화를 구매한다고 가정해보자. 그럴 경우 현금지불 시의 면화가격과 신용구매 시 만기일의 면화가격 간의 차이가 이자의 기준이 된다. 즉 화폐가 존재하지 않았는데도 이자는 존재하게 된다.

자만에 가득찬 이런 허튼소리는 역시 통화주의의 주도적 인물다운 이야기이다. 그렇다면 은행권이나 화폐가 무엇인가를 구매하기 위한 수단이며, 그것 자체만을 위해서 차입되는 것은 아니라는 그 천재적인 발견에 입각할 때 이자율은 무엇에 의해 규제되는 것일까? 그것은 우리가 이제까지 단지 상품의 시장가격을 규제하는 것으로만 알아왔던 바로 그 상품의 수요와 공급에 의해 규제되는 것이 된다. 그러나 상품의 시장가격이 불변일 때도 이자율은 계약에 따라 완전히 달라질 수 있다.──그리하여 여기에서 교활함이 한 걸음 더 나아가게 된다. "그러나 화폐에 대해서는 이자가 지불되지 않는가?"라는 올바른 지적 속에는 당연히 다음과 같은 질문이 포함되어 있다. 즉 상품을 전혀 취급하지 않는 은행가가 획득하는 이자가 이들 상품과 무슨 관계가 있는가? 그리고 차입한 돈을 완전히 서로 다른 시장〔즉 생산에 사용되는 상품의 수급관계가 완전히 서로 다른 시장〕에 투자하는 제조업자들이라 할지라도 이들이 차입하는 돈에 대한 이자율은 모두 동일한 것이 아닌가?──이러한 질문들에 대해 목에 힘이 들어간 이 천재는, 만일 제조업자가 면화를 신용으로 구매할 경우에는 "현금지불 시의 면화가격과 신용구매 시 만기일자의 면화가격 간 차이가 이자의 기준이 된다"고 지적한다. 그러나 실제는 그 반대이다. 즉 기존 이자율이야말로(노먼이 설명하려 했던 것이 바로 이것의 규제에 관한 것이었다) 현금지불 시의 가격과 신용구매 시 만기일자의 가격 간의 차이의 기준인 것이다. 우선 면화는 현금지불 가격으로 판매되어야 하고 그 가격은 그 자체 수요와 공급 상황에 의해 규제되는 시장가격에 의해서 정해진다. 만일 그 가격이 1,000파운드스털링이라고 해보자. 구매와 판매의 경우 이 가격이 정해지는 것은 제조업자와 면화중개인 간에 거래가 성립되고 나서이다. 이제 여기에 또 하나의 거래가 추가된다. 그것은 대부자와 차입자 간의 거래이다. 1,000파운드스털링의 가치가 제조업자에게 면화형태로 대부되고 제조업자는 그 가치를 예를 들어 3개월 후에 화폐형태로 상환해야 한다. 그런 다음 시장이자율에 의해 결정되는 1,000파운드스털링에 대한 3개월간의 이자는 현금지불 시의 면화가격에 비용으로 추가된다. 면화가격은 수요와 공급에 의해 결정된다. 그러나 1,000파운드스털링어치 면화

M434 가치의 3개월 동안의 대부가격은 이자율에 의해 결정된다. 그리고 이처럼 면화 그 자체가 화폐자본으로 전화한다는 사실을 노먼은 화폐가 존재하지 않을 경우에도 이자가 존재하게 된다는 이야기로써 그대로 입증해주

고 있다. 그러나 만일 화폐가 존재하지 않는다면 일반이자율도 결코 존재하지 않게 될 것이다.

그에게는 우선 '생산에 사용되는 상품'으로서의 자본이라고 하는 속류적인 생각(표상)이 자리한다. 이들 상품이 자본으로 기능하는 한, 상품으로서 그것의 가치와 구별되는 **자본**으로서 그것의 가치는 그것이 생산부문이나 상업부문에서 운용됨으로써 만들어내는 이윤을 통해서 표현된다. 그리고 이윤율은 어떤 조건에서도 항상 구매된 상품의 시장가격과 그것의 수요·공급 상황과 관련되게 마련이지만 그 밖에도 많은 다른 조건들에 의해서 결정된다. 또한 이자율이 일반적으로 이윤율을 자신의 한계(상한선)로 한다는 것은 의심할 여지가 없는 사실이다. 그러나 노먼은 바로 이 한계가 어떻게 결정되는지를 우리에게 말해주어야만 한다. 이 한계는 자본의 다른 형태와 **구별되는** 화폐자본의 수요와 공급에 의해 결정된다. 그렇다면 그 다음에는 다음과 같은 물음이 제기된다. 즉 화폐자본의 수요와 공급은 어떻게 결정되는가? 실물자본의 공급과 화폐자본의 공급 간에 비밀스러운 결합이 존재한다는 사실과, 산업자본가의 화폐자본에 대한 수요가 실제 생산조건에 의해 결정된다는 사실에는 의심의 여지가 없다. 그런데 노먼은 이에 대해서는 우리에게 아무런 설명도 하지 않고, 단지 화폐자본에 대한 수요와 화폐 자체에 대한 수요는 동일하지 않다는 성현의 말씀만 던져놓고 있다. 이 같은 성현의 말씀만 하게 된 것은, 그를 비롯해서 오버스톤이나 다른 통화주의 예언자들이 항상 인위적인 법적 개입을 통해서 유통수단 그 자체로부터 자본을 만들어내고 또 이자율을 높이려고 한 것에 대해 양심의 가책을 느끼고 있었기 때문이다.

이제는 일명 새뮤얼 존스 로이드(Samuel Jones Loyd)라고도 불리는 오버스톤에게 눈을 돌려 그가 국내에 '자본'이 귀한 것을 빌미로 자신의 '화폐'에 대해 10%의 이자를 취했던 그 이유를 어떻게 설명하는지 들어보자.

제3653번. 이자율의 변동은 다음 두 가지 원인 중 한 가지로부터 발생한

다. 즉 하나는 자본가치의 변동이며

(정말 탁월하다! 일반적으로 말해 자본의 가치는 바로 이자율이 아닌가! 따라서 여기 이 말은 이자율의 변동이 곧 이자율의 변동으로부터 발생한다는 이야기가 된다. 우리가 앞서 보여준 바와 같이 '자본의 가치'는 이론적으로 전혀 달리 파악되지 않는다. 혹은 그게 아니라 오버스톤이 자본의 가치를 이윤율로 이해한 것이라면 이 사려 깊은 사상가는 이자율이 이윤율에 의해 규제된다는 것으로 되돌아가버린 셈이다!)

M435 또 하나는 기존 국내 화폐총액의 변동이다. 대개 이자율 변동 가운데 큰 변동[즉 변동기간이 오래 지속되는 것이거나 변동폭이 큰 것]은 모두가 명백히 자본의 가치변동으로부터 발생하는 것들이다. 이것을 정확하게 입증해줄 가장 대표적인 사례로는 1847년과 최근 2년간(1855~56년)의 이자율 상승을 들 수 있다. 한편 이자율의 비교적 작은 변동[즉 지속기간이 짧고 변동폭도 작은 변동]은 대개 기존 화폐총액의 변동으로부터 발생한다. 이 변동은 자주 일어나며 그 빈도수가 잦을수록 그 목적에 더욱 효과를 발휘한다.

즉 오버스톤 같은 은행가들의 치부를 위한 목적에 더 효과를 발휘한다. 우리들의 친구 거니는 이에 대해 상원위원회(『상업불황위원회: 1848~57년』)에서 다음과 같이 매우 소박하게 표현하고 있다.

제1324번. 당신의 견해로는 지난해에 있었던 이자율의 큰 변동이 은행가와 화폐거래자 들에게 유리한가, 혹은 그렇지 않은가?—내 생각에 그것은 화폐거래자들에게 유리했다. 거래에서 발생하는 모든 변동은 그 내용에 정통해 있는 사람들에게 유리하기 마련이다.—제1325번. 그러나 이자율이 높을 경우 은행가들은 궁극적으로 우수한 고객들이 가난해짐으로써 손실을 보게 되는 것이 아닌가?—아니다. 내가 보기에 그런 영향은 그렇게 크지 않다.

이것이 바로 내가 이야기하려는 점이다.

우리는 다시 기존 화폐총액이 이자율에 미치는 영향으로 되돌아가보자. 그러나 우선 우리는 오버스톤이 이 부분에서 다시 하나의 착각을 범하고 있다는 점을 지적해야만 하겠다. 즉 1847년의 화폐자본에 대한 수요 증가는(10월 이전까지만 해도 위에서 그가 말한 '기존 화폐총액'의 부족에 대한 우려는 전혀 일어나지 않았다) 여러 다양한 원인들에 기인하였다. 말하자면 곡물가격의 등귀, 면화가격의 상승, 과잉생산으로 인한 설탕의 판매 불능, 철도투기와 파국, 해외 면직물시장의 공급과잉, 그리고 (위에서 이미 언급한) 오로지 공수표 사용만을 위한 인도로의 강제 수출과 인도로부터의 강제 수입 등에 복합적으로 기인하는 것이다. 농업부문의 과소생산과 공업부문의 과잉생산이라는 이런 모든 원인들〔즉 완전히 서로 다른 여러 원인들〕이 화폐자본에 대한 수요〔곧 신용과 화폐에 대한 수요〕를 증가시켰다. 화폐자본에 대한 수요증가는 생산과정 그 자체의 진행과정 속에 그 원인이 있었다. 그러나 그들 원인이 무엇이든 간에 화폐자본에 대한 수요는 바로 이자율〔즉 화폐자본의 가치〕을 상승시켰다. 만일 오버스톤이, 화폐자본의 가치가 상승하는 것은 그 가치가 상승하기 때문이라고 말하려 한다면 그것은 동어반복에 불과하다. 그러나 만일 그가 여기에서 '자본의 가치'의 상승을 이자율 상승의 원인인 이윤율의 상승으로 생각한다면, 그것도 역시 마찬가지로 오류로 드러날 것이다. 화폐자본에 대한 수요〔따라서 '자본의 가치'〕는 이윤이 하락하더라도 상승할 수 있다. 왜냐하면 화폐자본의 상대적인 공급이 감소하면 그것의 '가치'는 곧 상승할 것이기 때문이다. 오버스톤이 지적하고자 했던 것은 1847년 공황과 그 공황에 수반된 높은 이자율이 '기존 화폐량'과는 무관하다는 사실, 바꿔 말하면 그의 입김이 작용한 1844년 은행법[†64]의 규정들과는 무관하다는 사

M436

실이었다. 물론 은행준비금의 고갈(오버스톤의 창작물)에 대한 두려움이 1847~48년의 공황에 화폐공황을 추가했다는 점에서 사실상 그것이 무관한 것은 아니지만 그 점은 여기에서 문제의 핵심이 아니다. 문제는 기존의 통화량에 비해 지나친 운용액의 초과로 인해 화폐자본의 기근이 일어났고, 이를 더욱 심화한 것은 흉작과 철도부문 과잉투자, 특히 면직물의 과잉생산, 인도와 중국에서의 협잡거래, 투기, 설탕 과다수입 등으로 인한 재생산과정의 교란이었다는 사실이다. 곡물시세가 쿼터당 120실링일 때 곡물을 구매한 사람들에게 곡물시세가 60실링으로 떨어졌을 때 문제가 된 부분은 그들이 과도하게 지불한 60실링 부분이며, 이는 곧 곡물을 담보로 롬바드 가에서 대부받았던 액수 가운데 바로 그에 상당하는 액수의 신용을 가리킨다. 그들의 곡물을 과거 시세인 120실링의 가격에 화폐형태로 보전하는 것을 방해한 것은 전혀 은행권의 부족이 아니었다. 설탕을 과다하게 수입하여 이를 거의 판매할 수 없었던 사람들, 그리고 자신의 유동자본을 철도부문에 묶어버림으로써 자신의 '본래' 사업의 유동자본을 보충하기 위해 신용에 의존했던 사람들도 사정은 마찬가지였다. 오버스톤에게는 이런 모든 것이 '양심의 가책을 덜기 위한 핑계로서 자신의 화폐가치의 상승이라는' 형태로 표현되었다. 그러나 화폐자본의 이런 가치상승은 다른 한편 현실자본(상품자본과 생산자본)의 화폐가치 하락과 직접적으로 일치한다. 한 형태의 자본가치가 상승한 것은 다른 형태의 자본가치가 하락하였기 때문이다. 그러나 오버스톤은 서로 다른 이들 두 종류의 자본가치를 자본 일반의 단일한 가치와 동일시하려 하였는데, 특히 이를 위해 이들 두 종류의 자본이 똑같이 통화〔즉 기존 화폐〕의 부족에 당면한 것으로 상정하였다. 그러나 같은 액수의 화폐자본도 완전히 서로 다른 양의 유통수단으로 대부될 수 있다.

　이제 그가 들었던 1847년의 사례를 보기로 하자. 은행의 공식 이자율은 다음과 같았다. 1월 3~3.5%, 2월 4~4.5%, 3월 대부분 4%, 4월(공황) 4~7.5%, 5월 5~5.5%, 6월 전반적으로 5%, 7월 5%, 8월 5~5.5%, 9월 5%를

기준으로 5.25, 5.5, 6% 등으로 약간의 변동, 10월 5, 5.5, 7%, 11월 7~
10%, 12월 7~5%. ——이 경우 이자가 상승한 것은 이윤이 감소하고 상품의
화폐가치가 현저하게 하락하였기 때문이다. 따라서 만일 여기에서 오버
스톤이 1847년에 이자율이 상승한 것이 자본가치의 상승 때문이라고 말
한다면 그는 자본의 가치를 단지 화폐자본의 가치로만 이해하고 있는 것
인데 화폐자본의 가치는 곧 다름 아닌 이자율이다. 그러나 나중에 마각이
드러나면서 그에게서 자본의 가치는 이윤율과 동일시된다.

1856년의 그 높은 이자율에 관해서 오버스톤은 그것이 부분적으로 일
종의 신용중개인(Kreditritter)——자신의 이윤으로부터 이자를 지불하는 것
이 아니라 타인의 자본으로부터 이자를 지불하는—— 이 표면에 등장한 하
나의 징후라는 것을 사실상 알지 못했다. 그는 1857년의 공황이 있기 불과
몇 달 전까지만 해도 계속 "경기는 완전히 정상상태에 있다"고 주장하고
있었던 것이다.

또한 그는 다음과 같이 말한다.

제3722번. 이자율의 상승에 의해 사업이윤이 파괴당한다는 생각은 극히
잘못된 것이다. 그 이유는 첫째, 이자율의 상승은 오래 지속되는 경우가 거
의 없기 때문이며 둘째, 이자율의 상승이 장기간 지속되고 그 상승폭도 매
우 큰 경우라고 할지라도 그것은 본질적으로 자본가치의 상승이다. 이런
자본가치의 상승이 왜 일어나는가 하면 이윤율이 상승하기 때문이다.

그리하여 결국 여기에서 우리는 '자본가치'라고 하는 것이 무엇을 의
미하는지를 그에게 직접 듣게 된다. 게다가 또 이윤율은 장기간 높게 유지
되지만 기업가수익은 하락하고 이자율은 상승함으로써 이자가 이윤의 대
부분을 잠식해버리는 결과가 될 수도 있다.

제3724번. 이자율의 상승은 우리나라에서 사업이 크게 확장된 결과이자

이윤율이 대폭 상승한 결과이기도 하다. 그리고 만일 상승한 이자율이 그런 상승의 원인인 이들 두 가지를 모두 파괴해버린다고 주장한다면 그것은 무슨 말을 해야 하는지도 모르는 논리적으로 매우 불합리한 이야기일 것이다.

이것을 만일 그가 다음과 같이 바꿔서 말한다면 그것이야말로 바로 논리적일 것이다. 즉 이윤율의 상승은 투기에 의한 상품가격의 상승 결과이며, 만일 가격상승이 그것을 일으킨 원인〔즉 투기〕을 파괴한다고 말한다면 그것은 논리적으로 매우 불합리한 주장이라는 것이다. 어떤 사물이 그것을 일으킨 원인을 궁극적으로 파괴할 수 있다는 것은 높은 이자율을 선호하는 고리대금업자에게만 논리적으로 불합리하게 보일 것이다. 로마인들의 위대함은 그들이 이룬 정복의 원인이었지만 그러한 정복이 그들의 위대함을 파괴하였다. 부는 사치의 원인이지만 바로 그 사치가 부를 파괴하는 작용을 한다. 이 얼마나 교활한 친구인가! 벼락출세한 귀족이자 곧 M438 백만장자이기도 한 그의 '논리'가 영국 전체에서 불러일으킨 그 존경심은, 지금의 부르주아 세계가 얼마나 무지한지를 더할 나위 없이 가장 잘 드러내주는 대표적인 증거이다. 게다가 또 만일 그의 말대로 이윤율의 상승과 사업 확장이 이자율 상승의 원인이라면, 바로 그런 이유로 이자율 상승은 결코 이윤율 상승의 원인이 될 수 없을 것이다. 그리하여 문제는 바로 이윤율 상승이 완전히 없어지고 나서도, 이러한 이자율 상승이 (공황기간에 실제로 나타났던 것과 같이) 지속될 것인지, 혹은 더 나아가 절정을 향해서 더욱 치솟을 것인지의 여부가 된다.

제3718번. 할인율의 대폭적인 상승에 관한 한, 이것은 거의 전적으로 자본가치의 증대로부터 발생하는 것이며, 이런 자본가치의 증대 원인은 내가 보기에 누구나 쉽게 찾아낼 수 있는 것이다. 나는 이미 앞에서, 이 은행법이 유효했던 13년간 영국 무역은 4천 5백만 파운드스털링에서 1억 2천만 파운드스털링으로 늘어났다는 사실을 언급한 바 있다. 이 짤막한 수치가 함축하는 온갖 사태에 대해 깊이 생각해보기로 하자. 그리고 이런 엄청난 무역의 증가가 동반하는 현저한 자본수요를 생각해보고, 또한 동시에 이런 수요증대의 자연적인 공급원이었던 연간 국내 저축이 최근 3~4년 동안에 전쟁을 위한 아무 소득 없는 투자로 소모되어버린 사실을 곰곰이 생각해보자. 고백하건대 나는 이자율이 아직도 그다지 높지 않다는 사실에 놀라고 있다. 달리 말해서 나는 이런 엄청난 사업행위들에서 빚어지는 자본기근이 당신이 말한 것만큼 그렇게 심하지는 않다는 사실에 놀라고 있다.

우리의 고리대이론가는 얼마나 놀라운 용어의 혼란에 빠져 있는가! 여기에서 그는 다시 자본가치의 증가를 말하고 있다! 그는 아마도 한편에서는 현저한 재생산과정의 확대〔즉 실제의 자본축적〕가 일어나고 또 다른 한편에서는 엄청난 무역의 증가를 이루어내기 위해 '현저한 수요'를 불러일으키는 하나의 '자본'이 존재한다고 생각하는 듯하다! 그러나 도대체 이런 엄청난 생산의 증대가 곧 자본의 증대 그 자체가 아니고 무엇이며, 또한 그것이 수요를 불러일으킨다고 할 경우 그것이 동시에 공급〔그리고 화폐자본의 공급〕도 증가시키는 것이 아니고 무엇이란 말인가? 이자율이 매우 높이 상승했다 하더라도 그것은 화폐자본에 대한 수요가 그것의 공급보다 더 급속히 증가했기 때문일 뿐이다. 달리 말하자면 그것은 곧 산업생산이 확대되어감에 따라 그것의 운영이 신용제도의 기초 위에서 확대되어갔다는 것으로 정리된다. 바꾸어 말해서 실제 산업 확장은 '융자'에 대한 수요 증대를 유발하고 이런 수요가 외견상 우리의 은행가에게는 '자본에 대한 현저한 수요'로 이해되었던 것이다. 수출무역을 4천 5백만 파운드 ^{M439}스털링에서 1억 2천만 파운드스털링으로 증가시킨 것이 단지 자본에 대한 수요의 확대만이 아닌 것은 분명하다. 그리고 오버스톤이 크림 전쟁에 의해 소비되어버린 연간 국내 저축이 이 커다란 수요에 대한 자연적인 공급원을 이룬다고 말했을 때 그가 생각한 것은 무엇이었을까? 첫째, 소규모였던 크림 전쟁과는 완전히 다른 전쟁이 있었던 1792~1815년 동안 영국은 도대체 무엇으로 축적을 하였을까? 둘째, 만일 자연적 공급원이 고갈되어버렸다면 자본은 대체 어떤 공급원으로부터 흘러나왔단 말인가? 영국은 잘 알려진 바와 같이 외국으로부터 대부를 얻지 않았다. 만일 자연적 공급원 이외에 인위적 공급원이 또 있다면, 그 나라로서는 전쟁에는 자연적 공급원을 이용하고 사업에는 인위적 공급원을 이용하는 것이 가장 바람직한 방법이 될 것이다. 그런데 만일 이때 과거의 화폐자본이 이미 존재하기만 한다면, 그것만으로 그 화폐자본이 높은 이자율에 의해 두 배의 효과를 낼 수 있는 것일까? 오버스톤은 명백히 연간 국내저축이(그러나 이 경우에는 전쟁을 위해 소비되어버리고 있다) 단지 화폐자본으로만 전화한다고 생각하고 있다. 그러나 만일 실제의 축적이 일어나지 않는다면, 즉 생산의 증가와 생산수단의 증대가 일어나지 않는다면, 화폐형태를 띤 채권의 축적만으로 무엇이 이 생산에 도움이 될 것인가?

오버스톤은 높은 이윤율로 인한 '자본가치의 상승'을 화폐자본에 대한 수요 증가로 인한 자본가치 상승과 혼동하고 있다. 이 화폐자본에 대한 수요는 이윤율과는 전혀 무관한 원인들에 의해 증가할 수 있다. 오버스톤은 이에 대한 실례로 1847년 화폐자본의 수요가 현실자본의 가치하락에 의해 증가하였다고 제시한다. 그는 자기에게 편리한 대로 그때그때 자본가치를 현실자본과 관련시키거나 화폐자본과 관련시키거나 한다.

우리의 이 은행왕의 부정직성은 그가 설교조로 첨예하게 드러내고 있는 편협한 은행가적 관점과 함께 어우러져서 다음과 같이 계속 나타난다.

제3728번. (질문) 당신은 할인율이란 것이 상인들에게 전혀 본질적으로 중요하지 않다고 말했다. 그렇다면 당신이 정상이윤율이라고 간주하는 것이 무엇인지를 말해줄 수 있겠는가?

이에 대하여 오버스톤은 "불가능"하다고 대답한다.

제3729번. 평균이윤율이 7~10%라고 가정할 때 할인율이 2%에서 7~8%로 변동한다면 이윤율은 크게 영향을 받을 것이 틀림없지 않은가?

(이 질문 자체도 기업가수익률과 이윤율을 혼동하고 있으며 또한 이윤율이 이자와 기업가수익의 공동 원천이라는 사실을 간과하고 있다. 이자 M440 율이 이윤율에는 아무 영향을 미치지 않을 수 있지만 기업가수익에 대해서는 그럴 수 없다. 오버스톤의 대답은 다음과 같다.)

첫째, 사업가들은 이윤이 심각하게 잠식당하는 할인율이 되면 더는 할인을 하지 않게 된다. 그럴 바에야 그들은 차라리 사업을 중단해버리게 된다.

(물론 그들이 파산하지 않을 수 있는 한은 그렇게 할 것이다. 그들의 이윤이 높을 경우에는 자진해서 할인에 응하겠지만 이윤이 낮은 경우에도 그들이 할인에 응하는 것은 그렇게 할 수밖에 없기 때문에 하는 것이다.)

어음할인이란 무엇을 의미하는가? 누군가가 어음을 할인하는 이유는 무엇인가?…… 그것은 그가 더 큰 자본을 얻고자 하기 때문이다.

(잠깐! 그것은 그가 자신의 묶인 자본의 화폐환류를 예상하면서 사업이 중단되는 것을 피하고자 하기 때문이다. 그것은 그가 만기가 도래한 지불을 결제하지 않으면 안 되기 때문이다. 그가 자본의 증가를 필요로 하는 경우는, 사업이 잘되는 경우이거나 아니면 사업이 잘 안되더라도 남의 자본으로 투기를 했을 경우뿐이다. 어음할인은 단순히 사업 확장을 위한 수단이 결코 아니다.)

그리고 왜 그는 더 큰 자본을 장악하려고 하는 것일까? 그것은 그가 이 자본을 사용하고자 하기 때문이다. 그렇다면 왜 그는 이 자본을 사용하고

자 하는 것일까? 그것은 그렇게 해서 이윤을 얻을 수 있기 때문이다. 그러나 할인이 자신의 이윤을 잠식해버릴 경우, 그는 이윤을 얻을 수 없게 될 것이다.

이 의기양양한 이론가는 어음이 할인되는 것은 단지 사업을 확장하기 위한 것이며 또한 사업이 확장되는 것은 이윤을 얻을 수 있기 때문이라고 가정한다. 첫 번째 가정은 틀린 것이다. 통상적인 사업가가 어음을 할인하는 것은 자신의 자본을 화폐형태로 선취하여 이를 통해 재생산과정의 흐름을 지속시키기 위한 것이다. 즉 사업을 확장하거나 추가자본을 조달하기 위한 것이 아니라, 그가 제공한 신용을 그가 수취한 신용에 의해 상쇄하기 위한 것이다. 그리고 그가 신용에 의해 사업을 확장하려고 할 경우에도, 어음할인 방식은 그에게 거의 도움이 되지 않을 것이다. 왜냐하면 어음할인이란 이미 그의 수중에 들어와 있는 화폐자본이 한 가지 형태에서 다른 형태로 형태만 바꾸는 것에 지나지 않기 때문이다. 차라리 그는 좀더 장기간의 직접 대부를 받고자 할 것이다. 물론 신용중개인의 경우에는 사업을 확장하기 위하여, 즉 하나의 가공거래를 다른 가공거래로써 상쇄하기 위하여 자신의 융통어음을 할인하고자 할 것이다. 즉 이윤을 얻기 위해서가 아니라 타인의 자본을 자신의 수중에 넣기 위해서 그렇게 할 것이다.
오버스톤은 이처럼 어음할인을 추가자본의 대부와(자본을 대표하는 M441 어음을 현금으로 전화시키는 것이 아니라) 동일시하고 나서 정작 그에 대한 추궁이 이어지자 곧 한 발 뒤로 물러선다.

제3730번. (질문:) 일단 사업을 벌인 상인은 설사 일시적으로 이자율이 상승한다 하더라도 일정 기간은 계속 사업을 운영해나가야 하는 것이 아닌가?—(오버스톤:) 어떤 개별 거래에서, 누군가가 높은 이자율 대신 낮은 이자율로 자본에 대한 사용권을 획득할 수 있다면, 적어도 이 경우에만 국한해서 본다면 그것이 그 사람에게 기분 좋은 일이라는 사실은 의심의 여지가 없다.

그러나 오버스톤은 갑자기 '자본'을 자신의 은행자본으로만 이해하고 그에 따라 자신에게서 어음을 할인해 가는 사람을 자본이 없는 사람으로—왜냐하면 그 사람의 자본이 상품형태로 존재하거나 혹은 그 사람 자본의 화폐형태가 어음이라서 오버스톤이 그것을 다른 화폐형태로 바꾸어주기 때문이다—간주할 경우에는 전혀 어떤 개별 경우에 국한된 관점을 취하지 않는다.

제3732번. 1844년의 은행법과 관련하여, 은행의 금준비와 이자율 간의 대략적인 관계에 대해 말해줄 수 있는가? 즉 은행이 보유한 금이 9백만~1천만 파운드스털링에 달할 때 이자율이 6~7%였다면 만일 그 금이 1천 6백만 파운드스털링이 된다면 이자율이 3~4%로 떨어지는 것이 맞는가?

(질문자가 그에게 요구하는 것은 은행의 금보유량에 의해 영향을 받는 이자율을 자본가치의 영향을 받는 이자율을 가지고 설명해보라는 것이다.)

내가 보기에는 그렇게 되지 않는다. …… 그러나 만일 그렇게 된다면 내 생각에는 1844년의 조치들보다 훨씬 더 엄격한 조치들을 취해야 하리라고 본다. 왜냐하면 만일 금준비가 늘어날수록 이자율이 하락하는 현상이 그대로 된다면 우리는 거기에 맞추어 일을 해나가야 할 것이고 그래서 우리는 금준비를 무한정한 액수로까지 증가시켜 이자율을 0으로까지 떨어뜨리게 될 것이기 때문이다.

질문자 케일리(Cayley)는 이 간교한 농담에 흔들리지 않고 계속해서 다음과 같이 질문한다.

제3733번. 만일 그렇게 된다면, 즉 은행으로 5백만 파운드스털링의 금이 회수되어 다음 6개월이 지나고 나서 금준비가 1천 6백만 파운드스털링에 달하고 이자율이 3~4%로 하락한다고 가정한다면, 이자율의 하락이 사업의 대폭적인 축소 때문에 일어난다고 어떻게 주장할 수 있는가?—내가 말한 것은 이자율의 하락이 아니라 이자율의 대폭적인 상승이 사업의 대폭적인 확장과 밀접하게 관련되어 있다는 것이었다.

그러나 케일리가 말한 것은 이것이다. 즉 금준비의 축소와 함께 이자율의 상승이 사업확장의 징표라면, 금준비의 확대와 함께 이자율의 하락은 M442 사업축소의 징표이어야 한다는 것이다. 그러나 오버스톤은 여기에 대해서 아무 대답도 하지 않은 것이다.

제3736번. {질문:} 당신은(원문에는 항상 '각하Your Lordship'라고 되어 있음) 화폐가 자본을 얻기 위한 수단이라고 말했던 것으로 나는 기억한다.

(화폐를 수단으로 파악하는 것은 잘못이다. 화폐는 자본의 형태이다.)

{잉글랜드은행의} 금준비가 감소할 경우 큰 어려움은 오히려 반대로 자본가들이 화폐를 얻을 수 없다는 것이 아닌가?—{오버스톤:} 그렇지 않다. 화폐를 얻으려고 하는 사람들은 자본가들이 아니라 비자본가들이다. 그러면 그들은 왜 화폐를 얻고자 하는가? …… 그것은 그들이 사업을 운영해나가기 위해 화폐를 매개로 해서 자본가들의 자본을 이용하고자 하기 때문이다.

여기에서 그는 제조업자와 상인은 자본가가 아니며 자본가의 자본은 단지 화폐자본뿐이라고 노골적으로 말하고 있다.

제3737번. 그렇다면 어음을 발행하는 사람들은 자본가가 아닌가?—어음을 발행하는 사람들은 자본가일 수도 아닐 수도 있다.

여기에서 그는 막혀버린다.

그 다음에 그가 받는 질문은 상인의 어음이, 그가 판매했거나 선적한 상품을 대표하는지의 여부이다. 그는 이 어음이, 은행권이 금을 대표하는 것과 같이, 그렇게 상품가치를 대표하는 것이 아니라고 부인한다(제3740번, 제3741번). 이것은 약간 뻔뻔스러운 대답이다.

제3742번. 상인의 목적은 화폐를 획득하는 것이 아닌가?—아니다. 화폐를 획득하는 것은 어음발행의 목적이 아니라 어음할인의 목적이다.

어음발행이 상품의 신용화폐의 한 형태로의 전화인 것은, 어음할인이 이 신용화폐의 다른 신용화폐(즉 은행권)로의 전화인 것과 마찬가지이다. 어쨌든 오버스톤은 여기에서 어음할인의 목적이 화폐를 얻기 위한 것이라는 사실을 인정하고 있다. 앞에서 그는 어음할인의 목적이 자본을 한 형태에서 다른 형태로 전화시키기 위한 것이 아니라 단지 추가자본을 얻기 위한 것일 뿐이라고 말한 바 있다.

제3743번. 당신이 말한 바 1825년, 1837년, 그리고 1839년에 있었던 것과 같은 공황의 어려움 아래서는 사업계의 가장 큰 소원이 무엇인가? 그럴 경우 사업계에서는 자본을 수중에 넣거나 법정 지불화폐를 얻는 것을 목표로 하는가?—사업계의 목표는 그들의 사업을 계속 운영해나가기 위해 자본에 대한 사용권을 손에 넣는 것이다.

그들의 목표는 전반적인 신용부족에 대하여, 그리고 상품을 가격 이하 M443 로 값싸게 처분하는 일이 생기지 않도록, 자기 앞으로 발행된 만기어음을 결제할 지불수단을 손에 넣는 것이다. 만일 그들 자신이 자본을 전혀 가지고 있지 않다면, 당연히 그들은 지불수단을 얻게 됨으로써 동시에 자본도 얻게 되는 셈인데, 이는 그들이 아무런 등가도 지불하지 않고 가치를 얻게 되기 때문이다. 화폐 그 자체에 대한 요구는 언제나 가치를 상품이나 채권의 형태에서 화폐형태로 전환시키고자 하는 요구일 뿐이다. 따라서 공황이 아닌 경우에도 자본차용과 어음할인 ― 이는 화폐청구권이 한 형태에서 다른 형태〔혹은 실제 화폐〕로 전화하는 것에 지나지 않는다 ― 간에는 큰 차이가 있다.

{나(편집자)는 여기에서 한 가지 주석을 달고자 한다.

노먼과 오버스톤에게 은행가는 언제나 '자본을 대부하는' 사람이며 그의 고객은 '자본'을 그로부터 얻어가는 사람이다. 그래서 오버스톤은 누군가가 그를 통해서 어음을 할인하는 것은 그가 "자본을 얻고자 하기 때문"(제3729번)이며 그가 "더 낮은 이자율로 자본에 대한 사용권을 획득할 수 있다"(제3730번)면 그것은 그에게 기분 좋은 일이라고 말하는 것이다. "화폐는 자본을 얻기 위한 수단"(제3736번)이며 공황 동안 사업계의 가장 큰 소원은 "자본에 대한 사용권을 얻는 것"(제3743번)이다. 자본이 무엇인지에 대한 오버스톤의 모든 혼동들에서 뚜렷하게 드러나는 사실은, 은행가가 거래고객에게 제공하는 것을 그가 자본이라고 불렀다는 점인데, 이때 그 자본은 고객이 과거에 가지고 있지 않던 것을 이제 대부한 것일 수도 있고 혹은 지금까지 고객이 사용권을 가지고 있던 자본에 대한 추가자본일 수도 있다.

은행가는 화폐형태를 띠는 이용 가능한 사회적 자본의 분배자로서 ― 대부의 형태로 ― 기능하는 데 매우 익숙해 있어서, 그가 화폐를 양도하는 모든 기능이 그에게는 하나의 대부행위로 여겨진다. 그가 지불하는 모든 화폐가 그에게는 하나의 대부로 보인다. 화폐가 직접적으로 대부될 경우 이것은 문자 그대로 대부이다. 그런데 화폐가 어음할인에 투자된다면 그것은 사실상 그의 입장에서 볼 때 어음의 만기일까지의 대부에 해당한다.

그래서 그의 뇌리에는 대부가 아닌 것에 대해서는 어떤 지불도 할 수 없다는 생각이 굳어져 있다. 그리고 더 나아가 그의 뇌리에서 대부란, 이자나 이윤을 만들 목적으로 이루어지는 모든 화폐투자를 경제적으로 하나의 대부로 간주한다는 단순한 의미가 아니라[즉 해당 화폐소유자의 속성을 개인이 아니라 기업가로서 변화시키는 그런 대부가 아니라], 은행가가 고객에게 일정액을 대부방식으로 양도함으로써 고객이 사용권을 갖는 자본액수를 그만큼 증가시켜준다는 특수한 의미에서의 대부를 의미한다.

이런 은행가의 생각은 은행계좌에서 경제학의 영역으로까지 넘어와서 은행가가 거래고객에게 현금으로 이용권을 넘겨주는 것이 자본이냐 아니면 단순한 화폐[즉 유통수단 혹은 통화]냐를 둘러싸고 혼란스러운 논쟁을 불러일으켰다. 이 논쟁(근본적으로 간단하기 짝이 없는)을 결말짓기 위해서 M444 서는 고객의 입장에서 그것을 보아야만 한다. 바로 이 고객이 요구하고 얻게 되는 것이 곧 문제의 핵심인 것이다.

은행이 거래고객에게 아무런 담보도 잡지 않고 단지 그의 개인적인 신용만을 근거로 대부를 승낙할 경우에 사태는 명료하다. 그 고객은 아무 조건 없이 일정 가치액의 대부를, 그가 기존에 사용하고 있던 자본에 대한 추가자본으로 얻게 된다. 그는 그것을 화폐형태로 얻게 되는데, 그것은 단지 화폐일 뿐만 아니라 또한 화폐자본이기도 하다.

만일 고객이 유가증권 등을 담보로 제공하고 대부를 얻는다면 그 대부는 상환을 조건부로 하여 그에게 화폐가 지불된다는 의미를 띤다. 그러나 그것은 자본의 대부는 아니다. 왜냐하면 유가증권이 이미 자본을 대표하며 더구나 대부액보다 더 큰 액수를 대표하기 때문이다. 따라서 차입자는 그가 담보로 제공한 것보다 더 적은 자본가치를 얻는다. 그의 입장에서 이것은 전혀 추가자본의 획득이 아니다. 그가 거래를 하는 것은 자본이 필요해서가 아니라—그는 이미 유가증권의 형태로 자본을 가지고 있다—화폐가 필요해서이다. 따라서 이때의 대부는 화폐의 대부인 것이지 자본의 대부가 아니다.

대부가 어음할인을 통해서 제공될 경우에는 그나마 대부의 형태마저도 사라져버린다. 여기에는 순수한 구매와 판매만이 존재하게 된다. 어음은 배서를 거쳐서 은행의 소유가 되고, 그 대가로 화폐는 고객의 소유가 된다. 고객의 상환이란 문제가 여기에는 존재하지 않는다. 만일 고객이 어음이나 비슷한 신용수단을 가지고 현금을 구매한다면, 그것은 그가 자신의 다른 상품〔예를 들어 면화, 철, 곡물 등〕을 가지고 현금을 구매하는 것(상품을 판매하여 현금을 손에 넣는 것)과 마찬가지로 전혀 대부가 아니다. 더구나 여기에서 **자본**의 대부란 전혀 있을 수 없다. 상인과 상인 사이의 모든 구매와 판매는 자본의 이전이다. 그리고 대부가 발생하는 것은, 자본의 이전이 상호적인 것이 아니라 일방적이고 외상형태로 이루어질 때뿐이다. 따라서 어음할인을 통한 자본대부가 발생할 수 있는 것은, 그 어음이 어떤 판매된 상품도 대표하지 않고, 또 은행가가 그 본색을 알아차리기만 하면 수취를 거부하게 될 바로 그런 어음, 즉 융통어음일 경우뿐이다. 그러므로 정상적인 할인거래에서 은행고객이 얻는 것은 자본이나 화폐형태의 선대가 아니라 판매된 상품의 대금인 화폐이다.

이리하여 고객이 은행으로부터 자본을 신청하여 얻게 되는 경우와 그가 단지 대부된 화폐를 얻거나 은행에서 그것을 구매하는 경우는 매우 뚜렷이 구별된다. 그리고 특히 오버스톤이 아무런 담보 없이 그의 자금을 대부해준 경우는 극히 드물었으므로(그는 맨체스터에 있는 내 회사와의 거래 은행가였다) 자비로운 은행가들이 자본부족에 시달리는 제조업자들에게 대부해준 많은 자본에 대해 그가 보낸 숱한 찬사들이 새빨간 거짓말이라는 것 또한 명백하다.

한편 제32장*에서 마르크스가 중점적으로 이야기하는 것도 이것과 같다. "지불수단에 대한 수요는 상인과 생산자가 좋은 담보를 제공할 수 있는 한, 단지 **화폐로의 전환** 가능성에 대한 수요일 뿐이다. 그러나 이런 담보

---

* MEW Bd. 25, 531쪽 참조.

를 제공할 수 없는 한, 즉 그들에게 제공되는 지불수단의 대부가 단지 화폐형태를 띨 뿐만 아니라 어떤 형태이든 그들에게 부족한 지불 용도의 등가물인 한, 그 수요는 화폐자본에 대한 수요이다." ──또한 제33장*에서는 다음과 같이 말한다. "화폐가 은행의 수중에 집중되는 발달된 신용제도 아래서는, 화폐를 대부하는 것이 적어도 명목상으로는 곧 은행들이다. 이런 대부는 단지** 유통부문에 있는 화폐하고만 관련되어 있다. 그것은 통화의 대부이며 이를 유통시키는 자본의 대부가 아니다." ──이런 사실을 잘 알고 있어야 할 채프먼(D. B. Chapman)도 할인업무에 대한 위와 같은 인식을 확인해주고 있다(『은행법위원회: 1857년』).

은행가가 어음을 가지고 있다면 그는 그 어음을 구매한 것이다.(질문 제5139번에 대한 증언).

우리는 제28장***에서 이 주제를 다시 한 번 다루게 될 것이다.}

제3744번. 당신이 자본이라는 표현을 사용할 때 그것이 무엇을 가리키는지 설명해줄 수 있는가?──{오버스톤의 답변:} 자본은 사업의 경영을 매개해주는 다양한 상품들로 이루어져 있다. 거기에는 고정자본과 유동자본이 있다. 선박, 독(dock), 부두 등은 고정자본이며 생활수단, 의류 등은 유동자본이다.

제3745번. 금의 해외유출이 영국에 해로운 결과를 가져왔는가? ──그 해롭다는 말의 기준이 합리성 여부라고 한다면 그것은 해롭지 않았다.

---

* MEW Bd. 25, 547쪽 참조.
** 초판에는 nicht로 되어 있어서 본문의 의미가 이런 선대와 유통부문의 화폐가 무관한 것으로 되어 있음.
*** MEW Bd. 25, 472~473쪽 참조.

(이제 오래된 리카도의 화폐이론이 등장한다.)

M446 사물의 자연스러운 상태에서는 세계의 화폐가 세계 각국에 일정 비율로 분배된다. 이런 비율로 인해 그런 {화폐의} 분배의 측면에서 본다면 어느 한 나라와 다른 모든 나라들 간의 교역은 단순한 물물교환이 되어버린다. 그러나 때때로 이런 분배를 교란하는 요인들이 있으며 이런 요인들이 발생하면 어느 한 나라의 화폐 일부가 다른 나라로 유출된다.—제3746번. 당신은 방금 화폐라는 표현을 사용하였다. 만일 내가 당신이 앞에서 한 이야기를 올바로 이해하고 있다면 당신은 그것을 앞에서는 자본의 손실이라고 불렀다.—내가 자본의 손실이라고 불렀던 것이 무엇이었다고?—제3747번. 금의 유출을 그렇게 불렀다.—아니다. 나는 그렇게 말하지 않았다. 당신이 만일 금을 화폐로 간주한다면 그것은 의심할 나위 없이 자본의 손실이다. 그것은 세계화폐를 구성하는 귀금속의 일정 비율을 양도하는 것에 해당한다.—제3748번. 당신은 앞에서 할인율의 변동이 자본가치 변동의 단순한 징표라고 말하지 않았는가?—그렇다.—제3749번. 그리고 할인율은 일반적으로 잉글랜드은행의 금준비에 따라 변동한다고 말하지 않았는가?—그렇다. 그러나 내가 이미 말한 바와 같이 한 나라의 화폐량의 (즉 여기에서 그가 말하는 화폐량이란 실제 금의 양을 의미한다) 변동으로 일어나는 이자율의 변동은 매우 미미하다……

제3750번. 그렇다면 당신이 말하고 싶은 것은 할인율이 정상수준을 넘어서서 장기간〔그러나 단지 잠정적으로만〕 상승할 경우 자본감소가 발생한다는 것인가?—어떤 의미에서의 감소라는 말이다. 자본과 그 수요 사이의 비율이 변한 것이지만 아마도 그 원인은 자본량의 감소가 아니라 수요의 증가 때문일 것이다.

(그러나 방금 전까지만 해도 자본=화폐〔혹은 금〕였으며 더더구나 앞

에서는 이자율의 상승이 사업 혹은 자본의 축소가 아니라 확장으로 인한 이윤율 상승에 의해 설명되었다.)

제3751번. 당신이 여기에서 특별히 주목하고 있는 자본이란 어떤 자본인가?—그것은 전적으로 누구에게나 필요한 자본이다. 그것은 국민들이 자기 사업을 계속해나가기 위해 사용권을 취해야 하는 자본이며, 이 사업이 두 배가 되면 그것을 계속해나가기 위해 필요한 자본의 수요도 크게 증가할 수밖에 없다.

(이 교활한 은행가는 먼저 사업을 두 배로 만들고 나서 그 다음에 이를 두 배로 만드는 데 필요한 자본의 수요를 두 배로 만든다. 그는 언제나 사업을 두 배로 늘리기 위해 오버스톤에게 더 많은 자본을 요청하는 고객들만 보고 있다.)

자본도 다른 모든 상품과 마찬가지이다.(그러나 오버스톤에게 자본은 상품 전체 이외의 아무것도 아니다.) 즉 자본도 그때그때의 수요와 공급에 따라 그 가격이 변동한다. (따라서 상품은 이중으로 그 가격이 변동한다. 즉 상품으로서의 가격과 자본으로서의 가격이 곧 그것이다.)

제3752번. 할인율의 변동은 일반적으로 은행의 금고 속에 저장되어 있는 준비금 액수의 변동과 관련되어 있다. 당신이 말하는 자본이란 바로 이것인가?—아니다.—제3753번. 당신은 잉글랜드은행에 큰 액수의 자본준비금이 적립되어 있을 때 할인율이 높은 수준에 이르는 경우의 실례를 하나 들어줄 수 있는가?—잉글랜드은행에 적립되는 것은 자본이 아니라 화폐이다.—제3754번. 당신은 이자율이 자본량에 의존한다고 진술하였다. ^{M447} 그렇다면 당신이 말하는 자본이란 것이 무엇인지 이야기해줄 수 있겠는가, 그리고 또 은행에 큰 액수의 금준비가 있는 상태에서 이자율이 높은 경우의 사례를 들 수 있는지도 말해줄 수 있는가?—은행에 금이 쌓여 있으면서 동시에 이자율이 낮은 경우는 상당히 개연성이 높다. (아하!) 이는 자본에 대한 수요가 작은 시기에는(여기에서 말하는 자본이란 화폐자본이며, 그 시기란 1844년, 1845년의 호황기를 가리킨다) 당연히 자본을 장악할 수 있는 수단이나 도구를 축적할 수 있기 때문이다. ─제3755번. 그렇다면 당신은 할인율과 은행의 금준비량 사이에 아무런 관계도 없다고 생각하는 것인가?─관계가 있을 수도 있다. 그러나 원칙적으로는 아무런 관계도 없다. (그러나 그의 1844년 은행법에서는 은행의 금보유량에 따라서 이자율을 규제하는 것을 잉글랜드은행의 원칙으로 삼고 있다.) 할인율과 금준비량은 동시에 변동할 수도 있다. ─제3758번. 결국 당신은 할인율의 상승으로 화폐가 부족한 시기에 우리나라 상인들이 겪는 어려움이 화폐를 얻는 문제가 아니라 자본을 얻는 문제에 있다고 말하고 싶은 것인가?─당신은 두 가지 문제를 혼동하고 있는데 나는 그런 식으로 보지 않는다. 자본을 얻는 것도 어렵고 화폐를 얻는 것도 어렵다. …… 화폐를 얻기 어려운 것과 자본을 얻기 어려운 것은 동일한 것으로서 하나의 과정을 서로 다른 두 단계에서 각기 바라본 것에 지나지 않는다.

여기에서 물고기는 다시 그물에 갇혀버린다. 첫 번째 어려움은 어음을 할인하거나 혹은 상품을 담보로 하여 대부를 얻는 데 따르는 어려움이다. 그것은 자본 혹은 자본의 상업적 가치표지를 화폐로 전화하는 데 따르는 어려움이다. 그리고 이 어려움은 무엇보다도 높은 이자율로 나타난다. 그러나 만일 화폐를 손에 넣었다면 그 다음 두 번째 어려움은 어떤 어려움일까? 단지 지불이 문제라면 어떤 사람이 화폐를 방출하는 데서 겪는 어려움일까? 그리고 구매가 문제라면 공황 동안 구매과정에서 발생하는 어려움일까? 설사 이것이 곡물, 면화 등의 가격이 등귀하는 특수한 경우와 관련된 것이라 할지라도, 이 두 번째 어려움은 화폐자본의 가치(즉 이자율)에서 나타나는 것이 아니라 단지 상품가격에서만 나타난다. 그리고 이 어려움은 이제 상품을 구매할 화폐를 획득하였기 때문에 이미 극복된 것이다.

제3760번. 그러나 할인율이 상승하면 화폐를 얻는 것이 더 어려워지지 않는가?—그것은 화폐를 얻는 것을 더 어렵게 한다. 그러나 문제는 화폐를 얻는 데 있는 것이 아니다. 그것은 단지 형식일 뿐이며(그리고 이 형식이 은행가의 호주머니에 이윤을 가져다준다) 그 내용은 자본을 얻는 데 따르는 어려움이 문명이 발달한 상태에서의 복잡한 관계들 속에서 나타난다는 점이다.

제3763번. {오버스톤의 대답:} 은행가는 중개인으로서 한편으로는 예금 ^{M448}을 받고 다른 한편으로는 이 예금을 사람들에게 자본의 형태로 위임함으로써 그 예금을 운용한다.

여기에서 결국 우리는 그가 말하는 자본이 무엇인지를 보게 된다. 그는 화폐를 '위임함으로써', 좀더 직설적으로 말해서 이자를 받고 대부해줌으로써, 화폐를 자본으로 전화시킨다.

앞에서 오버스톤은 할인율의 변동이 은행의 금준비액의 변동이나 기존 화폐량의 변동과 본질적으로는 아무 관계가 없으며, 기껏해야 병존할 수 있는 관계 정도만 있다고 반복해서 말했다.

제3805번. 국내의 화폐가 유출에 의해 감소한다면 화폐가치는 상승할 것이고 잉글랜드은행은 이런 화폐가치의 변동에 대응해야만 할 것이다.

(여기에서 화폐가치의 변동이란 즉 자본으로서 화폐가치의 변동, 달리 말해서 이자율의 변동을 가리킨다. 왜냐하면 상품과 비교되는 화폐로서의 화폐가치는 불변이기 때문이다.)

전문적인 용어로 표현하자면 그것은 잉글랜드은행이 이자율을 인상하는 것을 가리킨다.

제3819번. 나는 그 양자를 결코 혼동하지 않는다.

즉 화폐와 자본을 혼동하지 않는다는 말인데 이는 그가 이들을 전혀 구별하지 않기 때문이라는 간단한 이유에 근거해 있다.

제3834번. 매우 큰 액수가 우리나라의 생활필수품 대금으로(1847년 곡물 대금으로) 지불되어야 했는데 이는 사실상 자본이었다.

제3841번. 할인율의 변동은 의심할 나위 없이 {잉글랜드은행의} 금준비 상태와 매우 밀접한 관계가 있다. 왜냐하면 금준비의 상태는 국내에 현존하는 화폐량의 증가 혹은 감소에 대한 지표이기 때문이다. 국내 화폐가 증가 혹은 감소하는 것에 비례하여 화폐가치는 하락 혹은 상승할 것이고 은행할인율은 그런 변동에 따라 함께 변동할 것이다.

이리하여 그는 여기에서 그가 앞서 제3755번에서 단연코 부인했던 사실을 시인하고 있다.

제3842번. 이 양자 간에는 밀접한 관련이 발생한다.

말하자면 잉글랜드은행의 발권부에서 관리하는 금의 양과 은행부에서 관리하는 은행권 준비의 액수 사이에 그런 관련이 발생하는 것이다. 여기에서 그는 이자율의 변동을 화폐량의 변동으로부터 설명하고 있다. 그러나 그의 이야기는 틀렸다. 국내의 유통화폐가 증가함으로써 은행권 준비가 감소하는 경우가 있을 수 있다. 이것은 사람들이 은행권의 보유를 늘리면서 귀금속의 축장을 감소시키지 않는 경우에 해당한다. 그렇지만 그럴 경우 이자율은 상승하는데, 그 이유는 1844년[†64] 은행법에 따라 잉글랜드은행의 은행자본이 제한되어 있기 때문이다. 그런데 이것을 그가 이 법에 의거할 때 잉글랜드은행의 그 두 부서가 전혀 별개이기 때문에 그렇게 된다고 말하는 것은 옳지 않다.

M449

제3859번. 이윤율 상승은 항상 자본에 대한 수요 증가를 유발한다. 그리고 자본에 대한 수요 증가는 자본가치를 상승시킨다.

결국 여기에서 우리는 오버스톤이 이윤율 상승과 자본수요 간의 관계를 어떻게 생각하고 있는지를 보게 된다. 예를 들어 1844~45년 면직공업 부문은 높은 이윤율을 누렸는데 이는 면직물 제품에 대한 수요가 큰 상황에서 원면가격이 저렴한 수준에 계속 머물러 있었기 때문이다. 제조업자에게 자본가치는(그리고 앞에서 이야기된 맥락에 따르자면 오버스톤이 누구나 자기 사업에 필요로 하는 것을 자본이라고 부른다는 그런 의미에서), 즉 이 경우 원면의 가치는 상승하지 않았다. 그리하여 높은 이윤율은 많은 면직업자들에게 사업확장을 위한 화폐를 차입하도록 부추겼을 것이다. 그럼으로써 다른 어떤 것도 아닌 바로 화폐자본에 대한 그들의 수요가 증가하였다.

제3889번. 금은 화폐일 수도 있고, 아닐 수도 있다. 이는 종이가 은행권일 수도 있고, 아닐 수도 있는 것과 마찬가지이다.

제3896번. 당신이 1840년에 제기하였던 주장, 즉 잉글랜드은행권의 유통량 변동이 금준비액의 변동에 준해야 한다는 그 주장을 이제 당신이 철회하는 것으로 내가 이해해도 되겠는가?—내가 그것을 철회하는 것은 현재 우리가 주지하는 바와 같이 잉글랜드은행의 은행준비금으로 예치되어 있는 은행권도 은행권 유통량에 포함되어야 한다는 조건에서만 그러하다.

이것은 단연 백미에 해당하는 엉터리이다. 물론 잉글랜드은행이 금보유액에 1천 4백만 파운드스털링을 더한 액수만큼의 지폐를 발행하도록 한 자의적인 규정은, 그 은행권 발행액이 금준비액의 변동에 따라 변동하는 것을 조건으로 한다. 그러나 '우리가 주지하는 바'로는 잉글랜드은행이 이 규정에 따라 발행할 수 있는 은행권의 양이(그리고 잉글랜드은행의 발권부가 그 은행부에게 넘겨줄 수 있는 은행권의 양이), 즉 금보유액의 변동에 따른 잉글랜드은행 두 부서 간의 유통량 변동이, 잉글랜드은행의 담장 밖에서 유통되고 있는 은행권 총액의 변동을 결정하는 것이 아니라는 사실이 분명하기 때문에, 오늘날 은행 당국의 입장에서는 이 후자의 유통량〔즉 실제 시중의 유통량〕은 자신과 무관한 것이며, 단지 잉글랜드은행 두 부서 간의 유통량만이——바로 이것과 실제 유통량과의 차이는 이것이 은행의 준비금으로 나타난다는 사실에 있다——결정적으로 중요한 것이 된다. 잉글랜드은행 외부의 입장에서 이 잉글랜드은행 내부의 유통량이 중요한 것은 단지, 그 준비금이란 것이 곧 잉글랜드은행이 은행권 발행고를 법정 최고한도에 얼마나 가까이 발행하는가 그리고 그 은행의 고객들이 잉글랜드은행의 은행부로부터 얼마나 많은 액수를 얻어낼 수 있는가 하는 데 대한 하나의 지표가 되기 때문일 뿐이다.

M450   다음 사례는 오버스톤의 뻔뻔스러움을 잘 보여주고 있다.

제4243번. 당신 생각에는 자본량의 월별 변동이, 우리가 최근 수년 동안의 할인율 변동에서 본 것과 같은 방식으로 그 가치를 변동시킬 정도로 심한가?——자본에 대한 수급관계는 그처럼 단기간에도 변동할 수 있는 것이 분명하다. …… 만일 프랑스가 내일 대규모 차관을 도입하겠다고 발표한다면 그것은 곧 의심할 나위 없이 영국의 화폐가치〔즉 자본가치〕에 큰 변동을 불러일으킬 것이다.

제4245번. 만일 프랑스가 급작스럽게 어떤 목적을 위해 3천만 파운드스털링에 달하는 상품이 필요하다고 발표한다면, (좀더 과학적이고 간단한 표현을 사용한다면) 자본에 대한 큰 수요가 발생할 것이다.

제4246번. 프랑스가 차관을 통해서 구매하고자 하는 자본은 하나의 물적 대상이다. 그리고 프랑스가 이를 구매하기 위해 사용하는 화폐는 또 다른 하나의 물적 대상이다(말하자면 이 둘은 서로 다른 것들이다-옮긴이). 그렇다면 자신의 가치를 변동시키거나 변동시키지 않거나 하는 것은 화폐인가?──우리는 다시 옛날 문제로 되돌아왔다. 내 생각에 그것은 이 위원회에서 다룰 문제가 아니라 학자들의 연구실에서 다루어야 할 문제이다.

이렇게 그는 문제를 회피했지만 연구실로 간 것은 아니었다.[84]

84) {자본 개념에 대한 오버스톤의 혼란에 대해서는 제32장의 끝부분에서 좀더 다루게 될 것이다.}

제27장
자본주의적 생산에서 신용의 역할

_{M451} 지금까지 우리가 신용제도를 다루면서 얻은 전반적인 내용을 정리하면 다음과 같다.

I. 이윤율 균등화〔혹은 자본주의적 생산 전체의 기초를 이루는 바로 이 균등화운동〕를 매개하기 위해서 신용제도의 형성은 필연적이라는 점.

II. 유통비를 절감한다는 점.

1. 화폐가 가치 그 자체인 한, 화폐는 하나의 주요한 유통비이다. 그것은 신용을 통해서 세 가지 방법으로 절약된다.

A. 대부분의 거래에서 화폐가 완전히 생략됨으로써 절약된다.

B. 유통수단의 유통속도를 높임으로써 절약된다.[85] 이것은 부분적으로

---

[85] "프랑스은행 은행권의 평균유통액은 1812년에 106,538,000프랑, 1818년에 101,205,000프랑이었던 반면 화폐유통액, 즉 예수금과 지불금의 총액은 1812년에 2,837,712,000프랑, 1818년에 9,665,030,000프랑이었다. 따라서 프랑스에서 1818년과 1812년 사이의 화폐유통활동의 비율은 3:1로 나타났다. 유통속도를 조절하는 중요한 요소는 신용이다. …… 따라서 화폐시장에 대한 강력한 압박이 대개 유통액이 최고도에 달할 때와 일치하는 이유가 설명된다"(『통화이론 논평』, 65쪽). "1833년 9월~1843년 9월 사이에 영국에서는 자체 은행권을 발행하는 은행이 거의 300개 가까이 생겨났다. 그 결과 잉글랜드은행권의 유통액은 250만 파운드스털링 감소하였

2에서 말할 것과 일치한다. 즉 한편으로 그런 유통속도의 증가는 기술적으로 이루어진다. 다시 말하자면 다른 조건이 불변일 때 소비를 매개하는 실제 상품거래량과 규모는 그것이 커질수록 그만큼 화폐〔혹은 화폐표식〕의 양을 더 줄여준다. 이것은 은행업의 기술과 관련되어 있다. 또 다른 한 ^{M452} 편 신용은 상품의 형태변화 속도를 높이고 그럼으로써 화폐유통의 속도를 증가시킨다.

C. 금화를 지폐로 대체함으로써 절약된다.

2. 신용에 의해 유통〔혹은 상품의 형태변화, 그리고 더 나아가 자본의 형태변화〕의 개별 국면들의 속도가 증가하고 그럼으로써 재생산과정 일반의 속도가 증가한다. (한편 또 신용은 구매행위와 판매행위 간의 간격을 더욱 장기간으로 만들어주고 그럼으로써 투기의 기초를 제공해준다.) 준비금이 축소된다. 이것은 두 가지 측면에서 살펴볼 수 있는데 하나는 그것이 유통수단을 절감한다는 측면이고 다른 하나는 그것이 자본 가운데 항상 화폐형태로 존재해야 하는 부분을 제한한다는 측면이다.[86]

III. 주식회사를 형성한다는 점. 이로 말미암아

1. 개별 자본들로는 불가능한 규모의 생산과 기업의 엄청난 확대가 이루어지고, 동시에 과거에는 국영기업이었던 대기업들이 민간기업으로 전환한다.

2. 그 자체 사회적 생산양식에 기초해 있으면서 생산수단과 노동력의 사회적 집적을 전제로 하는 자본이, 여기에서는 직접적으로 사적 자본과 대립하는 사회적 자본(직접적으로 결합된 개인들의 자본)의 형태를 취하

다. 즉 1833년 9월 말의 유통액은 36,035,244파운드스털링이었는데 이것이 1843년 9월에는 33,518,544파운드스털링으로 감소했던 것이다"(앞의 책, 53쪽). "스코틀랜드는 그 놀라운 유통활동으로 잉글랜드에서 420파운드스털링의 비용이 소요되는 것과 같은 액수의 화폐거래를 단돈 100파운드스털링의 비용으로 처리할 수 있었다"(앞의 책, 55쪽. 이 후자는 단지 조작기술하고만 관련된 것이다).

[86] "은행이 생기기 전에는 통화의 기능을 수행하는 데 필요한 자본액이 항상 실제 상품유통에 필요한 액수보다 더 컸다"(『이코노미스트』, 1845, 238쪽).

고, 그런 자본의 기업들은 사회적 기업으로서 사적 기업과 대립하여 나타난다. 그것은 곧 자본주의적 생산양식 그 자체 내부에서 사적 소유로서의 자본을 지양하는 것이다.

3. 실제로 기능하는 자본가가 단순한 관리인[즉 타인의 자본을 관리하는 사람]으로 전화하고, 자본소유자는 단순한 소유자[즉 단순한 화폐자본가]로 전화한다. 자본소유자들이 받는 배당 속에는 이자와 기업가수익[즉 총이윤]이 포함되어 있긴 하지만(왜냐하면 관리인의 봉급은 다른 모든 노동과 마찬가지로 노동시장에서 그 가격이 규제되는 일종의 숙련노동에 대한 임금일 뿐이며 또 그럴 수밖에 없다) 이 총이윤은 단지 이자의 형태[즉 자본소유에 대한 단순한 보상]로만 주어지는 것일 뿐이며, 그 자본소유는 실제 재생산과정의 기능과 분리되는데, 이는 관리자라는 사람

M453 이 수행하는 이 기능이 자본소유와 분리되는 것과 마찬가지이다. 이리하여 이윤은(이윤의 일부분, 즉 차입자의 이윤에서 자기 몫을 할당받는 이자뿐만 아니라) 타인의 잉여노동에 대한 단순한 취득으로만 나타나는데, 이는 생산수단의 자본으로의 전화[즉 실제 생산자들에 대한 생산수단의 소외]로부터, 다시 말해서 관리인부터 제일 밑바닥의 일용근로자에 이르기까지 실제 생산에 종사하는 모든 개인들에 대한 타인의 소유로서 생산수단의 대립으로부터 나온다. 주식회사들에서는 그런 기능이 자본소유와 분리되어 있다. 따라서 노동도 거기에서는 생산수단과 잉여노동의 소유와 완전히 분리되어 있다. 자본주의적 생산이 고도로 발전한 결과 만들어진 이것(주식회사)은 자본이 생산자 소유로 재전화——그러나 이제 이 소유는 개별화된 생산자들의 사적 소유가 아니라 결합된 생산자들의 소유[즉 직접적인 사회적 소유]로서의 생산자 소유이다——하기 위한 필연적인 통과점이다. 또 다른 한편 그것은 재생산과정에서 지금까지 자본소유와 결합되어 있던 모든 기능이, 단지 결합된 생산자들만의 기능[즉 사회적 기능]으로 재전화하기 위한 통과점이기도 하다.

다음 논의로 넘어가기 전에 경제학적으로 중요한 다음 사항을 지적해

두어야만 하겠다. 여기에서 이윤은 순수하게 이자의 형태를 취하기 때문에, 그런 기업들은 단지 이자만 벌어들여도 되며 바로 이것이 일반이윤율의 저하를 억제하는 한 요인이다. 즉 그것은 가변자본에 대한 불변자본의 비율이 엄청나게 큰 이들 기업들이 반드시 일반이윤율의 균등화에 참여하지는 않기 때문이다.

{마르크스가 위의 글을 쓰고 난 이후 주식회사를 2~3배 곱한 형태의 새로운 산업조직이 발달하였다. 오늘날 모든 대공업영역에서 생산이 매일 급속하게 증가하고 있는 것과는 대조적으로 이렇게 증가된 생산물을 위한 시장의 확대는 점점 더 완만해지고 있다. 몇 달 만에 생산된 상품이 몇 년이 지나도록 다 소화되지 못하는 경우도 있다. 게다가 보호관세정책에 의해 모든 산업국가들은 다른 나라[특히 영국]에 대하여 시장을 폐쇄하고 국내 생산능력을 인위적으로 증가시키려 하고 있다. 그 결과 전반적이고 만성적인 과잉생산, 억제된 가격, 하락하거나 혹은 완전히 없어져버린 이윤 등의 현상이 나타나고 있다. 단적으로 말해서 오랫동안 찬사를 받아오던 경쟁의 자유는 스스로 종언을 고하고, 치욕스럽게도 자신의 파산을 스스로 공표하지 않을 수 없게 된 것이다. 더욱이 각 나라마다 일정 부문의 대사업가들은 생산의 규제를 위한 카르텔을 결성하고 있다. 하나의 ^{M454} 위원회가 각 공장별 생산량을 확정짓고, 들어온 주문을 최종적으로 배분한다. 심지어 때로는 몇몇 경우 일시적으로 국제 카르텔도 나타났는데, 영국과 독일 제철산업 부문 간의 카르텔이 거기에 해당한다. 그러나 이런 형태의 생산의 사회화도 아직 충분한 것이 아니었다. 개별 회사들 간의 이해대립은 때로 카르텔을 부수고 경쟁을 다시 부활시켰다. 그리하여 생산규모가 허락할 경우, 어떤 산업부문에서는 이 부문의 전체 생산이 하나의 거대한 주식회사로 집중되어 단 하나의 지휘체계에 편입되어버리는 경우도 나타났다. 미국에서는 이것이 이미 여러 번 이루어졌고, 유럽에서는 지금까지 가장 규모가 컸던 예로 유나이티드 알칼리 트러스트(United Alkali Trust)를 들 수 있는데, 이 회사는 영국의 전체 알칼리 생산을 단 하나의

회사 수중에 집어넣었다. 개별 공장들(30개 이상에 달하는)의 과거 소유주들은 그들의 총투자에 대한 감정가액만큼을 주식으로 받았는데, 그 총액은 5백만 파운드스털링으로서 그 트러스트의 고정자본을 나타내는 것이었다. 기술적인 지휘는 과거의 경영자들 수중에 그대로 머물렀으나, 사업 전체의 지휘는 총이사회의 수중에 집중되었다. 약 백만 파운드스털링에 달하는 유동자본은 일반에 공모되었다. 그리하여 총자본은 6백만 파운드스털링이 되었다. 영국에서는 화학공업 전체의 기초를 이루는 이 부문에서 경쟁 대신 독점이 자리를 잡게 되었고, 그리하여 미래의 소유형태(사회 전체, 즉 국민 전체가 소유하는)를 가장 만족스러운 형태로 준비하게 된 셈이다.}

이것은 자본주의적 생산양식 내부에서 자본주의적 생산양식을 지양하는 것이며, 따라서 스스로를 지양하는 모순으로서, 그 모순은 일견 새로운 생산형태로 넘어가는 단순한 통과지점으로만 나타난다. 그런 다음 그 모순은 현상으로도 나타난다. 그것은 어떤 영역에서 독점을 만들어내고 따라서 국가의 개입을 불러일으킨다. 그것은 새로운 금융귀족을 재생산하는데, 이 금융귀족이란 곧 기획인, 발기인, 그리고 단지 명목뿐인 이사 등의 형태를 띤 새로운 종류의 기생계급이다. 그리하여 그것은 발기, 주식발행 그리고 주식거래 등과 관련된 사기와 협잡의 전 체계를 재생산한다. 그것은 사적 소유의 통제를 받지 않는 사적 생산이다.

IV. 주식제도 — 이것은 자본주의 체제 그 자체의 기초 위에서 이루어지는 자본주의적 사적 산업의 지양이며, 또 그것이 확대되어 새로운 생산영역을 장악할 정도가 되면 사적 산업을 아예 절멸해버린다 — 이외에도 M455 신용은 개별 자본가〔혹은 한 사람의 자본가로 간주될 수 있는 사람〕에게 일정 범위 내에서 타인자본과 타인소유 그리고 그럼으로써 타인노동에 대해서까지 하나의 절대적인 처분권을 제공한다.[87] 자기자본이 아닌 사

87) 예를 들어 우리는 『타임스』[†69]지를 통해서 1857년과 같이 공황이 발발한 해의 파산자들을

회적 자본에 대한 처분권은 그에게 사회적 노동에 대한 처분권을 부여해 준다. 우리가 실제로 소유하고 있거나 혹은 일반 사람들이 생각하기에 우리가 소유하고 있다고 여기는 그런 자본 그 자체는, 아직 신용이라는 상부 구조(Kreditüberbau)에 대한 하나의 토대(Basis)일 뿐이다. 이것은 특히 사회적 생산물의 대부분이 그 수중을 거쳐 가는 도매업에서 잘 나타난다. 모든 가치척도들, 즉 자본주의적 생산양식 내부에서 아직 많든 적든 정당화되고 있는 모든 논거들이 여기에서는 사라져버린다. 투기를 하는 도매업자들이 투기에 던져 넣는 것은 사회적 소유이지 자신들의 소유가 아니다. 자본의 원천이 저축이라는 말도 마찬가지로 여기에서는 무의미하게 된다. 왜냐하면 그런 말을 하는 사람이 있다면 그 사람은 다른 사람들에게 자신을 위해 저축하라고 요구하는 꼴이 되기 때문이다. {최근 프랑스 전체가 파나마 운하 사기꾼들을 위해 15억 프랑이나 되는 저축을 끌어모았던 일이 바로 그런 경우이다. 그런데 그 파나마 운하 사기사건[70]이 발발하기 꼭 20년 전에 마르크스는 여기에서 이미 그 사기의 전모를 자세히 그려내고 있는 것이다.} 절제에 대한 다른 이야기도 이제 신용수단이 되기도 하는 자본가의 사치에 의해 정면으로 반박된다. 자본주의적 생산의 더 낮은 단계에서는 아직 의미를 갖고 있던 생각(표상)들이 여기에서는 완전히 무의미해져버린다. 여기에서는 성공과 실패가 동시에 자본의 집중을 가져오고 따라서 엄청난 규모의 수탈로 이어진다. 이제 수탈은 직접적 생산자

자세히 살펴보고 그들의 부채액수와 자산액수를 비교해 볼 수 있다. —— "사실 자본과 신용을 소유한 사람들의 구매력은, 투기시장에 대해서 아무런 실제 지식을 갖지 않은 사람들에게는 그 상상을 훨씬 초월하는 것이다"(투크, 앞의 책, 79쪽). "자신의 정규사업을 위한 자본을 충분히 소유하고 있고, 또 자신의 사업영역에서 좋은 신용을 누리고 있는 평판 좋은 어떤 사람이, 만일 자신이 취급하는 품목의 경기가 상승하리라는 낙관적인 견해를 가지고 있고, 게다가 자신의 투기를 시작한 초기와 그것이 경과하는 시기에 여건이 계속 유리하게 작용한다면, 그 사람은 자신의 자본에 비해 자신의 구매규모를 엄청나게 확대할 수 있을 것이다"(앞의 책, 136쪽). —— "제조업자와 상인은 전체 사업규모를 자신들의 자본규모를 넘어서 확대하고 있다. …… 오늘날 자본은 어떤 한 상업회사의 거래한도를 의미하는 것이 아니라 오히려 좋은 신용을 누리기 위한 기초로 더 많이 활용되고 있다"(『이코노미스트』, 1847, 1333쪽).

로부터 중소자본가들에게까지 널리 확대된다. 이러한 수탈은 자본주의적 생산양식의 출발점이다. 그러한 수탈의 관철은 곧 자본주의적 생산양식의 목표이며 궁극적으로는 생산수단을 모든 개인으로부터 수탈하는 것을 M456 의미한다. 즉 사회적 생산이 발전함에 따라 이들 생산수단은 사적 생산의 수단이나 생산물에서 벗어나, 결합된 생산자들의 수중에 있는 생산수단으로만 있게 되고, 따라서 그것은, 그것이 그 생산자들의 사회적 생산물인 것과 마찬가지로, 그들의 사회적 소유로 될 수 있다. 그러나 이러한 수탈은 자본주의 체제 내부에서는 소수에 의한 사회적 소유의 획득이라는 대립적 형태로 나타난다. 그리고 신용은 이들 소수자들에게 순수한 도박꾼으로서의 성격을 점점 더 부여해준다. 여기에서 소유는 주식의 형태로 존재하기 때문에, 그것의 운동과 이전은 순전히 주식매매의 결과로 이루어지며, 이들 주식매매에서는 작은 물고기가 상어에게 먹히고 양이 이리들에게 잡아먹히는 약육강식의 법칙이 작용한다. 주식제도 안에는 사회적 생산수단이 개인의 소유로 나타나는 낡은 사회형태에 대한 대립이 이미 존재한다. 그러나 주식형태로의 전화 그 자체는 아직 자본주의적 한계 내에 묶여 있다. 그래서 그러한 전화는 사회적 부와 사적 부의 성격 간의 대립을 극복하기보다는 그것을 새로운 형태로 바꿀 뿐이다.

노동자들 자신의 협동조합 공장들은 낡은 형태(자본주의적 생산형태—옮긴이) 내부에서의 그 낡은 형태에 대한 최초의 타파이다. 물론 그것의 실제 조직 안에서는 곳곳에서 기존 제도의 온갖 결함들이 재생산되고 또 그렇게 될 수밖에 없다. 그러나 이들 공장 내부에서는 자본과 노동 간의 대립이 지양되는데, 이것도 물론 노동자들이 연합체로서 그들 자신의 자본가가 되는 형태(즉 생산수단을 여전히 그들 자신의 노동의 증식을 위해 사용하는 형태)일 뿐이라는 한계는 있다. 이들 공장은 물적 생산력과 그에 상응하는 사회적 생산형태의 일정 단계에서, 한 생산양식으로부터 새로운 생산양식이 어떤 방식으로 자연스럽게 생성되어 발전해나가는가를 보여준다. 자본주의적 생산양식에서 생겨난 공장제도가 없다면 협동조합 공장은 발전될 수 없을 것이고, 그 생산양식에서 생겨난 신용제도가 없어도 마찬가지로 발전될 수 없을 것이다. 자본주의적 사적 기업이 자본주의적 주식회사로 점차 전화하는 데 주된 기초를 이루는 신용제도는, 협동조합 기업이 어느 정도 전국적 규모로 점차 확대되어나가는 데도 그 수단을 제공해준다. 자본주의적 주식기업과 협동조합 공장은 모두 자본주의적 생산양식에서 결합적 생산양식으로 넘어가는 과도기적 형태로 간주되어야만 하는데, 이들 간의 차이는 하나는 자본과 노동 간의 대립을 적극적으로 지양하고 있지만 다른 하나는 소극적으로 지양하고 있다는 것뿐이다.

지금까지 우리는 신용제도의 발전—그리고 그 속에 포함된 자본소유 _{M457} 의 잠재적인 지양—을 주로 산업자본과 관련지어 살펴보았다. 다음 장에서 우리는 신용을 이자 낳는 자본 그 자체와 관련지어 이 자본에 대해 신용이 미치는 효과는 물론 그것이 이때 취하는 형태에 대해서도 살펴보고자 한다. 그러면서 거기에 몇 가지 특수한 경제학적 견해를 제기해보고자 한다.

그전에 이 장에서는 다음 이야기를 마저 해두어야겠다.

만일 신용제도가 과잉생산과 상업부문의 과잉투기의 주된 지렛대로 나타난다면, 그것은 단지 원래가 탄력적인 성격을 지닌 재생산과정이 이 경우 그 극한까지 강행되었기 때문이며, 그렇게 강행된 이유는 사회적 자본의 대부분이 그 자본의 소유주가 아닌 사람들—따라서 이들의 사업방식은 자본소유주가 손수 사업을 운영할 경우 조심스럽게 자신의 사적 자본의 한계를 가늠하면서 수행하는 방식과 완전히 다르다—에 의해 사용되기 때문이다. 그리하여 자본주의적 생산의 대립적 성격에 기초해 있는 자본의 가치증식은, 실제의 그 자유로운 발전이 일정한 지점까지만 허용되고, 따라서 그것은 사실상 생산의 내재적인 속박이자 한계를 이루는데, 이 속박과 한계는 끊임없이 신용제도에 의해 파괴된다.[88] 따라서 신용제도

---

88) 찰머스(Th. Chalmers).

는 생산력의 물적 발전과 세계시장의 형성을 촉진하는데, 이런 세계시장의 형성을 새로운 생산형태의 물적 기초로서 일정한 수준까지 이루어내는 것은 자본주의적 생산양식의 역사적 임무이다. 그와 동시에 신용은 또 이런 모순의 강력한 폭발[즉 공황]을 촉진하고, 그럼으로써 낡은 생산양식을 해체하는 요소들을 촉진한다.

신용제도에는 이중적인 성격이 내재해 있는데, 한편으로 그것은 자본주의적 생산의 추동력과 타인노동의 착취에 의한 치부방식을, 순전히 대규모의 도박과 협잡제도로 발전시키고, 사회적 부를 착취하는 사람의 숫자를 점점 더 소수로 제한한다. 그리고 또 다른 한편 그것은 새로운 생산양식으로의 과도적 형태를 형성한다. ─ 이런 이중성으로 인해 로(J. Law)에서 페레르(I. Péreire)에 이르기까지 신용의 주요 대변인들은 협잡꾼과 예언자의 얼굴이 함께 뒤섞인 모습을 하고 있다.

제28장

유통수단과 자본. 투크와 풀라턴의 견해

통화와 자본 간의 구별은, 투크[89]와 윌슨(J. Wilson) 등의 논의에서 화 _{M458}
폐〔즉 화폐자본 일반〕로서의 유통수단과 이자 낳는 자본(영어로는
moneyed capital)으로서의 유통수단 간의 구별이 마구 뒤섞이긴 했지만,
크게 두 가지로 집약된다.

유통수단은 한편으로 그것이 수입의 지출을 매개할 경우, 즉 개별 소비 _{M459}
자와 소매상──소비자를 상대로 판매하는 모든 상인이 이 소매상의 범주
에 포함될 수 있다. 그리고 이때 개별 소비자란 생산적 소비자〔혹은 생산
자〕와 구별된다──의 거래를 매개할 경우 주화(화폐)로서 유통된다. 이 경
우 화폐는 비록 끊임없이 자본을 보전하기는 하지만 주화의 기능으로 유통

---

89) 390쪽*에서 독일어로 발췌 인용한 투크의 관련 귀절을 여기에서 원문으로 다시 보기로 하
자: "은행가의 업무는 요구불 약속어음의 발행을 제외하고 두 부문으로 나누어질 수 있는데 이
는 (애덤) 스미스 박사가 상인과 상인 간의 거래와 상인과 소비자 간의 거래를 구별하였던 바
로 그것에 해당하는 것이다. 은행가 업무의 한 부문은 자본을 자신이 직접 사용하지 않는 사람
들로부터 자본을 모아서, 이를 직접 사용하는 사람들에게 분배 혹은 이전하여 주는 것으로 이
루어진다. 다른 한 부문은 고객들의 소득을 예금으로 받아서 이들이 소비를 위한 지출 때문에
예금을 요구할 때마다 해당액을 지불해주는 것으로 이루어진다. …… 전자는 자본의 유통이며

제28장 유통수단과 자본. 투크와 풀라턴의 견해 593

된다. 한 나라의 화폐 가운데 일정 부분은, 비록 그것이 끊임없이 변동하는 개별 화폐들로 이루어지긴 하지만, 항상 이 기능에 할당된다. 반면에 화폐가 구매수단(유통수단)으로든 지불수단으로든 자본의 이전을 매개할 경우 그것은 자본이다. 따라서 그것이 주화와 구별되는 것은 구매수단으로서의 기능이나 지불수단으로서의 기능이 아니다. 왜냐하면 상인과 상인 사이에서도 현금구매의 경우 그것은 구매수단으로 기능할 수 있으며, 상인과 소비자 사이에서도 신용이 주어져 있어서 수입을 먼저 소비하고 그 다음에 지불이 이루어지는 경우 그것은 지불수단으로 기능할 수 있기 때문이다. 즉 그것의 구별은 둘째 경우 이 화폐가 한편으로 판매자에게 그 자본을 보전해줄 뿐만 아니라, 또 다른 한편 구매자로부터는 자본으로 지출되고 선대된다는 점인 것이다. 그러므로 사실상 그 구별은 수입의 화폐형태와 자본의 화폐형태 간의 구별이며 통화와 자본 간의 구별은 아니다. 왜냐하면 상인들 간의 매개자로는 물론 소비자와 상인들 간의 매개자로서도 화폐 가운데 일정량이 유통되고 따라서 이들 두 기능을 수행하는 것이 모두 통화이기 때문이다. 그런데 투크의 견해에는 다음과 같은 몇 가지 혼
M460 란이 나타난다.

① 기능적인 규정의 혼동에서 비롯된 혼란.

② 두 가지 기능이 한데 어우러져 유통되는 화폐량의 문제를 끌어들임

후자는 **통화의 유통이다**"(투크, 앞의 책, 36쪽). 전자는 "한편으로 자본의 집중과 다른 한편으로 그것의 분배"이며 후자는 "지역의 국지적인 목적을 위한 통화의 관리"이다(37쪽). ——키니어(J. G. Kinnear)는 훨씬 더 올바른 견해에 다가서 있다. "화폐는 근본적으로 서로 다른 두 가지 행위를 수행하기 위해 사용된다. 상인과 상인 사이의 교환수단으로 사용됨으로써 그것은 자본의 이전을 위한 수단이 된다. 즉 일정 자본액의 화폐와 동일한 자본액의 상품 간의 교환이 이루어진다. 그러나 임금지불에 지출되는 화폐나 상인과 소비자 간의 매매에서 지출되는 화폐는 자본이 아니라 수입이다. 즉 그것은 총수입 가운데 일상적 지출에 사용되는 부분이다. 이 화폐는 끊임없는 일상적 용도로 유통되며 엄밀한 의미에서 이 화폐만이 통화라고 이름 붙일 수 있는 것에 해당한다. 자본선대는 오로지 은행 혹은 기타 자본소유자들의 의사에 달려 있다. —— 왜냐하면 차용자는 항상 대기하고 있기 때문이다. 그러나 통화의 액수는 일상적 지출을 목적으로 유통되는 화폐의 총필요액에 의존한다"(키니어, 『공황과 통화』, 런던, 1847, [3, 4쪽]).
* MEW Bd. 25, 417쪽 참조.

으로써 빚어진 혼란.

③ 두 기능 속에서〔즉 재생산과정의 두 영역에서〕각각 유통되는 통화량 간의 상대적인 비율에 대한 문제를 끌어들임으로써 빚어진 혼란.

①에 대하여. 화폐의 기능을 한편에서는 통화의 형태로, 다른 한편에서는 자본의 형태로 규정하는 데서 비롯되는 혼란. 화폐는 그것이 수입의 실현을 위해서든 아니면 자본의 이전을 위해서든, 이들 두 기능 가운데 하나의 기능에 사용되는 한, 매매나 지불에서 구매수단 혹은 지불수단〔넓은 의미에서 유통수단〕으로 기능한다. 그것의 지출자나 수령자의 계정에서 그것이 자본으로 여겨지느냐 수입으로 여겨지느냐 하는 또 하나의 규정은 이 경우와 전혀 상관이 없으며, 그 규정에서도 역시 화폐는 두 가지 성격으로 나타난다. 비록 두 영역에서 유통되는 화폐 종류가 서로 다르다 하더라도, 한 영역에서 다른 영역으로 이전되어 두 기능을 번갈아 수행하는 것은 똑같은 화폐조각, 예를 들어 5파운드스털링짜리 지폐이다. 이것은 그럴 수밖에 없는 것이, 소매상은 자신의 고객에게서 받은 주화의 형태를 통해서만 자신의 자본에 대해 화폐형태를 부여할 수 있기 때문이다. 원래 소액주화란 주로 소매업 영역에서 유통될 목적을 가지는 것으로 생각할 수 있다. 소매상인은 거스름돈을 주기 위해서 주화가 끊임없이 필요하고 또 끊임없이 고객들에게서 그것을 지불받는다. 그러나 그는 화폐를 받을 때도 많은데, 즉 가치척도인 금속으로 주조된 주화〔다시 말해 영국의 1파운드스털링짜리 금화〕나 그 밖의 은행권〔특히 5파운드스털링이나 10파운드스털링짜리 소액은행권〕도 받는다. 이런 금화나 은행권을 그는 여분의 소액주화들과 함께, 매일 혹은 매주 거래은행에 예금하고 그런 다음 자신의 구매대금을 그 은행예금에 대한 수표지불로 결제한다. 그러나 바로 그 동일한 금화나 은행권은, 또한 소비자로서의 성격을 갖는 전체 대중에 의해 그들 수입의 화폐형태로서 끊임없이 은행에서 다시 직·간접적으로(예를 들어 공장주들에 의해 임금지불을 위한 소액화폐로) 인출되었다가 소매상에게 환류됨으로써, 그들 소매상의 자본의 한 부분이자 동시에 수입

의 일부로 계속 새롭게 실현된다. 이 후자의 상황이 중요한 것인데 투크는 이를 완전히 간과하였다. 화폐가 화폐자본으로 지출되는 순간에만〔즉 재생산과정의 출발점(제2권 제1편)에서만〕 자본가치는 순수한 그 자체의 형태로 존재한다. 왜냐하면 생산된 상품 속에는 자본뿐만 아니라 잉여가치도 이미 포함되어 있기 때문이다. 그 상품은 자본 그 자체일 뿐만 아니라 이미 생성된(schon gewordenes) 자본이다. 즉 원래의 자본에 수입원(자본가의 수입원인 잉여가치─옮긴이)이 합쳐져 있는 자본이다. 따라서 소매상이 자신에게 환류되는 화폐의 대가로 양도하는 것〔즉 자신의 상품〕은 그 소매상의 입장에서 볼 때 자본＋이윤, 곧 자본＋수입이다.

M461

더구나 유통화폐는 소매상에게 환류함으로써 다시 소매상의 자본의 화폐형태를 회복시킨다.

그러므로 수입 유통으로서의 유통과 자본 유통으로서의 유통 간의 구별을, 통화와 자본 간의 구별로 전화시키려고 하는 것은 완전히 잘못된 것이다. 이런 잘못된 설명방식은 투크의 경우 그가 은행권을 발행하는 은행가의 입장에만 서 있었던 데서 비롯된 것이다. 항상 대중의 수중에 있으면서(물론 끊임없이 다른 은행권들도 함께 있겠지만) 유통수단으로 기능하는 자기은행권의 액수는, 은행가에게 단지 종이값과 인쇄비밖에는 들지 않는다. 그것은 자신을 인수자로 발행되어 유통되는 채무증서(어음)이지만, 그것은 그에게 화폐를 가져다주고 그리하여 자본증식을 위한 수단으로 사용된다. 그러나 그것은 그 자신의 자본과는─그것이 자기자본이든 차입자본이든 상관없이─구별된다. 그리하여 그에게는 통화와 자본 간의 특수한 구별이 나타나게 되는데, 그렇지만 그 구별은 개념 규정 그 자체와는〔즉 적어도 투크가 행한 그런 개념 규정과는〕 아무런 관련이 없다.

서로 다른 규정성─화폐가 수입의 화폐형태로 기능하느냐 아니면 자본의 화폐형태로 기능하느냐에 따른─은 유통수단으로서 화폐의 성격에 아무런 변화도 주지 않는다. 화폐가 그 두 가지 기능 중 어떤 기능을 수행하든 화폐는 이 성격을 그대로 견지한다. 물론 화폐가 수입의 화폐형태로 나타날 경우, 화폐는 본래적인 유통수단(주화, 구매수단)으로 더 많이 기능하게 될 것인데, 이는 이 경우의 구매와 판매가 매우 분산적일 뿐만 아니라 수입지출자의 대다수인 노동자들은 신용으로 구매를 할 수 있는 경우가 비교적 적기 때문이다. 반면 유통수단이 자본의 화폐형태를 띠는 상업계의 거래에서는, 한편으로는 집적 때문에, 또 다른 한편으로는 발달된 신용제도 때문에, 화폐는 주로 지불수단으로 기능한다. 그러나 지불수단으로서의 화폐와 구매수단(유통수단)으로서의 화폐 간의 구별은 화폐 그 자체에 귀속되는 하나의 구별이지, 화폐와 자본 간의 구별은 아니다. 소매업에서는 동전과 은화가 더 많이 유통되고 도매업에서는 금화가 더 많이 유통된다고 해서, 은화와 동전을 하나로 묶고 금화를 다른 하나로 떼어내어 구분하는 것이 그대로 통화와 자본의 구별이 되는 것은 아니다.

②에 대하여. 두 가지 기능이 한데 어우러져 유통되는 화폐량의 문제를 끌어들이는 것. 화폐가 구매수단으로든 지불수단으로든 그것이 유통되는 한에서는―두 영역 가운데 어떤 영역에서 유통되든, 그리고 그 기능이 ^{M462} 수입을 실현하는 것이든 자본을 실현하는 것이든 그것과는 무관하게― 화폐의 유통량에 대해서 앞서 제1권 제3장 제2절 나.에서 단순상품유통을 고찰하며 논의한 법칙이 그대로 적용된다. 유통속도[즉 일정 기간 동일한 화폐가 구매수단과 지불수단으로 동일한 기능을 반복하는 횟수], 동시에 이루어지는 매매 내지 지불의 양, 유통되는 상품의 가격총액, 그리고 마지막으로 같은 기간에 결제되어야 할 지불차액 등이 어느 경우에나 유통화폐량[즉 통화량]을 결정한다. 그렇게 기능하는 화폐가 지불자나 수령자에게 자본으로 여겨지느냐 수입으로 여겨지느냐 하는 것은 사태를 조금도 변화시키지 않으며 또 그것과 무관하다. 유통되는 화폐량은 단지 매매수단으로서 그것의 기능에 의해서만 결정된다.

③에 대하여. 두 기능 속에서[즉 재생산과정의 두 영역에서] 각각 유통되는 통화량 간의 상대적인 비율에 대한 문제를 끌어들이는 것. 두 유통영역은 한편으로 수입액은 소비의 크기를 나타내고 다른 한편으로 생산부

문과 상업부문에서 유통되는 자본량의 크기는 재생산과정의 크기와 속도를 나타낸다는 점에서 하나의 내적 연관 속에 있다. 그럼에도 동일한 요인이 두 기능[혹은 두 영역] 속에서 유통되는 화폐량[영국의 은행용어로는 통화량]에 대해서 각기 미치는 작용은 서로 다를 뿐만 아니라 심지어 서로 반대 방향일 때도 있다. 바로 이것이 투크로 하여금 통화와 자본을 잘못 구별하게 만들었던 원인이다. 그러나 통화주의자들^{†68}로 하여금 별개의 두 문제를 혼동하게 만들었던 바로 이 요인은 그 두 문제를 개념적으로 구별짓는 근거로는 결코 될 수 없다.

호황기에는 재생산과정의 대폭적인 확대와 그것의 촉진 그리고 그것의 역동성에 의해 노동자들이 완전 고용된다. 또한 대개의 경우 임금의 상승도 나타나며 그리하여 상업순환의 다른 시기에 평균수준 이하로 하락하였던 임금 부분이 어느 정도 보상된다. 동시에 자본가들의 수입도 현저하게 증가한다. 그리하여 소비는 전반적으로 증가한다. 상품가격도 대개 최소한 몇몇 결정적인 사업부문에서는 상승한다. 그 결과 유통되는 화폐량은 적어도 일정 한계 내에서는——유통속도의 증가가 그 자체 유통수단의
M463 양의 증가를 제약하기 때문이다——증가한다. 사회적 수입 가운데 임금으로 이루어진 부분은 원래 산업자본가들에 의해 가변자본의 형태로 항상 화폐형태를 띠고 선대되기 때문에, 이 부분은 호황기에 자신의 유통을 위해 더 많은 화폐를 필요로 한다. 그러나 우리는 이것을 이중으로 계산해서는 안 된다. 즉 한 번은 가변자본의 유통에 필요한 화폐로, 그리고 또 한번은 노동자 수입의 유통에 필요한 화폐로 중복해서 계산해서는 안 된다. 노동자들에게 임금으로 지불된 화폐는 소매거래에서 지출되었다가 소순환(小循環) 속에서 여러 중간거래들을 매개하고 나서 결국은 매주 소매업자의 예금으로 은행에 되돌아간다. 호황기에는 산업자본가들에게 화폐의 환류가 원활하게 이루어지고, 따라서 그들이 더 많은 임금을 지불해야[즉 그들의 가변자본의 유통을 위해 더 많은 화폐를 필요로] 하는데도 화폐유통에 대한 그들의 필요는 증가하지 않는다.

전체적인 결론을 내리자면 호황기에는 수입의 지출에 사용될 유통수단의 양이 결정적으로 증가하게 된다.

그 다음 자본의 이전과 관련된 유통〔즉 자본가들 사이에서만 필요한 유통〕의 측면에서 보면, 이런 호황기는 곧 신용이 가장 탄력적이고 또한 가장 손쉬운 시기에 해당한다. 자본가와 자본가 간의 유통속도는 직접적으로 신용에 의해 규제되며, 따라서 지불결제와 현금구매에 필요한 유통수단의 양은 그 유통속도에 비례하여 감소한다. 이때 그 유통수단의 양은 절대적으로는 확대될 수 있지만 재생산과정의 확대에 비해 상대적으로는 항상 감소한다. 한편으로는 더 큰 액수의 지불이 아무런 화폐의 개입 없이 청산된다. 그리고 또 다른 한편으로는 재생산과정이 매우 활기를 띠게 될 경우, 구매수단으로는 물론 지불수단으로도 동일한 화폐량의 운동속도는 더욱 빨라지게 된다. 즉 동일한 화폐량이 더 많은 수의 개별 자본가들의 환류를 매개하게 된다.

제I부분(수입지출)이 절대적으로 확대되는 한편, 제II부분(자본이전)이 적어도 상대적으로는 축소되는데도, 전체적으로 이런 호황기에는 화폐유통이 충만한(full) 상태로 나타난다.

환류는 상품자본의 화폐로의 재전화, 즉 G −W — G'을 나타내는데, 이는 우리가 제2권 제1편의 재생산과정 고찰에서 이미 본 바와 같다. 신용은 화폐형태로의 환류를 산업자본가에게든 상인에게든 실제의 환류시점과는 무관하게 만들어버린다. 그들 둘은 모두 각자 신용으로 판매한다. 즉 그들의 상품은, 그것이 그들을 위해 화폐로 재전화되기 전에〔다시 말하자면 그들 자신에게 화폐형태로 환류되기 전에〕양도된다. 다른 한편 그들 ^{M464} 각자는 또한 신용으로 구매한다. 그리하여 그들의 상품가치는 이 가치가 실제로 화폐로 전화되기 전에〔즉 그 상품가격이 기한이 되어 결제되기도 전에〕, 이미 생산자본의 형태로든 상품자본의 형태로든, 그들을 위해 재전화되어 있다. 그런 호황기에는 환류가 쉽고 원활하게 이루어진다. 소매업자는 어김없이 도매업자에게 지불하고, 도매업자는 제조업자에게, 제조업자는 다시 원료수입상에게 어김없이 지불하게 된다. 이러한 외관상의 신속하고 어김없는 환류는 실제 그런 상황이 지나고 나서도 상당 기간 계속 유지되는데, 이는 일단 가동되어 있는 신용에 의한 것으로서 그 신용의 환류가 실제의 환류를 대신해주기 때문이다. 은행들은 고객들이 화폐보다 더 많은 어음을 불입하게 되면 곧 위험을 눈치 채기 시작한다. 앞서 398쪽*에서 리버풀 은행의 이사가 하는 말을 한번 들어보자.

내가 앞에서 언급한 것에다 여기서 하나 더 삽입한다면 "신용이 팽창하는 시기에는 화폐 유통속도가 상품가격보다 더 빨리 증가한다. 반면 신용이 퇴조하는 시기에는 상품가격이 유통속도보다 더 느리게 하락한다"(『경제학 비판』, 1859, 83, 84쪽**).

공황기간에는 사태가 반대로 된다. 제I부분(마르크스는 앞에서는 이를 제I부분으로 표기하였다가 여기에서는 제1번으로 표기하고 있는데 이런 종류의 혼용은 곳곳에 있고 그때마다 독자들의 이해를 돕기 위해 임의로 필요한 곳은 통일해놓았다—옮긴이)은 축소되고 물가는 하락하며 임금도 하락한다. 고용된 노동자 수는 감소하고 거래량도 감소한다. 반면 제II부분의 유통에서는 신용의 감소와 함께 화폐융통에 대한 필요가 증가하는데 이 점에 대해서 우리는 곧 더 상세히 살펴보고자 한다.

재생산과정의 정체와 함께 신용의 감소가 나타날 경우, 제I부분〔수입지출〕을 위해 필요한 통화량은 감소하지만 반면에 제II부분〔자본이전〕을 위해 필요한 통화량은 증가한다는 사실에 대해서는 전혀 의문의 여지가 없다. 그러나 이 명제가 풀라턴과 기타 다른 사람들이 제기한 다음의 명제와 어느 정도 일치하는지는 연구되어야 할 문제로 남는다.

대부자본에 대한 수요와 추가 유통수단에 대한 수요는 완전히 다른 것으

---

* 이 책의 427~428쪽 참조.
** MEW Bd. 13, 85쪽 참조.

로서 그다지 함께 나타나지도 않는다.[90]

무엇보다도 먼저 명백한 사실은 위의 두 경우 중 전자, 즉 유통수단의 _{M465} 양이 증가해야 하는 호황기에는 유통수단에 대한 수요도 증가한다는 사

---

90) 신용융통에 대한(다시 말해서 자본대부에 대한) 수요와 추가 유통수단에 대한 수요를 동일하다고 생각하거나 혹은 이 두 수요가 동시에 일어난다고 생각하는 것은 사실상 크게 잘못된 생각이다. 이들 각각의 수요는 각기 그들을 특수하게 규정하는 제반 여건하에서 발생하고 이런 여건들은 서로 완전히 다른 것들이다. 모든 것이 활기를 띠고 임금은 높고 물가가 상승하여 공장들도 바쁘게 돌아갈 때에는, 통상 지불액과 지불횟수를 증가시켜야 할 필요성 때문에 필연적으로 야기되는 추가적인 기능들을 수행하기 위해서 유통수단의 추가 공급이 필요해진다. 그러나 주로 상업순환의 그 다음 단계에서는 어려움들이 나타나기 시작하고, 시장이 과잉상태를 보이며 환류가 지체됨으로써 이자가 상승하고 은행이 자본을 선대하는 데 압박을 받게 된다. 은행은 자신의 은행권 이외의 수단으로는 자본을 선대하지 않으려 하고, 따라서 은행권 발행의 거절이 곧 신용융통에 대한 거절을 의미하게 된다. 그러나 일단 신용융통이 제공되고 나면 모든 것은 시장의 필요에 따라 정돈된다. 즉 대부는 그대로 남고, 사용되지 않은 유통수단은 발행은행으로 되돌아간다. 그리하여 의회 보고서를 대충으로라도 살펴본 사람이라면 누구나 쉽게 다음 사실을 납득할 수 있다. 즉 잉글랜드은행의 유가증권 보유량이 자체 은행권 유통량과 일치하는 방향으로 움직이기보다는 그것과 서로 반대 방향으로 움직인 경우가 더 많았으며, 따라서 이 대은행의 예에서도 지방은행가들이 그렇게 중시하였던 교의가 예외 없이 적용되었다는 사실이다. 그 교의란 곧 어떤 은행도 자신의 은행권의 유통량이 이미 은행권 유통의 정상적인 목적에 일치할 경우에는 그 은행권의 유통량을 증가시킬 수 없고, 그 한계를 넘어서는 모든 자본선대의 증가는 그 은행의 자본에 의해 이루어져야 하며, 그것은 그 은행이 준비금으로 보유하고 있는 유가증권의 매각이나 그런 유가증권에 더 투자하지 않음으로써 조달될 수밖에 없다는 것이다. 내가 앞 페이지에서 인용한 바 있는 1833~40년의 의회 보고서로부터 작성한 그 표들은 이 교의를 입증해주는 계속적인 실례를 보여준다. 그런데 그 표들 가운데 둘은 이미 너무도 특성이 잘 드러나 있는 것이어서 거기에 대해 더 설명할 필요가 전혀 없는 것들이다. 1837년 1월 3일, 신용을 유지하고 화폐시장의 어려움에 대응하기 위해 잉글랜드은행의 자금이 그 극한까지 이용되었을 때, 대부와 어음할인을 위한 잉글랜드은행의 선대액수는 17,022,000파운드스털링이라는 엄청난 액수에 달하였는데, 이 액수는 전쟁(1793~1815년) 이후로는 거의 전대미문의 액수로서, 바로 그 기간에 매우 낮은 수준에 계속 묶여 있던 잉글랜드은행권의 총발행고 17,076,000파운드스털링과 거의 같은 액수이다. 한편 1833년 6월 4일의 은행권 유통액은 18,892,000파운드스털링으로서, 여기에는 처분 가능한 개인 유가증권의 회수액이 포함되어 있는데 그 액수는 972,000파운드스털링이 채 못 되는 것으로서 최근 반세기 동안 가장 낮은 액수는 아닐지라도 거의 가장 낮은 액수에 해당한다"(풀라턴, 『통화 조절론』, 97, 98쪽). ─ 신용융통에 대한 수요를 금(윌슨과 투크 등은 이를 자본이라고 부른다)에 대한 수요와 동일시할 필요가 전혀 없다는 것을 잉글랜드은행의 총재인 웨겔린(Th. Weguelin)의 다음 발언을 통해서 잘 알 수 있다. "이만한 액수까지의(연 3일 동안 계속 하루에 100만 파운드스털링씩의) 어음할인은 대중이 더 많은 액수의 통화를 요구하지 않는 경우 (잉글랜드 은행권) 준비금을

실이다. 그러나 그와 마찬가지로 또 한 가지 명백한 사실은, 만일 어떤 제조업자가 더 많은 자본을 화폐형태로 지출해야 하는 사정 때문에 자신의 은행예금계좌에서 금이나 은행권을 더 많이 인출한다면, 그것으로 인해 증가하는 것은 자본에 대한 그의 수요가 아니라 그가 자신의 자본을 지출하는 바로 이 특수한 형태(곧 화폐형태—옮긴이)에 대한 그의 수요라는 점이다. 수요는 그가 자신의 자본을 유통에 투입하는 그 기술적 형태와 관련될 뿐이다. 말하자면 예컨대 신용제도의 발달수준의 차이에 따라 동일한 가변자본(즉 동일한 임금량)이 어떤 나라에서는 다른 나라에서보다 더 많은 양의 유통수단이 필요하다. 예를 들어 잉글랜드에서는 스코틀랜드보다 더 많은 양이 필요하고 잉글랜드보다는 독일에서 더 많은 양이 필요하다. 농업부문에서도 이와 마찬가지로 재생산과정에서 활동 중인 동일한 자본이 계절에 따라서 그 기능을 수행하는 데 필요한 화폐량은 제각기 달라진다.

M466

그러나 풀라턴처럼 두 수요를 구분하는 것은 옳지 않다. 불황기가 호황기와 구별되는 것은 그가 말한 것처럼 대부에 대한 강한 수요가 아니라 이 수요가 호황기에는 쉽게 충족되는 반면 불황기에 접어들고 나면 충족되기 어려워지는 데 있다. 호황기에는 사실 신용제도가 엄청나게 발달하고, 따라서 대부자본에 대한 수요도 현저하게 늘며, 공급도 이 시기에는 그 수요에 기꺼이 응하게 되는데, 바로 이런 것이 불황기에는 신용의 압박을 가져온다. 따라서 두 시기를 특징짓는 구별은 대부수요의 크기에 있는 것이

───────

감소시키지 않을 것이다. 어음할인에서 발행된 은행권은 은행의 매개나 예금을 통해 환류될 것이다. 만일 그런 거래가 금의 유출을 목적으로 한 것이 아니거나, 혹은 국내에 공황이 밀어닥쳐 대중이 은행권을 은행에 불입하기보다는 수중에 붙들고 있으려는 상황이 아닐 경우에는, 그런 대규모 거래가 있다 하더라도 그것이 준비금에 영향을 미치지 않을 것이다." — "잉글랜드은행은 매일 150만 파운드스털링을 할인할 수 있으며, 이것은 자신의 준비금에 아무런 영향을 미치지 않고 이루어질 수 있다. 은행권은 예금을 통해서 되돌아오며 유일한 변동이 있다면 그것은 단지 예금계좌가 한 계좌에서 다른 계좌로 이전되는 것 정도에 불과하다"(『은행법위원회: 1857년』, 증언록 제241번, 제500번). 즉 여기에서 은행권은 신용 이전의 수단으로만 사용된다.

아니다.

이미 앞에서 이야기한 바와 같이 두 시기가 구별되는 것은 무엇보다도 M467 호황기에는 소비자와 상인 간의 유통수단에 대한 수요가 더 지배적이고 불황기에는 자본가들 간의 유통수단에 대한 수요가 더 지배적이라는 사실에 있다. 불황기에는 전자의 수요가 감소하고 후자의 수요가 증가한다.

그런데 풀라턴 등이 결정적으로 중요하다고 생각하는 것은, 잉글랜드은행의 수중에 있는 유가증권[대부담보물과 어음]이 증가하는 시기에는 잉글랜드은행권의 유통이 감소하고 그 반대의 경우도 그대로 성립하는 바로 그 현상이다. 그러나 그 유가증권 보유고는 화폐융통의 크기, 즉 할인된 어음액과 유효한 유가증권을 담보로 한 대부액의 크기를 나타낸다. 그래서 풀라턴은 436쪽*의 각주 90에서 인용한 바 있는 구절에서 다음과 같이 말하고 있다. 즉 잉글랜드은행이 소유하고 있는 유가증권은 대개의 경우 그 은행권 유통과 반대 방향으로 변동하고, 이는 민간은행들이 오래전부터 지켜오던 원칙, 즉 어떤 은행도 대중의 필요에 의해 일정 액수 이상으로 은행권 발행을 증가시킬 수 없으며, 만일 이 액수를 초과하여 대부를 실행할 경우에는 그 대부를 자신의 자본에서 인출하여 실행해야 한다는[다시 말하자면 기존의 보유 유가증권을 매각하거나 아니면 유가증권에 투자할 화폐액을 이 대부로 돌려야 한다는] 원칙을 그대로 확인시켜준다는 것이다.

그러나 또한 여기에서 풀라턴이 생각하는 자본이란 것이 무엇인지가 드러난다. 여기에서 자본이란 무엇을 의미하는가? 잉글랜드은행은 더는 자신의 은행권[즉 당연히 자신에게 아무런 비용도 들지 않는 지불약속]으로 대부를 할 수 없다. 그렇다면 이제 무엇을 가지고 대부를 하는가? 준비금으로 보유하고 있는 유가증권[즉 국채나 주식, 기타 이자 낳는 유가증권]의 매각대금으로 한다. 그런데 이 유가증권의 매각대금으로는 무엇을

---

* 이 책의 465쪽 참조.

받는가? 그것은 화폐나 금 혹은 은행권이다. 물론 이때 이 은행권은 잉글 랜드은행의 은행권과 같이 법정 지불수단일 경우에 한한다. 따라서 이때 잉글랜드은행이 대부하는 것은 항상 화폐이다. 그런데 이제 이 화폐는 잉 글랜드은행의 자본 가운데 일부를 이룬다. 잉글랜드은행이 금을 대부하 는 경우 그것은 명확하게 드러난다. 은행권을 대부할 경우에도 이제 이 은 행권은 자본을 나타내게 되는데 이는 그 은행권이 하나의 실제 가치〔즉 이자 낳는 유가증권〕의 대금으로 양도된 것이기 때문이다. 민간은행들의 경우 유가증권의 매각을 통해 그들에게 환류되는 은행권은 주로 잉글랜 드은행의 은행권이나 자기 은행의 은행권밖에 없다. 이는 유가증권에 대 한 지불대금으로 다른 은행권들은 거의 받지 않기 때문이다. 그러나 잉글 랜드은행의 경우에는 자신의 은행권을 회수하기 위해서 자본〔즉 이자 낳 는 유가증권〕을 지불해야 한다. 게다가 잉글랜드은행은 이를 통해 자신의 은행권을 유통으로부터 끌어낸다. 따라서 잉글랜드은행이 은행권을 다시 발행하거나 아니면 그 대신에 그만한 액수의 새로운 은행권을 발행한다

M468 면 이제 그 은행권들은 자본을 나타내게 된다. 그리고 그 은행권이 자본가 들에게 대부되는 경우나 혹은 또 나중에 그런 화폐융통에 대한 수요가 감 소했을 때 유가증권에 대한 신규투자에 사용될 경우나 모두 마찬가지로 그 은행권은 자본을 대표한다. 이들 모든 경우에 자본이란 말은 은행가적 인 의미에서만 사용되고 있어서 그것이 의미하는 바는 은행가가 자신의 신용 이상으로 대부를 하지 않을 수 없게 되었다는 것이다.

주지하다시피 잉글랜드은행은 모든 대부를 자신의 은행권으로 한다. 그럼에도 이제 통상 그 은행권 유통이 그의 수중에 있는 할인어음과 대부 담보의 증가에 따라〔즉 그것이 수행하는 대부의 증가에 따라〕 비례적으로 감소한다고 하면, 유통에 투하된 은행권은 무엇이며 또 그것은 어떻게 잉 글랜드은행으로 환류되는가?

먼저 국제수지의 악화로 인해 화폐융통에 대한 수요가 발생하고 그리 하여 이 수요가 금의 유출을 매개할 경우 사태는 매우 단순하다. 어음은

은행권으로 할인된다. 은행권은 잉글랜드은행 내부의 발권부에서 금과
교환되고 금은 유출된다. 이것은 마치 은행이 어음을 할인하면서 은행권
의 매개 없이 직접 금을 지불하는 경우나 마찬가지이다. 이러한 수요증가
는—어떤 경우 이것은 7백~1천만 파운드스털링에 달하였다—당연히
국내유통에 단 한 장의 은행권도 추가하지 않는다. 그런데 우리가 만일 이
경우 잉글랜드은행이 대부하는 것은 자본이지 유통수단은 아니라고 말한
다면 이것은 두 가지 의미를 지닌다. 즉 첫째, 그것은 잉글랜드은행이 신
용을 대부하는 것이 아니라 실제 가치[즉 잉글랜드은행 자신의 자본 혹은
자신에게 예치된 자본의 일부]를 선대한다는 것을 의미한다. 둘째, 그것
은 잉글랜드은행이 국내유통을 위한 화폐를 대부하는 것이 아니라 국제
유통을 위한 화폐[즉 세계화폐]를 대부한다는 것을 의미한다. 그리고 이
런 목적을 위해서 화폐는 항상 축장화폐의 형태[즉 금속의 실체]로 존재
해야만 한다. 다시 말하자면 가치형태를 띨 뿐만 아니라 그 가치의 화폐형
태와 동일한 액수의 가치로서 존재해야만 하는 것이다. 이 금이 잉글랜드
은행과 금 수출업자 모두에게 자본[즉 은행자본이나 상인자본]으로 여겨
진다 하더라도, 그 수요는 자본으로서의 금에 대한 수요가 아니라 화폐자
본의 절대적 형태로서의 금에 대한 수요로 발생한다. 그 수요는 해외시장
이 실현되지 못한 영국의 상품자본으로 가득 채워지는 순간에 곧바로 발
생한다. 따라서 이때 요구되는 것은 자본으로서의 자본이 아니라 화폐로서
의 자본이며 그 화폐는 일반적 세계시장상품(allgemeine Weltmarktsware)
의 형태를 띠는데 이는 곧 화폐의 본원적 형태인 귀금속 형태를 가리킨다.
그러므로 금의 유출은, 풀라턴과 투크 등이 말하는 것처럼, 단지 자본의
문제가 아니라 비록 특수한 기능을 수행하는 것이긴 하지만 바로 화폐의   M469
문제이다. 통화주의자들이 주장하듯이 이것이 전혀 국내유통의 문제가 아
니라고 하는 이야기는, 풀라턴 등이 생각하는 것처럼 그것이 단지 자본의
문제일 뿐이라는 것을 입증해주는 것이 결코 아니다. 그것은 화폐가 국제
지불수단의 형태를 띠는 화폐의 문제이다.

그 자본(국내의 흉작으로 인한 수백만 쿼터에 달하는 외국 밀의 구입가격)이 상품으로 이전되느냐 금으로 이전되느냐 하는 것은 거래의 본질에 전혀 영향을 미치지 못한다.(풀라턴, 앞의 책, 131쪽)

그러나 그것은 금의 유출이 발생하느냐 않느냐의 문제에는 매우 중요한 영향을 미친다. 자본이 귀금속의 형태로 이전되는 이유는 상품형태로는 그것이 아예 이전될 수 없거나 혹은 이전될 수 있다 하더라도 매우 큰 손실 없이는 이전될 수 없기 때문이다. 근대 은행제도가 금의 유출에 대해서 갖는 불안감은, 귀금속만이 유일하게 참된 부로 간주된 중금주의에서 상상하던 것보다 훨씬 더 크다. 우리는 의회의 1847~48년 상업불황위원회에서 잉글랜드은행 총재인 모리스에 대하여 벌인 다음의 심문 내용을 예로 들어보기로 하자.

제3846번. (질문:) 내가 재고품과 고정자본의 가치절하에 관해서 이야기할 때, 그것이 곧 온갖 종류의 재고품과 생산물에 투자된 모든 자본이 똑같은 방식으로 가치절하되었다는 것을 말한다는 것을 당신은 모르고 있었는가? 다시 말해서 원면, 생사, 양모 등이 똑같이 헐값에 대륙으로 수출되고 설탕, 커피, 차 등이 강제 매각의 경우처럼 큰 손실을 보면서 판매되었다는 것을 당신은 모르고 있었는가?—우리나라가 대규모 식량수입으로 빚어진 **금의 유출**에 대처하기 위해서 **상당한 희생**을 치러야 했던 것은 불가피한 일이었다. —제3848번. 당신은 그런 희생을 통해 금을 회수하려고 하는 것보다, 차라리 잉글랜드은행 금고 속에 잠자고 있는 8백만 파운드스털링을 풀어버리는 것이 더 나았다고 생각하지는 않는가?—아니다. 나는 그렇게 생각하지 않는다.

여기에서 유일한 참된 부로 간주되는 것은 바로 금뿐이다.
풀라턴은 투크의 발견을 다음과 같이 인용하는데,

잘 설명될 수 있는 한두 개의 예외를 제외하고는, 지난 반세기 동안 금의 유출로 인해 나타난 어음거래의 현저한 감소는 유통수단이 비교적 적었던 시기에 발생하였고, 그 반대의 경우에도 역시 마찬가지였다.(풀라턴, 앞의 책, 121쪽)

이 발견은 이런 금의 유출이 대부분 과열과 투기의 시기 이후에 다음과 ^{M470} 같이 나타난다는 것을 입증해준다. 즉 그것은

이미 시작된 파국의 신호로 나타난다. …… 다시 말해서 그것은 시장재고의 과잉, 국내 생산에 대한 외국의 수요 중단, 대금 회수의 지연 등과 이런 모든 것들의 필연적인 결과로서 상업에서의 불신, 공장들의 폐쇄, 노동자들의 기아 그리고 산업과 사업의 전반적인 불황 등의 한 징후로서 나타나는 것이다.(129쪽)

이것은 동시에 다음과 같은 통화주의자들의 주장에 대한 가장 좋은 반론이기도 하다.

충분한 통화량은 금의 유출을 가져오고 부족한 통화량은 금의 유입을 유인한다.

즉 이런 주장과는 반대로, 잉글랜드은행의 금준비가 대개 호황기에 견실한 것은 사실이지만, 사실 이러한 금준비는 언제나 한차례 태풍이 지나가고 난 뒤 풀 죽은 불황기에 형성되는 것이다.

그리하여 금의 유출과 관련된 모든 생각은 결국 다음과 같은 내용으로 귀결된다. 즉 국제 유통수단과 지불수단에 대한 수요는 국내 유통수단과 지불수단에 대한 수요와 다르며(바로 이 때문에 풀라턴이 112쪽에서 말한 바와 같이 "금의 유출이 있다고 해서 국내 통화수요가 반드시 감소하는

것은 아니다") 귀금속을 해외로 보내는 것〔즉 그것을 국제유통 속으로 투입하는 것〕과 국내유통에 은행권이나 주화를 투입하는 것은 같지 않다. 또한 내가 이미 앞에서* 말한 바와 같이 국제적 지불을 위해 준비금으로 집적되는 축장화폐의 운동 그 자체는 유통수단으로서 화폐의 운동과 아무 상관이 없다. 물론 이것은, 내가 화폐의 본질로부터 논의를 전개한 바 있는 축장화폐의 다양한 기능들〔즉 국내의 지불수단을 위한 준비금이나 만기가 도래한 지불을 위한 준비금으로서의 기능과 유통수단의 준비금으로서의 기능, 그리고 마지막으로 세계화폐의 준비금으로서의 기능〕이 모두 단지 준비금에 대해서만 부여된 기능들이라는 사실 때문에, 그리고 또 그 결과 어떤 경우에는 은행에서 국내로의 금유출과 외국으로의 금유출이 서로 결합될 수도 있다는 사실 때문에, 사정이 약간 복잡해지기도 한 다. 게다가 이 축장화폐에 완전히 자의적으로 부과되는 또 하나의 기능 〔즉 신용제도와 신용화폐가 발달된 나라들에서 은행권의 태환을 위한 보증금으로서 사용되는 기능〕으로 인해 사정은 좀더 복잡해진다. 여기에다 마지막으로 ① 단 한 곳의 중앙은행으로 전국의 준비금이 집중되는 점, ② 이 준비금을 최소한으로 축소한다는 점 등이 여기에 추가된다. 따라서 풀라턴도 다음과 같이 호소하고 있다(143쪽).

M471

> 잉글랜드은행의 금준비가 거의 고갈될 것처럼 보일 때마다, 영국에서 나타나는 그 요란한 소란과 비명들을, 환율의 변동에 대해 대륙 국가들이 보여주는 그 완벽한 태평함이나 평온함과 비교해 보면, 금속화폐가 이런 측면에서 얼마나 큰 장점을 가지고 있는지를 생각하지 않을 수 없다.

그런데 이제 금유출을 제외한다면, 은행권을 발행하는 어떤 은행〔즉 예를 들어 잉글랜드은행〕이 은행권 발행고를 증가시키지 않고 자신의 화

---

* MEW Bd. 23, 158~159쪽 참조.

폐 융통액수를 증가시킬 수 있는 방법은 무엇일까?

은행의 담장 바깥에 있는 모든 은행권은, 그것이 유통되고 있든 혹은 개인 금고 속에서 잠을 자고 있든, 모두 은행 자신의 입장과 관련시켜 볼 때 유통과정 속에 있는 것으로서 말하자면 자신의 소유를 벗어나 있는 것들이다. 따라서 만일 은행이 할인과 담보대부〔즉 유가증권을 담보로 한 대부〕를 확대한다면 그 부분에 대해서 발행되는 만큼의 은행권이 은행으로 환류되어야 한다. 왜냐하면 그렇게 하지 않으면 유통액이 그만큼 증가하는데, 이런 경우는 생겨서는 안 되기 때문이다. 이런 환류는 두 가지 방식으로 일어날 수 있다.

첫째, 은행은 A에게 유가증권을 담보로 은행권을 지불한다. A는 그것을 B에게 만기가 도래한 어음대금으로 지불하고, B는 그 은행권을 다시 은행에 예금한다. 그리하여 이 은행권의 유통은 끝나지만, 대부는 그대로 남아 있게 된다. ("대부는 그대로 남고 사용되지 않는 통화는 발행자에게로 되돌아간다." 풀라턴, 앞의 책, 97쪽.)

은행이 A에게 대부했던 은행권은 이제 자신에게 되돌아왔다. 반면 은행은 A 혹은 A가 할인한 어음의 수령인에 대해 채권자이면서 동시에 이 은행권에 표시된 가치액만큼 B에 대한 채무자이기도 하다. 그리하여 B는 은행의 자본 가운데 그 가치액에 해당하는 부분에 대해 처분권을 갖는다.

둘째, A는 B에게 지불하고, B 혹은 C〔B가 은행권으로 다시 지불한 상 ^{M472}대〕는 이 은행권으로 만기가 도래한 어음에 대해 은행에 직접〔혹은 간접적으로〕 지불한다. 이 경우 은행은 자신의 은행권으로 지불을 받을 것이다. 이리하여 거래는 완결된다(A가 대부금을 은행에 갚기까지는).

그렇다면 A에 대한 은행의 대부는 어디까지가 자본의 대부이고 어디까지가 단순한 지불수단의 대부로 간주될 수 있는 것일까?[91]

---

[91] {원고에는 이 뒷부분과의 연결이 흐름을 잃고 있어서 괄호 끝부분까지 편집자가 새로 고쳐 썼다. 이 문제와 다른 것과의 관련에 대해서는 이미 제26장*에서 다루어졌다.}

  * 이 책의 443~445쪽 참조.

{이것은 대부 그 자체의 본질과 관련된 문제이다. 이 문제에 대해서는 세 가지 경우로 나누어서 살펴보아야 한다.

첫째, A는 대부액에 대해 아무런 담보물도 제공하지 않고 자신의 개인적 신용만을 근거로 은행에서 대부를 받는다. 이 경우 그는 지불수단만 대부받는 것이 아니고 그가 그 대부액을 갚기까지 자신의 사업에 추가자본으로 사용하고 또 증식시킬 수 있는 하나의 신규자본도 또한 아무 조건 없이 선대받는 셈이 된다.

둘째, A는 은행에 유가증권〔즉 국채나 주식〕을 담보로 제공하고, 그 시세의 (예를 들어) 약 $\frac{2}{3}$에 해당하는 금액의 현금대부를 받는다. 이 경우 그는 필요한 지불수단은 얻었지만 추가자본을 얻은 것은 아니다. 왜냐하면 그는 은행에서 자신이 받은 액수보다 더 큰 액수의 자본가치를 은행의 수중으로 넘겨주었기 때문이다. 그러나 더 큰 액수의 이 자본가치는 첫째, 그가 당면한 필요〔지불수단〕에는 사용될 수 없는데 그것은 이 자본가치가 일정한 형태의 이자 낳는 것으로서 투자된 것이기 때문이다. 둘째, 그 자본가치를 매각하여 직접 지불수단으로 전화시킬 수 없는 이유를 A 자신이 가지고 있다. 무엇보다도 A의 그 유가증권은 예비자본으로 기능하도록 규정되어 있으며, 그가 이를 담보로 제공한 것은 바로 이런 기능으로 그 유가증권을 사용한 것에 해당한다. 따라서 A와 은행 간에는 잠정적이고 상호적인 자본이전이 발생한 것이고 그 결과 A는 추가자본을 얻은 것이 아니라(그 반대이다!)(즉 더 큰 자본을 양도하고 더 작은 자본을 양도받았다—옮긴이) 필요한 지불수단을 얻었을 뿐이다. 한편 은행의 입장에서 본다면 그 거래는 화폐자본을 대부의 형태로 잠정적으로 고정시킨 것이며, 이는 즉 화폐자본의 한 형태에서 다른 형태로의 전화이다. 그리고 이 전화야말로 은행업의 본질적 기능이기도 하다.

셋째, A는 은행에서 어음을 할인하여 할인수수료를 공제하고 난 나머지 액수를 현금으로 받는다. 이 경우 그는 화폐자본의 비유동적 형태를 은행에 판매하고 그 대신에 유동적 형태의 가치액을 받았다. 말하자면 아직 유통 중인 어음을 판매하고 현금을 받은 것이다. 이제 어음은 은행의 소유가 되었다. 그렇지만 그 어음에 대한 만기지불이 이루어지지 않을 경우 마지막 배서인인 A가 그 금액만큼 은행에 대해 책임을 진다는 사실에는 아무런 변함이 없다. A는 다른 배서인들과 그리고 나중에 그가 상환을 요구하게 될 최초의 어음발행인 등과 함께 그 책임을 나누어 진다. 따라서 여기에는 어떤 대부행위도 없고 단지 일상적인 매매행위만 있을 뿐이다. 그러므로 A는 은행에 대해 아무것도 상환할 필요가 없고, 은행은 어음의 만기일에 스스로 그 어음금액을 회수하여 앞서 A에게 지불한 금액을 보전한다. 그리하여 여기에서도 역시 A와 은행 간에 상호적인 자본이전이 발생한 것이고 이것은 다른 모든 상품의 매매와 전적으로 동일하다. 그리고 바로 그렇기 때문에 A는 아무런 추가자본도 얻지 못하였다. 그가 필요로 하고 또 그 결과 손에 넣은 것은 바로 지불수단이었으며, 그가 그것을 손에 넣을 수 있었던 것은 은행이 그의 화폐자본을 한 형태〔어음〕에서 다른 형태〔화폐〕로 전화시켜주었기 때문이다.

따라서 실질적인 자본대부라고 부를 수 있는 것은 첫째 경우뿐이다. 둘째 경우와 셋째 경우에서는 기껏해야 모든 자본투자에서 '자본이 선대된다'는 의미의 선대만 있을 뿐이다. 그런 의미에서 은행은 A에게 화폐자본을 선대한다. 그러나 A의 입장에서 그것은 기껏해야 그것이 자신의 자본일반 가운데 일부라는 의미에서 화폐자본일 뿐이다. 그리고 그가 그것을 특별히 필요로 하는 것은 자본으로서가 아니라 지불수단으로서이다. 만일 그렇지 않다면 지불수단을 조달하기 위해 이루어지는 모든 일상적인 상품판매도 전부 자본대부를 받는 것으로 간주되어야 할 것이다.〕

은행권을 발행하는 민간은행의 경우 그 차이점은 다음과 같다. 즉 그들의 은행권이 지방유통에 머물러 있지 않거나 혹은 예금이나 만기어음의 지불형태로 자신에게 되돌아오지 않을 경우, 이 은행권을 소지한 사람에게 그들은 금이나 잉글랜드은행의 은행권으로 자신의 은행권을 교환해주지 않으면 안 된다. 따라서 이 경우 그들의 은행권의 대부는 사실상 잉글랜드은행권의 대부〔혹은 그것과 마찬가지인 금의 대부〕, 말하자면 그들 은행자본의 일부를 대부하는 것이 된다. 이것은 잉글랜드은행 자신이나 혹은 은행권 발행의 법정 최고한도를 부과받는 어떤 다른 은행이, 자신의 은행권을 유통으로부터 회수하여 그만큼을 새로운 대부를 통해 다시 발행하기 위해 유가증권을 판매해야 하는 경우에도 마찬가지이다. 즉 이 경우에도 그들의 은행권은 그들의 은행자본 가운데 유동자본 부분을 의미한다.

통화가 순전히 금속화폐뿐인 경우에도, ① 금의 유출이 {여기에서 말하는 금의 유출이란 적어도 그 일부가 해외로 나가는 경우를 가리킨다} 은행 M474 금고를 비우는 것과 동시에 ② 금이 주로 지불결제(지나간 거래의 정산)만을 위하여 은행에 청구되기 때문에, 예금형태나 만기어음의 환불형태로 은행으로 되돌아옴으로써, 유가증권을 담보로 한 대부가 크게 증가할 수 있다. 그 결과 한편으로 은행이 보유한 유가증권이 증가함으로써 은행의 축장화폐는 감소하고, 또 다른 한편 그만큼의 액수에 대해 은행이 과거에는 소유주로 행세하다가 이제는 그 예금주에 대해 채무자의 위치에 서게 되고, 그리하여 결국 유통수단의 총량은 감소하게 될 것이다.

지금까지는 대부가 은행권으로 이루어진다고 전제하였다. 즉 비록 금방 사라져버리기는 하지만 적어도 일시적으로는 은행권 발행의 증가를 대부가 불러일으키는 것으로 전제하였다. 그러나 이것은 반드시 필요한 전제조건은 아니다. 은행은 지폐 대신에 A에게 신용계좌를 개설해줄 수도 있는데, 그럴 경우 그의 채무자인 A는 은행에 대해 가상의 예금주가 된다. A는 자신의 채권자에게 그 은행을 인수자로 하는 수표로 지불하고, 이 수표의 수령인은 그 수표를 다시 자신의 은행가에게 지불하는데, 그 은행가는 그 수표를 어음교환소에서 자신을 인수자로 하는 다른 수표와 교환한다. 이 경우 은행권의 개입은 전혀 일어나지 않으며, 전체 거래는 은행이 자신을 인수자로 하는 수표를 통해 자신을 채무자로 만드는 하나의 청구권을 스스로 결제하고, 그에 대한 실질적인 보상으로 A에 대한 신용청구권을 갖는 그런 범위로 국한된다. 이 경우 은행은 A에게 자신의 은행자본 가운데 일부를 대부하는 셈인데 이는 은행의 대부가 곧 그 자신의 채권이기 때문이다.

화폐융통에 대한 이런 수요가 곧 자본에 대한 수요를 가리키게 되는 것은 그 자본이 화폐자본을 가리킬 경우에만 그러하다. 즉 이때의 자본이란 은행가의 입장에서 볼 때의 자본을 가리키며, 말하자면 금(외국으로의 금 유출의 경우)이나 국립은행의 은행권(이것은 민간은행들에서 구매할 경우 일정 등가물을 대가로 지불해야만 손에 넣을 수 있는 것으로서 따라서 민간은행들은 자본으로 여긴다)을 가리킨다. 또는 마지막으로 그것은 금이나 은행권을 손에 넣기 위해서 매각되어야 할 이자 낳는 유가증권[즉 국채나 주식 등]일 수도 있다. 그러나 이자 낳는 유가증권은 그것을 구매한 사람에게만 자본이며 이때 그 유가증권은 구매자에게 자신의 구매가격[즉 거기에 투자된 자본]을 대표한다. 그것은 그 자체로는 자본이 아니며 단지 하나의 채권일 뿐이다. 만일 그것이 토지저당권이라면 그것은 미래의 지대에 대한 단순한 권리증서일 뿐이며, 또 기타의 주식이라면 그것은 단지 미래의 잉여가치를 수령할 수 있는 권리증서에 지나지 않는다. 이 모든 것들은 실제의 자본이 아니며 자본의 구성 부분도 아니며 또 그 자체 아무런 가치도 아니다. 이와 비슷한 거래들을 통해서 은행이 소유한 화폐가 예금으로 전화할 수 있고, 그 결과 은행은 그 화폐의 소유주가 아니라 채무자가 되는 방식을 통해서 그 화폐에 대한 소유권을 다른 형태로 지닐 수도 있다. 이것은 은행 자신에게는 매우 중요한 일이지만 국내의 기존 자 ^{M475} 본량과 화폐자본의 양에는 거의 아무런 영향도 미치지 않는다. 그러므로 여기에서 자본은 단지 화폐자본으로만 기능하고, 또한 현실의 화폐형태로 존재하지 않을 경우에는 단순히 자본소유권으로만 기능한다. 이것은 매우 중요하다. 왜냐하면 은행자본의 부족과 은행자본에 대한 급박한 수요가 현실자본의 감소와 혼동되기 때문인데, 사실 이 경우 현실자본은 오히려 반대로 생산수단과 생산물의 형태를 띠고 과잉상태에 있으며 따라서 시장을 압박하고 있다.

이리하여 유통수단의 총량이 불변이거나 감소할 경우 어떻게 해서 은행이 담보로 잡은 유가증권의 양이 증가할 수 있으며, 또 화폐융통에 대한 수요 증가를 은행이 어떻게 충족시킬 수 있는지가 매우 간단하게 설명된다. 또한 그 같은 화폐부족 시기에는 이 유통수단의 총량은 두 가지 방식으로 제약을 받는다. 즉 ① 금의 유출을 통해서, ② 단순한 지불수단으로서의 화폐에 대한 수요를 통해서이다. 이때 ②의 경우에는 발행된 은행권이 즉시 환류되거나 아니면 신용계좌를 매개로 하여 은행권의 발행 없이 거래가 완결된다. 따라서 이 경우 지불을 매개하는 것은 단순한 신용거래이며, 그 신용거래의 유일한 목적은 바로 그 지불의 결제이다. 화폐가 단지 지불의 결제만을 위해서 기능할 경우(그리고 공황기에 구매를 위해서가 아니라 지불을 위해서 대부를 받을 경우, 즉 새로운 거래를 시작하기 위해서가 아니라 지나간 거래를 완결하기 위해서 대부받을 경우) 화폐유통은 극히 일시적으로만 이루어진다는 사실(이는 이 결제가 화폐의 개입이 전혀 일어나지 않는 단순한 신용거래에 의해서 이루어질 경우에도 그러하다), 따라서 화폐융통에 대한 수요가 클 경우 화폐유통을 확대하지 않고도 엄청난 액수의 거래가 완결될 수 있다는 사실, 바로 그런 사실들은 화폐의 특성에 해당한다. 그러나 잉글랜드은행에 의해 엄청난 액수의 화폐융통이 이루어지면서도 동시에 잉글랜드은행의 통화는 안정적이거나 감소하기까지 한다는 그 사실만으로는, 풀라턴과 투크 등이(대부자본의 차용에 의한 화폐융통과 추가자본의 차용에 의한 화폐융통을 동일시하는 그들의 오류 때문에) 생각했던 것처럼 지불수단으로 기능하는 화폐(은행권)의 유통이 증가하지도 확대되지도 않는다는 사실을 입증해주지 못한다. 화폐융통에 대한 요구가 큰 불황기에는 구매수단으로서 은행권의 유통이 감소하기 때문에, 지불수단으로서 은행권 유통은 증가할 수 있지만, 그러면서도 구매수단과 지불수단으로 기능하는 은행권의 총액〔즉 통화의 M476 총액〕은 안정적이거나 감소할 수도 있다. 그렇지만 발행은행으로 즉시 환류하는 지불수단으로서 은행권의 유통은 풀라턴과 같은 경제학자들의 눈에는 전혀 유통으로 여겨지지 않는다.

지불수단으로서 유통의 증가가 구매수단으로서 유통의 감소보다 더 크다면 구매수단으로 기능하는 화폐의 양이 현저하게 감소하더라도 총유통량은 증가할 것이다. 그리고 이런 현상은 공황의 어떤 한 시점에서—즉 신용이 완전히 붕괴됨으로써 상품과 유가증권의 판매는 물론 어음의 할인까지도 불가능해지고 어음이 더는 현금지불〔상인들의 말로는 현찰〕로 간주되지 않는 그런 시기에서—실제로 나타난다. 풀라턴 등은 지불수단으로서의 은행권 유통이, 화폐가 부족한 그런 시기의 특징적인 현상이라는 점을 파악하지 못하기 때문에, 이 현상을 우연적인 것으로 취급하였다.

은행권을 손에 넣기 위한 격렬한 경쟁은 공황기의 한 특징이며, 때로는 1825년 말처럼 금의 유출이 아직 계속되고 있는 동안에도 비록 일시적이긴 하지만 은행권 발행의 급격한 확대를 유발하는데, 이런 현상들을 낮은 환율로 인한 자연스럽고 필연적인 현상들 가운데 하나로 간주해서는 안 된다고 나는 생각한다. 내가 보기에 그런 경우의 수요는 유통을 위한 것이 아니라(말하자면 구매수단으로서의 유통이 아니라) 축장을 위한 것이며, 금의 유출이 오래 계속되고 난 후에 공황의 마지막 국면에서 전반적으로 나타나는 현상으로서, 불안에 질린 은행가와 자본가가 불러일으키는(즉 지불수단의 준비로서) 수요이다. 또한 그것은 금의 유출이 끝날 것이라는 하나의 징후이기도 하다.(풀라턴, 앞의 책, 130쪽)

지불의 연쇄가 급격히 단절될 경우, 상품대금으로 지불된 화폐가 단순한 가치의 관념적(ideal) 형태에서 가치의 물적(dinglich) 형태이자 동시에 절대적(absolute) 형태로 어떻게 바뀌는지에 대해서는 이미 지불수단으로서의 화폐에 대한 고찰에서(제1권 제3장 제3절 나.) 논의한 바 있다. 그에 관한 몇몇 예도 거기에서 각주 100과 101로 제시되었다. 이러한 단절은 그 자체 신용의 동요와 그런 동요에 수반되는 여러 가지 상황들[즉 시장의 공급과잉 상태, 상품의 가치하락, 생산의 중단 등]의 결과이면서 또한 그 원인이기도 하다.

M477   그러나 분명한 사실은 풀라턴이 구매수단으로서의 화폐와 지불수단으로서의 화폐 간의 구별을, 통화와 자본 간의 구별로 잘못 전화시켰다는 점이다. 그리고 그렇게 된 것은 유통에 대한 편협한 은행가적 사고방식이 그 밑바닥에 깔려 있었기 때문이다.

이제 다시 다음과 같은 물음이 제기될 수 있다. 즉 그러한 부족의 시기에 도대체 부족하다고 하는 것의 정체가 자본인가 아니면 지불수단으로서의 화폐인가? 그리고 이것은 잘 알려져 있듯이 하나의 논쟁거리이다.

먼저 부족사태가 금유출에서 나타나는 것인 한, 요구되는 것은 국제적 지불수단이라는 것이 분명하다. 그러나 국제적 지불수단으로서의 규정성을 갖는 화폐는, 그 자체 가치를 지닌 실체이자 가치량이기도 한 실제의 금속, 즉 금이다. 그것은 동시에 자본이기도 하지만 그것은 상품자본으로서의 자본이 아니라 화폐자본으로서의 자본이며, 상품형태가 아닌 화폐형태(더욱이 일반적인 세계시장상품으로 존재한다는 특별한 의미에서의 화폐형태)를 띤 자본이다. 여기에서는 지불수단으로서의 화폐에 대한 수요와 자본에 대한 수요 간의 대립이 존재하지 않는다. 여기에서 존재하는 대립은 화폐형태를 띤 자본과 상품형태를 띤 자본 간의 대립인데, 여기에서 요구되고 또 유일하게 기능할 수 있는 형태는 그것의 화폐형태이다.

이런 금(혹은 은)에 대한 수요를 제외한다면 그런 공황기에 어떤 형태로든 자본의 부족사태를 말할 수는 없다. 물론 곡물가격의 등귀나 면화의 부족 등과 같은 우발적인 사태에서는 그런 자본부족이 나타날 수도 있다. 그러나 그것은 그런 시기에 당연히 혹은 필연적으로 나타나는 부수적인 현상이 결코 아니다. 따라서 그러한 자본부족 사태가 존재한다는 사실만 가지고, 처음부터 미리 화폐융통에 대한 절박한 수요가 존재하고 있었다고 말할 수는 없다. 사정은 오히려 그 반대이다. 즉 시장은 상품자본으로 가득 차서 공급과잉 상태에 있다. 따라서 부족사태를 야기하는 것은 어떤 경우에도 상품자본의 부족이 아니다. 우리는 나중에 이 문제로 다시 돌아올 것이다.

†1 『국민경제학과 통계학 연보』: 격주간지로서 1863년 예나(Jena)에서 창간되었고, 1872~90
　　년까지는 요하네스 콘라트가, 1891~97년까지는 빌헬름 렉시스가 편집을 맡았다.

†2 한계효용이론: 마르크스의 노동가치론에 대항하여 1870년대에 나타난 부르주아를 옹호하
　　는 경제이론의 하나. 이 이론에 의하면 상품가치는 그것의 '한계효용'[즉 상품재고가 주어져
　　있을 때, 구매자의 최소한의 필요를 충족시키는 각 상품 한 단위의 효용에 대한 주관적 평가]
　　에 의해 결정된다. 한계효용이론에서 가치의 크기는 상품의 상대적 희귀성에 의존한다. 그러
　　나 사실 상품의 상대적 희귀성이란 사회적 필요노동량에 의해 결정되는 그 상품가치의 크기에
　　의존한다. 상품가치는 시장가격을 통해 간접적으로 유효수요의 크기에 영향을 미치며, 이 수
　　요는 또한 상품공급에도 영향을 미친다. 한계효용이론은 근대 부르주아 경제학의 이론적 기초
　　가 되고 있는데, 그 이유는 이 이론이 자본주의에서 노동자 착취를 은폐하는 변론자 구실을 하
　　기 때문이다.

†3 렉시스, 「통화문제의 비판적 고찰」, 『독일제국의 입법, 행정, 국민경제 연보』, 제5년차, 제1
　　권, 라이프치히, 1881, 87~132쪽.

†4 『누오바 안톨로지아』(Nuova Antologia): 이탈리아의 과학, 문학, 예술에 관한 자유주의 성
　　향의 잡지. 1866~77년까지는 피렌체, 1878~1943년까지는 로마에서 간행되었다.

†5 로리아가 이용한 것은 『자본』의 '프랑스어판' 제1권 가운데 제11장 "잉여가치율과 잉여가
　　치량"으로, 이는 독일어판의 제9장에 해당한다.

†6 「스티벨링의 논문 '자본의 집약이 임금과 노동착취에 미치는 영향'에 대한 논평」, 『노이에
　　차이트』, 제3호, 1887, 127~133쪽.
　　『노이에 차이트』: 독일 사민당의 이론적 기관지로서 국제 노동자운동을 지도하였다. 1883~
　　1923년까지 슈투트가르트에서 카를 카우츠키와 프란츠 메링에 의해 편집, 발행되었다. 1917년
　　10월 이후에는 하인리히 쿠노프(Heinrich Cunow)가 편집을 맡았다. 1885~94년까지 엥겔스는

이 잡지에 일련의 논문들을 기고하였고, 지속적인 자문으로 그 편집을 도왔으며, 편집 방향이 마르크스주의와 편차를 보일 경우 자주 이를 비평해주기도 하였다. 엥겔스가 사망한 이후 이 잡지는 점점 수정주의 편향으로 기울었다. 제1차 세계대전 동안 이 잡지는 중앙파의 입장을 취하였으며 사회주의 쇼비니스트들을 지지하였다.

†7 램지, 『부의 분배에 관한 고찰』, 에든버러, 1836, 184쪽.

†8 18세기 말까지만 해도 화학에서는 연소설이 지배적이었다. 이 이론은 연소현상을 연소물체에서 나오는 연소(Phlogiston)라는 어떤 가상적인 물질을 상정함으로써 설명하였다. 금속이 공기 중에서 달구어질 때 그 비중이 증가하는 현상에 대해, 이 이론의 신봉자들은 연소가 마이너스(−)의 비중을 갖기 때문이라고 설명했다. 프랑스의 화학자 라부아지에는 연소현상이 산소와의 결합현상임을 알아내고 이를 입증함으로써 이 연소설을 반박하였다. ─『자본』 제2권의 서문에서 엥겔스가 연소설에 대하여 설명하는 부분도 참고할 것(MEW Bd. 24, 21~23쪽).

†9 1849년 1월에 프루동은 인민은행을 설립하였다. 이 은행은 소생산자들의 생산물에 대한 물물교환을 주선하고 노동자들에게 무이자의 신용을 제공하기 위한 것이었다. 이 은행을 이용해서 사회개혁을 도모하고자 했던 프루동의 기대와는 달리, 이 은행은 설립 2개월 만에 파산하였다. 마르크스는 그의 저작 『철학의 빈곤』에서 프루동의 생각에 대한 상세한 비판적 분석을 제시하고 있다(MEW Bd. 4, 63~182쪽).

†10 랭게, 『민법이론』, 런던, 1767, 제2권, 제5분책, 제20장(MEW Bd. 23, 304쪽 참조).

†11 공상적 사회주의 이념의 영향으로 노동자들은 1844년 로치데일의 주도로 (맨체스터 북부 지역에서) 협동조합을 설립하였다. 이 조합은 원래 소비조합이었지만 급격히 세력을 확장하여 생산업체도 운영하기에 이르렀다. 로치데일 협동조합은 영국은 물론 다른 나라들에서도 협동조합운동의 신기원을 이루었다.

†12 팸플릿 『살인이 아닌 살인』에서 따온 구절임. 이 팸플릿은 1657년 영국에서 간행된 것으로 평등주의자 에드워드 섹스비(Edward Sexby)가 작성한 것이다. 이 글에서 섹스비는 왕권 옹호론자인 크롬웰을 포악한 독재자로 규정하여 그를 죽이는 것은 살인이 아니라 애국적인 행동이라고 이야기하고 있다.

†13 영국의 전통적인 법원 형태의 하나. 1873년의 개혁이 있기 이전까지는 형사재판에 대한 최상급법원으로서 모든 형사사건에 대한 최종 판결을 담당하였다. 이 법원의 재판은 국왕의 주재하에 이루어졌다. 오늘날에는 이 법원의 역할을 민사재판에 대한 최상급법원인 고등법원(High Court)이 수행하고 있다.

†14 유어, 『공장철학』, 제2판, 런던, 1855; 배비지, 『기계경제론』, 런던, 1832, 280~281쪽.

†15 토런스, 『부의 생산에 관한 고찰』, 런던, 1821, 28쪽 이하.

†16 리카도, 『경제학 원리』, 제3판, 런던, 1821, 131~138쪽.

†17 1815년 영국에서 선포된 곡물법은 곡물 수입에 관한 고율의 관세를 규정하고, 곡물의 국내 가격이 쿼터당 80실링 이하로 하락할 경우에는 곡물의 수입을 금지하도록 규정하였다. 극빈계층에게 극히 불리한 영향을 미쳤던 이 곡물법은 산업 부르주아에게도 불리한 법이었는데, 그 이유는 이 법이 노동력의 가격을 올리고 국내 시장의 유효수요를 감소시키며 대외무역의 발전을 저해하는 것이었기 때문이다. 이 법은 대지주들과 부르주아 간의 오랜 투쟁 끝에 1846년 결국 폐지되었다.

†18 배비지, 『기계경제론』, 런던, 1832, 280~281쪽.

†19 리카도, 『경제학 원리』, 제3판, 런던, 1821, 제2장.

†20 국민작업장은 1848년 2월 혁명 직후 프랑스에서 지방정부 훈령에 의해 만들어졌다. 이것의 설립 목적은, 하나는 노동조직에 대한 루이 블랑의 이념을 노동자들 사이에서 실추시키기 위한 것이었고 또 하나는 이 국민작업장 노동자들을 군사적으로 조직하여 혁명적 프롤레타리아에 대항하는 데 이용하기 위한 것이었다. 노동자계급을 분열시키기 위한 이런 계획이 실패로 돌아가고, 오히려 이 국민작업장에 고용된 노동자들 사이에 혁명적 분위기가 점차 고조되어가자, 부르주아 정부는 이 국민작업장을 없애기 위한 일련의 조치(작업장에 고용되는 노동자 수를 감축하고, 이들 노동자를 지방의 공공사업에 파견하는 등의 조치)를 시행하였다. 이 계획의 의도가 밝혀지자 파리의 프롤레타리아는 분노하였고, 이것이 파리의 6월 봉기의 단초가 되었다. 봉기가 진압된 후 카베냐크(Cavaignac) 정부는 1848년 7월 3일 국민작업장을 해체하는 훈령을 공포하였다(MEW Bd. 23, 444쪽, 각주 183 참조).

†21 로트베르투스, 『키르히만에게 보내는 사회서한』, 제3서한, 1851, 125쪽. 로트베르투스의 이윤율 이론에 대한 상세한 논의는 마르크스의 『잉여가치학설사』(MEW Bd. 26, 제2부, 62~82쪽)에서 이루어지고 있다.

†22 스미스, 『국부론』, 제1권, 제10장.

†23 셰르뷜리에, 『부유냐 빈곤이냐』, 파리, 1841, 70~72쪽. 일반이윤율 형성에 대한 그의 견해를 마르크스는 『잉여가치학설사』에서 별도로 다루고 있다.

†24 맬서스, 『경제학 원리』, 제2판, 런던, 1836, 268쪽.

†25 코벳, 『개인적 부의 원인과 그 양식에 대한 연구』, 런던, 1841, 20쪽.

†26 정착법: 1662년 영국에서 선포된 법으로, 농업노동자가 자신의 거주지를 스스로 선택하고 변경할 수 있는 권리를 제한하는 것을 골자로 한다. 이 법은 빈민법의 한 부분을 이루고 있었다. 이 법은 농업노동자와 기타 빈민이 출생지나 상주 지역에 되돌아와서 그곳에 체류하도록 규정하였다. 농업 인구에 대한 이런 거주이전 자유의 제한은, 지주들에게 그들이 고용하는 노동자들의 임금을 최저한으로 낮출 수 있는 여건을 만들어주었다.

†27 리카도, 『경제학 원리』, 제3판, 런던, 1821, 60~61쪽.

†28 리카도, 『경제학 원리』, 제3판, 런던, 1821, 15쪽.

†29 리카도, 『경제학 원리』, 제3판, 런던, 1821, 60~61쪽; 슈토르흐, 『경제학 강의』, 상트페테르부르크, 1815, 78~79쪽(마르크스, 『잉여가치학설사』, MEW Bd. 26, 제2부, 89, 93쪽 참조).

†30 코벳, 『개인적 부의 원인과 그 양식에 대한 연구』, 런던, 1841, 42~44쪽.

†31 맬서스, 『경제학 원리』, 제2판, 런던, 1836, 75쪽.

†32 맬서스, 『경제학 원리』, 제2판, 런던, 1836, 77~78쪽.

†33 리카도, 『경제학 원리』, 제3판, 런던, 1821, 36~41쪽.

†34 모방의 노예: "오, 모방하는 자여, 노예 같은 놈이라니!"를 변형한 말. 이 말은 호라티우스의 『서한집』 제19집, 제1권에 나오는 말이다.

†35 코벳, 『개인적 부의 원인과 그 양식에 관한 연구』, 런던, 1841, 100~102쪽.

†36 그래서 이제부터는 눈물이라네: 로마의 극작가 테렌티우스(Publius Terentius Afer)의 희극 『안드로스의 처녀』, 제1막 제1장에 나오는 말이다.

†37 로셔, 『국민경제학 원리』, 제3판, 1858, §108, 192쪽.

†38 제임스 스튜어트의 정의로서 마르크스의 『잉여가치학설사』에서 상세히 다루어지고 있다(MEW Bd. 26, 제1부, 7~9쪽).

†39 리카도, 『경제학 원리』, 제3판, 런던, 1821, 제7장.

†40 찰머스, 『경제학 개론』, 제2판, 글래스고, 1832, 88쪽.

†41 벨러스, 『빈민·제조업·상업·식민과 비행에 관한 고찰』, 런던, 1699, 10쪽.

†42 네덜란드 동인도회사는 1602년에 설립되었다. 이 회사는 네덜란드 정부로부터 동인도제도 무역에 대한 독점권을 부여받았고 포르투갈 및 영국과 끊임없이 경쟁해야만 했다. 이 회사는 네덜란드 부르주아들이 자체 식민지를 인도네시아에 건설하는 주요한 수단이 되었다. 이 회사의 수익은 네덜란드의 본원적 자본축적에 중요한 역할을 수행하였다. 17세기 말경 이 회사는 기울기 시작하였다. 가혹하게 진압되긴 했으나 반복적으로 계속된 식민지 주민의 봉기, 지속적인 국내 인구의 감소, 날로 증가하는 군비, 그리고 네덜란드가 가지고 있던 과거의 군사력 및 정치적 입지의 전반적인 쇠퇴 등은 결국 네덜란드 동인도회사를 몰락으로 이끌었다. 1798년 이 회사는 해산되었다.

†43 로셔, 『국민경제학 원리』, 제3판, 1858, 192쪽.

†44 로셔, 『국민경제학 원리』, 제3판, 1858, §60, 103쪽.

†45 에피쿠로스학파의 신들: 고대 그리스의 철학자들인 에피쿠로스학파의 견해에 따르면 신들은 우주의 중간층에 살고 있다. 그리고 이들 신은 삼라만상의 움직임과 인간생활 어디에도 아무런 영향을 미치지 않는다.

†46 루터, 『고리대에 반대하는 설교를 할 목사들에게』, 비텐베르크, 1589, 296~297쪽. 루터의 인용문은 『자본』 초판, 제3권(함부르크, 1894)에서 따온 것이다.

†47 서인도제도 및 아메리카 대륙의 발견과 인도 항로의 발견 등은 교역로의 전반적인 변경을 가져왔다. 북부 이탈리아의 상업도시들(제노바, 베네치아 등)은 중요성을 상실하였다. 반면 포르투갈, 네덜란드, 스페인, 영국 등이 대서양에 인접한 유리한 지리적 위치 때문에 세계무역에서 주역을 담당하기 시작하였다.

†48 〔매시〕, 『자연이자율을 지배하는 요인에 대하여』, 런던, 1750, 60쪽.

†49 Tower Hamlets: 런던 시내 동부지역 지명.

†50 포프, 『과학부흥기에서 18세기 말까지 기술의 역사』 제1권, 괴팅겐, 1807, 70쪽.

†51 인용된 구절은 『민중의 소리』(*La voix du peuple*)지(紙)의 편집자인 샤를-프랑수아 셰베(Charles—François Chevé)의 것이다. 그는 『신용의 무상성. 바스티아와 프루동 간의 논쟁』(파리, 1850)의 권두서한을 썼다.

†52 루터의 인용문은 『자본』 제3권, 초판(함부르크, 1894)에서 따온 것이다.

†53 『이코노미스트』: 경제와 정치 문제를 다루는 주간지. 대산업 부르주아의 기관지로서 1843년부터 런던에서 발간되고 있다.

†54 『데일리 뉴스』: 자유주의 경향의 일간지. 산업부르주아의 기관지로서 1846~1930년 동안 런던에서 간행되었다.

†55 〔매시〕, 『자연이자율을 지배하는 요인에 대하여』, 런던, 1750.
흄, 「이자에 관하여」, 『논문집』, 신판, 제1권, 런던, 1764(마르크스, 『잉여가치학설사』, MEW Bd. 26, 제1부, 337~341쪽 참조).

†56 마고의 서(書): 카르타고의 저술가인 마고(Mago)가 농업, 특히 당시 카르타고에서 성행하던 노예에 기초한 플랜테이션 농업에 대해 서술한 책이다. 이 책의 저술 시기는 알려져 있지 않다. 이 책은 카르타고가 멸망하고 나서 로마 원로원의 발의에 의거하여 라틴어로 번역되었고 로마 농업의 합리적 조직화에 대한 지침서로서 공식 채택되었다.

†57 『뉴욕 데일리 트리뷴』, 1859년 12월 20일자.

『뉴욕 데일리 트리뷴』: 1841~1924년 동안 발간된 미국 신문으로 1840년대와 1850년대에 진보적인 입장을 취하고 있었고 노예제도에 반대하였다. 이 신문에 대한 마르크스의 기고는 1851년 8월에 시작되었다. 이 신문에 실린 많은 논문들은 마르크스의 부탁으로 엥겔스가 쓴 것들이다. 유럽이 다시 반동으로 돌아간 시기에, 마르크스와 엥겔스는 독자층이 넓고 진보적인 이 미국 신문을 이용하여, 손에 잡히는 사실들로써 자본주의 사회의 병폐를 고발하고, 또 그것에 내재하는 화해할 길 없는 모순들을 찾아내고, 부르주아 민주주의의 한계를 지적해냈다. 미국의 남북전쟁이 한창이던 1862년 3월 이 신문에 대한 마르크스의 기고는 중단되었다. 이 신문과 마르크스와의 관계를 단절시키는 데 결정적인 역할을 한 것은 편집진 가운데 노예보유 국가와의 타협을 지지하는 사람의 숫자가 늘어나고 이 신문이 진보적인 입장을 포기한 데 있었다.

†58 피트의 국채상각기금에 대해서 마르크스는 논문 「디즈레일리의 예산」에서 자세히 다루고 있다(MEW Bd.12, 448~449쪽 참조).

†59 〔맬서스〕, 『인구론』, 제2판, 런던, 1789, 25~26쪽.

†60 조지 3세 제26년 법령 제31호: 『매년 분기 말에 국채상각에 충당될 일정액을 관리관에게 부여하는 법령』.

†61 마르크스는 여기에서 다음의 저작들을 지적하고 있다.
  J. S. 밀, 『경제학 원리』 제1권, 제2판, 런던, 1849, 91~92쪽.
  케리, 『사회과학개론』 제3권, 필라델피아, 1859, 71~73쪽.
  로셔, 『국민경제학 원리』, 제3판, 1858, §45.

†62 『르뷔 데 되 몽드』: 1829년부터 파리에서 발간된 역사, 정치, 문학 및 예술에 관한 반월간지.

†63 아편전쟁: 중국과의 무역에서 동인도회사의 독점이 폐지된 이후(1833년) 영국의 민간상인들은 중국 시장을 정복하기 시작하였다. 그 과정에서 그들은 온갖 수단을 다 동원하였다. 중국에 대한 영국의 침략전쟁이었던 제1차 아편전쟁(1839~42)은 영국에 대한 중국 시장의 개방을 가져왔다. 그와 함께 중국은 반식민지국가로 바뀌기 시작하였다. 영국은 이미 19세기 초부터 밀(密)무역을 통해서 인도에서 생산된 아편을 중국으로 보내어 중국과의 역조관계에 있던 무역수지를 개선하고 있었는데, 이것은 중국 관헌들의 반대에 부딪혔고 이들 관헌들은 급기야 1839년 광둥에 정박 중인 외국 선박들에 선적되어 있던 모든 아편을 압수하여 불에 태워버렸다. 이것이 전쟁의 불씨가 되었고 여기에서 중국은 패하였다. 영국은 봉건적 후진상태에 머물러 있던 중국의 이 패배를 철저히 이용하여 약탈적인 난징강화조약(1842년 8월)을 강요하였다. 난징조약은 영국 무역에 대해 5개의 중국 항구(광저우, 샤먼, 푸저우, 닝보, 상하이)를 개방하고 홍콩의 영국에 대한 '영구' 할양, 그리고 고액의 배상금 지불 등을 규정하였다. 난징조약의 추가의정서에서 중국은 외국인들에게 치외법권을 인정하도록 강요받았다.

†64 1844년 은행법: 은행권의 금태환에 따른 어려움을 극복하기 위해서 영국 정부는 1844년 로버트 필의 발의에 의거해 잉글랜드은행의 개혁 법안을 제정하였다. 이 법안은 잉글랜드은행을 각기 별개로 현금준비를 보유하는 완전히 독립된 두 부서로 나누도록 하였다. 즉 순수한 은행업무만 수행하는 은행부와 은행권의 발행을 담당하는 발권부가 그것이다. 이들 은행권은 특수한 금준비의 형태로 확실한 보증을 보유하고 있어야 하며 이 금준비는 언제라도 사용 가능한 것이어야 했다. 금으로 보증되지 않는 은행권의 발행은 1,400만 파운드스털링으로 제한되었다. 그러나 유통되는 은행권의 양은 1844년 은행법의 의도처럼 보증준비에 의존하는 것이 아니라 사실은 유통영역의 수요에 의존하였다. 화폐부족이 특히 심했던 경제공황 기간에 영국

정부는 1844년 은행법을 일시적으로 유보하고 금으로 보증되지 않는 은행권의 액수를 인상했다(이 책의 제34장 "통화주의와 1844년 영국의 은행입법" 참조).

†65 『맨체스터 가디언』: 영국 자유무역주의자들의 기관지였으며 나중에는 자유당의 기관지가 된 신문. 1821년부터 맨체스터에서 간행되었다.

†66 롬바드 가: 런던 시티 지역의 거리 이름으로 영국의 가장 중요한 은행과 상업회사들이 모여 있다.

†67 민싱레인: 런던의 거리 이름으로 식민지로부터 들어오는 상품을 취급하는 도매업의 중심지이다.

†68 통화주의: 19세기 전반기에 영국에 널리 퍼져 있던 화폐이론으로 화폐수량설에서 출발한다. 화폐수량설의 옹호자들은 상품가격이 유통 중인 화폐량에 의해 결정된다고 주장하였다. 통화주의자들은 금속통화의 법칙을 모방하려고 하였다. 그들은 통화의 범주에 금속화폐 이외에 은행권도 포함시켰다. 그들은 은행권의 완벽한 금보증에 의해 안정적인 화폐유통이 달성될 것이라고 믿었다. 그러므로 은행권의 발행은 귀금속의 수출입에 따라 조절되어야만 했다. 이 이론에 따르고자 했던 영국 정부의 시도(1844년 은행법)는 실패로 끝났으며, 그것은 단지 이 이론의 과학적인 취약성과 그것의 완벽한 비현실성만 확인해주었다(MEW Bd.13, 156~159쪽과 이 책의 제34장 "통화주의와 1844년의 영국 은행법"도 참조할 것).

†69 『타임스』: 영국 최대의 보수 성향 일간지. 1785년 1월 1일 런던에서 『데일리 유니버설 레지스터』라는 이름으로 설립되었고 1788년 1월 1일 이름을 『타임스』로 바꾸었다.

†70 파나마 운하 사기사건: 프랑스 고위 정치가, 관료, 신문 등이 연루된 사기사건. 엔지니어이자 사업가인 페르디낭 드 레셉스(Ferdinand de Lesseps)는 1879년 프랑스에서 파나마 운하 건설계획을 지원할 주식회사를 설립하였다. 1888년 말 그 회사는 도산하였다. 그 결과 소액주주들의 대량 파산과 무수한 지불불능 사태가 발생하였다. 1892년에 밝혀진 바에 따르면, 이 회사는 실제 재정상태를 비밀로 할 목적으로, 불입된 주식자금을 유용하여 엄청난 액수의 뇌물을 전(前) 프랑스 총리였던 프레시네(Freycinet), 루비에(Rouvier), 플로케(Floquet)와 기타 고위직 인사들에게 제공하였다고 한다. 파나마 스캔들은 부르주아 법정에 의해 유야무야되었다. 법정은 그 회사의 우두머리인 레셉스와 하위 관련자들에 대해서만 유죄를 선고하였다.